2019
江西统计年鉴
Jiangxi Statistical Yearbook

江西省统计局　国家统计局江西调查总队·编

总第37期

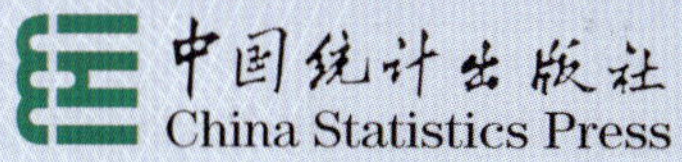

图书在版编目（CIP）数据

江西统计年鉴. 2019：汉英对照 / 江西省统计局，国家统计局江西调查总队编. -- 北京：中国统计出版社，2019.8
ISBN 978-7-5037-8873-4

Ⅰ. ①江… Ⅱ. ①江… ②国… Ⅲ. ①统计资料—江西—2019—年鉴—汉、英 Ⅳ. ①C832.56-54

中国版本图书馆CIP数据核字(2019)第162250号

江西统计年鉴-2019

作　　者/ 江西省统计局 国家统计局江西调查总队
责任编辑/ 钟　钰　张雪梅
装帧设计/ 黄正坤
出版发行/ 中国统计出版社有限公司
地　　址/ 北京市丰台区西三环南路甲6号
邮政编码/ 100073
电　　话/ 邮购(010)63376909 书店(010)68783171
网　　址/ http://www.zgtjcbs.com
印　　刷/ 江西昌和特种票证有限公司
经　　销/ 新华书店
开　　本/ 890mm×1240mm 1/16
字　　数/ 1200千字
印　　张/ 32.25　0.75彩页
版　　别/ 2019年8月第1版
版　　次/ 2019年8月第1次印刷
定　　价/ 400.00元 Price:400.00(RMB)

本书附同版本CD-ROM一张，光盘内容以书面文字为准。
如有印装差错，由本社发行部调换。

《江西统计年鉴－2019》编辑部

Jiangxi Statistical Yearbook 2019 Editorial

经济总量
Economic Aggregate

▶ 地区生产总值(亿元)
Gross Domestic Product(100 million yuan)

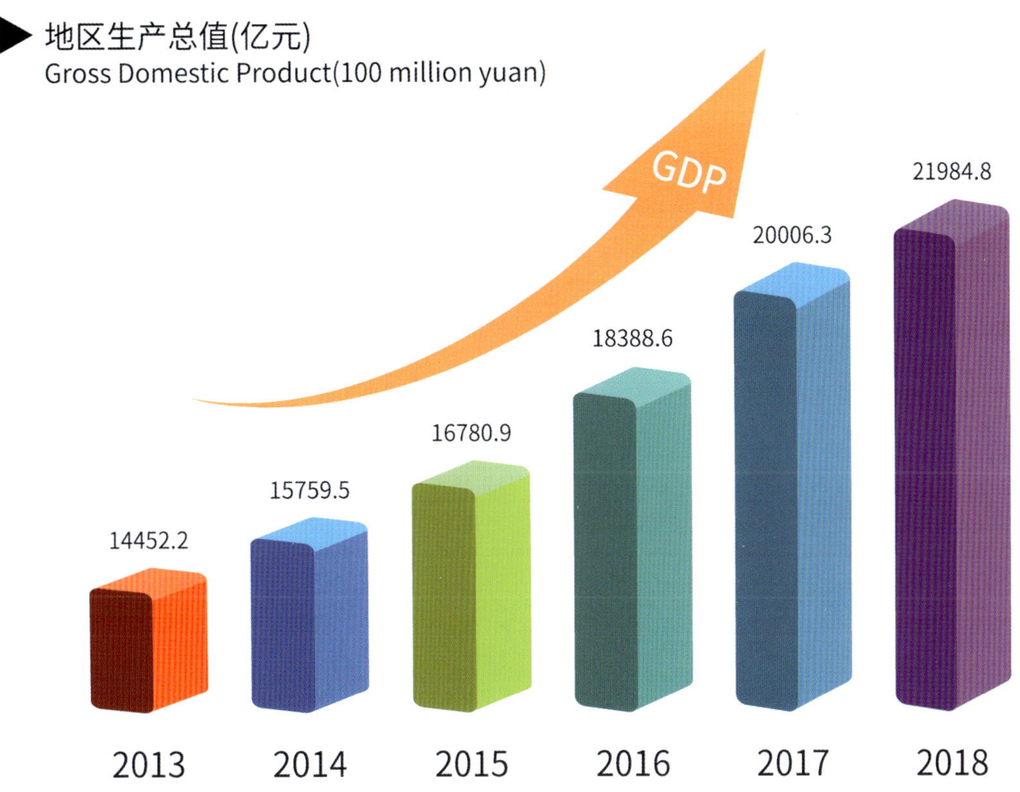

▶ 财政总收入(亿元)
Government Revenue(100 million yuan)

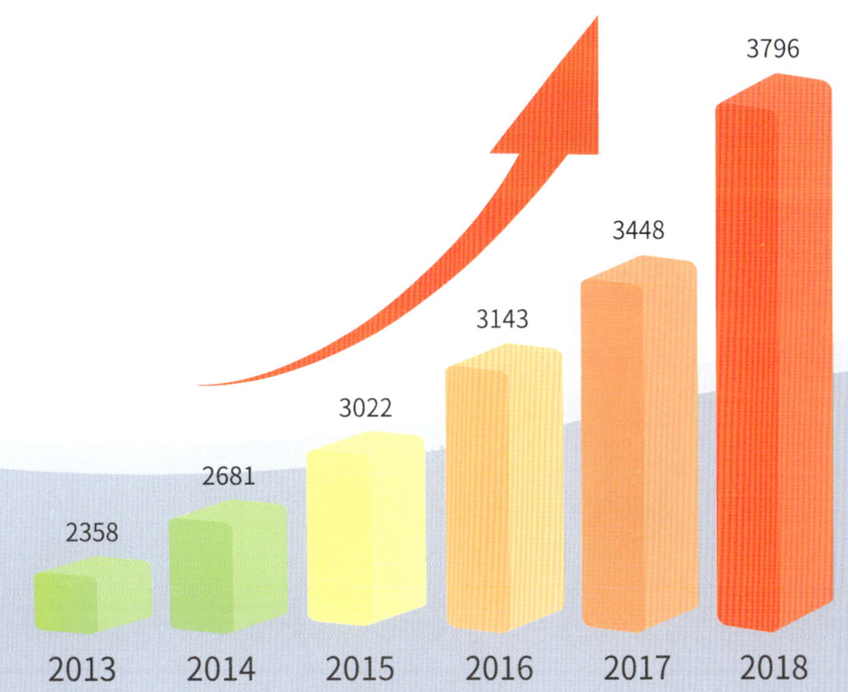

产业结构
Industrial Structure

三次产业结构
Three Industrial Structure

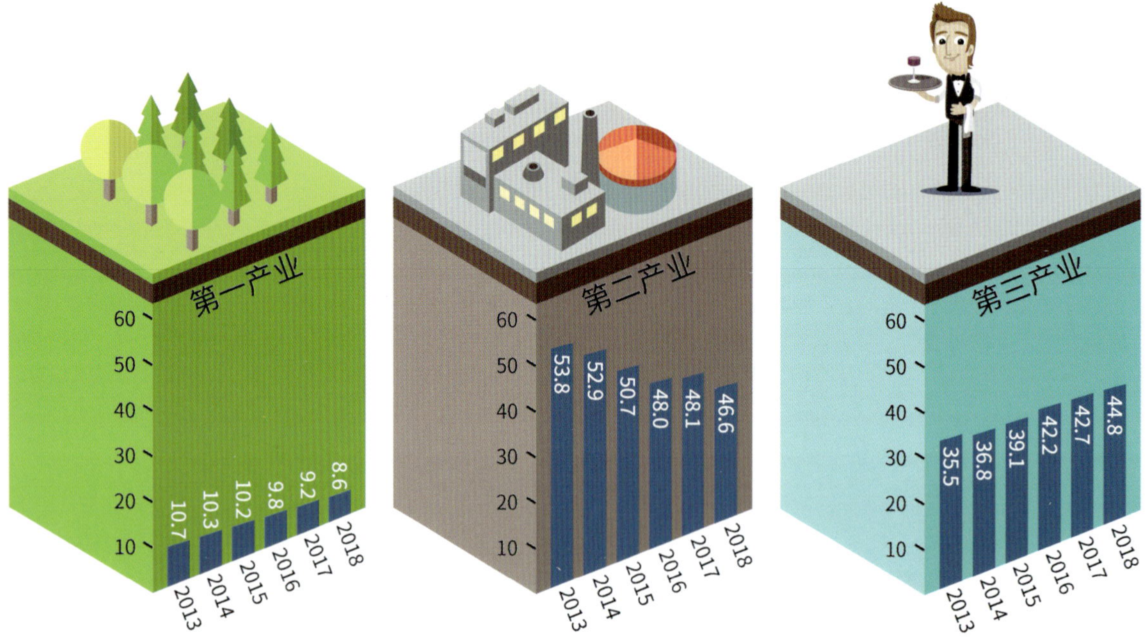

农业总产值及工业增加值(亿元)
Agricultural Output and Value-added of Industrial(100 million yuan)

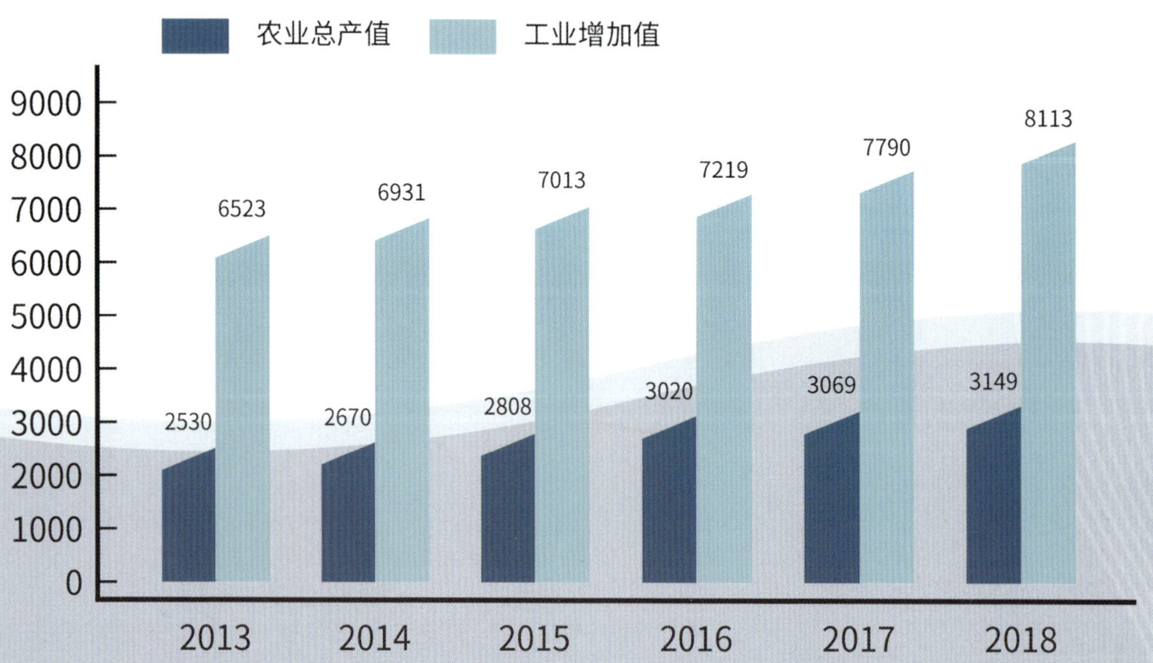

基础设施
Infrastructure Construction

固定资产投资增长速度(%)
The Growth rate of Investment in Fixed Assets (%)

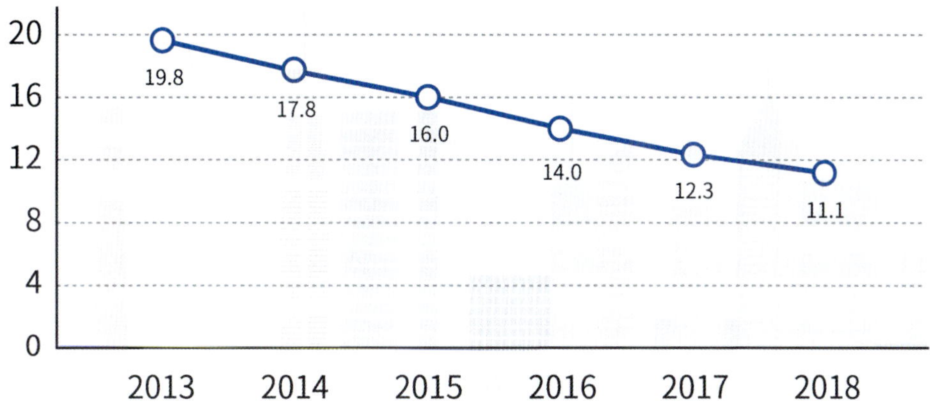

高速公路(公里)
Expressway(km)

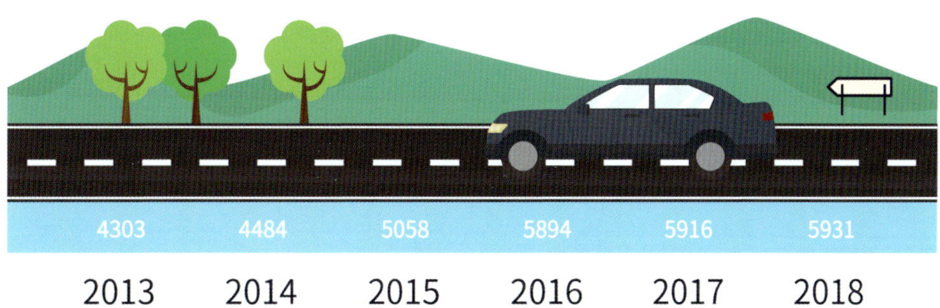

城镇化率(%)
Urbanization Rate(%)

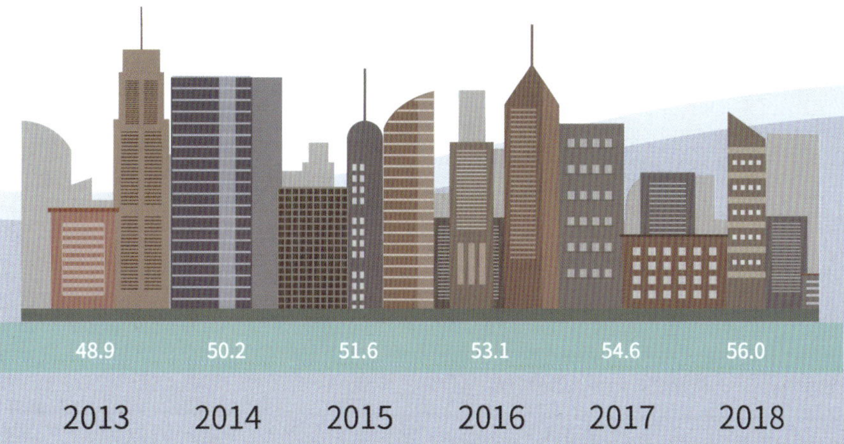

对外开放
Opening to the outside world

进出口总额(亿元)
Total Value of Imports and Exports(100 million yuan)

实际利用外商直接投资(亿美元)
Direct Foreign Investments(USD 100 million)

贸易、旅游
Trade and Tourism

▶ 入境旅游人数(万人次)
Number of Overseas Visitor Arrivals(10000 person-times)

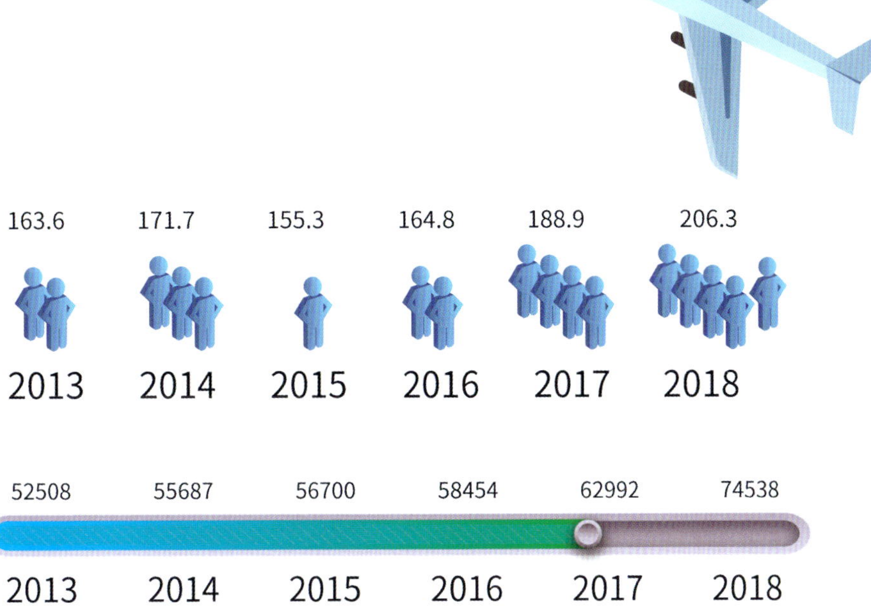

▶ 旅游外汇收入(万美元)
Foreign Exchange Earnings from International Tourism(USD 10000)

▶ 社会消费品零售总额(亿元)
Total Retail Sales of Consumer Goods(100 million yuan)

人民生活
People´s Livelihood

城乡居民人均可支配收入(元)
Per-capita Disposable Income of Urban and Rural Households(yuan)

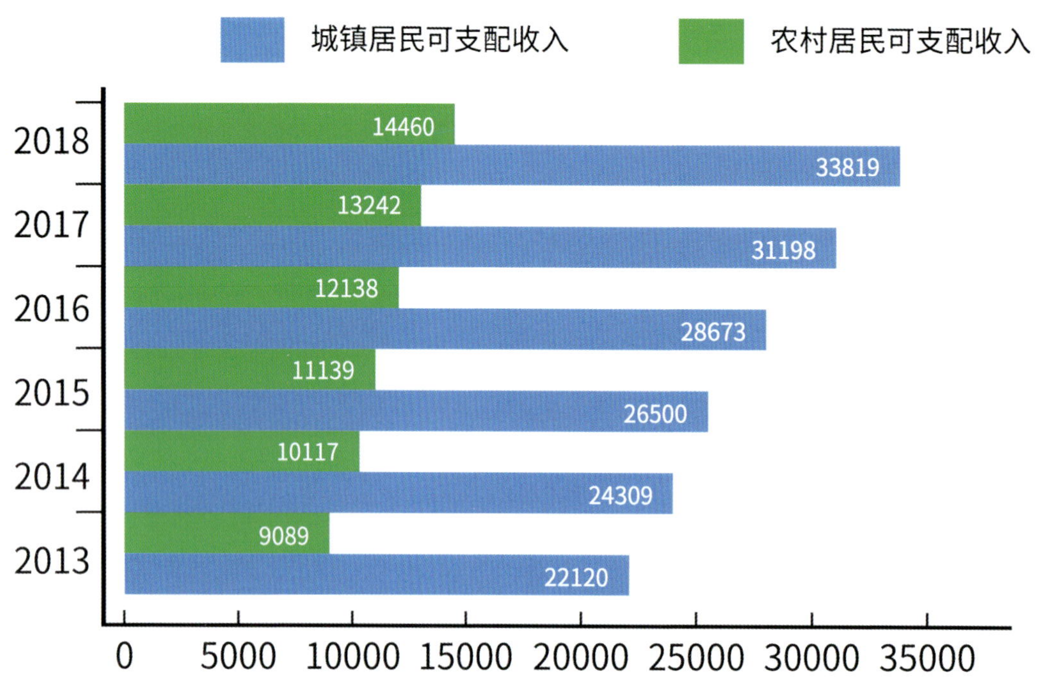

人民币住户存款(亿元)
RMB Savings Deposit(100 million yuan)

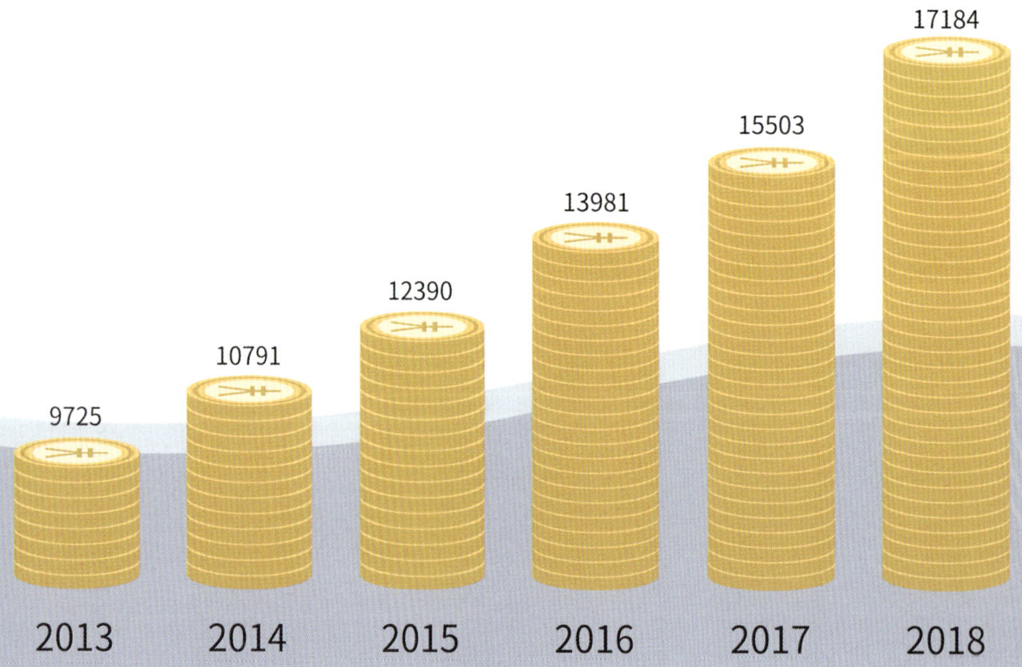

社会事业
Social Undertakings

高等学校在校学生数(万人)
Total Enrollment of Regular Institutions of Higher Eduction(10000 persons)

卫生技术人员(万人)
Medical Technical Personnel(10000 persons)

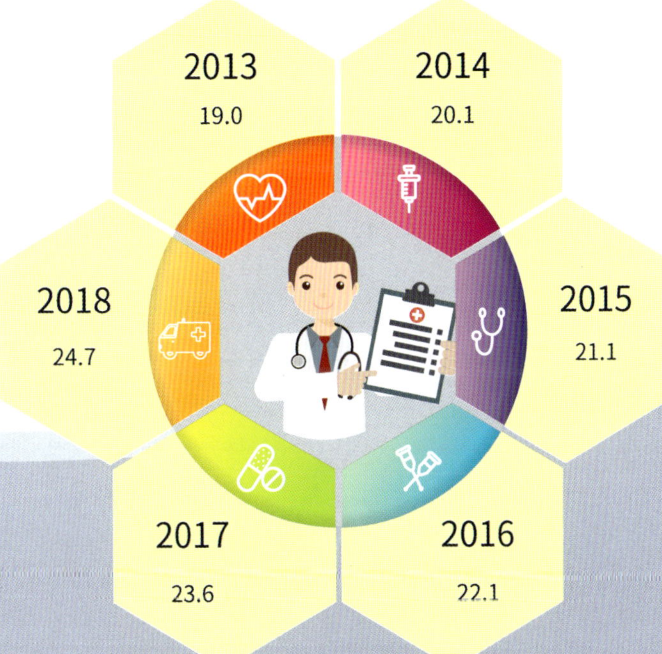

生态建设
Ecological Construction

森林覆盖率(%)
Forest Coverage(%)

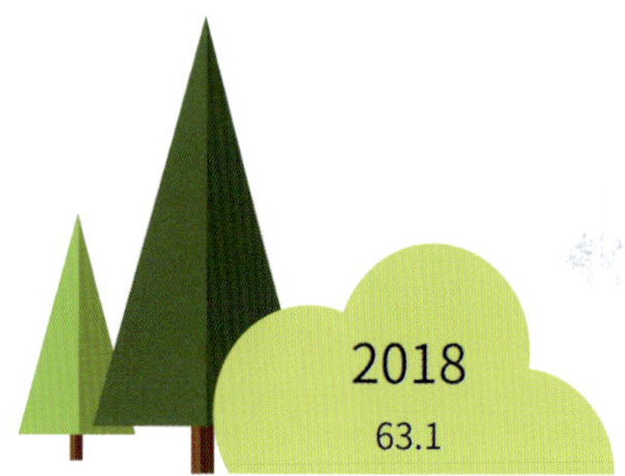

单位GDP能耗下降率 (%)
Descent Rate of Unit GDP Consumption(%)

城市污水处理率及生活垃圾无害化处理率(%)
Treatment Rate of Domestic Sewage And Treatment Rate of Urban Garbage(%)

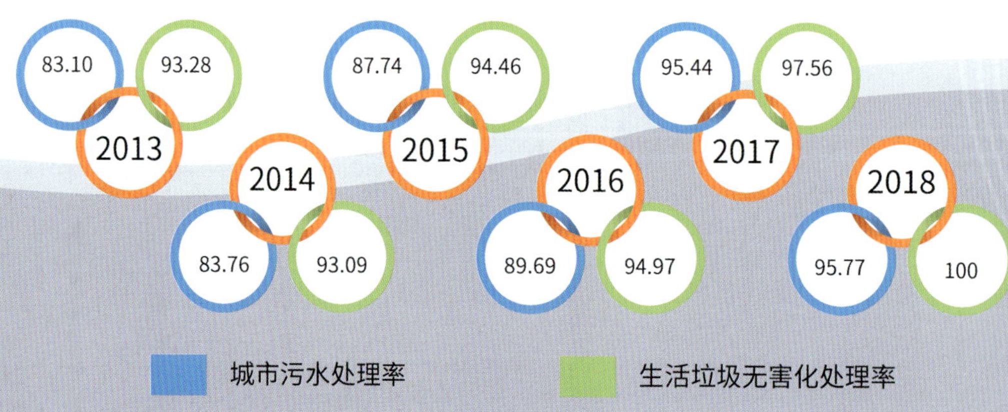

编者说明

一、《江西统计年鉴-2019》系统收录了全省和11个设区市2018年经济、社会各方面的统计数据，改革开放以来和其它重要历史年份的全省主要统计数据，以及全国各省、市、区部分主要指标数据。是一部全面反映江西省经济和社会发展情况的资料性年刊。

二、本年鉴正文内容分为21个篇章，即：综合，人口，就业人员和职工工资，固定资产投资，对外经济贸易，能源，财政，价格指数，人民生活，城市建设，生态环境，农业，工业，建筑业，交通运输、邮电通讯业，国内贸易和旅游，金融业，房地产开发，科技、教育、文化，卫生、体育、社会福利及其他，各省、市、自治区主要经济指标及2018年江西统计调查工作大事记。为方便读者使用，各篇章前设有《简要说明》，对本篇章的主要内容、资料来源、统计范围、统计方法等予以简要概述，篇末附有《主要统计指标解释》。

三、本年鉴对以前发表的统计资料重新予以审核，凡与本年鉴资料有出入的，均以本年鉴为准。

四、本年鉴所使用的度量衡单位，均采用国际统一标准计量单位。

五、本年鉴中部分数据合计数或相对数由于单位取舍不同而产生的计算误差，均未作机械调整。

六、符号使用说明:年鉴各表中的“空格”表示该项统计指标数据不足本表最小单位数、数据不详或无该项数据；“#”表示其中的主要项。

Editor's Notes

I. *Jiangxi Statistical Yearbook 2019* is an annual statistics publication, which covers very comprehensive data in 2018 and some selected data series in historically important years and the most recent thirty years at level of province and other provinces and municipalities. Therefore, reflects various aspects of Jiangxi's social and economic development.

II. The yearbook contains the following twenty-one chapters, General Survey; Population; Employment and Wages; Investment in Fixed Assets; Energy; Price Indices; People's Livelihood; General Survey of Cities; Ecological Environment; Agriculture; Industry; Construction; Transport, Post and Telecommunication Services; Domestic Trade; Foreign Trade and Economic Cooperation; Tourism; Financial Intermediation; Insurance; Real Estate; Education, Science and Technology; Culture, Sports and Public Health; Social Welfare and Other Social Activities; Main Statistical Indictors on provinces, autonomous regions and municipalities and Notes of Jiangxi Statistical Events in 2018. For readers' convenience, in Brief Introduction at the beginning of each chapter, main coverage of this chapter, data sources, statistical coverage, statistical methods and historical changes are concerned. In addition, Explanatory Notes on Main Statistical Indicators are provided at the end of each chapter.

III. This Yearbook re-audited statistic data published previously, any data different from this yearbook, take this yearbook's as standard data.

IV. The units of measurement used in this yearbook are internationally standard measurement units.

V. Statistical discrepancies due to rounding are not adjusted in the yearbook.

VI. Notations used in the yearbook: blank space indicates that the figure is not large enough to be measured with the smallest unit in the table, or data are unknown or are not available; "#" indicates a major breakdown of the total.

目 录 Contents

一、综 合 CHAPTER 1 GENERAL SURVEY

二、人 口 CHAPTER 2 POPULATION

三、就业人员和职工工资
CHAPTER 3 EMPLOYMENT AND WAGE

四、固定资产投资
CHAPTER 4 INVESTMENT IN FIXED ASSETS

五、对外经济贸易
CHAPTER 5 FOREIAN ECONOMIC RELATIONS AND TRADE

六、能 源
CHAPTER 6 ENERGY

七、财 政
CHAPTER 7 GOVERNMENT FINANCE

八、价格指数
CHAPTER 8 PRICE INDICES

九、人民生活
CHAPTER 9 PEOPLE'S LIVELIHOOD

城市建设

CHAPTER 10 MUNICIPAL CONSTRUCTION

十三、工 业
CHAPTER 13 INDUSTRY

十四、建筑业
CHAPTER 14 CONSTRUCTION

十五、交通运输、邮电通讯和规上服务业
CHAPTER 15 Transportation, Postal Telecommunications And Above Designated Size In Services

十六、国内贸易和旅游
CHAPTER 16 DOMESTIC TRADE AND TOURISM

十七、金融业
CHAPTER 17 FINANCIAL INDUSTRY

十八、房地产开发
CHAPTER 18 REAL ESTATE DEVELOPMENT

十九、科技、教育、文化
CHAPTER 19 SCI-TECH,EDUCATION AND CULTURE

二十、卫生、体育、社会福利和其他

CHAPTER 20 PUBLIC HEALTH,SPORTS,SOCIAL WELFARE AND OTHERS

二十一、各省、市、自治区主要经济指标
CHAPTER 21 MAIN ECONOMIC INDICATORS OF PROVICES,AUTONOMOUS REGIONS AND MUNICIPALITIES DIRECTLY UNDER THE CENTRAL GOVERNMENT

综 合

GENERAL SURVEY

◆1/28

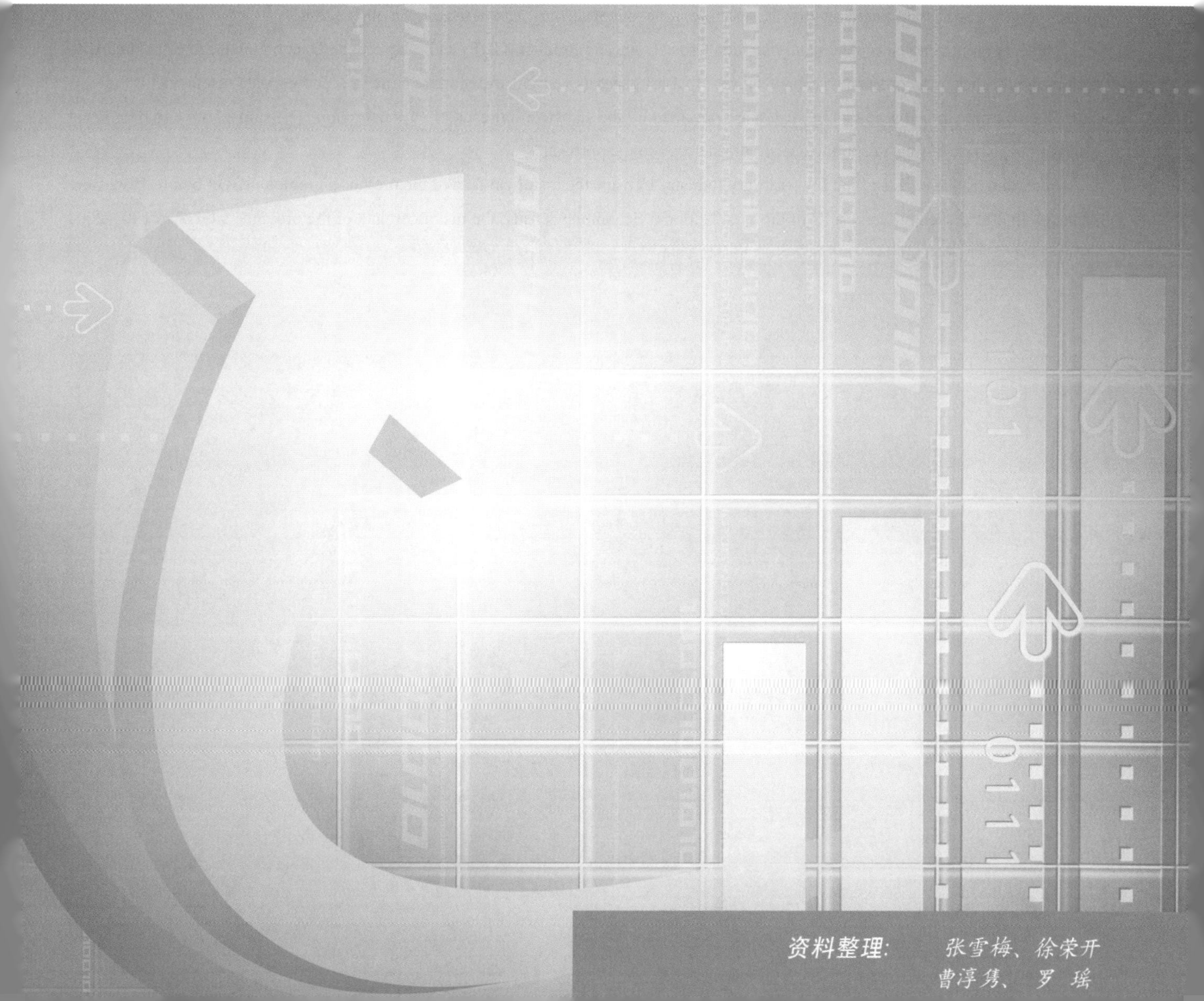

资料整理：张雪梅、徐荣开
曹淳隽、罗 瑶

简要说明

本篇章由综合资料及国民经济核算资料两个部分组成。

综合资料主要包括国民经济和社会发展综合资料，通过对各篇章主要统计指标及其速度、结构、比例和效益等的加工计算，来反映国民经济和社会发展的总体情况。

国民经济核算资料主要包括地区生产总值及其有关资料。地区生产总值是根据不同产业部门、不同支出构成的特点和资料来源情况而分别采取不同方法计算的。

分设区市的国民经济核算数据由各设区市统计局提供，由于采取分级核算，各设区市数据相加不等于全省总计。

根据第一次第三产业普查结果，对1992年以前全省地区生产总值的历史数据做了调整；2005年根据全国第一次经济普查结果，对1993-2004年的全省地区生产总值历史数据做了调整，本年鉴的数据为调整后数据。

Brief Introduction

This chapter consists of two parts: The summary data and the data on national accounts.

The summary data on the national economy reflect the overall situation of the economic and social development by presenting further processed statistics including growth, structure, ratio and efficiency data derived from other chapters.

The data on national accounts mainly include Gross Domestic Product (GDP) and related data. Data on GDP are calculated with various approaches in accordance with the features of various sectors, various expenditure structures and the data resources.

The data on national accounts by region are provided by the statistical bureaus of various region. The sum of the city data is not equal to the provincial total due to the decentralized accounting approach.

According to the results of the First Tertiary Industry Census ,the historical data of the province`s regional GDP before 1992 were adjusted .In 2005,based on the results of the First National Economic Census, the historical data of the province`s GDP in 1993-2004 were adjusted. The data in this yearbook are adjusted data.

自然地理资源

位　　置

江西省，简称赣。位于长江中下游交接处的南岸。地处北纬 24° 29′ ~30° 04′ 、东经 113° 34′ ~118° 28′ 之间，东邻浙江、福建，南连广东，西接湖南，北毗湖北、安徽。北控长江，上接武汉三镇，下通南京、上海，东南与沿海开放城市相邻近。京九铁路和浙赣铁路纵横贯通全境，交通便利，地理位置优越。

地势、面积

全省东南西三面群山环绕，内侧丘陵广亘，中北部平原坦荡，整个地势，由外及里，自南而北，渐次向鄱阳湖倾斜，构成一个向北开口的巨大盆地。全省面积 16.69 万平方公里。全境以山地、丘陵为主，山地占全省总面积的 36%，丘陵占 42%，岗地、平原、水面占 22%。

山脉、河流、湖泊

主要山脉分布于省境边陲，山峰一般海拔 1000 米左右，少数海拔 2000 余米。省境东和东北有蜿蜒于赣闽、赣浙之间的武夷山和怀玉山；南有逶迤于赣粤之间的大庾岭和九连山；西有耸峙于赣湘之间的罗霄山脉，雄伟的井冈山就在罗霄山脉的中段；西北有盘亘于赣鄂之间的幕阜山，庐山即是它向东延伸的余脉。

全省有大小河流 2400 多条，总长约 18400 公里，大部分河流汇向鄱阳湖，再注入长江。主要河流有 5 条，即赣江、抚河、信江、修河、饶河。赣江全长 751 公里，为本省第一大川，水量为长江第二大支流，它自南而北流贯全省，从赣州至湖口而入长江，通航里程 5000 余公里。

鄱阳湖是全国最大的淡水湖，它是江西最大的聚水盆，长江水量的巨大调节器，也是沟通省内外各地航道的中转站。

气　　候

江西气候四季变化分明。春季温暖多雨，夏季炎热温润，秋季凉爽少雨，冬季寒冷干燥。2018 年全省平均气温为 18.9℃，降水量为 1543 毫米，日照为 1735 小时。全年气候温暖，光照充足,雨量充沛,无霜期长，具有亚热带湿润气候特色。

资　　源

2018 年，全省淡水面已养殖面积 40.84 万公顷。已查明鱼类 155 种，产量较多的有鲤、鲫、青、鲢等 30 余种，名贵鱼类有荷包红鲤鱼、玻璃鲤鱼、银鱼、石鱼、鲥鱼、鳜鱼等。省内还有众多的水禽和珍禽，其中不少是受到世界性保护的珍禽。

江西地下矿藏丰富，是我国矿产资源配套程度较高的省份之一。储量居全国前三位的有铜、钨、银、钽、钪、铀、铷、铯、金、伴生硫、滑石、粉石英、硅灰石等。铜、钨、铀、钽、稀土、金、银被誉为江西的“七朵金花”。

Nature, Geography and Resourcesrief

Position

Jiangxi Province, called Gan for short, lies in the southern bank of the middle and lower reaches of the Yangtze River. It is located at latitude 24° 29′ ～30° 04′ north, longitude 113° 34′ ～118° 28′ east. It borders Zhejiang and Fujian provinces to the east, Guangdong to the south, Hunan to the west, and Hubei and Anhui to the north. Jiangxi dominates the Yangtze River in the north, and connects to three towns of Wuhan in the upper stream, Nanjing and Shanghai in the downstream. And it closes to the coastal opening cities in the southeast. Both Beijing-Kowloon and Zhejiang¬-Jiangxi railways run through the whole province, which provided with the convenient transportation and superior location.

Topography and area

Mountains surround Jiangxi province on three sides. The southern half of the province is hilly with ranges and valleys interspersed; while the middle and northern half is flatter and lower in altitude. Stretching from south to north, the whole land is generally sloping towards Poyang Lake, which has formed a huge basin opening to the north. The total area of the province is 166,900 square kilometers. There are various land forms within it, with mountains and hills dominating. Mountains account for 36% of the province's total area, hills account for 42%, and mounds, plains, and water surface area for 22%.

Mountain ranges, rivers and lakes

The main mountain ranges are distributed by the border of the province, which generally have the altitude of about 1000m, and minority over 2000m. On the east and northeast of Jiangxi there are Wuyi and Huaiyu Mountains winding between Jiangxi and Fujian, Jiangxi and Zhejiang provinces. On the south there are Dayu and Jiulian Mountains wriggling between Jiangxi and Guangdong provinces. In the west there are Luoxiao Ranges standing between Jiangxi and Hunan provinces, where the magnificent Mt. Jinggang is situated at the middle. In the northwest there are Mufu Mountains circling between Jiangxi and Hubei provinces. And its extending part on the east is namely the famous mountain—Mt. Lushan.

There are more than 2,400 rivers of various sizes in Jiangxi province, which have a combined total length of about 18,400 kilometers. Most of them enter Poyang Lake, which in turn empties into the Yangtze River. The five major rivers are Gan River, Fu River, Xin River, Xiu River, and Rao River. The Gan River winds along 751 kilometers, which is the biggest river of the province, and the second tributary of the Yangtze River in water volume. Flowing through the entire length of the province from south to north, it enters Ganzhou to Hukou, and then pours into the Yangtze River, with navigation mileage of over 5000 kilometers.

Poyang Lake is the largest fresh lake in China, and the biggest water assembling basin of Jiangxi province. It is the huge volume moderator of the Yangtze River, and also the intersection of linking up with all shipping lines in-and-out of the province.

Climate

The climate of Jiangxi province is four seasons alternating distinctively: warm with abundant rainfall in spring, hot and humid in summer, cool with little rainfall in autumn, chilly and dry in winter. In 2018, The average temperature of the whole province is about 18.9℃, with the annual precipitation of 1543mm and sunshine hours of 1735h. The whole year of Jiangxi has mild climate, with sufficient sunshine, plentiful rainfall and long frost-free period, which belongs to humid subtropical climate.

Resources

In 2018, the total cultivated freshwater area of the whole province is 40.84 hectares. The identified species of the fishes are 155 and more than 30 types of them occupied the main production, such as carp, crucian carp, black carp, and silver carp etc. The valuable types include lotus red carp, transparent carp, whitebait, reeves shad, and mandarin fish etc. There are also numerous birds and cherished ones in province, most of which are world-protected species.

Jiangxi province has a rich reserve of underground minerals, which is one of the provinces with higher matching degree of mineral resources in China. The reserves of Copper, Tungsten, Silver, Tantalum, Scandium, Uranium, Rubidium, Caesium, Gold, and Associated Pyrite etc, ranking the top three of the nation. Among all these minerals, Copper, Tungsten, Uranium, Tantalum, Rare Earths, Gold and Silver are considered “the seven gold flowers of Jiangxi.”

1-1 行 政 区 划（2018年末）
Divisions of Administratives Areas (end of 2018)

地 区	Region	设区市 Cities at Prefecture Level	县级市 Cities at County Level	县 Counties	市辖区 Districts Under the Jurisdication of Cities	市、县、区名称	Name of Cities at County Level, Counties and Districts Under the Jurisdication of Cities
全 省	**Total**	**11**	**11**	**63**	**26**		
南昌市	Nanchang	1		3	6	东湖区、西湖区、青云谱区、湾里区、青山湖区、新建区、南昌县、安义县、进贤县	Donghu,Xihu,Qingyunpu,Wanli,Qingshanhu,Xinjian,Nanchang,Anyi,Jinxian
景德镇市	Jingdezhen	1	1	1	2	昌江区、珠山区、浮梁县、乐平市	Changjiang,Zhushan,Fuliang,Leping
萍乡市	Pingxiang	1		3	2	安源区、湘东区、莲花县、上栗县、芦溪县	Anyuan,Xiangdong,Lianhua,Shangli,Luxi
九江市	Jiujiang	1	3	7	3	濂溪区、浔阳区、柴桑区、武宁县、修水县、永修县、德安县、都昌县、湖口县、彭泽县、庐山市、瑞昌市、共青城市	Lianxi,Xunyang,Chaisang,Wuning,Xiushui,Yongxiu,De'an,Duchang,Hukou,Pengze,Lushan,Ruichang,Gongqingcheng
新余市	Xinyu	1		1	1	渝水区、分宜县	Yushui,Fenyi
鹰潭市	Yingtan	1	1		2	月湖区、余江区、贵溪市	Yuehu,Yujiang,Guixi
赣州市	Ganzhou	1	1	14	3	章贡区、南康区、赣县区、信丰县、大余县、上犹县、崇义县、安远县、龙南县、定南县、全南县、宁都县、于都县、兴国县、会昌县、寻乌县、石城县、瑞金市、	Zhanggong,Nankang,Ganxian,Xinfeng,Dayu,Shangyou,Chongyi,Anyuan,Longnan,Dingnan,Quannan,Ningdu,Yudu,Xingguo,Huichang,Xunwu,Shicheng,Ruijin,
吉安市	Ji'an	1	1	10	2	吉州区、青原区、吉安县、吉水县、峡江县、新干县、永丰县、泰和县、遂川县、万安县、安福县、永新县、井冈山市	Jizhou,Qingyuan,Ji'an,Jishui,Xiajiang,Xingan,Yongfeng,Taihe,Suichuan,Wan'an,Anfu,Yongxin,Jinggangshan
宜春市	Yichun	1	3	6	1	袁州区、奉新县、万载县、上高县、宜丰县、靖安县、铜鼓县、丰城市、樟树市、高安市	Yuanzhou,Fengxin,Wanzai,Shanggao,Yifeng,Jing'an,Tonggu,Fengcheng,Zhangshu,Gao'an
抚州市	Fuzhou	1		9	2	临川区、东乡区、南城县、黎川县、南丰县、崇仁县、乐安县、宜黄县、金溪县、资溪县、广昌县	Linchuan,Dongxiang,Nancheng,Lichuan,Nanfeng,Chongren,Le'an,Yihuang,Jinxi,Zixi,Guangchang
上饶市	Shangrao	1	1	9	2	信州区、广丰区、上饶县、玉山县、铅山县、横峰县、弋阳县、余干县、鄱阳县、万年县、婺源县、德兴市	Xinzhou,Guangfeng,Shangrao,Yushan,Yanshan,Hengfeng,Yiyang,Yugan,Poyang,Wannian,Wuyuan,Dexing

1-2 按行业门类分组的一套表法人单位数

Number of Legal Entities in Online Direct Reporting Platform by Sector

单位：个 (unit)

行业门类	Industry Category	2017	2018
总 计	**Total**	**25665**	**27532**
采矿业	Mining	444	415
制造业	Manufacturing	10181	11272
电力、热力、燃气及水生产和供应业	Production and Supply of Electricity, Heat Gas and Water	264	305
建筑业	Construction	2452	2785
批发和零售业	Wholesale and Retail Trade	4047	4483
交通运输、仓储和邮政业	Transport, Storage and Post	1775	1673
住宿和餐饮业	Hotels and Catering Services	977	1137
信息传输、软件和信息技术服务业	Information Transmission,Software and Information Technology Serv	338	312
房地产业	Real Estate	2702	2842
租赁和商务服务业	Leasing and Business Services	912	728
科学研究和技术服务业	Scientific Reseach and Technical Services	342	328
水利、环境和公共设施管理业	Management of Water Conservancy, Public Environment and Facilities	169	170
居民服务、修理和其他服务业	Services to Households, Repair and Other Services	255	222
教育	Education	276	302
卫生和社会工作	Health Care and Social Services	236	264
文化、体育和娱乐业	Culture,Sports and Entertainment	295	294

注：一套表法人单位主要包括规模以上工业、有资质的建筑业、限额以上批发和零售业、限额以上住宿和餐饮业、全部房地产开发经营业、规模以上服务业。

a) Legal Entities in Online Direct Reporting Platform mainly include industrial enterprises above designated size, construction enterprisessize, with qualificatoin certificates, wholesale and retail trade enterprises above designated size, hotels and catering enterprises above designated real estate enterprises,and service enterprises above designated size.

1-3 按设区市分组的一套表法人单位数

Number of Legal Entities in Online Direct Reporting Platform by Region

单位：个 unit:

地 区	Region	2017	2018
全省	**Province**	**25665**	**27532**
赣江新区[a]	Ganjiang New Pitrict	901	968
南昌市	Nanchang	4381	4786
景德镇市	Jingdezhen	774	740
萍乡市	Pingxiang	1103	1074
九江市	Jiujiang	2994	3225
新余市	Xinyu	829	845
鹰潭市	Yingtan	818	846
赣州市	Ganzhou	3798	4135
吉安市	Ji'an	2745	3155
宜春市	Yichun	3176	3404
抚州市	Fuzhou	1785	1817
上饶市	Shangrao	3262	3505

注：赣江新区单位数通过赣江新区经开组团、赣江新区临空组团、赣江新区永修组团、赣江新区共青组团单位数加总，不再计入全省总数。

a) Number of legal entities of Ganjiang New District in Online Direct Reporting Platform is summed up by the number of entities of Nanchang Economic and Technological Development Zone Growp, Linkong Growp, Yongxiu Growp, and Gongqing Growp. The number of legal entities of Ganjiang New District is not included in provincial toal.

1-4 国民经济和社会发展主要指标与发展速度

指　　标	Item	1978
人口(万人)	**Population (10 000 persons)**	
年末总人口	Population at Year-end	3182.82
#男性人口	Male	1642.78
女性人口	Female	1540.04
#城镇人口	Urban	533.12
乡村人口	Rural	2649.70
就业(万人)	**Employment (10 000 persons)**	
年末社会就业人数	Employment at Year-end	1254.3
#职工人数	Staff and Workers	267.4
年末城镇登记失业人数	Nnmber of Registration Unemployment Persons in Urban Areas at Year-end	21.38
地区生产总值(亿元)	**Gross Domestic Product (100 million yuan)**	**87.00**
第一产业	Primary Industry	36.18
第二产业	Secondary Industry	33.08
第三产业	Tertiary Industry	17.74
人均生产总值(元)	Per Capita GDP (yuan)	276
固定资产投资(亿元)	**Investment in Fixed Assets (100 million yuan)**	
全社会固定资产投资总额	Total Investment in Fixed Assets	8.13
#房地产开发投资	Investment in Real Estate Development	
新增固定资产	Newly Increased Fixed Assets	
财政(亿元)	**Government Finance (100 million yuan)**	
财政总收入	Government Revenue	12.22
一般公共预算收入	General Public Budget Revenue	
一般公共预算支出	General Public Budget Expenditure	16.27
能源生产与消费(万吨标准煤)	**Production and Consumption of Energy (10 000 tons of SCE)**	
能源生产总量	Total Energy Production	
能源消费总量	Total Energy Consumption	
价格指数(上年=100)	**Price Indices (preceding year=100)**	
居民消费价格指数	Consumer Price Index	
商品零售价格指数	Retail Price Index	100.1
工业生产者出厂价格指数	Producer Price Index for Industrial Products	
工业生产者购进价格指数	Producer Price Indices for Purchasing Goods	
固定资产投资价格指数	Investment in Fixed Assets Price Indices	
人民生活	**People's Livelihood**	
城镇非私营单位职工平均工资(元)	Average Wage of Staff and Workers in Urban Non-Private Non-Private Units(yuan)	552
城镇住户人均年可支配收入(元)	Per Capita Annual Disposable Income of Urban Households(yuan)	305
农村住户人均年可支配收入(元)	Per Capita Net Income of Rural Residents (yuan)	141
人民币住户存款年末余额(亿元)	Outstanding Amount of Saving Deposits in Urban and Rural Areas (100 million yuan)	4.16
城镇住户人均住宅建筑面积(平方米)	Per Capita Gross Living Space in Cities (sq.m)	
农村居民人均住房面积(平方米)	Per Capita Net Floor Space of Rural Residents (sq.m)	
城市建设、环境保护	**City Construction ,Environmental Protection**	
人工煤气供气量(万立方米)	Coal Gas Supply(10000 cu.m)	
液化石油气供气量(吨)	Total Liquefied Petroleum Gas Supply (ton)	
道路长度(公里)	Length of Roads (km)	
排水管道长度(公里)	Length of Drainpipes (km)	
公共车辆(汽、电车)运营数(辆)	Operating Public Buses (Buses and Trolley Buses) (unit)	
绿化覆盖面积(公顷)	Coverage Area of Afforestation (hectare)	

注：1.地区生产总值、农业总产值、工业增加值的发展速度均按可比价格计算。
2.自1998年起,职工人数为在岗职工人数。自2012年起，职工人数含劳务派遣人员。
3.从2011年起，固定资产投资项目统计起点由过去的计划投资50万元及以上提高到计划投资500万元及以上
4.2013年起城乡居民调查指标为新口径调查数据，统一为可支配收入指标。

Principal Aggregate Indicators and Growth Rates on National Economic and Social Development

总量指标		Aggregate Data			速度指标 (%)			Indices and Growth Rates (%)			
1990	2000	2010	2017	2018	指数 Index (2018为以下各年) (2018 as Percentage of the Following Years)				平均增长速度 Average Annual Growth Rate		
					1978	1990	2000	2017	1979-2018	1991-2018	2001-2018
3810.64	4148.54	4462.25	4622.06	4647.57	146.0	122.0	112.0	100.6	1.0	0.7	0.6
1972.77	2157.02	2303.16	2370.61	2383.56	145.1	120.8	110.5	100.5	0.9	0.7	0.6
1837.87	1991.52	2159.08	2251.45	2264.02	147.0	123.2	113.7	100.6	1.0	0.7	0.7
775.47	1148.73	1966.07	2523.64	2603.57	488.4	335.7	226.6	103.2	4.0	4.4	4.7
3035.18	2999.81	2496.18	2098.42	2044.00	77.1	67.3	68.1	97.4	-0.6	-1.4	-2.1
1816.5	2060.9	2498.8	2645.6	2636.1	210.2	145.1	127.9	99.6	1.9	1.3	1.4
386.2	291.6	279.6	427.5	400.3	149.7	103.7	137.3	93.6	1.0	0.1	1.8
10.26	16.68	26.26	32.33	35.10	164.2	342.1	210.4	108.6	1.2	4.5	4.2
428.62	**2003.07**	**9483.50**	**20006.31**	**21984.78**	**4943.2**	**1756.0**	**684.0**	**108.7**	**10.2**	**10.8**	**11.3**
175.96	485.14	1188.26	1835.26	1877.33	744.2	351.4	225.5	103.4	5.1	4.6	4.6
133.56	700.76	5163.42	9627.98	10250.21	11644.7	3722.7	1153.5	108.3	12.6	13.8	14.6
119.10	817.17	3131.82	8543.07	9857.24	7241.1	1891.1	544.7	110.3	11.3	11.1	9.9
1134	4851	21325	43424	47434	3368.6	1434.7	610.8	108.0	9.2	10.0	10.6
70.65	548.20	7164.62	22085.34	-	300990.9	34636.3	4463.8	111.2	16.2	16.6	16.6
2.88	42.37	706.82	2013.98	-		75571.5	5133.5	110.4		16.8	15.7
32.5	453.31	4739.38	12358.13	-		33238.2	2385.4	109.4		4.0	2.5
40.62	171.69	1226.24	3447.72	3795.79	31062.1	9344.6	2210.8	110.1	15.4	17.6	18.8
	111.55	778.09	2247.06	2373.01			2127.2	105.6			18.5
50.76	223.47	1923.26	5111.47	5667.52	34834.2	11165.3	2536.1	110.9	15.8	18.3	19.7
1282.42	1293.23	2312.80	1525.19	1194.22		93.1	92.3	78.3		-0.3	-0.4
1732.29	2505.00	6280.55	8995.34	9212.07		531.8	367.7	102.4		6.1	7.5
102.1	100.3	103.0	102.0	102.1		296.8	148.6	102.1		4.0	2.2
101.3	98.5	102.7	101.0	101.0	477.7	226.5	132.0	101.0	4.0	3.0	1.6
	101.0	115.3	107.9	104.2			171.3	104.2			3.0
	101.2	111.8	107.2	103.2			193.0	103.2			3.7
	101.4	104.8	106.1	106.4			159.8	106.4			2.6
1729	7014	29092	63069	70772	12821.0	4093.2	1009.0	112.2	12.9	14.2	13.7
1188	5104	15660	31198	33819	11075.1	2847.0	662.6	108.4	12.5	12.7	11.1
670	2135	5987	13242	14460	10277.2	2158.5	677.2	109.2	12.3	11.6	11.2
142.79	1243.15	6113.24	15503.39	17184.44	413087.5	12034.8	1382.3	110.8	23.1	18.7	15.7
	32.4	38.88	42.50	48.30			149.1	113.6			2.2
20.58	27.79	40.26	54.90	59.20		287.7	213.0	107.8		3.8	4.3
1203	39463	58208	17972	-							
12182	164698	188847	218325	202716		1664.1	123.1	92.9		10.6	1.2
1108	3033	5742	10289	11222		1012.8	370.0	109.1		8.6	7.5
878.0	2074	7340	14134	17331		1973.9	835.6	122.6		11.2	12.5
[illegible]	[illegible]	[illegible]	[illegible]	[illegible]		[illegible]	[illegible]	[illegible]		[illegible]	[illegible]
7044	20044	48924	69027	75471		1071.4	376.5	109.3		8.8	7.6

a) Growth rates of Gross Domestic Product, gross output value of agriculture and gross industrial value-added are calculated at constant prices.
b) Since 1998,number of staff and workers refers to number of employed staff and workers.Since 2012, number of staff and workers includes dispatched laborers.
c) Since 2011,the starting point of the fixed asset investment projects have been raised from the planned investment of 500 000 yuan or more to the planned investment of 5 million yuan and above. 5 000 000 million and above since 2011.
d) Indicators of urban and rural residents survey are adjusted to disposable income since 2013.

1-4 续表1

指 标	Item	1978
一般工业固体废物综合利用量(万吨)	General Industrial Solid Wastes Utilized (10 000 tons)	
一般工业固体废物综合利用率(%)	Ratio of General Industrial Solid Wastes Utilized (%)	
农业	**Agriculture**	
农业总产值(亿元)	Gross Output Value of Agriculture (100 million yuan)	49.29
主要农产品产量	Output of Major Farm Products	
粮食(万吨)	Grain (10 000 tons)	1125.74
棉花(万吨)	Cotton (10 000 tons)	3.48
油料折油(万吨)	Oil-bearing Crops Converted Into Oil (10 000 tons)	6.63
油料(万吨)	Oil-bearing Crops (10 000 tons)	13.49
黄红麻(万吨)	Jute and Ambary Hemp (10 000 tons)	4800
烟叶(万吨)	Tobacco (10 000 tons)	0.61
茶叶(吨)	Tea (ton)	8878
蚕茧(吨)	Silkworm Cocoons (ton)	143
甘蔗(万吨)	Sugar Cane (10 000 tons)	68.29
水果(万吨)	Fruits (10 000 tons)	2.92
肉类总产量(万吨)	Total Output of Meat (10 000 tons)	26.27
水产品(万吨)	Aquatic Products (10 000 tons)	5.93
生猪年末存栏(万头)	Number of Hogs on Hand at Year-end (10 000 heads)	944.27
生猪当年出栏(万头)	Number of Slaughtered Fattened Hogs of the Year (10 000 heads)	574.00
工业	**Industry**	
主要工业产品产量	Output of Major Industrial Products	
化学纤维(万吨)	Chemical Fiber (10 000 tons)	0.42
布(混合数)(万米)	Cloth (10 000 m)	20173
机制纸及纸板(万吨)	Machine-made Paper and Paperboard (10 000 tons)	9.26
卷烟(万箱)	Cigarettes (10 000 boxs)	19.14
原煤产量(万吨)	Coal (10 000 tons)	1435.50
原油加工量(万吨)	Processed Crude Oil (10 000 tons)	
发电量(亿千瓦时)	Electricity (100 million kwh)	45.31
粗钢 (万吨)	Crude Steel (10 000 tons)	25.64
钢材 (万吨)	Rolled Steel (10 000 tons)	24.50
水泥(万吨)	Cement (10 000 tons)	155.56
汽车(万辆)	Vehicles (10 000 unit)	0.10
照相机(万架)	Cameras (10 000 sets)	1.00
化学肥料(折合100%)(万吨)	Chemical Fertilezers (pure) (10 000 tons)	15.97
化学农药(原药)(吨)	Chemical Pesticide (ton)	13539
规模以上工业企业主要指标(亿元)	Main Indicators of Industrial Enterprises above Designated Size (100 million yuan)	
工业增加值	Gross Industrial Value-added	
资产总计	Total Assets	
主营业务收入	Revenue from Principal Business	
建筑业(资级企业)	**Construction With Grade**	
建筑业企业人数(万人)	Number of Employed Persons (10 000 persons)	
建筑业总产值(亿元)	Gross Output Value (100 million yuan)	
施工房屋面积(万平方米)	Floor Space of Buildings Under Construction (10 000 sq.m)	
竣工房屋面积(万平方米)	Floor Space of Buildings Completed (10 000 sq.m)	
交通运输业	**Transportation**	
铁路营业里程(公里)	Length of Railways in Operation (km)	1184
公路通车里程(公里)	Length of Highways (km)	30245

注：1.2000年及以后工业产品产量为规模以上产量。
2.公路通车里程从2006年开始包括村道。

continued

总量指标	Aggregate Data				速度指标（%）	Indices and Growth Rates (%)					
					指数 Index（2018为以下各年）(2018 as Percentage of the Following Years)				平均增长速度 Average Annual Growth Rate		
1990	2000	2010	2017	2018	1978	1990	2000	2017	1979-2018	1991-2018	2001-2018
	702.24	4379.14	4593.78	4970.13			707.8	108.2			11.5
	14.64	46.54	37.15	42.41							
255.24	741.35	1900.58	3069.00	3148.57	746.6	377.1	223.2	103.5	5.2	4.9	4.6
1658.20	1614.60	1954.70	2221.7	2190.7	194.6	132.1	135.7	98.6	1.7	1.0	1.7
5.70	6.80	13.08	7.77	7.21	207.2	126.5	106.0	92.8	1.8	0.8	0.3
19.61	32.52	36.47	46.11	47.22	712.2	240.8	145.2	102.4	5.0	3.2	2.1
54.89	96.73	107.57	117.32	120.80	895.5	220.1	124.9	103.0	5.6	2.9	1.2
18800	4400	1123	200	97	2.0	0.5	2.2	48.5	-9.3	-17.1	-19.1
2.31	1.82	3.76	5.57	3.61	591.8	156.3	198.4	64.8	4.5	1.6	3.9
19415	15703	29808	61399	65362	736.2	336.7	416.2	106.5	5.1	4.4	8.2
2639	3266	7550	6274	6177	4319.6	234.1	189.1	98.5	9.9	3.1	3.6
194.29	136.81	59.10	65.51	64.57	94.6	33.2	47.2	98.6	-0.1	-3.9	-4.1
23.30	42.34	297.13	455.23	470.21	16103.1	2018.1	1110.6	103.3	13.5	11.3	14.3
111.74	192.31	308.20	326.05	325.68	1239.7	291.5	169.4	99.9	6.5	3.9	3.0
30.68	127.12	215.34	250.55	255.95	4316.2	834.3	201.3	102.2	9.9	7.9	4.0
1547.26	1473.50	1756.33	1621.34	1587.25	168.1	102.6	107.7	97.9	1.3	0.1	0.4
1313.18	1992.27	2897.54	3180.46	3124.00	544.3	237.9	156.8	98.2	4.3	3.1	2.5
2.00	7.08	17.92	46.33	54.62	13004.8	2731.0	771.5	123.7	12.9	12.5	12.0
30566	21710	80517	127379	77928	386.3	254.9	358.9	60.0	3.4	3.4	7.4
25.59	24.02	186.59	211.04	214.50	2316.4	838.2	893.0	105.3	8.2	7.9	12.9
47.02	50.99	111.80	131.65	127.60	666.7	271.4	250.2	96.9	4.9	3.6	5.2
2027.11	1813.76	2912.22	938.92	530.46	37.0	26.2	29.2	56.5	-2.5	-4.7	-6.6
155.10	327.62	468.43	698.72	766.59		494.3	234.0	109.7		5.9	4.8
121.41	226.77	637.59	1157.83	1274.72	2813.3	1049.9	562.1	110.1	8.7	8.8	10.1
112.09	319.86	1834.03	2412.69	2499.18	9747.2	2229.6	781.3	104.0	12.1	11.7	12.1
92.32	282.90	1951.55	2524.44	2571.34	10495.3	2785.2	908.9	107.9	12.3	12.6	13.0
469.13	1382.00	6220.54	8934.13	8813.55	5665.7	1878.7	637.7	104.7	10.6	11.0	10.8
0.97	13.36	37.28	61.02	55.04	55539.9	5667.8	412.1	90.6	17.1	15.5	8.2
9.00	17.84	0.58	130.98	64.50	6450.0	716.7	361.5	49.2	11.0	7.3	7.4
31.07	43.43	113.42	22.66	10.98	68.8	35.3	25.3	48.5	-0.9	-3.6	-7.4
5146	13796	21213	35399	49306	364.2	958.1	357.4	105.0	3.3	8.4	7.3
	269.81	3101.89	-	-			1606.4	108.9			16.7
	1835.86	8424.86	22909.29	24085.48			1311.9	105.1			15.4
	897.00	14196.68	35585.11	32077.36			3576.1	90.1			22.0
12.58	29.80	86.10	160.89	150.69		1197.9	505.7	93.7		9.3	9.4
13.76	116.41	1691.47	6172.70	6884.87		50035.4	5914.3	111.5		24.9	25.4
487.50	2572.30	13669.67	30726.83	33362.42		6843.6	1297.0	108.6		16.3	15.3
192.50	1359.80	6488.09	15042.24	15635.20		8122.2	1149.8	103.9		17.0	14.5
1581	2197	2734	4137	4134	349.2	261.5	188.2	99.9	3.2	3.5	3.6
33203	60292	140597	162285	161941	535.4	487.7	268.6	99.8	4.3	5.8	5.6

a) Output of industrial products are above designated size since 2000.
b) The total length of highways has included the village road since 2006.

1-4 续表2

指　　标	Item	1978
货物周转量(亿吨公里)	Freight Ton-kilometers (100 million ton-km)	128.63
铁　　路(亿吨公里)	Railways (100 million ton-km)	108.48
公　　路(亿吨公里)	Highways (100 million ton-km)	5.14
水　　运(亿吨公里)	Waterways (100 million ton-km)	15.01
旅客周转量(亿人公里)	Passenger-kilometers (100 million person-km)	44.67
铁　　路(亿人公里)	Railways (100 million person-km)	26.73
公　　路(亿人公里)	Highways (100 million person-km)	16.83
水　　运(亿人公里)	Waterways (100 million person-km)	1.13
邮电通信业	**Postal and Telecommunication Services**	
邮电业务总量(亿元)	Business Volume of Postal and Telecommunication Services (100 million yuan)	0.92
函　件(万件)	Number of Letters (10 000 pcs)	7372
移动电话用户(万户)	Number of Mobile Telephone Subscribers (10 000 subscribers)	
固定电话用户(万户)	Fixed Telephone Subscribers (10 000 Subscribers)	5.6
城市	Urban	3.01
农村	Rural	2.58
计算机互联网用户(万户)	Number of Internet Services Subscribers (10 000 subscribers)	
内外贸易和旅游	**Domestic Trade , Foreign Trade and Tourism**	
社会消费品零售总额(亿元)	Total Retail Sales of Consumer Goods (100 million yuan)	33.93
海关进出口总额(万美元)	Total Value of Imports and Exports (USD 10 000)	
出口额	Exports	
进口额	Imports	
外商直接投资合同金额(万美元)	Contracted Foreign Direct Investments (USD 10 000)	
外商直接投资实际使用金额(万美元)	Actually Utilized Foreign Direct Investments (USD 10 000)	
旅游总收入(亿元)	Total Tourism Earnings (100 million yuan)	
入境旅游人数(人次)	Number of International Tourists (person-times)	
旅游收汇收入(万美元)	Foreign Exchange Earnings from International Tourism (USD 10 000)	
金融业(亿元)	**Financial Intermediation (100 million yuan)**	
金融机构人民币存款余额	Deposits of National Banking System	
金融机构人民币贷款余额	Loans of National Banking System	
教育、文化、卫生	**Education,Culture and Health Care**	
高等学校在校学生数(人)	Students Enrollment of Higher Education (person)	21847
中等专业学校在校学生数(人)	Students Enrollment of Specialized Secondary Schools (persons)	28926
普通中学在校学生数(万人)	Students Enrollment of Secondary Schools (10 000 persons)	169.20
小学在校学生数(万人)	Students Enrollment of Primary Schools (10 000 persons)	513.77
报纸出版数量(万份)	Number of Newspapers Published (10 000 copies)	14453
期刊出版数量(万册)	Number of Magazines Published (10 000 copies)	378
图书出版数量(万册)	Number of Books Published (10 000 copies)	8495
卫生机构数(个)	Number of Hospitals (unit)	5178
卫生技术人员(人)	Number of Medical Technical Personnels (person)	70247
医　生	Number of Doctors	30430
病 床 数(张)	Number of Hospital Beds (bed)	72289

注：1.邮电业务总量2000年以前按1990年不变价格计算，2001年以后按2000年不变价格计算，2011年以后按2010年不变价格计算。
2.卫生机构数1996年开始包括个体机构。
3.2007年卫生年报统计口径变动。
4.交通运输数据2008年开始按新口径计算
5.2009年互联网用户口径变化为宽带用户数。

continued

总量指标 Aggregate Data					速度指标（%） Indices and Growth Rates (%)						
					指数 Index（2018为以下各年） (2018 as Percentage of the Following Years)				平均增长速度 Average Annual Growth Rate		
1990	2000	2010	2017	2018	1978	1990	2000	2017	1979–2018	1991–2018	2001–2018
299.06	746.93	2738.70	4217.07	4528.30	3520.4	1514.2	606.3	107.4	9.3	10.2	10.5
204.27	563.82	705.90	532.24	530.25	488.8	259.6	94.0	99.6	4.0	3.5	-0.3
62.83	147.19	1850.20	3432.95	3759.94	73150.6	5984.3	2554.4	109.5	17.9	15.7	19.7
31.96	35.81	182.41	251.87	238.11	1586.3	745.0	664.9	94.5	7.2	7.4	11.1
170.37	453.07	912.76	1000.29	993.73	2224.6	583.3	219.3	99.3	8.1	6.5	4.5
74.65	271.91	564.80	722.66	732.42	2740.1	981.1	269.4	101.4	8.6	8.5	5.7
93.88	171.33	330.48	277.29	260.97	1550.6	278.0	152.3	94.1	7.1	3.7	2.4
1.11	1.20	0.32	0.34	0.34	30.1	30.6	28.3	100.0	-3.0	-4.1	-6.8
2.85	81.31	698.05	790.75	1785.84	193755.0	62661.1	2196.3	225.8	20.8	25.9	18.7
17162	14010	17971	2997	2764	37.5	16.1	19.7	92.2	-2.4	-6.3	-8.6
	140.29	1811.26	3449	4043.5			2882.2	117.2			20.5
12.6	354.1	709.6	477.0	466.1	8338.1	3696.3	131.6	97.7	11.7	13.8	1.5
10.11	234.34	439.74	317.4	313.5	10415.3	3100.9	133.8	98.8	12.3	13.0	1.6
2.49	119.75	269.84	159.6	152.6	5914.7	6128.5	127.4	95.6	10.7	15.8	1.4
	27.0	253.4	997.1	1323.4			4910.6	132.7			24.2
151.94	704.87	2956.21	7448.09	7566.40	22300.0	4979.9	1073.4	111.0	14.5	15.0	14.1
71934	162399	2160007	4433898	4818758		6698.9	2967.2	108.7		16.2	20.7
58023	119736	1341606	3248827	3394269		5849.9	2834.8	104.5		15.6	20.4
13911	42663	818400	1185072	1424490		10240.0	3338.9	120.2		18.0	21.5
2855	26478	749447	1012521	888380		31116.6	3355.2	87.7		22.8	21.6
621	22724	510084	1146373	1257166		202442.2	5532.3	109.7		31.2	25.0
	134.6	818.32	6435.09	8145.12			6051.4	126.6			25.6
52875	163057	1140792	1889316	2063082		3901.8	1265.3	109.2		14.0	15.1
418	6234	34630	62992	74538		17832.0	1195.7	118.3		20.3	14.8
	1966.78	11846.18	32324.91	35069.51			1783.1	108.5			17.4
	1739.87	7757.12	25712.56	30358.38			1744.9	118.1			17.2
56608	144293	816484	1048289	1054400	4826.3	1862.6	730.7	100.6	10.2	11.0	11.7
61675	160022	238744	203941	209801	725.3	340.2	131.1	102.9	5.1	4.5	1.5
181.06	259.22	273.96	287.74	307.83	181.9	170.0	118.8	107.0	1.5	1.9	1.0
450.44	422.68	426.02	422.90	421.22	82.0	93.5	99.7	99.6	-0.5	-0.2	0.0
58930	39929	70449	90694	88317	611.1	149.9	221.2	97.4	4.6	1.5	4.5
2714	9060	7060	7385	7435	1966.9	273.9	82.1	100.7	7.7	3.7	-1.1
19216	20300	16039	22657	24587	289.4	128.0	121.1	108.5	2.7	0.9	1.1
5632	8048	7172	8057	8237	159.1	146.3	102.3	102.2	1.2	1.4	0.1
116786	123192	154733	235773	247204	351.9	211.7	200.7	104.8	3.2	2.7	3.9
51994	54437	59264	83652	87277	286.8	167.9	160.3	104.3	2.7	1.9	2.7
92271	90930	127915	221921	249510	345.2	270.4	274.4	112.4	3.1	3.6	5.8

a) Business volume of post and telecommunication services before 2000 are calculated at constant prices of 1990 and at 2000 constant prices since 2000， and at 2011 constant prices since2010.
b) Number of hospitals include individual since 1996.
c) Statistical standards in health report have changed since 2007.
d)The datas of transportation are calculated according to new statistical scope since 2008.
e)Internet subscriber is adjusted to DSL subscriber in 2009.

1–5 国民经济主要比例关系

Composition Indicators on National Economic

单位：%　　　　(%)

指　　标	Item	1978	1980	1990	2000	2010	2017	2018
地区生产总值	**Gross Domestic Product**							
第一产业	Primary Industry	41.6	43.5	41.0	24.2	12.5	9.2	8.6
第二产业	Secondary Industry	38.0	36.9	31.2	35.0	54.5	48.1	46.6
工　业	Industry	26.6	27.8	27.2	27.2	45.6	38.9	36.9
建筑业	Construction	11.4	9.1	4.0	7.8	8.8	9.2	9.7
第三产业	Tertiary Industry	20.4	19.6	27.8	40.8	33.0	42.7	44.8
#交通运输邮电业	Transport,Postal and Telecommunication Services	2.9	3.5	5.9	9.7	4.7	4.3	4.2
批零贸易和住宿餐饮业	Wholesale and Retaill Trades,Hotel and Catering Services	5.6	5.2	4.6	9.1	9.1	9.4	9.2
金融业	Financial Intermediation	1.4	1.3	6.4	4.6	2.5	5.5	5.6
全省总人口	**Province Total Population**							
城镇人口	Urban				27.7	44.1	54.6	56.0
乡村人口	Rural				72.3	55.9	45.4	44.0
社会就业人员	**Total Employed Persons**							
第一产业	Primary Industry	77.2	77.7	65.7	46.6	35.6	28.5	27.5
第二产业	Secondary Industry	13.0	12.3	20.3	24.4	29.6	32.7	32.9
第三产业	Tertiary Industry	9.8	10.0	14.0	29.0	34.8	38.9	39.6
农业总产值	**Gross Agricultural Output Value**							
农　业	Farming	74.0	70.7	60.1	46.5	43.1	48.5	49.2
林　业	Forestry	11.9	14.1	9.4	7.8	9.6	9.7	10.1
牧　业	Animal Husbandry	12.8	14.0	26.4	29.9	29.8	23.1	21.3
渔　业	Fishery	1.3	1.2	4.1	13.5	13.5	14.8	15.1
服 务 业	Service in Support of Agriculture				2.3	4.0	3.9	4.2
全社会固定资产投资	**Total Investment in Fixed Assets**							
第一产业	Primary Industry					2.9	2.6	-
第二产业	Secondary Industry					57.5	53.5	-
第三产业	Tertiary Industry					39.6	43.9	-
财政支出	**Government Expenditures**							
文教科学卫生	Operating Expenses for Culture, Education, Science and Health Care	18.0	25.4	27.4	24.7	25.7	22.2	25.1
#科　学	Science	0.2	0.4	0.8	0.5	0.9	2.3	2.6
教　育	Education	10.6	15.6	16.4	17.1	15.5	18.4	18.6

1-6 主要指标每人年平均水平
Per Capita Average Annual Level of Principal Indicators

指标	Item	1978	1980	1990	2000	2010	2017	2018
地区生产总值(元)	**Gross Domestic Product (yuan)**	**276**	**342**	**1134**	**4851**	**21325**	**43424**	**47434**
第一产业	Primary Industry	115	149	466	1175	2672	3983	4050
第二产业	Secondary Industry	105	126	353	1697	11611	20898	22116
第三产业	Tertiary Industry	56	67	315	1979	7042	18543	21268
财政总收入(元)	**Government Revenue (yuan)**	**39**	**38**	**107**	**416**	**2757**	**7459**	**8190**
年末居民储蓄存款余额(元)	**Balance of Savings Deposit of Households at Year-end (yuan)**	**13**	**24**	**375**	**2997**	**13746**	**33542**	**36957**
主要农产品产量(公斤)	**Output of Major Farm Products (kg)**							
粮　食	Grain	357.33	381.60	438.86	391.04	439.53	480.68	472.66
棉　花	Cotton	1.10	1.32	1.51	1.65	2.94	1.68	1.56
油料折油	Oil-bearing Crops Converted into oil	2.10	2.09	5.19	7.88	8.20	9.98	10.19
甘　蔗	Sugar Cane	21.68	26.38	51.42	33.13	13.29	14.17	13.93
水　果	Fruits	0.93	1.73	6.17	10.25	66.81	98.49	101.45
肉类总产量	Total output of Meat	8.34	11.71	29.57	46.58	69.30	70.54	70.27
水产品	Aquatic Products	1.88	2.32	8.12	30.79	48.42	54.21	55.22
主要工业产品产量	**Output of Major Industrial Products**							
化学纤维(公斤)	Chemical Fiber (kg)	0.13	0.41	0.53	1.71	4.03	10.02	11.78
布(混合数)(米)	Cloth (m)	6.40	9.24	8.09	5.26	18.10	27.56	16.81
机制纸及纸板(公斤)	Machine-made Paper and Paperboard (kg)	2.94	3.91	6.77	5.82	41.96	45.66	46.28
原　煤(公斤)	Coal (kg)	455.65	458.62	536.50	439.28	636.40	203.14	114.45
原油加工量(公斤)	Processed Crude Oil (kg)					1053.31	1511.71	1653.98
发电量(千瓦小时)	Electricity (kwh)	143.82	176.05	321.32	486.95	1387.46	2505.01	2750.31
粗钢(公斤)	Crude Steel (kg)	8.14	11.93	29.67	77.47	412.40	521.99	539.22
钢材(公斤)	Rolled Steel (kg)	7.78	14.36	24.43	68.52	438.83	546.17	554.79
水　泥(公斤)	Cement (kg)	49.38	61.85	124.16	334.71	1398.75	1932.93	1901.60
化学肥料(公斤)	Chemical Fertilezers (kg)	5.07	7.92	8.22	10.52	25.50	4.90	2.37
化学农药(公斤)	Chemical Pesticide (kg)	0.43	0.54	0.14	0.33	0.48	0.77	1.06
主要消费品消费量	**Consumption of Major Consumer Good**							
农村居民食品消费量(公斤)	Living Consumption of Rural Households (kg)							
粮　食	Grain		314.55	340.85	303.61	213.52	167.28	147.57
植物油	Vegetable Oils		2.03	4.76	8.73	6.57	11.36	12.09
猪牛羊肉	Pork, Beef and Mutton		6.60	11.99	12.64	12.71	18.71	24.67
蛋　类	Eggs		1.04	1.95	3.26	3.28	5.84	6.01
水产品	Aquatic Products		1.54	2.02	3.73	5.23	8.43	9.49
城镇居民消费量(公斤)	Purchase of Urban Households (kg)							
粮　食	Grain						112.43	121.25
油脂类	Oil						14.41	14.37
肉类	Meat						31.90	34.46
禽类	Pouorty						10.21	10.36
蛋类及蛋制品	Eggs and Related Products						8.19	8.43
水产品	Aquatic Products						17.03	15.97

注：2013年起城乡居民消费品为新口径调查数据。

a) New statistical caliber is applied in living consumption of urban and rural households since 2013.

1-7 江 西 的 一 天

One Day of Jiangxi

指　标	Item	1978	2000	2010	2017	2018
全省每天创造的财富	**Province Daily Production**					
地区生产总值(万元)	Gross Domestic Product (10 000 yuan)	2384	54879	259822	548118	602323
第一产业	Primary Industry	991	13292	32555	50281	51434
第二产业	Secondary Industry	907	19199	141464	263780	280828
工业	Industry	635	14788	118556	213413	222273
建筑业	Construction	272	4410	22907	50382	58555
第三产业	Tertiary Industry	486	22388	85803	234057	270061
#交通运输邮电业	Transport,Postal and Telecommunication Services	70	5342	12251	23734	25329
批零贸易和住宿餐饮业	Wholesaleand Retaill Trades,Hotel and Catering Services	135	4985	23770	51526	55336
金融业	Financial Intermediation	32	2708	6616	30332	33802
财政总收入(万元)	Government Revenue (10 000 yuan)	335	4704	33596	94458	103994
财政支出(万元)	Government Expenditures (10 000 yuan)	446	6123	52692	140040	155275
布产量(万米)	Cloth (10 000 meters)	55	59	221	349	214
机制纸及纸板(吨)	Machine-made Paper and Paperboard (ton)	254	658	5112	5782	5877
原煤产量(吨)	Coal (ton)	39329	49692	77540	25724	14533
原油加工量(吨)	Processed Crude Oil (ton)			12834	19143	21002
发电量(万千瓦小时)	Electricity (10 000 kwh)	1241	5508	16905	31721	34924
粗钢(吨)	Crude Steel (ton)	702	8763	50247	66101	68471
钢材(吨)	Rolled Steel (ton)	671	7751	53467	69163	70448
水泥(吨)	Cement (ton)	4262	37863	170426	244771	241467
汽车(辆)	Vehicles (unit)	3	366	1021	1672	1508
照相机(架)	Cameras (set)	27	489	16	3588	1767
全省每天消费	**Province Daily Consumption**					
能源消费(万吨标准煤)	Energy Consumption(10 000 tons of SCE)		6.86	17.41	24.64	25.24
社会消费品零售总额(万元)	Total Retail Sales of Consumer Goods (10 000 yuan)	930	19312	80992	204057	207299
全省每天其他活动	**Province Other Daily Economic Activities**					
货物运输量(万吨)	Freight Traffic (10 000 tons)	12.89	64.66	274.90	422.90	477.22
旅客运输量(万人)	Passenger Traffic (10 000 persons)	17.69	98.14	209.95	176.47	171.01
出版报纸(万份)	Newspapers Published (10 000 copies)	39.60	109.39	193.01	248.48	241.96
出版期刊(万册)	Number of Magazines Published (10 000 copies)	1.03	28.70	19.34	20.23	20.37
出版图书(万册)	Books Published (10 000 copies)	23.27	55.62	43.94	62.07	67.36
邮电业务总量(万元)	Business Volume of Postal and Telecommunication Services (10 000 yuan)	21	2228	19125	21664	48927
邮寄函件(万件)	Letters Delivered (10 000 pieces)	20.20	38.38	49.24	8.21	7.57
邮寄包裹(件)	Packages Delivered (piece)		6767	3321	1373	1373
结婚人数(对)	Number of Marriages (couple)	437	810	989	827	906
离婚人数(对)	Number of Divorces (couple)	28	66	134	237	294

1-8 地区生产总值

Gross Domestic Product

本表按当年价格计算。

Data in this table are calculated at current prices.

单位：亿元 (100 million yuan)

年份 地区 Year Region	地区生产总值 Gross Domestic Product	第一产业 Primary Industry	第二产业 Secondary Industry	工业 Industry	建筑业 Construction	第三产业 Tertiary Industry	交通运输仓储和邮政业 Transport, Storage and Post	批发零售和住宿餐饮业 Whlesale and Retail Trades,Hotels and Catering Services	金融业 Financial Intermediation	人均地区生产总值（元） Per Capita GDP (yuan)
1978	87.00	36.18	33.08	23.16	9.92	17.74	2.54	4.91	1.18	276
1980	111.15	48.31	41.00	30.84	10.16	21.84	3.92	5.78	1.39	342
1985	207.89	84.06	76.05	63.13	12.92	47.78	12.27	11.57	5.60	597
1990	428.62	175.96	133.56	116.50	17.06	119.10	25.18	19.74	27.33	1134
1991	479.37	183.27	154.77	135.82	18.95	141.33	26.73	27.86	31.17	1249
1992	572.55	200.81	199.40	168.14	31.26	172.34	31.61	35.80	38.83	1472
1993	723.04	225.58	282.46	233.76	48.70	215.00	39.43	44.68	48.44	1835
1994	948.16	314.35	338.23	269.16	69.07	295.58	55.93	57.76	61.71	2376
1995	1169.73	374.64	403.74	314.49	89.25	391.35	78.32	82.39	71.84	2896
1996	1409.74	440.00	481.30	375.83	105.47	488.44	101.64	108.31	86.32	3452
1997	1605.77	475.18	548.84	438.98	109.86	581.75	115.41	124.66	97.40	3890
1998	1719.87	450.44	608.22	477.15	131.07	661.21	145.40	143.54	100.50	4124
1999	1853.65	464.40	648.82	503.79	145.03	740.43	167.74	161.63	101.15	4402
2000	2003.07	485.14	700.76	543.88	156.88	817.17	194.98	181.96	92.97	4851
2001	2175.68	506.00	786.12	603.23	182.89	883.56	217.94	192.06	82.02	5221
2002	2450.48	535.98	941.77	702.42	239.35	972.73	248.61	214.19	76.51	5829
2003	2807.41	560.00	1204.33	863.31	341.02	1043.08	266.11	243.06	64.31	6624
2004	3469.01	673.77	1576.14	1149.79	426.35	1219.10	259.03	296.37	65.10	8126
2005	4073.32	727.37	1930.65	1468.68	461.97	1415.30	300.97	355.63	69.55	9479
2006	4842.96	786.14	2437.59	1923.00	514.59	1619.23	339.58	406.55	79.75	11197
2007	5825.99	902.41	2998.68	2435.45	563.23	1924.90	372.23	473.70	101.34	13381
2008	7000.28	1051.83	3584.87	2936.92	647.95	2363.58	389.17	596.97	130.57	15967
2009	7702.71	1101.03	3955.38	3232.49	722.89	2646.30	395.74	721.48	165.10	17442
2010	9483.50	1188.26	5163.42	4327.30	836.12	3131.82	447.16	867.60	241.49	21325
2011	11738.45	1363.29	6441.00	5462.31	978.69	3934.16	508.57	1102.26	357.44	26229
2012	12987.99	1484.41	7003.63	5889.24	1114.39	4499.95	631.76	1246.78	413.07	28887
2013	14452.19	1540.65	7783.87	6523.26	1260.61	5127.67	679.48	1354.75	542.83	32023
2014	15759.45	1626.87	8330.03	6930.73	1399.59	5802.55	710.88	1467.43	739.70	34773
2015	16780.89	1714.47	8506.79	7013.22	1493.77	6559.63	736.11	1577.80	897.65	36850
2016	18388.59	1794.12	8829.54	7219.11	1610.91	7764.93	796.47	1690.00	1056.30	40159
2017	[illegible]	[illegible]	[illegible]	[illegible]	[illegible]	[illegible]	[illegible]	[illegible]	[illegible]	[illegible]
2018	21984.78	1877.33	10250.21	8112.96	2137.25	9857.24	924.32	2019.78	1233.76	47434

注：1. 自2005年起，交通运输仓储和邮政业不含信息传输计算机服务和软件业。

2. 自2013年起，行业分类执行国民经济新行业分类标准(2011)。

3. 自2004年起，为研发支出计入GDP核算改革后数据。

a) Since 2005, transportation,storage and post does not include information transmission, computer service and software.

b) New industrial classification for national economic activities (2011) is adopted since 2013.

c)Since 2004, GDP has included data for R&D expenditure after the GDP accounting reform.

1-9 地区生产总值构成
Composition of Gross Domestic Product

本表按当年价格计算。
Data in this table are calculated at current prices.

单位：% (%)

年份 地区 Year Region	地区生产总值 Gross Domestic Product	第一产业 Primary Industry	第二产业 Secondary Industry	工业 Industry	建筑业 Construction	第三产业 Tertiary Industry	交通运输仓储和邮政业 Transport, Storage and Post	批发零售和住宿餐饮业 Whlesale and Retail Trades,Hotels and Catering Services	金融业 Financial Intermediation
1978	100.0	41.6	38.0	26.6	11.4	20.4	2.9	5.6	1.4
1980	100.0	43.5	36.9	27.8	9.1	19.6	3.5	5.2	1.3
1985	100.0	40.4	36.6	30.4	6.2	23.0	5.9	5.6	2.7
1990	100.0	41.0	31.2	27.2	4.0	27.8	5.9	4.6	6.4
1995	100.0	32.0	34.5	26.9	7.6	33.5	6.7	7.0	6.1
1996	100.0	31.2	34.1	26.6	7.5	34.7	7.2	7.7	6.1
1997	100.0	29.6	34.2	27.3	6.9	36.2	7.2	7.8	6.1
1998	100.0	26.2	35.4	27.8	7.6	38.4	8.5	8.3	5.8
1999	100.0	25.1	35.0	27.2	7.8	39.9	9.0	8.7	5.5
2000	100.0	24.2	35.0	27.2	7.8	40.8	9.7	9.1	4.6
2001	100.0	23.3	36.1	27.7	8.4	40.6	10.0	8.8	3.8
2002	100.0	21.9	38.5	28.7	9.8	39.6	10.1	8.7	3.1
2003	100.0	19.9	42.9	30.8	12.1	37.2	9.5	8.7	2.3
2004	100.0	19.4	45.4	33.1	12.3	35.1	7.5	8.5	1.9
2005	100.0	17.9	47.4	36.1	11.3	34.7	7.4	8.7	1.7
2006	100.0	16.2	50.3	39.7	10.6	33.4	7.0	8.4	1.6
2007	100.0	15.5	51.5	41.8	9.7	33.0	6.4	8.1	1.7
2008	100.0	15.0	51.2	42.0	9.3	33.8	5.6	8.5	1.9
2009	100.0	14.3	51.3	42.0	9.4	34.4	5.1	9.4	2.1
2010	100.0	12.5	54.4	45.6	8.8	33.1	4.7	9.1	2.5
2011	100.0	11.6	54.9	46.5	8.3	33.5	4.3	9.4	3.0
2012	100.0	11.5	53.9	45.3	8.6	34.6	4.9	9.6	3.2
2013	100.0	10.7	53.8	45.1	8.7	35.5	4.7	9.4	3.8
2014	100.0	10.3	52.9	44.0	8.9	36.8	4.5	9.3	4.7
2015	100.0	10.2	50.7	41.8	8.9	39.1	4.4	9.4	5.3
2016	100.0	9.8	48.0	39.3	8.8	42.2	4.3	9.2	5.7
2017	100.0	[illegible]	[illegible]	[illegible]	[illegible]	[illegible]	4.3	9.4	[illegible]
2018	100.0	8.6	46.6	36.9	9.7	44.8	4.2	9.2	5.6

1-10 地区生产总值指数

Indices of Gross Domestic Product

本表按可比价格计算。
Data in this table are calculated at constant pieces.

(1978年=100) (year of 1978=100)

年 份 Year	地区生产总值 Gross Domestic Product	第一产业 Primary Industry	第二产业 Secondary Industry			第三产业 Tertiary Industry				人均地区生产总值 Per Capita GDP
				工 业 Industry	建筑业 Construction		交通运输仓储和邮政业 Transport, Storage and Post	批发零售和住宿餐饮业 Whlesale and Retail Trades,Hotels and Catering Services	金融业 Financial Intermediation	
1978	100	100	100	100	100	100	100	100	100	100
1979	115.8	115.4	115.9	120.9	104.2	116.6	141.6	108.2	83.3	113.8
1980	120.7	116.4	129.7	138.9	108.1	114.4	147.1	106.1	98.1	117.0
1981	127.5	128.3	127.8	142.2	93.6	125.0	152.0	120.4	107.2	122.2
1982	139.4	144.1	131.5	146.5	96.4	141.4	202.3	131.1	141.6	132.0
1983	148.9	144.2	150.6	165.5	115.4	154.8	221.7	149.1	155.1	139.1
1984	171.8	157.9	182.5	211.0	115.4	183.0	235.9	156.6	314.1	157.9
1985	197.2	169.1	218.3	258.7	123.5	222.9	303.1	182.8	382.9	178.3
1986	210.4	171.0	234.2	286.9	117.0	256.8	312.5	210.6	514.6	187.0
1987	227.9	186.6	250.4	310.4	115.5	280.2	320.9	199.9	761.6	199.2
1988	253.9	191.6	291.5	361.3	134.4	327.6	375.1	233.7	1077.7	218.7
1989	269.4	199.1	305.2	373.9	150.8	364.0	390.9	207.8	1353.6	228.5
1990	281.5	211.8	312.8	392.2	133.9	382.9	439.0	136.5	1368.5	234.8
1991	304.6	219.2	349.7	434.6	138.5	429.2	407.4	177.7	1467.0	250.1
1992	349.7	231.9	430.1	511.5	222.7	511.6	449.0	275.3	1665.0	283.4
1993	397.6	235.6	554.4	650.1	315.3	573.0	489.4	277.5	1981.4	318.0
1994	432.6	249.0	593.2	678.1	392.5	659.0	580.4	301.6	2211.2	341.5
1995	462.0	261.5	611.0	684.2	449.0	749.3	705.2	348.6	2339.4	360.4
1996	516.1	283.7	692.3	778.6	499.3	848.2	777.8	425.3	2470.4	398.2
1997	579.6	303.0	799.6	917.2	520.8	966.9	912.4	482.7	2670.5	442.4
1998	620.8	291.5	888.4	1013.5	597.4	1087.8	1121.3	562.3	2729.3	468.9
1999	669.2	309.0	946.1	1068.2	670.3	1204.2	1320.9	634.3	2786.6	500.5
2000	722.7	330.0	1009.5	1143.0	705.2	1329.4	1550.7	726.9	2549.7	551.5
2001	786.3	343.9	1139.7	1266.4	844.8	1434.4	1713.5	780.0	2412.0	594.8
2002	868.9	359.0	1350.5	1495.6	1012.9	1533.4	1895.1	862.7	2151.5	651.3
2003	981.9	368.7	1678.7	1787.2	1408.9	1646.9	2052.4	975.7	1912.7	730.1
2004	1111.5	398.2	1990.9	2114.3	1682.2	1808.3	2309.0	1097.7	1579.9	823.6
2005	1254.9	424.1	2333.4	2547.7	1826.9	2005.4	2593.0	1238.2	1668.4	923.2
2006	1409.2	451.6	2713.7	3031.7	1965.7	2203.9	2917.1	1386.7	1786.8	1030.3
2007	1595.3	470.2	3185.9	3689.6	2012.9	2461.8	3284.6	1547.6	1954.8	1159.1
2008	1807.4	492.7	3730.7	4438.6	2087.4	2744.9	3448.9	1767.4	2165.9	1304.0
2009	2046.0	514.9	4368.6	5255.3	2308.7	3038.6	3486.8	2067.8	2577.4	1464.4
2010	2332.5	535.5	5159.4	6295.9	2525.7	3378.9	3922.6	2336.6	2958.9	1657.6
2011	2621.7	556.9	5943.6	7378.8	2639.3	3754.0	4169.8	2612.4	3281.4	1851.6
2012	2910.1	582.5	6720.2	8367.5	2950.8	4110.6	4521.0	2870.6	3632.5	2046.0
2013	3204.0	608.8	7542.3	9396.7	3269.5	4455.9	4822.8	3014.4	4584.2	2244.5
2014	3514.8	637.4	8371.9	10421.0	3632.4	4856.9	4977.1	3210.3	5533.1	2451.0
2015	3834.6	662.2	9158.9	11358.9	4064.6	5347.5	5091.6	3428.6	6756.0	2661.7
2016	4179.7	689.4	9937.4	12347.1	4369.5	5941.1	5330.9	3634.4	7870.7	2885.3
2017	4547.6	719.7	10752.2	13433.6	4609.8	6564.9	5666.7	3870.6	8760.1	3119.0
2018	4943.2	744.2	11644.7	14602.4	4904.8	7241.1	6006.7	4091.2	9364.5	3368.6

1-11 地区生产总值指数

Indices of Gross Domestic Product

本表按可比价格计算。

Data in this table are calculated at constant prices.

(上年=100) (preceding year =100)

年份 地区 Year Region	地区生产总值 Gross Domestic Product	第一产业 Primary Industry	第二产业 Secondary Industry	工业 Industry	建筑业 Construction	第三产业 Tertiary Industry	交通运输仓储和邮政业 Transport, Storage and Post	批发零售和住宿餐饮业 Whlesale and Retail Trades,Hotels and Catering Services	金融业 Financial Intermediation	人均地区生产总值 Per Capita GDP
1978	113.3	99.8	126.1			128.6				
1980	104.2	100.9	111.9	114.9	103.7	98.1	103.9	98.1	117.8	102.8
1985	114.8	107.1	119.6	122.6	107.0	121.8	128.5	116.7	121.9	112.9
1990	104.5	106.4	102.5	104.9	88.8	105.2	112.3	65.7	101.1	102.7
1991	108.2	103.5	111.8	110.8	103.4	112.1	92.8	130.2	107.2	106.5
1992	114.8	105.8	123.0	117.7	160.8	119.2	110.2	154.9	113.5	113.3
1993	113.7	101.6	128.9	127.1	141.6	112.0	109.0	100.8	119.0	112.2
1994	108.8	105.7	107.0	104.3	124.5	115.0	118.6	108.7	111.6	107.4
1995	106.8	105.0	103.0	100.9	114.4	113.7	121.5	115.6	105.8	105.5
1996	111.7	108.5	113.3	113.8	111.2	113.2	110.3	122.0	105.6	110.5
1997	112.3	106.8	115.5	117.8	104.3	114.0	117.3	113.5	108.1	111.1
1998	107.1	96.2	111.1	110.5	114.7	112.5	122.9	116.5	102.2	106.0
1999	107.8	106.0	106.5	105.4	112.2	110.7	117.8	112.8	102.1	106.7
2000	108.0	106.8	106.7	107.0	105.2	110.4	117.4	114.6	91.5	110.2
2001	108.8	104.2	112.9	110.8	119.8	107.9	110.5	107.3	94.6	107.8
2002	110.5	104.4	118.5	118.1	119.9	106.9	110.6	110.6	89.2	109.5
2003	113.0	102.7	124.3	119.5	139.1	107.4	108.3	113.1	88.9	112.1
2004	113.2	108.0	118.6	118.3	119.4	109.8	112.5	112.5	82.6	112.8
2005	112.9	106.5	117.2	120.5	108.6	110.9	112.3	112.8	105.6	112.1
2006	112.3	106.5	116.3	119.0	107.6	109.9	112.5	112.0	107.1	111.6
2007	113.2	104.1	117.4	121.7	102.4	111.7	112.6	111.6	109.4	112.5
2008	113.3	104.8	117.1	120.3	103.7	111.5	105.0	114.2	110.8	112.5
2009	113.2	104.5	117.1	118.4	110.6	110.7	101.1	117.0	119.0	112.3
2010	114.0	104.0	118.1	119.8	109.4	111.2	112.5	113.0	114.8	113.2
2011	112.4	104.0	115.2	117.2	104.5	111.1	106.3	111.8	110.9	111.7
2012	111.0	104.6	113.2	113.4	111.8	109.5	108.5	110.0	110.7	110.5
2013	110.1	104.5	112.1	112.3	110.8	108.4	106.6	104.9	126.2	109.7
2014	109.7	104.7	111.0	110.9	111.1	109.0	103.2	106.5	120.7	109.2
2015	109.1	103.9	109.4	109.0	111.9	110.1	102.3	106.8	122.1	108.6
2016	109.0	104.1	108.5	108.7	107.5	111.1	104.7	106.0	116.5	108.4
2017	108.8	104.4	108.2	108.8	105.5	110.5	106.3	106.5	111.3	108.1
2018	108.7	103.4	108.3	108.7	106.4	110.3	106.0	105.7	106.9	108.0

1-12 收入法地区生产总值

Gross Domestic Product by Income Approach

本表按当年价格计算。
Data in this table are calculated at current prices.

单位：亿元 (100 million yuan)

年 份 地 区 Year Region	地区生产总值 Gross Domestic Product	劳动者报酬 Compensation of Employees	固定资产折旧 Depreciation of Fixed Assets	生产税净额 Net Taxes on Production	营业盈余 Operating Surplus
1978	87.00	57.36	8.19	7.62	13.83
1980	111.15	73.40	9.06	9.05	19.64
1985	207.89	134.11	17.82	19.79	36.17
1990	428.62	265.24	33.85	42.61	86.92
1991	479.37	277.58	44.06	45.52	112.21
1992	572.55	358.84	55.87	50.56	107.28
1993	723.04	462.89	61.49	80.65	118.01
1994	948.16	613.87	97.04	106.10	131.15
1995	1169.73	718.54	123.45	100.37	227.37
1996	1409.74	898.92	140.02	120.04	250.76
1997	1605.77	1044.68	192.38	160.07	208.64
1998	1719.87	1081.83	229.54	166.88	241.62
1999	1853.65	1151.31	282.15	180.32	239.87
2000	2003.07	1218.70	351.87	210.86	221.64
2001	2175.68	1274.14	419.36	280.09	202.09
2002	2450.48	1399.72	497.42	316.47	236.87
2003	2807.41	1555.45	567.25	374.23	310.48
2004	3469.01	1606.15	434.66	409.22	1018.98
2005	4073.32	1845.67	498.63	502.26	1226.76
2006	4842.96	2140.24	581.35	624.30	1497.07
2007	5825.99	2541.01	694.33	778.30	1812.35
2008	7000.28	2997.98	1181.75	1300.32	1520.23
2009	7702.71	3120.36	1391.01	1488.80	1702.54
2010	9483.50	4240.36	1213.10	1616.83	2413.21
2011	11738.45	5116.23	1644.57	1965.45	3012.20
2012	12987.99	5493.23	2033.36	2114.79	3346.61
2013	14452.19	6166.52	1980.92	2240.86	4063.89
2014	15759.45	6331.41	2300.17	2574.53	4553.34
2015	16780.89	7013.93	2284.17	2734.90	4747.89
2016	18388.59	7644.12	2556.74	2824.51	5363.22
2017	20006.31	8413.62	2706.58	3186.67	5699.44
2018	21984.78	9245.66	2974.24	3501.81	6263.07

1-13 支出法地区生产总值

Gross Domestic Product by Expenditure Approach

本表按当年价格计算

Data in this table are calculated at current prices

单位：亿元 (100 million yuan)

年份 地区 Year Region	支出法地区生产总值 Gross Domestic Product by Expenditure Approach	最终消费支出 Final Consumption Expenditures					资本形成总额 Gross Capital Formation			货物和服务净出口 Net Exports of Goods and Services
			居民消费支出 Household Consumption Expenditures			政府消费支出 Government Consumption Expenditures		固定资本形成总额 Gross Fixed Capital Formation	存货增加 Change in Inventories	
				农村居民 Rural Household	城镇居民 Urban Household					
1978	87.00	56.88					34.52	29.71	4.81	-4.40
1980	111.15	81.02	68.45	49.22	19.23	12.57	36.34	31.28	5.06	-6.21
1985	207.89	151.31	126.30	90.76	35.54	25.01	68.83	52.05	16.78	-12.25
1990	428.62	310.12	250.02	172.83	77.19	60.10	126.99	78.87	48.12	-8.88
1991	479.37	341.79	270.89	185.27	85.62	70.90	147.60	86.56	61.04	-10.02
1992	572.55	381.98	299.37	196.36	103.01	82.61	219.50	136.93	82.57	-28.93
1993	723.04	460.22	349.29	222.92	126.37	110.93	298.34	222.47	75.87	-35.52
1994	944.75	597.07	471.91	291.17	180.74	125.16	368.62	282.84	85.78	-20.94
1995	1177.26	769.98	629.78	401.86	227.92	140.20	425.44	325.55	99.89	-18.16
1996	1413.70	919.59	758.36	495.80	262.56	161.23	507.63	395.85	111.78	-13.52
1997	1596.56	989.60	796.77	504.29	292.48	192.83	617.03	477.30	139.73	-10.07
1998	1719.01	1053.66	823.03	516.98	306.05	230.63	672.85	520.82	152.03	-7.50
1999	1831.25	1122.56	865.87	532.56	333.31	256.69	715.49	552.67	162.82	-6.80
2000	1982.17	1269.58	989.20	574.63	414.57	280.38	718.29	605.54	112.75	-5.70
2001	2161.75	1357.47	1041.96	578.29	463.67	315.51	800.83	696.70	104.13	3.45
2002	2460.49	1459.65	1114.58	602.72	511.86	345.07	999.28	931.80	67.48	1.56
2003	2815.35	1525.90	1171.27	628.50	542.77	354.63	1321.68	1269.92	51.76	-32.23
2004	3476.90	1821.72	1431.42	744.46	686.96	390.30	1709.74	1646.26	63.48	-54.56
2005	4078.32	2116.74	1642.20	816.84	825.36	474.54	1999.10	1939.22	59.88	-37.52
2006	4836.96	2372.15	1804.79	893.04	911.75	567.36	2517.86	2445.25	72.61	-53.05
2007	5823.35	2792.46	2047.13	976.65	1070.48	745.33	3091.05	3012.42	78.63	-60.16
2008	7008.83	3278.60	2522.19	806.58	1715.61	756.41	3799.57	3714.78	84.79	-69.34
2009	7700.34	3544.30	2750.72	877.74	1872.98	793.58	4210.07	4129.33	80.74	-54.03
2010	9483.50	4479.48	3538.46	1095.46	2443.00	941.02	4897.35	4792.98	104.37	106.67
2011	11738.45	5565.91	4237.80	1419.88	2817.92	1328.11	6048.70	5851.32	197.38	123.84
2012	12987.99	6293.04	4731.79	1519.90	3211.89	1561.25	6576.86	6377.32	199.54	118.09
2013	14452.19	7051.32	5397.48	1718.95	3678.53	1653.84	7326.75	6966.82	359.93	74.12
2014	15759.45	7776.37	5989.78	1926.50	4063.28	1786.59	7996.76	7362.37	634.39	-13.68
2015	16780.89	8390.44	6578.11	2088.12	4489.99	1812.33	8412.41	7820.64	591.77	-21.96
2016	18388.59	9311.32	7284.86	2409.35	4875.51	2026.46	9253.63	8999.49	254.14	-176.36
2017	20006.31	10223.22	7965.72	2553.24	5412.48	2257.50	10025.14	9738.41	286.73	-242.05
2018	21984.78	11313.28	8944.66	2889.44	6055.22	2368.62	11053.23	10735.61	317.62	-381.73

注：支出法生产总值不等于前表生产总值是由于计算误差的影响。

a) The gorssdomestic production by expenditure approach is not equal to Gross Domestic Product due to statistical discrepancies.

1-14 支出法地区生产总值结构
Components of Gross Domestic Product by Expenditure Approach

本表按当年价格计算

Data in this table are calculated at current prices

单位：% (%)

年 份 地 区 Year Region	最终消费率（消费率） Final Consumption Rate	资本形成率（投资率） Capital Formation Rate	最终消费支出＝100 Final Consumption Expenditures=100		资本形成总额＝100 Gross Capital Formation=100		居民消费支出＝100 Household Consumption Expenditures=100	
			居民消费支出 Household Consumption Expenditures	政府消费支出 Government Consumption Expenditures	固定资本形成总额 Gross Fixed Capital Formation	存货增加 Change in Inventories	农村居民 Rural Household	城镇居民 Urban Household
1978	65.38	39.68			86.1	13.9		
1980	72.89	32.69	84.5	15.5	86.1	13.9	71.9	28.1
1985	72.78	33.11	83.5	16.5	75.6	24.4	71.9	28.1
1990	72.35	29.63	80.6	19.4	62.1	37.9	69.1	30.9
1991	71.30	30.79	79.3	20.7	58.6	41.4	68.4	31.6
1992	66.72	38.34	78.4	21.6	62.4	37.6	65.6	34.4
1993	63.65	41.26	75.9	24.1	74.6	25.4	63.8	36.2
1994	63.20	39.02	79.0	21.0	76.7	23.3	61.7	38.3
1995	65.40	36.14	81.8	18.2	76.5	23.5	63.8	36.2
1996	65.05	35.91	82.5	17.5	78.0	22.0	65.4	34.6
1997	61.98	38.65	80.5	19.5	77.4	22.6	63.3	36.7
1998	61.29	39.14	78.1	21.9	77.4	22.6	62.8	37.2
1999	61.30	39.07	77.1	22.9	77.2	22.8	61.5	38.5
2000	64.05	36.24	77.9	22.1	84.3	15.7	58.1	41.9
2001	62.79	37.05	76.8	23.2	87.0	13.0	55.5	44.5
2002	59.32	40.61	76.4	23.6	93.2	6.8	54.1	45.9
2003	54.20	46.95	76.8	23.2	96.1	3.9	53.7	46.3
2004	52.39	49.17	78.6	21.4	96.3	3.7	52.0	48.0
2005	51.90	49.02	77.6	22.4	97.0	3.0	49.7	50.3
2006	49.04	52.05	76.1	23.9	97.1	2.9	49.5	50.5
2007	47.95	53.08	73.3	26.7	97.5	2.5	47.7	52.3
2008	46.78	54.21	76.9	23.1	97.8	2.2	32.0	68.0
2009	46.03	54.67	77.6	22.4	98.1	1.9	31.9	68.1
2010	47.23	51.64	79.0	21.0	97.9	2.1	31.0	69.0
2011	47.42	51.53	76.1	23.9	96.7	3.3	33.5	66.5
2012	48.45	50.64	75.2	24.8	97.0	3.0	32.1	67.9
2013	48.79	50.70	76.5	23.5	95.1	4.9	31.8	68.2
2014	49.34	50.74	77.0	23.0	92.1	7.9	32.2	67.8
2015	50.00	50.13	78.4	21.6	93.0	7.0	31.7	68.3
2016	50.64	50.32	78.2	21.8	97.3	2.7	33.1	66.9
2017	51.10	50.11	77.9	22.1	97.1	2.9	32.1	67.9
2018	51.46	50.28	79.1	20.9	97.1	2.9	32.3	67.7

1-15 支出法地区生产总值指数

Indices of Gross Domestic Product by Expenditure Approach

本表按可比价格计算.
Data in this table are calculated at constant prices.

(1980=100) (year of 1980=100)

年 份 Year	支出法地区生产总值 Gross Domestic Product by Expenditure Approach	最终消费支出 Final Consumption Expenditures					资本形成总额 Gross Capital Formation		
			居民消费支出 Household Consumption Expenditures			政府消费支出 Government Consumption Expenditures		固定资本形成总额 Gross Fixed Capital Formation	存货增加 Change in Inventories
				农村居民 Rural Household	城镇居民 Urban Household				
1980	100	100	100	100	100	100	100	100	100
1981	105.6	106.4	107.1	102.6	118.6	104.3	87.8	80.0	105.2
1982	115.4	122.8	121.9	121.8	122.2	129.2	113.0	105.2	145.7
1983	123.2	130.0	129.5	131.3	124.9	133.9	125.1	128.0	77.7
1984	142.2	146.6	141.5	143.5	136.6	180.0	149.0	140.9	163.0
1985	163.2	159.1	154.1	154.0	154.4	192.8	198.5	161.9	315.2
1986	174.1	168.3	158.6	156.0	165.5	233.9	216.4	212.4	204.6
1987	188.6	176.4	166.7	161.1	182.2	240.7	221.2	182.0	324.1
1988	210.1	187.5	177.5	166.4	208.4	252.7	291.8	145.6	815.8
1989	222.9	205.7	181.6	172.4	195.9	362.4	397.7	211.3	904.7
1990	232.9	219.5	193.9	184.8	207.5	385.6	371.8	205.8	811.5
1991	253.6	234.9	205.3	194.8	222.0	430.7	414.6	212.2	1018.4
1992	291.1	257.5	221.9	207.3	248.6	498.3	589.1	313.8	1367.7
1993	331.0	282.0	238.1	220.1	273.0	588.0	705.7	453.8	1131.1
1994	358.8	298.1	255.2	233.3	300.0	588.6	767.1	516.4	1079.1
1995	386.8	318.4	275.6	252.0	324.3	601.0	825.4	568.0	1081.3
1996	430.1	360.7	312.8	293.3	348.6	676.7	884.0	607.2	1164.6
1997	480.4	389.2	330.0	304.4	381.0	793.8	1035.2	700.7	1431.3
1998	516.9	412.6	338.9	310.5	397.0	935.1	1129.4	756.8	1610.2
1999	554.7	441.1	357.2	324.5	426.0	1042.6	1217.5	814.3	1742.2
2000	599.6	498.4	408.3	360.5	514.2	1137.5	1226.0	903.1	1210.8
2001	654.8	534.8	432.0	365.5	575.4	1280.8	1368.2	1040.4	1120.0
2002	726.8	566.9	455.3	375.4	626.0	1385.8	1637.7	1333.8	698.9
2003	821.3	592.4	478.5	389.3	641.7	1420.4	2088.1	1751.3	520.7
2004	929.7	645.7	530.7	424.7	724.5	1458.8	2516.2	2122.6	547.3
2005	1051.5	703.8	585.3	458.3	819.4	1518.6	2928.8	2487.7	507.3
2006	1181.9	777.7	635.7	492.7	898.9	1775.2	3359.3	2855.8	561.6
2007	1337.9	871.1	693.5	523.7	1005.8	2151.5	3839.7	3272.8	595.8
2008	1515.8	971.2	801.7	450.9	1437.3	2142.9	4400.3	3753.9	667.9
2009	1714.4	1080.0	906.7	500.0	1642.9	2247.9	5042.8	4305.7	748.8
2010	1954.4	1212.9	1021.9	565.0	1848.2	2495.2	5748.8	4912.8	826.6
2011	2196.8	1365.7	1149.6	672.4	2025.7	2819.6	6461.6	5526.9	899.4
2012	2438.4	1517.3	1276.0	741.0	2256.6	3146.7	7172.4	6129.3	1022.6
2013	2684.7	1672.0	1408.7	818.8	2491.3	3451.9	7904.0	6754.5	1092.1
2014	2945.1	1839.2	1558.1	912.1	2747.9	3717.7	8670.7	7376.0	1458.0
2015	3213.1	2013.9	1709.2	1001.5	3011.7	4044.8	9459.7	8076.7	1369.1
2016	3502.3	2197.2	1871.6	1099.7	3294.8	4348.2	10339.5	9239.7	580.5
2017	3810.5	2392.8	2038.2	1198.7	3588.0	4730.8	11239.0	10052.8	606.6
2018	4142.0	2605.7	2219.5	1304.1	3907.3	5142.4	12216.8	10927.4	657.6

1-16 支出法地区生产总值指数

Indices of Gross Domestic Product by Expenditure Approach

本表按可比价格计算.
Data in this table are calculated at constant prices.

(上年=100) (preceding year=100)

年份 地区 Year Region	支出法地区生产总值 Gross Domestic Product by Expenditure Approach	最终消费支出 Final Consumption Expenditures					资本形成总额 Gross Capital Formation		
			居民消费支出 Household Consumption Expenditures			政府消费支出 Government Consumption Expenditures		固定资本形成总额 Gross Fixed Capital Formation	存货增加 Change in Inventories
				农村居民 Rural Household	城镇居民 Urban Household				
1980	104.2	100.2	99.8	97.9	105.3	100.3	93.7	99.3	57.5
1985	114.8	108.5	108.9	107.3	113.0	107.1	133.2	114.9	193.4
1990	104.5	106.7	106.8	107.2	105.9	106.4	93.5	97.4	89.7
1991	108.9	107.0	105.9	105.4	107.0	111.7	111.5	103.1	125.5
1992	114.8	109.6	108.1	106.4	112.0	115.7	142.1	147.9	134.3
1993	113.7	109.5	107.3	106.2	109.8	118.0	119.8	144.6	82.7
1994	108.4	105.7	107.2	106.0	109.9	100.1	108.7	113.8	95.4
1995	107.8	106.8	108.0	108.0	108.1	102.1	107.6	110.0	100.2
1996	111.2	113.3	113.5	116.4	107.5	112.6	107.1	106.9	107.7
1997	111.7	107.9	105.5	103.8	109.3	117.3	117.1	115.4	122.9
1998	107.6	106.0	102.7	102.0	104.2	117.8	109.1	108.0	112.5
1999	107.3	106.9	105.4	104.5	107.3	111.5	107.8	107.6	108.2
2000	108.1	113.0	114.3	111.1	120.7	109.1	100.7	110.9	69.5
2001	109.2	107.3	105.8	101.4	111.9	112.6	111.6	115.2	92.5
2002	111.0	106.0	105.4	102.7	108.8	108.2	119.7	128.2	62.4
2003	113.0	104.5	105.1	103.7	106.9	102.5	127.5	131.3	74.5
2004	113.2	109.0	110.9	109.1	112.9	102.7	120.5	121.2	105.1
2005	113.1	109.0	110.3	107.9	113.1	104.1	116.4	117.2	92.7
2006	112.4	110.5	108.6	107.5	109.7	116.9	114.7	114.8	110.7
2007	113.2	112.0	109.1	106.3	111.9	121.2	114.3	114.6	106.1
2008	113.3	111.5	115.6	86.1	142.9	99.6	114.6	114.7	112.1
2009	113.1	111.2	113.1	110.9	114.3	104.9	114.6	114.7	112.1
2010	114.0	112.3	112.7	113.0	112.5	111.0	114.0	114.1	110.4
2011	112.4	112.6	112.5	119.0	109.6	113.0	112.4	112.5	108.8
2012	111.0	111.1	111.0	110.2	111.4	111.6	111.0	110.9	113.7
2013	110.1	110.2	110.4	110.5	110.4	109.7	110.2	110.2	106.8
2014	109.7	110.0	110.6	111.4	110.3	107.7	109.7	109.2	133.5
2015	109.1	109.5	109.7	109.8	109.6	108.8	109.1	109.5	93.9
2016	109.0	109.1	109.5	109.8	109.4	107.5	109.3	114.4	42.4
2017	108.8	108.9	108.9	109.0	108.9	108.8	108.7	108.8	104.5
2018	108.7	108.9	108.9	108.8	108.9	108.7	108.7	108.7	108.4

主要统计指标解释

国内（地区）生产总值　指按市场价格计算的一个国家（或地区）所有常住单位在一定时期内生产活动的最终成果。地区生产总值有三种表现形态，价值形态、收入形态和产品形态。从价值形态看，它是所有常住单位在一定时期内所生产的全部货物和服务价值超过同期投入的全部非固定资产货物和服务价值的差额，即所有常住单位的增加值之和；从产品形态看，它是最终使用的货物和服务减去进口货物和服务。在实际核算中，国内（或地区）生产总值的有三种计算方法，即生产法，收入法和支出法。三种方法分别从不同的方面反映国内（或地区）生产总值及其构成。

地区收入总值　即国民生产总值，指一个国家（或地区）所有常住单位在一定时期内收入初次分配的最终成果，它等于地区生产总值加上来自国外的劳动者报酬和财产收入减去支付给国外的劳动者报酬和财产收入，与地区生产总值不同，地区生产总值是一个生产概念，而地区收入总值是一个收入概念。

支出法地区生产总值　是从最终使用的角度反映一个国家（或地区）一定时期内生产活动最终成果的一种方法，包括最终消费支出、资本形成总额及货物和服务净出口三部分。计算公式为：

支出法地区生产总值=最终消费支出+资本形成总额+货物和服务净出口

最终消费支出　指常住单位为满足物质、文化和精神生活的需要，从本国经济领土和国外购买的货物和服务的支出。它不包括非常住单位在本国经济领土内的消费支出。最终消费支出分为居民消费支出和政府消费支出。

居民消费支出　指常住住户在一定时期内对于货物和服务的全部最终消费支出。居民消费支出除了直接以货币形式购买的货物和服务的消费支出外，还包括以其他方式获得的货物和服务的消费支出，即所谓的虚拟消费支出。居民虚拟消费支出包括如下几种类型：单位以实物报酬及实物转移的形式提供给劳动者的货物和服务；住户生产并由本住户消费了的货物和服务，其中的服务仅指住户的自有住房服务；金融机构提供的金融媒介服务；保险公司提供的保险服务。

政府消费支出　指政府部门为全社会提供的公共服务的消费支出和免费或以较低的价格向居民住户提供的货物和服务的净支出，前者等于政府服务的产出价值减去政府单位所获得的经营收入的价值；后者等于政府部门免费或以较低价格向居民住户提供的货物和服务的市场价值减去向居民住户收取的价值。

资本形成总额　指常住单位在一定时期内获得减去处置的固定资本和存货的净额，包括固定资本形成总额和存货增加两部分。

固定资本形成总额　指常住单位在一定时期内获得的固定资产减处置的固定资产的价值总额。固定资产是通过生产活动生产出来的，且其使用年限在一年以上，单位价值在规定标准以上的资产，不包括自然资产。可分为有形固定资本形成总额和无形固定资本形成总额。有形固定资本形成总额包括一定时期内完成的建筑工程、安装工程和设备器具购置（减处置）价值，以及土地改良、新增役、种、奶、毛、娱乐用牲畜和新增经济林木价值。无形固定资本形成总额包括矿藏的勘探、计算机软件等获得减处置。

存货增加　指常住单位在一定时期内存货实物量变动的市场价值，即期末价值减期初价值的差额，再扣除当期由于价格变动而产生的持有收益。存货增加可以是正值，也可以是负值，正值表示存货上升，负值表示存货下降。包括生产单位购进的原材料、燃料和储备物资等存货，以及生产单位生产的产成品、在制品和半产品等存货。

货物和服务净出口　指货物和服务出口减货物和服务进口的差额。出口包括常住单位向非常住单位出售或无偿转让的各种货物和服务的价值；进口包括常住单位从非常住单位购买或无偿得到的各种货物和服务的价值。由于服务活动的提供与使用同时发生，一般把常住单位从非常住单位得到的服务作为进口，非常住单位从常住单位得到的服务作为出口。货物的出口和进口都按离岸价格计算。

三次产业　三产业的划分是世界上较为常用的产业结构分类，但各国的划分不尽一致。我国的三次产业划分是：

第一产业是指农业、林业、畜牧业、渔业和农林牧渔服务业。

第二产业是指采矿业、制造业、电力、煤气及水的生产和供应业，建筑业。

第三产业是指除第一、二产业以外的其他行业。

固定资产折旧　指一定时期内为弥补固定资产损耗按照规定的固定资产折旧率提取的固定资产折旧，或按国民经济核算统一规定的折旧率虚拟计算的固定资产折旧。它反映了固定资产在当期生产中的转移价值。各类企业和企业化管理的事业单位的固定资产折旧是指实际计提的折旧费。不计提折旧的政府机关、非企业化管理的事业单位和居民住房是按照统一规定的折旧率和固定资产原值计算的虚拟折旧。原则上，固定资产折旧应按固定资产当期的重置价值计算，但是目前我国尚不具备对全社会固定资产进行重估价的基础，所以暂时只能采用上述办法。

劳动者报酬　指劳动者因从事生产活动而获得的全部报酬。包括劳动者获得的各种形式的工资、奖金和津贴，既包括货币形式的，也包括实物形式的，还包括劳动者所享受的公费医疗和医药卫生费、上下班交通补贴、单位支付的社会保险费、住房公积金等。对于个体经济来说，其所有者所获得的劳动报酬和经营利润不易区分，这两部分统一作为劳动者报酬处理。

生产税净额 指生产税减生产补贴后的余额，生产税是指政府对生产单位从事生产、销售和经营活动以及因从事生产活动使用某些生产要素（如固定资产、土地、劳动力）所征收的各种税、附加费和规费。生产补贴与生产税相反，指政府对生产单位的单方面转移支出，因此视为负生产税，包括政策亏损补贴、价格补贴等。

营业盈余 指常住单位创造的增加值扣除固定资产折旧、劳动者报酬和生产税净额后的余额，它相当于企业的营业利润加上生产补贴，但要扣除利润中开支的工资、福利等。

Explanatory Notes on Main Statistical Indicators

Gross Domestic Product (GDP) refers to the final products at market prices produced by all resident units in a country (or a region) during a certain period of time. Gross domestic product is expressed in three different perspectives, namely value, income, and products respectively. GDP in its value perspective refers to the total value of all goods and services produced by all resident units during a certain period of time, minus the total value of input of goods and services of the nature of non-fixed assets; in other words, it is the sum of the value-added of all resident units. GDP from the perspective of income includes the primary income created by all resident units and distributed to resident and non-resident units. GDP from the perspective of products refers to the value of all goods and services for final consumption by all resident units minus the net exports of goods and services during a given period of time. In the practice of national accounting, gross domestic product is calculated from three approaches, namely production approach, income approach and expenditure approach, which reflect gross domestic product and its composition from different angles.

Gross National Income (GNI) also known as Gross National Product, refers to the final result of the primary distribution of the income created by all the resident units of a country (or a region) during a certain period of time. The value-added created by the resident units of a country engaged in production activities is distributed, during the primary distribution, mainly to the resident units of that country, while part of it is distributed to the non-resident units in the form of production tax and import duties (minus subsidies to production and import), labourers remuneration and property income. In the meantime, a part of the value-added created abroad is distributed to the resident units of the country in the form of production tax and import duties (minus subsidies to production and import), labourers remuneration and property income. The concept of Gross National Income is thus developed, which equals to Gross Domestic Product plus the net factor income from abroad. Unlike GDP which is a concept of production, GNP is a concept of income.

GDP by Expenditure Approach refers to the method of measuring the final results of production activities of a country (region) during a given period from the perspective of final uses. It includes final consumption expenditure, gross capital formation and net export of goods and services. The formula for computation is.:

GDP by expenditure approach = final consumption expenditure + gross capital formation + net export of goods and services

Final Consumption Expenditure refers to the total expenditure of resident units for purchases of goods and services from both the domestic economic territory and abroad to meet the needs of material, cultural and spiritual life. It does not include the expenditure of non-resident units on consumption in the economic territory of the country. The final consumption expenditure is broken down into household consumption expenditure and government consumption expenditure.

Household Consumption Expenditure refers to the total expenditure of resident households on the final consumption of goods and services. In addition to the consumption of goods and services bought by the households directly with money, the household consumption expenditure also includes expenditure on goods and services obtained by the households in other ways, i.e. the so-called imputed consumption expenditure, which includes the following: (a) the goods and services provided to households by employers in the form of payment in kind and transfer in kind; (b) goods and services produced and consumed by the households themselves, in which the services refer only to the owner-occupied housing; (c) financial intermediate services provided by financial institutions; (d) insurance services provided by insurance companies.

Government Consumption Expenditure refers to the consumption expenditure spent for the provision of public services provided by the government to the whole country and the net expenditure on the goods and services provided by the government to households free of charge or at reduced prices. The former equals to the output value of the government services minus the value of operating income obtained by the government departments. The latter equals to the market value of the goods and services provided by the government free of charge or at reduced prices to the households minus the value received by the government from the households.

Gross Capital Formation refers to the fixed assets acquired less disposals and the net value of inventory, thus including gross fixed capital formation and changes in inventories.

Gross Fixed Capital Formation refers to the value of acquisitions less those disposals of fixed assets during a given period. Fixed assets are the assets produced through production activities with unit value above a specified amount and which could be used for over one year. Natural assets are not included.Gross fixed capital formation can be categorized into total tangible fixed capital formation and total intangible fixed capital formation. Total tangible fixed capital formation includes the value of the construction projects and installation projects completed and the equipment, apparatus and instruments purchased (less those disposed) as well as the value of land improved, the value of draught animals, breeding stock and animals for milk, for wool and for recreational purposes and the newly increased forest with economic value. Total intangible fixed capital formation includes the prospecting of minerals and the acquisition of computer software minus the disposal of them.

Changes in Inventories refers to the market value of the change in the physical volume of inventory of resident units during a given period, i.e. the difference between the values at the beginning and at the end of the period minus the gains due to the change in prices. The changes in inventories can have a positive or a negative value. A positive value indicates an increase in inventory while a negative value indicates a decrease in inventory. The inventory includes raw materials, fuels and reserve materials purchased by the production units as well as the inventory of finished products, semi-finished products and work-in-progress.

Net Export of Goods and Services refers to the exports of goods and services subtracting the imports of goods and services. Exports include the value of various goods and services sold or gratuitously transferred by resident units to non-resident units. Imports include the value of various goods and services purchased or gratuitously acquired resident units from non-resident units. Because the provision of services and the use of them happen simultaneously, the acquisition of services by resident units from abroad is usually treated as import while the acquisition of services by non-resident units in this country is usually treated as export. The exports and imports of goods are calculated at FOB.

Three Strata of Industry Classification of economic activities into three strata of industry is a common practice in the world, although the grouping varies to some extent form country to country. In China economic activities are categorized into the following three strata of industry:

Primary industry refers to agriculture, forestry, animal husbandry and fishery and services in support of these industries.

Secondary industry refers to mining and quarrying, manufacturing, production and supply of electricity, water and gas, and construction.

Tertiary industry refers to all other economic activities not included in the primary or secondary industries.

Labourers Remuneration refers to the total payment of various forms to labourers for the productive activities they are engaged in. It includes wages, bonuses and allowances, which the labourers earn in cash and in kind. It also includes the free medical services provided to the labourers and the medicine expenses, transport subsidies and social insurance, and housing fund paid by the employers. As regards the individual economy, since labourers remuneration is not easily distinguishable from the operating profit, both parts are treated as labourer remuneration.

Net Taxes on Production refers to taxes on production less subsidies on production. The taxes on production refers to the various taxes, extra charges and fees levied on the production units on their production, sale and business activities as well as on the use of some factors of production, such as fixed assets, land and labour in the production activities they are engaged in. In contrast to taxes on production, subsidies on production refer to the unilateral government transfer to the production units and are therefore regarded as negative taxes on production. They include subsidies on the loss due to implementation of government policies, price subsidies, etc.

Depreciation of Fixed Assets refers to the depreciation of fixed assets in a given period, drawn in accordance with the stipulated depreciation rate for the purpose of compensating the wear-and-tear loss of the fixed assets or the depreciation of fixed assets imputed in accordance with the stipulated unified depreciation rate in the national economic accounting system. It reflects the value of transfer of the fixed assets in the production of the current period. The depreciation of fixed assets in various enterprises and institutions managed as enterprises refers to the depreciation expenses actually drawn. In government agencies and institutions not managed as enterprises which do not draw the depreciation expenses, as well as for the houses of residents, the depreciation of fixed assets is the imputed depreciation, which is calculated in accordance with the stipulated unified depreciation rate. In principle, the depreciation of fixed assets should be calculated on the basis of the re-purchased value of the fixed assets. However, currently the conditions in China do not facilitate the revaluation of all the fixed assets. Therefore, only the above-mentioned methods can be adopted at present.

Operating Surplus refers to the balance of the value added created by the resident units after deducting the labourers remuneration, net taxes on production and the depreciation of fixed assets. It is equivalent to the business profit of the enterprises plus subsidies to production, but the wages and welfare expenses paid from the profits should be deducted.

2

人 口

POPULATION

◆29/39

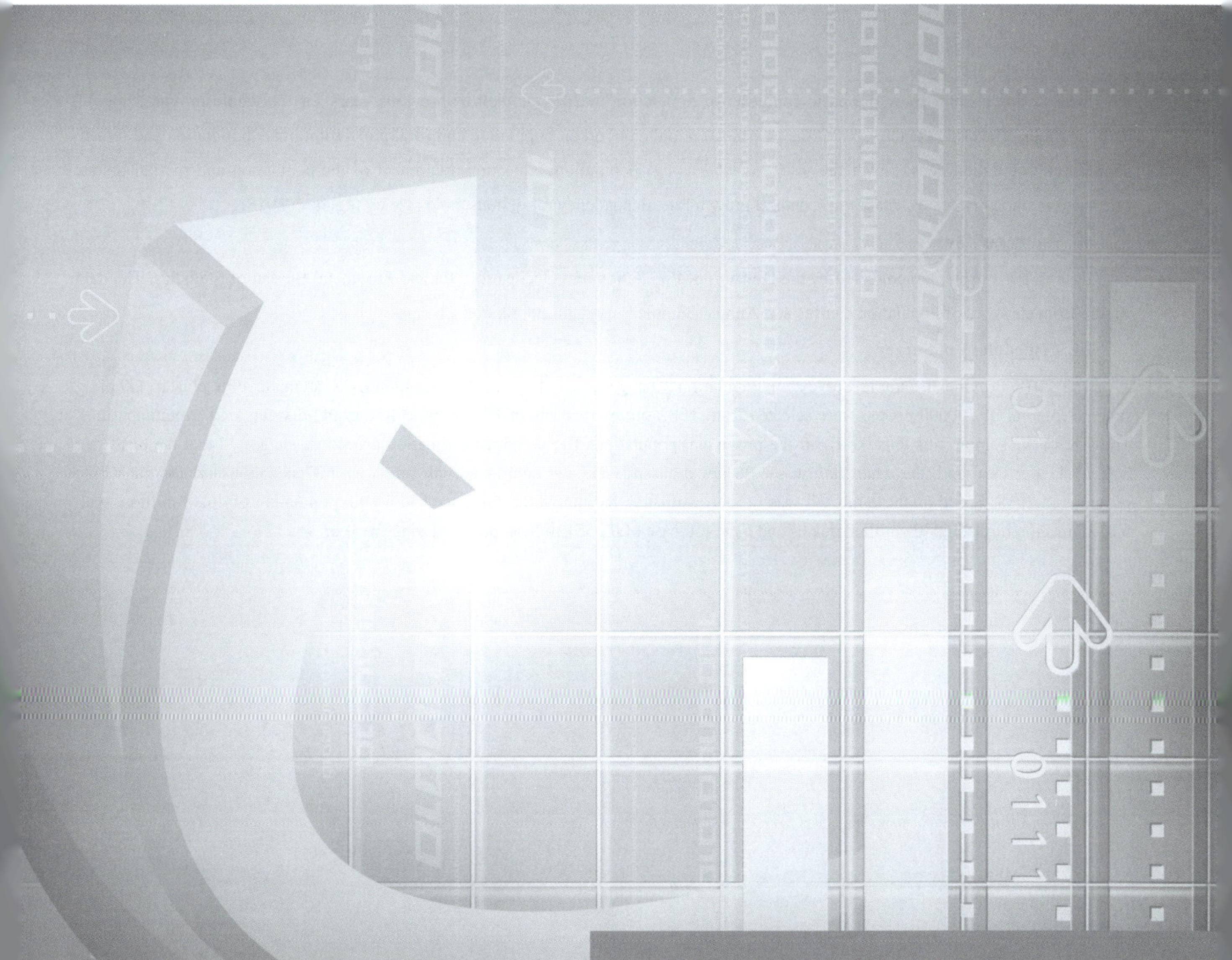

资料整理: 冷 晴

简要说明

一、本篇资料的主要内容

本篇资料反映全省2018年及历年人口方面的基本情况，包括全省及11个设区市的主要人口统计数据，如：全省历年人口数、城镇人口、乡村人口、男性人口、女性人口、分年龄人口、人口密度、人口受教育程度、婚姻状况；2018年各设区市人口数、出生率、死亡率、自然增长率、家庭户规模等。

二、本篇的资料来源

本篇资料由省统计局人口和就业统计处整理。资料来源为人口普查和年度人口变动情况抽样调查数据。

三、本篇的统计调查方法

2018年全省人口变动情况抽样调查是以全省为总体，各设区市为次总体，采用分层、多阶段、整群概率比例抽样方法，在全省11个设区市抽取了100个县（市、区）1082个调查小区的约30万人，调查样本占全省总人口的0.60%。经加权后汇总，2018年全省人口出生率为13.43‰、死亡率为6.06‰、自然增长率为7.37‰。按此推算，2018年全省总人口为4647.57万人，出生人口为62.25万人，死亡人口为28.09万人，考虑迁移流动情况，全省净增人口25.51万人。

Brief Introduction

Ⅰ.Main Contents

Data in this chapter show the basic condition of population in 2017 as well as previous years for the whole province and 11 municipalities. They include the sizes of the provincial population, urban population and rural population, male population and female population, population density over the years, as well as age population, education attainment of the population and marital Ststus. They also include birth rates, death rates, natural growth rate, dependency ratio, household size by region in 2018.

Ⅱ. Sources of Data

Data in this chapter are collected by the Division of Population and Occupation, Jiangxi Provincial Bureau of Statistics. The data source from statistics of Population Census and Annual Sample Survey on Population Changes.

Ⅲ.Methodology of Survey

The 2018 Provincial Sample Survey on Population Change adopted a stratified multi-stage systematic PPS cluster sampling scheme. A total of 300000 people were selected from 1082 survey districts in 100 counties (cities and districts of 11 municipalities. The size of the sample was thus 0.60% of the provincial population. The weighted estimation procedure suggested that the birth rate was 13.43 per thousand, the death rate was 6.06 per thousand, and the natural growth rate was 7.37 per thousand for the whole province in 2018. Based on these rates, it was further estimated that the whole Province had a total population of 46.48 million, with 0.6225 million births, 0.2809 million deaths and a net increase of 0.2551 million people during the year.

2-1 人口自然变动情况
Population Natural Change

年 份 地 区 Year Region	年平均人口(人) Average Population (person)	人口出生率 (‰) Birth Rate (‰)	人口死亡率 (‰) Death Rate (‰)	人口自然增长率 (‰) Natural Growth Rate(‰)	人口密度 (人/平方公里) Population Density (person/sq.km)
1978	31504121	27.01	7.39	19.62	191
1980	32495869	18.57	6.38	12.19	196
1985	34838425	20.29	5.39	14.90	210
1990	37784307	24.59	7.54	17.05	228
1991	38376396	21.20	7.13	14.07	231
1992	38888651	19.53	7.07	12.46	234
1993	39395666	20.33	6.89	13.44	238
1994	39907432	19.38	7.00	12.38	241
1995	40389933	18.94	7.28	11.66	243
1996	40840020	17.53	7.02	10.51	246
1997	41278987	17.43	6.56	10.87	249
1998	41707706	16.85	7.05	9.80	251
1999	42111908	16.51	7.02	9.49	253
2000	41289734	15.55	6.07	9.48	249
2001	41671562	15.44	6.06	9.38	251
2002	42040975	14.74	6.02	8.72	253
2003	42383264	14.07	5.98	8.09	255
2004	42688961	13.61	5.99	7.62	257
2005	42974053	13.79	5.96	7.83	258
2006	43251863	13.80	6.01	7.79	260
2007	43537706	13.86	5.99	7.87	262
2008	43842582	13.92	6.01	7.91	264
2009	44161310	13.87	5.98	7.89	266
2010	44472035	13.72	6.06	7.66	267
2011	44753428	13.48	5.98	7.50	269
2012	44961844	13.46	6.14	7.32	270
2013	45130395	13.19	6.28	6.91	271
2014	45321538	13.24	6.26	6.98	272
2015	45538962	13.20	6.24	6.96	273
2016	45789480	13.45	6.16	7.29	275
2017	46071640	13.79	6.08	7.71	277
2018	46348182	13.43	6.06	7.37	278
南昌市 Nanchang	5504541	12.84	6.02	6.82	771
景德镇市 Jingdezhen	1669057	13.50	5.92	7.58	318
萍乡市 Pingxiang	1929076	12.99	6.05	6.94	505
九江市 Jiujiang	4885062	13.14	6.07	7.07	257
新余市 Xinyu	1183715	13.07	5.89	7.18	375
鹰潭市 Yingtan	1171257	13.02	6.09	6.93	330
赣州市 Ganzhou	8656593	13.77	6.15	7.62	220
吉安市 Ji'an	4949255	13.76	5.98	7.78	196
宜春市 Yichun	5563496	13.51	6.04	7.47	299
抚州市 Fuzhou	4039095	13.68	6.05	7.63	215
上饶市 Shangrao	6797038	13.47	6.11	7.36	300

2-2　户数和人口数（年末数）
Households and Population (year-end)

年　份 地　区 Year Region	总户数 （户） Total Number of Households (household)	总人口 （人） Total Population (person)	按性别分 By Sex		以年末总人口为100 Total Population at year-end=100	
			男 Male	女 Female	男 Male	女 Female
1978	6153908	31828203	16427779	15400424	51.61	48.39
1980	6364176	32701960	16866769	15835191	51.58	48.42
1985	6986097	35097971	18155525	16942446	51.73	48.27
1990	8524926	38106418	19727708	18378710	51.77	48.23
1991	8748781	38646374	19978326	18668148	51.69	48.31
1992	8877008	39130927	20259917	18871010	51.77	48.23
1993	8987115	39660405	20500789	19159616	51.69	48.31
1994	9165092	40154459	20586009	19568450	51.27	48.73
1995	9422399	40625406	20837093	19788313	51.29	48.71
1996	9611344	41054635	21184192	19870443	51.60	48.40
1997	9784924	41503338	21345274	20158064	51.43	48.57
1998	10040894	41912074	21364925	20547149	50.98	49.02
1999	10318396	42311742	21810874	20500868	51.55	48.45
2000	10645841	41485447	21570202	19915245	51.99	48.01
2001	10934368	41857676	21840587	20017089	52.18	47.82
2002	11226475	42224273	21813059	20411214	51.66	48.34
2003	11524786	42542255	21807160	20735095	51.26	48.74
2004	11808762	42835667	22064652	20771015	51.51	48.49
2005	12084036	43112439	21935609	21176830	50.88	49.12
2006	12375753	43391287	22194643	21196644	51.15	48.85
2007	12664544	43684125	22388114	21296011	51.25	48.75
2008	12794161	44001038	22584130	21416908	51.33	48.67
2009	12925542	44321581	22717106	21604475	51.26	48.74
2010	11887821	44622489	23031644	21590845	51.61	48.39
2011	12097969	44884367	23133750	21750617	51.54	48.46
2012	12316056	45039321	23186034	21853287	51.48	48.52
2013	12530776	45221468	23265848	21955620	51.45	48.55
2014	12681522	45421607	23346565	22075042	51.40	48.60
2015	12668476	45656316	23436968	22219348	51.33	48.67
2016	12807837	45922644	23560227	22362417	51.30	48.70
2017	12848772	46220636	23706134	22514502	51.29	48.71
2018	12987331	46475728	23835564	22640164	51.29	48.71

2-3 按城乡分的人口数（年末数）

According to The Urban and Rural Population(year-end)

年 份 地 区 Year Region	总人口 （人） Total Population (person)	按城乡分 By Residence		以年末总人口为100 Total Population at year-end=100	
		城镇人口 Urban Population	乡村人口 Rural Population	城镇人口 Urban Population	乡村人口 Rural Population
1978	31828203	5331228	26496975	16.75	83.25
1980	32701960	6145928	26556032	18.79	81.21
1985	35097971	6942379	28155592	19.78	80.22
1990	38106418	7754656	30351762	20.35	79.65
1991	38646374	8148201	30498173	21.08	78.92
1992	39130927	8537586	30593341	21.82	78.18
1993	39660405	8944215	30716190	22.55	77.45
1994	40154459	9350367	30804092	23.29	76.71
1995	40625406	9689159	30936247	23.85	76.15
1996	41054635	10092871	30961764	24.58	75.42
1997	41503338	10507815	30995523	25.32	74.68
1998	41912074	10918934	30993140	26.05	73.95
1999	42311742	11333623	30978119	26.79	73.21
2000	41485447	11487320	29998127	27.69	72.31
2001	41857676	12728919	29128757	30.41	69.59
2002	42224273	13596216	28628057	32.20	67.80
2003	42542255	14472875	28069380	34.02	65.98
2004	42835667	15240930	27594737	35.58	64.42
2005	43112439	15994715	27117724	37.10	62.90
2006	43391287	16783750	26607537	38.68	61.32
2007	43684125	17386282	26297843	39.80	60.20
2008	44001038	18198829	25802209	41.36	58.64
2009	44321581	19138059	25183522	43.18	56.82
2010	44622489	19660669	24961820	44.06	55.94
2011	44884367	20512156	24372211	45.70	54.30
2012	45039321	21398181	23641140	47.51	52.49
2013	45221468	22099731	23121737	48.87	51.13
2014	45421607	22810731	22610876	50.22	49.78
2015	45656316	23567790	22088526	51.62	48.38
2016	45922644	24384924	21537720	53.10	46.90
2017	46220636	25236447	20984189	54.60	45.40
2018	46475728	26035703	20440025	56.02	43.98

2-4 各地区户数和人口数（2018年末）

Households and Population by Region (end of 2018)

地 区	Region	总户数（户）Total Number of Households (household)	总人口（人）Total Population (person)	按性别分 By Sex		以年末总人口为100 Total Population at year-end=100	
				男 Male	女 Female	男 Male	女 Female
全 省	**Provincial Total**	**12987331**	**46475728**	**23835564**	**22640164**	**51.29**	**48.71**
南 昌 市	Nanchang	1597216	5545544	2859660	2685884	51.57	48.43
景德镇市	Jingdezhen	482821	1673213	858601	814612	51.31	48.69
萍 乡 市	Pingxiang	539189	1933154	976668	956486	50.52	49.48
九 江 市	Jiujiang	1354427	4896847	2491480	2405367	50.88	49.12
新 余 市	Xinyu	376258	1186731	613486	573245	51.70	48.30
鹰 潭 市	Yingtan	330224	1175012	608577	566435	51.79	48.21
赣 州 市	Ganzhou	2347788	8677603	4424089	4253514	50.98	49.02
吉 安 市	Ji'an	1379655	4956568	2538022	2418546	51.21	48.79
宜 春 市	Yichun	1577751	5573243	2875381	2697862	51.59	48.41
抚 州 市	Fuzhou	1138508	4047152	2089263	1957889	51.62	48.38
上 饶 市	Shangrao	1863494	6810661	3500337	3310324	51.39	48.61

2-5 各地区按城乡分的人口数（2018年末）

According to the Urban and Rural Population by Region (end of 2018)

地 区	Region	总人口（人）Total Population (person)	按城乡分 By Residence		以年末总人口为100 Total Population at year-end=100	
			城镇人口 Urban Population	乡村人口 Rural Population	城镇人口 Urban Population	乡村人口 Rural Population
全 省	**Provincial Total**	**46475728**	**26035703**	**20440025**	**56.02**	**43.98**
南 昌 市	Nanchang	5545544	4116431	1429113	74.23	25.77
景德镇市	Jingdezhen	1673213	1120049	553164	66.94	33.06
萍 乡 市	Pingxiang	1933154	1335219	597935	69.07	30.93
九 江 市	Jiujiang	4896847	2706474	2190373	55.27	44.73
新 余 市	Xinyu	1186731	831068	355663	70.03	29.97
鹰 潭 市	Yingtan	1175012	712997	462015	60.68	39.32
赣 州 市	Ganzhou	8677603	4363921	4313682	50.29	49.71
吉 安 市	Ji'an	4956568	2525371	2431197	50.95	49.05
宜 春 市	Yichun	5573243	2768787	2804456	49.68	[illegible]
抚 州 市	Fuzhou	4047152	[illegible]	[illegible]	[illegible]	[illegible]
上 饶 市	Shangrao	6810661	3539501	3271160	51.97	48.03

2-6 各地区家庭户数和家庭户规模（2018年末）

Family Households Number and Family Households Size by Region (end of 2018)

地 区	Region	户 数 (户) Number of Households (household)	#家庭户 Number of Family Households	人口数 (人) Population (person)	#家庭户人口数 Population Family Households	家庭户规模 (人/户) Average Family Household Size (person/household)
全 省	**Provincial Total**	**12987331**	**12544463**	**46475728**	**43905620**	**3.50**
南 昌 市	Nanchang	1597216	1463210	5545544	4784695	3.27
景德镇市	Jingdezhen	482821	470074	1673213	1598253	3.40
萍 乡 市	Pingxiang	539189	524698	1933154	1846935	3.52
九 江 市	Jiujiang	1354427	1311221	4896847	4641721	3.54
新 余 市	Xinyu	376258	359288	1186731	1095827	3.05
鹰 潭 市	Yingtan	330224	324015	1175012	1137294	3.51
赣 州 市	Ganzhou	2347788	2268295	8677603	8211591	3.62
吉 安 市	Ji'an	1379655	1345715	4956568	4750375	3.53
宜 春 市	Yichun	1577751	1530955	5573243	5312415	3.47
抚 州 市	Fuzhou	1138508	1121886	4047152	3937879	3.51
上 饶 市	Shangrao	1863494	1825106	6810661	6588633	3.61

2-7 各地区按年龄分的人口数（2018年末）

According to The Age Population by Region (end of 2018)

地 区	Region	总人口(万人) Total Population (10 000 person)	0-14岁人口 0-14 year old population		15-64岁人口 15-64 year old population		65岁及以上人口 Population aged 65 and over	
			人口数 Population	比重(%) proportion	人口数 Population	比重(%) proportion	人口数 Population	比重(%) proportion
全 省	**Provincial Total**	**4647.57**	**945.32**	**20.34**	**3212.87**	**69.13**	**489.39**	**10.53**
南 昌 市	Nanchang	554.55	97.21	17.53	398.06	71.78	59.28	10.69
景德镇市	Jingdezhen	167.32	35.19	21.03	112.32	67.13	19.81	11.84
萍 乡 市	Pingxiang	193.32	36.58	18.92	136.11	70.41	20.63	10.67
九 江 市	Jiujiang	489.68	95.19	19.44	343.12	70.07	51.37	10.49
新 余 市	Xinyu	118.67	21.52	18.13	84.73	71.40	12.43	10.47
鹰 潭 市	Yingtan	117.50	23.76	20.22	81.31	69.20	12.43	10.58
赣 州 市	Ganzhou	867.70	191.43	22.06	584.61	67.37	91.72	10.57
吉 安 市	Ji'an	495.66	101.11	20.40	343.34	69.27	51.20	10.33
宜 春 市	Yichun	557.32	112.91	20.26	386.78	69.40	57.63	10.34
抚 州 市	Fuzhou	404.72	84.46	20.87	279.42	69.04	40.84	10.09
上 饶 市	Shangrao	681.07	145.95	21.43	463.06	67.99	72.06	10.58

2-8 各地区人口抚养比（2018年末）

Dependency Ratio of Population by Region (end of 2018)

单位：% (%)

地 区	Region	少儿抚养比 Children Dependency Ratio	老年抚养比 Old Dependency Ratio	总抚养比 Gross Dependency Ratio
全 省	**Provincial Total**	**29.42**	**15.23**	**44.65**
南昌市	Nanchang	24.42	14.89	39.31
景德镇市	Jingdezhen	31.33	17.64	48.96
萍乡市	Pingxiang	26.87	15.15	42.03
九江市	Jiujiang	27.74	14.97	42.71
新余市	Xinyu	25.39	14.66	40.06
鹰潭市	Yingtan	29.22	15.29	44.51
赣州市	Ganzhou	32.74	15.69	48.43
吉安市	Ji'an	29.45	14.91	44.36
宜春市	Yichun	29.19	14.90	44.09
抚州市	Fuzhou	30.23	14.61	44.84
上饶市	Shangrao	31.52	15.56	47.08

2-9 分年龄、性别的人口构成（2018年末）

Population Composition by Age and Sex (end of 2018)

单位：% (%)

年 龄(岁) Age(year old)	人口构成合计 Population Composition Total	男 Male	女 Female	性别比 (女=100) Sex Rratio (Female=100)
总 计 Total	**100**	**51.29**	**48.71**	**105.28**
0—4	6.86	3.66	3.20	114.38
5—9	7.35	4.08	3.27	124.74
10—14	6.13	3.41	2.72	125.37
15—19	6.62	3.61	3.01	119.93
20—24	8.55	4.28	4.27	100.20
25—29	6.82	3.40	3.42	99.42
30—34	6.91	3.45	3.46	99.69
35—39	8.35	4.32	4.03	107.14
40—44	8.46	4.35	4.11	105.78
45—49	7.48	3.77	3.71	101.61
50—54	5.66	2.80	2.86	97.90
55—59	5.73	2.88	2.85	101.05
60—64	4.55	2.33	2.22	104.95
65—69	3.78	1.86	1.92	96.88
70—74	2.88	1.39	1.49	93.29
75—79	1.93	0.86	1.07	80.37
80—84	1.19	0.55	0.64	85.94
85—89	0.53	0.21	0.32	65.63
90+	0.22	0.08	0.14	57.14

2-10 6岁及以上人口的文化构成

Educational Attainment Composition of Population Aged 6 and above

单位：%、万人 (%、ten thousand people)

年 份 Year	不识字或识字很少 Illiterate	小 学 Primary School	初 中 Junior Secondary School	高 中 Senior Secondary School	大专及以上 Junior College and Over	6岁及以上人口 Population aged 6 and over
2010	4.16	33.16	41.54	13.58	7.56	4046.37
2011	3.88	32.40	41.78	14.02	7.92	4083.63
2012	3.72	31.59	42.06	14.42	8.21	4108.94
2013	3.59	30.92	42.18	14.90	8.41	4152.23
2014	3.44	30.29	42.28	15.36	8.63	4172.43
2015	3.39	29.89	42.07	15.77	8.88	4187.14
2016	3.35	29.48	41.54	16.33	9.30	4217.07
2017	3.30	29.09	40.88	16.86	9.87	4239.82
2018	3.28	28.97	40.12	17.25	10.38	4261.82

2-11 15岁及以上人口的婚姻构成

Marital Composition of Population Aged 15 and above

单位：% (%)

年 份 Year	未 婚 Never Married		有配偶 married		离 婚 Divorced		丧 偶 Widowed	
	男 Male	女 Female	男 Male	女 Female	男 Male	女 Female	男 Male	女 Female
2010	12.45	9.02	35.36	36.41	0.66	0.42	1.55	4.13
2011	10.25	7.13	37.33	38.72	0.64	0.41	1.53	3.99
2012	10.37	7.21	37.27	38.62	0.63	0.39	1.57	3.94
2013	10.54	7.24	37.24	38.42	0.64	0.41	1.59	3.92
2014	10.49	7.20	37.28	38.31	0.72	0.47	1.57	3.96
2015	10.86	7.38	36.81	38.12	0.82	0.50	1.16	4.03
2016	11.08	7.83	36.77	37.69	0.92	0.63	1.37	3.71
2017	10.93	7.77	36.72	37.77	0.93	0.66	1.38	3.84
2018	10.82	7.68	36.70	37.70	0.94	0.75	1.43	3.98

2-12 育龄妇女分年龄的生育状况（2018年末）

Age-specific Fertility Rate of Childbearing Women by Age of Mother (end of 2018)

年 龄(岁) Age(year)	平均育龄妇女比重(%) Average Proportion of Childbearing Women (%)	出生人口比重(%) Births Proportion (%)	育龄妇女生育率(‰) Fertility Rate of Gestational-age Women (‰)	一 孩 1st Birth	二 孩 2nd Birth	三孩及以上 3rd Birth and Above
总 计 Total	**100**	**100**	**51.49**	**22.54**	**25.99**	**2.96**
15-19	11.57	1.49	6.63	6.14	0.49	0.00
20-24	16.42	23.19	72.73	48.41	22.13	2.18
25-29	13.15	40.01	156.68	71.58	82.07	3.03
30-34	13.30	20.24	78.34	21.40	48.18	8.76
35-39	15.50	9.89	32.86	6.62	20.59	5.65
40-44	15.80	4.07	13.26	2.21	9.67	1.38
45-49	14.26	1.11	4.01	1.75	2.10	0.16

2-13 全省老年人口数及构成(2018年末)

Population and composition of the aged in the whole province (end of 2018)

单位：万人、% (10 000 person、%)

年 龄(岁) Age(year)	老年人口数 Elderly population			占总人口数的比重 Proportion of the total population			性别比 (女=100) sex ratio (Female=100)
	小计 Subtotal	男 Male	女 Female	小计 Subtotal	男 Male	女 Female	
60+	700.85	338.34	362.51	15.08	7.28	7.80	93.33
65+	489.39	230.05	259.33	10.53	4.95	5.58	88.71
70+	313.71	143.61	170.10	6.75	3.09	3.66	84.43
80+	90.16	39.04	51.12	1.94	0.84	1.10	76.36
90+	10.22	3.72	6.51	0.22	0.08	0.14	57.14

主要统计指标解释

人口数 指一定时点，一定地区范围内有生命的个人总和。

城镇人口和乡村人口 城镇人口是指居住在城镇范围内的全部常住人口；乡村人口是除上述人口以外的全部人口。

出生率（又称粗出生率） 指在一定时期内（通常为一年）一定地区的出生人数与同期内平均人数（或期中人数）之比，用千分率表示。本资料中的出生率指年出生率，其计算公式为：

$$出生率=\frac{年出生人数}{年平均人数}\times 1000‰$$

式中：出生人数指活产婴儿，即胎儿脱离母体时（不管怀孕月数），有过呼吸或其他生命现象。年平均人数指年初、年底人口数的平均数，也可用年中人口数代替。

死亡率（又称粗死亡率） 指在一定时期内（通常为一年）一定地区的死亡人数与同期平均人数（或期中人数）之比，用千分率表示。本资料中的死亡率指年死亡率，其计算公式为：

$$死亡率=\frac{年死亡人数}{年平均人数}\times 1000‰$$

人口自然增长率 指在一定时期内（通常为一年）人口自然增加数（出生人数减死亡人数）与该时期内平均人数（或期中人数）之比，用千分率表示。计算公式为：

$$人口自然增长率=\frac{本年出生人数-本年死亡人数}{年平均人数}\times 1000‰$$

$$=人口出生率-人口死亡率$$

Explanatory Notes on Main Statistical Indicators

Total Population refers to the total number of people alive at a certain point of time within a given area.

Urban Population and Rural Population Urban population refers to all people residing in cities and towns, while rural population refers to population other than urban population.

Birth Rate (or Crude Birth Rate) refers to the ratio of the number of births to the average population (or mid-period population) during a certain period of time (usually a year), expressed in ‰. Birth rate in the chapter refers to annual birth rate. The following formula is used:

$$\text{Birth Rate}=\frac{\text{Number of Births}}{\text{Annual Average Population}}\times 1000‰$$

Number of births in the formula refers to live births, i.e. when a baby has breathed or showed any vital phenomena regardless of the length of pregnancy. Annual average population is the average of the number of population at the beginning of the year and that at the end of the year. Sometimes it is substituted by the mid-year population.

Death Rate (or Crude Death Rate) refers to the ratio of the number of deaths to the average population (or mid-period population) during a certain period of time (usually a year), expressed in ‰. Death rate in the chapter refers to annual death rate.The following formula is used:

$$\text{Death Rate}=\frac{\text{Number of Deaths}}{\text{Annual Average Population}}\times 1000‰$$

Natural Growth Rate of Population refers to the ratio of natural increase in population (number of births minus number of deaths) in a certain period of time (usually a year) to the average population (or mid-period population) of the same period, expressed in ‰. The following formula is applied:

$$\text{Natural Growth Rate of Population}=\frac{\text{Number of Births - Number of Deaths}}{\text{Annual Average Popultion}}\times 1000‰$$

Natural Growth Rate of Population = Birth Rate-Death Rate

3

就业人员和职工工资

EMPLOYMENT AND WAGE

◆41/61

资料整理：韩　梅、黄　玦

简要说明

一、本篇资料的主要内容

本篇资料反映全省劳动经济方面的基本情况，包括 11 个设区市的主要劳动统计数据。如：就业人员数，城镇登记失业人数，就业人员工资总额，平均工资及指数变化情况等。

二、本篇资料的统计范围

《劳动工资统计报表制度》的调查范围为城镇地区全部法人单位；劳动力资源、全社会就业人员统计范围为城镇和乡村 16 岁以上人口;私营企业及个体工商业统计范围为全社会。2002 年及以后的社会就业人员、城镇和乡村就业人员的总计资料，是根据人口变动抽样调查及历年劳动力调查资料推算的，因此分地区、分类型、分行业的资料相加不等于总计。1998 年及以后城镇单位就业人员、工资总额、平均工资等指标中不再包括离开本单位仍保留劳动关系的职工及其生活费。

三、本篇资料来源

1.就业基本情况及分组资料、工资总额等资料，是省统计局根据《劳动工资统计报表制度》、《人口变动情况抽样调查制度》等资料，加工整理。

2. 城镇登记失业人数根据省人力资源和社会保障厅报表整理。

3. 个体劳动者根据省市场监督管理局报表整理。

四、本篇的统计调查方法

劳动工资统计中，城镇非私营单位采用全面调查方法，城镇私营单位采用抽样调查方法；就业统计及个体工商统计利用行政登记资料加工汇总。

Brief Introduction

I. Main Contents

Data in this chapter show the basic conditions of labor economy in the whole province, including main labor statistics on the whole province and 11 municipalities, such as the number of employed persons, number of registered unemployed persons in urban areas, total wage bills and average wages of employed persons and the changes in index.

II. Scope of Statistics

The Reporting Form System on Labor Wage Statistics covers corporate units in all urban area. The scope of statistics on labor force and the whole society employment refers to the population above age 16 in urban and rural areas. The scope of statistics on private enterprises and self-employed individuals covers the whole province. Data on employed persons and employed persons by urban and rural areas since 2002 are estimated on the Sample Survey on Population Changes and the annual Sample Survey on Labor Force, so sums of these data by region, by type of ownership and by industry do not add up to the totals. The scope of statistics on employed person in urban areas, total wage bills, average wages do not include the persons who had left their working units and while keeping their labor contract/employment relation unchanged since 1998.

III. Sources of Data

(1) Data on basic conditions of employment, data by groups, total wage bills of staff and workers are collected and compiled through The Reporting Form System on Labor Wage Statistics and the Sample Survey System on Demographic Changes by Jiangxi Provincial Bureau of Statistics.

(2) Data on the number of registered unemployed persons in urban areas are provided by Jiangxi Department of Human Resources and Social Security.

(3) Data on the number of employed persons in self-employed individuals are provided by the Provincial Administration for Market Regulation.

IV. Methodology of Survey

A complete reporting form system from lower-level statistical bureaus to higher level statistical bureaus is used in the labor wage statistics of urban non-private enterprises, and sampling methods is used in the statistics of urban private enterprises. Statistics on employment and self-employed individuals are collected and compiled on basis of administrative registering records.

3-1 劳动力资源
Labor Force Resources

单位：万人　　　　(10 000 persons)

年份 Year	劳动力资源总数 Total Number of Labor Force Resources	社会就业人数 Number of Employed Persons in Society					劳动力资源总数占人口数的比重（%）Percentage of Total Number of Labor Force Resources to Population(%)	劳动力资源利用率（%）Utilization Ratio of Labor Force Resources (%)
			职工人数[a] Number of Staff and Workers					
				国有经济单位 State-owned Units	城镇集体经济单位 Urban Collective-owned Units	其他各种经济单位 Units of Other Types of Ownership		
1978	1448.1	1254.3	267.4	221.0	46.4		45.5	86.6
1979	1503.5	1307.0	269.6	219.6	50.0		46.6	86.9
1980	1559.6	1356.3	286.7	233.0	53.7		47.7	87.0
1981	1610.2	1409.8	301.9	242.2	59.7		48.7	87.6
1982	1638.9	1434.0	311.9	249.3	62.6		49.0	87.5
1983	1731.4	1498.2	311.1	245.6	65.5		51.2	86.5
1984	1824.8	1537.3	324.9	247.0	77.9		53.4	84.3
1985	1887.1	1584.8	341.6	261.4	80.1	0.1	54.5	84.0
1986	1934.6	1622.6	351.9	269.4	82.3	0.2	55.1	83.9
1987	1981.4	1668.4	365.3	281.4	83.7	0.2	55.7	84.2
1988	2055.3	1723.0	379.2	293.8	85.0	0.4	56.6	83.8
1989	2107.2	1760.4	380.1	298.3	81.3	0.5	57.0	83.5
1990	2175.3	1816.5	386.2	304.0	81.6	0.6	57.1	83.5
1991	2248.8	1874.5	398.9	313.9	83.9	1.1	58.2	83.4
1992	2354.0	1870.4	408.4	322.0	84.4	2.0	60.2	79.5
1993	2418.7	1903.7	412.0	326.9	80.4	4.7	61.0	78.7
1994	2636.1	2007.7	413.5	328.6	79.2	5.7	65.6	76.2
1995	2653.3	2100.5	411.3	332.7	71.4	7.2	63.3	79.2
1996	2735.4	2107.2	412.0	336.0	68.8	7.2	66.6	77.0
1997	2768.8	2120.6	409.4	334.0	67.6	7.8	66.7	76.6
1998	2809.1	2094.3	322.5	254.9	41.0	26.6	67.0	74.6
1999	2830.2	2089.0	305.9	242.8	36.3	26.8	66.9	73.8
2000	2898.2	2060.9	291.6	231.8	33.0	26.8	69.8	71.1
2001	2898.5	2054.8	279.3	222.2	27.9	29.2	69.2	70.9
2002	2911.6	2130.6	261.9	206.8	22.8	32.3	69.0	73.2
2003	3016.6	2168.2	256.7	196.1	20.0	40.6	70.9	71.9
2004	3073.5	2214.0	258.4	192.4	17.5	48.5	71.8	72.0
2005	3130.0	2276.7	264.8	191.3	17.6	55.9	72.6	72.7
2006	3210.4	2321.1	271.9	191.9	16.0	64.0	74.0	72.3
2007	3290.6	2369.6	275.0	190.5	16.3	68.2	75.3	72.0
2008	3353.0	2404.5	275.2	186.6	13.9	74.7	76.2	71.7
2009	3413.8	2445.2	273.8	187.4	12.6	73.8	77.0	71.6
2010	3417.6	2498.8	279.6	187.8	12.5	79.3	76.6	73.1
2011	3480.5	2532.6	311.3	185.3	15.7	110.2	77.5	72.8
2012	3495.5	2556.0	360.9	195.2	15.6	150.1	77.6	73.1
2013	3524.7	2588.7	410.0	173.0	12.6	224.4	77.9	73.4
2014	3551.6	2603.3	426.0	175.7	12.4	238.0	78.2	73.3
2015	3577.6	2616.8	440.1	[illegible]	11.0	247.7	78.4	73.1
2016	3606.8	2637.6	431.8	172.3	9.9	249.6	78.5	73.1
2017	3624.2	2645.6	427.5	171.2	9.0	247.3	78.4	73.0
2018	3639.1	2636.1	400.3	158.3	8.8	233.2	78.3	72.4

注：自1998年起，职工人数为在岗职工人数。自2012年起，职工人数含劳务派遣人员。

a) Since 1998,number of staff and workers refers to number of employed staff and workers.Since 2012,number of staff and workers includes dispatched laborers.

3-2 三次产业社会就业人员数(年末数)

Number of Employed Persons by Three Strata of Industry (year-end)

年份 地区 Year Region	合计 (万人) Total (10 000 persons)				构成(以合计数为100) Composition (Total=100)		
		第一产业 Primary Industry	第二产业 Secondary Industry	第三产业 Tertiary Industry	第一产业 Primary Industry	第二产业 Secondary Industry	第三产业 Tertiary Industry
1978	1254.3	968.7	163.4	122.2	77.2	13.0	9.8
1980	1356.3	1053.8	166.9	135.6	77.7	12.3	10.0
1985	1584.8	1057.2	320.5	207.1	66.7	20.2	13.1
1990	1816.5	1193.1	368.6	254.8	65.7	20.3	14.0
1991	1874.5	1224.2	388.7	261.6	65.3	20.7	14.0
1992	1870.4	1186.2	412.9	271.3	63.4	22.0	14.6
1993	1903.7	1085.9	462.5	355.3	57.3	24.3	18.4
1994	2007.7	1127.2	493.3	387.2	56.1	24.6	19.3
1995	2100.5	1071.7	525.1	503.7	51.0	25.0	24.0
1996	2107.2	1049.7	539.7	517.8	49.8	25.6	24.6
1997	2120.6	1000.9	549.8	569.9	47.2	25.9	26.9
1998	2094.3	975.5	548.8	570.0	46.6	26.2	27.2
1999	2089.0	969.3	530.7	589.0	46.4	25.4	28.2
2000	2060.9	960.9	502.8	597.2	46.6	24.4	29.0
2001	2054.8	949.6	482.6	622.6	46.2	23.5	30.3
2002	2130.6	964.5	483.8	682.3	45.3	22.7	32.0
2003	2168.2	910.7	568.0	689.5	42.0	26.2	31.8
2004	2214.0	907.7	598.4	707.9	41.0	27.0	32.0
2005	2276.7	907.5	619.5	749.7	39.9	27.2	32.9
2006	2321.1	907.4	639.5	774.2	39.1	27.5	33.4
2007	2369.6	900.8	663.3	805.5	38.0	28.0	34.0
2008	2404.5	900.1	675.0	829.4	37.4	28.1	34.5
2009	2445.2	892.6	710.1	842.5	36.5	29.0	34.5
2010	2498.8	888.6	741.1	869.1	35.6	29.6	34.8
2011	2532.6	870.5	763.3	898.8	34.4	30.1	35.5
2012	2556.0	841.0	792.3	922.7	32.9	31.0	36.1
2013	2588.7	820.9	824.1	943.8	31.7	31.8	36.5
2014	2603.3	801.4	837.6	964.3	30.8	32.2	37.0
2015	2615.8	786.0	849.3	980.5	30.0	32.5	37.5
2016	2637.6	773.4	853.7	1010.5	29.3	32.4	38.3
2017	2645.6	753.1	864.2	1028.3	28.5	32.7	38.9
2018	2636.1	725.2	867.0	1043.9	27.5	32.9	39.6
南昌市 Nanchang	332.3	57.5	128.2	146.6	17.3	38.6	44.1
景德镇市 Jingdezhen	105.9	28.2	36.0	41.7	26.6	34.0	39.4
萍乡市 Pingxiang	120.2	26.7	47.7	45.8	22.2	39.7	38.1
九江市 Jiujiang	309.8	90.1	105.6	114.1	29.1	34.1	36.8
新余市 Xinyu	67.4	22.6	23.9	20.9	33.6	35.4	31.0
鹰潭市 Yingtan	80.5	24.7	22.1	33.7	30.7	27.5	41.8
赣州市 Ganzhou	586.5	165.9	183.9	236.8	28.3	31.3	40.4
吉安市 Ji'an	296.0	102.5	78.3	115.2	34.6	26.5	38.9
宜春市 Yichun	339.0	108.2	99.5	131.3	31.9	29.3	38.7
抚州市 Fuzhou	230.3	90.3	47.6	92.4	39.2	20.7	40.1
上饶市 Shangrao	439.1	121.5	143.3	174.3	27.7	32.6	39.7

注：就业人员总计是根据人口变动抽样调查资料推算，因此，分地区、分经济类型、分行业资料相加不等于总计。下表同。

a) The total mumber of employed persons have been estimated in accordance with the data from the national sample survey on population changes. As a result,the sum of the data by region,by ownership and by sector is not equal to the total.The same applies to the following tables.

3-3 社会就业人员数（年末数）

Number of Employed Persons in Society (year-end)

单位：万人 (10 000 persons)

类　　别	Type	2017	2018
总　　计	**Total**	**2645.64**	**2636.13**
按经济类型分	**Classifed by Types of Ownership**		
城镇	Urban	1123.35	1165.69
国有	State-owned	184.21	171.08
集体	Collective-owned	11.20	10.92
股份合作	Cooperative	1.68	1.80
联营	Joint Ownership	0.15	0.19
有限责任公司	Limited Liability Corporations	176.21	173.66
股份有限公司	Share-holding Corporations Ltd.	37.20	35.12
港澳台投资	Funds from Hong Kong,Macao&Taiwan	33.96	26.45
外商投资	Foreign Funded	15.23	11.83
私营和个体	Private Enterprises and Self-employed Individuals	577.19	651.82
乡村	Rural	1522.29	1470.44
私营和个体	Private Enterprises and Self-employed Individuals	267.88	276.11
按国民经济行业分	**Classified by Sector**		
农、林、牧、渔业	Agriculture, Forestry, Animal Husbandry and Fishery	753.09	725.18
采矿业	Mining	42.99	39.18
制造业	Manufacturing	539.82	534.59
电力、热力、燃气及水生产和供应业	Production and Distribution of Electricity,Heat,Gas and Water	16.57	16.89
建筑业	Construction	254.1	276.37
批发和零售业	Wholesale and Retail Trades	408.08	405.48
交通运输、仓储和邮政业	Traffic, Transport, Storage and Post	105.62	105.65
住宿和餐饮业	Hotels and Catering Services	97.43	95.43
信息传输、软件和信息技术服务业	Information Transmission,Software and Information Technical Services	38.93	38.96
金融业	Financial Intermediation	15.83	16.13
房地产业	Real Estate	37.22	39.35
租赁和商务服务业	Leasing and Business Services	43.31	41.16
科学研究和技术服务业	Scientific Research and Technical Service	13.21	15.89
水利、环境和公共设施管理业	Management of Water Conservancy, Environment and Public Facilities	12.63	11.58
居民服务、修理和其他服务业	Services to Households,Repair and Other Services	98.4	98.53
教育	Education	58.94	61.04
卫生和社会工作	Health and Social Work	37.73	38.36
文化、体育和娱乐业	Culture, Sports and Entertainment	18.37	18.42
公共管理、社会保障和社会组织	Public Management,Social Security and Social Organization	53.37	57.94

3-4 各地区城镇就业人员数(年末数)

Number of Employed Persons in Urban Areas by Region (year-end)

单位：万人 (10 000 persons)

地 区	Region	2014	2015	2016	2017	2018
全 省	**Provincial Total**	**985.41**	**1030.62**	**1077.99**	**1123.35**	**1165.69**
南 昌 市	Nanchang	194.45	200.14	207.53	215.44	224.33
景德镇市	Jingdezhen	48.99	49.13	51.60	51.79	52.02
萍 乡 市	Pingxiang	47.86	51.20	54.04	55.56	56.91
九 江 市	Jiujiang	116.07	122.40	127.97	133.52	138.09
新 余 市	Xinyu	37.52	38.74	40.79	40.91	41.03
鹰 潭 市	Yingtan	33.45	34.40	36.51	36.56	36.72
赣 州 市	Ganzhou	127.22	134.11	140.40	154.30	168.32
吉 安 市	Ji'an	92.87	97.91	102.74	105.54	108.01
宜 春 市	Yichun	103.05	108.84	113.84	119.11	122.15
抚 州 市	Fuzhou	80.25	84.30	88.00	91.12	94.09
上 饶 市	Shangrao	103.68	109.45	114.57	119.50	124.02

3-5 各地区城镇个体劳动者数(年末数)

Number of Self-employed Workers in Urban Areas by Region (year-end)

单位：万人 (10 000 persons)

地 区	Region	2014	2015	2016	2017	2018
全 省	**Provincial Total**	**232.48**	**255.62**	**267.8**	**284.25**	**311.18**
南 昌 市	Nanchang	38.65	43.62	46.37	42.55	45.63
景德镇市	Jingdezhen	10.60	11.16	11.86	13.13	11.88
萍 乡 市	Pingxiang	12.82	14.29	14.38	15.35	16.16
九 江 市	Jiujiang	28.38	25.16	25.76	30.22	34.42
新 余 市	Xinyu	10.57	11.32	7.62	6.73	7.27
鹰 潭 市	Yingtan	6.10	7.11	8.61	9.66	9.78
赣 州 市	Ganzhou	41.23	48.36	55.75	65.82	73.60
吉 安 市	Ji'an	19.06	21.37	21.67	22.21	25.32
宜 春 市	Yichun	27.27	30.04	34.95	35.65	39.30
抚 州 市	Fuzhou	[illegible]	23.71	[illegible]	[illegible]	[illegible]
上 饶 市	Shangrao	17.10	19.48	20.79	23.51	27.29

3-6 城镇登记失业人数及登记失业率
Unemployed Persons and Unemployment Rate in Urban Areas

年 份 地 区 Year Region	城镇登记失业人数 (万人) Unemployed Persons in Urban Areas (10 000 persons)	#失业青年 Unemployed-Youth	占城镇登记失业人数(%) Percentage to Unemployed Persons in Urban Areas(%)	登记失业率 (%) Unemployment Rate (%)
1978	21.38			7.39
1979	15.17	13.35	88.0	5.31
1980	17.03	14.43	84.7	5.59
1981	14.58	11.61	79.6	4.57
1982	14.81	11.63	78.5	4.47
1983	13.26	10.60	79.9	3.98
1984	7.57	6.10	80.6	2.21
1985	5.21	4.74	91.0	1.45
1986	5.42	4.98	91.9	1.46
1987	5.56	4.83	86.9	1.45
1988	6.17	5.57	90.3	1.53
1989	6.95	6.60	95.0	1.69
1990	10.26	9.60	93.6	2.44
1991	10.56	10.14	96.0	2.40
1992	8.65	7.92	91.6	1.92
1993	8.65	8.29	95.8	1.82
1994	8.85	7.13	80.6	1.79
1995	8.66	7.48	86.3	1.57
1996	10.10	6.36	63.1	2.20
1997	14.22	8.52	60.0	2.32
1998	14.45	8.26	57.2	2.47
1999	15.50	5.95	38.4	2.60
2000	16.68	5.45	32.7	2.90
2001	17.28	3.39	19.6	3.30
2002	17.76	3.86	21.7	3.40
2003	21.62	4.21	19.5	3.80
2004	22.42	4.39	19.5	3.56
2005	22.84	3.87	16.90	3.48
2006	25.27	3.83	15.20	3.64
2007	24.34	2.41	9.90	3.37
2008	25.99	2.12	8.15	3.42
2009	27.30	1.36	4.98	3.44
2010	26.26	0.94	3.58	3.31
2011	24.64	1.44	5.84	3.20
2012	25.72	1.03	4.00	3.00
2013	27.42	1.19	4.34	3.17
2014	29.41	1.25	4.25	3.27
2015	29.95	1.35	4.51	3.35
2016	31.33	1.38	4.40	3.35
2017	32.33	0.81	2.51	3.34
2018	35.10	1.15	3.28	3.44

注：自1999年起失业青年为长期失业者。
a) Unemployed youth are the long-term umemployed since 1999.

3-7 城镇非私营单位就业人员年末人数、工资（2018年）

Number and Wage of Employed Persons in Urban Non-Private Units at Year-end (2018)

类　　别	Type	就业人员人数（人）Number of Employed Persons (person)	就业人员平均工资（元）Average Wage of Employed Persons (yuan)
总　计	**Total**	**4357431**	**68573**
按经济类型分	**Classified by Types of Ownership**		
国有单位	State-owned	1710830	78186
城镇集体单位	Collective-owned	109244	56307
其他单位	Others	2537357	62581
股份合作	Cooperative	18031	75250
联营	Joint Ownership	1871	72718
有限责任公司	Limited Liability Corporations	1736550	62762
股份有限公司	Share-holding Corporations Ltd.	351192	67662
其他内资	Other Domestic Enterprises	46912	61709
港澳台商投资	Funds from Hong Kong,Macao&Taiwan	264486	55288
外商投资	Foreign Funded	118315	59531
按国民经济行业分	**Classified by Sector**		
农、林、牧、渔业	Agriculture, Forestry, Animal Husbandry and Fishery	37538	42158
采矿业	Mining	31404	55651
制造业	Manufacturing	1064654	60717
电力、热力、燃气及水生产和供应业	Production and Supply of Electricity, Heat, Gas and Water	90128	77678
建筑业	Construction	869585	57340
批发和零售业	Wholesale and Retail Trades	151613	57043
交通运输、仓储和邮政业	Transport, Storage and Post	189897	79238
住宿和餐饮业	Hotels and Catering Services	33111	41736
信息传输、软件和信息技术服务业	Information Transmission, Software and Information Technology	55363	82800
金融业	Financial Intermediation	143764	91038
房地产业	Real Estate	79940	58792
租赁和商务服务业	Leasing and Business Services	57802	56288
科学研究和技术服务业	Scientific Research and Technical Services	61402	89931
水利、环境和公共设施管理业	Management of Water Conservancy, Environment and Public Facilities	58010	47150
居民服务、修理和其他服务业	Services to Households, Repair and Other Services	7090	48994
教育	Education	556342	76544
卫生和社会工作	Health and Social Services	261154	87882
文化、体育和娱乐业	Culture, Sports and Entertainment	29236	72367
公共管理、社会保障和社会组织	Public Management, Social Security and Social Organization	579398	80900
按地区分	**By Region**		
南 昌 市	Nanchang	1175259	78793
景德镇市	Jingdezhen	165131	61406
萍 乡 市	Pingxiang	166676	68334
九 江 市	Jiujiang	398627	69270
新 余 市	Xinyu	115487	68812
鹰 潭 市	Yingtan	157069	69945
赣 州 市	Ganzhou	542938	65106
吉 安 市	Ji'an	360829	58953
宜 春 市	Yichun	441388	59412
抚 州 市	Fuzhou	326475	61305
上 饶 市	Shangrao	395695	62207

3-8 城镇非私营单位在岗职工年末人数、工资（2018年）

Number and Wage of Employed Staff and Workers in Urban Non-Private Units at Year-end (2018)

类别	Type	在岗职工人数（人）Number of Employed Staff and Workers (person)	在岗职工平均工资（元）Average Wage of Employed Staff and Workers(yuan)
总计	**Total**	**4002708**	**70772**
按经济类型分	**Classified by Types of Ownership**		
国有单位	State-owned	1582677	81872
城镇集体单位	Collective-owned	88060	58143
其他单位	Others	2331971	63654
股份合作	Cooperative	17357	75996
联营	Joint Ownership	1662	72391
有限责任公司	Limited Liability Corporations	1581870	63401
股份有限公司	Share-holding Corporations Ltd.	307035	73294
其他内资	Other Domestic Enterprises	44909	62641
港澳台商投资	Funds from Hong Kong,Macao&Taiwan	262477	55101
外商投资	Foreign Funded	116661	59897
按国民经济行业分	**Classified by Sector**		
农、林、牧、渔业	Agriculture, Forestry, Animal Husbandry and Fishery	33175	43224
采矿业	Mining	30454	56404
制造业	Manufacturing	1049463	61114
电力、热力、燃气及水生产和供应业	Production and Supply of Electricity, Heat, Gas and Water	74972	82194
建筑业	Construction	712796	57869
批发和零售业	Wholesale and Retail Trades	144309	58250
交通运输、仓储和邮政业	Transport, Storage and Post	183008	80752
住宿和餐饮业	Hotels and Catering Services	32203	42100
信息传输、软件和信息技术服务业	Information Transmission, Software and Information Technology	49531	85326
金融业	Financial Intermediation	106602	114702
房地产业	Real Estate	77065	59622
租赁和商务服务业	Leasing and Business Services	51605	55636
科学研究和技术服务业	Scientific Research and Technical Services	57146	92462
水利、环境和公共设施管理业	Management of Water Conservancy, Environment and Public Facilities	44339	54004
居民服务、修理和其他服务业	Services to Households, Repair and Other Services	6589	50382
教育	Education	531299	78757
卫生和社会工作	Health and Social Services	249980	89690
文化、体育和娱乐业	Culture, Sports and Entertainment	27507	74913
公共管理、社会保障和社会组织	Public Management, Social Security and Social Organization	540665	84496
按地区分	**By Region**		
南 昌 市	Nanchang	1023001	82672
景德镇市	Jingdezhen	158096	62975
萍 乡 市	Pingxiang	153233	71636
九 江 市	Jiujiang	370715	71921
新 余 市	Xinyu	110119	70453
鹰 潭 市	Yingtan	148023	71481
赣 州 市	Ganzhou	520522	66875
吉 安 市	Ji'an	337462	60491
宜 春 市	Yichun	415296	60751
抚 州 市	Fuzhou	306015	62764
上 饶 市	Shangrao	361869	64315

注：在岗职工含劳务派遣人员。
a)Number of employed staff and workers includes dispatched laborers.

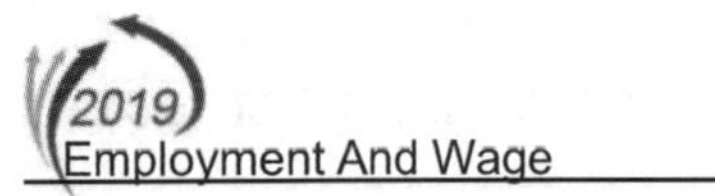

3-9 城镇非私营单位各种分组的就业人员人数（2018年末）

Number of Employed Persons in Urban Non-Private Units by Types of Groups (end of 2018)

单位：人 (person)

类别	Type	合计 Total	国有单位 State-owned Units	城镇集体单位 Urban Collective-owned Units	其他单位 Units of Other Types of Ownership
总计	**Total**	**4357431**	**1710830**	**109244**	**2537357**
按国民经济行业分	**Grouped by Sector**				
农、林、牧、渔业	Agriculture, Forestry, Animal Husbandry and Fishery	37538	36851	156	531
采矿业	Mining	31404	798	209	30397
制造业	Manufacturing	1064654	14997	9244	1040413
电力、热力、燃气及水生产和供应业	Production and Supply of Electricity, Heat, Gas and Water	90128	7912	8	82208
建筑业	Construction	869585	67706	73472	728407
批发和零售业	Wholesale and Retail Trades	151613	18003	2004	131606
交通运输、仓储和邮政业	Transport, Storage and Post	189897	42482	2377	145038
住宿和餐饮业	Hotels and Catering Services	33111	5103	117	27891
信息传输、软件和信息技术服务业	Information Transmission, Software and Information Technology	55363	2980	405	51978
金融业	Financial Intermediation	143764	51747	8556	83461
房地产业	Real Estate	79940	6130	873	72937
租赁和商务服务业	Leasing and Business Services	57802	21921	2523	33358
科学研究和技术服务业	Scientific Research and Technical Services	61402	41970	401	19031
水利、环境和公共设施管理业	Management of Water Conservancy, Environment and Public Facilities	58010	38318	2449	17243
居民服务、修理和其他服务业	Services to Households, Repair and Other Services	7090	1239	39	5812
教育	Education	556342	521701	1286	33355
卫生和社会工作	Health and Social Services	261154	234587	4243	22324
文化、体育和娱乐业	Culture, Sports and Entertainment	29236	21507	151	7578
公共管理、社会保障和社会组织	Public Management, Social Security and Social Organization	570308	574878	731	3709

3-10 城镇非私营单位各种分组的在岗职工人数（2018年末）

Number of Employed Staff and Workers in Urban Non-Private Units by Types of Groups (end of 2018)

单位：人 (person)

类别	Type	合计 Total	国有单位 State-owned Units	城镇集体单位 Urban Collective-owned Units	其他单位 Units of Other Types of Ownership
总计	**Total**	**4002708**	**1582677**	**88060**	**2331971**
按国民经济行业分	**Grouped by Sector**				
农、林、牧、渔业	Agriculture, Forestry, Animal Husbandry and Fishery	33175	32489	156	530
采矿业	Mining	30454	773	207	29474
制造业	Manufacturing	1049463	9412	9139	1030912
电力、热力、燃气及水生产和供应业	Production and Supply of Electricity, Heat, Gas and Water	74972	7196	8	67768
建筑业	Construction	712796	48461	54618	609717
批发和零售业	Wholesale and Retail Trades	144309	17120	1672	125517
交通运输、仓储和邮政业	Transport, Storage and Post	183008	41080	2221	139707
住宿和餐饮业	Hotels and Catering Services	32203	4579	114	27510
信息传输、软件和信息技术服务业	Information Transmission, Software and Information Technology	49531	2913	405	46213
金融业	Financial Intermediation	106602	45508	8347	52747
房地产业	Real Estate	77065	5183	842	71040
租赁和商务服务业	Leasing and Business Services	51605	20774	2446	28385
科学研究和技术服务业	Scientific Research and Technical Services	57146	39620	390	17136
水利、环境和公共设施管理业	Management of Water Conservancy, Environment and Public Facilities	44339	27644	1273	15422
居民服务、修理和其他服务业	Services to Households, Repair and Other Services	6589	1192	39	5358
教育	Education	531299	497658	1241	32400
卫生和社会工作	Health and Social Services	249980	224032	4078	21870
文化、体育和娱乐业	Culture, Sports and Entertainment	27507	20304	151	7052
公共管理、社会保障和社会组织	Public Management, Social Security and Social Organization	540665	536739	713	3213

3-11 城镇非私营单位职工工资总额和平均工资
Total Wages Bill and Average Wage of Staff and Workers in Urban Non-Private Units

年 份 Year	工资总额 （万元） Total Wages Bill (10 000 yuan)	国有经济单位 State-owned Units	城镇集体经济单位 Urban Collective-owned Units	其他各种经济单位 Units of Other Types of Ownership	平均工资 （元） Average Wage (yuan)	国有经济单位 State-owned Units	城镇集体经济单位 Urban Collective-owned Units	其他各种经济单位 Units of Other Types of Ownership
1978	145123	122929	22194		552	562	500	
1979	161102	135538	25564		603	624	512	
1980	199674	167220	32454		713	733	625	
1981	210974	175632	35342		719	745	613	
1982	223632	185973	37659		732	758	625	
1983	230035	190050	39985		747	774	640	
1984	284282	230178	54067	37	894	949	716	949
1985	329858	266560	63213	86	997	1052	817	1132
1986	394647	321560	72890	197	1147	1215	919	1190
1987	431756	352660	78895	202	1215	1286	974	1312
1988	533074	440107	92403	564	1446	1539	1121	1675
1989	583499	486785	95917	798	1562	1658	1205	1809
1990	656975	551602	104213	1160	1729	1843	1300	2079
1991	719291	598920	118234	2137	1842	1946	1446	2329
1992	860275	724646	131368	4261	2154	2295	1606	2414
1993	1042007	883776	144510	13720	2580	2753	1842	3114
1994	1407031	1207665	176282	23084	3450	3720	2268	4214
1995	1621603	1393677	189980	37946	4211	4427	2990	5623
1996	1858269	1588203	218857	51209	4852	5050	3562	7275
1997	1944011	1666516	219199	58297	5089	5303	3636	7843
1998	1739295	1400368	152032	186895	5384	5473	3720	7104
1999	2057811	1675969	170518	211325	6749	6930	4692	7913
2000	2047372	1681669	151720	213983	7014	7249	4676	7798
2001	2255433	1864519	144576	246339	8026	8346	5149	8349
2002	2437527	2001095	133577	302855	9262	9607	5859	9444
2003	2710865	2161536	137779	411551	10521	10918	6905	10359
2004	3054546	2367213	136642	550691	11860	12291	7873	11569
2005	3583091	2726459	157004	699628	13688	14276	8952	13140
2006	4170749	3136396	160449	873904	15590	16491	10102	14220
2007	4994197	3703412	203353	1087433	18400	19624	12574	16344
2008	5732519	4204570	192028	1335921	21000	22608	13934	18247
2009	6713864	4900030	205362	1608472	24696	26247	16624	22088
2010	8071398	5796975	223793	2050630	29092	30985	18194	26272
2011	9970075	6256416	378133	3335526	34055	36939	24265	30939
2012	12823272	7891818	455102	4476352	39651	40712	30608	39030
2013	17789724	8248934	435385	9105405	43582	47238	36185	41101
2014	19882093	8981797	491409	10408887	47299	51406	41022	44550
2015	22796952	10470884	529037	11797031	52137	58565	46734	47734
2016	24553020	11513470	481493	12558057	57470	67536	50045	50815
2017	26478273	12879242	459114	13139917	63069	76018	52596	54369
2018	27993936	12865039	494381	14636535	70773	81873	60143	63654

注：自1998年起，职工工资为在岗职工工资。自2012年起，平均工资含劳务派遣人员工资。

a) Since 1998,wage of staff and workers refers to wage of employed staff and workers.Since 2012,average wage includes dispatched laborers' wage.

3-12 城镇非私营单位职工平均工资指数

Average Wage Indices of Staff and Workers in Urban Non-Private Units

（以上年为100） (preceding year=100)

年份 Year	货币工资指数 Currency Wages Indices	国有经济单位 State-owned Units	城镇集体经济单位 Urban Collective-owned Units	其他各种经济单位 Units of Other Types of Ownership	实际工资指数 Actual Wages Indices	国有经济单位 State-owned Units	城镇集体经济单位 Urban Collectiv-owned Units	其他各种经济单位 Units of Other Types of Ownership
1978	106.8	105.4	102.0		106.6	105.2	101.8	
1979	109.2	111.0	102.4		107.0	108.7	100.3	
1980	118.2	117.5	122.1		112.0	111.4	115.7	
1981	100.8	101.6	98.1		97.1	97.9	94.5	
1982	101.8	101.7	102.0		98.7	98.6	98.9	
1983	102.0	102.1	102.4		100.1	100.2	100.5	
1984	119.7	122.6	111.9		116.7	119.5	109.1	
1985	111.5	110.9	114.1	119.3	102.5	101.9	104.9	109.7
1986	115.0	115.5	112.5	105.1	108.5	108.7	106.1	99.2
1987	105.9	105.8	106.0	108.0	98.1	98.1	98.2	100.1
1988	119.0	119.7	115.1	127.7	96.2	96.8	93.0	103.2
1989	108.0	107.7	107.5	108.0	92.2	91.9	91.7	92.2
1990	110.7	111.2	107.9	114.9	109.1	109.6	106.3	113.2
1991	106.5	105.6	111.2	112.0	102.0	101.1	106.5	107.3
1992	116.9	117.9	111.1	103.6	108.7	109.7	103.3	96.4
1993	115.9	115.9	111.5	127.8	100.1	100.1	96.3	110.4
1994	138.2	139.8	126.1	136.6	108.9	110.2	99.4	107.6
1995	122.1	119.0	131.8	133.4	104.4	101.8	112.7	114.1
1996	115.2	114.1	105.8	129.4	106.6	105.5	97.9	119.7
1997	104.9	105.0	102.1	107.8	101.8	101.9	99.1	104.7
1998	105.8	103.2	102.3	90.6	104.8	102.2	101.3	89.7
1999	125.4	126.6	126.1	111.4	127.2	128.4	127.9	112.9
2000	103.9	104.6	99.7	98.5	103.5	104.2	99.4	98.2
2001	114.4	115.1	110.1	107.0	114.9	115.7	110.7	107.5
2002	115.4	115.1	113.8	113.1	115.3	114.9	113.7	112.9
2003	113.6	113.6	117.9	109.7	112.7	112.7	117.0	108.8
2004	112.7	112.6	114.0	111.7	108.9	108.8	110.1	107.9
2005	115.4	116.2	113.7	113.6	113.5	114.3	111.8	111.7
2006	113.9	115.5	112.8	108.2	112.5	114.1	111.5	106.9
2007	118.0	119.0	124.5	114.9	112.6	113.5	118.8	109.6
2008	114.1	115.2	110.8	111.6	107.5	108.7	104.5	105.3
2009	117.6	116.1	119.3	121.1	118.4	116.9	120.1	122.0
2010	117.8	118.1	109.4	118.9	114.4	114.7	106.2	115.4
2011	117.1	119.2	133.4	117.8	111.3	113.3	126.8	112.0
2012	116.3	110.7	125.7	124.1	113.2	107.8	122.4	120.8
2013	109.9	116.0	118.2	105.3	107.2	113.2	115.3	102.7
2014	108.5	108.8	113.4	108.4	106.1	106.4	110.9	106.0
2015	110.2	113.9	113.9	107.1	108.6	112.2	112.2	105.5
2016	110.2	115.3	107.1	106.5	108.0	113.0	105.0	104.4
2017	109.7	112.6	105.1	107.0	107.5	110.4	103.0	104.9
2018	112.2	107.7	110.5	117.1	109.9	105.5	108.2	114.7

3-13 城镇非私营单位各种分组的就业人员工资总额（2018年）
Total Wages Bill of Employed Persons by Types of Groups in Urban Non-Private Units (2018)

单位：万元 (10 000 yuan)

类　　别	Type	工资总额 Total Wages Bill	国有单位 State-owned Units	城镇集体单位 Urban Collective-owned Units	其他单位 Units of Other Types of Ownership
总　　计	**Total**	**29595420**	**13291088**	**598980**	**15705352**
按国民经济行业分	**Grouped by Sector**				
农、林、牧、渔业	Agriculture, Forestry, Animal Husbandry and Fishery	157523	154315	692	2516
采矿业	Mining	186737	4314	606	181817
制造业	Manufacturing	6455380	77235	55780	6322366
电力、热力、燃气及水生产和供应业	Production and Supply of Electricity, Heat, Gas and Water	704792	49509	32	655252
建筑业	Construction	4842898	330289	361550	4151059
批发和零售业	Wholesale and Retail Trades	870541	154483	8383	707674
交通运输、仓储和邮政业	Transport, Storage and Post	1501401	317734	6922	1176746
住宿和餐饮业	Hotels and Catering Services	136084	19861	304	115919
信息传输、软件和信息技术服务业	Information Transmission, Software and Information Technology	458588	19214	2067	437306
金融业	Financial Intermediation	1301900	559323	90101	652476
房地产业	Real Estate	472049	34919	3597	433532
租赁和商务服务业	Leasing and Business Services	313097	113954	10737	188406
科学研究和技术服务业	Scientific Research and Technical Services	549703	354293	4650	190761
水利、环境和公共设施管理业	Management of Water Conservancy, Environment and Public Facilities	267801	201643	9131	57027
居民服务、修理和其他服务业	Services to Households, Repair and Other Services	34183	8296	217	25671
教育	Education	4215568	4012530	10461	192577
卫生和社会工作	Health and Social Services	2272605	2106011	28633	137962
文化、体育和娱乐业	Culture, Sports and Entertainment	217673	163487	720	53466
公共管理、社会保障和社会组织	Public Management, Social Security and Social Organization	[illegible]	[illegible]	[illegible]	[illegible]

3-14 城镇非私营单位各种分组的在岗职工工资总额（2018年）
Total Wages Bill of Employed Staff and Workers by Types of Groups in Urban Non-Private Units (2018)

单位：万元 (10 000 yuan)

类别	Type	工资总额 Total Wages Bill	国有单位 State-owned Units	城镇集体单位 Urban Collective-owned Units	其他单位 Units of Other Types of Ownership
总计	**Total**	**27995956**	**12865039**	**494381**	**14636535**
按国民经济行业分	**Grouped by Sector**				
农、林、牧、渔业	Agriculture, Forestry, Animal Husbandry and Fishery	142630	139423	692	2515
采矿业	Mining	183692	4221	602	178870
制造业	Manufacturing	6388055	62831	54529	6270696
电力、热力、燃气及水生产和供应业	Production and Supply of Electricity, Heat, Gas and Water	619808	47453	32	572323
建筑业	Construction	3973667	255731	264750	3453186
批发和零售业	Wholesale and Retail Trades	846470	150976	7694	687800
交通运输、仓储和邮政业	Transport, Storage and Post	1474647	310731	6617	1157300
住宿和餐饮业	Hotels and Catering Services	133073	18445	249	114379
信息传输、软件和信息技术服务业	Information Transmission, Software and Information Technology	423814	19040	2067	402707
金融业	Financial Intermediation	1186133	541668	89154	555310
房地产业	Real Estate	461986	31706	3548	426733
租赁和商务服务业	Leasing and Business Services	279557	110655	10182	158719
科学研究和技术服务业	Scientific Research and Technical Services	526560	340058	4587	181915
水利、环境和公共设施管理业	Management of Water Conservancy, Environment and Public Facilities	228009	171338	5943	50729
居民服务、修理和其他服务业	Services to Households, Repair and Other Services	33323	8146	217	24960
教育	Education	4143951	3944159	10352	189440
卫生和社会工作	Health and Social Services	2221252	2056959	28090	136203
文化、体育和娱乐业	Culture, Sports and Entertainment	211997	159672	720	51605
公共管理、社会保障和社会组织	Public Management, Social Security and Social Organization	4517334	4491830	4358	21146

3-15 城镇非私营单位各种分组的就业人员平均工资（2018年）
Average Wage of Employed Persons by Types of Groups in Urban Non-Private Units (2018)

单位：元 (yuan)

类别	Type	平均工资 Average Wage	国有单位 State-owned Units	城镇集体单位 Urban Collective-owned Units	其他单位 Units of Other Types of Ownership
总计	**Total**	**68573**	**78186**	**56307**	**62581**
按国民经济行业分	**Grouped by Sector**				
农、林、牧、渔业	Agriculture, Forestry, Animal Husbandry and Fishery	42158	42066	44652	47831
采矿业	Mining	55651	53924	29125	55863
制造业	Manufacturing	60717	50189	58481	60893
电力、热力、燃气及水生产和供应业	Production and Supply of Electricity, Heat, Gas and Water	77678	62821	53000	79094
建筑业	Construction	57340	47633	51495	58877
批发和零售业	Wholesale and Retail Trades	57043	86025	42127	53343
交通运输、仓储和邮政业	Transport, Storage and Post	79238	75058	29378	81272
住宿和餐饮业	Hotels and Catering Services	41736	38461	25957	42422
信息传输、软件和信息技术服务业	Information Transmission, Software and Information Technology	82800	64782	48991	84102
金融业	Financial Intermediation	91038	108044	104805	78952
房地产业	Real Estate	58792	57104	41397	59139
租赁和商务服务业	Leasing and Business Services	56288	52854	42557	59734
科学研究和技术服务业	Scientific Research and Technical Services	89931	84193	116822	102307
水利、环境和公共设施管理业	Management of Water Conservancy, Environment and Public Facilities	47150	51833	35806	37161
居民服务、修理和其他服务业	Services to Households, Repair and Other Services	48994	67723	55513	44934
教育	Education	76544	77670	81095	58650
卫生和社会工作	Health and Social Services	87882	90742	67706	61925
文化、体育和娱乐业	Culture, Sports and Entertainment	72367	72966	48013	71070
公共管理、社会保障和社会组织	Public Management, Social Security and Social Organization	[illegible]	[illegible]	[illegible]	[illegible]

3-16 城镇非私营单位各种分组的在岗职工平均工资（2018年）
Average Wage of Employed Staff and Workers by Types of Groups in Urban Non-Private Units (2018)

单位：元 (yuan)

类别	Type	平均工资 Average Wage	国有单位 State-owned Units	城镇集体单位 Urban Collective-owned Units	其他单位 Units of Other Types of Ownership
总计	**Total**	**70772**	**81872**	**58143**	**63654**
按国民经济行业分	**Grouped by Sector**				
农、林、牧、渔业	Agriculture, Forestry, Animal Husbandry and Fishery	43224	43141	44652	47895
采矿业	Mining	56404	54465	29199	56629
制造业	Manufacturing	61114	66228	61587	61062
电力、热力、燃气及水生产和供应业	Production and Supply of Electricity, Heat, Gas and Water	82194	66118	53000	83888
建筑业	Construction	57869	51166	50925	59060
批发和零售业	Wholesale and Retail Trades	58250	88700	46772	54307
交通运输、仓储和邮政业	Transport, Storage and Post	80752	76035	30020	82934
住宿和餐饮业	Hotels and Catering Services	42100	40309	21816	42490
信息传输、软件和信息技术服务业	Information Transmission, Software and Information Technology	85326	65676	48991	86886
金融业	Financial Intermediation	114702	118509	106453	112575
房地产业	Real Estate	59622	61865	42285	59665
租赁和商务服务业	Leasing and Business Services	55636	54317	41679	57859
科学研究和技术服务业	Scientific Research and Technical Services	92462	85547	118517	108212
水利、环境和公共设施管理业	Management of Water Conservancy, Environment and Public Facilities	54004	62429	50407	37309
居民服务、修理和其他服务业	Services to Households, Repair and Other Services	50382	69092	55513	46257
教育	Education	78757	79996	83213	59415
卫生和社会工作	Health and Social Services	89600	92753	69069	62404
文化、体育和娱乐业	Culture, Sports and Entertainment	74913	75431	48013	73922
公共管理、社会保障和社会组织	Public Management, Social Security and Social Organization	84496	84638	61293	66040

3-17 城镇私营单位就业人员年末人数、工资（2018年）

Number and Wage of Employed Persons in Urban Private Units at Year-end (2018)

类别	Type	就业人员人数（人）Number of Employed Persons (person)	就业人员平均工资（元）Average Wage of Employed Persons (yuan)
总计	**Total**	**3951588**	**43733**
按国民经济行业分	**Classified by Sector**		
农、林、牧、渔业	Agriculture, Forestry, Animal Husbandry and Fishery	54357	29800
采矿业	Mining	78884	45383
制造业	Manufacturing	1788148	45036
电力、热力、燃气及水生产和供应业	Production and Supply of Electricity, Heat, Gas and Water	25094	41283
建筑业	Construction	724248	47000
批发和零售业	Wholesale and Retail Trades	507624	37251
交通运输、仓储和邮政业	Transport, Storage and Post	158353	43649
住宿和餐饮业	Hotels and Catering Services	80039	35470
信息传输、软件和信息技术服务业	Information Transmission, Software and Information Technology	58517	48164
金融业	Financial Intermediation	8770	47932
房地产业	Real Estate	101663	50484
租赁和商务服务业	Leasing and Business Services	146369	41120
科学研究和技术服务业	Scientific Research and Technical Services	35195	45420
水利、环境和公共设施管理业	Management of Water Conservancy, Environment and Public Facilities	18361	38367
居民服务、修理和其他服务业	Services to Households, Repair and Other Services	61297	37426
教育	Education	43096	42875
卫生和社会工作	Health and Social Services	25509	45181
文化、体育和娱乐业	Culture, Sports and Entertainment	36064	41298
按地区分	**By Region**		
南昌市	Nanchang	641956	49329
景德镇市	Jingdezhen	120847	46292
萍乡市	Pingxiang	311830	43821
九江市	Jiujiang	415823	46217
新余市	Xinyu	118326	41214
鹰潭市	Yingtan	60776	37708
赣州市	Ganzhou	940032	42289
吉安市	Ji'an	278012	41497
宜春市	Yichun	397975	37549
抚州市	Fuzhou	298191	44027
上饶市	Shangrao	[illegible]	[illegible]

注：本表为城镇私营抽样调查资料整理。

a)Data on the table are estimated in accordance with the data from sample survey on urban private employment.

主要统计指标解释

劳动力 指在16周岁及以上，有劳动能力，参加或要求参加社会经济活动的人口。包括就业人员和失业人员。

就业人员 指在一定年龄以上，有劳动能力，为取得劳动报酬或经营收入而从事一定社会劳动的人员。具体指年满16周岁，为取得报酬或经营利润，在调查周内从事了1小时（含1小时）以上劳动的人员；或由于学习、休假等原因在调查周内暂时处于未工作状态，但有工作单位或场所的人员；或由于临时停工放假、单位不景气放假等原因在调查周内暂时处于未工作状态，但不满三个月的人员。

单位就业人员 指报告期末最后一日在本单位工作，并取得工资或其他形式劳动报酬的人员数。该指标为时点指标，不包括最后一日当天及以前已经与单位解除劳动合同关系的人员，是在岗职工、劳务派遣人员及其他就业人员之和。就业人员不包括：

(1)离开本单位仍保留劳动关系，并定期领取生活费的人员；

(2)在本单位实习的各类在校学生；

(3)本单位以劳务外包形式使用的人员，如：建筑业整建制使用的人员。

城镇私营和个体就业人员 城镇私营就业人员指在工商管理部门注册登记，其经营地址设在县城关镇(含县城关镇)以上的私营企业就业人员，包括私营企业投资者和雇工。城镇个体就业人员指在工商管理部门注册登记，并持有城镇户口或在城镇长期居住，经批准从事个体工商经营的就业人员，包括个体经营者和在个体工商户劳动的家庭帮工和雇工。

在岗职工 指在本单位工作且与本单位签订劳动合同，并由单位支付各项工资和社会保险、住房公积金的人员，以及上述人员中由于学习、病伤、产假等原因暂未工作仍由单位支付工资的人员。在岗职工还包括：

(1)应订立劳动合同而未订立劳动合同人员(如使用的农村户籍人员)；

(2)处于试用期人员；

(3)编制外招用的人员，如临时人员；

(4)派往外单位工作，但工资仍由本单位发放的人员(如挂职锻炼、外派工作等情况)。

工资总额 指根据《关于工资总额组成的规定》(1990年1月1日国家统计局发布的一号令)进行修订，本单位在报告期内(季度或年度)直接支付给本单位全部就业人员的劳动报酬总额。包括计时工资、计件工资、奖金、津贴和补贴、加班加点工资、特殊情况下支付的工资，是在岗职工工资总额、劳务派遣人员工资总额和其他就业人员工资总额之和。

工资总额是税前工资，包括单位从个人工资中直接为其代扣或代缴的房费、水费、电费、住房公积金和社会保险基金个人缴纳部分等。

工资总额不论是计入成本的还是不计入成本的，不论是以货币形式支付的还是以实物形式支付的，均应列入工资总额的计算范围。

平均工资 指单位就业人员在一定时期内平均每人所得的工资额。它表明一定时期工资收入的高低程度，是反映就业人员工资水平的主要指标。计算公式为：

$$\text{平均工资} = \frac{\text{报告期就业人员工资总额}}{\text{报告期就业人员平均人数}}$$

平均货币工资指数 指报告期就业人员平均工资与基期就业人员平均工资的比率，是反映不同时期就业人员货币工资水平变动情况的相对数。计算公式为：

$$平均货币工资指数=\frac{报告期就业人员平均工资}{基期就业人员平均工资}\times 100\%$$

平均实际工资指数 就业人员平均实际工资指扣除物价变动因素后的就业人员平均工资。就业人员平均实际工资指数是反映实际工资变动情况的相对数，表明就业人员实际工资水平提高或降低的程度。计算公式为:

$$平均实际工资指数=\frac{报告期就业人员平均工资}{报告期城镇居民价格消费指数}\times 100\%$$

城镇登记失业人员 指有非农业户口，在一定的劳动年龄内(16周岁至退休年龄)，有劳动能力，无业而要求就业，并在当地劳动保障部门进行失业登记的人员。

城镇登记失业率 城镇登记失业人员与城镇单位就业人员(扣除使用的农村劳动力、聘用的离退休人员、港澳台及外方人员)、城镇单位中的不在岗职工、城镇私营业主、个体户主、城镇私营企业和个体就业人员、城镇登记失业人员之和的比。

Explanatory Notes on Main Statistical Indicators

Labor Force refers to the population aged 16 and over who are capable of working, are participating in or willing to participate in economic activities, including employed persons and unemployed persons.

Employed Persons refers to persons above a specified age who had labor capacity and performed some social work for compensation or business gains. Specifically, it refers to persons, aged 16 and over, who performed some work for compensation or business gains for one hour or more during the reference period; or persons who do not work for the reasons of study or on holiday, but had work units or sites during the reference period; or persons temporary absence from a job for disorganization or suspension of work, recession, etc., but not exceeding three months during the reference period.

Persons Employed in Various Units refer to the total number of employees who work at his unit and obtain wages or other forms of payment at the end of the reporting period. This indicator is a kind of time point index and it equals to the sum of the number of employed staff and workers, labor dispatch personnel and other employed persons. Employed persons do not include:

1) persons who have left their working units while keeping their labor contract (employment relation) unchanged and receiving regular alimony;

2) all kinds of enrolled students who do internship in various units;

3) persons employed due to labor outsourcing, for example, persons employed in the organizational system of construction industry.

Persons Employed in Private Enterprises and Self-Employed Individuals in Urban Areas Persons employed in private enterprises refer to the persons employed in the private enterprises which have been registered at the departments of industrial and commercial administration for which the business operation are situated at a county town (i.e. a town where the county government is located), or at urban areas with administrative hierarchy higher than a county town. The self-employed individuals in urban areas refer to persons who hold the certificates of residence in urban areas or have resided in the urban areas for a long time and have been registered at the departments of industrial and commercial administration and approved to be engaged in individual industrial or commercial business, including self-employed persons as well as helpers and hired laborers who work in individual households.

Employed Staff and Workers refer to persons who signed labor contracts with working units and working units would pay wages, social insurance and housing funds for them. Persons who have their work posts but are temporarily absent from work for reasons of study or on sick, injury or maternal leave and still receive wages from their working units are also included. Employed staff and workers also include:

1) Persons who should have signed the labor contracts but not (like people with rural household registration);

2) Employees on probation;

3) Employees beyond the staffing quota, for example, temporary employees;

4) Employees who are sent to other working units but still obtain wages from their original units (situations like on-the-job placement, expatriated assignment, etc.)

Total Wage Bill It is revised according to the "Provision of Composition of Total Wages" (Order No.1 by National Bureau of Statistics on January, 1st, 1990), total wage bill refers to the total remuneration payment to all employed persons in various units during the reporting period (by quarter or by year), including hourly-paid wages, piece-rate wages, bonuses, allowance and subsidies, overtime wages and wages paid under special circumstances. It equals to the sum of total wages of employed staff and workers, dispatch labors and other employed persons.

Total wage bill is pre-tax wages, including the room charges, utility bills, housing funds and social insurance paid or withheld by employee's units.

Total wage bill, whether or not included in cost, whether or not paid in money or in kind, shall be included in the calculation of total wage.

Average Wage refers to the average per capita wage during a certain period of time for employed persons. It shows the general level of wage income during a certain period of time, one major indicator to reflect the wage level. It is calculated as follows:

$$\text{Average Wage} = \frac{\text{Total Wage Bill of Employed Persons at Reference Time}}{\text{Average Number of Persons Employed at Reference Time}}$$

Average Money Wage Indices refers to the ratio of average wage of employed persons the reporting period to that at the base period, which reflects the change of money wage of employed persons at the different period. It is calculated as follows:

$$\text{Average Money Wage Indices} = \frac{\text{Average Wage of Employed Persons at Reference Time}}{\text{Average Wage of Persons Employeds at Base Period}} \times 100\%$$

Average Real Wage Indices average real wage of employed persons refers to the average wage of employed persons after removing the effects of the price changes and average real wage indices of employed persons refers to the change of real wage, which reflects the relative increasing or decreasing level of real wage of employed persons ,which is calculated as follows:

$$\text{Average Real Wage Indices} = \frac{\text{Average Wage Indices of Employed Persons at the Reference Time}}{\text{Urban Consumer Price Indices at Reference Time}} \times 100\%$$

Registered Unemployed Persons in Urban Areas refer to the persons with non-agricultural household registration at certain working ages (16 years old to retirement age), who are capable of working, unemployed and willing to work, and have been registered at the local employment service agencies to apply for a job.

Registered Unemployment Rate in Urban Areas refers to the ratio of the number of the registered unemployed persons to the sum of the number of persons employed in various units (minus the employed rural labor force, re-employed retirees, and Hong Kong, Macao, Taiwan or foreign employees), laid-off staff and workers in urban units, owners of private enterprises in urban areas, owners of self-employed individuals in urban areas, employees of private enterprises in urban areas, employee of self-employed individuals in urban areas, and the registered unemployed persons in urban areas.

4

固定资产投资

INVESTMENT IN FIXED ASSETS

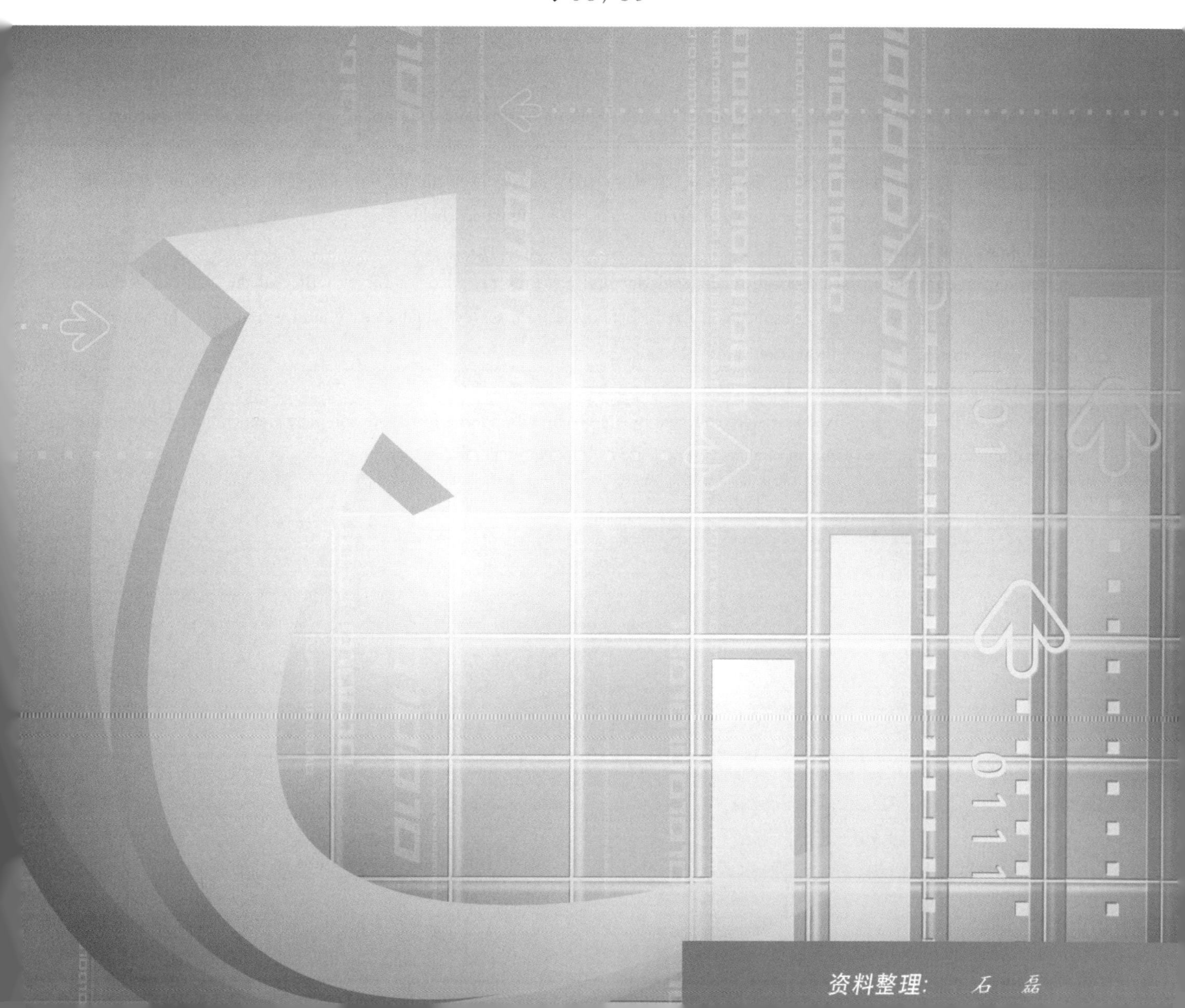

资料整理: 石 磊

Ⅰ 简要说明

一、本篇资料的主要内容

本篇资料通过对一定时期全社会建造和购置固定资产活动的数量描述，反映报告期内固定资产投资的速度、固定资产投资的结构和比例关系、固定资产投资的资金来源及固定资产投资的效果等。

二、本篇资料的统计范围

全社会固定资产投资统计的范围包括：建设项目固定资产投资、房地产开发投资、农村农户固定资产投资。

三、本篇的资料来源

农户固定资产投资资料来自国家统计局江西调查总队；除此以外的固定资产投资统计资料均来自省统计局固定资产投资统计处统计调查。

四、本篇的统计调查方法

除农户固定资产投资统计采用抽样调查方法外，其他均为全面统计报表。

Ⅰ Brief Introduction

I. Main Contents

Statistics in this chapter describe activities on the construction and purchase of fixed assets of the whole country during a given period of time, and reflect the growth, structure, financing and results of the investment in fixed assets during the reference period.

II. Scope of Statistics

Statistics on the total investment in fixed assets in the whole country cover construction project investments in fixed assets, investments in real estate development and investments in fixed assets by rural households.

III. Sources of Data

Data on investments in fixed assets by individuals in rural areas are provided by Survey Office of the National Bureau of Statistics of Jiangxi. Other data on investments in fixed assets come from surveys conducted by the Department of Investment & Construction Statistics of Jiangxi Provincial Bureau of Statistics.

IV. Methodology of Data Collection

All data on investments in fixed assets are collected by the system of reporting form with complete enumeration, except data on individual investments in fixed assets in rural areas, which are collected through sample surveys.

4-1 全社会固定资产投资发展速度
Development speed of Total Investment in Fixed Assets in the Whole Country

年 份 Year	发展速度(上年=100) Development Speed(preceding year=100)			
	合 计 (%) Absolute Figures (%)	固定资产投资 Investment in Fixed Assets	#房地产开发投资 Investment in Real Estate Development	农村农户投资 Farm Households Investment in Fixed Assets
1978	157.7	157.7		
1979	103.3	103.3		
1980	224.1	194.3		
1981	90.8	82.6		144.0
1982	143.4	148.1		125.8
1983	114.7	102.7		167.7
1984	125.3	127.5		119.3
1985	125.1	121.7		134.8
1986	121.2	116.0		134.8
1987	110.2	110.3	96.9	109.8
1988	133.0	127.9	215.1	144.5
1989	93.7	96.4	115.0	88.5
1990	96.4	111.8	125.1	63.0
1991	128.9	126.8	166.6	137.2
1992	137.6	139.9	159.5	129.4
1993	148.0	151.9	179.2	132.9
1994	128.0	133.5	136.8	103.7
1995	119.7	110.2	138.0	173.4
1996	125.2	120.2	102.1	143.4
1997	108.0	110.6	95.2	100.0
1998	118.3	120.3	107.9	111.8
1999	108.1	107.0	123.8	112.0
2000	111.5	120.4	126.1	81.2
2001	120.5	123.3	149.9	106.3
2002	140.0	146.3	163.2	102.7
2003	149.3	154.9	171.2	102.0
2004	131.9	133.6	149.9	109.4
2005	119.2	119.7	113.2	111.4
2006	123.7	124.2	114.9	115.5
2007	123.0	123.7	125.9	110.3
2008	131.6	132.0	125.8	123.6
2009	131.0	131.0	115.9	130.6
2010	125.8	126.0	111.4	121.6
2011	122.0	122.5	122.7	109.3
2012	123.3	123.5	111.8	118.6
2013	119.3	119.8	121.1	104.9
2014	117.3	117.8	112.6	104.2
2015	115.3	116.0	114.9	91.1
2016	113.3	114.0	116.5	80.0
2017	112.1	112.3	113.7	99.8
2018	110.8	111.1	108.0	98.0

注：1. 本篇章各表均不含跨省中央项目投资。
2. 全社会固定资产投资=固定资产投资+农村农户投资，后同。
3. 固定资产投资=计划投资500万元及以上项目固定资产投资+房地产开发投资，后同。

a) Central project transprovincially project don't add up to the total.

b)Total Investment in Fixed Assets in the Whole Country= Investment in Fixed Assets+Farm Households Investment in Fixed Assets.

c) investment in fixed assets = construction project investments in fixed assets plans to invest 5 miliion yuan and above + investments in real estat development.

4-2 全社会固定资产投资增速

Growth Rates of Total Investment in Fixed Assets in the Whole Country

单位：% (%)

指　　标	Item	2017	2018
全社会固定资产投资	**Total Investment in Fixed Assets in the Whole Country**	**12.1**	**10.8**
#工　业	Industry	14.6	13.1
固定资产投资	Total Investment	12.3	11.1
农户投资	Farm Households	-0.2	-2.0
按登记注册类型分	Grouped by Status of Registration		
内　资	Domestic Funds	13.6	11.2
国　有	State-owned	14.0	0.0
集　体	Collective-owned	-34.8	28.1
股份合作	Share Holding Cooperative	-3.1	-19.1
联　营	Joint-owned	-8.9	-80.0
有限责任公司	Limited Liability Corporations	7.0	5.8
股份有限公司	Share Holding Enterprises	6.1	14.1
私　营	Private	20.7	22.4
其他内资	Others	27.6	29.0
港、澳、台投资	Funds from Hong Kong，Macao and Taiwan	-13.8	2.9
外商投资	Foreign Funded	-30.8	31.5
个体经营	Individuals	-41.7	-67.8
按构成分	Grouped by Use of Funds		
建筑安装工程	Construction and Installation	15.9	10.4
设备、工器具购置	Purchase of Equipment and Instruments	0.3	3.9
其他费用	Others	1.0	25.1
按建设性质分	Grouped by Type of Construction		
#新　建	New Construction	15.8	10.2
扩　建	Expansion	-10.3	3.7
改建和技术改造	Reconstruction and Technical Transformation	1.6	24.5
按产业分	Grouped by Industry		
第一产业	Primary Industry	19.0	16.7
第二产业	Secondary Industry	14.4	13.1
第三产业	Tertiary Industry	9.2	8.3

4-2 续表 continued

单位：%　　　　(%)

指　　标	Item	2017	2018
按行业分	Grouped by Sector		
农、林、牧、渔业	Agriculture, Forestry, Animal Husbandy and Fishery	23.2	16.7
采矿业	Mining	-25.1	-23.8
制造业	Manufacturing	17.4	18.2
电力、热力、燃气及水生产和供应业	Production and Supply of Electricity, Heat, Gas and Water	-3.4	-25.1
建筑业	Construction	-17.1	4.3
批发和零售业	Wholesale and Retail Trade	-6.8	-12.2
交通运输、仓储和邮政业	Transport, Storage and Post Services	-23.9	0.2
住宿和餐饮业	Hotel and Catering Services	-21.9	0.1
信息传输、软件和信息技术服务业	Information Transmission,Software and Information Technology Services	19.7	-6.0
金融业	Financial Intermediation	27.9	-38.4
房地产业	Real Estate	5.7	3.6
租赁和商务服务业	Leasing and Business Services	17.1	12.4
科学研究和技术服务业	Scientific Reseach and Technical Services	-11.4	62.1
水利、环境和公共设施管理业	Management of Water Conservancy, Public Facilities and Environment	27.0	19.4
居民服务、修理和其他服务业	Services to Households, Repair and Other Services	-30.0	-39.9
教　育	Education	7.6	42.2
卫生和社会工作	Health and Social Services	38.9	-11.2
文化、体育和娱乐业	Culture, Sports and Entertainment	12.8	37.3
公共管理、社会保障和社会组织	Public Management,Social Security and Social Organizations	79.6	-5.0
资金来源合计	**Total Source of Funds**		
上年末结余资金	Balance at last Year-end	16.1	3.0
本年资金来源小计	Subtotal Sources of Funds This Year	9.1	-1.2
国家预算内资金	State Budget	-0.8	-25.5
国内贷款	Domestic Loans	7.8	-7.0
债券	Bonds	294.3	-52.0
利用外资	Foreign Investment	44.8	118.2
自筹资金	Self-raising Funds	6.6	-2.5
其他资金	Others	31.2	12.5
新增固定资产	**Newly Increased Fixed Assets**	**13.5**	**-12.5**
施工房屋建筑面积	**Floor Space of Buildings under Construction**	**1.0**	**3.8**
#住宅	Residential Buildings	5.7	5.9
竣工房屋建筑面积	**Floor Space of Buildings Completed**	**0.1**	**-8.2**
#住宅	Residential Buildings	-7.3	-2.2

4-3 全社会固定资产投资构成

Composition of Total Investments in Fixed Assets

单位：%　　　　(%)

指　　标	Item	2017	2018
全社会固定资产投资	**Total Investment in Fixed Assets in the Whole Country**	**100**	**100**
#工　业	Industry	46.8	47.8
固定资产投资	Total Investment	97.5	97.7
农户投资	Farm Households	2.5	2.3
按登记注册类型分	Grouped by Status of Registration		
内　资	Domestic Funds	94.7	95.0
国　有	State-owned	17.3	15.6
集　体	Collective-owned	0.1	0.1
股份合作	Share Holding Cooperative	0.2	0.1
联　营	Joint-owned	0.2	0.0
有限责任公司	Limited Liability Corporations	38.3	36.6
股份有限公司	Share Holding Enterprises	3.0	3.1
私　营	Private	33.6	37.1
其他内资	Others	2.0	2.3
港、澳、台投资	Funds from Hong Kong，Macao and Taiwan	1.9	1.7
外商投资	Foreign Funded	0.8	1.0
个体经营	Individuals	0.1	0.0
按构成分	Grouped by Use of Funds		
建筑安装工程	Construction and Installation	79.3	79.1
设备、工器具购置	Purchase of Equipment and Instruments	127.0	11.9
其他费用	Others	8.0	9.0
按建设性质分	Grouped by Type of Construction		
#新　建	New Construction	80.2	79.7
扩　建	Expansion	6.6	6.2
改建和技术改造	Reconstruction and Technical Transformation	9.8	11.0
按产业分	Grouped by Industry		
第一产业	Primary Industry	2.9	3.1
第二产业	Secondary Industry	47.0	48.0
第三产业	Tertiary Industry	50.1	48.9
按行业分	Grouped by Sector		
农、林、牧、渔业	Agriculture, Forestry, Animal Husbandy and Fishery	2.9	3.1
采矿业	Mining	1.0	0.7
制造业	Manufacturing	41.3	44.1
电力、热力、燃气及水生产和供应业	Production and Supply of Electricity,Heat Power, Gas and Water	4.5	3.0
建筑业	Construction	0.2	0.2
批发和零售业	Wholesale and Retail Trade	2.3	1.8
交通运输、仓储和邮政业	Transport, Storage and Post Services	0.6	0.5
住宿和餐饮业	Hotel and Catering Services	0.6	0.5
信息传输、软件和信息技术服务业	Information Transmission, Software and Information Technology Services	0.5	0.4
金融业	Financial Intermediation	0.3	0.2
房地产业	Real Estate	21.7	20.2
租赁和商务服务业	Leasing and Business Services	2.2	2.2
科学研究和技术服务	Scientific Reseach and Technical Services	0.4	0.6
水利、环境和公共设施管理业	Management of Water Conservancy, Environment and Public Facilities	12.2	13.1
居民服务、修理和其他服务业	Services to Households,Repair and Other Services	0.3	0.2
教　育	Education	1.0	1.3
卫生和社会工作	Health and Social Services	1.1	0.8
文化、体育和娱乐业	Culture, Sports and Entertainment	1.0	1.3
公共管理、社会保障和社会组织	Public Management, Social Security and Social Organizations	2.6	2.2

4-4 固定资产投资增速
Growth Rates of Investment in Fixed Assets

单位：% (%)

指　　标	Item	2017	2018
固定资产投资	**Total Investment**	**12.3**	**11.1**
#工　业	Industry	14.6	13.1
按登记注册类型分	Grouped by Status of Registration		
内　资	Domestic Funds	13.6	11.2
国　有	State-owned	14.0	0.0
集　体	Collective-owned	-34.8	28.1
股份合作	Share Holding Cooperative	-3.1	-19.1
联　营	Joint-owned	-8.9	-80.0
有限责任公司	Limited Liability Corporations	7.0	5.8
股份有限公司	Share Holding Enterprises	6.1	14.1
私　营	Private	20.7	22.4
其他内资	Others	27.6	29.0
港、澳、台投资	Funds from Hong Kong，Macao and Taiwan	-13.8	2.9
外商投资	Foreign Funded	-30.8	31.5
个体经营	Individuals	-41.7	-67.8
按构成分	Grouped by Use of Funds		
建筑安装工程	Construction and Installation	13.9	10.8
设备、工器具购置	Purchase of Equipment and Instruments	0.0	4.2
其他费用	Others	1.0	25.1
按建设性质分	Grouped by Type of Construction		
#新　建	New Construction	18.5	10.2
扩　建	Expansion	-10.3	3.7
改建和技术改造	Reconstruction and Technical Transformation	1.6	24.5
按产业分	Grouped by Industry		
第一产业	Primary Industry	19.0	17.2
第二产业	Secondary Industry	14.4	13.1
第三产业	Tertiary Industry	9.5	8.9
资金来源合计	**Total Source of Funds**		
上年末结余资金	Balance at last Year-end	16.1	3.0
本年资金来源小计	Subtotal Sources of Funds This Year	9.3	-1.2
国家预算内资金	State Budget	-0.8	-25.5
国内贷款	Domestic Loans	7.9	-7.0
债券	Bonds	294.3	-52.0
利用外资	Foreign Investment	44.8	118.2
自筹资金	Self-raising Funds	6.7	-2.6
其他资金	Others	31.2	12.7
新增固定资产	**Newly Increased Fixed Assets**	**13.9**	**-13.5**
施工房屋建筑面积	**Floor Space of Buildings under Construction**	**3.7**	**3.3**
#住宅	Residential Buildings	12.4	5.4
竣工房屋建筑面积	**Floor Space of Buildings Completed**	**15.6**	**-12.6**
#住宅	Residential Buildings	15.4	-4.3

4-5 固定资产投资构成
Composition of Investment in Fixed Assets

单位：%　　　　(%)

指　　标	Item	2017	2018
固定资产投资	**Total Investment**	**100**	**100**
#工　业	Industry	48.0	48.9
按登记注册类型分	Grouped by Status of Registration		
内　资	Domestic Funds	97.1	97.2
国　有	State-owned	17.8	16.0
集　体	Collective-owned	0.1	0.1
股份合作	Share Holding Cooperative	0.2	0.1
联　营	Joint-owned	0.2	0.0
有限责任公司	Limited Liability Corporations	39.3	37.4
股份有限公司	Share Holding Enterprises	3.1	3.2
私　营	Private	34.4	37.9
其他内资	Others	2.1	2.4
港、澳、台投资	Funds from Hong Kong，Macao and Taiwan	1.9	1.8
外商投资	Foreign Funded	0.8	1.0
个体经营	Individuals	0.1	0.0
按构成分	Grouped by Use of Funds		
建筑安装工程	Construction and Installation	79.2	79.0
设备、工器具购置	Purchase of Equipment and Instruments	12.6	11.8
其他费用	Others	8.2	9.2
按建设性质分	Grouped by Type of Construction		
#新　建	New Construction	82.3	81.6
扩　建	Expansion	6.8	6.3
改建和技术改造	Reconstruction and Technical Transformation	10.0	11.2
按产业分	Grouped by Industry		
第一产业	Primary Industry	2.6	2.7
第二产业	Secondary Industry	48.2	49.1
第三产业	Tertiary Industry	49.2	48.2

4-6 分行业固定资产投资增速和构成

Growth Rates and composition of investment in fixed assets by Sector

行　　业	Sector	增速(%) accelerate (%)		构成(%) Percentage (%)	
		2017	2018	2017	2018
总　计	**Total**	**12.3**	**11.1**	**100**	**100**
农、林、牧、渔业	**Agriculture, Forestry, Animal Husbandry and Fishery**	**23.6**	**17.2**	**2.6**	**2.7**
采矿业	**Mining**	**-25.1**	**-23.8**	**1.1**	**0.7**
#煤炭开采和洗选业	Mining and Washing of Coal	-26.9	-49.8	0.1	0.1
黑色金属矿采选业	Mining and Processing of Ferrous Metal Ores	-59.2	-53.1	0.1	0.0
有色金属矿采选业	Mining and Processing of Non-Ferrous Metal Ores	7.5	-34.2	0.3	0.2
非金属矿采选业	Mining and Processing of Nonmetal Ores	-26.8	-19.9	0.5	0.4
制造业	**Manufacturing**	**17.4**	**18.2**	**42.4**	**45.1**
#石油加工、炼焦加工业	Processing of Petroleum, Coking	21.9	12.9	0.2	0.2
非金属矿物制品业	Manufacture of Non-metallic Mineral Products	11.8	21.7	4.2	4.6
黑色金属冶炼及压延加工业	Smelting and Pressing of Ferrous Metals	61.9	-21.3	0.5	0.4
有色金属冶炼及压延加工业	Smelting and Pressing of Non-ferrous Metals	18.5	16.7	1.5	1.6
计算机、通信和其他电子设备制造业	Manufacture of Communication Equipment, Computers and Other Electronic Equipment	76.2	36.3	4.7	5.7
电力、热力、燃气及水生产和供应业	**Production and Supply of Electricity, Heat, Gas and Water**	**-3.4**	**-25.1**	**4.6**	**3.1**
#电力、热力的生产和供应业	Production and Supply of Electric Power and Heat Power	-10.7	-27.8	3.2	2.1
水的生产和供应业	Production and Supply of Water	40.9	-24.2	1.2	0.8
建筑业	**Construction**	**-9.5**	**1.6**	**0.2**	**0.2**
批发和零售业	**Wholesale and Retail Trades**	**-6.8**	**-12.7**	**2.4**	**1.8**
交通运输、仓储和邮政业	**Transport, Storage and Post**	**-24.5**	**14.1**	**3.9**	**4.0**
#铁路运输业	Railway Transport	-29.7	1.8	0.9	0.8
道路运输业	Road Transport	-20.6	19.8	2.5	2.7
邮政业	Post	-50.5	-31.2	0.1	0.0
住宿和餐饮业	**Hotels and Catering Services**	**-21.9**	**0.1**	**0.6**	**0.5**
信息传输、软件和信息技术服务业	**Information Transmission, Software and Information Technology Services**	**19.7**	**-6.0**	**0.5**	**0.4**
#电信、广播电视和卫星传输服务	Telecommunications, Broadcasting Television and Satellite Transmission Services	-6.7	271.2	0.0	0.0
金融业	**Financial Intermediation**	**27.9**	**-38.4**	**0.4**	**0.2**
房地产业	**Real Estate**	**6.6**	**4.4**	**20.2**	**19.0**
租赁和商务服务业	**Leasing and Business Services**	**17.1**	**12.4**	**2.2**	**2.3**
科学研究和技术服务业	**Scientific Reseach and Technical Services**	**-11.4**	**62.1**	**0.4**	**0.6**
水利、环境和公共设施管理业	**Management of Water Conservancy, Public Facilities and Environment**	**27.0**	**19.4**	**12.5**	**13.4**
水利管理业	Management of Water Conservancy	4.7	14.4	0.6	0.6
生态保护和环境治理业	Ecological Protection and Environmental Management	45.5	51.0	0.4	0.5
公共设施管理业	Management of Public Facilities	28.3	18.9	11.4	12.2
居民服务、修理和其他服务业	**Services to Households Repair and Other Services**	**-30.1**	**-40.4**	**0.3**	**0.2**
教育	**Education**	**7.6**	**42.2**	**1.0**	**1.3**
卫生和社会工作	**Health and Social Services**	**38.9**	**-11.2**	**1.1**	**0.9**
#卫生	Health	50.9	-20.5	1.0	0.7
文化、体育和娱乐业	**Culture, Sports and Entertainment**	**12.8**	**37.3**	**1.1**	**1.3**
公共管理、社会保障和社会组织	**Public Management Social Security and Social Organizations**	**79.6**	**-5.0**	**2.7**	**2.3**

4-7 按行业和登记注册类型分固定资产投资增速（2018年）

单位：%

行　　业	Sector	合　计 Total	内　资 Domestic Funds	国　有 State-owned
总　计	**Total**	**11.1**	**11.2**	**0.0**
农、林、牧、渔业	Agriculture, Forestry, Animal Husbandry and Fishery	17.2	15.5	30.9
采矿业	Mining	-23.8	-20.1	-26.3
制造业	Manufacturing	18.2	18.6	-15.5
电力、热力、燃气及水生产和供应业	Production and Supply of Electricity Heat Gas and Water	-25.1	-26.9	-26.3
建筑业	Construction	1.6	1.6	-49.2
批发和零售业	Wholesale and Retail Trades	-12.7	-11.9	-34.0
交通运输、仓储和邮政业	Transport, Storage and Post	14.1	14.7	25.1
住宿和餐饮业	Hotels and Catering Services	0.1	4.1	42.6
信息传输、软件和信息技术服务业	Information Transmission,Software and Information Technology Services	-6.0	-6.0	59.1
金融业	Financial Intermediation	-38.4	-38.4	-72.9
房地产业	Real Estate	4.4	4.4	-43.2
租赁和商务服务业	Leasing and Business Services	12.4	13.4	-38.0
科学研究和技术服务业	Scientific Reseach and Technical Services	62.1	62.1	16.6
水利、环境和公共设施管理业	Management of Water Conservancy, Environment and Public Facilities	19.4	19.2	16.5
居民服务、修理和其他服务业	Services to Households Repair and Other Services	-40.4	-40.4	-51.3
教　育	Education	42.2	42.2	21.2
卫生和社会工作	Health and Social Services	-11.2	-11.6	-17.1
文化、体育和娱乐业	Culture, Sports and Entertainment	37.3	37.4	37.4
公共管理、社会保障和社会组织	Public Management,Social Security and Social Organizations	-5.0	-5.0	-1.0

Growth Rates of Investment in Fixed Assets by Sector and Registration Status (2018)

(%)

集　体 Collective-owned	股份合作 Share Holding Cooperative	联　营 Joint-owned	有限责任公司 Limited Liability Corporations	股份有限公司 Share Holding Enterprises	私　营 Private	其　他 Others	港澳台商投　资 Funds from Hong Kong, Macao and Taiwan	外商投资 Foreign Funded	个体经营 Individuals
28.1	**-19.1**	**-80.0**	**5.8**	**14.1**	**22.4**	**29.0**	**2.9**	**31.5**	**-67.8**
51.4	-69.5	-80.4	13.2	95.5	5.8	35.8	1398.4		-22.5
			-57.8	105.9	-0.3	-62.2		19.2	
218.8	68.8	-88.6	18.5	4.1	21.5	29.9	8.1	20.8	-81.7
-21.5			-14.9	-88.2	-33.2	-57.9	292.1	-24.6	
			387.4		-30.0				
	-71.2		-3.7	71.2	-19.9	62.9			-95.4
-53.7		443.3	4.2	7.9	4.5	226.2	-74.1		
			-42.8	96.0	41.7	-8.5	-75.8		-59.6
			-9.3	2.2	-13.8	74.3			
	-84.8		-27.0	-47.4	2125.6				
-53.2	-85.7	91.5	-16.0	52.1	50.5	-63.2	-17.5	142.2	
-57.1	173.3		27.4	-16.4	25.0	-0.1	1078.5	-81.6	
		-66.0	78.0		63.6	329.3			
1128.8		-85.0	21.5	148.7	14.0	75.3	-9.5		
			-48.5	49.8	-42.1	976.1			
102.1	300.0		38.9		67.1	300.3			
-37.7			2.8		-10.2	12.1			88.5
			19.0	1.0	122.2	-39.6		-81.4	
-80.4		-70.4	-63.9	-50.0	-99.4	204.2			

4-8 固定资产投资资金来源（2018年）

单位：万元

行　　业	Sector	上年末结余资金 Balance of Funds from the Previous Year	本年资金来源小计 Subtotal Sources of Funds This Year
总　计	**Total**	**15050271**	**120057907**
按行业分	**By sector**		
农、林、牧、渔业	Agriculture, Forestry, Animal Husbandy and Fishery	146773	2859969
采矿业	Mining	14654	809724
制造业	Manufacturing	1155344	49548092
电力、热力、燃气及水生产和供应业	Production and Supply of Electricity Heat Gas and Water	106877	3383298
建筑业	Construction	34958	106046
批发和零售业	Wholesale and Retail Trade	65363	1383138
交通运输、仓储和邮政业	Transport, Storage and Post Services	3418766	4320648
住宿和餐饮业	Hotel and Catering Services	21969	478220
信息传输、软件和信息技术服务业	Information Transmission,Software and Information Technology Services	30374	331394
金融业	Financial Intermediation	37043	108043
房地产业	Real Estate	9120353	34469434
租赁和商务服务业	Leasing and Business Services	87806	2256630
科学研究和技术服务业	Scientific Reseach and Technical Services	550	604612
水利、环境和公共设施管理业	Management of Water Conservancy, Public Facilities and Environment	517561	13433963
居民服务、修理和其他服务业	Services to Households Repair and Other Services	1926	75566
教　育	Education		35995
卫生和社会工作	Health and Social Services	130815	1818717
文化、体育和娱乐业	Culture,Sports and Entertainment	55513	902862
公共管理、社会保障和社会组织	Public Management Social Security and Social Organizations	103626	3123354
按地区分	**By Region**		
南 昌 市	Nanchang	4996918	25153221
景德镇市	Jingdezhen	242623	4975729
萍 乡 市	Pingxiang	106199	5728282
九 江 市	Jiujiang	1531612	17690570
新 余 市	Xinyu	195350	5463269
鹰 潭 市	Yingtan	269169	3466307
赣 州 市	Ganzhou	1845072	16262815
吉 安 市	Ji'an	738016	9456257
宜 春 市	Yichun	964945	11708136
抚 州 市	Fuzhou	512077	8623723
上 饶 市	Shangrao	992472	10555269
不分地区	Not Classified by Region	2655818	974329

Investment in Fixed Assets by Sources of Funds (2018)

(10 000 yuan)

国家预算内资金 State Budget	国内贷款 Domestic Loans	债券 Bonds	利用外资 Foreign Investment	自筹资金 Self-raising Funds	其他资金 Others
5424728	**10845648**	**62780**	**717540**	**77089892**	**25917319**
43381	207338	2238	27759	2404143	175110
12230	21378		2000	726336	47780
238228	3419855	13755	486300	42949589	2440365
249663	418293	1035	10426	2522947	180934
6926	1480			73968	23672
29935	148046		13897	1124851	66409
1265206	657993	3625	18646	2054988	320190
7965	26500	1800	4126	400827	37002
21384	8733			249496	51781
800	7020			100223	
295488	4153020	1050	25301	10280168	19714407
157778	153747	17307	35169	1701022	191607
7251	81099		32352	457003	26907
2132908	1270859	1965	55409	8195267	1777555
1921				70463	3182
				31813	4182
376465	88641	14800		1080728	258083
193834	52911			562418	93699
381445	128735	5205	6155	2097360	504454
505778	3936576	27307	447827	12592564	7643169
16890	301546	400	66037	3702899	887957
289540	256836		460	4472756	708690
278143	1359731	6130	37699	14091597	1917270
111922	80234			4718526	552587
303068	371491			2230355	561393
1502648	1556134	10285	37810	8051563	5104375
557721	473553	7923	31507	6944103	1441450
275698	679100	1050	33086	8229332	2489870
476325	391215	5005	37774	5342082	2371322
566495	1222592	4680	25340	6497159	2239003
540500	216640			216956	233

4–9 固定资产投资建设项目情况（2018年）

Investment in fixed assets and construction projects (2018)

行　　业	Sector	施工项目（个）Number of Projects under Construction (unit)	新开工（个）Started this Year (unit)	全部建成投产（个）Number of Projects Completed and Put into Use (unit)
总　计	**Total**	**14767**	**7388**	**5797**
农、林、牧、渔业	**Agriculture, Forestry, Animal Husbandry and Fishery**	**619**	**293**	**217**
农业	Agriculture	307	126	105
林业	Forestry	69	33	20
畜牧业	Animal Husbandry	118	62	49
渔业	Fishery	34	22	8
农、林、牧、渔服务业	Services in Support of Agriculture	91	50	35
采矿业	**Mining**	**144**	**89**	**47**
煤炭开采和洗选业	Mining and Washing of Coal	8	3	3
黑色金属矿采选业	Mining and Processing of Ferrous Metal Ores	9	8	2
有色金属矿采选业	Mining and Processing of Non-Ferrous Metal Ores	26	8	5
非金属矿采选业	Mining and Processing of Nonmetal Ores	91	62	31
制造业	**Manufacturing**	**6674**	**3723**	**2887**
农副食品加工业	Processing of Food from Agricultural Products	319	171	174
食品制造业	Manufacture of Foods	157	92	92
酒、饮料和精制茶制造业	Manufacture of Wine,Beverages and Refined Tea	85	45	42
烟草制品业	Manufacture of Tobacco	2		2
纺织业	Manufacture of Textile	216	127	100
纺织服装、服饰业	Manufacture of Textile Wearing Apparel	368	251	252
皮革、毛皮、羽毛及其制品和制鞋业	Manufacture of Leather, Fur, Feather and Related Products Footwear	111	64	62
木材加工及木、竹、藤、棕、草制品业	Processing of Timber, Manufacture of Wood, Bamboo, Rattan, Palm and Straw Products	177	103	85
家具制造业	Manufacture of Furniture	210	145	78
造纸及纸制品业	Manufacture of Paper and Paper Products	110	65	48
印刷和记录媒介复制业	Printing, Reproduction of Recording Media	55	39	34
文教、美工、体育和娱乐用品制造业	Manufacture of Articles For Culture, Art,Education Sport Activities and Entertainmetn Products	101	59	48
石油加工、炼焦加工业	Processing of Petroleum, Coking	33	22	14
化学原料及化学制品制造业	Manufacture of Raw Chemical Materials and Chemical Products	555	265	185
医药制造业	Manufacture of Medicines	213	101	76
化学纤维制造业	Manufacture of Chemical Fibers	29	15	14
橡胶和塑料制品业	Manufacture of Rubber and Plastics	226	129	98
非金属矿物制品业	Manufacture of Non-metallic Mineral Products	796	451	326
黑色金属冶炼及压延加工业	Smelting and Pressing of Ferrous Metals	65	44	20
有色金属冶炼及压延加工业	Smelting and Pressing of Non-ferrous Metals	214	108	95
金属制品业	Manufacture of Metal Products	337	193	142
通用设备制造业	Manufacture of General Purpose Machinery	294	179	120

4-9 续表1 continued

行 业	Sector	施工项目（个）Number of Projects under Construction (unit)	新开工（个）Started this Year (unit)	全部建成投产（个）Number of Projects Completed and Put into Use (unit)
专用设备制造业	Manufacture of Special Purpose Machinery	373	220	150
汽车制造业	Manufacture of Transport Carmaking.	276	157	142
铁路、船舶、航空航天和其他运输设备制造业	Manufacture of Railroads,Ships,Aerospace and Other Transportation Equipment	67	36	39
电气机械和器材制造业	Manufacture of Electrical Machinery and Equipment	505	281	177
计算机、通信和其他电子设备制造业	Manufacture of Computers, Communication Equipment and Other Electronic Equipment	517	243	183
仪器仪表及制造业	Manufacture of Measuring Instruments	61	29	19
其他制造业	Manufacture of Others	82	42	32
废弃资源综合利用业	Comperhensive Utilization of Waste	93	45	36
金属制品、机械和设备修理业	Repair of Metal Products, Machinery and Equipment	7	2	2
电力、热力、燃气及水生产和供应业	**Production and Supply of Electricity Heat Gas and Water**	**477**	**198**	**154**
电力、热力的生产和供应业	Production and Supply of Electric Power and Heat Power	272	111	92
燃气生产和供应业	Production and Supply of Gas	28	14	9
水的生产和供应业	Production and Supply of Water	177	73	53
建筑业	**Construction**	**45**	**27**	**33**
房屋建筑业	Construction of Buildings	8	3	5
土木工程建筑业	Construction of Civil Engineering	15	12	10
建筑安装业	Building Installation	3	2	2
建筑装饰业和其他建筑业	Building Decoration and Other	19	10	16
批发和零售业	**Wholesale and Retail Trades**	**428**	**194**	**294**
批发业	Wholesale Trade	264	133	188
零售业	Retail Trade	164	61	106
交通运输、仓储和邮政业	**Transport, Storage and Post**	**541**	**221**	**159**
铁路运输业	Railway Transport	12	5	4
道路运输业	Road Transport	451	178	130
水上运输业	Water Transport	5	2	
航空运输业	Air Transport	6	2	2
管道运输业	Transport Via Pipelines	3	2	3
装卸搬运和其他运输服务业	Loading, Unloading and Other Transport Services	4	1	1
仓储业	Storage	51	29	13
邮政业	Post	9	2	6
住宿和餐饮业	**Hotels and Catering Services**	**128**	**47**	**66**
住宿业	Hotels	95	37	43
餐饮业	Catering Services	33	10	23
信息传输、软件和信息技术服务业	**Information Transmission,Software and Computer Services**	**100**	**41**	**66**
电信、广播电视和卫星传输服务	Telecommunications, Broadcasting Television and Satellite Transmission	11	3	6
互联网和相关服务	Internet and Related Services	34	14	24
软件和信息技术服务业	Software and Information Technology Services	55	24	36

4-9 续表2 continued

行　　业	Sector	施工项目（个）Number of Projects under Construction (unit)	#新开工（个）Started this Year (unit)	全部建成投产（个）Number of Projects Completed and Put into Use (unit)
金融业	**Financial Intermediation**	**21**	**27**	**27**
货币金融服务	Monetary and Financial Services	8	3	3
资本市场服务	Capital Market Services	11	20	20
保险业	Insurance	1	2	2
其他金融活动	Other Financial Activities	1	2	2
房地产业	**Real Estate**	**128**	**105**	**105**
租赁和商务服务业	**Leasing and Business Services**	**168**	**203**	**203**
租赁业	Leasing	12	25	25
商务服务业	Business Services	156	178	178
科学研究和技术服务业	**Scientific Reseach and Technical Services**	**72**	**65**	**65**
研究与试验发展	Research and Experimental Development	8	8	8
专业技术服务业	Professional Technical Services	38	26	26
科技推广和应用服务业	Services of Science and Technology Promotion and Application	26	31	31
水利、环境和公共设施管理业	**Management of Water Conservancy, Environment and Public Facilities**	**1385**	**948**	**948**
水利管理业	Management of Water Conservancy	77	45	45
生态保护和环境治理业	Ecological Protection and Environmental Management	46	29	29
公共设施管理业	Management of Public Facilities	1247	865	865
居民服务、修理和其他服务业	**Services to Households Repair and Other Services**	**25**	**40**	**40**
居民服务业	Services to Households	14	14	14
机动车、电子产品和日用产品修理业	Repair to Motor,Electronic Products and Househole Products	7	14	14
其他服务业	Other Services	4	12	12
教　育	**Education**	**250**	**153**	**153**
卫生和社会工作	**Health and Social Services**	**89**	**66**	**66**
卫　生	Health	61	51	51
社会工作	Social Services	28	15	15
文化、体育和娱乐业	**Culture, Sports and Entertainment**	**94**	**87**	**87**
新闻和出版业	Journalism and Publishing Activities	2	7	7
广播、电视、电影和影视录音制作业	Broadcasting, Movies, Television and Video Reccording	2	8	8
文化艺术业	Cultural and Art Activities	24	24	24
体　育	Sports Activities	23	16	16
娱乐业	Entertainment	43	32	32
公共管理、社会保障和社会组织	**Public Management,Social Security and Social Organizations**	**323**	**180**	**180**
中国共产党机关	Organs of Communist Party of China	3	2	2
国家机构	Government Agencies	307	170	170
社会保障	Social Security	1	2	2
群众团体、社会团体和其他成员组织	Non-Governmental Organizations, Social Organizations and Other Organizations	5	2	2
基层群众自治组织	Grass Roots Self-governing Organizations	6	4	4

4-10 各地区固定资产投资增速（2018年）

Growth Rates of Investment in Fixed Assets by Region (2018)

单位：% (%)

地 区	Region	合 计 Total	#工 业 Industry	第一产业 Primary Industry	第二产业 Secondary Industry	第三产业 Tertiary Industry
全 省	**Provincial Total**	**11.1**	**13.1**	**17.2**	**13.1**	**8.9**
南 昌 市	Nanchang	10.9	15.2	99.5	16.8	7.6
景德镇市	Jingdezhen	11.2	-0.8	-21.0	-0.7	29.5
萍 乡 市	Pingxiang	10.5	11.4	-33.0	11.4	13.2
九 江 市	Jiujiang	10.8	16.2	-6.4	16.2	-2.4
新 余 市	Xinyu	10.6	10.2	69.3	10.2	7.8
鹰 潭 市	Yingtan	9.3	-11.7	7.8	-11.4	38.7
赣 州 市	Ganzhou	11.3	19.8	26.8	19.7	3.9
吉 安 市	Ji'an	10.7	17.0	-17.5	17.0	5.6
宜 春 市	Yichun	11.0	14.2	30.8	14.4	4.3
抚 州 市	Fuzhou	10.7	12.1	24.1	9.9	10.2
上 饶 市	Shangrao	11.1	12.3	29.6	10.5	10.8

4-11 各地区固定资产投资构成（2018年）

Composition of Investments in Fixed Assets by Region (2018)

单位：% (%)

地 区	Region	合 计 Total	#工 业 Industry	第一产业 Primary Industry	第二产业 Secondary Industry	第三产业 Tertiary Industry
全 省	**Provincial Total**	**100**	**100**	**100**	**100**	**100**
南 昌 市	Nanchang	24.1	15.4	10.0	15.6	33.6
景德镇市	Jingdezhen	3.9	3.9	3.6	3.9	4.0
萍 乡 市	Pingxiang	4.1	4.6	3.4	4.5	3.7
九 江 市	Jiujiang	13.1	20.0	9.1	20.0	6.3
新 余 市	Xinyu	5.2	6.7	6.2	6.6	3.7
鹰 潭 市	Yingtan	2.9	2.7	3.1	2.7	3.1
赣 州 市	Ganzhou	12.0	11.8	7.1	11.8	12.5
吉 安 市	Ji'an	7.9	9.1	9.3	9.1	6.5
宜 春 市	Yichun	9.4	10.2	24.0	10.2	7.8
抚 州 市	Fuzhou	7.2	6.9	14.4	6.9	7.0
上 饶 市	Shangrao	9.2	8.7	9.8	8.7	9.7

4-12 各地区按登记注册类型分的固定资产投资增速（2018年）

Growth Rates of Investment in Fixed Assets by Region and Status of Registration (2018)

单位：% (%)

地区	Region	合计 Total	内资 Domestic Funds	国有 State-owned	集体 Collective-owned	股份合作 Share Holding Cooperative	联营 Joint-owned
全省	**Provincial Total**	**11.2**	**11.3**		**28.1**	**-19.1**	**-80.0**
南昌市	Nanchang	10.9	11.2	-21.3	-29.3	-44.9	-88.6
景德镇市	Jingdezhen	11.3	12.1	17.4			-87.2
萍乡市	Pingxiang	10.5	9.8	5.2		2.9	
九江市	Jiujiang	10.8	12.5	12.0	-68.6	278.9	-80.0
新余市	Xinyu	10.6	10.5	33.4	2052.6		-86.3
鹰潭市	Yingtan	9.3	8.9	66.4			
赣州市	Ganzhou	14.0	14.0	3.6			-75.8
吉安市	Ji'an	10.7	10.0	-12.0	-18.8	28.1	
宜春市	Yichun	11.0	12.8	-15.6			
抚州市	Fuzhou	10.7	10.8	2.7	-82.5	-26.7	
上饶市	Shangrao	11.1	8.1	4.8	70.5	-66.4	

4-12 续表 continued

地区	Region	有限责任公司 Limited Liability Corporations	股份有限公司 Share Holding Enterprises	私营 Private	其他 Others	港澳台商投资 Funds from Hong Kong, Macao and Taiwan	外商投资 Foreign Funded	个体经营 Individuals
全省	**Provincial Total**	**6.0**	**15.1**	**22.4**	**29.0**	**2.9**	**29.3**	**-67.8**
南昌市	Nanchang	21.0	33.2	-2.9	141.3	5.7	6.1	
景德镇市	Jingdezhen	10.4	17.1	10.6	17.7	260.8	-91.2	
萍乡市	Pingxiang	3.8	-1.6	14.1	171.2	52.9		
九江市	Jiujiang	8.5	-27.0	20.8	86.3	-35.9	26.6	-81.3
新余市	Xinyu	-35.2	34.8	30.3	43.8	-24.5	298.3	
鹰潭市	Yingtan	-17.6	-72.8	42.1	-49.1		427.1	
赣州市	Ganzhou	-1.8	309.7	34.7	-48.8	3.7	33.4	
吉安市	Ji'an	28.1	-41.6	22.2	4.5	152.7	125.0	
宜春市	Yichun	2.1	5.6	26.7	45.8	-41.6	-23.6	-63.4
抚州市	Fuzhou	[illegible]	[illegible]	[illegible]	[illegible]	[illegible]	[illegible]	-3.4
上饶市	Shangrao	-10.3	16.0	25.5	30.5	164.2	111.5	

4-13 各地区按行业分固定资产投资增速（2018年）

单位：%

行业	Sector	全省 Total	南昌市 Nanchang	景德镇市 Jingdezhen
总计	**Total**	**11.1**	**11.1**	**10.9**
农、林、牧、渔业	Agriculture, Forestry, Animal Husbandry and Fishery	17.2	17.2	99.5
采矿业	Mining	-23.8	-23.8	
制造业	Manufacturing	18.2	18.2	17.2
电力、热力、燃气及水生产和供应	Production and Supply of Electricity Heat Gas and Water	-25.1	-25.1	-25.4
建筑业	Construction	1.6	1.6	283.2
批发和零售业	Wholesale and Retail Trades	-12.7	-12.7	-15.1
交通运输、仓储和邮政业	Transport, Storage and Post	14.1	14.1	10.3
住宿和餐饮业	Hotels and Catering Services	0.1	0.1	20.3
信息传输、软件和信息技术服务业	Information Transmission,Software and Information Technology Services	-6.0	-6.0	-18.2
金融业	Financial Intermediation	-38.4	-38.4	-57.2
房地产业	Real Estate	4.4	4.4	4.8
租赁和商务服务业	Leasing and Business Services	12.4	12.4	33.0
科学研究和技术服务业	Scientific Reseach and Technical Services	62.1	62.1	94.4
水利、环境和公共设施管理业	Management of Water Conservancy, Environment and Public Facilities	19.4	19.4	16.3
居民服务、修理和其他服务业	Services to Households Repair and Other Services	-40.4	-40.4	-22.4
教育	Education	42.2	42.2	115.7
卫生和社会工作	Health and Social Services	-11.2	-11.2	-29.7
文化、体育和娱乐业	Culture, Sports and Entertainment	37.3	37.3	152.5
公共管理、社会保障和社会组织	Public Management,Social Security and Social Organizations	-5.0	-5.0	-32.4

注：本表全省数据含跨地区项目数。

Growth Rates of Investment in Fixed Assets by Region and Sector (2018)

(%)

萍乡市 Pingxiang	九江市 Jiujiang	新余市 Xinyu	鹰潭市 Yingtan	赣州市 Ganzhou	吉安市 Ji'an	宜春市 Yichun	抚州市 Fuzhou	上饶市 Shangrao
10.5	**10.8**	**10.6**	**9.3**	**11.3**	**10.7**	**11.0**	**10.7**	**11.1**
-33.0	-6.4	69.3	7.8	26.8	-17.5	30.8	24.1	29.6
-23.7	-52.7	-34.7	-11.1	7.3	83.0	13.1	-76.3	17.4
13.0	19.9	14.0	-0.9	23.2	30.7	19.0	27.1	18.1
-8.4	-1.4	-4.4	-73.5	5.5	-48.0	-25.3	-55.4	-43.1
			56.0			166.8		-94.7
-1.4	-37.4	-41.5	113.0	13.7	-36.9	22.2	-42.6	-17.0
34.4	-20.5	-50.4	31.0	-28.2	77.7	164.3	-5.1	-0.4
196.1	-88.4	-72.9	-57.4	48.6	36.6	-13.5	263.4	41.4
203.9	8496.5			-36.3	-99.9	464.1	-11.2	32.9
			1127.1	3.6	628.4			
1.7	-2.9	17.0	-5.9	5.7	-12.7	-11.2	21.6	11.5
32.1	45.7	1.1	-27.8	38.8	0.5	-24.9	-36.1	0.6
45.1	55.1	13.2	1559.7	-45.7	283.0	-78.3	548.9	-2.4
14.2	0.9	20.4	90.9	17.2	1.2	24.3	50.9	30.0
-99.2	-68.8			-8.8	11.0	-48.3	-55.2	-85.0
197.4	93.2	37.3	517.2	-1.2	3.3	102.6	18.9	36.3
-21.8	-32.9	20.9	520.7	-20.1	-9.8	166.3	-42.3	67.9
3.5	-16.4	86.1	-0.6	-15.2	125.4	56.8	3.6	-3.2
-33.3	4.0	-74.8	151.7	-0.9	24.2	-10.9	-72.9	-30.8

a) The data of this table containing trans-regional project data.

4-14 各地区按构成分固定资产投资增速（2018年）
Growth Rates of Investment in Fixed Assets by Region and Use of Funds (2018)

单位：% (%)

地 区	Region	合 计 Total	建筑、安装工程 Construction and Installation	设备、工器具购置 Purchase of Equipment and Instruments	其他费用 Others
全 省	**Provincial Total**	**11.1**	**10.8**	**4.2**	**25.1**
南昌市	Nanchang	10.9	8.7	-12.7	65.4
景德镇市	Jingdezhen	11.2	13.5	16.6	-5.5
萍乡市	Pingxiang	10.5	14.8	-4.8	-0.6
九江市	Jiujiang	10.8	9.2	10.1	46.8
新余市	Xinyu	10.6	15.1	10.4	-63.2
鹰潭市	Yingtan	9.3	9.9	12.7	-4.6
赣州市	Ganzhou	11.3	11.3	34.5	-7.6
吉安市	Ji'an	10.7	14.8	-17.1	27.5
宜春市	Yichun	11.0	11.4	6.0	15.8
抚州市	Fuzhou	10.7	7.8	17.4	26.7
上饶市	Shangrao	11.1	8.6	11.5	27.9

4-15 各地区按建设性质分固定资产投资增速（2018年）
Growth Rates of Investment in Fixed Assets by Region and Type of Construction (2018)

单位：% (%)

地 区	Region	合 计 Total	新 建 New Construction	扩 建 Expansion	改建和技术改造 Reconstruction Technical Transformation
全 省	**Provincial Total**	**11.1**	**10.2**	**3.7**	**24.5**
南昌市	Nanchang	10.9	11.4	64.2	5.3
景德镇市	Jingdezhen	11.2	14.5	-30.1	203.1
萍乡市	Pingxiang	10.5	12.5	20.7	-32.8
九江市	Jiujiang	10.8	9.4	7.0	23.8
新余市	Xinyu	10.6	20.6	-44.8	124.2
鹰潭市	Yingtan	9.3	11.9	-39.4	-14.4
赣州市	Ganzhou	11.3	7.5	166.5	-0.2
吉安市	Ji'an	10.7	4.0	-20.7	196.2
宜春市	Yichun	11.0	15.0	7.5	-35.3
抚州市	Fuzhou	10.7	4.9	-9.3	79.6
上饶市	Shangrao	11.1	5.6	42.7	69.7

4-16 各地区工业投资增速（2018年）
Growth Rates of Investment in Industry by Region (2018)

单位：% (%)

地区	Region	合计 Total	采矿业 Mining	制造业 Manufacturing	电力、燃气及水的生产和供应业 Production and Supply of Electricity, Gas and Water
全省	**Provincial Total**	**13.3**	**-23.8**	**18.4**	**-24.9**
南昌市	Nanchang	15.2		17.2	-25.4
景德镇市	Jingdezhen	-0.8	-30.6	-2.3	91.2
萍乡市	Pingxiang	11.4	-23.7	13.0	-8.4
九江市	Jiujiang	16.2	-52.7	19.9	-1.4
新余市	Xinyu	10.2	-34.7	14.0	-4.4
鹰潭市	Yingtan	-11.7	-11.1	-0.9	-73.5
赣州市	Ganzhou	19.8	7.3	23.2	5.5
吉安市	Ji'an	17.0	83.0	30.7	-48.0
宜春市	Yichun	14.2	13.1	19.0	-25.3
抚州市	Fuzhou	12.1	-76.3	27.1	-55.4
上饶市	Shangrao	12.3	17.4	18.1	-43.1

4-17 各地区固定资产投资施工和投产项目个数（2018年）
Number of Projects under Construction and Put into use by Region (2018)

地区	Region	施工项目（个）Number of Projects under Construction (unit)	新开工 Started this Year	全部建成投产（个）Number of Projects Completed and Put into Use (unit)
全省	**Provincial Total**	**14767**	**7388**	**5797**
南昌市	Nanchang	3083	1811	2155
景德镇市	Jingdezhen	686	281	200
萍乡市	Pingxiang	833	263	177
九江市	Jiujiang	1596	825	360
新余市	Xinyu	800	544	288
鹰潭市	Yingtan	372	219	169
赣州市	Ganzhou	2141	771	445
吉安市	Ji'an	1341	671	529
宜春市	Yichun	1319	548	496
抚州市	Fuzhou	1123	602	458
上饶市	Shangrao	1470	853	520

主要统计指标解释

全社会固定资产投资 是以货币形式表现的在一定时期内全社会建造和购置固定资产的工作量以及与此有关的费用的总称。该指标是反映固定资产投资规模、结构和发展速度的综合性指标,又是观察工程进度和考核投资效果的重要依据。全社会固定资产投资按登记注册类型可分为国有、集体、个体、联营、股份制、外商、港澳台商、其他等。按统计方式可分为建设项目固定资产投资和房地产开发投资(全面统计)、农村农户固定资产投资(抽样调查)。建设项目投资不同的时期有不同的统计起点。1995-1996年,项目投资统计的起点为计划总投资5万元及以上;自1997年起,项目投资统计的起点由5万元提高到50万元及以上;自2011年起,项目投资的统计起点由50万元提高至500万元及以上。为便于比较,2010年调整为500万元以上起点数。

固定资产投资 指各种登记注册类型的企业、事业、行政单位及个体户进行的建设项目投资、房地产开发投资。

房地产开发投资 指各种登记注册类型的房地产开发公司、商品房建设公司及其他房地产开发法人单位和附属于其他法人单位实际从事房地产开发或经营活动的单位统一开发的包括统代建、拆迁还建的住宅、厂房、仓库、饭店、宾馆、度假村、写字楼、办公楼等房屋建筑物和配套的服务设施,土地开发工程(如道路、给水、排水、供电、供热、通讯、平整场地等基础设施工程)的投资;不包括单纯的土地交易活动。

固定资产投资的资金来源 根据固定资产投资的资金来源不同,分为国家预算内资金、国内贷款、利用外资、自筹资金和其他资金。

(1)国家预算内资金:分为财政拨款和财政安排的贷款两部分。包括中央财政的基本建设基金(分经营性基金和非经营性基金两部分)、专项支出(如煤代油专项等)、收回再贷、贴息资金,财政安排的挖潜改造和新产品试制支出、城建支出、商业部门简易建筑支出、不发达地区发展基金等资金中用于固定资产投资的资金;地方财政中由国家统筹安排的资金等。

(2)国内贷款:指报告期固定资产投资单位向银行及非银行金融机构借入的用于固定资产投资的各种国内借款,包括银行利用自有资金及吸收的存款发放的贷款、上级主管部门拨入的国内贷款、国家专项贷款、地方财政专项资金安排的贷款、国内储备贷款、周转贷款等。

(3)利用外资:指报告期收到的用于固定资产建造和购置的国外资金(包括设备、材料、技术在内)。包括对外借款(外国政府、国际金融组织贷款、出口信贷、外国银行商业贷款、对外发行债券和股票)、外商直接投资及外商其他投资。不包括我国自有外汇资金(国家外汇、地方外汇、留成外汇、调剂外汇和中国银行自有资金发行的外汇贷款等)。计算利用外资时,需要折算成人民币,折算中所使用的外汇汇率按现汇计算,即按使用外汇时的汇率计算。

(4)自筹资金:指固定资产投资单位报告期收到的,由各地区、各部门及企、事业单位筹集用于固定资产投资的预算外资金,包括中央各部门、各级地方和企、事业单位的自筹资金。

(5)其他资金:指在报告期收到的除以上各种资金之外其他用于固定资产投资的资金,包括企业或金融机构通过发行各种债券筹集到的资金、群众集资、个人资金、无偿捐赠的资金及其他单位拨入的资金等。

固定资产投资按国民经济行业分 根据建设项目建成投产后的主要产品或主要用途及社会经济活动性质来确定国民经济行业。一般情况下,一个建设项目或一个企业、事业单位只能属于一种国民经济行业。

固定资产投资按建设性质分 根据整个建设项目情况来确定。建设项目的性质一般分为新建、扩建、改建和技术改造、迁建、恢复。

(1)新建:一般指从无到有开始建设的企业、事业和行政单位或建设项目。现有企业、事业、行政单位一般不属于新建。但如有的单位原有基础很小,经过建设后新增的固定资产价值超过该企、事业、行政单位原有固定资产价值(原值)三倍以上的也应作为新建。

(2)扩建:指在厂内或其他地点,为扩大原有产品的生产能力(或效益)或增加新的产品生产能力,而增建主要的生产车间(或主要工程)、分厂、独立的生产线。行政、事业单位在原单位增建业务用房(如学校增建教学用房、医院增建门诊部、病房等)也作为扩建。

现有企、事业单位为扩大原有主要产品生产能力或增加新的产品生产能力,增建一个或几个主要生产车间(或主要工程)、分厂,同时进行一些更新改造工程的,也应作为扩建。

(3)改建和技术改造:指现有企业、事业单位,对原有设施进行技术改造或更新(包括相应配套的辅助性生产、生活福利设施)的建设项目。现有企业、事业单位为适应市场变化的需要,而改变企业的主要产品种类(如军工企业转产民用品等)的建设项目,应作为改建。原有产品生产作业线由于各工序(车间)之间能力不平衡，为填平补齐充分发挥原有生产能力而增建不增加本企业主要产品设计能力的车间，也应作为改建。技术改造是指企业、事业单位在现有基础上，用先进的技术代替落后的技术，用先进的工艺和装备代替落后的工艺和装备，以改变企业落后的技术经济面貌，实现以内涵为主的扩大再生产，达到提高产品质量、促进产品更新换代、节约能源、降低消耗、扩大生产规模、全面提高社会经济效益的目的。技术改造具体包括以下内容：机器设备和工具的更新改造；生产工艺改革、节约能源和原材料的改造；厂房建筑和公共设施的改造；劳动条件和生产环境的改造等。

固定资产投资按构成分 固定资产投资活动按其工作内容和实现方式分为建筑安装工程，设备、工具、器具购置，其他费用三个部分。

(1)建筑安装工程(建筑安装工作量)：指各种房屋、建筑物的建造工程和各种设备、装置的安装工程。包括各种房屋建造工程；各种用途设备基础和各种工业窑炉的砌筑工程及金属结构工程；为施工而进行的各种准备工作和临时工程以及完工后的清理工作等；铁路、道路的铺设，矿井的开凿及石油管道的架设等；水利工程；防空地下建筑等特殊工程；列入房屋工程预算内的暖气、卫生、通风、照明、煤气等设备的价值及装设油饰工程；列入建筑工程预算内的各种管道(蒸汽、压缩空气、石油、给排水等管道)、电力、电讯电缆导线等的敷设工程；以及各种机械设备的安装工程；为测定安装工程质量，对设备进行的试运工作；房地产开发单位进行的商品房屋开发建设工程、土地开发工程。

在安装工程中，不包括被安装设备本身的价值。

(2)设备、工具、器具购置：指建设单位或企、事业单位购置或自制的，达到固定资产标准的设备、工具、器具的价值。新建单位及扩建单位的新建车间，按照设计或计划要求购置或自制的全部设备、工具、器具，不论是否达到固定资产标准均计入“设备、工具、器具购置”中。

(3)其他费用：指在固定资产建造和购置过程中发生的，除上述几项内容以外的各种应分摊计入固定资产的费用。

施工项目 指报告期内进行过建筑或安装施工活动的项目。凡是报告期内施过工的建设项目，不论施工时间长短，均作为施工项目统计。施工项目个数可以反映一定时期固定资产投资的实际规模，与同期全部建成投产项目个数相比，可以从建设速度的角度反映固定资产投资的效果。根据建设项目施工活动的不同性质，施工项目又分为：本年正式施工项目、本年收尾项目和以前年度全部停缓建项目。

全部建成投产项目 工业项目指设计文件规定形成生产能力的主体工程及其相应配套的辅助设施全部建成，经负荷试运转，证明具备生产设计规定合格产品的条件，并经过验收鉴定合格或达到竣工验收标准，与生产性工程配套的生活福利设施可以满足近期正常生产的需要，正式移交生产的建设项目。非工业项目指设计文件规定的主体工程和相应的配套工程全部建成，能够发挥设计规定的全部效益，经验收鉴定合格或达到竣工验收标准，正式移交使用的建设项目。

房屋建筑面积 指房屋建筑物勒脚以上外墙外围的水平截面面积，包括房屋建筑物的有效面积和结构面积。该指标是从实物形态上反映建设规模和建设成果的重要指标之一，也是检查工程形象进度、计算工程造价、分析投资效果、研究施工任务和建筑材料之间平衡情况的重要依据。

住宅建筑面积 指施工和竣工房屋建筑面积中供居住用的房屋建筑面积。

施工面积 指报告期内施工的全部房屋建筑面积。包括本期新开工的面积和上期开工跨入本期继续施工的房屋面积，以及上期已停建在本期恢复施工的房屋面积。本期竣工和本期施工后又停缓建的房屋，其建筑面积仍计入本期房屋施工面积中。

竣工面积 指在报告期内房屋建筑按照设计要求已经全部完工，达到住人和使用条件，经验收鉴定合格(或达到竣工验收标准)，正式移交使用单位的各栋房屋建筑面积的总和。

新增固定资产 指报告期内已经完成建造和购置过程，并已交付生产或使用单位的固定资产价值。该指标是表示固定资产投资成果的价值指标，也是反映建设进度，计算固定资产投资效果的重要指标。

Explanatory Notes on Main Statistical Indicators

Total Investment in Fixed Assets in the Whole Country refers to the volume of activities in construction and purchases of fixed assets of the whole country and related fees, expressed in monetary terms during the reference period. It is a comprehensive indicator which shows the size, structure and growth of the investment in fixed assets, providing a basis for observing the progress of construction projects and evaluating results of investment. Total investment in fixed assets in the whole country includes, by type of ownership, the investment by State-owned units, collective-owned units, individuals, joint ownership units, share-holding units, as well as investments by entrepreneurs from foreign countries and from Hong Kong, Macao and Taiwan, and by other units. According to statistical methods can be divided into construction project investments in fixed assets and investments in real estate development (Comprehensive Statistics), investments in fixed assets by rural households (sampling survey).Construction project investment of different periods have different starting point of statistics. From 1995 to 1996 the cut-off point of project investment was 50000 yuan and above; Since 1997 the cut-off point of project investment had changed from 50000 yuan to 500000 yuan and above; Since 2011,the cut-off point of project investment had changed from 500000 yuan to 5 million yuan and above. For the convenience of comparison, relevant data of 2010 were adjusted to 5 million yuan and above.

Investment in Fixed Assets refers to enterprises of various types of ownership, institutions, administrative units and individuals in the construction project investment, investments in real estate development.

Investment in Real Estate Development refers to investment by real estate development companies, commercialized buildings construction companies and other real estate development units of various types of ownership in the construction of buildings, such as residential buildings, factory buildings, warehouses, hotels, guesthouses, holiday villages, office buildings, and the complementary service facilities and land development projects, such as roads, water supply, water drainage, power supply, heating supply, telecommunications, land leveling and other infrastructural projects. It does not include activities in pure land transactions.

Sources of Funds for Investment in Fixed Assets are categorized as funds from the State budget, domestic loans, foreign investment, self-raised funds, and others, depending on the sources of investment.

(1) Fund from the State budget consists of budgetary appropriation and loans from the State budget. More specifically, it includes, from the budget of the central government, capital construction fund (operation fund and non-operational fund), special expenses (e.g. expenses on substituting petroleum with coal), loans from repayment, discount fund, expenses on innovation and trial production of new products, expenses on urban construction, expenses on temporary construction from business departments, development fund for less developed areas, as well as local budgetary fund transferred from the central budget.

(2) Domestic loans refer to loans of various forms borrowed by investing units from banks and non-bank financial institutions during the reference period for the purpose of investment in fixed assets, including loans issued by banks from their self-owned funds and deposit, loans appropriated by higher authorities, special loans by government, loans arranged by local government from special funds, domestic reserve loan, and working loan.

(3) Foreign investment refers to foreign funds received during the reference period for the construction and purchase of investment in fixed assets (covering equipment, materials and technology), including foreign borrowings (loans from foreign governments and international financial institutions, export credit, commercial loans from foreign banks, issue of bonds and stocks overseas), foreign direct investment and other foreign investments. Excluded from this category is capital in foreign exchanges owned by China (foreign exchanges owned by the central and local governments, foreign exchanges retained by enterprises, foreign exchanges by enterprises through the regulating mechanism, loans in foreign exchanges issued by the Bank of China with its own fund, etc.). In calculating the utilization of foreign capital, foreign currencies are converted into Chinese Renminbi applying the current exchange rate when the foreign capitals are actually used.

(4) Self-raised funds refer to extra-budgetary funds for investment in fixed assets received during the reference period by investing units from central government ministries, local governments, enterprises and institutions, including their self-raised funds.

(5) Others refer to funds for investment in fixed assets received from sources other than those listed above, including capital raised through issuing bonds by enterprises or financial institutions, funds raised from individuals and through donations, and funds transferred from other units.

Investment in Fixed Assets by Sector The classification of construction projects by sector is determined by the major products or the purpose of the projects when they are put into production or use, and by the nature of their social economic activities. In general, one project or one enterprise or institution can only be classified into one sector.

Investment in Fixed Assets by Type of Construction Construction projects in general can be classified, by the type of construction, into new construction, expansion, reconstruction and technical transformation, moving and restoration.

(1) New construction in general refers to construction projects, which start from scratch, of enterprises, institutions, administrative agencies. Construction in existing enterprises, institutions or agencies is generally not considered as new construction. In case the size of the existing unit is quite small, and the value of newly added fixed assets is more than three times of the the original value, the expansion will be considered as new construction.

(2) Expansion refers to construction of new major production workshop, branch factory or independent production line within a factory or in other locations, for the purpose of increasing the production capacity (or improving efficiency) or adding new production capacity. Newly constructed accommodation for the operation of institutions and administrative organizations (such as newly constructed buildings for teaching in schools, buildings for clinics or wards in hospitals, etc.) are also classified as expansion.

Also included in expansion are investments by existing enterprises or institutions in building major production line(s) or branch factory (ies) along with some work on innovation, for the purpose of expanding the production capacity of original products or producing new products.

(3) Reconstruction and technical transformation refers to construction projects by existing enterprises or institutions in innovation or technical transformation of the old facilities (including auxiliary production equipment and welfare facilities). Also considered as reconstruction is the construction of new workshops by the existing enterprises or institutions to change the variety of products to meet the market demand (such as the production of civil products by defence industries), or to bring the designed production capacity into full play through a more balanced production process on production lines. Technical transformation refers to replacement of old technology or equipment by new technology or equipment, in order to expand the reproduction through improvement of technology contents in production, to improve product quality, to promote new products, to save energy, to reduce consumption, to expand the production scale and to improve overall social-economic efficiency. Contents of technical transformation include: updating of machinery, equipment and tools; reforming production process by using energy or materials saving technology; construction of factory workshops and transformation of public facilities; improvement of working conditions and environment, etc.

Investment in Fixed Assets by Structure By their contents and the mode of implementation, investment activities are classified into 3 categories, i.e. construction and installation, purchase of equipment and instrument, and other expenses.

(1) Construction and installation (work volume of construction and installation) refers to the construction of houses and buildings and the installation of various kinds of equipment and instruments. They include construction of houses; equipment foundations, industrial kilns and stoves, and metal structure work; preparation works and temporary works for project construction, and clearing up works post project construction; pavement of railways and roads, drilling of mines and putting up of oil pipes; construction of water conservancy; construction of underground air-raid shelters and construction of other special projects; value of equipment for heating, sanitation, ventilation, lighting, gas, painting, etc. that are covered by the budget of housing projects; laying out of various pipelines (for steam, compressed air, petroleum, tap water and sewage) and wiring and cabling for electric power and for communications; installation of various machinery and equipment; testing operation for pre-testing the quality of installation projects, and land and other development work conducted by real estate developers for commercialized housing. The value of equipment installed is itself not included in the value of installation projects.

(2) Purchase of equipment and instruments refers to the total value of equipment, tools, and instruments purchased or self-produced which come up to the cut-off point for fixed assets by the construction units or investing enterprises or institutions. Equipment, tools and instruments purchased or self-produced for new workshops by newly established or expanded units are categorized as "purchase of equipment and instruments" no matter whether they come up to the cut-off point for fixed assets.

(3) Other expenses refer to expenses arising during the construction or purchase of fixed assets other than those mentioned above.

Projects under Construction refer to projects with construction and installation activities undertaken in the reference period. All projects that have construction activities undertaken during the reference period are reported as projects under construction irrespective of the length of construction work. The number of projects under construction can reflect the actual size of investment in fixed assets during a given period, and when compared with the number of projects completed and put into use during the same period, it demonstrates the results of investment in fixed assets from the angle of the speed of the construction. Depending on the nature of construction activities, projects under construction can also be classified into projects beginning construction in current year, winding-up projects in current year and stopped or suspended projects in previous years (with resumption of work in current year).

Projects Completed and Put into Use Industrial projects refer to the major projects and anxilliary facilities having been completed in accordance with the design documents, resulting in forming production capacity and having checked and accepted after relevant tests, while the living and welfare facilities having been completed and being capable of ensuring normal production. Non-industrial projects refer to the major projects and anxilliary facilities which have been completed in accordance with the design documents ; have been checked, accepted after relevant examination; and have been formally delivered for use..

Floor Space of Buildings under Construction refers to the total floor space of the horizontal section of outer walls above the plinth of the building, including the effective area and the area occupied by the structure. This indicator is one of the important indicators in physical terms to reflect the scale and accomplishment of the construction industry and also an important basis for monitoring the progress, calculating the cost, analyzing the efficiency and studying the supply of building materials in relation to the construction projects.

Floor Space of Residential Buildings refers to the floor space of the residential buildings among the total space of buildings under construction or completed.

Floor Space under Construction refers to total floor space of all buildings under construction during the reference period, including floor space of newly started buildings during the reference period, floor space of construction extended from the previous period to the current period, and floor space of construction suspended during the previous period and resumed in the current period. Floor space of construction completed in the current period, and floor space of construction started and then suspended in the current period are also included in the floor space under construction of the current year.

Floor Space Completed refers to the floor space of all buildings completed in the reference period, which have been appraised and accepted (or come up to the designed standards) and have been transferred to owner units.

Newly Increased Fixed Assets refer to the newly increased value of fixed assets, constructed or purchased, that have been transferred to the investors. This is an indicator that demonstrates the results of investment in fixed assets in monetary terms, and an important indicator to reflect the speed of construction and to calculate the efficiency of investment.

5

对外经济贸易

FOREIAN ECONOMIC RELATIONS AND TRADE

◆91/119

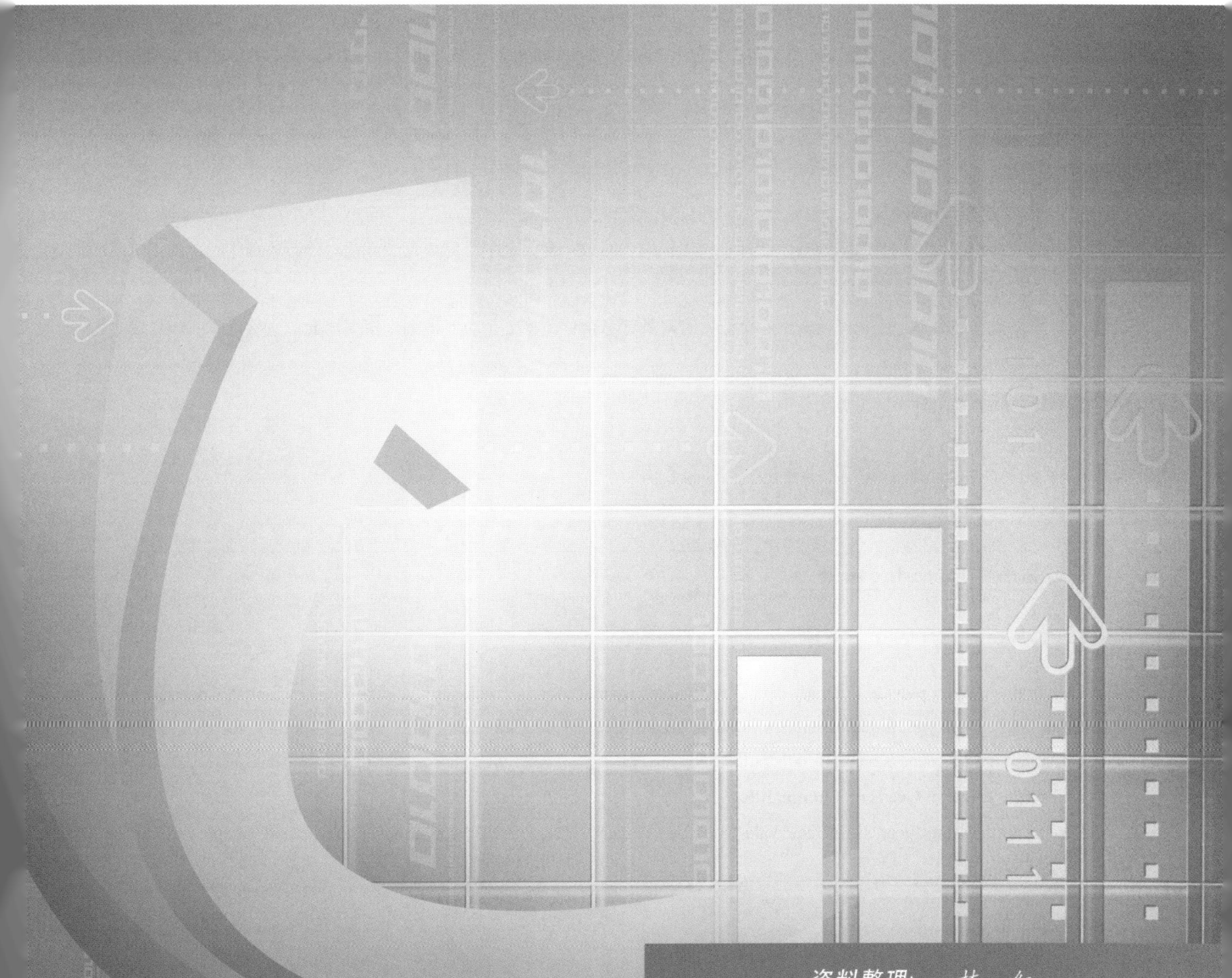

资料整理: 林 红

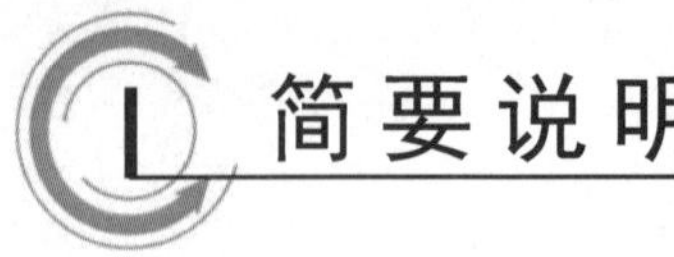

Ⅰ 简要说明

本篇资料综合反映全省货物对外贸易、利用外资、对外经济合作、与国外结成友好城市的历年概况，重点反映对外经济贸易的近期发展状况。

一、货物对外贸易部分

货物对外贸易统计的主要内容包括：进出口货物的金额、品种、国别(地区)、经营单位、贸易方式、类别等项目。

货物对外贸易统计的范围是按照联合国的国际贸易统计原则制定的，即凡能引起中华人民共和国关境内物质资源存量增加或减少的进出口货物，除制度另有规定者外，均列入该项统计。

货物对外贸易统计的资料来源于南昌海关，调查方法是全面调查。

历年出口商品分类金额和历年进口商品分类金额按照联合国《国际贸易标准分类》(SITC)进行统计。进出口商品目录是在海关合作理事会制定的《商品名称和编码协调制度》(HS)的基础上，结合我国进出口实际情况制定的。

全省对各国(地区)进出口总值表中，出口货物按中华人民共和国关境外最终目的国(地区)统计，进口货物按中华人民共和国关境外原产国(地区)统计。各地区进出口商品总值按境内收发货人所在地列示。收发货人所在地是指中华人民共和国关境内进出口企业报关注册的登记地。

二、利用外资统计部分

利用外资统计的主要内容包括：外商直接投资、外商投资企业登记注册情况。

统计范围是凡经工商行政管理机关核准登记，在江西所有利用外资的单位和部门，经批准设立的中外合资经营企业、合作经营企业、外资企业、外商投资股份制企业、合作开发项目等具有法人资格的独立核算企业(包括港澳台地区投资企业)，在江西从事经营活动的外国及港澳台地区企业和外国公司在江西境内设立的分支机构。

利用外资统计的资料来源于省商务厅，其中，外商投资企业的登记注册情况资料来源于省市场监督管理局登记注册局，调查方法是全面调查。

三、对外经济合作部分

对外经济合作统计的主要内容包括：对外承包工程的合同数、合同金额、完成营业额及对外劳务合作的合同工资总额、实际收入总额和对外直接投资额等。

统计范围是有对外承包工程经营资格的企业、有对外劳务合作资格的企业、境内投资主体通过直接投资在境外设立的各类公司型企业和非公司型企业。

资料来源于省商务厅，调查方法是全面调查。

四、其他

与国外结成友好城市部分的统计资料来源于省外侨办。

Ⅰ Brief Introduction

Data in this chapter provide summary data of the whole provinces foreign trade, utilization of foreign capital, Contracted projects and labour cooperation with foreign countries forming friendship cities over the Years with foreign countries, focusing on the recent situation of foreign trade and economic cooperation.

I. Foreign Trade in Goods or Commodities

Data on foreign trade in goods include: value, varieties, countries（regions）, corporations, trade method, category of imports and exports, and so on.

The scope of foreign trade in goods statistics are designed according to United Nations' Principles on international trade statistics, that is: all imports or exports that will lead to stock changes of material resources with the territory of People's Republic of China; excluding goods by escape clause.

Sources of data on foreign trade in goods or commodities are from Customs of Nanchang through a comprehensive reporting system.

Customs statistics in value terms for both imports and exports are compiled according to the classifications of UN Standard International Trade Classification (SITC).The list of import and export commodities is compiled based on the Harmonized Commodity Description and Coding System (HS) stipulated by the Customs Cooperation Council and China`s reality of imports and exports.

In the table on provincial total imports and exports with related countries and regions, the export commodities are calculated at the customs of the countries (regions) of destination and the import commodities are calculated at the customs of the countries (regions) of origin. The total values of the import and export commodities by region are calculated respectively at the place where the import or export corporations are situated within the boundary of the People's Republic of China. The province where the import or export corporations are situated refers to the province where the import or export corporations have applied to and have been registered at the customs. The province of origin within the border of the People's Republic of China refers to the province where the export commodities are produced or originally delivered.

II. Statistics on Utilization of Foreign Capitals

Utilization of foreign capitals includes: foreign direct investments and the basic condition of registration of foreign funded enterprises.

The statistics cover all the units and departments which have utilized foreign capitals, all the Sino-foreign joint ventures, Sino-foreign cooperative enterprises, ventures exclusively with foreign investment, foreign-funded stock companies, Sino-foreign cooperative development projects (including the enterprises funded by the entrepreneurs from Hong Kong, Macao and Taiwan) with independent accounting system which have been approved by the Jiangxi provincial government to set up in the border of Jiangxi.

Data on utilization of foreign capitals are from Department of Commerce of Jiangxi Province, of which, data on basic condition of registration of foreign funded enterprises are from Jiangxi Administration for Market Regulation through Enterprise Registration Bureau

III. Foreign Economic Cooperation

Data on foreign economic cooperation include: number, volume and turnover of foreign project-contracting. Total wages of contract, complete business turnover, foreign direct investment of foreign labor service cooperation and so on.

The statistical unit in the scheme is the corporate enterprise engaged in contracted projects and labor services cooperation with foreign countries and has been approved by the department of commerce at various levels, company type and non-company type enterprises established overseas by domestic subjects of investment.

Data on foreign economic cooperation are from Department of Commerce of Jiangxi Province through a comprehensive reporting system.

IV. Others

Statistical of data on Foreign sister city with foreign countries are from Overseas Chinese Affairs of Jiangxi Province.

5-1 海关货物进出口总值
Total Value of Imports and Exports of Goods

年份 地区 Year Region	人民币（万元） 10 000 yuan				美元（万美元） USD 10 000			
	进出口总值 Total Imports & Exports	出口值 Total Exports	进口值 Total Imports	差额 Balance	进出口总值 Total Imports & Exports	出口值 Total Exports	进口值 Total Imports	差额 Balance
1989	232715	174932	57783	117149	62487	46948	15539	31409
1990	322283	257970	64313	193657	71934	58023	13911	44112
1991	408347	270925	137422	133503	76568	50814	25754	25060
1992	531711	355773	175938	179835	96533	64707	31826	32881
1993	665418	350031	315387	34644	116740	61409	55331	6078
1994	1126963	690113	436850	253263	130457	80014	50443	29571
1995	1080209	845224	234985	610239	129044	101035	28009	73026
1996	928914	709206	219708	489498	111672	85243	26429	58814
1997	1105121	924093	181028	743065	133284	111438	21846	89592
1998	1033368	844234	189134	655100	124720	101870	22850	79020
1999	1087884	750259	337625	412634	131387	90611	40776	49835
2000	1344664	991414	353250	638164	162399	119736	42663	77073
2001	1267519	860333	407186	453147	153119	103930	49189	54741
2002	1402687	871005	531682	339323	169468	105232	64236	40996
2003	2092670	1246410	846260	400150	252799	150569	102230	48339
2004	2923218	1651484	1271734	379750	353195	199539	153656	45883
2005	3338761	2005931	1332830	673101	405938	244004	161934	82070
2006	4948598	3000716	1947882	1052834	619356	375307	244049	131258
2007	7230425	4168726	3061698	1107028	944886	544473	400413	144060
2008	9545118	5412965	4132153	1280812	1361793	772666	589127	183539
2009	8727529	5033213	3694316	1338897	1277878	736849	541029	195820
2010	14629821	9079759	5550062	3529697	2160529	1341606	818923	522683
2011	20387440	14160957	6226483	7934474	3146881	2187606	959275	1228331
2012	21086322	15846515	5239807	10606708	3341383	2511279	830104	1681175
2013	22844979	17525434	5319545	12205889	3674663	2816665	857998	1958667
2014	26243484	19666525	6576959	13089566	4273082	3202532	1070550	2131982
2015	26285359	20514912	5770447	14744465	4239961	3311674	928287	2383387
2016	26384489	19621927	6762562	12859365	4002841	2979840	1023001	1956839
2017	30111172	22090111	8021061	14069050	4433898	3248827	1185072	2063755
2018	31617435	22229519	9387916	12841603	4818758	3394269	1424490	1969779
南昌市 Nanchang	7875974	4516441	3359533	1156908	1195687	686272	509415	176857
景德镇市 Jingdezhen	685475	669707	15768	653939	104324	101960	2364	99596
萍乡市 Pingxiang	1126888	1112071	14817	1097254	173344	171073	2271	168802
九江市 Jiujiang	3577044	2936033	641011	2295022	546814	449522	97292	352230
新余市 Xinyu	1622238	855462	766777	88685	247443	130945	116497	14448
鹰潭市 Yingtan	3203489	696498	2506991	-1810493	485608	105736	379873	-274137
赣州市 Ganzhou	3503412	2863432	639979	2223453	531591	434246	97344	336902
吉安市 Ji'an	3840720	3076419	764301	2312118	588776	472544	116232	356312
宜春市 Yichun	1936013	1640129	295885	1344244	295925	250886	45039	205847
抚州市 Fuzhou	1412723	1310236	102488	1207748	215030	199603	15427	184176
上饶市 Shangrao	2833459	2553092	280367	2272725	434215	391480	42735	348745

5-2 海关进出口货物分类金额（2018年）

Value of Imports and Exports of Goods by HS Section and Division (2018)

单位：万元 (RMB 10 000 yuan)

商品类别	Section & Division	进出口总值 Total Imports & Exports	出口值 Total Exports	进口值 Total Imports
总计	**Total**	**31617435**	**22229519**	**9387916**
活动物；动物产品	**Live Animals & Animal Products**	**42585**	**35924**	**6662**
活动物	Live Animals	28794	28794	
肉及食用杂碎	Meat and Meat Offal	347	347	
鱼、甲壳动物、软体动物及其他水生无脊动物	Fish and Crustaceans Molluscs and Other Aquatic Invertebrates	3252	2874	378
乳品；蛋品；天然蜂蜜；其他食用动物产品	Dairy Products;Birds'Eggs;Natural Honey;Edible Products of Animal Origin,not Elsewhere Specified or Included	4954	509	4445
其他动物产品	Products of Animal Origin,not Elsewhere Specified or Included	5238	3400	1838
植物产品	**Vegetable Products**	**155135**	**124523**	**30613**
活树及其他活植物；鳞茎、根及类似品；插花及装饰用簇叶	Live Trees and Other Plants;Bulbs;Roots and the Like; Cut Flowers and Ornamental Foliage	2616	2532	84
食用蔬菜、根及块茎	Edible Vegetables and Certain Roots and Tubers	29157	24552	4604
食用水果及坚果；甜瓜或柑桔属水果的果皮	Edible Fruit and Nuts; Peel of Citrus Fruits or Melons	38747	38129	618
咖啡、茶、马黛茶及调味香料	Coffee; Tea Mate and Spices	46827	46808	19
谷物	Cereals	21917	77	21839
制粉工业产品；麦芽；淀粉；菊粉；面筋	Products of the Milling Industry; Malt; Starches; Inulin ; Wheat Gluten	1472	144	1328
含油子仁及果实；杂项子仁及果实；工业用或药用植物；稻草、秸秆及饲料	Oil Seeds and Oleaginous Fruits;Miscellaneous Grains, Seeds and Fruits; Industrial or Medicinal Plants; Straw and Fodder	5025	3084	1941
虫胶；树胶、树脂及其他植物液、汁	Lac; Gums; Resins and Other Vegetable Saps and Extracts	8638	8480	158
编结用植物材料；其他植物产品	Vegatable Plaiting Materials; Vegatable Products Not Elsewhere Specified or Included	738	717	21
动植物油、脂及其分解产品；精制的食用油脂；动、植物蜡	**Animal or Vegetable Fats and Oils and their Cleavage Products;Prepared Edible Fats;Animal or Vegetable Waxes**	**938**	**890**	**48**
食品；饮料、酒及醋；烟草、烟草及烟草代用品的制品	**Prepared Foodstuffs;Beverages,Spirits And Vinegar; Tobacco and Manufactured Tobacco Substitutes**	**241909**	**204405**	**37504**
肉、鱼、甲壳动物、软体动物及其他水生无脊椎动物的制品	Preparations of Meat,of Fish or of Crustaceans	115016	115016	
糖及糖食	Sugars and Sugar Confectionery	2122	1130	992
可可及可可制品	Cocoa and Cocoa Preparations	1141	1141	
谷物、粮食粉、淀粉或乳的制品；糕饼点心	Preparations of Cereals; Flour; Starch or Milk ; Pastry -Cooks' Products	22577	22198	379
蔬菜、水果、坚果或植物其他部分的制品	Preparations of Vegetables; Fruits , Nuts or Other Parts of Plants	38497	38464	33
杂项食品	Miscellaneous Edible Preparations	7407	6988	419
饮料、酒及醋	Beverages;Spirits and Vinegar	5045	3527	1518
食品工业的残渣及废料；配制的动物饲料	Residues and Waste from the Food Industries ; Prepared Animal Fodder	50091	15943	34148
烟草及烟草代用品的制品	Tobacco and Manufactured Tobacco Substitutes	15		15
矿产品	**Mineral Products**	**2357547**	**93985**	**2263562**
盐；硫酸；泥土及石料；石膏料、石灰及水泥	Salt; Sulphur;Earth and Stone;Plastering Materials,Lime and Cement	366969	82608	284361
矿砂、矿渣及矿灰	Ore; Slag and Ash	1895128	6410	1888718
矿物燃料、矿物油及其蒸馏产品；沥青物质；矿物蜡	Mineral Fuels; Mineral Oils and Products of Their Distillation;Bituminous Substances;Mineral Waxes	95450	4967	90483

5-2 续表1 continued

单位：万元 (RMB 10 000 yuan)

商品类别	Section & Division	进出口总值 Total Imports & Exports	出口值 Total Exports	进口值 Total Imports
化学工业及其相关工业的产品	**Products of The Chemical or Industries Allied**	**3014185**	**2653603**	**360583**
无机化学品；贵金属、稀土金属、放射性元素及其同位素的有机及无机化合物	Inorganic Chemicals;Organic or Inorgance Compounds of Precious Metals,of Rare-Earth Metals,of Radioactive Elements of Isotopes	1244559	1062920	181638
有机化学品	Organic Chemicals	687354	671855	15499
药品	Pharmaceutical Products	48081	35765	12317
肥料	Fertilizers	36037	36037	
鞣料浸膏及染料浸膏；鞣酸及其他衍生物；染料、颜料及其他着色料；油漆及清油灰及其他类似胶粘剂；墨水、油墨	Tanning and Dyeing Extracts;Tannics and Their Derivatives; Dyes,pigments and Other Colouring Matter; Paints and Varnishes; Putty and Other Mastics;Inks	144793	141899	2894
精油及香膏；芳香料制品及化妆盥洗品	Essential Oils and Retinoid; Perfumery; Cosmetics or Toilet Preparations	89790	68411	21379
肥皂、有机表面活性剂、洗涤剂、润滑剂、人造蜡、调制蜡、光洁剂、蜡烛及类似品、塑型用膏、"牙科用蜡"及牙科用熟石膏制剂	Soap;Organic Surface-Active Agents,Washing Preparations, Lubricating Preparations,Artificial Waxes,Prepared Waxes,Polishing or Scouring Preparations,Candles and Similar Articles,Modelling Pastes,"Dental Waxes" And Dental Preparations With a Basis of	37172	28939	8232
蛋白类物质；改性淀粉；胶；酶	Albuminoidal Substances; Modified Starches;Glues;Enzymes	42780	31994	10786
烟火制品；火柴；引火合金；易燃材料制品	Pyrotechnic Products;Matches;Pyrophoric Alloys;Certain Combustible Preparations	176292	174140	2152
照相及电影用品	Photographic or Cinematographic Goods	21166	3197	17970
杂项化学产品	Miscellaneous Chemical Products	486162	398446	87716
塑料及其制品；橡胶及其制品	**Plastics and Articles Thereof Rubber and Srticles Thereof**	**1075980**	**884641**	**191339**
塑料及其制品	Plastics and Articles Thereof	984236	822102	162134
橡胶及其制品	Rubber and Articles Thereof	91744	62539	29205
生皮、皮革、毛皮及其制品；鞍具及挽具；旅行用品、手提包及类似品；动物肠线（蚕胶丝除外）制品	**Raw Hides and Skins; Leather; Fur Skins and Articles Thereof; Saddlery and Harness;Travel Goods,Handbags and Similar Containers;Articles of Animal Gut(Other Than Silk-Worm Gut)**	**609839**	**589631**	**20208**
生皮及皮革	Raw Hides and Skins and Leather	26262	6596	19667
皮革制品；鞍具及挽具；旅行用 品、手提包及类似容器；动物肠线制品	Articles of Leather,Saddlery and Harness;Travel Goods; Handbags and Similar Containers	546849	546375	474
毛皮、人造毛皮及其制品	Fur skins and Artificial Fur; Manufactures Thereof	36728	36660	67
木及木制品；木炭；软木及软木制品；稻草、秸秆、针茅或其他编结材料制品；蓝筐及柳条编结品	**Wood and Articles of Wood; Wood Charcoal; Cork and Articles of Cork;Manufactures of Straw,of Esparto or of Other Plaiting Materials;Basket Ware and Wickerwork**	**251703**	**159400**	**92303**
木及木制品；木炭	Wood and Articles of Wood , Wood Charcoal	247034	154733	92301
软木及软木制品	Cork and Articles of Cork	385	385	
稻草、秸秆、针茅或其他编结材料制品；篮筐及柳条编结品	Manufactures of Straw,of Esparto or of Other Plainting Materials; Basket Ware and Wickerwork	4283	4281	2
木浆及其他纤维状纤维素浆；纸及纸板的废碎品；纸、纸板及其制品	**Pulp of Wood or of Other Fibrous Cellulosic Material; Waste and Scrap of paper or Paperboard;Paper and Paperboard and Articles Thereof**	**763951**	**398471**	**365481**
木浆及其他纤维状纤维；纸及纸板的废碎品	Pulp of Wood or of Other Fibrous Cellulosic Material; Waste and Scrap of paper or Paperboard	343973	7	343966

5-2 续表2 continued

单位：万元 (RMB 10 000 yuan)

商品类别		进出口总值 Total Imports & Exports	出口值 Total Exports	进口值 Total Imports
纸及纸板；纸浆、纸或纸板制品	Paper and Paperboard; Articles of Paper Pulp or Paper and Paperboard	398126	377384	20742
书籍、报纸、印刷图画及其他印刷品；手稿、打字稿及设计图纸	Printed Books,Newspapers, Pictures and Other Products of the Printing Industry;Manuscripts,Typescripts and Plants	21853	21079	773
纺织原料及纺织制品	**Textiles and Textile Article**	**2601443**	**2489715**	**111729**
蚕丝	Silk	768	768	…
羊毛、动物细毛或粗毛；马毛纱线及其机织物	Wool; Fine or Coarse Animal Hair;Horsehair Yarn and Woven Fabric	935	664	271
棉花	Cotton	91664	64122	27542
其他植物纺织纤维；纸纱线及其机织物	Other Vegrtable Textile Fibres;Paper Yarn and Woven Fabrics of Paper Yarn	45977	40869	5108
化学纤维长丝	Man-Made Filaments	62935	47509	15426
化学纤维短纤	Man-Made Short Fibres	132124	128875	3249
絮胎、毡呢及无纺织物；特种纱线；线、绳、索、缆及其制品	Wadding; Felt and Nonwovend; Special Yarn;Twine Cordage, Ropes and Other Textile Floor Coverings , Special Woven Fabrics;	42359	37421	4937
地毯及纺织材料的其他铺地制品	Lace;Tapestries;Trimmings; Embroidery	29462	29447	15
特种机织物；簇绒织物；花边；装饰毯；装饰带；刺绣品		43566	33314	10252
浸渍、涂布、包覆或层压的纺织物；工业用纺织制品	Impregnated，Coated Covered or Laminated Textile Fabrics; Textile Articles of a kind Suitable for Industrial Use	42006	21332	20674
针织物及钩编织物	Knitted or Crocheted Fabrics	77089	59228	17861
针织或钩编的服装及衣着附件	Articles of Apparel and Clothing Accessories, Knitted or Crocheted	1213883	1212570	1313
非针织或非钩编的服装及衣着附件	Articles of Apparel and Clothing Accessories, not Knitted or	630197	626914	3283
其他纺织制成品；旧衣着及旧纺织品；碎织物	Crocheted Other Made Up Textile Articles; Sets;Worn Clothing And Worn Textile Articles ;Rags Articles;Rags	188478	186681	1797
鞋、帽、伞、杖、鞭及其零件；已加工的羽毛及其制品；人造花；人发制品	Footwear; Headgear; Umbrellas; Sun Umbrellas,Walking -Sticks, B39Seat-Sticks,Whips,Riding-Crops and Parts Thereof; Prepared Feathers and Articles Made Therewith;Artificial Flowers;Articles of Human Hair	**1287666**	**1238783**	**48882**
鞋靴、护腿和类似品及其零件	Footwear; Gaiters and The Like;Parts of Such Articles	1034857	986293	48563
帽类及其零件	Headgear And Parts Thereof	27380	27234	145
雨伞、阳伞、手仗、鞭子、马鞭及其零件	Umbrellas;Sun Umbrellas; Walking-Sticks,Seat-Stick,Whips, Riding-Crops And Parts Thereof	24218	24218	…
已加工羽毛、羽绒及其制品；人造花；人发制品	Prepared Feathers and Down and Article,Made of Feathers or of Down; Artificial Flowers;Articles of Human Hair	201212	201038	174
石料、石膏、水泥、石棉、云母及类似材料的制品；陶瓷产品；玻璃及其制品	**Articles of Stone,Plaster,Cement,Asbestos,Mica or Similar Materials;Ceramic Products;Glass and Glassware**	**1351562**	**1324152**	**27410**
石料、石膏、水泥、石棉、云母及类似材料的制品	Articles of Stone,Plaster,Cement,Asbestos,Mica or Similar	471963	466220	5743
陶瓷产品	Ceramics Products	592034	590155	1879
玻璃及其制品	Glass and Glassware	287565	267777	19788
天然或养殖珍珠、宝石或半宝石、贵金属、包贵金属及其制品；仿首饰；硬币	**Natural or Cultivated Pearls;Precious or Semi-Precious Stones; Precious Metals, Metals Clad with Precious Metal and Artificial Thereof;Imitation Jewellery;Coin**	**311449**	**77816**	**233633**

5-2 续表3 continued

单位：万元 (RMB 10 000 yuan)

商品类别	Section & Division	进出口总值 Total Imports & Exports	出口值 Total Exports	进口值 Total Imports
贱金属及其制品	**optical; Photographic; Film; Measuring and Checking and Medical**	**4496613**	**2892480**	**1604133**
钢铁	Iron and Steel	527478	518917	8562
钢铁制品	Articles of Iron and Steel	1028874	1006976	21898
铜及其制品	Copper and Articles Thereof	1810908	464225	1346683
镍及其制品	Nickel and Articles Thereof	2078	1582	496
铝及其制品	Aluminum and Articles Thereof	149667	142675	6992
铅及其制品	Lead and Articles Thereof	1149	1031	118
锌及其制品	Zinc and Articles Thereof	7489	6751	738
锡及其制品	Tin and Articles Thereof	705	87	618
其他贱金属、金属陶瓷及其制品	Other Base Metals ;Cermets; Articles Thereof	325858	114358	211500
贱金属工具、器具、利口器、餐匙、餐叉及其零件	Tools;Implements,Cutlery,Spoons and Forks,of Base Metal; Parts Thereof of Base Metal	223702	221442	2260
贱金属杂项制品	Miscellaneous Articles of Base Metals	418703	414436	4268
机器、机械器具、电气设备及其零件;录音机及放声机、电视图像、声音的录制和重放设备及其零件、附件	**Machinery and Machinical Appliances;Electrical Equipment;Parts Thereof;Sound Recorders and Reproducers;and Parts and Accessories of Such Articles**	**8779455**	**5520329**	**3259126**
锅炉、机器机械器具及其零件等	Boilers;Machinery and Machinical Appliances;Parts Thereof	2011291	1299666	711625
电机、电气设备及其零件; 录音机及放声机、电视图像、声音的录制和重放设备及其零件、附件	Electric Machinery and Equipment and Parts Thereof;Sound Recorders and Reproducers,and Parts and Accessories of Such Articles	6768164	4220663	2547501
车辆、船舶及有关运输设备	**Vehicles; Aircraft ,Vessels And Associated Transport Equipment**	**703157**	**520058**	**183098**
光学、照相、电影、计量、检验、医疗或外科用仪器及设备、精密仪器及设备; 上述物品的零件、附件	**Optical; Photographic; Cinematographic; Measuring, Checking, Precision, Medical or Surgical Instruments and Apparatus;Clocks And Watches;Musical Instruments;Parts and Accessories Thereof**	**975151**	**435919**	**539232**
光学、照相、电影、计量、检验、医疗或外科用仪器及设备、精密仪器及设备; 零件、附件	Optical; Photographic; Cinematographic; Measuring, Checking, Precision, Medical or Surgical Instruments and Apparatus;Clocks And Watches;Musical Instruments;Parts and Accessories Thereof	930148	391133	539015
钟表及其零件	Clocks and Watches and Parts Thereof	29188	29077	112
乐器及其零件、附件	Musical Instruments; Parts and Accessories of Such Articles	15150	15045	105
其它及其零件、附件	Other parts and Accessories of Such Articles	664	664	
杂项制品	**Miscellaneous Manufactured Articles**	**2584590**	**2574035**	**10555**
家具、寝具、褥垫、弹簧床垫、软座垫及类似的填充制品; 未列名灯具及照明装置; 发光标志、发光名牌及类似品; 活动房屋	Furniture ;Bedding,Mattresses,Mattress Supports,Cushions and Similar Stuffed Furnishing;Lamps and Lighting Fittings,not Elsewhere Specified or Included;Illuminated Signs,Illuminated Toys,Games and Sports Requisites;Parts and Accessories Thereof	1543719	1541615	2104
玩具、游戏品、运动用品及其零件、附件	Toys, Games and Sports Requisites;Parts and Accessories Thereof	875470	871177	4293
杂项制品	Miscellaneous Manufactured Articles	165401	161243	4158
艺术品、收藏品及古物	**Works of Art, Collectors' Pieces and Antiques**	**9349**	**9310**	**38**
特殊交易品及未分类商品	**Commodities and Transactions not Classified According to Kind**	**3229**	**1451**	**1778**

5-3 海关进出口货物分类金额（2018年）

Value of Imports and Exports by HS Section and Division (2018)

单位：万美元 (USD 10 000)

商品类别	Section & Division	进出口总值 Total Imports & Exports	出口值 Total Exports	进口值 Total Imports
总　　计	**Total**	**4818758**	**3394269**	**1424490**
活动物；动物产品	**Live Animals & Animal Products**	**6444**	**5433**	**1011**
活动物	Live Animals	4339	4339	
肉及食用杂碎	Meat and Meat Offal	51	51	
鱼、甲壳动物、软体动物及其他水生无脊动物	Fish and Crustaceans Molluscs and Other Aquatic Invertebrates	506	451	55
乳品；蛋品；天然蜂蜜；其他食用动物产品	Dairy Products;Birds'Eggs;Natural Honey;Edible Products of Animal Origin,not Elsewhere Specified or Included	763	78	686
其他动物产品	Products of Animal Origin,not Elsewhere Specified or Included	784	515	269
植物产品	**Vegetable Products**	**23530**	**18871**	**4659**
活树及其他活植物；鳞茎、根及类似品；插花及装饰用簇叶	Live Trees and Other Plants;Bulbs;Roots and the Like; Cut Flowers and Ornamental Foliage	407	395	12
食用蔬菜、根及块茎	Edible Vegetables and Certain Roots and Tubers	4507	3803	704
食用水果及坚果；甜瓜或柑桔属水果的果皮	Edible Fruit and Nuts; Peel of Citrus Fruits or Melons	5778	5687	91
咖啡、茶、马黛茶及调味香料	Coffee; Tea Mate and Spices	7066	7063	3
谷物	Cereals	3343	12	3331
制粉工业产品；麦芽；淀粉；菊粉；面筋	Products of the Milling Industry; Malt; Starches; Inulin ; Wheat Gluten	221	22	199
含油子仁及果实；杂项子仁及果实；工业用或药用植物；稻草、秸秆及饲料	Oil Seeds and Oleaginous Fruits;Miscellaneous Grains, Seeds and Fruits; Industrial or Medicinal Plants; Straw and Fodder	770	478	292
虫胶；树胶、树脂及其他植物液、汁	Lac; Gums; Resins and Other Vegetable Saps and Extracts	1324	1300	23
编结用植物材料；其他植物产品	Vegatable Plaiting Materials; Vegatable Products Not Elsewhere Specified or Included	113	110	3
动植物油、脂及其分解产品；精制的食用油脂；动、植物蜡	**Animal or Vegetable Fats and Oils and their Cleavage Products;Prepared Edible Fats;Animal or Vegetable Waxes**	**142**	**134**	**8**
食品；饮料、酒及醋；烟草、烟草及烟草代用品的制品	**Prepared Foodstuffs;Beverages,Spirits And Vinegar; Tobacco and Manufactured Tobacco Substitutes**	**36808**	**31033**	**5775**
肉、鱼、甲壳动物、软体动物及其他水生无脊椎动物的制品	Preparations of Meat,of Fish or of Crustaceans	17521	17521	
糖及糖食	Sugars and Sugar Confectionery	317	170	147
可可及可可制品	Cocoa and Cocoa Preparations	172	172	
谷物、粮食粉、淀粉或乳的制品；糕饼点心	Preparations of Cereals; Flour; Starch or Milk ; Pastry -Cooks' Products	3423	3366	57
蔬菜、水果、坚果或植物其他部分的制品	Preparations of Vegetables; Fruits , Nuts or Other Parts of Plants	5809	5804	5
杂项食品	Miscellaneous Edible Preparations	1108	1045	64
饮料、酒及醋	Beverages;Spirits and Vinegar	764	535	229
食品工业的残渣及废料；配制的动物饲料	Residues and Waste from the Food Industries ; Prepared Animal Fodder	7692	2420	5272
烟草及烟草代用品的制品	Tobacco and Manufactured Tobacco Substitutes	2		2
矿产品	**Mineral Products**	**358483**	**14489**	**343993**
盐；硫酸；泥土及石料；石膏料、石灰及水泥	Salt; Sulphur;Earth and Stone;Plastering Materials,Lime and Cement	55602	12731	42872
矿砂、矿渣及矿灰	Ore; Slag and Ash	288465	987	287478
矿物燃料、矿物油及其 蒸馏产品；沥青物质；矿物蜡	Mineral Fuels; Mineral Oils and Products of Their Distillation;Bituminous Substances;Mineral Waxes	14416	772	13644

5-3 续表1 continued

单位：万美元 (USD 10 000)

商品类别	Section & Division	进出口总值 Total Imports & Exports	出口值 Total Exports	进口值 Total Imports
化学工业及其相关工业的产品	**Chemicals and Related Products**	**459374**	**404519**	**54854**
无机化学品；贵金属、稀土金属、放射性元素及其同位素的有机及无机化合物	Inorganic Chemicals;Precious Metals;Rare Earth; Radioactive Elements and Isotopes of Organic and Inorganic Compounds	190094	162296	27799
有机化学品	Organic Chemicals	104322	101992	2330
药品	Medicinal and Pharmaceutical Products	7285	5434	1851
肥料	Fertilizers	5530	5530	
鞣料浸膏及染料浸膏；鞣酸及其他衍生物；染料、颜料及其他着色料；油漆及清漆；油灰及其他类似胶粘剂；墨水、油墨	Tanning and Dyeing Extracts;Tannic Acid;Coloring and Dyeing Materials; Paint and Lacquer; Putty and other similar Adhesive; Ink and Printing Ink	22176	21737	439
精油及香膏；芳香料制品及化妆盥洗品	Essential Oils and Perfumed Materials; Cosmetics Washing Goods	13574	10333	3241
肥皂、有机表面活性剂、洗涤剂、润滑剂、人造蜡、调制蜡、光洁剂、蜡烛及类似品、塑型用膏、“牙科用蜡”及牙科用熟石膏制剂	Soap;Organic Surfactant;Detergent;Lubricant;Man-made Wax; Modulated Wax,Lacquer;Candles and Similar Goods;Remodeling Paste;"Dental Wax"and Plaster Preparation of Dental Use	5709	4455	1255
蛋白类物质；改性淀粉；胶；酶	Protein like Substances; Modified Starch;Gel and Enzymes	6511	4879	1632
烟火制品；火柴；引火合金；易燃材料制品	Explosives and Matches Products;Inflammable Material Products	26766	26440	326
照相及电影用品	Photographic and Film Supplies	3187	489	2698
杂项化学产品	Miscellaneous Chemical Products	74220	60936	13284
塑料及其制品；橡胶及其制品	**Plastics and Related Products;Rubber and Related Products**	**165257**	**136153**	**29105**
塑料及其制品	Plastics and Related Products	151215	126535	24680
橡胶及其制品	Rubber and Related Products	14042	9618	4424
生皮、皮革、毛皮及其制品；鞍具及挽具；旅行用品、手提包及类似品；动物肠线（蚕胶丝除外）制品	**Raw Hides; Leather; Furs and Related Products; Saddle;Travel Articles; Handbags and Similar Containers**	**93655**	**90585**	**3070**
生皮及皮革	Raw Hides and Leather	4003	1015	2988
皮革制品；鞍具及挽具；旅行用 品、手提包及类似容器；动物肠线制品	Leather Products;Saddle;Travel Articles;Handbags and Similar Containers	84101	84029	72
毛皮、人造毛皮及其制品	Furs; Artificial Furs and Related Products	5551	5541	10
木及木制品；木炭；软木及软木制品；稻草、秸秆、针茅或其他编结材料制品；蓝筐及柳条编结品	**Wood and Wooden Products; Charcoal; Cork and Related Products; Straws;Plaited Products; Baskets and Wickerwork**	**38501**	**24458**	**14044**
木及木制品；木炭	Wood and Wooden Products, Charcoal	37785	23741	14043
软木及软木制品	Cork and Related Products	60	60	
稻草、秸秆、针茅或其他编结材料制品；篮筐及柳条编结品	Straws;Plaited Products; Baskets and Wickerwork	657	656	…
木浆及其他纤维状纤维素浆；纸及纸板的废碎品；纸、纸板及其制品	**Paper Pulp and Cellulose Pulp; Paper and Waste Paper; Paperboard and Related Products**	**116574**	**61196**	**55378**
木浆及其他纤维状纤维；纸及纸板的废碎品	Paper Pulp and Cellulose Pulp; Paper and Paper Board Waste	52150	1	52149

5-3 续表2 continued

单位：万美元 (USD 10 000)

商品类别	Section & Division	进出口总值 Total Imports & Exports	出口值 Total Exports	进口值 Total Imports
纸及纸板；纸浆、纸或纸板制品	Paper and Paperboard; Articles of Paper Pulp or Paper and Paperboard Products	61057	57946	3111
书籍、报纸、印刷图画及其他印刷品；手稿、打字稿及设计图纸	Books,Newspaper and Other Prints; Manuscript,Design Drawings	3367	3249	118
纺织原料及纺织制品	**Textile Materials and Products**	**396252**	**379307**	**16945**
蚕丝	Natural Silk	116	116	…
羊毛、动物细毛或粗毛；马毛纱线及其机织物	Wool; Wool Yarn and Woolen Woven Fabrics	143	102	41
棉花	Cotton	13981	9768	4213
其他植物纺织纤维；纸纱线及其机织物	Other Textile Fibres Yarn and Related Woven Fabrics	6946	6180	765
化学纤维长丝	Man-Made Filament	9562	7241	2321
化学纤维短纤	Man-Made Short Fibres	20123	19627	495
絮胎、毡呢及无纺织物；特种纱线；线、绳、索、缆及其制品	Wadding; Felt and Adhesive-Bond Fabrics;Special Yarn; Thread; Rope; Cable and Related Products	6475	5726	749
地毯及纺织材料的其他铺地制品	Carpets and Related Products	4476	4474	2
特种机织物；簇绒织物；花边；装饰毯；装饰带；刺绣品	Special Woven Fabrics; Lace; Embroidery	6642	5089	1553
浸渍、涂布、包覆或层压的纺织物；工业用纺织制品	Coated Textiles; Textile Products for Industrial Use	6433	3284	3149
针织物及钩编织物	Knitwear and Crocheted Fabrics	11739	9039	2699
针织或钩编的服装及衣着附件	Knitted or Crocheted Garments&Clothing Accessories	184539	184342	196
非针织或非钩编的服装及衣着附件	Garments Not Knitted or Crocheted	96289	95802	487
其他纺织制成品；旧衣着及旧纺织品；碎织物	Other Textile Products; Secondhand Garments	28789	28516	273
鞋、帽、伞、杖、鞭及其零件；已加工的羽毛及其制品；人造花；人发制品	**Footwear; Headgear; Umbrellas; Canes; Whips;Processed Feather; Artificial Flowers; Wigs**	**196482**	**189060**	**7421**
鞋靴、护腿和类似品及其零件	Parts of Footwear; Gaiters	157694	150322	7372
帽类及其零件	Headgear And Accessories	4219	4197	22
雨伞、阳伞、手仗、鞭子、马鞭及其零件	Umbrellas; Canes; Whips and Accessories	3736	3736	…
已加工羽毛、羽绒及其制品；人造花；人发制品	Processed Feathers and Related Products;Artificial Flowers; Wigs	30832	30805	27
石料、石膏、水泥、石棉、云母及类似材料的制品；陶瓷产品；玻璃及其制品	**Gypsum; Cement; Asbestos; Mica; Ceramic Glass**	**207643**	**203482**	**4161**
石料、石膏、水泥、石棉、云母及类似材料的制品	Gypsum; Cement; Asbestos; Mica and Related Products	72542	71667	875
陶瓷产品	Ceramics	91001	90717	284
玻璃及其制品	Glass and Glassware	44101	41098	3003
天然或养殖珍珠、宝石或半宝石、贵金属、包贵金属及其制品；仿首饰；硬币	**Natural or Cultivated Pearls;Precious or Semi-Precious Stones; Jewelry of Precious Metal or Rolled Precious Metal; Artificial Jewelry; Coins**	**46964**	**11799**	**35164**

5-3 续表3 continued

单位：万美元 (USD 10 000)

商品类别	Section & Division	进出口总值 Total Imports & Exports	出口值 Total Exports	进口值 Total Imports
贱金属及其制品	**Base Metals and Related Products**	**686795**	**444149**	**242646**
钢铁	Iron and Steel	80796	79497	1299
钢铁制品	Iron and Steel Products	158822	155480	3342
铜及其制品	Copper and Related Products	273955	70566	203389
镍及其制品	Nickel and Related Products	322	247	76
铝及其制品	Aluminum and Related Products	22965	21909	1056
铅及其制品	Lead and Related Products	176	158	18
锌及其制品	Zinc and Related Products	1151	1039	111
锡及其制品	Tin and Related Products	107	13	94
其他贱金属、金属陶瓷及其制品	Other Base Metals and Related Products	49863	17590	32273
贱金属工具、器具、利口器、餐匙、餐叉及其零件	Tools and Apparatus of Base Metals;Spoon and Accessories	34262	33921	341
贱金属杂项制品	Miscellaneous Products of Base Metals and Accessories	64376	63728	647
机器、机械器具、电气设备及其零件;录音机及放声机、电视图像、声音的录制和重放设备及其零件、附件	**Machinery; Electric Equipment and Accessories; Recorders; Video Recorder and Accessories**	**1332663**	**838039**	**494624**
锅炉、机器机械器具及其零件等	Boilers;Machinery and Accessories	307122	198515	108606
电机、电气设备及其零件;录音机及放声机、电视图像、声音的录制和重放设备及其零件、附件	Electric Equipment and Accessories;Recorders;Video Recorder and Accessories	1025541	639524	386017
车辆、船舶及有关运输设备	**Locomotives; Vehicles; Ship and Related Transportation Equipment**	**107095**	**79258**	**27837**
光学、照相、电影、计量、检验、医疗或外科用仪器及设备、精密仪器及设备;上述物品的零件、附件	**Optical; Photographic; Film; Measuring and Checking and Medical Instruments and Equipment; Precision Instruments and Equipment; (Clocks; Musical Instruments;) Related Parts and Accessories**	**148296**	**66353**	**81943**
光学、照相、电影、计量、检验、医疗或外科用仪器及设备、精密仪器及设备;零件、附件	Optical; Photographic; Film; Measuring and Checking and Medical Instruments and Equipment; Precision Instruments and Equipment; Clocks; Musical Instruments; Related Parts and Accessories	141377	59466	81910
钟表及其零件	Clocks and Accessories	4489	4472	17
乐器及其零件、附件	Musical Instruments; Related Parts and Accessories	2328	2312	16
其它及其零件、附件	Other parts and Accessories	103	103	
杂项制品	**Miscellaneous Products**	**395881**	**394302**	**1579**
家具、寝具、褥垫、弹簧床垫、软座垫及类似的填充制品;未列名灯具及照明装置;发光标志、发光名牌及类似品;活动房屋	Furniture and Lighting Fixtures;Luminous Signs&similar Goods; Prefabricated Houses	236471	236156	315
玩具、游戏品、运动用品及其零件、附件	Toys, Games, Sporting Goods and Accessories	134034	133399	635
杂项制品	Miscellaneous Products	25376	24747	629
艺术品、收藏品及古物	**Works of Art, Collectibles and Antiques**	**1432**	**1426**	**6**
特殊交易品及未分类商品	**Special and Uncategorized Products**	**490**	**222**	**268**

5-4 按国别(地区)分海关货物进出口总值（2018年）
Value of Imports and Exports by Country or Region (2018)

单位：万元　　(RMB 10 000yuan)

国别（地区）	Country (Region)	进出口总值 Total	出口值 Exports	进口值 Imports
合　计	**Total**	**31617435**	**22229519**	**9387916**
亚　洲	**Asia**	16261514	11536740	4724775
#孟加拉国	Bangladesh	153280	152011	1269
中国香港	Hong Kong, China	2124583	2068815	55768
中国澳门	Macao, China	41781	41779	2
中国台湾	Taiwan, China	1420087	404627	1015460
印　度	India	811179	792506	18674
印度尼西亚	Indonesia	1016870	659289	357580
伊　朗	Iran	134480	132903	1577
以色列	Israel	137829	131421	6408
日　本	Japan	2257131	916750	1340381
马来西亚	Malaysia	965149	849225	115925
蒙　古	Mongolia	18397	7900	10497
巴基斯坦	Pakistan	206439	174988	31451
菲律宾	Philippines	479324	400412	78912
沙特阿拉伯	Saudi Arabia	264310	255740	8570
新加坡	Singapore	698547	641911	56636
韩　国	Korea Rep.	1910862	1191205	719657
斯里兰卡	Sri Lanka	56617	56173	444
叙利亚	Syria	14680	14680	
泰　国	Thailand	608414	510271	98143
土耳其	Turkey	169917	157464	12454
阿联酋	United Arab Emirates	536084	527348	8736
也　门	Republic of Yemen	19334	18548	786
越　南	Vietnam	889469	759725	129744
非　洲	**Africa**	**2436831**	**1319510**	**1117321**
#阿尔及利亚	Algeria	41772	41772	…
埃　及	Egypt	194461	193545	916
科特迪瓦	Cote d'Ivoire	14597	14597	
尼日利亚	Nigeria	210935	182775	28160
南　非	South Africa	487015	232507	254508
多　哥	Togo	29763	29763	
刚果(金)	Congo DR	320181	24635	295546

5-4 续表 continued

单位：万元 (RMB 10 000yuan)

国别（地区）	Country (Region)	进出口总值 Total	出口值 Exports	进口值 Imports
欧洲	**Europe**	**4228903**	**3519095**	**709808**
#比利时	Belgium	206479	198396	8083
丹麦	Denmark	28051	26509	1541
英国	United Kingdom	503013	470573	32440
德国	Germany	868065	569448	298618
法国	France	241229	173881	67348
意大利	Italy	265991	241435	24556
荷兰	Netherlands	577735	553974	23761
希腊	Greece	76365	75747	617
西班牙	Spain	277162	247193	29969
奥地利	Austria	17243	7858	9385
芬兰	Finland	39519	20591	18928
波兰	Poland	153079	150101	2977
瑞典	Sweden	104577	87232	17345
瑞士	Switzerland	35681	15949	19733
爱沙尼亚	Estonia	3366	2876	491
俄罗斯联邦	Russia	335056	299046	36010
乌克兰	Ukraine	74081	73823	258
捷克	Czech	69890	38278	31611
拉丁美洲	**Latin America**	**3269628**	**1462041**	**1807587**
#阿根廷	Argentina	68966	67543	1423
巴西	Brazil	526139	275330	250809
智利	Chile	1410753	190202	1220551
古巴	Cuba	10828	10828	
危地马拉	Guatemala	19850	19687	163
牙买加	Jamaica	15920	15920	
墨西哥	Mexico	520915	440777	80138
巴拿马	Panama	80908	80846	63
秘鲁	Peru	322526	76358	246167
委内瑞拉	Venezuela	5968	5229	738
北美洲	**North America**	**4228678**	**3999224**	**229454**
#加拿大	Canada	359108	299825	59283
美国	United States	3869507	3699336	170171
大洋洲及太平洋群岛	**Oceanic and Pacific Islands**	**1191622**	**392909**	**798713**
#澳大利亚	Australia	1112271	329326	782945
新西兰	New Zealand	51876	36112	15764
巴布亚新几内亚	Papua New Guinea	[illegible]	[illegible]	
其他	**Others**	**259**		259

5-5 按国别(地区)分海关货物进出口总值(2018年)
Value of Imports and Exports by Country or Region (2018)

单位：万美元 (USD 10 000)

国别(地区)	Country (Region)	进出口总值 Total	出口值 Exports	进口值 Imports
合计	**Total**	**4818758**	**3394269**	**1424490**
亚洲	**Asia**	**2478975**	**1761595**	**717380**
孟加拉国	Bangladesh	23381	23188	193
中国香港	Hong Kong, China	321063	312606	8457
中国澳门	Macao, China	6512	6511	…
中国台湾	Taiwan, China	215804	61706	154098
印度	India	124315	121482	2833
印度尼西亚	Indonesia	154754	100335	54419
伊朗	Iran	20571	20336	235
以色列	Israel	21115	20148	968
日本	Japan	343266	139705	203561
马来西亚	Malaysia	147601	130101	17500
蒙古	Mongolia	2751	1199	1552
巴基斯坦	Pakistan	31457	26718	4738
菲律宾	Philippines	73086	61176	11911
沙特阿拉伯	Saudi Arabia	40580	39286	1294
新加坡	Singapore	107364	98739	8626
韩国	Korea Rep.	291685	182128	109556
斯里兰卡	Sri Lanka	8655	8588	67
叙利亚	Syria	2259	2259	
泰国	Thailand	92945	78078	14867
土耳其	Turkey	26084	24173	1910
阿联酋	United Arab Emirates	82473	81145	1328
也门	Republic of Yemen	2969	2845	124
越南	Vietnam	135542	115885	19656
非洲	**Africa**	**370435**	**201530**	**168905**
阿尔及利亚	Algeria	6387	6387	…
埃及	Egypt	29370	29229	140
科特迪瓦	Cote d'Ivoire	2229	2229	
尼日利亚	Nigeria	32283	28054	4229
南非	South Africa	73904	35494	38410
多哥	Togo	4525	4525	
刚果(金)	Congo DR	49065	3752	45312

5-5 续表 continued

单位：万美元 (USD 10 000)

国别（地区）	Country (Region)	进出口总值 Total	出口值 Exports	进口值 Imports
欧洲	**Europe**	**644291**	**536744**	**107547**
#比利时	Belgium	31530	30298	1232
丹麦	Denmark	4251	4025	226
英国	United Kingdom	76648	71732	4916
德国	Germany	132340	86805	45535
法国	France	36624	26546	10077
意大利	Italy	40492	36775	3717
荷兰	Netherlands	88207	84603	3604
希腊	Greece	11651	11555	97
西班牙	Spain	42137	37660	4477
奥地利	Austria	2596	1193	1403
芬兰	Finland	6014	3145	2869
波兰	Poland	23385	22942	443
瑞典	Sweden	15940	13301	2638
瑞士	Switzerland	5410	2426	2983
爱沙尼亚	Estonia	517	441	76
俄罗斯联邦	Russia	50976	45591	5385
乌克兰	Ukraine	11354	11313	40
捷克	Czech	10477	5689	4788
拉丁美洲	**Latin America**	**497877**	**223024**	**274854**
#阿根廷	Argentina	10577	10358	220
巴西	Brazil	80114	41839	38275
智利	Chile	214455	28954	185501
古巴	Cuba	1650	1650	
危地马拉	Guatemala	3026	3001	25
牙买加	Jamaica	2354	2354	
墨西哥	Mexico	79636	67446	12191
巴拿马	Panama	12332	12323	9
秘鲁	Peru	49028	11662	37366
委内瑞拉	Venezuela	908	799	109
北美洲	**North America**	**646063**	**611123**	**34940**
#加拿大	Canada	54963	45862	9101
美国	United States	591090	565250	25839
大洋洲及太平洋群岛	**Oceanic and Pacific Islands**	**181078**	**60253**	**120825**
#澳大利亚	Australia	168968	50513	118455
新西兰	New Zealand	7903	5534	2369
巴布亚新几内亚	Papua New Guinea	1409	1409	
其他	**Others**	**39**		**39**

5-6 海关主要商品出口值
Main Exported Goods Value

单位：万元 (RMB 10 000 yuan)

品　　名	Item	2017	2018
活猪	Live Hogs	27985	28787
蔬菜	Vegetables	39578	35287
鲜、干水果及坚果	Fresh and Dry Fruits,Nuts	52721	38085
茶叶	Tea	34892	45332
制作或保藏的鳗鱼	River Eels Processed or Preserved	90290	109412
钨品	Tungsten & its Compounds	108986	192692
医药品	Medical and Pharmaceutical Products	265250	323479
烟花、爆竹	Fireworks and Firecrackers	153010	172075
新的充气橡胶轮胎	New Pneumatic	15402	9039
家用或装饰用木制品	Wood Products for Household Use or Decoration	46866	43385
纸及纸板(未切成形的)	Paper and Paperboard in Rolls	146830	122813
纺织纱线、织物及制品	Textilw yarrs, Fabrics and the Articles	819177	645911
玻璃制品	Glass Products	95066	90498
陶瓷产品	Porcelain and Pottery Ware Products	604879	590155
铁合金	Ferroalloy	53896	55595
钢材	Rolled Steel	569003	589667
未锻轧铜及铜材	Unwrought Copper and Its Alloys	354411	427492
未锻轧铝及铝材	Unwrought Aluminium and Aluminium Products	26491	29090
太阳能电池	Solar Cells	714180	816068
二极管及类似半导体器件	Diode and Semi Conductors	808369	937594
家具及其零件	Furniture and Parts	662421	765251
床垫、寝具及类似品	Mattess, Bedclothing and Analogs	52929	41992
灯具、照明装置及零件	Lamps and Lighting Fittings	637714	715993
箱包及类似容器	Luggage and Similar Cintainers	533213	534746
体育用品及设备	Articles and Equipment of Sports	185818	156662
服装及衣着附件	Clothing and Accessories	2179999	1942154
鞋类	Shoes	1077194	986293
塑料制品	Plastic Articles	558200	510081
玩具	Toys	858678	509874
打火机	Pocket lighters,gas filled	25943	25434
伞	Umbrellas	29773	19962
农产品	Agriculture Products	387239	386486
机电产品	Mechanical and Electrical Products	8531481	9271611
高新技术产品	High and New-tech Products	2816651	3570617

5-7 海关主要商品出口值

Main Exported Goods Value

单位：万美元 (USD 10 000)

品　　名	Item	2017	2018
活猪	Live Hogs	4124	4338
蔬菜	Vegetables	5806	5400
鲜、干水果及坚果	Fresh and Dry Fruits,Nuts	7866	5681
茶叶	Tea	5170	6842
制作或保藏的鳗鱼	River Eels Processed or Preserved	13308	16643
钨品	Tungsten & its Compounds	16072	29456
医药品	Medical and Pharmaceutical Products	39250	49151
烟花、爆竹	Fireworks and Firecrackers	22510	26125
新的充气橡胶轮胎	New Air-filled Rubber Tyres	2253	1397
家用或装饰用木制品	Wood Products for Household Use or Decoration	6894	6623
纸及纸板(未切成形的)	Paper and Paperboard in Rolls	21488	18784
纺织纱线、织物及制品	Spinning Yarn,Fabric and the Products	120297	98494
玻璃制品	Glass Ware	13939	13901
陶瓷产品	Ceramic Products	88824	90717
铁合金	Ferroalloy	7954	8458
钢材	Rolled Steel	83319	90576
未锻轧铜及铜材	Unwrought Copper and Its Alloys	52320	64954
未锻轧铝及铝材	Unwrought Aluminium and Aluminium Products	3885	4439
太阳能电池	Solar Cells	105628	123993
二极管及类似半导体器件	Diode and Semi Conductors	119424	142322
家具及其零件	Furniture and Parts	97598	116740
床垫、寝具及类似品	Mattess, Bedclothing and Analogs	7775	6446
灯具、照明装置及零件	Lamps and Lighting Fittings	93803	110148
箱包及类似容器	Articles, Chests and Bags for Travel	78316	82248
体育用品及设备	Articles and Equipment of Sports	27321	23947
服装及衣着附件	Clothing and Accessories	320416	295785
鞋类	Shoes	158278	150322
塑料制品	Plastic Articles	81890	78695
玩具	Toys	125971	77923
打火机	Porket lighters,gas-filled	3828	3855
伞	Umbrellas	4355	3089
农产品	Agriculture Products	57126	58601
机电产品	Mechanical and Electrical Products	1230393	1413731
高新技术产品	High and New-tech Products	415985	540287

5-8 海关主要商品进口值

Main Imported Goods Value

品名	Item	人民币(万元)(10 000 yuan)		美元(万美元)(USD 10 000)	
		2017	2018	2017	2018
天然橡胶(包括胶乳)	Natural Rubber	7545	5981	1113	906
合成橡胶(包括胶乳)	Synthetic Rubber	15421	11245	2275	1708
纸浆	Paper Pulp	215510	328045	31734	49759
棉花	Cotton, not Carded or Combed	25102	17180	3686	2639
铁矿砂及其精矿	Iron Ore	693420	475324	102102	72330
铜矿砂及其精矿	Copper Ores	1351913	1176984	199481	178964
煤及褐煤	Coal and Lignite	1129	69574	165	10540
成品油	Petroleum Products Refined	1224	702	181	107
医药品	Medical and Pharmaceutical Products	8606	17298	1274	2603
废纸	Waste Paper	22697	15921	3336	2390
纺织纱线、织物及制品	Spinning Yarn,Fabric and the Products	93476	82653	13810	12522
钢材	Rolled Steel	8267	7054	1220	1077
未锻轧铜及铜材	Unwrought Copper and its Alloys	827287	1148916	122655	173420
废铜	Scrap Copper	130069	186949	19288	28361
二极管及类似半导体器件	Diode and Semi Conductors	254903	114112	37260	17375
集成电路	Integrated Circuit	1311407	1801416	193824	273004
服装及衣着附件	Clothing and Accessories	4202	6356	618	951
初级形状的塑料	Plastics of Primary Pattern	74623	73304	11031	11153
塑料制品	Plastic Articles	24040	22500	3561	3417
牛皮革及马皮革	Bovine or equine leather	11699	13123	1724	1991
机电产品	Mechanical and Electrical Products	3135812	4024200	463040	610892
高新技术产品	High and New-tech Products	2283085	2997441	336852	454547

5-9 按贸易方式分海关货物进出口总值（2018年）

Total Value of Imports and Exports by Trade Form (2018)

贸易方式	Trade Form	人民币(万元)(10 000 yuan) 进出口总值 Total	出口值 Exports	进口值 Imports	美元(万美元)(USD 10 000) 进出口总值 Total	出口值 Exports	进口值 Imports
总计	**Total**	**31617435**	**22229519**	**9387916**	**4818758**	**3394269**	**1424490**
一般贸易	Ordinary Trade	25319737	19401025	5918712	3864951	2966389	898562
国家间、国际组织无偿援助和赠送的物资	Aid and Donation between Countries and from International Associations	6070	6070		910	910	
其他捐赠物资	Other Donations						
来料加工装配贸易	Trade for Processing and Assembling with Customer's Materials	547220	352924	194296	83329	53668	29661
进料加工贸易	Trade for Processing with Imported Materials	5371434	2262904	3108530	812838	342057	470781
边境小额贸易	Border Trade	7	7		1	1	
加工贸易进口设备	Processing Equipments	1429		1429	206		206
对外承包工程出口货物	Goods for Contracted Foreign Projects	185829	185829		28120	28120	
租赁贸易	Lease Trade	168		168	24		24
外商投资企业作为投资进口的设备、物品	Foreign Funded Equipments and Goods	23373		23373	3652		3652
出料加工贸易	Give Makings Treatment						
保税监管场所进出境货物	Inbound and Outbound Goods in Bonded Supervision Area	43665		43665	6718		6718
海关特殊监管区域物流货物	Logistic Good Customs in Particular Supervision Areas	31443	17501	13941	4735	2627	2108
海关特殊监管区域进口设备	Imported Equipment in Particular Supervision Areas	61311		61311	9424		9424
其他	Others	25749	3258	22491	3850	498	3353

5-10 对外经济合作

Economic Cooperation with Foreign Countries or Regions

指标	Item	2000	2005	2010	2015	2017	2018
对外承包工程	**Contracted Projects**						
合同数（份）	Number of Contracts (unit)	27	32	102	230	284	121
合同额（万美元）	Contracted Value (USD 10 000)	5149	19963	135697	404131	411064	324140
营业额（万美元）	Value of Turnover Fulfilled (USD 10 000)	6382	14817	104334	351093	426287	446745
对外劳务合作	**Labor Services**						
合同工资总额(万美元)	Contracted Wage in Total (USD 10 000)	4354	8555	3531	5966	3020	2776
实际收入总额(万美元)	Real Income in Total (USD 10 000)	4567	6350	6582	5286	3622	2461
对外直接投资(非金融类)	**Overseas Direct Investment(Non-Finance)**						
新设境外投资企业和机构(家)	Enterprise Newly Established Investing Overseas (unit)		3	46	77	74	97
中方协议投资额(万美元)	Contractual Foreign Investment (USD 10 000)		35	21747	190600	207000	297218
对外直接投资额(万美元)	Overseas Direct Investment(USD 10 000)		630	21280	105062	71000	83513

注：从2002年起，商务部和国家统计局制订了《对外直接投资统计制度》

a)State Department of Commerce and State Statistical Bureau drafted statistical system of foreign direct investment since 2002.

5-11 外商直接投资情况
Foreign Direct Investments

年 份 地 区 Year Region	项目数 （个） Number of Projects (unit)	合同外资金额 （万美元） Con-tracted Foreign Investment (USD10 000)	实际使用外资 （万美元） Foreign Investment Actually Utilized (USD 10 000)
1984	18	708	80
1985	29	2781	517
1986	8	2093	458
1987	15	1990	394
1988	35	1760	563
1989	24	513	587
1990	54	2855	621
1991	162	5562	1949
1992	906	58990	9653
1993	1293	90983	20817
1994	536	39158	26168
1995	522	53966	28818
1996	369	39485	30068
1997	395	64444	47768
1998	334	41919	46493
1999	245	35136	32080
2000	272	26478	22724
2001	308	52660	39575
2002	591	153387	108725
2003	759	233094	161234
2004	964	311289	205238
2005	940	387645	242258
2006	982	403068	280657
2007	867	544615	310358
2008	689	492550	360368
2009	821	490484	402354
2010	1092	749447	510084
2011	812	844545	605881
2012	789	816170	682431
2013	847	913261	755096
2014	822	1072711	845074
2015	640	736757	947321
2016	568	748776	1044056
2017	495	1012521	1146373
2018	594	888380	1257166
南昌市 Nanchang	53	98582	348899
景德镇市 Jingdezhen	15	15279	22309
萍乡市 Pingxiang	50	54067	40111
九江市 Jiujiang	76	131926	217223
新余市 Xinyu	51	47506	47508
鹰潭市 Yingtan	98	41273	31589
赣州市 Ganzhou	60	193217	184420
吉安市 Ji'an	110	151452	117225
宜春市 Yichun	20	42912	84471
抚州市 Fuzhou	35	56055	38504
上饶市 Shangrao	26	56111	124907

5-12 外商在赣直接投资情况（2018年）

Foreign Direct Investments in Jiangxi (2018)

类别	Type	项目数（个）Number of Projects (unit)	合同外资金额（万美元）Total Amount of Contracted Foreign Investment (USD10 000)	实际使用外资（万美元）Total Amount of Foreign Investment Actually Utilized (USD 10 000)
总计	**Total**	**594**	**888380**	**1257166**
按投资方式分	**By Form**			
合资经营企业	Equity Joint Venture	101	113481	158061
合作经营企业	Cooperative Operation Enterprises	1	141	
外资企业	Contractual Joint Venture	490	777298	1051703
外商投资股份制企业	FDI Shareholding Inc.	2	-2540	47402
按国民经济行业分	**By Sector**			
农、林、牧、渔业	Agriculture, Forestry, Animal Husbandry and Fishery	24	32400	66727
采矿业	Mining		-479	1880
制造业	Manufacturing	349	559434	777838
#食品制造业	Manufacture of Foods	3	22386	2315
酒、饮料和精制茶制造业	Manufacture of Beverages	1	960	10378
纺织业	Manufacture of Textile	10	-6796	9987
纺织服装、服饰业	Manufacture of Textile Wearing Apparel, Footware and Caps	38	54274	69501
家具制造业	Manufacture of Furniture	6	12953	11160
文教、工美、体育和娱乐用品制造业	Manufacture of Articles for Culture, Education and Sport Activties	5	8866	12330
化学原料和化学制品制造业	Manufacture of Raw Chemical Materials and Chemical Products	8	9108	35944
医药制造业	Manufacture of Medicines	1	197	
橡胶和塑料制品业	Manufacture of Plastics	2	4507	3225
非金属矿物制品业	Manufacture of Non-metallic Mineral Products	11	13804	24951
有色金属冶练及压延加工业	Smelting and Pressing of Non-ferrous Metals	13	15763	7011
金属制品业	Manufacture of Metal Products	12	22176	16742
通用设备制造业	Manufacture of General Purpose Machinery	15	41294	55186
专用设备制造业	Manufacture of Special Purpose Machinery	49	55921	61892
汽车制造业	Automotive Industry	4	-2150	30227
电气机械和器材制造业	Manufacture of Electrical Machinery and Equipment	37	93492	121511
计算机、通信和其他电子设备制造业	Manufacture of Communication Equipment,Computers and Other Electronic Equipment	71	130735	145258
电力、热力、燃气及水生产和供应业	Production and Supply of Electric Power,Heat Power and Water	13	19357	32007
建筑业	Construction	5	4015	4286
批发和零售业	Wholesale and Retail Trades	98	83034	63998
交通运输、仓储和邮政业	Transport, Storage and Post	4	6024	30972
#装卸搬运和仓储业	Handling and Warehousing Industry	2	1727	11474
住宿和餐饮业	Hotels and Catering Services	9	3727	9507
住宿业	Hotels	1	3400	2714
餐饮业	Catering Services	8	327	6793
信息传输、软件和信息技术服务业	Information Transmission, Computer Services and Software	22	57210	12507
#互联网和相关服务	Internet and Related Services	5	36473	2186
#软件和信息技术服务业	Software and Information Technology Services	17	20737	10321
金融业	Financial Intermediation	1	1000	290
房地产业	Real Estate	14	42746	117284

5-12 续表 continued

类别	Type	项目数（个） Number of Projects (unit)	合同外资金额（万美元） Total Amount of Contracted Foreign Investment (USD 10 000)	实际使用外资（万美元） Total Amount of Foreign Investment Actually Utilized (USD 10 000)
租赁和商务服务业	Leasing and Business Services	27	49176	97896
#商务服务业	Business Services	22	47284	64637
科学研究和技术服务业	Scientific Research, and Technical Service and Geologic Prospecting	18	16408	20262
水利、环境和公共设施管理业	Management of Water Conservancy, Environment and Public Facilities	1	7458	4857
居民服务、修理和其他服务业	Services to Households, Repair and Other Services	4	107	3792
教育	Education	1	32	
卫生和社会工作	Health and Social Service	1	895	5125
文化、体育和娱乐业	Culture, Sports and Entertainment	3	5836	7938
公共管理、社会保障和社会组织	Public Management, Sicial Security and Social Organization			
国际组织	International Organizations			
按投资国别（地区）分	**By Country (Region)**			
亚　洲	Asia	546	825110	1120809
#中国香港	Hong Kong, China	426	747549	1028660
中国澳门	Macao, China	26	12867	9127
中国台湾	Taiwan, China	65	47460	62034
印　度	India	2	9	
日　本	Japan	4	1564	4451
马来西亚	Malaysia	4	402	
菲律宾	Philippines			
沙特阿拉伯	Saudi Arabia			
新加坡	Singapore	5	11029	14895
韩　国	Korea Rep.	7	865	67
非　洲	Africa	4	5828	7007
欧　洲	Europe	8	17646	62054
#英　国	United Kingdom	3	4124	2696
德　国	Germany		6541	1002
法　国	France	1	8	23048
意大利	Italy	2	5980	6132
荷　兰	Netherlands		-3120	22362
西班牙	Spain			
拉丁美洲	Latin America	8	22552	24533
北美洲	North America	11	18	19664
#加拿大	Canada			7677
美　国	United States	11	18	11987
大洋洲及太平洋群岛	Oceanic and Pacific Islands	8	7423	7558
#澳大利亚	Australia		-180	3930
新西兰	New Zealand			
其他	Others	10	9803	15541

注：利用外资项目中，存在多个国家投资同一项目，故按投资国别、地区分的项目个数之和不等于合计数。

a) Among the projects of utilization of foreign investments,there exists the same project with investments from different countries,so the number of projects by country or region is not equal to the total.

5-13 外商投资企业年底注册登记情况（2018年）
Registration Status of Foreign Funded Enterprises at Year-end (2018)

类　　别	Type	外商投资企业数(户) Number of Enterprises Corporate (unit)	投资总额（万美元） Total Investment (USD 10 000)	注册资本（万美元） Registered Capital (USD 10 000)	
					#外方 Foreign Investor
总　　计	**Total**	**6137**	**8772028**	**6134916**	**4634841**
按投资方式分	**By Form**				
合资经营企业	Equity Joint Venture	873	3327396	2505748	1250864
合作经营企业	Cooperative Operation Enterprises	49	189305	94044	60396
外资企业	Contractual Joint Venture	2777	4916413	3247034	3247034
外商投资股份制企业	FDI Shareholding Inc.	32	329526	269461	66317
其他外商投资企业	Other Foreign Investment Enterprise	62	9387	18629	10230
外商投资企业分支机构	Branches of Foreign Investment Enterprise	2344			
按国民经济行业分	**By Sector**				
农、林、牧、渔业	Agriculture, Forestry, Animal Husbandry and Fishery	264	542244	465241	321908
采矿业	Mining	20	85747	61990	28506
制造业	Manufacturing	2235	4027933	2577235	2155762
金属制品、机械和设备修理业	Repairing Maintenance of Metal Products, Machines and Equipments	1	2000	1000	1000
电力、热力、燃气及水生产和供应业	Production and Supply of Electric Power, Heat Power and Water	115	361175	124832	83372
建筑业	Construction	75	192777	161230	121402
批发和零售业	Wholesale and Retail Trades	1577	491952	352193	317829
交通运输、仓储和邮政业	Transport, Storage and Post	62	73259	40955	40281
住宿和餐饮业	Hotels and Catering Services	273	47132	27093	22382
信息传输、软件和信息技术服务业	Information Transmission, Computer Services and Software	296	150609	136947	131889
金融业	Financial Intermediation	[illegible]	[illegible]	[illegible]	[illegible]
房地产业	Real Estate	279	1276340	707170	557934

5-13 续表 continued

类 别	Type	外商投资企业数(户) Number of Enterprises Corporate (unit)	投资总额(万美元) Total Investment (USD 10 000)	注册资本(万美元) Registered Capital (USD 10 000)	#外方 Foreign Investor
租赁和商务服务业	Leasing and Business Services	447	664070	793415	403801
科学研究和技术服务业	Scientific Research and Technical Services	124	361654	248135	218467
水利、环境和公共设施管理业	Management of Water Conservancy, Environment and Public Facilities	31	70188	136523	112255
居民服务、修理和其他服务业	Services to Households ,Repair and Other Services	54	61695	37177	17553
教育	Education	6	495	475	231
卫生和社会工作	Health and Social Service	10	27977	11375	8017
文化、体育和娱乐业	Culture, Sports and Entertainment	60	54834	34745	18181
其他	Others				
按投资国别(地区)分	**By Country (Region)**				
亚 洲	Asia	3129	7661209	5323143	4023919
中国香港	Hong Kong, China	2180	5434323	3880362	3087386
中国澳门	Macao, China	66	64431	70928	63756
中国台湾	Taiwan, China	412	309686	226523	200140
日 本	Japan	54	278059	144372	78050
韩 国	Korea Rep.	26	41529	17001	7872
亚洲其他国家(地区)	Other Asia Countries (Regions)	391	1533182	983957	586714
非 洲	Africa	47	97773	49442	46370
埃 及	Egypt	2	75	55	55
南 非	South Africa	1	500	500	500
毛里求斯	Mauritius	11	21464	10662	8395
塞舌尔	Seychelles	23	67076	32697	31892
非洲其他国家(地区)	Other Africa Countries (Regions)	10	8659	5528	5528
欧 洲	Europe	102	81950	45913	33990
英 国	United Kingdom	21	6817	5257	3974
德 国	Germany	17	20373	9353	7536
法 国	France	7	6290	2857	2295
俄罗斯联邦	Russian Federation	6	707	683	316
欧洲其他国家(地区)	Other Europe Countries (Regions)	51	47763	27763	19869
拉丁美洲	Latin America	142	416347	227282	184209
巴 西	Brazil	2	9712	3347	3347
开曼群岛	Cayman Islands	9	131467	54589	43679
英属维尔京群岛	British Virgin Islands	125	266138	163728	131572
拉丁美洲其他国家(地区)	Other Latin America Countries (Regions)	6	9031	5618	5610
北美洲	North America	111	187971	94962	60038
加拿大	Canada	23	11381	7354	5713
美 国	United States	86	176080	87321	54082
百慕大群岛	Bermuda	2	509	287	243
大洋洲及太平洋群岛	Oceanic and Pacific Islands	91	115182	65878	58120
澳大利亚	Australia	28	11140	5773	4312
新 西 兰	New Zealand	3	16408	8276	7387
萨 摩 亚	Samoa	59	87334	51619	46211
大洋洲其他国家(地区)	Other Oceanic Countries (Regions)	1	300	210	210
其他	Others	106	192171	307309	216785

注：按投资国别(地区)分的外商投资企业数、投资总额、注册资本、其中外方注册资本等指标不包括其他外商投资企业和外商投资企业分支机构数。

a) Number of Foreign-invested enterprises, total investment, registered captial, foreign investor by country (region) do not include other foreign-invested enterprises or branchs of foreign-invested enterprises.

5-14 江西与国外结成友好城市一览

List of Foreign Sister Cities with Jiangxi

国别	Country Region	城市(州、县)	Sister City (State, Prefecture)	缔结日期 Date of Conclusion
马其顿	Macedonia	斯科普里市	Skopje	1984.03.20
德国	Germany	黑森州	Hesse	1985.04.03
美国	United States	肯塔基州	Kentucky	1985.10.16
美国	United States	犹他州	Utah	1986.07.10
日本	Japan	岐阜县	Gifu	1988.06.21
墨西哥	Mexico	托卢卡市	Toluca	1988.08.16
日本	Japan	高松市	Takamatsu-shi	1990.09.28
日本	Japan	冈山县	Okayama	1992.06.01
摩洛哥	Morocco	萨菲市	Safi	1993.10.15
澳大利亚	Australia	波波郡	Baw Baw Shire	1993.12.09
斯洛文尼亚	Slovenia	科佩尔市	Koper	1995.04.05
日本	Japan	佐贺县有田町	Arita-cho, Saga	1996.08.28
日本	Japan	玉野市	Tamano-shi	1996.10.05
芬兰	Finland	瓦尔济考斯基市	Valkeakoski	1997.11.20
美国	United States	路易维尔市	Louisville	2004.09.09
俄罗斯	Russia	雅罗斯拉夫尔州	Jarraud Slavic	2005.03.24
日本	Japan	冈山县鸭方町	Kamogata-cho, Okayama	2005.09.26
美国	United States	索拉洛郡	Solano	2005.10.26
日本	Japan	和歌山县清水町	Shimizu-cho, Wakayama	2006.04.03
韩国	Korea Rep.	南海郡市	Namhae	2006.04.13
菲律宾	Philippines	保和省	Bohol	2006.05.08
芬兰	Finland	卡亚尼市	Kajaani	2006.06.26
法国	France	第戎市	Dijon	2006.10.17
日本	Japan	濑户市	Seto-shi	2007.03.28
日本	Japan	岐阜县安八町	Anpachi-cho, Gifu	2007.08.02
韩国	Korea Rep.	利川市	Lcheon	2007.10.17
韩国	Korea Rep.	罗州市	Naju-si	2007.10.22
韩国	Korea Rep.	庆尚北道尚州市	Sangju-si,Gyeongsangbuk-do	2007.10.23
巴西	Brazil	索罗卡巴市	Sorocaba	2007.10.23
智利	Chile	科皮亚波市	Copiapo	2008.01.17
阿根廷	Argentina	拉普拉塔市	Laplata	2008.01.21
美国	United States	欧文顿市	Overton	2008.07.01
波兰	Poland	莱基奥诺沃市	Legionowo	2008.08.30
法国	France	奥赛市	Auxerre	2008.09.10
法国	France	中央大区	Centre	2008.09.25
希腊	Greece	希俄斯市	Chios	2008.09.25
韩国	Korea Rep.	堤川市	Jye Chun	2008.11.05
美国	United States	萨凡纳市	Savannah	2008.11.08
阿根廷	Argentina	基尔梅斯市	Quilmes	2008.12.05
澳大利亚	Australia	奥本市	Auburn	2009.09.24
德国	Germany	派尼区	Piney	2009.10.13
英国	United Kingdom	巴斯—东北萨默塞特郡	Bath and North East Somerset	2009.10.20

5-14 续表 continued

国别	Country Region	友好城市(州、县)	Sister City (State, Prefecture)	缔结日期 Date of Conclusion
巴西	Brazil	南马托格罗索州	Mato Grosso do Sul	2009.10.23
匈牙利	Hugary	蒂萨新城	Tiszaujvaros	2009.12.02
美国	United States	罕斯维尔市	Hansiweier	2009.12.07
美国	United States	不伦瑞克市	Brunswick	2010.04.03
美国	United States	威斯康星州门县市	Men of Wisconsin	2010.06.01
法国	France	图尔市	Tours	2010.06.18
埃塞俄比亚	Ethiopia	阿姆哈拉州	Amhara	2010.07.02
美国	United States	奥林匹亚市	Olympia	2010.08.18
塞拉利昂	Sierra Leone	弗里敦市	Freetown	2010.09.21
津巴布韦	Zimbabwe	穆塔雷市	Mutare	2010.09.21
荷兰	Holland	代尔夫特市	Delfe	2010.10.18
巴西	Brazil	基玛多斯市	Jimaduosi City	2011.02.24
韩国	Korea Rep.	太白市	Taebaek	2011.10.10
英国	United Kingdom	红桥市	Redbridge	2011.11.07
希腊	Greece	中希腊大区	Vea tia	2011.11.23
法国	France	香槟阿登大区	Champagne-Ardenne	2011.11.23
德国	Germany	沃尔泽伦市	Wall Zelen City	2011.11.29
墨西哥	Mexico	科阿韦拉州蒙克罗瓦市	Monk Luova, Coahuila	2012.02.29
韩国	Korea Rep.	全罗南道	Jeollanam-do	2012.04.17
意大利	Italy	卡乃利市	Kanaili	2012.06.29
南非	South Africa	自由州省	Free State	2012.07.19
俄罗斯	Russia	苏兹达里市	Suzy Dario	2012.09.10
南非	South Africa	新堡市	Newcastle	2012.11.29
匈牙利	Hugary	包尔绍德—奥包乌伊—曾普伦州	Borsod-Abauj-Zemplén	2013.01.18
南非	South Africa	德拉肯斯汀市	De Lakin Steen	2013.01.23
乌克兰	Ukraine	伊久姆市	Izyum	2013.02.16
西班牙	Spain	阿尔巴塞特市	Albacete	2013.04.22
博茨瓦纳	Botswana	塞罗韦市	Serowe	2013.09.05
意大利	Italy	法恩扎市	Faenza	2013.10.18
柬埔寨	Cambodia	暹粒省	Siem Reap	2013.11.29
加纳	Republic of Ghana	北部省	Tamale	2014.07.09
巴西	Brazil	伊塔佩瓦市	Itapeva	2015.02.04
英国	United Kingdom	林肯市	Lincoln City	2015.03.27
韩国	Korea Rep.	忠州市	Chungju	2015.05.25
埃及	Egypt	卢克索省	Luxor	2015.06.08
俄罗斯	Russia	巴什科尔托斯坦共和国	Republic of Bashkortostan	2015.11.10
英国	United Kingdom	卡尔德达尔市	Calder	2015.11.16
澳大利亚	Australia	怀王市	Wyong	2015.11.20
泰国	Thailand	南邦府	Lampang	2016.02.24
柬埔寨	Cambodia	磅清扬省	Kampong Chhnang	2016.03.08
英国	United Kingdom	斯特拉福德区	Stratford District	2016.03.08
斯里兰卡	Sri Lanka	马塔拉市	Matara	2016.03.17
西班牙	Spain	阿尔卡拉德埃纳雷斯市	Alcal de Henares	2016.03.25
韩国	Korea Rep.	旌善郡	Jeongseon	2016.03.29
斯洛文尼亚	Slovenia	马里博尔市	Maribor	2016.07.06
刚果(金)	Congo (Kinshasa)	金沙萨市	Kinshasa	2016.09.02
俄罗斯	Russia	乌法市	Ufa	2016.09.08
俄罗斯	Russia	托斯诺区	Tosncnskiy Rayon	2017.02.22
美国	United States	利文斯顿市	Livingston	2017.08.28
乌克兰	Ukraine	敖德萨州	Odessa	2018.08.29
俄罗斯	Russia	彼尔姆边疆区	Perm Krai	2018.09.28
俄罗斯	Russia	丘索沃伊地区	Chusovoy	2018.09.28
韩国	Korea Rep.	南海郡	Namhae	2018.11.12

主要统计指标解释

货物进出口总值 指实际进出我国关境的货物总金额。包括对外贸易实际进出口货物，来料加工装配进出口货物，国家间、联合国及国际组织无偿援助物资和赠送品，华侨、港澳台同胞和外籍华人捐赠品，租赁期满归承租人所有的租赁货物，进料加工进出口货物，边境地方贸易及边境地区小额贸易进出口货物，中外合资企业、中外合作经营企业、外商独资经营企业进出口货物和公用物品，到、离岸价格在规定限额以上的进出口货样和广告品(无商业价值、无使用价值和免费提供出口的除外)，从保税仓库提取在中国境内销售的进口货物；以及其他进出口货物。该指标可以观察一个国家在货物贸易方面的总规模。我国规定出口货物按离岸价格统计，进口货物按到岸价格统计。

商品收发货人所在地进、出口值 指在所在地海关注册登记的有进出口经营权的企业实际进、出口值。

外商直接投资 是指外国投资者在我国境内通过设立外商投资企业、合伙企业、与中方投资者共同进行石油资源的合作勘探开发以及设立外国公司分支机构等方式进行投资。外国投资者可以用现金、实物、无形资产、股权等投资，还可以用从外商投资企业获得的利润进行再投资。

对外承包工程 根据《对外承包工程管理条例》，对外承包工程是指中国的企业或者其他单位承包境外建设工程项目的活动。

对外劳务合作 指组织劳务人员赴其他国家或地区为国外的企业或机构工作的经营性活动。

对外直接投资 指我国企业、团体等(简称境内投资主体) 在国外及港澳台地区以现金、实物、无形资产等方式投资，并以控制国(境)外企业的经营管理权为核心的经济活动。对外直接投资的内涵主要体现在一经济体通过投资于另一经济体而实现其持久利益的目标。

Explanatory Notes on Main Statistical Indicators

Total Import and Export of Goods refer to the real value of commodities imported and exported across the border of China. They include the actual imports and exports through foreign trade, imported and exported goods under the processing and assembling trades and materials, supplies and gifts as aid given gratis between governments and by the United Nations and other international organizations, and contributions donated by overseas Chinese, compatriots in Hong Kong and Macao and Chinese with foreign citizenship, leasing commodities owned by tenant at the expiration of leasing period, the imported and exported commodities processed with imported materials, commodities trading in border areas, the imported and exported commodities and articles for public use of the Sino-foreign joint ventures, cooperative enterprises and ventures with sole foreign investment. Also included are import or export of samples and advertising goods for whice CIF or FOB value are beyond the permitted ceiling (excluding goods of no trading or use value and free commodities for export), imported goods sold in China from bonded warehouses and other imported or exported goods. The indicator of the total imports and exports at customs can be used to observe the total size of external trade in a country. In accordance with the stipulation of the Chinese government, imports are calculated at CIF, while exports are calculated at FOB.

Import or Export Value by Location of China's Foreign Trade Managing Units refers to actual value of imports and exports carried out by corporations which have been registered by the local Customs house and are vested with right to run import export business.

Foreign Direct Investment refers to foreign investment in China through the establishment of foreign invested enterprises, cooperative exploration and development of petroleum resources with domestic investors and the establishment of branch organizations of foreign enterprises.Foreign investment can be made in forms of cash, physical investment, intangible assets and equy, in addition with reinvestment of the foreign enterprises with the profits gained from the investment.

Overseas Contracted Projects refer to activities of contracting overseas construction projects by Chinese enterprises or any other units, which are stipulated in the Regulations on Administration of Foreign Contracted Project.

Overseas Labour Services refer to operational activities of organizing labour force to go abroad providing services to foreign enterprises or agencies.

Overseas Direct Investment refers to investment made by

domestic enterprises and organizations (referred to as domestic investors) in foreign countries and Hong Kong SAR, Macao SAR and Taiwan province in forms of cash, physical investment and intangible assets, and the economic activities centering on operation and management of those enterprises are under the control of domestic investors. The content of overseas direct investment mainly reflects one economic entity by investing in another economic entity to achieve its goal of lasting interest.

能 源

ENERGY

◆121/142

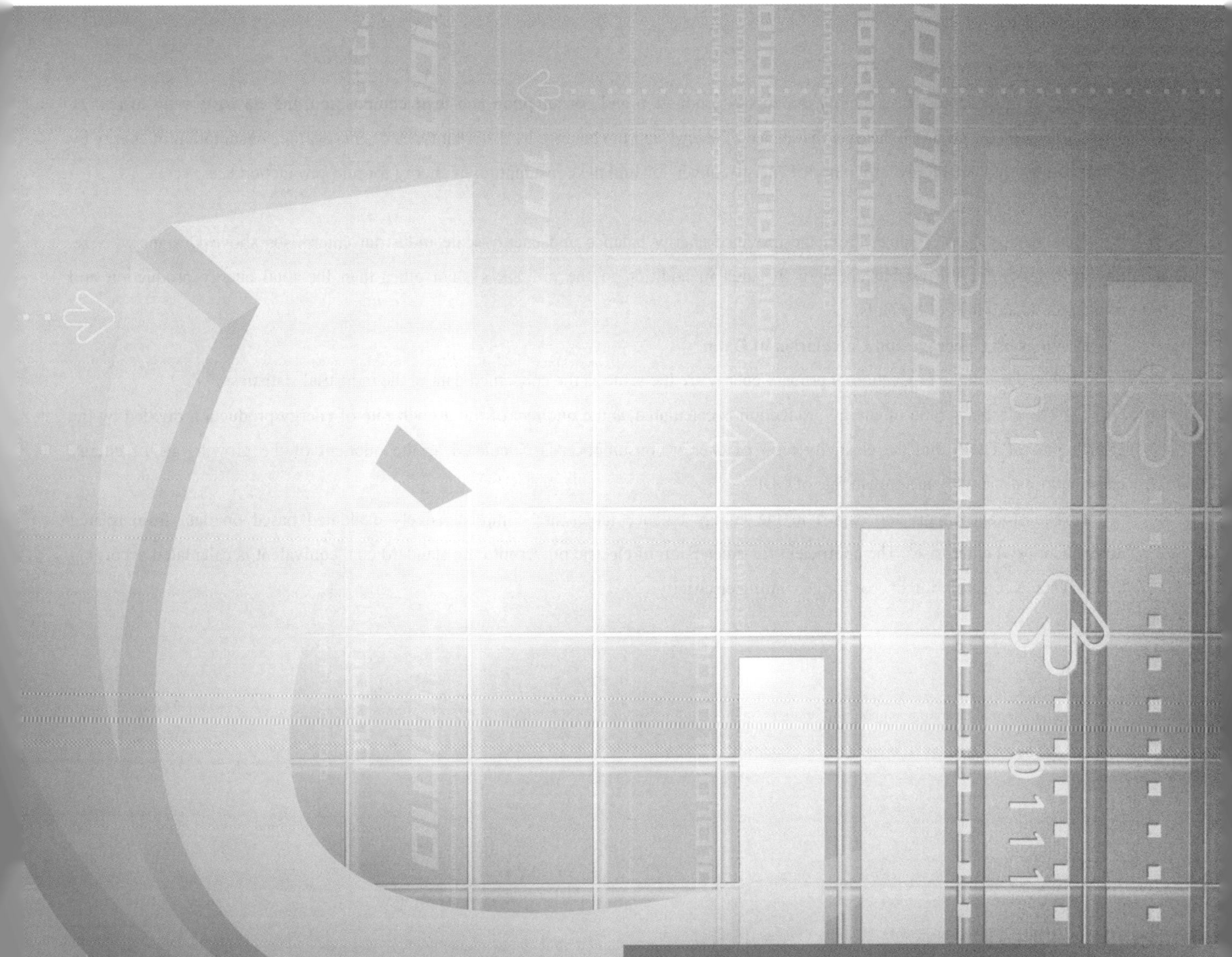

资料整理：方 颖、陈梦捷

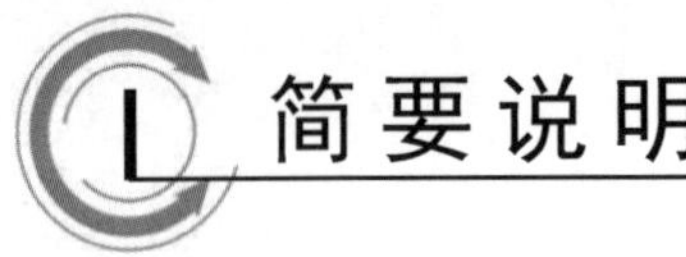

简要说明

一、本篇资料的主要内容

本篇包括的主要内容有能源生产、消费及品种构成，能源生产和消费弹性系数，综合能源平衡表和主要能源品种的单项平衡表，分行业、分主要能源品种的消费量，生活用能源消费量等。

二、本篇资料的来源

本篇资料来源于全省能源平衡表和规模以上工业企业能源报表。能源平衡表的编制范围为辖区内除军队系统以外的全部能源生产和消费活动的单位。

三、关于数据口径与计算的说明

1.一次能源生产量与工业统计数字一致。

2.能源生产与消费弹性系数分别以能源生产、消费增长速度与国内生产总值增长速度相比求得。

3.能源平衡表中的库存量、进口量、出口量和消费量，根据有关部门和企业提供的数据综合评估得出。电力折算标准煤系数按平均发电煤耗计算。

Brief Introduction

I. Main Contents

Data in this chapter cover mainly the energy production and consumption and their composition, the elasticity ratio of energy production and consumption, the overall balance of energy and the balance by different types of energy, the consumption of energy by sector and by types of energy, efficiency of energy conversion and the consumption of energy for non-production uses.

II. Source of Data

Data in this chapter comes from the province energy balance and energy-scale industrial enterprises above Designated Size. Energy balance for the establishment of the area in addition to the military system other than the total energy production and consumption activities of the units.

III. Notes on Coverage and Calculation of Data:

(a) The data on the production of primary energy are the same as the concerned data of the industrial statistics.

(b) The elasticity ratio of energy production is calculated as the quotient of the growth rate of energy production divided by the growth rate of GDP; and the elasticity ratio of energy consumption is calculated as the quotient of the growth rate of energy consumption divided by the growth rate of GDP.

(c)The storage,import and export in the energy balance tables are comprehensively evaluated based on data from related departments and enterprises. The coefficient for conversion of electric power into the standard coal equivalent is calculated according to the average consumption of coal for generating electricity.

6-1 能源生产总量及构成

Total Production of Energy and Its Composition

年 份 Year	能源生产总量 (万吨标准煤) Total Energy Production (10 000 tons of SCE)	占能源生产总量的比重（%） As Percentage of Total Energy Production(%)			
		原 煤 Raw Coal	原 油 Crude Oil	天然气 Natural Gas	一次电力 Primary Power
1995	1868.8	88.0			12.0
1996	1573.2	88.5			11.5
1997	1410.0	83.7			16.3
1998	1394.7	78.6			21.4
1999	1154.5	85.7			14.3
2000	1293.2	81.5			18.5
2001	1242.7	80.5			19.5
2002	1252.2	77.0			23.0
2003	1505.4	83.5			16.5
2004	1902.5	81.9			18.1
2005	2010.5	86.0			14.0
2006	2241.0	84.6		0.1	15.3
2007	2253.3	87.9		0.3	11.8
2008	2395.0	87.0		0.2	12.8
2009	2528.8	89.1		0.2	10.7
2010	2312.8	82.8		0.2	12.9
2011	2581.6	88.3		0.7	11.0
2012	2601.2	81.0		0.5	18.5
2013	2558.8	83.3		0.8	15.9
2014	2451.9	82.0		0.2	17.8
2015	2356.9	66.9		0.2	26.5
2016	2000.9	55.1		0.1	35.3
2017	1525.2	43.3		0.2	44.0

注：1、根据第三次经济普查，对2010年以来的数据进行了调整。2、电力折算标准煤的系数根据当年平均发电煤耗计算。下表同。
3、由于第四次经济普查数据没有最终确定，2018年数据空缺。下表同(0602-0614)。

a) Data since 2010 is adjusted according to the Third Economic Census.

b) The coefficient for conversion of electric power into SCE (standard coal equivalent) is calculated on the basis of the data on average coal consumption in generating electric power in the same year. The same applies to the tables following.

c)As the fourth economic census data are not finalized, the 2018 data are vacant.The same applies to the tables following(0602-0614).

6–2 能源消费总量及构成

Total Consumption of Energy and Its Composition

年 份 Year	能源消费总量 (万吨标准煤) Total Energy Composition (10 000 tons of SCE)	占能源消费总量的比重（%） As Percentage of Total Energy Composition(%)			
		煤 炭 Raw Coal	石 油 Crude Oil	天然气 Natural Gas	一次电力 Primary Power
1995	2391.7	79.8	10.0		10.2
1996	2154.7	78.4	12.0		9.6
1997	2132.4	75.2	12.9		11.9
1998	2028.4	73.3	16.3		10.4
1999	2123.3	73.6	17.8		8.7
2000	2505.0	70.5	17.3		12.2
2001	2628.0	71.5	17.0		11.5
2002	2933.0	68.7	21.8		9.5
2003	3426.0	74.5	22.2		3.2
2004	3814.0	72.6	16.9		10.5
2005	4286.0	74.0	17.0		6.6
2006	4660.1	73.8	16.9	0.2	7.4
2007	5052.5	74.9	16.9	0.3	5.3
2008	5383.0	71.7	16.7	0.6	5.7
2009	5812.5	72.0	16.0	0.5	4.7
2010	6280.6	71.0	16.3	1.0	4.7
2011	6847.1	74.0	15.6	1.2	4.1
2012	7148.3	69.5	15.8	1.9	6.8
2013	7582.9	70.5	17.5	2.4	5.4
2014	8055.4	68.0	16.9	2.5	5.4
2015	8440.3	66.8	17.3	2.7	7.4
2016	8747.2	65.8	17.1	3.0	8.1
2017	8995.3	64.9	17.5	3.1	7.5

注：2010年开始，能源消费总量不包括回收能，下表同。

a) From 2010, the total energy consumption does not include the total amount of the recycled energy.The same applies to the tables following.

6-3 综合能源平衡表

Overall Energy Balance Sheet

单位：万吨标准煤 (10 000 tons of SCE)

指　　标	Item	1990	2000	2010	2015	2016	2017
可供消费的能源总量	**Total Energy Available for Consumption**	**1704.54**	**2371.75**	**6280.55**	**8440.34**	**8747.18**	**8995.34**
一次能源生产量	Primary Energy Output	1282.42	1293.23	2312.84	2356.86	2000.89	1525.19
外省(区、市)调入量	Transferred in from Other Provinces	808.97	1157.24	4601.12	5779.48	6611.69	7010.72
进口量	Imports	0.09	229.73	328.98	942.82	1237.84	1146.11
本省(区、市)调出量(-)	Sent Out to Other Provinces(-)	303.53	225.80	888.31	672.41	1097.45	713.72
出口量(-)	Exports (-)	8.15					
年初年末库存差额	Stock Changes in the Year	-75.26	-82.65	21.61	33.59	-5.80	27.05
能源消费总量	**Total Energy Consumption**	**1732.29**	**2505.00**	**6280.55**	**8440.34**	**8747.18**	**8995.34**
在总量中	Consumption by Sector						
农、林、牧、渔、水利业	Agriculture, Forestry, Animal Husbandry, Fishery and Water Conservancy	132.87	151.00	139.58	131.21	139.44	146.12
工　业	Industry	1264.22	1751.76	4635.41	5916.38	6012.65	6028.42
建筑业	Construction	8.88	7.72	57.15	109.16	114.34	122.71
交通运输、仓储和邮政业	Transport, Storage and Post	65.93	177.97	468.94	755.49	783.77	813.99
批发、零售业和住宿、餐饮业	Wholesale and Retail Trades,Hotels and Catering Services	10.81	30.59	140.70	232.54	265.62	309.91
其他	Others	25.60	44.46	182.70	301.20	343.55	401.56
生活消费	Household Consumption	223.98	341.50	656.07	994.45	1087.82	1172.65
在总量中	Consumption by Usage						
终端消费	End-use Consumption	1617.12	2320.40	6294.25	8677.99	8980.06	9333.30
#工　业	Industry	1149.05	1567.16	4651.30	6154.60	6246.58	6367.32
加工转换损失量	Losses During the Process of Energy Conversion	74.40	130.64	252.24	156.98	166.14	91.79
#炼　焦	Coking	9.71	24.88	62.64	53.39	70.41	14.74
炼　油	Petroleum Refining	2.46	24.91	4.13	0.12	3.81	3.67
回收能(-)	Recovery Energy			446.33	597.61	603.28	658.46
损失量	Energy Losses	40.77	53.96	180.40	202.98	204.26	228.70
#输变电损失量	Losses in Transmission	40.68	53.96	178.27	202.33	203.20	227.76
平衡差额	**Balance**	**-27.75**	**-133.25**				

注：1、电力、热力按等价热值计算，因此加工转换损失量中不包括发电、供热损失量。下表同。

a) Electric power and heat are converted on the basis of equal caloric value. Therefore, losses during the process of energy conversion do not include losses in power generation and heating. The same applies to the tables following.

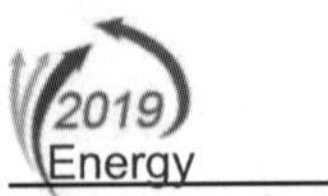

6-4 煤炭平衡表

Coal Balance Sheet

单位：万吨 (10 000 tons)

指　标	Item	1990	2000	2010	2015	2016	2017
可供量	**Total Energy Available for Consumption**	**2218.37**	**2245.84**	**6246.61**	**7698.24**	**7617.59**	**7761.30**
生产量	Output	2027.11	1813.76	2912.22	2270.70	1556.80	938.92
外省(市、区)调入量	Transferred in from Other Provinces	491.22	649.08	3829.74	5412.37	6260.88	7094.51
进口量	Imports				201.80	285.10	216.24
本省(市、区)调出量(−)	Sent Out to Other Provinces (-)	178.29	111.96	389.23	221.78	528.71	501.74
出口量(−)	Exports (-)	4.78					
年初年末库存差额	Stock Changes in the Year	-116.89	-105.04	-106.12	35.15	43.52	13.37
消费量	**Total Energy Consumption**	**2265.87**	**2468.63**	**6246.61**	**7698.24**	**7617.59**	**7761.31**
在消费量中	Consumption by Sector						
农、林、牧、渔、水利业	Agriculture, Forestry, Animal Husbandry, Fishery and Water Conservancy	54.20	12.10	23.00	18.00	20.00	21.00
工　业	Industry	1852.93	2263.78	5989.55	7457.73	7368.09	7494.31
建筑业	Construction	2.29		3.00	2.00	2.50	3.00
交通运输、仓储和邮政业	Transport, Storage and Post	38.66	11.42	3.06	5.00	5.50	15.00
批发、零售业和住宿、餐饮业	Wholesale and Retail Trades,Hotel and Catering Services	11.41	5.20	16.00	23.00	24.00	25.00
其他	Others	2.51		24.00	24.50	25.00	26.00
生活消费	Household Consumption	303.87	176.13	188.00	168.00	172.50	177.00
在消费量中	Consumption by Usage						
终端消费	End-use Consumption	1254.79	1076.66	2272.99	3232.64	3228.52	3255.01
#工　业	Industry	841.85	871.81	2015.93	2992.14	2979.02	2988.01
中间消费(用于加工转换)	Intermediate Consumption (Consumed in Conversion)	882.27	1261.89	3973.62	4465.60	4389.07	4506.29
#发　电	Power Generation	720.53	906.11	2648.31	3001.81	3113.32	3506.89
炼　焦	Coking	161.74	247.94	920.48	1123.75	1036.86	824.99
洗选损耗	Losses in Coal Washing and Dressing	128.81	130.08	291.59	243.17	118.59	57.71
平衡差额	**Balance**	**47.50**	**222.79**				

注：生产量为原煤产量。

a) Data on output refer to the output of raw coal.

6-5 石油平衡表

Petroleum Balance Sheet

单位：万吨 (10000 tons)

指　　标	Item	1990	2000	2010	2015	2016	2017
可供量	**Total Energy Available for Consumption**	**132.89**	**297.33**	**713.89**	**1017.97**	**1048.29**	**1095.91**
外省(市、区)调入量	Transferred In from Other Provinces	244.24	249.59	837.82	611.92	588.49	507.64
进口量	Imports	0.06	160.81	230.28	561.93	725.08	695.70
本省(市、区)调出量(-)	Send Out to Other Provinces(-)	109.04	103.36	354.02	161.92	242.29	112.04
出口量(-)	Exports (-)	3.06					
年初年末库存差额	Stock Changes in the Year	0.69	-9.71	-0.19	6.04	-22.99	4.61
消费量	**Total Energy Consumption**	**133.09**	**304.46**	**713.89**	**1017.97**	**1048.29**	**1095.91**
在消费量中:	Consumption by Sector						
农、林、牧、渔、水利业	Agriculture, Forestry, Animal Husbandry, Fishery and Water Conservancy	25.82	61.25	55.00	59.00	61.00	63.00
工　业	Industry	62.96	105.96	232.68	242.56	249.57	259.53
建筑业	Construction	2.27	1.48	23.43	37.71	39.50	43.00
交通运输、仓储和邮政业	Transport, Storage and Post	26.27	105.17	288.73	452.98	460.07	474.21
批发、零售业和住宿、餐饮业	Wholesale and Retail Trades,Hotels and Catering Services	0.18	2.12	17.06	43.50	46.60	50.10
其他	Others	8.01	4.08	20.57	40.03	43.05	46.06
生活消费	Non-Production Consumption	7.58	24.40	76.42	142.20	148.50	160.00
在消费量中:	Consumption by Usage						
终端消费	End-use Consumption	119.34	253.08	707.66	1002.62	1018.09	1070.70
#工　业	Industry	49.21	54.58	227.94	227.66	220.11	234.99
中间消费(用于加工转换)	Intermediate Consumption (Consumed in Conversion)	8.63	28.56	4.74	14.89	29.46	24.55
#发　电	Power Generation	8.63	11.56	0.86	2.79	1.62	0.46
供　热	Heating		17.00	7.00	3.69	4.20	4.41
炼油损失量	Losses in Petroleum Refining	5.06	19.26	3.12	8.41	23.64	19.68
损 失 量	Other Losses	0.06	3.56	1.49	0.46	0.74	0.66
平衡差额	**Balance**	**-0.20**	**-7.13**				

6-6 电力平衡表

Electricity Balance Sheet

单位：亿千瓦小时 (100 million kwh)

指标	Item	1990	2000	2010	2015	2016	2017
可供量	**Total Energy Available for Consumption**	**127.65**	**233.85**	**700.51**	**1087.25**	**1182.50**	**1293.98**
发电量	Output	121.41	226.77	637.59	982.05	1085.40	1157.83
一次电力	Primary Power	27.77	77.96	87.84	196.45	228.40	218.41
火电	Thermal Power	93.64	148.81	549.75	785.60	857.00	939.42
外省(市、区)调入量	Transferred in from Other Provinces	6.51	7.12	62.92	105.20	97.10	136.15
本省(市、区)调出量(-)	Sent Out to Other Provinces(-)	0.27	0.04				
消费量	**Total Energy Consumption**	**127.65**	**233.85**	**700.51**	**1087.25**	**1182.50**	**1293.98**
在消费量中	Consumption by Sector						
农、林、牧、渔、水利业	Agriculture,Forestry,Animal Husbandry, Fishery and Water Conservancy	14.34	21.92	13.00	10.51	11.72	12.83
工　业	Industry	99.05	173.98	496.72	729.93	772.16	840.66
建筑业	Construction	0.93	0.80	6.69	17.79	18.60	19.73
交通运输、仓储和邮政业	Transport, Storage and Post	1.19	3.42	13.28	28.46	34.06	34.96
批发、零售业和住宿、餐饮业	Wholesale and Retail Trades,Hotels and Catering Services	0.90	2.98	21.73	45.87	54.31	61.15
其他	Others	2.77	7.52	38.27	70.30	81.56	93.64
生活消费	Household Consumption	8.47	23.23	110.82	184.39	210.09	231.01
在消费量中	Consumption by Usage						
终端消费	End-use Consumption	118.55	221.67	648.14	1022.06	1116.79	1219.79
#工　业	Industry	89.95	161.80	444.35	664.74	706.45	766.47
输配损失量	Losses in Transmission	9.10	12.18	52.37	65.19	65.71	74.19

6-7 能源消费量
Consumption of Energy by Sector

单位：万吨标准煤 (10 000 tons of SCE)

行业	Sector	2000	2010	2015	2016	2017
消费总量	**Total Consumption**	**2505.00**	**6280.55**	**8440.34**	**8747.19**	**8995.34**
农、林、牧、渔、水利业	**Agriculture, Forestry, Animal Husbandry, Fishery and Water Conservancy**	**151.00**	**139.58**	**131.21**	**139.44**	**146.12**
工 业	**Industry**	**1751.76**	**4635.41**	**5916.38**	**6012.65**	**6028.42**
煤炭开采和洗选业	Mining and Washing of Coal	165.95	219.43	100.26	76.03	44.78
黑色金属矿采选业	Mining and Processing of Ferrous Metal Ores	5.41	32.33	37.26	30.42	19.40
有色金属矿采选业	Mining and Processing of Non-Ferrous Metal Ores	46.01	38.53	37.14	33.15	29.92
非金属矿采选业	Mining and Processing of Non-metal Ores	20.86	45.57	52.90	53.66	47.42
其他采矿业	Mining of Other Ores	0.08				
农副食品加工业	Processing of Food from Agricultural Products	27.87	46.58	67.60	70.51	69.82
食品制造业	Manufacture of Foods	17.70	57.19	52.94	46.85	50.75
酒、饮料和精制茶制造业	Manufacture of Liquor, Beverages and Refined Tea	10.34	19.59	22.44	22.63	21.71
烟草制品业	Manufacture of Tobacco	2.49	3.60	4.32	3.78	3.57
纺织业	Manufacture of Textile	37.07	77.99	80.75	83.38	84.20
纺织服装、服饰业	Manufacture of Textile,Wearing Apparels and Accessories	0.68	15.45	39.70	42.02	42.47
皮革、毛皮、羽毛及其制品和制鞋业	Manufacture of Leather, Fur, Feather and Related Products and Footwear	1.04	13.91	24.24	23.22	21.78
木材加工及木、竹、藤、棕、草制品业	Processing of Timber, Manufacture of Wood, Bamboo, Rattan, Palm, and Straw Products	14.83	42.12	31.98	39.77	38.75
家具制造业	Manufacture of Furniture	0.93	4.51	9.74	11.40	12.74
造纸及纸制品业	Manufacture of Paper and Paper Products	35.57	76.49	113.82	134.59	135.77
印刷业和记录媒介的复制	Printing and Reproduction of Recording Media	1.77	5.63	21.01	20.50	25.50
文教、工美、体育和娱乐用品制造业	Manufacture of Articles for Culture, Education, Arts and Crafts, Sport and Entertainment Activities	0.38	5.61	20.66	30.93	28.78
石油加工、煤炭及其他燃料加工业	Processing of Petroleum, Coal and other fuel processing industries	145.55	236.28	229.37	298.43	210.24
化学原料及化学制品制造业	Manufacture of Raw Chemical Materials and Chemical Products	171.93	309.13	381.85	404.82	436.10
医药制造业	Manufacture of Medicines	20.31	54.94	94.88	76.70	78.04
化学纤维制造业	Manufacture of Chemical Fibres	32.57	25.87	65.14	87.16	50.91
橡胶和塑料制品业	Manufacture of Rubber and Plastics Products.	4.45	39.22	55.29	52.25	56.19
非金属矿物制品业	Manufacture of Non-metallic Mineral Products	313.35	1313.16	1655.10	1703.52	1680.29
黑色金属冶炼及压延加工业	Smelting and Pressing of Ferrous Metals	323.10	1002.98	1470.91	1337.34	1356.27
有色金属冶炼及压延加工业	Smelting and Pressing of Non-ferrous Metals	102.17	287.01	413.52	395.51	464.59
金属制品业	Manufacture of Metal Products	5.20	26.45	57.95	50.08	50.34
通用设备制造业	Manufacture of General Purpose Machinery	10.95	24.78	26.80	35.84	31.07
专用设备制造业	Manufacture of Special Purpose Machinery	10.38	13.92	25.89	25.89	22.75
汽车制造业	Manufacture of Automobiles	14.39	54.60	79.10	84.17	90.63
铁路、船舶、航空航天和其他运输设备制造业	Manufacture of Railway, Ship, Aerospace and Other Transport Equipments	2.95	11.25	11.29	4.34	3.53
电气机械及器材制造业	Manufacture of Electrical Machinery and Apparatus	7.69	64.00	120.17	153.85	149.83
通信设备、计算机及其他电子设备制造业	Manufacture of Communication Equipment, Computers and Other Electronic Equipment	6.68	22.18	59.52	69.03	77.09
仪器仪表制造业	Manufacture of Measuring Instruments and Machinery	3.61	2.92	6.60	8.30	9.35
其他制造业	Other Manufacture	6.83	9.62	12.31	15.24	25.84
废弃资源综合利用业	Utilization of Waste Resources		1.85	8.52	8.59	11.00
电力、热力的生产和供应业	Production and Supply of Electric Power and Heat Power	164.68	408.51	405.78	450.90	520.58
燃气生产和供应业	Production and Supply of Gas	1.37	5.32	4.51	5.07	3.58
水的生产和供应业	Production and Supply of Water	13.70	15.97	14.90	22.35	22.63
建筑业	**Construction**	**7.72**	**57.15**	**109.16**	**114.34**	**122.71**
交通运输、仓储和邮政业	**Transport, Storage and Post**	**177.97**	**468.94**	**755.49**	**783.77**	**813.99**
批发、零售业和住宿、餐饮业	**Wholesale, Retail Trade and Hotel,Restaurants**	**30.59**	**140.70**	**232.54**	**265.62**	**309.91**
其他	**Others**	**44.46**	**182.70**	**301.20**	**343.55**	**401.56**
生活消费	**Residential Consumption**	**341.50**	**656.07**	**994.45**	**1087.82**	**1172.65**
城 镇	Urban	231.33	364.10	528.14	580.36	637.78
乡 村	Rural	110.17	291.97	466.31	507.46	534.87

6-8 煤炭消费量
Consumption of Coal by Sector

单位：万吨 (10 000 tons)

行　　业	Sector	2000	2010	2015	2016	2017
消费总量	**Total Consumption**	**2468.63**	**6246.61**	**7698.24**	**7617.59**	**7761.30**
农、林、牧、渔、水利业	**Agriculture, Forestry, Animal Husbandry, Fishery and Water Conservancy**	**12.10**	**23.00**	**18.00**	**20.00**	**21.00**
工　业	**Industry**	**2263.78**	**5989.55**	**7457.73**	**7368.09**	**7494.31**
煤炭开采和洗选业	Mining and Washing of Coal	200.13	367.29	261.19	132.44	63.32
黑色金属矿采选业	Mining and Processing of Ferrous Metal Ores	0.86	5.81	6.18	1.83	1.61
有色金属矿采选业	Mining and Processing of Non-Ferrous Metal Ores	4.76	3.91	3.49	1.66	0.99
非金属矿采选业	Mining and Processing of Non-metal Ores	22.40	15.18	49.99	47.9	42.33
其他采矿业	Mining of Other Ores					
农副食品加工业	Processing of Food from Agricultural Products	18.59	11.40	19.56	18.57	20.10
食品制造业	Manufacture of Foods	7.72	61.64	50.19	43.55	50.12
酒、饮料和精制茶制造业	Manufacture of Liquor, Beverages and Refined Tea	14.48	12.04	9.76	7.05	7.52
烟草制品业	Manufacture of Tobacco	2.23	1.31	0.53	0.37	0.36
纺织业	Manufacture of Textile	32.80	12.30	11.39	6.39	6.39
纺织服装、服饰业	Manufacture of Textile,Wearing Apparels and Accessories	0.03	3.68	2.23	1.16	1.11
皮革、毛皮、羽毛及其制品和制鞋业	Manufacture of Leather, Fur, Feather and Related Products and Footwear	0.64	1.01	1.78	1.79	1.76
木材加工及木、竹、藤、棕、草制品业	Processing of Timber, Manufacture of Wood, Bamboo, Rattan, Palm, and Straw Products	18.09	3.41	1.54	0.47	0.35
家具制造业	Manufacture of Furniture	0.07	0.42	0.22	0.17	0.16
造纸及纸制品业	Manufacture of Paper and Paper Products	60.49	60.18	117.98	139.77	142.38
印刷业和记录媒介的复制	Printing and Reproduction of Recording Media	0.25	0.34	2.83	1.46	1.78
文教、工美、体育和娱乐用品制造业	Manufacture of Articles for Culture, Education, Arts and Crafts, Sport and Entertainment Activities	0.12	0.67	2.67	1.22	1.73
石油加工、煤炭及其他燃料加工业	Processing of Petroleum, Coal and other fuel processing industries	125.50	387.56	623.10	649.45	457.78
化学原料及化学制品制造业	Manufacture of Raw Chemical Materials and Chemical Products	179.20	152.40	216.53	256.34	273.26
医药制造业	Manufacture of Medicines	19.20	20.71	18.29	26.39	26.39
化学纤维制造业	Manufacture of Chemical Fibres	20.32	28.50	72.98	111.07	60.18
橡胶和塑料制品业	Manufacture of Rubber and Plastics Products.	5.76	8.14	8.95	5.91	5.84
非金属矿物制品业	Manufacture of Non-metallic Mineral Products	360.31	1031.44	1704.93	1742.85	1779.32
黑色金属冶炼及压延加工业	Smelting and Pressing of Ferrous Metals	290.36	1083.66	1170.94	1023.33	998.82
有色金属冶炼及压延加工业	Smelting and Pressing of Non-ferrous Metals	24.17	63.89	159.17	145.56	146.16
金属制品业	Manufacture of Metal Products	2.39	3.39	5.07	3.26	2.10
通用设备制造业	Manufacture of General Purpose Machinery	4.99	4.07	2.86	1.77	1.18
专用设备制造业	Manufacture of Special Purpose Machinery	2.32	1.73	2.89	1.46	0.80
汽车制造业	Manufacture of Automobiles	5.68	7.43	3.31	1.35	1.44
铁路、船舶、航空航天和其他运输设备制造业	Manufacture of Railway, Ship, Aerospace and Other Transport Equipments	1.18	1.54	0.56	0.12	0.15
电气机械及器材制造业	Manufacture of Electrical Machinery and Apparatus	12.90	7.90	6.75	5.63	3.97
通信设备、计算机及其他电子设备制造业	Manufacture of Communication Equipment, Computers and Other Electronic Equipment	2.03	1.13	2.71	0.50	0.50
仪器仪表制造业	Manufacture of Measuring Instruments and Machinery	0.66	0.16	0.06	0.01	0.02
其他制造业	Other Manufacture	8.04	1.57	4.40	3.42	3.57
废弃资源综合利用业	Utilization of Waste Resources		0.34	3.00	1.58	0.48
电力、热力的生产和供应业	Production and Supply of Electric Power and Heat Power	857.12	2613.88	2909.57	2982.25	3390.29
燃气生产和供应业	Production and Supply of Gas	1.83	9.11			
水的生产和供应业	Production and Supply of Water	0.04	0.03			
建筑业	**Construction**		**3.00**	**2.00**	**2.50**	**3.00**
交通运输、仓储和邮政业	**Transport, Storage and Post**	**11.42**	**3.06**	**5.00**	**5.50**	**15.00**
批发、零售业和住宿、餐饮业	**Wholesale, Retail Trade and Hotel,Restaurants**	**5.20**	**16.00**	**23.00**	**24.00**	**25.00**
其他	**Others**		**21.00**	**24.50**	**25.00**	**26.00**
生活消费	**Residential Consumption**	**176.13**	**188.00**	**168.00**	**172.50**	**177.00**
城　镇	Urban	95.64	35.00	32.00	33.50	34.50
乡　村	Rural	80.49	153.00	136.00	139.00	142.50

6-9 电力消费量
Electricity Consumption by Sector

单位：亿千瓦小时 (100 million kwh)

行业	Sector	2000	2010	2015	2016	2017
消费总量	**Total Consumption**	**233.85**	**700.51**	**1087.25**	**1182.50**	**1293.98**
农、林、牧、渔、水利业	**Agriculture, Forestry, Animal Husbandry, Fishery and Water Conservancy**	**21.92**	**13.00**	**10.51**	**11.72**	**12.83**
工　业	**Industry**	**173.98**	**496.72**	**729.93**	**772.16**	**840.66**
#煤炭开采和洗选业	Mining and Washing of Coal	7.54	11.70	8.35	6.53	5.65
黑色金属矿采选业	Mining and Processing of Ferrous Metal Ores	0.07	6.12	7.59	6.62	4.65
有色金属矿采选业	Mining and Processing of Non-Ferrous Metal Ores	2.88	8.79	10.34	9.84	8.98
非金属矿采选业	Mining and Processing of Non-metal Ores	0.90	3.35	6.61	6.67	6.19
其他采矿业	Mining of Other Ores	0.01				
农副食品加工业	Processing of Food from Agricultural Products	4.26	8.05	15.84	16.52	16.26
食品制造业	Manufacture of Foods	1.01	5.91	7.54	7.56	8.78
酒、饮料和精制茶制造业	Manufacture of Liquor, Beverages and Refined Tea	0.89	2.75	4.53	4.61	4.23
烟草制品业	Manufacture of Tobacco	0.32	0.53	0.77	0.74	0.76
纺织业	Manufacture of Textile	5.00	17.41	22.36	24.07	24.63
纺织服装、服饰业	Manufacture of Textile,Wearing Apparels and Accessories	0.15	3.18	9.62	9.76	9.16
皮革、毛皮、羽毛及其制品和制鞋业	Manufacture of Leather, Fur, Feather and Related Products and Footwear	0.17	3.21	6.47	6.68	6.49
木材加工及木、竹、藤、棕、草制品业	Processing of Timber, Manufacture of Wood, Bamboo, Rattan, Palm, and Straw Products	1.52	8.19	8.35	9.77	10.21
家具制造业	Manufacture of Furniture	0.19	1.04	2.96	3.34	3.72
造纸及纸制品业	Manufacture of Paper and Paper Products	3.00	14.08	19.69	20.57	21.09
印刷业和记录媒介的复制	Printing and Reproduction of Recording Media	0.33	1.24	3.41	3.63	3.79
文教、工美、体育和娱乐用品制造业	Manufacture of Articles for Culture, Education, Arts and Crafts, Sport and Entertainment Activities	0.07	1.43	5.92	9.41	8.63
石油加工、煤炭及其他燃料加工业	Processing of Petroleum, Coal and other fuel processing industries	4.05	5.93	10.35	13.57	12.06
化学原料及化学制品制造业	Manufacture of Raw Chemical Materials and Chemical Products	16.76	49.75	69.06	67.65	79.80
医药制造业	Manufacture of Medicines	1.52	6.44	20.34	13.62	13.41
化学纤维制造业	Manufacture of Chemical Fibres	1.95	2.59	5.84	5.80	5.96
橡胶和塑料制品业	Manufacture of Rubber and Plastics Products.	0.70	7.96	14.73	14.30	15.64
非金属矿物制品业	Manufacture of Non-metallic Mineral Products	16.34	57.69	87.65	82.08	86.53
黑色金属冶炼及压延加工业	Smelting and Pressing of Ferrous Metals	26.37	58.61	58.87	65.13	61.82
有色金属冶炼及压延加工业	Smelting and Pressing of Non-ferrous Metals	18.25	46.04	68.75	66.53	86.99
金属制品业	Manufacture of Metal Products	1.78	5.80	9.91	10.88	10.68
通用设备制造业	Manufacture of General Purpose Machinery	1.78	5.50	7.10	10.17	9.06
专用设备制造业	Manufacture of Special Purpose Machinery	1.94	3.20	6.56	6.40	6.37
汽车制造业	Manufacture of Automobiles	2.07	8.67	15.22	16.07	18.07
铁路、船舶、航空航天和其他运输设备制造业	Manufacture of Railway, Ship, Aerospace and Other Transport Equipments	0.66	2.74	3.25	1.30	1.08
电气机械及器材制造业	Manufacture of Electrical Machinery and Apparatus	1.10	15.34	29.22	39.45	37.91
通信设备、计算机及其他电子设备制造业	Manufacture of Communication Equipment, Computers and Other Electronic Equipment	0.62	5.85	18.23	21.82	24.47
仪器仪表制造业	Manufacture of Measuring Instruments and Machinery	0.29	0.73	2.10	2.51	2.86
其他制造业	Other Manufacture	0.15	2.21	0.02	0.97	1.33
废弃资源综合利用业	Utilization of Waste Resources			1.34	1.63	2.62
电力、热力的生产和供应业	Production and Supply of Electric Power and Heat Power	45.68	109.14	155.22	177.51	212.52
燃气生产和供应业	Production and Supply of Gas	0.03	0.76	1.03	1.21	0.94
水的生产和供应业	Production and Supply of Water	3.04	4.39	4.77	7.20	7.30
建筑业	**Construction**	**0.80**	**6.69**	**17.79**	**18.60**	**19.73**
交通运输、仓储和邮政业	**Transport, Storage and Post**	**3.42**	**13.28**	**28.46**	**34.06**	**34.96**
批发、零售业和住宿、餐饮业	**Wholesale, Retail Trade and Hotel,Restaurants**	**3.08**	**21.73**	**45.87**	**54.31**	**61.15**
其他	**Others**	**7.52**	**38.27**	**70.3**	**81.56**	**93.64**
生活消费	**Residential Consumption**	**23.23**	**110.82**	**184.39**	**210.09**	**231.01**
城　镇	Urban	15.68	61.48	98.33	112.13	125.01
乡　村	Rural	7.55	49.34	86.06	97.96	106.00

6-10 能 源 生 产 量
Energy Production

能源品种	Type of Energy	1990	2000	2010	2015	2016	2017
一次能源生产量(万吨标准煤)	**Primary Energy Output (10 000 tons of SCE)**	**1282.42**	**1293.23**	**2312.84**	**2356.86**	**2000.89**	**1525.19**
原煤(万吨)	Raw Coal (10 000 tons)	2027.11	1813.76	2912.22	2270.70	1556.80	938.92
洗精煤(万吨)	Cleaned Coal (10 000 tons)	144.84	125.84	126.10	470.30	111.68	52.55
其他洗煤(万吨)	Other Washed Coal (10 000 tons)	189.72	52.10	429.78	99.69	244.37	118.79
焦炭(万吨)	Coke (10 000 tons)	119.96	177.5	678.44	815.44	749.11	593.60
燃料油(万吨)	Fuel Oil (10 000 tons)	42.36	54.27	20.89	0.20		0.24
汽油(万吨)	Gasoline (10 000 tons)	47.82	81.75	108.07	192.76	217.99	203.91
煤油(万吨)	Kerosene (10 000 tons)	1.10	2.41		34.17	54.95	57.47
柴油(万吨)	Diesel Oil (10 000 tons)	46.12	125.82	190.85	211.92	307.32	288.26
液化石油气(万吨)	Liquefied Petroleum Gas (10 000 tons)	4.53	16.92	24.27	32.18	42.02	40.61
炼厂干气(万吨)	Refinery Gas (10 000 tons)	3.98	9.43	14.84	22.08	24.97	24.97
焦炉煤气(亿立方米)	Coke Oven Gas (100 million cu.m)	3.72	7.03	15.71	24.76	21.75	17.92
电力(亿千瓦小时)	Electricity (100 million kwh)	121.41	226.77	637.59	982.05	1085.40	1157.83

6-11 平均每天能源消费量

Average Daily Energy Consumption by Type of Energy

能源品种	Type of Energy	1990	2000	2010	2015	2016	2017
合计(吨标准煤)	**Total (ton of SCE)**	**47460**	**68630**	**172071**	**231242**	**239649**	**246448**
煤炭(吨)	Coal (ton)	62079	67634	171140	210911	208701	212638
焦炭(吨)	Coke (ton)	4308	5642	21167	24430	23009	23625
原油(吨)	Crude Oil (ton)	4249	9073	12875	15232	19884	19161
燃料油(吨)	Fuel Oil (ton)	641	937	648	482	412	327
汽油(吨)	Gasoline (ton)	1159	1602	4253	7781	8072	9071
煤油(吨)	Kerosene (ton)	145	62	233	58	68	77
柴油(吨)	Diesel Oil (ton)	1245	2871	10103	14726	14978	15551
电力(万千瓦小时)	Electricity (10 000 kwh)	3497	6407	19192	29788	32397	35452

6-12 人均生活能源消费量

Annual per Capita Energy Consumption of Households

能源品种	Type of Energy	1990	2000	2010	2015	2016	2017
生活消费能源(千克标准煤)	**Consumption for Households (kg of SCE)**	**59.68**	**82.71**	**147.52**	**218.37**	**237.74**	**254.54**
煤 炭(千克)	Coal (kg)	80.97	42.66	42.27	36.89	37.67	38.42
汽 油(千克)	Petrol (kg)		0.97	6.39	16.47	17.03	18.34
天然气(立方米)	Natural Gas (cu.m)			4.09	9.20	8.71	11.29
液化石油气(千克)	Liquefied Petroleum Gas (kg)	0.89	4.94	8.95	10.10	10.48	10.74
煤气(立方米)	Coal Gas (cu.m)	0.24	1.52	4.61	0.66	1.09	1.30
电力(千瓦小时)	Electricity (kwh)	22.57	56.26	249.19	404.91	458.81	501.43

6-13 能源生产弹性系数

Elasticity Ratio of Energy Production

年 份 Year	能源生产比上年增长(%) Growth Rate of Energy Production over Preceding Year (%)	电力生产比上年增长(%) Growth Rate of Electricity Production over Preceding Year (%)	地区生产总值比上年增长(%) Growth Rate of Gross Domestic Product (GDP) over Preceding Year (%)	能源生产弹性系数 Elasticity Ratio of Energy Production	电力生产弹性系数 Elasticity Ratio of Electricity Production
1985	2.52	15.43	14.8	0.17	1.04
1990	-2.86	1.42	4.5		0.32
1995	22.50	3.45	14.5	1.55	0.24
2000	12.02	7.73	8.0	1.50	0.97
2001	-3.91	6.85	8.8		0.78
2002	0.76	14.73	10.5	0.07	1.40
2003	20.22	22.64	13.0	1.55	1.74
2004	26.37	13.85	13.2	2.00	1.05
2005	5.68	1.89	12.8	0.44	0.15
2006	11.47	16.68	12.3	0.93	1.36
2007	0.55	13.42	13.2	0.04	1.02
2008	6.29	-0.21	13.2	0.48	
2009	5.59	6.33	13.1	0.43	0.48
2010	-8.54	21.58	14.0		1.54
2011	11.62	16.41	12.5	0.93	1.31
2012	0.76	2.34	11.0	0.07	0.21
2013	-1.63	15.25	10.1		1.51
2014	-4.18	-0.24	9.7		
2015	-3.88	12.45	9.1		1.37
2016	-15.10	10.52	9.0		1.17
2017	-23.77	6.67	8.8		0.76

6-14 能源消费弹性系数

Elasticity Ratio of Energy Consumption

年 份 Year	能源消费比上年增长(%) Growth Rate of Energy Consumption over Preceding Year (%)	电力消费比上年增长(%) Growth Rate of Electricity Consumption over Preceding Year (%)	地区生产总值比上年增长(%) Growth Rate of Gross Domestic Product (GDP) over Preceding Year (%)	能源消费弹性系数 Elasticity Ratio of Energy Consumption	电力消费弹性系数 Elasticity Ratio of Electricity Consumption
1985	4.75	14.11	14.8	0.32	0.95
1986	11.19	11.10	6.7	1.67	1.66
1987	8.07	11.53	8.3	0.97	1.39
1988	8.75	11.76	11.4	0.77	1.03
1989	0.76	4.61	6.1	0.12	0.76
1990	-2.08	4.10	4.5		0.91
1991	3.53	6.22	8.2	0.43	0.76
1992	4.35	9.37	14.8	0.29	0.63
1993	3.99	6.20	13.7	0.29	0.45
1994	6.45	10.37	17.0	0.38	0.61
1995	15.50	4.30	14.5	1.07	0.30
1996	-9.90	4.97	13.4		0.37
1997	-1.03	-2.18	11.5		
1998	-4.88	0.83	8.2		0.10
1999	5.23	3.35	7.8	0.67	0.42
2000	4.01	7.98	8.0	0.50	1.00
2001	4.91	6.23	8.8	0.56	0.71
2002	11.61	11.32	10.5	1.11	1.08
2003	16.81	15.54	13.0	1.29	1.20
2004	11.33	21.80	13.2	0.86	1.65
2005	12.38	6.37	12.8	0.97	0.50
2006	8.73	13.83	12.3	0.71	1.12
2007	8.42	14.54	13.2	0.64	1.10
2008	6.54	6.98	13.2	0.50	0.53
2009	7.98	11.42	13.1	0.61	0.87
2010	8.05	14.98	14.0	0.58	1.07
2011	9.02	19.21	12.5	0.72	1.54
2012	4.40	3.90	11.0	0.40	0.36
2013	6.08	9.16	10.1	0.60	0.91
2014	6.23	7.54	9.7	0.64	0.78
2015	4.78	6.75	9.1	0.53	0.74
2016	3.64	8.76	9.0	0.40	0.97
2017	2.84	9.43	8.8	0.32	1.07

6–15 规模以上工业主要能源分行业消费量（2018年）

单位：吨

行　　　业	sector	原　煤 Raw Coal	洗精煤 Cleaned Coal
总　　计	**Total**	**61648492**	**7994572**
煤炭开采和洗选业	Mining and Washing of Coal	2240419	
黑色金属矿采选业	Mining and Processing of Ferrous Metal Ores	9653	
有色金属矿采选业	Mining and Processing of Non-Ferrous Metal Ores	9330	
非金属矿采选业	Mining and Processing of Non-metal Ores	409575	
农副食品加工业	Processing of Food from Agricultural Products	139118	
食品制造业	Manufacture of Foods	419840	
酒、饮料和精制茶制造业	Manufacture of Liquor, Beverages and Refined Tea	65125	
烟草制品业	Manufacture of Tobacco		
纺织业	Manufacture of Textile	53434	
纺织服装、服饰业	Manufacture of Textile,Wearing Apparels and Accessories	6432	
皮革、毛皮、羽毛及其制品和制鞋业	Manufacture of Leather, Fur, Feather and Related Products and Footwear	15167	
木材加工及木、竹、藤、棕、草制品业	Processing of Timber, Manufacture of Wood, Bamboo, Rattan, Palm, and Straw Products	2190	
家具制造业	Manufacture of Furniture	2614	
造纸及纸制品业	Manufacture of Paper and Paper Products	1018139	
印刷和记录媒介复制业	Printing and Reproduction of Recording Media	6759	
文教、工美、体育和娱乐用品制造业	Manufacture of Articles for Culture, Education, Arts and Crafts, Sport and Entertainment Activities	8390	
石油加工、煤炭及其他燃料加工业	Processing of Petroleum, Coal and other fuel processing industries	934688	3521298
化学原料及化学制品制造业	Manufacture of Raw Chemical Materials and Chemical Products	1471636	

Main Energy Consumption of Industrial Enterprises Above Designated Size by Sector (2018)

(ton)

其他洗煤 Other Washed Coal	焦炭 Coke	原油 Crude Oil	汽油 Gasoline	煤油 Kerosene	柴油 Diesel Oil	燃料油 Fuel Oil
548102	**9082577**	**7672747**	**27019**	**523**	**222504**	**85391**
10			410		1050	
			114		3904	
12	34		955	29	8296	
			110	1	22727	
			625		1751	79
45			570		1218	
			123		12	
987			82		1201	
			505	0	559	13
			476		208	
1257			150		173	10
	467		345		722	
			3277		3139	258
			178		1048	514
			304		615	
			518		914	9
		7672738	86		3250	5931
21456	342		516	38	1764	1095

6-15 续表

单位：吨

行业	sector	原煤 Raw Coal	洗精煤 Cleaned Coal
医药制造业	Manufacture of Medicines	143416	
化学纤维制造业	Manufacture of Chemical Fibres	741592	
橡胶和塑料制品业	Manufacture of Rubber and Plastics Products.	53223	
非金属矿物制品业	Manufacture of Non-metallic Mineral Products	12098358	
黑色金属冶炼及压延加工业	Smelting and Pressing of Ferrous Metals	3190121	4473274
有色金属冶炼及压延加工业	Smelting and Pressing of Non-ferrous Metals	336329	
金属制品业	Manufacture of Metal Products	8055	
通用设备制造业	Manufacture of General Purpose Machinery	2671	
专用设备制造业	Manufacture of Special Purpose Machinery	4347	
汽车制造业	Manufacture of Automobiles	3636	
铁路、船舶、航空航天和其他运输设备制造业	Manufacture of Railway, Ship, Aerospace and Other Transport Equipments	1737	
电气机械及器材制造业	Manufacture of Electrical Machinery and Apparatus	30020	
计算机、通信和其他电子设备制造业	Manufacture of Communication Equipment, Computers and Other Electronic Equipment	3343	
仪器仪表制造业	Manufacture of Measuring Instruments and Machinery		
其他制造业	Other Manufacture	4380	
废弃资源综合利用业	Utilization of Waste Resources	17871	
电力、热力的生产和供应业	Production and Supply of Electric Power and Heat Power	38196885	
燃气生产和供应业	Production and Supply of Gas		
水的生产和供应业	Production and Supply of Water		

continued

(ton)

其他洗煤 Other Washed Coal	焦炭 Coke	原油 Crude Oil	汽油 Gasoline	煤油 Kerosene	柴油 Diesel Oil	燃料油 Fuel Oil
			999		986	
			6		548	
			746		1202	
25178			914	5	74937	9530
489623	8977105		209		9802	
4411	69801		935	135	58023	45250
	5295		1111	276	873	
	1883		655	26	915	47
	5480		465	2	1358	259
	337		2038	5	6255	
			78		193	
			1668	0	2478	11388
		9	464	6	388	
			29			
			36		1520	
5124	21835		593		2228	11008
			6102		7306	
			204		352	
			420		580	

6–16 各地区能源消费总量及用电量（2018年）

The Energy Consumption and Electricity Consumption by Region (2018)

地　区	Region	能源消费总量（万吨标准煤）Total Energy Composition (10000 tons of SCE)	规模以上工业能源消费量（当量值）（万吨标准煤）Energy Consumption of Industrial Enterprises above Designated Size by Region (equivalent value) (10000 tons of SCE)	全社会用电量（亿千瓦时）Society Electricity Consumption (100million kwh)	工业用电量（亿千瓦时）Industrial Electricity Consumption (100million kwh)	居民生活用电量（亿千瓦时）Residential Electricity Consumption (100million kwh)
全　省	**Provincial Total**	**9212.07**	**5387.41**	**1428.77**	**904.06**	**262.58**
南昌市	Nanchang	1581.33	633.32	230.00	116.85	46.39
景德镇市	Jingdezhen	422.07	261.30	57.70	37.35	11.20
萍乡市	Pingxiang	722.63	482.25	68.60	46.80	13.09
九江市	Jiujiang	1374.71	1047.23	197.61	142.29	29.13
新余市	Xinyu	939.83	639.01	93.55	79.05	6.66
鹰潭市	Yingtan	264.21	259.04	47.93	33.68	6.55
赣州市	Ganzhou	1018.92	350.07	186.47	99.55	47.79
吉安市	Ji'an	528.54	286.36	110.19	67.61	21.09
宜春市	Yichun	1124.43	776.17	193.75	139.20	27.48
抚州市	Fuzhou	504.72	274.43	85.03	44.70	18.83
上饶市	Shangrao	794.38	378.23	157.92	95.64	34.39

6–17 各地区规模以上工业主要能源消费量（2018年）

Main Energy Consumption of Industrial Enterprises above Designated Size by Region (2018)

单位：吨　　　　(ton)

地　区	Region	原煤 Raw Coal	洗精煤 Cleaned Coal	其他洗煤 Other Washed Coal	焦炭 Coke	原油 Crude Oil	汽油 Gasoline	煤油 Kerosene	柴油 Diesel Oil	燃料油 Fuel Oil
全　省	**Provincial Total**	**61648492**	**7994572**	**548102**	**9082577**	**7672747**	**27019**	**523**	**222504**	**85391**
南昌市	Nanchang	3760950	1226109	483661	1544235		11682	5	28232	199
景德镇市	Jingdezhen	3963063	2520112				198		6139	4038
萍乡市	Pingxiang	5168244		3190	2020654		837	8	10724	2229
九江市	Jiujiang	10746043			2175884	7672738	1819	4	19521	887
新余市	Xinyu	4244289	3247165	6958	3238650		991	4	13773	
鹰潭市	Yingtan	4049295			15233		475		58164	26153
赣州市	Ganzhou	4099832		4423	7107		4970	58	30737	14126
吉安市	Ji'an	4411343		45	11404	9	347	8	2597	10
宜春市	Yichun	11131275	876117	23328	13006		2542	43	20594	11398
抚州市	Fuzhou	4820304	125068		7425		635	385	4212	5438
上饶市	Shangrao	5253854		26497	48979		2522	9	27811	20912

主要统计指标解释

能源生产总量 指一定时期内，全国或地区一次能源生产量的总和。该指标是观察全国或地区能源生产水平、规模、构成和发展速度的总量指标。一次能源生产量包括原煤、原油、天然气、水电、核能及其他动力能(如风能、地热能等)发电量，不包括低热值燃料生产量、生物质能、太阳能等的利用和由一次能源加工转换而成的二次能源产量。

能源消费总量 指一定时期内，全国或地区各行业和居民生活消费的各种能源的总和。该指标是观察能源消费水平、构成和增长速度的总量指标。能源消费总量包括原煤和原油及其制品、天然气、电力，不包括低热值燃料、生物质能和太阳能等的利用。能源消费总量分为终端能源消费量、能源加工转换损失量和能源损失量三部分。

(1)终端能源消费量：指一定时期内，全国或地区生产和生活消费的各种能源在扣除了用于加工转换二次能源消费量和损失量以后的数量。

(2)能源加工转换损失量：指一定时期内，全国或地区投入加工转换的各种能源数量之和与产出各种能源产品之和的差额。该指标是观察能源在加工转换过程中损失量变化的指标。

(3)能源损失量：指一定时期内，能源在输送、分配、储存过程中发生的损失和由客观原因造成的各种损失量，不包括各种气体能源放空、放散量。

能源生产弹性系数 是研究能源生产增长速度与国民经济增长速度之间关系的指标。计算公式：

$$\text{能源生产弹性系数}=\frac{\text{能源生产总量年平均增长速度}}{\text{国民经济年平均增长速度}}$$

国民经济年平均增长速度，可根据不同的目的或需要，用国民生产总值、国内生产总值等指标来计算，本年鉴是采用国内生产总值指标计算的。

电力生产弹性系数 是研究电力生产增长速度与国民经济增长速度之间关系的指标。一般来说，电力的发展应当快于国民经济的发展，也就是说电力应超前发展。计算公式为：

$$\text{电力生产弹性系数}=\frac{\text{电力生产量年平均增长速度}}{\text{国民经济年平均增长速度}}$$

能源消费弹性系数 反映能源消费增长速度与国民经济增长速度之间比例关系的指标。计算公式为：

$$\text{能源消费弹性系数}=\frac{\text{能源消费量年平均增长速度}}{\text{国民经济年平均增长速度}}$$

电力消费弹性系数 反映电力消费增长速度与国民经济增长速度之间比例关系的指标。计算公式为：

$$\text{电力消费弹性系数}=\frac{\text{电力消费量年平均增长速度}}{\text{国民经济年平均增长速度}}$$

一次电力 是指核电、水电、风电以及太阳能发电所发出的电力。

Explanatory Notes on Main Statistical Indicators

Total Energy Production refers to the total production of primary energy by all energy producing enterprises in the country or region in a given period of time. It is a comprehensive indicator to show the level, scale, composition and pace of development of energy production of the country or region. The production of primary energy includes that of coal, crude oil, natural gas, hydro-power and electricity generated by nuclear energy and other means such as wind power and geothermal power. However, it does not include the production of fuels of low calorific value, bio-energy, solar energy and secondary energy converted from primary energy.

Total Energy Consumption refers to the total consumption of energy of various kinds by the production sectors and the households in the country or region in a given period of time. It is a comprehensive indicator to show the scale, composition and pace of increase of energy consumption. Total energy consumption includes that of coal, crude oil and their products, natural gas and electricity. However, it does not include the consumption of fuel of low calorific value, bio-energy and solar energy. Total energy consumption can be divided into three parts: end-use energy consumption; loss during the process of energy conversion; and energy loss.

(1)End-use Energy Consumption: It refers to the total energy consumption by the production sectors and the households in the country or region in a given period of time. It does not include the consumption during the conversion of primary energy into secondary energy and the loss in the process of energy conversion.

(2)Loss During the Process of Energy Conversion: It refers to the total input of various kinds of energy for conversion, minus the total output of various kinds of energy in the country or region in a given period of time. It is an indicator to show the loss that occurs during the process of energy conversion.

(3)Energy Loss: It refers to the total of the loss of energy during the course of energy transport, distribution and storage and the loss caused by any objective reason in a given period of time. The loss of various kinds of gas due to gas discharges and stocktaking is not included.

Elasticity Ratio of Energy Production is an indicator to show the relationship between the growth rate of energy production and the growth rate of the national economy. The formula is:

$$\frac{\text{Elasticity Ratio of}}{\text{Energy Production}} = \frac{\text{Average Annual Growth Rate of Energy Production}}{\text{Average Annual Growth Rate of National Economy}}$$

The average annual growth rate of the national economy can be measured by indicators such as the Gross National Product and the Gross Domestic Product, depending on the purposes or needs. The Gross Domestic Product has been used in the calculation of the ratio in this Yearbook.

Elasticity Ratio of Electricity Production is an indicator to show the relationship between the growth rate of electricity production and the growth rate of the national economy. Generally speaking, the growth rate of electricity production should be higher than that of the national economy.

Its formula is:

$$\text{Elasticity Ratio of Electricity Production} = \frac{\text{Average Annual Growth Rate of Electricity Production}}{\text{Average Annual Growth Rate of National Economy}}$$

Elasticity Ratio of Energy Consumption is an indicator to show the relationship between the growth rate of energy consumption and the growth rate of the national economy. The formula is:

$$\text{Elasticity Ratio of Energy Consumption} = \frac{\text{Average Annual Growth Rate of Energy Consumption}}{\text{Average Annual Growth Rate of National Economy}}$$

Elasticity Ratio of Electricity Consumption is an indicator to show the relationship between the growth rate of electricity consumption and the growth rate of the national economy. The formula is:

$$\text{Elasticity Ratio of Electricity Consumption} = \frac{\text{Average Annual Growth Rate of Electricity Consumption}}{\text{Average Annual Growth Rate of National Economy}}$$

Primary Power It refers to electricity generated by nuclear power, hydropower, wind power and solar power.

7

财 政

GOVERNMENT FINANCE

◆143/154

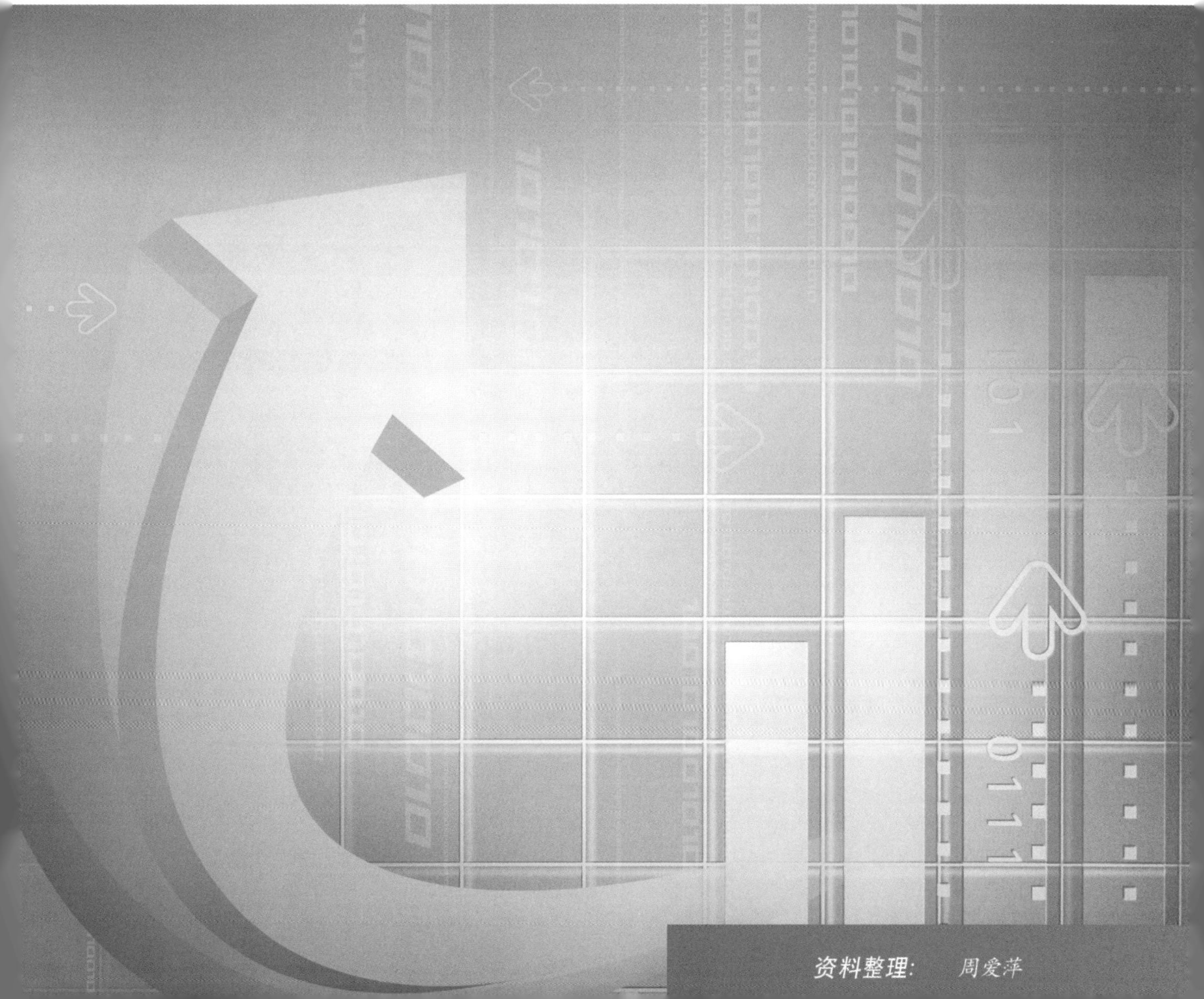

资料整理: 周爱萍

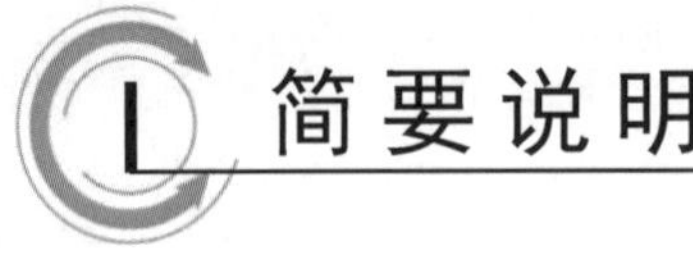

简要说明

一、主要内容

本篇包括全省财政收支和预算外资金收支资料。

二、统计口径

2007 年起，财政收支科目实施了较大改革，特别是财政支出项目口径变化很大，与往年数据不可比。

三、资料来源

资料来源于省财政厅的财政总决算报表，由省统计局国民经济核算处编辑整理。

Brief Introduction

I. Main Contents

The data in this chapter present provincial government revenue and expenditure situation, the extra-budgetary revenue and expenditure.

II. Scope of Statistics

Due to the adjustment on classifications of revenue and expenditure accounts since 2007, the relative data are imcomparable with previous years` data.

III. Sources of Data

The data are based on final provincial financial accounts, which are provided by the Department of National Accounts of the provincial Bureau of Statistics.

7-1 财 政 收 入

Government Revenue

单位：万元 (10 000 yuan)

年 份 Year	财政总收入 Total Government Revenue	一般公共预算收入 General Public Budget Revenue	税收收入 Taxes Revenue	#增值税 Value-added Tax	#营业税 Business Tax	#企 业所得税 Corporate Income Tax	非税收入 Other Non-tax Receipts	上交中央收 入 Revenue Handed in the Central Government	财政总收入占GDP比重(%) Ratio to Gross Domestic Product (%)
1994	886126	492907	421932	106344	111482	38491	70975	393219	9.4
1995	1052156	641328	524945	110526	151464	56004	116383	410828	9.0
1996	1235752	770936	635070	126810	194011	63139	135866	464816	8.8
1997	1349161	905924	712721	119902	216962	81443	193203	443237	8.4
1998	1456586	971561	769453	123145	250849	73469	202108	485025	8.5
1999	1549806	1051371	812280	125302	249255	86842	239091	498435	8.4
2000	1716931	1115536	856481	150826	263986	95048	259055	601395	8.6
2001	2001639	1319790	1021023	172324	266187	226086	298767	681849	9.2
2002	2345064	1405457	1040551	187248	334960	105994	364906	939607	9.6
2003	2858087	1681670	1230510	230683	431628	97428	451160	1176417	10.2
2004	3508081	2057667	1450860	254350	553126	135045	606807	1450414	10.1
2005	4259007	2529236	1707228	338739	628395	173966	822008	1729771	10.5
2006	5186139	3055214	2087123	411759	755107	246651	968091	2130925	10.7
2007	6652189	3898510	2818573	530534	973988	379803	1079937	2753679	11.4
2008	8169872	4886476	3579635	642916	1181937	474319	1306841	3283396	11.7
2009	9288753	5813012	4300204	667374	1534987	462744	1512808	3475741	12.1
2010	12262376	7780922	5851073	847892	2043822	637192	1929849	4481454	12.9
2011	16450001	10534342	7770948	1058993	2727856	979220	2763394	5915659	14.0
2012	20461475	13719940	9780836	1074123	3634642	1241189	3939104	6741535	15.8
2013	23584319	16212358	11787426	1464306	4235034	1367065	4424932	7371961	16.3
2014	26809635	18818315	13811325	2195983	4435692	1524704	5006990	7991320	17.0
2015	30218303	21657362	15170279	2406292	4984378	1572137	6487083	8560941	18.0
2016	31430214	21514670	14711012	3788124	2828829	1662639	6803658	9715544	17.1
2017	34477187	22470624	15150122	6157167	67732	1822263	7320502	12006563	17.2
2018	37957936	23730080	16631502	7129087	23197	2226212	7098578	14227856	17.3

注：1. 1994-2009年企业所得税含退税。
2. 1994-1997年国有资产经营收益体现为国有企业上缴利润。
3. 1997年地方财政收入和非税收入包含当年纳入基金预算收入的城市教育附加费、矿产资源补偿费、排污费和城市水资源费收入。
4. 从2002年开始，上交中央收入包含上划所得税。
5. 农业税收包含农业税、农业特产税(2006年含烟叶税部分)、耕地占用税、契税。
6. 以上数据根据江西省历年财政总决算整理得出。

a) From 1994 to 2006,Corporate income tax indudes tax the return.
b) From 1994 to 1997,the operating income of State-owned enterprises reflects the profits the state-owned enterprises handed in.
c) In 1997,the local government revenue and non-tax income indude extra-charges for urban education,compensation for mineral resources,fee on sewage treatment and on urban water resource,which has brought into the income of funds budget at current year.
d) Since 2002,revenue handed in the central government has induded income tax divided above.
e) Agricultural tax includes Agricultural tax,tax on special Agricultural,products(inducle tobacco tax in 1996),tax on the occupancy of cultivated land, and contract tax.
f) Data above are collected according to Jiangxi annual general final budget of public finance.

7-2 一般公共预算收入

General Public Budget Revenue

单位：万元 (10 000 yuan)

项目	Item	2014	2015	2016	2017	2018
总　计	**Total**	**18818315**	**21657362**	**21514670**	**22470624**	**23730080**
税收收入	**Total Tax revence**	**13811325**	**15170279**	**14711012**	**15150122**	**16631502**
#增值税	Value Added Tax	2195983	2406292	3788124	6157167	7129087
营业税	Business Tax	4435692	4984378	2828829	67732	23197
企业所得税	Corporate Income Tax	1524704	1572137	1662639	1822263	2226212
个人所得税	Individual Income Tax	359419	424055	497850	696417	890121
资源税	Resource Tax	467450	479727	566191	596392	448827
城市维护建设税	City Maintenance and Construction Tax	662609	708553	768612	893434	1041146
房产税	House Property Tax	277092	342884	343730	402352	398202
印花税	Stamp Tax	144135	151963	179592	219525	224986
城镇土地使用税	Urban Land Use Tax	406223	441153	462585	554839	489271
土地增值税	Land Appreciation Tax	1138424	1288367	1187488	1180500	1339023
车船税	Tax on Vehicles and Boat Operation	97109	117776	132333	139312	162254
烟叶税	Tobacco Leaf Tax	27958	25494	29470	26033	15328
耕地占用税	Farm Land Occupation Tax	768323	863027	860363	780138	441224
契　税	Deed Tax	1306204	1363298	1402864	1681750	1778899
非税收入	**Non Tax Revenue**	**5006990**	**6487083**	**6803658**	**7320502**	**7098578**
#国有资本经营收入	Operating Income from Government Capital	26134	32104	41862	31175	28515
行政性收费收入	Charge of Administrative and Institutional Units	1797296	1904960	1816461	1759765	1522872
罚没收入	Penalty Receipts	731824	699636	663414	972193	1065352
专项收入	Special Program Receipts	672101	1280946	1207807	1228799	1459183
国有资源(资产)有偿使用收入	Income from Use of State-owned Resources (Assets)	1453851	2123854	2564127	2615552	2514452
其他收入	Non-tax Receipts	325784	445583	509987	713018	508204

7-3 一般公共预算支出
General Public Budget Expenditure

单位：万元　　　　　　　　　　　　　　　　　　　　　　　　　(10 000 yuan)

项　　　目	Item	2014	2015	2016	2017	2018
总　　计	**Total**	**38827011**	**44125491**	**46174022**	**51114673**	**56675207**
一般公共服务	General Public Services	3613598	4108277	4165957	4771658	5252659
国防	National Defence	65296	71337	58717	56800	66356
公共安全	Public Security	1759620	1954372	2291422	2557445	3006038
教育	Education	7117164	7932675	8488828	9405702	10544090
科学技术	Science and Technology	583726	747884	831178	1200857	1470936
文化体育与传媒	Culture,Sports and Media	600344	688996	704876	746545	791029
社会保障和就业	Social Seaurity and Employment	4223474	5101847	5822353	6639343	7610648
医疗卫生与计划生育	Medical and Health Care, and Family Planning	3384540	3987901	4387151	4925890	5854720
节能环保	Environment Protection	681277	874337	1178772	1434042	1625457
城乡社区事务	Urban and Rural Community Affairs	2268123	3314359	3801211	5160581	6761472
农林水事务	Agriculture,Forestry and Water Conservancy	5001512	5572959	5808964	6077087	5994078
交通运输	Transportation	2894581	2471769	2234891	2289087	2307388
资源勘探电力信息等	Information of Electric Power and Resources Exploration	2443835	2757931	2583299	2158014	1668544
商业服务业等	Affairs of Commerce and Services	329419	557026	412219	346045	370914
金融	Financial Affairs	43202	102179	40668	71153	23451
援助其他地区	Othre Regional Assistance	10000	10000	30000	31000	31020
国土海洋气象等	Affairs of Land, Ocean and Westher	334960	368368	283964	400948	384423
住房保障支出	Expenditure for Affairs of Housing Security	1971080	2413843	1716465	1510369	1375948
粮油物资储备	Affairsof Managemetn of Grain & Oil Reserves	236703	172305	221834	171073	168238
国债还本付息支出	Expenditure for National Debt Repay Capital with Interest	320468		486612	575689	735103
其他支出	Other Expenditure	944089	704307	624641	578682	626039

7-4 财政收支总额及增长速度
Government Revenue and Expenditure and Growth Rates

年 份 Year	财政总收入 (万元) Government Revenue (10 000 yuan)	一般公共预算支出(万元) General Public Budget Expenditure (10 000 yuan)	收支差额 (万元) Balance of Revenue and Expenditure (10 000 yuan)	比上年增长(%) Growth Rate over preceding year(%) 财政总收入 Government Revenue	比上年增长(%) Growth Rate over preceding year(%) 一般公共预算支出 General Public Budge Expenditure
1978	122246	162701	-40455	60.4	35.5
1979	117771	176302	-58531	-3.7	8.4
1980	124667	159884	-35217	5.9	-9.3
1981	131822	140292	-8470	5.7	-12.3
1982	123283	155407	-32124	-6.5	10.8
1983	135281	174677	-39396	9.7	12.4
1984	150126	219439	-69313	11.0	25.6
1985	211843	297263	-85420	41.1	35.5
1986	240552	366258	-125706	13.6	23.2
1987	282110	377878	-95768	17.3	3.2
1988	322931	423518	-100587	14.5	12.1
1989	374886	487126	-112240	16.1	15.0
1990	406155	507559	-101404	8.3	4.2
1991	448050	603651	-155601	10.3	18.9
1992	493882	683826	-189944	10.2	13.3
1993	656721	818983	-162262	33.0	19.8
1994	886707	920290	-33583	35.0	12.4
1995	1052172	1103381	-51209	18.7	19.9
1996	1235752	1318475	-82693	17.5	19.5
1997	1349161	1526026	-176866	9.2	15.7
1998	1456586	1752605	-296021	8.0	14.8
1999	1549806	2078293	-528484	6.4	18.6
2000	1716931	2234722	-517779	10.8	7.5
2001	2001639	2837144	-835506	16.6	27.0
2002	2345064	3413843	-1068779	17.1	20.3
2003	2858087	3820981	-962859	21.9	11.9
2004	3508081	4540598	-1032502	22.7	18.8
2005	4259007	5639525	-1380518	21.4	24.2
2006	5186139	6964361	-1778222	21.8	23.5
2007	6652189	9050582	-2398393	28.3	30.0
2008	8169872	12100730	-3930858	22.8	33.7
2009	9288753	15623742	-6334989	13.7	29.1
2010	12262376	19232633	-6970257	32.0	23.1
2011	16450001	25345989	-8895988	34.2	31.8
2012	20461475	30192244	-9730769	24.4	19.1
2013	23584319	34703013	-11118694	15.3	14.9
2014	26809635	38827011	-12017376	13.7	11.9
2015	30218303	44125491	-13907188	12.7	13.6
2016	31430214	46174022	-14743808	4.0	4.6
2017	34477187	51114673	-16637486	9.7	10.7
2018	37957936	56675207	-18717271	10.1	10.8

7-5 各地区一般公共预算收入（2018年）

Main Items of General Public Budget Revenue of the Local Goverment by Region (2018)

单位：万元 (10 000 yuan)

地 区	Region	一般公共预算收入 General Public Budget Revenue	增值税 Value-added Tax	营业税 Business Tax	企业所得税 Corporate Income Tax	个人所得税 Individual Income Tax	其他收入 Other Non-tax Receipts
全 省	**Provincial Total**	**23730080**	**7152284**		**2226212**	**890121**	**13461463**
南昌市	Nanchang	4617462	1388402		602741	213340	2412979
景德镇市	Jingdezhen	898555	174484		52873	34426	636772
萍乡市	Pingxiang	997094	297554		74286	25233	600021
九江市	Jiujiang	2678944	777199		191294	77390	1633061
新余市	Xinyu	763566	322377		78193	47841	315155
鹰潭市	Yingtan	806322	349409		57294	19751	379868
赣州市	Ganzhou	2652152	739613		204848	100630	1607061
吉安市	Ji'an	1683513	528912		127645	47056	979900
宜春市	Yichun	2364213	827308		135967	66665	1334273
抚州市	Fuzhou	1242086	395574		90480	26947	729085
上饶市	Shangrao	2228315	633824		120796	52817	1420878

注：本表财政收入不含中央两税收入。
The local Government Revenue in the table do not include the Value-added tax and consumption tax of the central Government.

7-6 各地区一般公共预算支出（2018年）

Main Items of General Public Budget Expenditure of Local Goverment by Region (2018)

单位：万元 (10 000 yuan)

地　区	Region	一般公共预算支出 General Public Budget Expenditure	一般公共服务 General Public Services	教　育 Education	社会保障和就业 Social Safety Net and Employment Effort	医疗卫生 Health Care and Medical	农林水事务 Agriculture, Forestry and Water Consenvancy	其他支出 Other Expenditure
全　省	**Provincial Total**	**56675207**	**5252659**	**10544090**	**7610648**	**5854720**	**5994078**	**21419012**
南昌市	Nanchang	7524137	759225	1110034	897947	789690	429807	3537434
景德镇市	Jingdezhen	2043550	225041	307872	397563	174099	138829	800146
萍乡市	Pingxiang	2450954	320376	383607	426436	218990	196441	905104
九江市	Jiujiang	5562830	575990	998466	897198	551545	552933	1986698
新余市	Xinyu	1403517	122205	224569	202743	120087	137538	596375
鹰潭市	Yingtan	1403250	119115	241778	182385	123001	112754	624217
赣州市	Ganzhou	8575883	725456	1814857	1131188	1064334	914987	2925061
吉安市	Ji'an	4845240	458992	936144	678028	557063	622896	1592117
宜春市	Yichun	5233948	470118	997976	754003	581697	639117	1791037
抚州市	Fuzhou	4036499	378975	682226	568926	491129	566544	1348699
上饶市	Shangrao	6222704	560276	1142953	894614	779436	727487	2117938

7-7 县(市、区)一般公共预算收支表（2018年）

General Public Financial Revenue and Expenditure of Local Government by County (County-level City) (2018)

单位：万元 (10 000 yuan)

地 区	Region	一般公共预算收入 General Public Government Budget Revenue	税收收入 Tax Revenue	增值税 Value-added Tax	非税收入 Non-tax Revenue	一般公共预算支出 General Public Budget Expenditure
东湖区	Donghu	132175	114906	33493	17269	254779
西湖区	Xihu	185679	162206	42777	23473	330330
青云谱区	Qingyunpu	100704	79461	35319	21243	159068
湾里区	Wanli	80538	70924	25537	9614	172194
青山湖区	Qingshanhu	163495	150632	56444	12863	272418
新建区	Xinjian	333197	250029	104853	83168	769021
南昌县	Nanchang	700423	527939	193931	172484	1324558
安义县	Anyi	104009	68081	29205	35928	284366
进贤县	Jinxian	174969	122920	77054	52049	503200
昌江区	Changjiang	62383	38274	15736	24109	143391
珠山区	Zhujiang	67626	53657	20167	13969	207795
浮梁县	Fuliang	80633	70230	21325	10403	264036
乐平市	Leping	263345	202534	57542	60811	612869
安源区	Anyuan	267944	190720	84844	77224	449597
湘东区	Xiangdong	119770	80690	45020	39080	386160
莲花县	Lianhua	62210	43551	19912	18659	239148
上栗县	Shangli	155491	109348	40314	46143	374190
芦溪县	Luxi	106919	75143	32789	31776	311109
濂溪区	Lushan	137560	102388	49311	35172	245305
浔阳区	Xunyang	115657	68264	34571	47393	149894
柴桑区	chaisang	143987	111858	39907	32129	376336
武宁县	Wuning	135822	109329	40496	26493	305155
修水县	Xiushui	165007	131864	52465	33143	564680
永修县	Yongxiu	167217	122313	64071	44904	416730
德安县	De'an	129891	102044	44759	27847	257290
都昌县	Duchang	103253	81992	35076	21261	494698
湖口县	Hukou	200516	165176	85862	35340	306583
彭泽县	Pengze	163773	127033	52729	36740	338959
瑞昌市	Ruichang	222505	178544	61339	43961	421299
共青城市	Gongqingcheng	127821	100518	25629	27303	233970
庐山市	Xingzi	139588	94343	25939	45245	251793
渝水区	Yushui	206958	176021	85513	30937	377544
分宜县	Fenyi	144214	109345	52346	34869	282768
月湖区	Yuehu	107837	89887	43990	17950	141062

7-7 续表 continued

单位：万元 (10 000 yuan)

地 区	Region	一般公共预算收入 General Public Government Budget Revenue	税收收入 Tax Revenue	增值税 Value-added Tax	非税收入 Non-tax Revenue	一般公共预算支出 General Public Budget Expenditure
余江县	Yujiang	124284	89243	53379	35041	319089
贵溪市	Guixi	350465	287516	173553	62949	506482
章贡区	Zhanggong	231710	184195	90028	47515	436730
南康区	Nankang	217708	162204	59556	55504	711765
赣县区	Ganxian	157752	96030	37813	61722	533020
信丰县	Xinfeng	124917	89238	33125	35679	506225
大余县	Dayu	87714	60734	28954	26980	308455
上犹县	Shangyou	65707	44403	18414	21304	291665
崇义县	Chongyi	88465	61334	24964	27131	241649
安远县	Anyuan	57639	41738	13982	15901	334406
龙南县	Longnan	140218	87050	40068	53168	346000
定南县	Dingnan	83033	53563	19389	29470	262352
全南县	Quannan	65513	44433	24232	21080	278320
宁都县	Ningdu	82887	56642	23057	26245	508757
于都县	Yudu	140011	86394	31193	53617	648006
兴国县	Xingguo	85172	66751	26471	18421	540053
会昌县	Huichang	98271	55129	18441	43142	402202
寻乌县	Xunwu	57139	42681	16702	14458	323000
石城县	Shicheng	55379	41890	20401	13489	274939
瑞金市	Ruijin	132011	106265	53080	25746	551123
吉州区	Jizhou	102640	68723	34668	33917	344715
青原区	Qingyuan	63797	42381	22103	21416	172137
吉安县	Ji’an	188110	112455	51158	75655	435092
吉水县	Jishui	110038	79037	35666	31001	412486
峡江县	Xiajiang	77717	54957	37268	22760	234792
新干县	Xingan	109827	86773	52897	23054	285898
永丰县	Yongfeng	123319	83096	41965	40223	355162
泰和县	Taihe	143111	92623	43579	50488	431142
遂川县	Suichuan	113765	72939	30439	40826	452638
万安县	Wan an	80699	51456	25663	29243	309535
安福县	Anfu	126514	78226	39299	48288	372168
[illegible]	[illegible]	[illegible]	45488	[illegible]	[illegible]	[illegible]
井冈山市	Jinggangshan	60639	41046	13407	19593	223921

7-7 续表2 continued

单位：万元 (10 000 yuan)

地 区	Region	一般公共预算收入 General Public Government Budget Revenue	税收收入 Tax Revenue	增值税 Value-added Tax	非税收入 Non-tax Revenue	一般公共预算支出 General Public Budget Expenditure
袁州区	Yuanzhou	202851	153807	87522	49044	653356
奉新县	Fengxin	173250	137838	49446	35412	346793
万载县	Wanzai	162920	127613	74250	35307	410319
上高县	Shanggao	176772	145493	84192	31279	360573
宜丰县	Yifeng	127816	94398	46471	33418	286299
靖安县	Jing'an	67993	46287	20714	21706	190112
铜鼓县	Tonggu	65807	47307	16561	18500	184527
丰城市	Fengcheng	486133	343716	176967	142417	951189
樟树市	Zhangshu	331388	242881	104847	88507	572628
高安市	Gaoan	284432	233126	102270	51306	584231
临川区	Linchuan	145452	115935	46946	29517	630899
东乡区	Dongxiang	154836	116247	57430	38589	450630
南城县	Nancheng	98701	78201	38382	20500	299200
黎川县	Lichuan	72344	53036	20879	19308	240320
南丰县	Nanfeng	80402	63210	27547	17192	286986
崇仁县	Chongren	81820	59215	21818	22605	314043
乐安县	Le'an	55556	43591	16754	11965	318333
宜黄县	Yihuang	65600	48351	23050	17249	223122
金溪县	Jinxi	68947	50307	21327	18640	252182
资溪县	Zixi	30664	24224	12492	6440	136536
广昌县	Guangchang	55960	44895	21984	11065	291026
信州区	Xinzhou	156403	131342	58611	25061	308006
广丰区	Guangfeng	311898	208333	87847	103565	632527
上饶县	Shangrao	166004	113308	54889	52696	492905
玉山县	Yushan	166687	112960	53139	53727	425209
铅山县	Qianshan	148961	88689	46726	60272	368327
横峰县	Hengfeng	67297	51858	34645	15439	253562
弋阳县	Yiyang	109335	77974	35088	31361	376405
余干县	Yugan	104547	75946	39407	28601	568160
鄱阳县	Poyang	130231	88182	33529	42049	853176
万年县	Wannian	140646	99726	37928	40920	384760
婺源县	Wuyaun	99559	64202	29184	35357	304816
德兴市	Dexing	291721	163830	58636	127891	465787

主要统计指标解释

财政收入 国家财政参与社会产品分配所取得的收入，是实现国家职能的财力保证。财政收入所包括的内容几经变化，目前主要包括：

1. 各项税收：包括增值税、营业税、消费税、土地增值税、城市维护建设税、资源税、城市土地使用税、印花税、固定资产投资方向调节税、个人所得税、企业所得税、关税和耕地占用税等。

2. 专项收入：包括征收排污费、征收城市水资源费收入、教育费附加收入等。

3. 其他收入：包括基本建设贷款归还收入、国家能源交通重点建设基金收入、国家预算调节基金等。

4. 国有企业计划亏损补贴：这项为负收入，冲减财政收入。

财政支出 国家财政将筹集起来的资金进行分配使用，以满足经济建设和各项事业的需要，主要包括一般公共服务、外交、国防、教育、公共安全、科学技术、文化体育与传媒、社会保障和就业、医疗卫生、环境保护、城乡社区事务、农林水事务、交通运输、工业商业金融等事务和其他支出等科目。

Explanatory Notes on Main Statistical Indicators

Government Revenue refers to income for the government finance through participating in the distribution of social products. It is the financial guarantee to ensure government functioning. The contents of government revenue have changed several times. Now it includes the following main items:

(1) Various tax revenues, including value added tax, business tax, consumption tax, land value added tax, tax on city maintenance and construction, resources tax, land appreciation tax, stamp tax, Fixed asset investment direction adjustment tax individual income tax, income tax, tariff, and tax on occupancy of cultivated land, etc.

(2) Special revenues, including revenues from the fee on sewage treatment, fee on urban water resources and extra-charges for education, etc.

(3) Other revenues, including revenue from the repayment of capital construction loan, funds for national key construction projects in energy industry and transportation, and national budget adjustment funds.

(4) Subsidies for the losses of State-owned enterprises. This is an item of negative revenue, counteracting revenues.

Government Expenditure refers to the distribution and use of the funds the government finance has raised, so as to meet the needs of economic construction and various causes. It includes expenditure for capital construction, innovation funds of the enterprises, geological prospecting expenses, expenditures for science and technology promotion, expenditure for supporting rural production, operating expenses of the departments of farming, forestry, water conservancy and meteorology etc., operating expenses of the departments of industry, transport and commerce, operating expenses of the departments of culture, education, science and public health, pension for the disabled or for the families of the bereaved and relief funds for social welfare, expenditures for national defence, administrative expenses, expenditure for price subsidies.

8

价格指数

PRICE INDICES

◆155/170

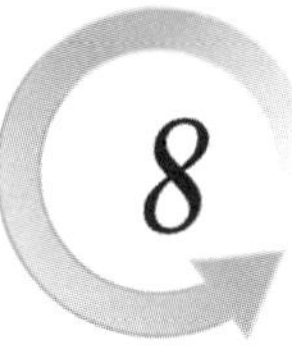

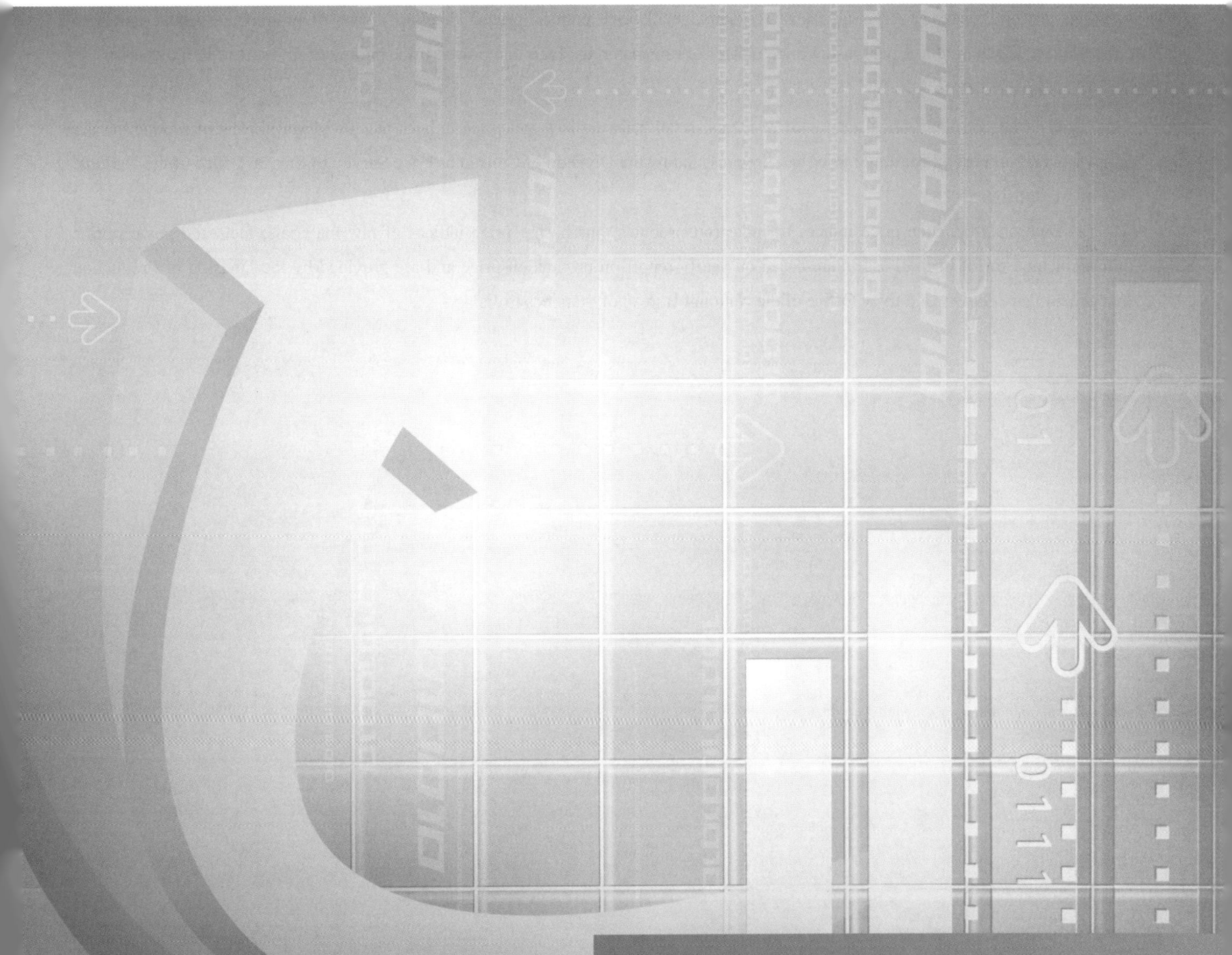

资料整理：饶云青、龚圣弘

简要说明

一、本篇资料的主要内容

本篇资料反映了全省生产、投资、流通、消费等环节价格变动状况，主要包括居民消费、商品零售、生产资料、工业品出厂、原材料燃料动力购进、固定资产投资等价格指数。

二、本篇资料的来源

1.居民消费、商品零售和农业生产资料价格指数来源于消费价格统计调查年报，由国家统计局江西调查总队消费价格调查处整理提供。

2.工业品出厂、原材料燃料动力购进、固定资产投资等价格指数来源于生产价格统计调查年报，由国家统计局江西调查总队生产投资价格调查处整理提供。

Brief Introduction

I. Main Content

Data on the price indices in this chapter show the changing trend in production, investment, circulation and consumption, including mainly consumer price indices of residents, retail price indices, price indices of means of production, production price indices of industrial products, purchasing price indices of raw materials, fuels and power, price indices of investment in fixed assets.

II. Source of Data

(1) Data on consumer price indices of residents, retail price indices and price indices of agricultural means of production are based on yearly report on consumer price and are provided by the Division of Consumer Price Survey of Survey Office of the National Bureau of Statistics in Jiangxi.

(2) Data on production price indices of industrial products, purchasing price indices of raw materials, fuels and power, price indices of investment in fixed assets are based on yearly report on production price and are provided by the Division of Production Investment Price Survey of Survey Office of the National Bureau of Statistics in Jiangxi.

8-1 各 种 价 格 指 数
Price Indices

（上年=100） (preceding year=100)

年份 Year	商品零售价格指数 Retail Price Indices	城市 Urban Areas	农村 Rural Areas	居民消费价格指数 Consumer Price Index	城市 Urban Areas	农村 Rural Areas
1978	100.1	100.2	100.1		100.2	
1980	104.3	106.6	102.9		106.0	
1985	108.3	109.0	107.8	109.0	108.8	109.1
1990	101.3	100.3	102.2	102.1	101.5	102.8
1991	102.4	104.0	101.2	102.8	104.4	101.3
1992	105.6	107.2	103.9	105.7	107.5	103.5
1993	111.1	112.6	110.1	114.6	115.8	112.5
1994	123.9	122.9	125.4	126.9	126.9	126.7
1995	115.9	115.0	116.9	116.9	116.9	117.0
1996	106.6	106.4	106.7	108.4	108.1	108.6
1997	99.6	100.1	99.3	102.0	103.0	102.1
1998	98.8	98.5	98.9	101.0	101.0	101.0
1999	96.8	97.3	96.3	98.6	99.1	98.1
2000	98.5	98.6	98.5	100.3	102.1	99.1
2001	98.4	98.3	98.4	99.5	99.8	99.2
2002	100.2	100.1	100.3	100.1	100.2	99.9
2003	100.1	99.4	100.7	100.8	100.9	100.6
2004	103.0	101.9	104.0	103.5	103.3	103.5
2005	100.9	100.3	101.4	101.7	101.5	102.2
2006	101.2	101.0	101.4	101.2	100.9	101.6
2007	104.0	103.5	105.1	104.8	104.4	105.8
2008	106.1	106.0	106.4	106.0	105.9	106.3
2009	99.1	99.1	99.0	99.3	99.4	99.2
2010	102.7	102.6	102.9	103.0	102.9	103.3
2011	104.8	104.8	105.0	105.2	105.1	105.6
2012	102.1	101.9	102.5	102.7	102.6	103.0
2013	101.5	101.2	101.9	102.5	102.4	102.9
2014	101.2	101.1	101.4	102.3	102.4	102.2
2015	100.5	100.4	100.6	101.5	101.5	101.5
2016	100.6	100.5	100.8	102.0	102.0	101.9
2017	101.0	101.0	101.0	102.0	102.0	101.9
2018	101.0	101.0	100.8	102.1	102.1	102.2

8-2 各 种 价 格 指 数（2018年）
Price Indices (2018)

类别	Type	以1978年价格为100 year of 1978=100	以1980年价格为100 year of 1980=100	以1985年价格为100 year of 1985=100	以1990年价格为100 year of 1990=100	以1995年价格为100 year of 1995=100	以2005年价格为100 year of 2005=100	以2010年价格为100 year of 2010=100
商品零售价格指数	Retail Price Indices	477.5	453.8	375.1	226.4	131.5	127.9	112.8
城市	Urban Areas	496.9	459.4	376.9	224.9	127.0	126.0	112.2
农村	Rural Areas	458.4	444.3	380.7	232.7	137.2	131.7	114.2
居民消费价格指数	Consumer Price Indices			497.0	296.8	160.6	137.9	120.7
城市	Urban Areas	699.3	647.7	532.7	316.5	164.3	136.2	120.1
农村	Rural Areas			467.9	281.6	160.9	141.5	121.9

注：1990-1993年零售、消费价格指数中城市、农村口径为城镇、农村。

a) Statistic standards of retail and consumer price index from 1990-1993 are urban and rural areas.

8-3 商品零售价格分类指数（2018年）

Retail Price Indices by Category (2018)

（上年=100） (preceding year=100)

类别	Type	全省 Province Indices	城市 Urban Areas	农村 Rural Areas
商品零售价格总指数	**Retail Price Indices**	**101.0**	**101.0**	**100.8**
食品类	**Food**	**101.1**	**101.5**	**99.7**
粮食	Grain	101.0	100.9	101.6
薯类	Potatoes	104.9	106.2	99.9
豆类	Beans	101.1	100.9	101.5
食用油	Edible oil	99.5	100.1	97.1
菜	Vegetables	106.3	106.5	104.7
畜肉类	Meat of Livestock	94.7	95.8	90.1
禽肉类	Meat of Poultry	109.5	110.4	105.1
水产品	Aquatic products	97.8	97.3	100.1
蛋类	Eggs	111.3	111.6	109.9
奶类	Milk	103.4	104.2	99.7
干鲜瓜果类	Dried and Fresh Melons and Fruits	101.0	100.2	105.1
糖果糕点类	Cake, Biscuit and Bread	102.8	102.8	102.9
调味品	Condiment flavoring	101.5	101.3	102.4
其他食品类	Other foods	101.7	101.7	101.2
在外餐饮	Outward Dinner Food	102.7	102.6	103.1
饮料、烟酒	**Beverages, Tobacco and Liquor**	**100.4**	**100.5**	**100.0**
茶及饮料	Tea and Beverages	101.1	101.1	100.9
烟草	Tobacco	100.0	100.3	98.7
酒类	Liquor	100.6	100.4	101.3
服装、鞋帽类	**Garments, Shoes and Hats**	**100.0**	**100.0**	**99.7**
服装	Garments	100.1	100.2	99.9
鞋袜帽	Footgear and Hats	99.6	99.8	98.8
其它	Others	99.3	98.6	102.5
纺织品类	**Textiles**	**100.4**	**100.4**	**100.5**
衣着材料	Clothing	105.2	106.0	103.1
床上用品	Bedding	99.1	99.0	99.5
家用电器及音像器材	**Household Appliances, Music and Video Equipment**	**99.2**	**98.9**	**100.5**
家庭设备	Household Appliances	100.6	100.5	101.2
文娱用耐用消费品	Cultural and Recreat Durable Consumable	96.4	95.8	99.8
专业音像器材	Household Appliances and Hifi	99.5	99.8	96.5
文化办公用品	**Cultural and Office Appliances**	**100.6**	**100.3**	**102.9**
日用品	**Articles for Daily Use**	**100.1**	**99.9**	**101.1**
日用百货	General Merchandise for Daily Use	101.3	101.3	101.2
厨具餐具茶具	Kitchen utensils tableware	99.4	98.9	102.6
清洗用品	Washing	98.3	98.8	99.1
其它日用品	Other Daily Use Articles	99.5	99.0	102.4
体育娱乐用品	**Sports and Recreation Articles**	**101.1**	**101.4**	**99.1**

8-3 续表 continued

(上年=100) (preceding year=100)

类别	Type	全省 Province Indices	城市 Urban Areas	农村 Rural Areas
体育用品	Sports Articles	101.4	101.7	99.6
娱乐用品	Recreation Articles	101.0	101.3	98.9
交通、通信用品	**Transportation and Communication Appliances**	**97.7**	**97.7**	**97.7**
交通运输机械	Transportation Equipments	98.5	98.6	98.1
通信器材类	Communication Equipments	94.5	94.0	96.5
家具	**Furniture**	**103.4**	**103.8**	**101.8**
化妆品类	**Cosmetics**	**100.5**	**100.3**	**101.1**
金银珠宝类	**Gold, Silver and Jewelry**	**98.0**	**97.9**	**98.3**
中西药品及医疗保健用品类	**Traditional Chinese and Western Medicines and Health Care Articles**	**100.9**	**100.8**	**101.6**
医疗器具及用品	Medical Apparatus and Article	100.6	100.9	98.8
中药	Traditional Chinese Medicinal Materials and Medicines	103.8	103.7	104.1
西药	Western Medicines	99.6	99.5	99.9
保健器具及用品	Medical Apparatus and Articles	101.6	101.0	106.2
书报杂志及电子出版物类	**Books, Newspapers, Magazines and Electronic Publications**	**107.0**	**108.2**	**100.7**
教材及参考书	Teaching Material and Reference Book	102.4	102.2	103.4
书报杂志	Books and Magazines	113.6	116.2	98.0
计算机办公软件	Computer office software	101.3	101.6	98.8
燃料类	**Fuels**	**108.3**	**108.3**	**108.5**
煤炭及制品类	Coal and Coal Products	102.3	101.9	103.7
石油及制品类	Petroleum and Related Products	109.5	109.5	109.5
建筑材料及五金电料类	**Building Materials and Hardware**	**103.3**	**103.2**	**104.1**
建筑装璜材料	Building Decoration Materials	103.6	103.4	104.9
五金水暖	Hardware plumbing	102.6	102.7	102.1
农业生产资料价格指数	**Price Indices of Agricultural Means of Production**	**102.7**		**102.7**
农用手工工具	Farm Handtools	103.5		103.5
饲料	Forage	105.2		105.2
仔畜幼崽及产品畜	Newborn animal and Production Livestock	90.3		90.3
半机械化农具	Semi-mechanized Farm Tools	102.5		102.5
机械化农具	Mechanized Farm Machinery	102.5		102.5
化学肥料	Chemical Fertilizer	103.8		103.8
农药及农药器械	Pesticide and Its Appliances	103.8		103.8
化学农药	Chemical Pesticides	104.3		104.3
农药器械	Pesticides Appliances	100.1		100.1
农用机油	Oil for Farm Machinery	110.3		110.3
其他农业生产资料	Other Means of Agricultural Production	102.3		102.3
农业生产服务	Service of Agricultural Production	99.5		99.5

8-4 居民消费价格分类指数（2018年）

Consumer Price Indices by Category (2018)

（上年=100） (preceding year=100)

类别	Type	全省 Province Indices	城市 Urban Areas	农村 Rural Areas
居民消费价格总指数	**Consumer Price Index**	**102.1**	**102.1**	**102.2**
服务项目价格指数	**Price Index of Services**	**103.8**	**103.2**	**104.9**
食品烟酒	**Food and tobacco**	**101.0**	**101.5**	**99.9**
食品	**Food**	**100.6**	**101.3**	**99.2**
粮食	Grain	101.1	100.7	101.7
薯类	Potatoes	104.3	104.7	100.5
豆类	Beans	101.0	100.9	101.3
食用油	Edible oil	99.0	99.5	98.3
菜	Vegetables	105.9	106.6	104.1
畜肉类	Meat of Livestock	93.8	95.6	91.1
禽肉类	Meat of Poultry	108.0	109.7	104.8
水产品	Aquatic products	98.9	97.9	100.7
蛋类	Eggs	111.3	112.2	109.7
奶类	Milk	102.1	103.2	100.0
干鲜瓜果	Dried and Fresh Melons and Fruits	101.4	100.3	103.8
糖果糕点类	Cake, Biscuit and Bread	103.0	103.2	102.3
调味品	Condiment flavoring	102.1	101.5	102.8
其他食品类	Other foods	101.3	101.4	101.2
茶及饮料	Tea and drinks	100.8	100.9	100.6
烟酒	**Tobacco and Liquor**	**100.0**	**100.2**	**99.7**
烟草	Tobacco	99.6	100.1	98.9
酒类	Liquor	100.8	100.4	101.3
在外餐饮	Outward Dinner Food	103.0	102.8	103.7
衣着	**Clothing**	**100.2**	**100.5**	**99.5**
服装	Garments	100.5	100.8	99.6
男式服装	Clothing for Men	99.8	99.6	100.3
女式服装	Clothing for Women	100.2	100.7	99.0
儿童服装	Clothing for Children	103.6	105.2	99.9
服装材料	Clothing Material	104.5	106.2	102.6
其他衣着及配件	Other clothing and accessories	100.2	100.2	100.2
衣着加工服务费	Clothing Manufacturing service fee	102.9	103.6	100.9
鞋类	Footwear	98.8	98.8	98.8
鞋	Shoes	98.7	98.7	98.8
鞋类加工服务	Footwear processing services	101.1	100.9	101.5
居住	**Residence**	**102.6**	**102.2**	**103.4**
租赁房房租	Rent of Rental Housing	101.7	101.6	102.7

8-4 续表 continued

（上年=100） (preceding year=100)

类别	Type	全省 Province Indices	城市 Urban Areas	农村 Rural Areas
住房保养维修及管理	Housing maintenance and management	106.0	106.4	105.5
水电燃料	Water,Electricity and Fuels	101.8	101.6	102.1
自有住房	Private housing	101.9	101.2	103.3
生活用品及服务	**Daily necessities and services**	**101.0**	**100.8**	**101.2**
家具及室内装饰品	Furniture and interior decorations	102.7	103.0	102.2
家用器具	Household appliances	100.3	100.0	100.8
家用纺织品	Home textiles	100.0	99.6	100.8
家庭日用杂品	Household daily groceries	100.8	100.5	101.4
个人护理用品	Personal care products	100.5	100.6	100.2
家庭服务	Family service	102.9	103.1	102.3
交通和通信	**Transportation and communication**	**101.6**	**101.6**	**101.5**
交通	Transportation	103.1	103.3	102.9
通信	Communication	98.8	98.7	99.2
教育文化和娱乐	**Recreation, Education and Culture Articles**	**102.6**	**102.1**	**103.6**
教育	Education	103.4	102.7	104.4
教育用品	Teaching Materials	102.4	102.4	102.4
教育服务	Education Service	103.4	102.7	104.4
文化娱乐	Cultural and Recreational Articles	101.3	101.4	100.7
文娱耐用消费品	Durable Consumer Goods for Cultural and Recreational Use and Services	98.4	98.0	99.7
其他文娱用品	Other recreational items	104.6	106.2	100.6
文化娱乐服务	Cultural and recreational services	100.6	100.7	100.3
旅游	Touring	101.9	101.8	103.1
医疗保健	**Health Care**	**108.3**	**107.7**	**109.4**
药品及医疗器具	Medical Instrument and Articles	101.4	101.5	101.0
中药	Traditional Chinese Medicine	104.1	104.0	104.3
西药	Western Medicine	99.9	100.3	98.9
滋补保健品	Nourishing health care products	103.2	102.3	106.0
医疗卫生器具	Medical and health equipment	101.1	101.7	99.3
保健器具	Health care equipment	99.4	99.1	100.9
医疗服务	Medical service	111.6	111.2	112.2
综合医疗类	Comprehensive medical category	122.7	121.0	125.5
诊断类	Diagnostic class	101.9	101.5	102.5
治疗类	Treatment class	111.7	112.0	111.3
康复类	Rehabilitation class	110.2	108.9	112.7
中医医疗服务类	Chinese medicine medical services category	117.4	114.5	123.6
其他医疗服务	Other medical services	113.4	113.4	113.4
其他用品和服务	**Other supplies and services**	**100.8**	**100.7**	**100.8**
其他用品类	Other supplies	99.0	98.5	100.1
首饰手表	Jewelry watch	98.4	98.4	98.4
其他杂项用品	Other miscellaneous supplies	100.0	98.6	102.2
其他服务类	Other services	102.4	102.7	101.6
旅馆住宿	Hotel accommodation	100.7	100.6	100.9
美容美发洗浴	Beauty salon and bath	101.9	101.7	102.3
养老服务	Old age service	102.5	103.3	100.2
金融保险	Financial insurance	103.3	104.0	101.3
其他服务类	Other services	103.5	104.3	101.8

8-5 各市、县商品零售价格分类指数（2018年）

Retail Price Indices by Category and Region (2018)

（上年=100） (preceding year=100)

类别	南昌市 Nanchang	景德镇市 Jingdezhen	萍乡市 Pingxiang	九江市 Jiujiang	新余市 Xinyu	鹰潭市 Yingtan	赣州市 Ganzhou	宜春市 Yichun	上饶市 Shangrao
商品零售价格总指数	**100.8**	**101.2**	**101.1**	**100.9**	**101.5**	**101.9**	**100.3**	**101.6**	**101.3**
食品类	101.7	100.4	100.1	101.5	100.7	101.4	102.1	102.3	101.2
饮料、烟酒	101.1	99.1	100.1	99.8	99.1	104.8	100.4	101.9	99.7
服装、鞋帽类	98.3	100.8	99.7	102.5	102.2	100.7	99.2	101.1	101.9
纺织品类	99.6	103.5	103.1	99.3	105.8	102.2	96.7	100.3	107.2
家用电器及音像器材	98.6	97.8	99.8	96.1	99.1	100.8	97.7	99.5	97.8
文化办公用品	100.4	99.4	101.4	98.1	101.2	102.0	100.9	98.1	99.7
日用品	99.2	104.2	101.9	98.6	102.1	103.6	99.0	101.6	104.5
体育娱乐用品	101.6	100.6	101.2	103.0	101.8	104.2	98.2	99.9	102.9
交通、通信用品	98.3	98.2	97.7	98.9	97.8	94.7	96.2	97.6	97.8
家具	104.5	99.3	101.5	101.0	109.7	101.1	101.4	100.9	109.2
化妆品类	99.0	103.5	100.5	102.5	101.9	103.5	100.0	101.0	101.7
金银珠宝类	97.8	96.9	99.1	98.4	98.1	94.0	97.4	100.4	97.8
中西药品及医疗保健用品类	99.2	106.6	105.5	101.8	103.9	106.3	96.3	105.3	102.4
书报杂志及电子出版物类	113.6	101.5	104.5	100.4	100.9	103.6	102.7	99.7	100.8
燃料类	107.5	107.1	108.6	109.5	107.8	111.7	108.8	108.2	109.5
建筑材料及五金电料类	101.3	103.3	103.8	100.6	104.8	106.3	107.0	105.5	97.9
农业生产资料价格指数									

8-5 续表 continued

（上年=100） (preceding year=100)

类别	吉安市 Ji'an	抚州市 Fuzhou	瑞昌市 Ruichang	信丰县 Xinfeng	宁都县 Ningdu	上高县 Shanggao	铅山县 Yanshan	泰和县 Taihe	南城县 Nancheng
商品零售价格总指数	**100.2**	**100.5**	**101.6**	**101.2**	**100.3**	**101.2**	**101.3**	**100.8**	**99.3**
食品类	100.6	102.2	97.8	99.7	100.3	100.5	99.3	101.9	100.4
饮料、烟酒	99.5	99.7	101.1	101.8	99.7	100.1	97.1	100.7	98.2
服装、鞋帽类	99.0	98.8	100.2	100.7	98.7	100.2	101.7	98.8	99.2
纺织品类	98.5	96.7	104.7	103.8	102.8	100.5	101.5	100.5	98.7
家用电器及音像器材	98.8	97.3	102.3	100.2	99.3	101.3	100.7	97.7	101.5
文化办公用品	103.5	105.2	98.9	104.0	103.5	97.9	98.4	105.3	101.1
日用品	99.8	98.5	97.7	100.5	99.7	102.7	102.6	101.3	100.5
体育娱乐用品	98.8	102.3	103.1	102.6	94.2	100.9	100.3	99.8	94.5
交通、通信用品	98.6	95.9	99.7	98.4	97.8	97.7	98.3	96.6	92.2
家具	102.5	101.6	101.3	103.9	99.4	100.8	102.0	104.7	100.4
化妆品类	100.2	96.5	102.9	101.3	100.6	102.0	101.2	100.0	102.6
金银珠宝类	94.8	98.5	105.9	97.1	101.6	96.8	100.5	97.6	88.6
中西药品及医疗保健用品类	101.1	99.9	106.4	100.3	97.3	101.9	105.4	99.1	99.8
书报杂志及电子出版物类	100.1	106.0	107.7	100.3	99.6	102.8	100.6	99.2	99.2
燃料类	105.9	104.7	107.2	107.7	107.8	108.8	109.8	108.7	108.6
建筑材料及五金电料类	100.5	109.8	109.8	108.8	104.0	104.7	103.3	102.0	101.3
农业生产资料价格指数			101.5	104.7	101.0	101.3	102.8	104.6	101.3

8-6 各市、县居民消费价格分类指数（2018年）
Consumer Price Indices by Category and Region (2018)

(上年=100) (preceding year=100)

类 别	南昌市 Nan chang	景德镇市 Jing dezhen	萍乡市 Ping xiang	九江市 Jiu jiang	新余市 Xin yu	鹰潭市 Ying tan	赣州市 Gan zhou	宜春市 Yi chun	上饶市 Shang rao
居民消费价格总指数	**102.3**	**101.5**	**102.2**	**101.7**	**101.9**	**102.2**	**102.1**	**101.7**	**102.3**
服务项目价格指数	103.8	102.1	103.9	102.0	102.6	102.1	104.2	100.2	103.1
食品烟酒	102.0	100.6	100.9	101.4	100.4	102.2	101.9	102.6	101.2
衣着	98.7	101.2	100.0	102.6	102.6	100.7	99.6	100.9	101.9
居住	102.3	102.6	103.2	102.5	101.4	102.1	101.2	102.4	105.3
生活用品及服务	100.9	101.3	101.4	98.5	103.4	102.8	99.8	101.0	102.8
交通和通信	102.0	102.3	102.0	102.1	101.6	101.9	100.5	99.7	101.1
教育文化和娱乐	102.2	101.4	103.4	103.2	102.0	103.2	100.5	101.1	102.6
医疗保健	110.9	102.3	106.5	100.3	105.9	102.4	115.6	101.8	100.9
其他用品和服务	101.1	100.9	101.9	99.0	104.2	102.0	99.6	100.9	100.2

8-6 续表 continued

(上年=100) (preceding year=100)

类 别	吉安市 Ji'an	抚州市 Fuzhou	瑞昌市 Rui chang	信丰县 Xin feng	宁都县 Ning du	上高县 Shang gao	铅山县 Yan shan	泰和县 Taihe	南城县 Nan cheng
居民消费价格总指数	**102.0**	**102.1**	**101.1**	**102.3**	**102.2**	**102.0**	**102.0**	**103.0**	**101.9**
服务项目价格指数	105.1	103.8	102.3	104.5	105.2	103.6	104.2	106.3	105.7
食品烟酒	100.5	102.1	98.2	100.2	100.3	100.2	99.1	101.7	99.8
衣着	99.2	99.2	100.3	100.7	99.0	100.4	101.5	98.8	99.0
居住	101.4	102.6	103.4	103.4	101.8	103.7	104.7	105.3	97.6
生活用品及服务	100.2	99.2	102.3	101.1	100.1	101.4	101.9	101.6	101.5
交通和通信	102.4	100.7	102.2	101.8	102.4	102.0	101.8	101.1	99.8
教育文化和娱乐	101.2	102.1	102.3	100.2	106.7	106.5	106.2	99.9	107.1
医疗保健	115.1	109.0	103.0	111.8	108.8	100.5	101.9	114.0	115.4
其他用品和服务	99.6	99.5	101.3	101.0	100.4	100.7	100.3	102.4	95.6

8-7 工业生产者出厂价格指数
Producer Price Index for Industrial Products

(上年＝100) (preceding year=100)

类　　别	Type	2005	2010	2015	2017	2018
总指数	**General Index**	**108.8**	**115.3**	**93.7**	**107.9**	**104.2**
按轻重工业分	**Grouped by Light & Heavy Industries**					
轻工业	Light Industry	99.2	104.3	99.1	101.4	100.3
以农产品为原料	Agricultural Products as Raw Materials	100.6	105.4	99.8	101.4	102.2
以非农产品为原料	Non-agricultural Products as Raw Materials	98.0	103.2	97.9	101.4	96.7
重工业	Heavy Industry	113.3	121.3	91.7	110.9	105.9
采　　掘	Mining	145.5	123.0	91.2	109.7	106.9
原 材 料	Raw Materials	115.6	123.7	90.0	114.1	107.6
加　　工	Processing	104.2	118.8	92.7	109.4	105.0
按部类分	**Grouped by Category of Industry**					
生产资料	Means of Production	110.8	117.9	91.9	110.5	105.3
采　　掘	Mining	142.2	121.5	91.2	109.7	106.9
原 材 料	Raw Materials	115.1	124.3	90.0	114.3	107.6
加　　工	Processing	101.7	113.8	92.9	108.9	104.2
生活资料	Consumer Goods	100.5	103.1	100.3	100.5	100.9
食　　品	Food	100.3	103.5	101.3	102.0	100.9
衣　　着	Clothing	100.7	103.3	100.9	97.5	101.7
一般日用品	Articles for Daily Use	101.6	102.4	99.0	101.2	100.5
耐用消费品	Durable Consumer Goods	99.7	102.1	98.9	100.0	100.2
按工业部门分	**Grouped by Industrial Department**					
冶金工业	Metallurgical Industry	120.7	131.8	84.8	120.7	108.5
电力工业	Power Industry	104.6	102.2	96.3	99.4	100.2
煤炭及炼焦工业	Coal Industry and Coking Industry	125.0	115.4	88.7	144.4	109.4
石油工业	Petroleum Industry	122.8	115.4	77.5	111.1	112.4
化学工业	Chemical Industry	106.1	108.4	97.4	105.8	103.1
机械工业	Machine Building Industry	100.3	103.4	97.7	101.9	98.5
建筑材料工业	Building Materials Industry	93.0	104.9	97.9	105.7	111.3
森林工业	Timber Industry	102.9	104.1	100.7	101.1	102.5
食品工业	Food Industry	100.9	103.9	100.4	101.2	100.9
纺织工业	Textile Industry	98.7	117.4	94.9	107.4	104.8
缝纫工业	Tailoring Industry	101.0	103.4	100.7	96.6	102.5
皮革工业	Leather Industry	100.4	102.7	101.6	100.5	99.1
造纸工业	Paper Industry	102.8	103.5	100.1	105.5	106.3
文教艺术用品工业	Industry of Cultural, Educational & Handicrafts Articles	99.8	103.8	99.9	96.1	100.5
其他工业	Others Industry	105.7	105.3	100.4	101.6	102.0

备注：2018年工业生产者价格调查工业行业分类按2017年《国民经济行业分类标准》，部分分类指标与2017年不同。
a)The industrial industry classification of the Industrial Producer Price Survey in 2018 is based on the <National Economic Industry Classification Standard> in 2017, and some of the classification indicators are different from those in 2017.

8-8 按工业行业分工业生产者出厂价格指数
Producer Price Indices for Industrial Products by Sector

(上年=100) (preceding year=100)

行业	Sector	2017	2018
煤炭开采和洗选业	**Mining and Washing of Coal**	**124.8**	**106.1**
烟煤和无烟煤的开采洗选	Mining and Washing of Bituminous Coal and Anthracite	124.8	106.1
黑色金属矿采选业	**Mining and Processing of Ferrous Metal Ores**	**102.8**	**100.5**
铁矿采选	Mining and Processing of Iron Ores	102.9	100.4
锰矿、铬矿采选	Mining and Processing of Manganese and Chrome Ores	100.9	102.6
有色金属矿采选业	**Mining and Processing of Non-Ferrous Metal Ores**	**113.8**	**109.7**
常用有色金属矿采选	Mining and Processing of Frequently Used Non-Ferrous Metal Ores	118.2	105.8
贵金属矿采选	Mining and Processing of Precious Metal Ores	104.7	97.7
稀有稀土金属矿采选	Mining and Processing of Rare Earth and Rare Metals Ores	111.2	114.5
非金属矿采选业	**Mining and Processing of Nonmetal Ores**	**104.4**	**106.3**
土砂石开采	Mining of Soil,Sand and Stone	105.8	108.6
采盐	Mining and Processing of Salt Ores	100.6	101.2
石棉及其它非金属矿采选产品	Mining and Processing of Asbestos and Other Nonmetal Ores	100.3	99.1
农副食品加工业	**Processing of Food from Agricultural Products**	**101.4**	**100.7**
谷物磨制	Polishing of Grain	102.9	98.6
饲料加工	Processing of Feed	100.0	103.0
植物油加工	Processing of Vegetables,Fungi,Fruits and Nuts	106.7	102.5
屠宰及肉类加工	Slaughtering and Processing if Meat	94.8	95.2
水产品加工	Processing of Aquatic Products	108.7	102.1
蔬菜、菌类、水果和坚果加工	Processing of Vegetable,Fungi,Fruits and Nuts	100.5	100.8
其他农副食品加工	Processing of Other Food from Agricultural Products	99.2	99.3
食品制造业	**Manufacture of Foodstuff**	**100.5**	**101.3**
焙烤食品制造	Manufacture of Baking Foodstuff	99.3	102.3
糖果、巧克力及蜜饯制造	Manufacture of Sweet,Chocolate and Candied Fruit	102.8	102.7
方便食品制造	Manufacture of Convenience Food	100.3	100.6
乳制品制造	Manufacture of Dairy Products	100.1	100.3
罐头食品制造	Manufacture of Cans Food	99.0	97.8
调味品、发酵制品制造	Manufacture of Condiments and Fermentation Products	101.2	100.3
其他食品制造	Manufacture of Other Foodstuff	100.9	102.1
酒、饮料及精制茶制造业	**Manufacture of Wine, Beverages and Refined Tea**	**101.6**	**101.6**
酒的制造	Manufacture of Liquor	105.1	101.8
饮料制造	Manufacture of Beverages	98.8	101.7
精制茶加工	Processing of Refined Tea	98.9	99.4
烟草制品业	**Manufacture of Tobacco**	**100.0**	**100.5**
卷烟制造	Manufacture of Cigarettes	100.0	100.5
纺织业	**Manufacture of Textile**	**107.4**	**104.8**
棉纺织及印染精加工	Processing and Dyeing of Cotton and Textile	107.6	103.9
毛纺织及染整精加工	Processing and Dyeing of Wool Textile	86.5	101.6
麻纺织及染整精加工	Processing and Dyeing of Flax Textile	118.8	129.9
丝绢纺织及印染精加工	Processing and Dyeing of Silk Textile	111.0	108.1
化纤织造及印染精加工	Processing and Dyeing of Chemical Fiber	110.8	105.1
家用纺织制成品制造	Manufacture of Household Textile Products	101.7	104.2
产业用纺织制成品制造	Manufacture of Household Industrial Textile Products	100.3	98.5
纺织服装、服饰业	**Manufacture of Textile Wearing Apparel, Dress**	**96.6**	**102.6**
机织服装制造	Manufacture of Woven Garments	95.4	104.7
针织或钩针编织服装制造	Manufacture of Knitted or Crocheted Garments	100.4	98.3
服饰制造	Manufacture of Clothing	93.7	96.9
皮革、毛皮、羽毛及其制品和制鞋业	**Manufacture of Leather, Fur, Feather and Related Products and Footwear**	**100.6**	**100.2**

8-8 续表1 continued

(上年=100) (preceding year=100)

行　业	Sector	2017	2018
皮革鞣制加工	Processing of Leather	100.1	101.3
皮革制品制造	Manufacture of Leather Products	100.3	100.1
毛皮鞣制及制品加工	Manufacture and Processing of Fur Products	95.9	97.8
羽毛(绒)加工及制品制造	Manufacture and Processing of Feather Products	104.7	106.8
制鞋业	Manufacture of Shoes	100.2	98.8
木材加工及木、竹、藤、棕、草制品业	**Processing of Timber,Manufacture of Wood,Bamboo,Rattan,Palm, and Straw Products**	**101.0**	**102.8**
木材加工	Processing of Wood	104.9	112.9
人造板制造	Manufacture of Plywood	100.7	100.7
木制品制造	Manufacture of Wood Products	103.4	103.4
竹、藤、棕、草等制品制造	Manufacture of Penny,Vines Coir and Grass Products	98.7	102.1
家具制造业	**Manufacture of Furniture**	**101.0**	**102.2**
木质家具制造	Manufacture of Wood Furniture	101.3	101.7
金属家俱制造	Manufacture of Metal Furniture	106.6	109.4
其他家具制造	Manufacture of Other Furniture	92.9	99.8
造纸及纸制品业	**Manufacture of Paper and Paper Products**	**105.5**	**106.3**
造纸	Manufacture of Paper	107.4	105.4
纸制品制造	Manufacture of Paper Products	103.0	107.4
印刷和记录媒介复制业	**Printing, Reproduction of Recording Media**	**92.4**	**100.7**
印刷	Printing	92.2	100.7
记录媒介复制	Copy of Record Media	100.0	100.0
文教、工美、体育和娱乐用品制造业	**Manufacture of Articles For Culture,Education, Artwork, Sport Activity and Amusement**	**102.2**	**101.3**
文教办公用品制造	Manufacture of Office Supplies For Culture,Education	108.5	102.3
乐器制造	Manufacture of Music Instruments	102.4	100.5
工艺美术及礼仪用品制造	Manufacture of Arts and Crafts and Etiquettes	102.5	102.0
体育用品制造	Manufacture of Sport Articles	100.1	101.1
玩具制造	Manufacture of Toys	99.3	96.4
游艺器材及娱乐用品制造	Manufacture of Recreational Equipment and Entertainmtng Products	102.7	102.9
石油、煤炭及其他燃料加工业	Processing of Petroleum,Coal and Other Fuel		**113.7**
精炼石油产品制造	Manufacture of Refined Petroleum Products	114.0	115.2
煤炭加工	Processing of Coal		112.1
化学原料和化学制品制造业	**Manufacture of Raw Chemical Materials and Chemical Products**	**108.8**	**102.2**
基础化学原料制造	Manufacture of Basic Chemical Material	110.9	108.8
肥料制造	Manufacture of Fertilizers	105.0	114.6
农药制造	Manufacture of Pesticides	103.5	103.7
涂料、油墨、颜料及类似产品制造	Manufacture of Coating,Ink and Paint Products	101.7	101.4
合成材料制造	Manufacture of Synthetic Materials	115.5	110.1
专用化学产品制造	Manufacture of Specialized Chemical Products	111.7	95.0
炸药、火工及焰火产品制造	Manufacture of Explosives, pyrotechnics and fireworks	100.5	101.1
日用化学产品制造	Manufacture of Daily Used Chemical Products	102.5	100.4
医药制造业	**Manufacture of Medicines**	**102.4**	**107.6**
化学药品原料药制造	Manufacture of Chemical Original Drug	102.4	104.3
化学药品制剂制造	Manufacture of Chemical Agents	102.1	129.0
中药饮片加工	Manufacture of Herbal Medicine	108.4	102.5
中成药生产	Manufacture of Proprietary Chinese Medicine	101.2	101.5
兽用药品制造	Manufacture of Veterinary Drugs	100.0	102.7
生物药品制品制造	Manufacture of Biopharmaceutical Products	113.6	112.0
卫生材料及医药用品制造	Manufacture of Sanitation Materials and Medical Supplies	98.6	99.6
药用辅料及包装材料	Pharmaceutical Excipients and Packaging Materials		99.6
化学纤维制造业	**Manufacture of Chemical Fibers**	**107.5**	**94.4**
纤维素纤维原料及纤维制造	Manufacture of Cellulose Fibers and Fibers	109.4	92.5
合成纤维制造	Manufacture of Synthetic Fibers	101.0	101.2
生物基材料制造	Manufacture of Biological Material		92.5
橡胶和塑料制品业	**Manufacture of Rubber and Plastics**	**101.7**	**100.3**
橡胶制品业	Manufacture of Rubber	101.5	99.3
塑料制品业	Manufacture of Plastics	101.8	100.6

8-8 续表2 continued

(上年=100) (preceding year=100)

行 业	Sector	2017	2018
非金属矿物制品业	**Manufacture of Non-metallic Mineral Products**	**105.4**	**111.0**
水泥、石灰和石膏制造	Manufacture of Cement, Lime and Gypsum	112.0	126.9
石膏、水泥制品及类似制品制造	Manufacture of Cement and Gypsum	110.1	122.8
砖瓦、石材等建筑材料制造	Manufacture of Brick, Stone	102.1	108.6
玻璃制造	Manufacture of Glass	111.4	101.8
玻璃制品制造	Manufacture of Glass Products	95.5	104.6
玻璃纤维和玻璃纤维增强塑料制品制造	Manufacture of Glass Fiber and Glass Fiber Reinforced Plastic Products	107.8	100.3
陶瓷制品制造	Manufacture of Ceramic Products	101.5	102.5
耐火材料制品制造	Manufacture of Refractory Products	101.0	100.3
石墨及其他非金属矿物制品制造	Manufacture of Graphite and Other Non-metallic Mineral Products	99.2	99.3
黑色金属冶炼和压延加工业	**Smelting and Pressing of Ferrous Metals**	**137.6**	**109.3**
炼钢	Steelmaking	94.8	105.3
钢压延加工	Smelting and Pressing of Steel	141.9	109.7
铁合金冶炼	Smelting of Alloy Iron	100.3	91.5
有色金属冶炼和压延加工业	**Smelting and Pressing of Non-ferrous Metals**	**117.7**	**106.0**
常用有色金属冶炼	Smelting of Frequently Used Non-Ferrous Metal	117.4	104.5
贵金属冶炼	Smelting of Precious Metal	110.3	101.9
稀有稀土金属冶炼	Smelting of Rare Earth and Rare Metals	120.5	110.8
有色金属合金制造	Manufacture of Non-Ferrous Metaling Alloy	103.5	102.7
有色金属压延加工	Pressing of Non-Ferrous Metal	119.3	106.4
金属制品业	**Manufacture of Metal Products**	**112.3**	**108.4**
结构性金属制品制造	Manufacture of Structural Metal Products	111.9	110.6
金属工具制造	Manufacture of Metal Tools	101.8	105.6
集装箱及金属包装容器制造	Manufacture of Containers and Metal Packaging	102.3	116.7
金属丝绳及其制品制造	Manufacture of Metal Wire, Ropes and Its Products	134.2	110.8
建筑、安全用金属制品制造	Manufacture of Metal Products for Construction and Safety	112.2	105.7
金属表面处理及热处理加工	Processing of Metal Surface Treatment and Heat Treatmeng	118.7	100.8
搪瓷制品制造	Manufacture of Enamel Products	101.8	100.3
金属制日用品制造	Manufacturing of Metal Commodities	101.2	108.1
锻造及其他金属制品制造	Forging and Manufacture of Other Metal Products		105.2
通用设备制造业	Manufacture of General Purpose Machinery	**104.0**	**102.6**
锅炉及原动设备制造	Manufacture of Boilers and Original Motivation	99.6	102.2
金属加工机械制造	Manufacture of Metal Processing Machinery	101.0	102.5
物料搬运设备制造	Manufacture of Material Handling Equipment	101.1	102.3
泵、阀门、压缩机及类似机械制造	Manufacture of Pumps, Valves, Compressors	105.8	103.3
轴承、齿轮和传动部件制造	Manufacture of Bearings, Gears and Transmission Components	107.5	101.8
烘炉、风机、包装等设备制造	Manufacture of Dyring Furnace,Fan,Packing and Other Equipment	97.9	99.7
通用零部件制造	Manufacture of General Components	108.6	104.0
其他通用设备制造	Manufacture of Other General Equipment	103.8	101.1
专用设备制造业	Manufacture of Special Purpose Machinery	**100.6**	**101.3**
采矿、冶金、建筑专用设备制造	Manufacture of Special Equipment for Mining,Metallurgy, Construction	100.1	101.1
化工、木材、非金属加工专用设备制造	Manufacture of Special Equipment for Chemicals, Wood, Non-metallic Processing	100.7	103.4
食品、饮料、烟草及饲料生产专用设备制造	Manufacture of Special Equipment for Food, Beverage,Tobacco and Feed Production	99.1	100.2
印刷、制药、日化及日用品生产专用设备制造	Manufacture of Special Equipment for Printing, Pharmaceuticals, Cosmetics and Daily Production	100.0	100.0
纺织、服装和皮革加工专用设备制造	Manufacture of Special Equipment for Textiles, Clothing and Leather Industry	101.8	101.1
农、林、牧、渔专用机械制造	Manufacture of Special Equipment for Agriculture,Forestry, Animal Husbandry, Fishery	101.2	105.4
医疗仪器设备及器械制造	Manufacture of Medical Equipment and Instrument	100.9	101.8
环保、邮政、社会公共服务及其他专用设备制造	Manufacture of Environmental Protection,Postal Service,Public Service and Other Special Equipment	100.6	99.5

8-8 续表3 continued

(上年=100) (preceding year=100)

行　　业	Sector	2017	2018
汽车制造业	**Manufacture of Automobiles**	**99.9**	**100.2**
汽车整车制造	Manufacture of Automobiles	99.0	99.9
汽车用发动机制造	Manufacture of Automotive Engine		99.9
改装汽车制造	Manufacture of Refit Automobiles	102.7	100.5
汽车车身、挂车制造	Manufacture of Automobiles and Trailers	101.3	105.9
汽车零部件及配件制造	Manufacture of Auto parts and accessories	100.4	100.5
铁路、船舶、航空航天和其他运输设备制造业	**Manufacture of Railway,Shipping,Aerospace and Other Transport Equipment**	**100.2**	**99.6**
铁路运输设备制造	Manufacture of Equipment for Railway Transport	99.5	96.5
船舶及相关装置制造	Manufacture of Shipping and Related Devices	100.5	99.4
摩托车制造	Manufacture of Motorcycles	98.9	101.0
助动车制造	Manufacture of Moped Bicycle	100.0	100.0
非公路休闲车及零配件制造	Manufacture of Off-highway Leisure Vehicles and Parts	100.1	99.9
电气机械及器材制造业	**Manufacture of Electrical Machinery and Equipment**	**103.0**	**94.8**
电机制造	Manufacture of Electrical Motors	101.9	101.1
输配电及控制设备制造	Manufacture of Power Distribution and Control Equipment	100.6	83.7
电线、电缆、光缆及电工器材制造	Manufacture of Wires, Cables,Fiber-optic Cables and Electrical Equipment	106.2	101.7
电池制造	Manufacture of Electric Cells	106.0	105.2
家用电力器具制造	Manufacture of Household Electrical Apparatus	100.6	97.7
非电力家用器具制造	Manufacture of Household Nonelectrical Apparatus	100.0	100.0
照明器具制造	Manufacture of Lighting Devices	102.4	103.4
其他电气机械及器材制造	Manufacture of Other Electrical Machinery and Equipment	102.4	94.5
计算机、通信和其他电子设备制造业	**Manufacture of Computers,Communications and Other Electronic Equipment**	**100.8**	**99.8**
计算机制造	Manufacture of Computers	**99.7**	**100.3**
通信设备制造	Manufacture of Communication Equipment	99.8	99.1
广播电视设备制造	Manufacture of Communication Broadcasting and TV Equipment	101.3	100.6
视听设备制造	Manufacture of Audio-visual Equipment	101.3	100.2
智能消费设备制造	Manufacture of Inelligent Consumption Equipment		99.3
电子器件制造	Manufacture of Electronic Devices	103.1	99.3
电子元件及电子专用材料制造	Manufacture of Electronic Components and Electronic Specialized Materials	99.2	100.5
其他电子设备制造	Manufacture of Other Electeical Equipment	100.8	99.3
仪器仪表制造业	**Manufacture of Measuring Instruments**	**99.7**	**103.7**
通用仪器仪表制造	Manufacture of General Measuring Instruments and Machinery	100.2	100.6
专用仪器仪表制造	Manufacture of Special Measuring Instruments and Machinery	96.9	106.1
钟表与计时仪器制造	Manufacture of Clocks and Timing Equipment	100.0	100.0
光学仪器制造	Manufacture of Optical Instruments	100.1	96.4
衡器制造	Manufacture of Weighing Instruments		112.8
其他制造业	**Manufacture of Other**	**101.6**	**98.9**
日用杂品制造	Manufacture of Groceries for Daily Use	101.7	96.9
其他未列明制造业	Other Unspecified Manufacturing Industries	101.3	107.7
废弃资源综合利用业	**Comprehensive Utilization of Waste Resources**	**142.1**	**185.1**
金属废料和碎屑加工处理	Metal Waste and Fragment Treatment and Processing	148.1	190.5
非金属废料和碎屑加工处理	Processing and Disposal of Non-metallic Waste and Debris	77.9	93.0
金属制品、机械和设备修理业	**Repair of Metal Products, Machinery and Equipment**	**91.4**	**99.5**
其他机械和设备修理业	Other Machinery and Equipment Repair Industries	91.4	99.5
电力、热力生产和供应业	**Production and Supply of Electric Power and Heat Power**	**99.4**	**100.2**
电力生产	Production of Electric Power	100.9	102.1
电力供应	Supply of Electric Power	98.8	99.4
热力生产和供应	Production and Supply of Heat Power	96.0	119.0
燃气生产和供应业	**Production and Supply of Gas**	**96.5**	**99.3**
燃气生产和供应业	Production and Supply of Gas		99.3
生物质燃气生产和供应业	Production and Supply of Biomass Gas		99.3
水的生产和供应业	**Production and Supply of Water**	**[illegible]**	**108.4**
自来水生产和供应	Production and Supply of Water	103.0	109.4
污水处理及其再生利用	Sewage Treatment and Recycling	100.0	102.3

8–9 工业生产者购进价格指数
Purchasing Price Indices for Industrial Producers

(上年=100) (preceding year=100)

类　　别	Type	2005	2010	2015	2017	2018
总指数	**General Index**	**110.0**	**111.8**	**93.6**	**107.2**	**103.2**
燃料、动力类	Fuel and Power	112.8	106.6	89.6	110.2	105.6
黑色金属材料类	Ferrous Metals	105.3	108.0	87.8	112.1	104.3
钢　　材	Steel	106.9	105.3	91.6	111.0	106.9
其　　他	Others	103.7	111.4	77.9	114.5	98.7
有色金属材料及电线类	Nonferrous Metals and Wire	125.7	135.0	88.4	110.4	104.3
化工原料类	Raw Chemical Materials	109.0	111.9	94.9	105.8	98.8
木材及纸浆类	Timber and Paper Pulp	107.7	106.6	99.0	106.9	103.8
建筑材料及非金属类	Building Materials and Nonmetal Ores	113.1	104.5	95.1	108.4	107.6
其它工业原材料及半成品类	Other Industrial Raw Materials and Semifinished Products	103.6	108.3	97.7	102.9	101.9
农副产品类	Agricultural Products	100.6	119.8	99.1	101.3	99.8
纺织原料类	Textile Materials	102.4	112.7	97.8	103.4	102.8

8–10 固定资产投资价格指数
Price Indices of Investment in Fixed Assets

(上年=100) (preceding year=100)

类　　别	Type	2005	2010	2016	2017	2018
固定资产投资	**Investment in Fixed Assets**	**100.5**	**104.8**	**100.0**	**106.1**	**106.4**
建筑安装工程	**Construction and Installation**	**99.2**	**105.6**	**100.3**	**108.6**	**109.2**
人工费	Labor Costs	107.6	106.7	103.6	105.1	105.4
材料费	Material Costs	97.1	105.6	98.5	111.6	111.7
钢　材	Steel	96.5	105.1	98.1	123.1	114.5
木　材	Wood	98.2	104.3	102.5	99.9	104.1
水　泥	Cement	92.1	106.5	96.5	106.5	113.5
地方建筑材料	Local Building Materials	102.2	106.0	100.7	105.0	111.1
化工材料	Chemical Materials	105.9	113.7	98.2	105.7	106.0
电　　料	Electric Materials	102.4	107.7	100.2	102.4	104.7
其他材料	Other Materials	102.2	102.3	100.5	106.4	103.0
机械使用费	Machinery Costs	100.7	103.2	101.2	101.6	102.8
设备、工器具购置	**Purchase of Equipment,Tools and Instruments**	**100.3**	**102.0**	**98.7**	**100.8**	**100.1**
其他费用	**Others**	**107.2**	**105.4**	**100.5**	**100.7**	**101.0**

主要统计指标解释

居民消费价格指数 是反映一定时期内城乡居民所购买的生活消费品价格和服务项目价格变动趋势和程度的相对数，是对城市居民消费价格指数和农村居民消费价格指数进行综合汇总计算的结果。该指数可以观察和分析消费品的零售价格和服务项目价格变动对城乡居民实际生活费支出的影响程度。

商品零售价格指数 是反映一定时期内城乡商品零售价格变动趋势和程度的相对数。商品零售价格的变动直接影响到城乡居民的生活支出和国家的财政收入，影响居民购买力和市场供需的平衡，影响到消费与积累的比例关系。因此，该指数可以从一个侧面对上述经济活动进行观察和分析。

工业生产者价格指数 是反映工业产品价格变化趋势和变动幅度的统计指标，是工业企业的产品价格在不同时间和空间条件下平均变动的相对数，包括工业品第一次出售时的出厂价格和企业作为中间投入的原材料、燃料、动力购进价格。该指数是进行国民经济核算和经济管理的重要依据。

固定资产投资价格指数 是反映一定时期内固定资产投资品及项目的价格变动趋势和程度的相对数。固定资产投资额是由建筑安装工程投资完成额、设备工器具购置投资完成额和其他费用投资完成额三部分组成的。编制固定资产投资价格指数应首先分别编制上述三部分投资的价格指数，然后采用加权算术平均法求出固定资产投资价格总指数。

该指数可以准确地反映固定资产投资中涉及的各类投资品和取费项目价格变动趋势和变动幅度，消除按现价计算的固定资产投资指标中的价格变动因素，真实地反映固定资产投资的规模、速度、结构和效益，为国家科学地制定、检查固定资产投资计划并提高宏观调控水平，为完善国民经济核算体系提供科学的、可靠的依据。

Explanatory Notes on Main Statistical Indicators

Consumer Price Indices reflect the trend and degree of changes in prices of consumer goods and services purchased by urban and rural households during a given period. They are obtained by combining the Urban Consumer Price Indices and the Rural Consumer Price Indices. The Indices enable the observation and analysis of the degree of impact of the changes in the prices of retailed goods and services on the actual living expenses of urban and rural residents.

Retail Price Indices reflect the trend and degree of change in retail prices of commodities during a given period. The change in retail prices of commodities directly affect the living expenses of urban and rural residents, government revenue, purchasing power of residents and the equilibrium of market supply and demand, and the ratio of consumption to accumulation. Therefore, the retail price indices are useful from an oblique perspective for observing and analyzing the changes of the above economic activities.

Industry producer price index measures the trend and degree of variance of industry producer price. It is a relative figure of average variance in different time and space, which includes factory price of first sale and intermediate inputs of raw materials, fuel and power. It is a important base of national economic accounting and economic governance.

Price Indices of Investment in Fixed Assets reflect the trend and degree of changes in prices of investment goods and projects in fixed assets during a given period. The investment in fixed assets consists of three components, namely the investment in construction and installation, the investment in purchases of equipment and instrument, and the investment in other items. Price indices of investment in fixed assets are calculated as the weighted arithmetic mean of the price indices of the three components of investment in fixed assets.

Removing the factor of price change in the aggregates of investment at current prices, this indicator shows the changes in the prices of commodities and fees involved in the investment of fixed assets, and can be used to observe the actual size, growth, structure, and efficiency of investment in fixed assets and provides reliable and scientific data for government planning, management, decision-making, and further improving the current national accounting system.

9

人民生活

PEOPLE'S LIVELIHOOD

◆171/201

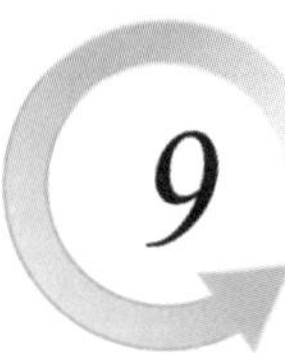

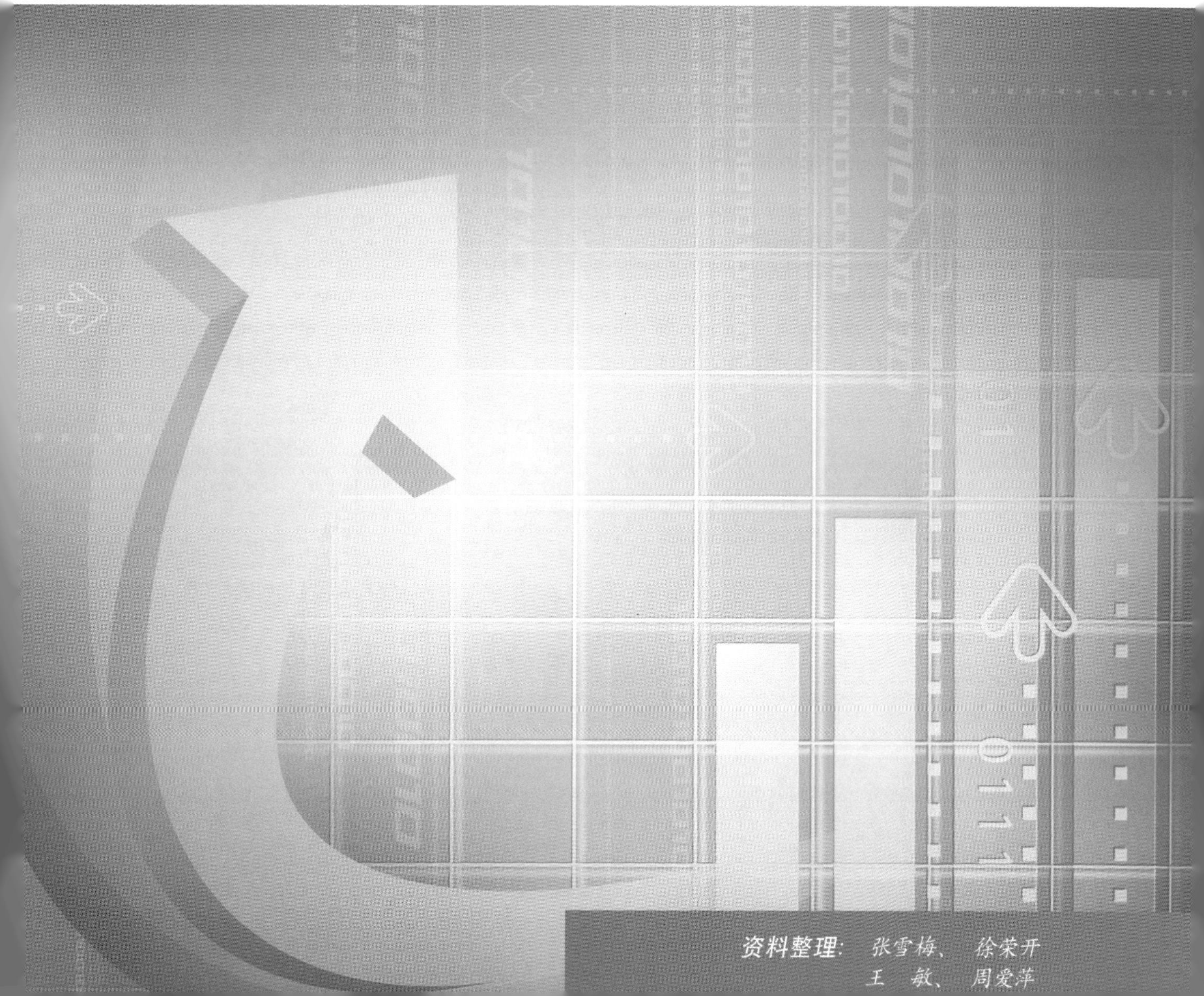

资料整理：张雪梅、徐荣开
王　敏、周爱萍

简要说明

一、本篇资料的主要内容

本篇资料反映了全省城镇、农村居民的家庭收支、人口就业、居住、耐用消费品拥有、生产和生活等方面的情况。

二、本篇资料的来源

本篇资料中城镇、农村居民家庭相关资料来源于居民收支调查年报，由国家统计局江西调查总队居民收支调查处整理提供。

三、本篇资料的调查口径

从2013年起，国家统计局开展了城乡一体化住户收支与生活状况抽样调查，与2013年前的分城镇和农村住户抽样调查的调查范围、调查方法、指标口径有所不同。2013年前城镇和农村住户调查的指标为老口径数据，2013年后城镇和农村居民调查的指标为新口径数据。

Brief Introduction

I. Content

Data in this chapter show the basic conditions of the people's livelihood for the whole province, including income and expenditure of the households, employment, housing condition, consumption, and possession of the major consumer goods, etc.

II. Source of Data

Data in this chapter are based on the data collected by the sample survey on household income and expenditure, and are prepared and provided by the Division of Household Income and Expenditure Survey of Survey Office of the National Bureau of Statistics in Jiangxi.

Ⅲ Statistical Caliber

The sample survey of the integration of urban and rural residents income and life situation has been conducted since 2013. The scope of investigation, investigation method, index caliber therefore varies from the sample survey of residents by residences before 2013. New statistical caliber has been applied since 2013.

9-1 人民物质文化生活情况
People's Material and Cultural Life

指　　标	Item	1978	2000	2010	2017	2018
就　业(人)	**Employment (person)**					
城镇居民每一劳动力负担人口	Number of Dependents per Employee of Urban Household		1.79	1.87	1.45	1.65
农村居民每一劳动力负担人口	Number of Dependents per Laborer of Rural Household	2.50	1.46	1.35	1.85	2.06
收　入(元)	**Income (yuan)**					
城镇非私营单位在岗职工平均工资	Average Wage of Employed Staff and Workers in Urban Nonprivate Units	552	7014	29092	63069	70772
城镇居民人均可支配收入	Per Capita Annual Disposable Income of Urban Households	305	5104	15481	31198	33819
农村居民人均可支配收入	Per Capita Net Income of Rural Residents	141	2135	5789	13242	14460
储　蓄(元)	**Saving (yuan)**					
平均每人住户存款年末余额	Per Capita Balance of Saving Deposit at Year-end	13	2997	13746	33542	36975
居　住(平方米)	**Residence (sq.m)**					
城镇居民人均建筑面积	Per Capita Building Space of Urban Households			38.9	42.5	48.3
农村居民人均建筑面积	Per Capita Living Space of Rural Households		27.8	40.3	54.9	59.2
交通、通讯	**Traffic and Communication**					
城镇居民每百户汽车拥有量(辆)	Number of Automobiles per 100 Urban Households (unit)		0.39	5.31	29.21	30.73
城镇居民每百户摩托车拥有量(辆)	Number of Motorcycles per 100 Urban Households (unit)		12.96	20.77	29.04	34.71
城镇居民每百户拥有移动电话(部)	Number of Mobile Telephones per 100 Urban Households (unit)		14.37	181.18	235.73	257.27
农村居民每百户汽车拥有量(辆)	Number of Bicycles per 100 Rural Households (unit)				16.54	19.79
农村居民每百户摩托车拥有量(辆)	Number of Motorcycles per 100 Rural Households (unit)		17.47	60.49	75.60	67.42
农村居民每百户拥有移动电话(部)	Number of Mobile Telephones per 100 Rural Households (unit)		1.43	140.98	249.52	274.55
教　育	**Education**					
每万人中有普通高等学校在校学生(人)	Students Enrollment of Regular Higher Education Institutions per 10 000 Population (person)	6.9	35.3	188.0	235.8	277.1
每万人中有中等学校在校学生(人)	Students Enrollment of Secondary Schools per 10 000 Population (person)	540.7	702.4	788.7	655.5	771.1
每万人中有小学在校学生(人)	Students Enrollment of Primary Schools per 10 000 Population (person)	1614.2	1018.9	955.9	920.9	911.3
卫　生	**Health**					
每万人中有卫生技术人员(人)	Number of Medical Technical Personnels per 10 000 Population (person)	22.1	29.7	34.7	51.0	53.2
#医生	Doctors	9.6	13.1	13.3	18.1	18.8
每万人中有病床数(张)	Number of Hospital Beds per 10000 Population (bed)	22.7	21.9	28.7	50.7	53.8
#医院卫生院	Hospital Beds	20.5	20.1	23.1	46.5	49.47
文　化(台/套)	**Culture (set)**					
城镇居民每百户拥有彩色电视机	Number of Color TV per 100 Urban Households		106.01	148.00	136.29	130.34
城镇居民每百户拥有照相机	Number of Cameras per 100 Urban Households		25.48	33.82	19.27	10.00
城镇居民每百户拥有计算机	Number of Computers per 100 Urban Households		4.56	59.91	74.33	58.16
农村居民每百户拥有计算机	Number of Computers per 100 Rural Households		2.00	5.22	24.59	23.67
农村居民每百户拥有彩色电视机	Number of Color TV per 100 Rural Households		30.16	106.86	132.12	126.67
农村居民每百户拥有照相机	Number of Cameras per 100 Rural Households		2.08	2.69	1.96	1.63

注：2013年之前为农村居民人均纯收入指标，2013年之后所有调查指标为新口径调查数据，无纯收入指标，统一为可支配收入指标。后同。

a) Rural per capita net income has been adjusted to per capita disposable income of rural residents since 2013. The same applies to the tables following.

9-2 居民消费水平

Household Consumption Expenditure

本表绝对数按当年价格计算，指数按可比价格计算.

Level in this table are calculated at current prices, while indices are calculated at constant prices

年份 Year	绝对数(元) Level (yuan)			指数(上年=100) Index (Preceding Year=100)			指数(1978=100) Index (year of 1978=100)		
	全体居民 All Households	农村居民 Rural Household	城镇居民 Urban Household	全体居民 All Households	农村居民 Rural Household	城镇居民 Urban Household	全体居民 All Households	农村居民 Rural Household	城镇居民 Urban Household
1978	181	161	281	115.7	115.7	109.7	100	100	100
1979	203	179	323	110.7	109.7	113.4	110.7	109.7	113.4
1980	211	183	340	99.7	98.0	101.0	110.4	107.5	114.5
1981	230	194	394	104.1	101.3	110.8	114.9	108.9	126.9
1982	266	235	403	112.4	117.7	99.5	129.1	128.2	126.3
1983	282	253	410	104.5	106.1	100.3	134.9	136.0	126.7
1984	311	279	448	107.6	107.6	106.6	145.2	146.3	135.1
1985	367	327	535	108.7	107.9	109.7	157.8	157.9	148.2
1986	395	346	590	101.6	101.0	101.6	160.3	159.5	150.6
1987	427	365	675	103.7	101.7	107.0	166.2	162.2	161.1
1988	506	421	842	104.7	101.7	111.7	174.0	165.0	179.9
1989	580	480	971	100.0	101.6	96.5	174.0	167.6	173.6
1990	666	577	1017	104.5	104.8	103.6	181.8	175.6	179.8
1991	706	605	1105	103.6	103.2	104.6	188.3	181.2	188.1
1992	770	634	1295	106.7	105.1	110.0	200.9	190.4	206.9
1993	887	712	1566	105.9	105.0	107.8	212.8	199.9	223.0
1994	1182	923	2165	105.8	105.2	106.3	225.1	210.3	237.0
1995	1559	1266	2632	106.8	107.6	104.2	240.4	226.3	247.0
1996	1857	1553	2942	112.2	115.7	104.4	269.7	261.8	257.9
1997	1930	1569	3200	104.4	103.1	106.7	281.6	269.9	275.2
1998	1973	1599	3267	101.6	101.4	101.7	286.1	273.7	279.9
1999	2056	1637	3482	104.4	103.9	105.0	298.7	284.4	293.9
2000	2396	1793	4488	116.6	114.9	117.2	348.3	326.8	344.5
2001	2500	1801	4845	104.8	101.2	108.0	365.0	330.7	372.1
2002	2651	1879	5138	106.0	104.3	106.0	386.9	344.9	394.4
2003	2739	1964	5127	102.9	104.0	99.6	392.5	353.6	387.3
2004	3353	2342	6300	111.6	109.8	110.8	438.0	388.3	429.1
2005	3821	2576	7329	109.6	108.1	109.5	480.0	419.8	469.9
2006	4173	2810	7950	125.0	120.1	129.2	600.0	504.2	607.1
2007	4702	3061	9200	108.4	105.9	110.3	650.4	533.9	669.6
2008	5753	3096	9642	114.8	105.4	93.4	746.7	562.7	625.4
2009	6229	3443	10033	112.3	113.4	108.9	838.5	638.1	681.1
2010	7957	4369	12593	111.9	114.8	108.3	938.3	732.5	737.6
2011	9469	5756	14029	111.8	120.9	105.9	1049.0	885.6	781.2
2012	10524	6331	15327	110.5	113.2	106.7	1159.1	1002.5	833.5
2013	11960	7352	16914	110.0	113.4	106.3	1275.1	1136.9	886.0
2014	13216	8425	18095	110.2	113.9	106.8	1405.1	1294.9	946.2
2015	14445	9343	19362	109.1	112.3	106.1	1533.0	1454.2	1004.0
2016	15909	11045	20335	108.9	112.5	105.8	1660.4	1636.0	1062.2
2017	17290	12009	21815	108.2	111.8	105.2	1806.3	1829.0	1117.4
2018	19299	13950	23620	108.2	111.6	105.4	1954.4	2041.2	1177.8

9-3 各地区住户存款年末余额（2018年）
Balance of Household Deposits at Year-end by Region (2018)

单位：亿元　　(100 million yuan)

地区	Region	本外币 RMB and Foreign Currency			人民币 RMB		
		年末余额 Balance	比年初 Over Beginning of Year	比年初增长(%) Growth Rate (%)	年末余额 Balance	比年初 Over Beginning of Year	比年初增长(%) Growth Rate (%)
全　省	**Provincial Total**	**17260.14**	**1676.92**	**10.8**	**17184.44**	**1678.16**	**10.8**
南昌市	Nanchang	3175.45	261.59	9.0	3132.04	261.59	9.1
景德镇市	Jingdezhen	680.75	48.52	7.7	678.50	48.66	7.7
萍乡市	Pingxiang	624.00	65.50	11.7	621.87	65.60	11.8
九江市	Jiujiang	1662.67	193.60	13.2	1658.18	193.68	13.2
新余市	Xinyu	553.38	45.29	8.9	551.59	45.32	9.0
鹰潭市	Yingtan	452.60	49.84	12.4	451.11	49.95	12.5
赣州市	Ganzhou	3054.74	314.72	11.5	3048.79	314.81	11.5
吉安市	Ji'an	1754.41	154.83	9.7	1751.41	155.14	9.7
宜春市	Yichun	1883.38	207.20	12.4	1879.47	207.33	12.4
抚州市	Fuzhou	1306.74	120.70	10.2	1303.69	120.89	10.2
上饶市	Shangrao	2110.53	215.08	11.3	2106.29	215.15	11.4

9-4 各地区住户贷款年末余额（2018年）
Balance of Household Loan at Year-end by Region (2018)

单位：亿元　　(100 million yuan)

地区	Region	本外币 RMB and Foreign Currency			人民币 RMB		
		年末余额 Balance	比年初 Over Beginning of Year	比年初增长(%) Growth Rate (%)	年末余额 Balance	比年初 Over Beginning of Year	比年初增长(%) Growth Rate (%)
全　省	**Provincial Total**	**12139.84**	**1897.96**	**18.5**	**12139.59**	**1897.95**	**18.5**
南昌市	Nanchang	3421.38	492.84	16.8	3421.30	492.84	16.8
景德镇市	Jingdezhen	294.28	57.45	24.3	294.27	57.46	24.3
萍乡市	Pingxiang	274.76	38.53	16.3	274.75	38.53	16.3
九江市	Jiujiang	1217.31	228.57	23.1	1217.29	228.57	23.1
新余市	Xinyu	301.95	30.05	11.1	301.94	30.05	11.1
鹰潭市	Yingtan	226.50	24.67	12.2	226.49	24.67	12.2
赣州市	Ganzhou	2312.00	375.63	19.4	2311.96	375.62	19.4
吉安市	Ji'an	1034.20	178.22	20.8	1034.19	178.22	20.8
宜春市	Yichun	1025.14	137.86	15.5	1025.12	137.86	15.5
抚州市	Fuzhou	887.73	141.15	18.9	887.72	141.16	18.9
上饶市	Shangrao	1129.64	192.39	20.5	1129.62	192.38	20.5

9–5 城镇居民基本情况

Basic Condition of Urban Households

年份 地区 Year Region	平均每户家庭人口数(人) Average Household Size (person)	平均每户劳动力人口数(人) Average Number of Employed Persons per Household (person)	平均每人每年可支配收入(元) Per Capita Annual Disposable Income (yuan)	可支配收入指数 Index of Disposable Income 以上年为100 (preceding year=100)	以1978年为100 (year of 1978=100)	平均每人每年消费支出(元) Per Capita Annual Consumption Expenditure (yuan)
1986	4.02		729.80	118.0	171.9	630.96
1987	3.98		791.90	100.6	172.9	703.20
1988	3.72		937.80	95.7	165.5	876.48
1989	3.65		1081.90	98.4	161.2	977.88
1990	3.60		1188.00	107.5	173.3	983.76
1991	3.54		1295.00	104.5	181.0	1110.24
1992	3.45		1585.00	113.8	206.0	1275.96
1993	3.37		1985.00	108.1	222.8	1585.68
1994	3.28		2777.00	110.2	245.6	2201.04
1995	3.20		3376.51	104.0	255.5	2712.48
1996	3.18		3780.20	103.6	264.6	2942.16
1997	3.13		4071.32	104.6	276.7	3199.56
1998	3.08		4254.88	103.4	286.0	3266.76
1999	3.06		4728.51	112.0	320.3	3482.28
2000	3.08		5116.46	105.9	339.2	3623.52
2001	3.04		5524.56	108.1	366.7	3894.48
2002	2.97		6362.67	114.8	421.0	4549.32
2003	2.97		6936.75	108.0	454.7	4914.60
2004	2.91		7604.82	106.0	482.0	5337.84
2005	2.89		8678.88	112.3	541.3	6109.44
2006	2.86		9625.05	110.0	595.4	6645.54
2007	2.85		11551.12	112.5	669.8	7810.73
2008	2.90		12989.51	108.3	725.4	8717.37
2009	2.88		14168.14	109.6	795.0	9739.99
2010	2.84		15655.93	107.3	853.0	10618.69
2011	2.87		17692.42	107.5	917.0	11747.21
2012	2.86		20084.62	110.6	1014.2	12775.65
2013	3.35	2.32	22120.00	107.8	1093.3	13843.00
2014	3.32	2.31	24309.00	107.3	1173.1	15142.00
2015	3.23	2.27	26500.12	107.4	1259.9	16731.81
2016	3.25	2.22	28673.28	106.1	1336.8	17695.65
2017	3.23	2.22	31198.06	106.7	1425.9	19244.46
2018	3.71	2.25	33819.40	106.2	1513.9	20760.02

注：可支配收入指数均按可比价计算。

a) Disposable income index is calculated at comparable price.

9-6 城镇居民按收入高低五等份分组基本情况（2018年）

Basic Indicators of Urban Households of Five Groups Divided Equally by Income Level (2018)

指　　标	Item	低收入组 Low Income Households	中低收入组 Lower Middle Income Households
占调查总户数比重(%)	Percentage of Households (%)	20	20
平均每户家庭人口数(人)	Average Household Size (person)	4.42	4.15
平均每户劳动力人口数(人)	Average Number of Laborer Per Household (person)	2.26	2.35
平均每户家庭劳动力人口比重(%)	Percentage of Laborer Per Household	51.23	56.62
平均每一劳动力负担人口(人)	Average Number of Persons Supported by A Laborer(Person)	1.95	1.77
平均每人每年可支配收入(元)	Per Capita Annual Disposable Income (yuan)	12189.57	21881.01
平均每人每年消费支出(元)	Per Capita Annual Disposable Income (yuan)	10937.02	15740.20

9-6 续表 continued

指　　标	Item	中等收入组 Middle Income Households	中高收入组 Upper Middle Income Households	高收入组 High Income Households
占调查总户数比重(%)	Percentage of Households (%)	20	20	20
平均每户家庭人口数(人)	Average Household Size (person)	3.75	3.27	2.96
平均每户劳动力人口数(人)	Average Number of Laborer Per Household (person)	2.33	2.21	2.08
平均每户家庭劳动力人口比重	Percentage of Laborer Per Household	62.09	67.48	70.28
平均每一劳动力负担人口(人)	Average Number of Persons Supported by A Laborer(Person)	1.61	1.48	1.42
平均每人每年可支配收入(元)	Per Capita Annual Disposable Income (yuan)	31163.04	43206.22	74940.04
平均每人每年消费支出(元)	Per Capita Annual Consumption Expenditure (yuan)	20164.21	24377.31	38862.61

9-7 城镇居民平均每人每年收支

Per Capita Annual Cash Income and Expenditure of Urban Households

单位：元 (yuan)

指　　标	Item	2017	2018
可支配收入	**Disposable Income**	**31198.06**	**33819.40**
工资性收入	Income of Wages and Salaries	19794.87	21451.08
#工资	Wages	19106.68	20772.29
经营净收入	Net Business Income	2605.52	2824.21
财产净收入	Income from Property	2630.47	2950.54
转移净收入	Income from Transfers	6167.20	6593.56
#养老金或离退休金	Pension or Retirement Annuities	6089.59	5221.44
总支出	**Total Expenditure of Households**	**25320.48**	**28252.36**
#消费支出	Consumption Expenditure	19244.46	20760.02
生产经营费用支出	Production and Operation	809.89	1317.62
财产性支出	Property	88.36	160.80
转移性支出	Transfer	1217.39	1395.59
个人所得税	Individual Income Tax	31.18	64.54
部分商业保险支出	Part of the Commercial Insurance Payments	20.07	163.19
购置资产及非经常性转移支出	Purchase of Assets and non Regular Payments	2853.81	3178.11
借贷性支出	Loan	1086.50	1277.03
#存入储蓄款	Money Deposited in Bank	299.67	104.18
借出款	Lending Money	27.69	54.60
归还借款	Money Returned to the Borrower	34.07	55.13
归还住房贷款	Housing Loan Returned	631.33	820.64

9-8 城镇居民平均每人每年收支（2018年）

Per Capita Annual Cash Income and Expenditure of Urban Households (2018)

单位：元 (yuan)

指　标	Item	合计 Total	低收入户 Low Income Households	中等偏下户 Lower Middle Income Households	中等收入户 Middle Income Households	中等偏上户 Upper Middle Income Households	高收入户 High Income Households
可支配收入	**Disposable Income**	**33819.40**	**12189.57**	**21881.01**	**31163.04**	**43206.22**	**74940.04**
工资性收入	Income of Wages and Salaries	21451.08	7684.47	13622.87	18280.82	27343.11	49864.51
#工资	Wages	20772.29	7646.51	13391.63	17800.98	26531.75	47518.20
经营净收入	Net Business Income	2824.21	1017.66	1840.10	2486.54	3636.70	6349.84
财产净收入	Income from Property	2950.54	879.72	1607.83	3041.28	3312.03	7367.08
转移净收入	Income from Transfers	6593.56	2607.71	4810.21	7354.41	8914.38	11358.60
#养老金或离退休金	Pension or Retirement Annuities	5221.44	1448.72	3773.44	6075.38	8215.47	8304.46
总支出	**Total Expenditure of Households**	**28252.36**	**16163.34**	**20803.56**	**26475.68**	**33822.48**	**52316.89**
#消费支出	Consumption Expenditure	20760.02	10937.02	15740.20	20164.21	24377.31	38862.61
生产经营费用支出	Production and Operation	1317.62	1922.28	599.25	567.47	1350.72	2327.99
财产性支出	Property	160.80	107.16	83.39	150.52	334.73	160.40
转移性支出	Transfer	1395.59	546.65	899.82	1412.94	1670.17	3006.95
个人所得税	Individual Income Tax	64.54	12.99	13.68	22.84	58.94	270.13
部分商业保险支出	Part of the Commercial Insurance Payments	163.19	81.86	64.29	90.39	261.80	398.14
购置资产及非经常性	Purchase of Assets and non Regular	3178.11	1962.79	2613.69	2821.21	3849.12	5427.54
借贷性支出	Loan	1277.03	605.58	802.91	1268.94	1978.64	2133.28
#存入储蓄款	Money Deposited in Bank	104.18	11.29	69.99	121.77	267.91	77.99
借出款	Lending Money	54.60	44.85	1.41	71.85	158.56	2.32
归还借款	Money Returned to the Borrower	55.13	52.50	27.73	72.09	57.47	74.17
归还住房贷款	Housing Loan Returned	820.64	352.20	611.47	800.08	1134.69	1467.60

9-9 城镇居民平均每人每年消费支出（2018年）

Per Capita Consumption Expenditure of Urban Households (2018)

单位：元 (yuan)

指 标	Item	合 计 Total	低收入户 Low Income Households	中等偏下户 Lower Middle Income Households	中等收入户 Middle Income Households	中等偏上户 Upper Middle Income Households	高收入户 High Income Households
消费支出	**Consumption Expenditure**	**20760.02**	**10937.02**	**15740.20**	**20164.21**	**24377.31**	**38862.61**
食品烟酒	Food，Cigarette and Wine	6232.56	3728.49	4986.51	6174.56	7556.76	9510.57
#食品	Food	4406.84	2855.13	3726.87	4440.36	5136.82	6058.02
烟酒	Cigarette and Wine	585.89	307.61	398.37	635.12	837.70	908.45
饮料	Beverage	83.73	47.25	68.94	78.93	107.27	137.00
饮食服务	Service	1156.10	518.50	792.33	1020.16	1474.96	2407.11
衣着	Clothing	1628.83	658.56	1035.30	1424.67	1851.24	3890.06
#衣类	Clothes	1346.18	540.01	847.01	1148.67	1519.70	3280.87
鞋类	Footwears	282.65	118.55	188.29	276.01	331.55	609.18
居住	Residence	4561.68	2418.92	3336.03	4696.79	5496.94	8764.03
生活用品及服务	Household Appliances and Services	1493.73	564.40	841.02	1248.98	1827.71	3699.18
交通通信	Transport and Communications	2537.63	1398.74	2059.88	2636.13	3149.01	4060.50
#交通	Transport	1850.45	1022.76	1499.82	1891.18	2287.25	3008.72
通信	Communications	687.18	375.98	560.07	744.95	861.76	1051.78
教育、文化娱乐	Education, Cultural and Recreation Services	2490.55	1263.62	2192.43	2436.87	2356.87	4939.22
#教育	Education	1425.86	985.39	1642.82	1422.04	1296.77	1921.84
文化娱乐	Cultural and Recreation Services	1064.69	278.23	549.61	1014.82	1060.10	3017.38
医疗保健	Health Care and Medical Services	1218.86	773.54	1058.99	1210.05	1606.18	1806.39
#医疗器具及药品	Instruments, Apparatuses and Medicines,	396.77	257.61	299.35	392.53	532.72	587.14
医疗服务	Service	822.09	515.92	759.65	817.52	1073.46	1219.25
其他用品和服务	Other Goods and Services	596.18	130.76	230.04	336.16	532.60	2192.66
#其他用品	Other Goods	380.81	74.13	138.63	166.78	355.95	1466.91
其他服务	Other Services	215.37	56.64	91.41	169.38	176.65	725.74

9-10 城镇居民平均每人每年消费支出和构成
Per Capita Consumption Expenditure and Expenditure Percentage of Urban Households

类　　别	Type	消费性支出（元）Consumption Expenditure (yuan)		构　成（%）Percentage (%)	
		2017	2018	2017	2018
消费支出	**Consumption Expenditure**	**19244.46**	**20760.02**	**100**	**100**
食品烟酒	Food，Cigarette and Wine	5994.00	6232.56	31.15	30.02
#食品	Food	4474.04	4406.84	23.25	21.23
烟酒	Cigarette and Wine	478.76	585.89	2.49	2.82
饮料	Beverage	70.70	83.73	0.37	0.40
饮食服务	Service	970.51	1156.10	5.04	5.57
衣着	Clothing	1531.22	1628.83	7.96	7.85
#衣类	Clothes	1244.00	1346.18	6.46	6.48
鞋类	Footwears	287.22	282.65	1.49	1.36
居住	Residence	4588.84	4561.68	23.84	21.97
生活用品及服务	Household Appliances and Services	1196.18	1493.73	6.22	7.20
交通通信	Transport and Communications	2156.95	2537.63	11.21	12.22
#交通	Transport	1411.03	1850.45	7.33	8.91
通信	Communications	745.92	687.18	3.88	3.31
教育、文化娱乐	Education, Cultural and Recreation Services	2235.36	2490.55	11.62	12.00
#教育	Education	1288.94	1425.86	6.70	6.87
文化娱乐	Cultural and Recreation Services	946.41	1064.69	4.92	5.13
医疗保健	Health Care and Medical Services	1044.26	1218.86	5.42	5.87
#医疗器具及药品	Instruments, Apparatuses and Medicines,	377.76	396.77	1.96	1.91
医疗服务	Service	666.49	822.09	3.46	3.96
其他用品和服务	Other Goods and Services	497.65	596.18	2.58	2.87
#其他用品	Other Goods	273.23	380.81	1.42	1.83
其他服务	Other Services	224.42	215.37	1.17	1.04

9-11 城镇居民平均每百户主要耐用消费品年末拥有量

Ownership of Major Consumer Good Per 100 Urban Households at Year-end

品　　名	Item	2005	2010	2017	2018
摩托车(辆)	Motorcycle (unit)	24.38	20.77	29.04	34.71
家用汽车(辆)	Family Vehicle (unit)	0.73	5.31	29.21	30.73
洗衣机(台)	Washing Machine (unit)	95.29	93.84	94.21	90.19
电冰箱(台)	Refrigerator (unit)	90.66	96.57	98.60	98.19
彩色电视机(台)	Color Television Set (unit)	139.31	148.00	136.29	130.34
计算机(台)	Computer (unit)	32.03	59.91	74.33	58.16
照相机(台)	Camera(unit)	37.35	33.82	19.27	10.00
中高档乐器(架)	Medium and High Grade Musical Instruments (piece)	8.67	6.70	4.21	6.96
微波炉(台)	Microwave Oven (unit)	38.93	55.86	54.21	43.46
空调(台)	Air Conditioner (unit)	72.41	107.67	137.65	134.80
热水器(台)	Shower Heater (unit)	81.77	92.28	95.90	96.58
健身器材(台)	Body Building Equipment (unit)	1.77	3.17	4.94	5.72
移动电话(部)	Mobile Telephone (unit)	136.26	181.18	235.73	257.27

9–12 农村居民家庭基本情况
Basic Statistics on Rural Households

年 份 Year	平均每户家庭人口（人） Average Permanent Population Per Household (person)	平均每户整半劳动力（人） Average Number of Full Semi Labour Force Per Household (person)	平均每个劳动力负担人口（人） Average Number of Dependents Per Laborer Force (person)	平均每人可支配收入（元） Per Capita Average Net Income (yuan)	平均每人住房面积（平方米） Per Capita Floor Space of Residential Buildings (sq.m)
1978	5.68	2.77	2.50	140.70	
1979	5.67	2.26	2.50	156.50	
1980	5.91	2.50	2.36	180.94	9.09
1981	6.06	2.78	2.18	226.87	10.05
1982	5.97	2.63	2.27	269.7	11.57
1983	5.92	2.9	2.04	301.76	13.92
1984	5.94	3.02	1.97	334.11	15.55
1985	5.79	3.09	1.87	377.31	16.20
1986	5.72	3.04	1.88	395.63	17.50
1987	5.61	3.02	1.85	429.29	18.47
1988	5.48	3.01	1.82	488.16	19.35
1989	5.38	3.02	1.78	558.64	19.94
1990	5.28	3.00	1.76	669.90	20.58
1991	5.09	2.92	1.74	702.53	20.08
1992	5.01	2.94	1.70	768.41	20.70
1993	4.92	3.02	1.63	869.81	22.91
1994	4.86	3.10	1.57	1218.19	21.61
1995	4.79	3.12	1.54	1537.36	22.70
1996	4.71	3.02	1.56	1869.63	24.00
1997	4.61	3.00	1.54	2107.28	24.33
1998	4.56	2.99	1.52	2052.87	25.31
1999	4.50	2.99	1.50	2139.95	26.90
2000	4.44	3.03	1.46	2151.09	27.79
2001	4.43	3.01	1.47	2253.85	28.25
2002	4.39	3.01	1.46	2335.40	29.24
2003	4.36	3.05	1.43	2494.78	30.55
2004	4.33	3.08	1.41	2836.93	31.35
2005	4.34	3.14	1.38	3193.94	34.10
2006	4.30	3.15	1.37	3541.00	35.91
2007	4.29	3.17	1.35	4151.800499	36.78
2008	4.29	3.16	1.36	4835.27	37.56
2009	4.29	3.17	1.35	5238.02	39.53
2010	4.29	3.18	1.35	5991.17	40.26
2011	4.25	3.06	1.39	7132.77	46.82
2012	4.24	3.04	1.40	8103.39	47.61
2013	4.20	2.40	1.75	9089.00	49.11
2014	4.20	2.31	1.82	10117.00	50.20
2015	4.11	2.24	1.83	11139.08	31.80
2016	4.05	2.18	1.86	12137.72	54.20
2017	4.06	2.19	1.85	13241.82	54.90
2018	4.30	2.09	2.06	14459.89	59.20

注：2013年之后人均常住人口指标为人均家庭人口，人均纯收入指标为人均可支配收入，2013年之后所有数据为新口径调查数据。后同。

a) Average permanent population per household has been adjusted to average family population per household, per capita net income to per capita disposable income since 2013. The new statistic standard has been applied since. The same applies as following tables.

9-13 平均每百户农村居民主要生产用固定资产拥有量
Ownership of Major Fixed Assets for Production Per 100 Rural Households

指　　　标	Item	2017	2018
生产性固定资产原值（元）	**Productive Original Value of Fixed Assets (yuan)**	**992749**	**1233957**
农　业	Agriculture	505202	504343
林　业	Forestry	5492	958
牧　业	Animal Husbandry	64662	130951
渔　业	Fishing	2743	7000
采矿业	Mining	19301	1667
制造业	Manufacturing	5593	78467
电力、热力、燃气及水的生产和供应业	Production and Supply of Electricity, Gas & Water	1494	129
建筑业	Construction	30066	39977
批发和零售业	Wholesale and Retail Trade	115678	117993
交通运输、仓储和邮政业	Traffic, Transport, Storage and Post	146499	212021
住宿和餐饮业	Hotels and Catering Services	37322	8340
居民服务与其他服务业	Services to Households and Other Services	49690	83524
其　他	Others	9006	48588
主要生产性固定资产数量	**Amount of Major Productive Fixed Assets**		
房屋及建筑物（平方米）	Housing and Building (aq.m)	3567.97	894.23
大中型农用拖拉机（台）	Large and Medium Agrimotor (unit)	0.81	0.71
小型农用拖拉机（台）	Small and Walking Agrimotor (unit)	12.22	10.83
农用排灌动力机械(台)	Power-driven Irrigation and Drainage Equipment (unit)	7.38	8.29
插秧机(台)	Rice Transplanter (unit)	0.06	0.29
收割机（台）	Harvester (unit)	1.40	1.96
脱粒机（台）	Thresher (unit)	9.20	3.34
役　畜（头）	Draught Animal (head)	11.05	8.60

9-14 农村居民人口与就业情况
Population and Employment of Rural Households

单位：人 (person)

指　　标	Item	2017	2018
农村居民人口状况	**Population of Rural Households**		
家庭常住人口	Number of Permanent Residents	10863	8200
5岁及以下	5 and Under	562	605
6-15岁	Aged 6 - 15	1965	1587
16-19岁	Aged 16 - 19	639	409
20-24岁	Aged 20 - 24	462	298
25-29岁	Aged 25 - 29	462	272
30-34岁	Aged 30 - 34	407	300
35-40岁	Aged 35 - 40	614	403
41-50岁	Aged 41 - 50	1986	1301
51-60岁	Aged 51 - 60	1940	1442
61-65岁	Aged 61 - 65	815	645
66岁及以上	66 and Over	1012	938
在校学生人数	Students Enrollment	2712	2038
农村住户劳动力素质状况	**Labor Force Quality of Rural Households**		
整半劳动力数	Number of Full/Semi Labour Force	7023	5022
#男劳动力人数	Number of Male Labour Force	3504	2535
整劳动力	Number of Full Labour Force	3130	2036
劳动力文化程度	Education of Labor Force		
未上过学	Un-Schooled	317	276
小学程度	Primary School	2462	2076
初中程度	Junior High School	3250	2109
高中程度	Senior High School	781	403
大专及以上	Junior College and over	213	158

9-14 续表 continued

单位：人 (person)

指　　标	Item	2017	2018
农村居民就业情况	**Employment of Rural Households**		
家庭常住从业人数	Resident Labor Force	6295	4320
就业类型	Type of Employment		
雇主	Employer	105	60
公职人员	Public Employee	43	24
事业单位人员	Institution Personnel	67	64
国有企业雇员	Employee of State-owned Enterprises	21	13
其他雇员	Other Employee	2246	1684
农业自营	Agricultural Self-run	3213	2099
非农自营	Non-agricultural Self-run	601	376
行业分布	Sector of Employment		
第一产业就业人数	Primary Industry	3295	2133
第二产业就业人数	Secondary Industry	1618	1194
采矿业	Mining and Quarrying	41	23
制造业	Manufacturing	688	548
电力、热力、燃气及水生产供应业	Production and Supply of Electricity, Gas & Water	36	27
建筑业	Construction	853	596
第三产业就业人数	Tertiary Industry	1383	993
批发和零售业	Wholesale and Retail Trades	445	229
交通运输、仓储和邮政业	Transport, Storage and Post	190	117
住宿和餐饮业	Hotels and Catering Services	127	97
居民服务、修理和其他服务业	Services to Households and Other Services	276	278
教　育	Education	68	61
卫生和社会工作	Health and Social Affairs	45	53
文化、体育和娱乐业	Culture, Sports and Entertainment	28	15
其　他	Others	204	143

9–15 平均每百户农村居民主要耐用消费品年末拥有量

Ownership of Major Durable Consumer Goods Per 100 Rural Households

品　　名	Item	2017	2018
家用汽车(辆)	Family Vehicle (unit)	16.54	19.79
摩托车(辆)	Motorcycle (unit)	75.60	67.42
洗衣机(台)	Washing Machine (unit)	55.25	62.54
电冰箱(台)	Refrigerator (unit)	91.42	94.62
彩色电视机(台)	Color TV Set (unit)	132.12	126.67
排油烟机(台)	Smoke Absorber (unit)	20.34	29.50
空调(台)	Air Conditioner (unit)	56.48	63.59
热水器(台)	Water Heater (unit)	68.01	76.71
微波炉(台)	Oven (unit)	11.20	12.83
固定电话(线)	Fixed-line Telephone (line)	13.07	12.25
移动电话(部)	Mobile Telephone (unit)	249.52	274.55
照相机(台)	Camera (unit)	1.96	1.63
计算机(台)	Computer (unit)	24.59	23.67
中高档乐器(架)	Medium and High Grade Musical Instrument (unit)	0.70	1.96

9-16 农村居民人均食品消费量

Per Capita Food Consumption of Rural Households

单位：公斤 (kg)

类　　别	Type	2017	2018
粮食	Grain	167.28	147.57
#谷物	Rice	159.90	140.11
薯类	Tubers	1.51	1.34
豆类	Soybeans	5.86	6.12
蔬菜及菜制品	Fresh Vegetable and Related Products	104.31	87.09
油脂类	Oil	11.97	12.82
#植物油	Vegetable Oil	11.36	12.09
肉类	Meat	21.05	26.71
#猪肉	Pork	17.42	23.52
牛肉	Beef	1.12	1.15
羊肉	Mutton	0.18	0.18
禽类	Poultry	6.69	7.08
水产品	Aquatic Products	8.43	9.49
蛋类及蛋制品	Eggs and Related Products	5.84	6.01
奶和奶制品	Milk and Dairy Products	6.59	5.92
食糖	Sugar	0.94	1.03
酒	Liquor and Beverages	10.85	10.94
干鲜瓜果类	Dry and Fresh Melon and Fruits	28.00	29.18

9-17 农村居民平均每人总收入

Per Capita Total Income of Rural Households

单位：元 (yuan)

指　　标	Item	2017	2018
全年总收入（未扣除生产费用）	**Annual Total Income**	**16196.34**	**18216.60**
工资性收入	Income From Wages and Salaries	5609.17	6120.98
经营性收入	Income from Household Operations	7579.85	8548.50
第一产业	Primary Industry	4943.42	5906.29
#农业	Agriculture	3273.98	3695.97
林业	Forestry	194.82	189.50
牧业	Animal Husbandry	1370.02	1848.81
渔业	Fishery	104.60	172.01
第二产业	Secondary Industry	629.43	818.71
第三产业	Tertiary Industry	2007.00	1823.51
财产性收入	Property Income	[illegible]	[illegible]
转移性收入	Transfer Income	2769.83	3282.99

9-18 农村居民平均每人现金收入

Per Capita Cash Income in Rural Households

单位：元 (yuan)

指标	Item	2017	2018
全年现金收入(未扣除生产费用)	**Annual Total Cash Income (Operating Expenses Undeducted)**	**15193.58**	**17348.44**
#现金工资性收入	Income from Wages and Salaries	5597.50	6114.21
#工资	Wages	5534.97	6074.11
其他工资性收入	Other Wage Incomes	62.53	40.11
现金经营性收入	Operational Income in Cash	6687.68	7832.61
第一产业	Primary Industry	4051.25	5190.39
#农业	Agriculture	2519.87	3133.65
林业	Forestry	139.39	98.06
牧业	Animal Husbandry	1291.38	1794.41
渔业	Fishery	100.61	164.27
第二产业	Secondary Industry	629.43	818.71
#采矿业	Mining	-	-
制造业	Manufacturing	46.53	325.30
建筑业	Construction	582.90	485.00
第三产业	Tertiary Industry	2007.00	1823.51
#批发和零售业	Wholesale and Retail Trade	1018.85	781.22
交通运输、仓储和邮政业	Traffic Transport, Storage and Post	451.66	511.54
住宿和餐饮业	Hotels and Catering Services	100.83	106.71
居民服务、修理和其他服务业	Domestic Service, Repair and Other Services	284.31	321.45
其他行业	Other Sectors	50.51	28.52
现金财产性收入	Income from Properties	237.49	264.12
现金转移性收入	Income from Transfers	2670.91	3137.49

9-19 农村居民家庭平均每人总支出

Per Capita Total Expenditures of Rural Households

单位：元 (yuan)

指　　标	Item	2017	2018
全年总支出	**Annual Total Expenditure**	**14616.22**	**17373.14**
#生产经营费用支出	Expenditure on Production and Management	2520.46	3010.84
第一产业	Primary Industry	1671.17	2291.60
第二产业	Secondary Industry	193.21	332.92
第三产业	Tertiary Industry	656.08	386.32
购置资产及非经常性转移	Acquisition of Assets and Non-recurrent Transfer	1687.69	2345.22
#购置资产支出	Acquisition of Assets	680.19	1110.57
非经常转移支出	Non-recurrent Transfer	1007.50	1234.64
消费支出	Living Expenditure	9870.38	10885.20
#食品烟酒	Food, Cigarette and Wine	3314.41	3403.00
衣　着	Clothing	502.02	526.13
居　住	Residence	2558.20	3038.16
生活用品及服务	Articles and Service of Daily Use	537.43	607.24
交通通信	Transportation and Communications	1067.41	1214.69
教育文化娱乐	Education, Culture and Entertainment	1004.08	1143.73
医疗保健	Medical Articles	718.24	783.78
其他用品和服务	Other Commodities and Services	168.57	168.47
财产性支出	Property Expenditure	23.26	28.66
转移性支出	Transfer Expenditure	220.21	451.40

9-20 农村居民平均每人生活消费支出
Per Capita Living Expenditure of Rural Households

单位：元 (yuan)

指　　标	Item	2017	2018
全年生活消费支出（不含自产自用）	**Annual Living Expenditure for Consumption**	**9230.21**	**10442.02**
#货币性消费	Consumption Paid in Money	7472.97	8235.45
食品烟酒	Food, Cigarette and Wine	2731.61	3053.27
#货币性消费	Consumption Paid in Money	2719.05	3046.00
衣着	Clothing	501.90	526.09
#货币性消费	Consumption Paid in Money	501.90	525.98
居住	Residence	2503.03	2946.81
#货币性消费	Consumption Paid in Money	856.30	892.37
生活用品及服务	Articles and Service of Daily Use	537.43	604.53
#货币性消费	Consumption Paid in Money	536.75	603.69
交通通信	Transportation and Communications	1067.41	1214.69
#货币性消费	Consumption Paid in Money	1067.33	1214.65
教育文化娱乐	Education, Culture and Entertainment	1004.08	1143.73
#货币性消费	Consumption Paid in Money	1004.08	1143.67
医疗保健	Medical Articles	718.24	784.44
#货币性消费	Consumption Paid in Money	621.89	641.17
其他用品和服务	Other Commodities and Services	166.50	168.47
#货币性消费	Consumption Paid in Money	165.68	167.92

9-21 农村居民家庭平均每人可支配收入

Per Capita Annual Net Income in Rural Households

单位：元 (yuan)

指 标	Item	2017	2018
全年可支配收入	**Annual Disposable Income**	**13241.82**	**14459.89**
工资性收入	Income of Wages and Salaries	5609.17	6120.98
#工资	Wages	5534.97	6074.11
经营净收入	Income from Household Business Operation	4868.80	5271.87
第一产业	Primary Industry	3160.40	3477.39
农业收入	Agriculture	2326.65	2582.09
林业收入	Forestry	172.77	167.54
牧业收入	Animal Husbandry	579.82	620.63
渔业收入	Fishery	81.16	107.13
第二产业	Secondary Industry	427.43	464.65
第三产业	Tertiary Industry	1280.97	1329.84
财产净收入	Property Income	214.23	235.46
转移净收入	Transfer Income	2549.62	2831.58

9-22 农村居民平均每人按收入水平分组的户数构成
Composition of Rural Households by Per Capita Annual Net Income

单位：%　　　　(%)

分　　组	Group	2017	2018
600元以下的户	600 yuan and below	0.53	1.30
600-1000元的户	600-1000 yuan	0.19	0.29
1000-1500元的户	1000-1500 yuan	0.37	0.30
1500-2000元的户	1500-2000 yuan	0.31	0.38
2000-2500元的户	2000-2500 yuan	0.59	0.54
2500-3000元的户	2500-3000 yuan	0.62	0.75
3000-3500元的户	3000-3500 yuan	1.25	1.43
3500-4000元的户	3500-4000 yuan	1.40	1.84
4000-5000元的户	4000-5000 yuan	3.70	3.38
5000-6000元的户	5000-6000 yuan	5.01	5.04
6000-7000元的户	6000-7000 yuan	6.32	5.96
7000-8000元的户	7000-8000 yuan	6.26	5.33
8000元以上的户	8000 yuan and over	73.47	73.46

9–23　按收入高低五等份分组农村居民家庭基本情况（2018年）

Basic Indicators of Rural Households of Five Groups Divided Equally by Income Level (2018)

指　　标	Item	低收入组 Low Income Households	中低收入组 Lower Middle Income Households	中等收入组 Middle Income Households	中高收入组 Upper Middle Income Households	高收入组 High Income Households
占调查总户数比重(%)	Percentage of Households (%)	20	20	20	20	20
平均每户家庭人口(人)	Family Members Per Household (person)	4.74	4.68	4.35	4.03	3.69
平均每户劳动力人口数(人)	Labourer per Household (person)	2.01	2.09	2.11	2.14	2.11
平均每一劳动力负担人口(人)	Average Number of Persons Supported by A Laborer (Person)	2.36	2.24	2.06	1.88	1.75
平均每人可支配收入(元)	per capita Disposable Income (yuan)	4141.80	8461.73	11875.19	16668.65	37051.15
工资性收入	Income of Wage	2160.59	3884.55	5692.41	8786.55	11913.40
经营净收入	Net Income from Operations	515.60	1867.92	3252.55	4347.94	19799.74
第一产业	Primary Industry	447.71	1479.88	2461.78	2511.42	12602.79
第二产业	Secondary Industry	-56.18	67.05	145.34	449.28	2111.50
第三产业	Tertiary Industry	124.06	320.98	645.43	1387.23	5085.45
财产净收入	Property Income	27.71	66.62	60.13	124.69	1085.93
转移净收入	Transfer Income	1437.90	2642.64	2870.10	3409.48	4252.09
平均每人消费支出(元)	Per Capita Living Expenditure (yuan)	8138.11	9073.32	10003.92	12413.38	16343.58
食品烟酒	Food Expenditure	2632.62	2927.87	3133.86	3759.33	4730.33
衣着	Clothing Expenditure	379.76	411.56	508.47	579.17	837.39
居住	Residence Expenditure	2247.06	2577.80	2654.25	3468.79	4700.23
生活用品及服务	Articles and Service of Daily Use	460.37	472.34	583.65	680.59	930.28
交通通信	Transport and Communication	677.56	800.51	1006.71	1467.44	2459.06
教育、文化娱乐	Education, Culture and Entertainment	835.44	1024.79	1222.79	1347.94	1385.53
医疗保健	Medicines and Health Care	766.99	685.27	728.86	936.91	1099.42
其他用品和服务	Other Commodities and Services	138.31	173.19	165.34	173.20	201.35

9-24 各地区城乡居民人均可支配收入和消费支出(2018年)
Per Capita Annual Income and Consumption Expenditure of Urban and Rural Residents by Region (2018)

单位：元 (yuan)

地 区	Region	城镇居民可支配收入 Per Capita Annual Disposable Income of Urban Residents	农村居民可支配收入 Per Capita Net Income of Rural Residents	城镇居民消费支出 Per Capita Consumption Expenditure of Urban Residents	农村居民消费支出 Per Capita Consumption Expenditure of Rural Residents
全 省	**Total**	33819	14460	20760	10885
南昌市	Nanchang	40844	17866	26081	11352
景德镇市	Jingdezhen	37183	16510	22857	12098
萍乡市	Pingxiang	35763	18012	23298	12622
九江市	Jiujiang	35265	14482	21447	11078
新余市	Xinyu	37592	17993	23524	12704
鹰潭市	Yingtan	34263	16145	21867	12171
赣州市	Ganzhou	32163	10782	20247	9127
吉安市	Ji'an	34692	13820	20352	10455
宜春市	Yichun	32248	14975	19744	11413
抚州市	Fuzhou	31976	14767	18362	9484
上饶市	Shangrao	34656	13346	18913	9479

9-25 居民人均收入和消费支出(2018年)
Per Capita Annual Disposable Income and Consumption Expenditure (2018)

单位：元 (yuan)

指 标	Item	2017	2018
全省居民人均可支配收入	**Per Capita Annual Disposable Income of Total Residents**	**22031.45**	**24079.68**
工资性收入	Income of Wages and Salaries	12553.11	13738.55
经营净收入	Net Business Income	3760.92	4055.62
财产净收入	Net Income from Property	1396.99	1584.59
转移净收入	Net Income from Transfers	4320.43	4700.92
全省居民人均消费支出	**Per Capita Consumption Expenditure of Total Residents**	**14459.02**	**15792.02**
食品烟酒	Foods,Tobacco and Beverages	4626.08	4809.01
衣着	Clothing	1005.82	1074.06
居住	Residence	3552.21	3795.20
生活用品及服务	Household Supplies and Services	859.89	1047.74
交通通信	Transport and Communications	1600.74	1872.06
教育文化娱乐	Education, Culture and Recreation	1606.79	1812.97
医疗保健	Medical Care	877.83	999.97
其他用品和服务	Other Goods and Services	329.66	381.00

9-26 各县(市、区)城乡居民人均可支配收入
Per Capita Disposable Income of Urban and Rural Residents by Region and County

单位：元 (yuan)

地 区	Region	城镇居民人均可支配收入 Per Capita Disposable Income of Urban Residents		农村居民人均可支配收入 Per Capita Disposable Income of Rural Residents	
		2017	2018	2017	2018
全 省	**Provinvial Total**	**31198**	**33819**	**13242**	**14460**
南昌市	**Nanchang**	**37675**	**40844**	**16364**	**17866**
东湖区	Donghu	39438	42632		
西湖区	Xihu	38692	41865		
青云谱区	Qingyunpu	38026	41197		
湾里区	Wanli	34034	36927	12585	13770
青山湖区	Qingshanhu	38345	41551	18704	20388
南昌县	Nanchang	33987	36943	17971	19629
新建区	Xinjian	33790	36696	16365	17887
安义县	Anyi	29935	32509	14602	15950
进贤县	Jinxian	31818	34525	16829	18352
景德镇市	**Jingdezhen**	**34283**	**37183**	**15095**	**16510**
昌江区	Changjiang	35506	38496	15661	17142
珠山区	Zhushan	36140	39158		
浮梁县	Fuliang	27925	30293	15112	16521
乐平市	Leping	31624	34319	15064	16477
萍乡市	**Pingxiang**	**33120**	**35763**	**16598**	**18012**
安源区	Anyuan	35175	37910	19151	20715
湘东区	Xiangdong	33287	35937	16832	18214
*莲花县	Lianhua	23193	25074	9591	10671
上栗县	Shangli	30904	33428	16366	17762
芦溪县	Luxi	30543	33066	16750	18143
九江市	**Jiujiang**	**32592**	**35265**	**13303**	**14482**
濂溪区	Lianxi	35097	37869	16794	18171
浔阳区	Xunyang	36048	38860	19092	
柴桑区	Caisang	30993	33541	14351	15682
武宁县	Wuning	30302	32902	14147	15412
*修水县	Xiushui	26266	28565	9415	10437
永修县	Yongxiu	31031	33591	15127	16497
德安县	De'an	31532	34219	15167	16567
庐山市	Lushan	30171	32645	14196	15393
都昌县	Duchang	24531	26518	7843	8722
湖口县	Hukou	31900	34657	14619	15920
彭泽县	Pengze	29673	32153	14133	15390
瑞昌市	Ruichang	30630	33167	14468	15741
共青城市	Gongqingcheng	33277	34833	15139	16418

注：*号为贫困县。
a)Counties marked "*"are nationally designated poor cointies.

9-26 续表1 continued

单位：元 (yuan)

地区	Region	城镇居民人均可支配收入 Per Capita Disposable Income of Urban Residents		农村居民人均可支配收入 Per Capita Disposable Income of Rural Residents	
		2017	2018	2017	2018
新余市	**Xinyu**	**34775**	**37592**	**16581**	**17993**
渝水区	Yushui	35891	38763	16997	18445
分宜县	Fenyi	29596	32017	16166	17540
鹰潭市	**Yingtan**	**31696**	**34263**	**14737**	**16145**
月湖区	Yuehu	35147	37969	15831	17324
余江县	Yujiang	29547	32070	15157	16656
贵溪市	Guixi	31807	34530	14732	16139
赣州市	**Ganzhou**	**29567**	**32163**	**9717**	**10782**
章贡区	Zhanggong	34878	38142	14078	15565
*赣县区	Ganxian	26741	29137	9542	10546
信丰县	Xinfeng	28056	30210	11909	13076
大余县	Dayu	26110	28199	10657	11712
*上犹县	Shangyou	24393	26461	9407	10406
崇义县	Chongyi	24982	27257	9390	10412
*安远县	Anyuan	23111	25105	9227	10348
龙南县	Longnan	27482	29991	10481	11591
定南县	Dingnan	26639	28727	8806	9703
全南县	Quannan	24629	26678	7802	8593
*宁都县	Ningdu	22691	24679	9559	10515
*于都县	Yudu	26513	28875	9793	10775
*兴国县	Xingguo	26044	28172	9729	10712
*会昌县	Huichang	25230	27122	9612	10751
*寻乌县	Xunwu	24068	26237	9424	10599
*石城县	Shicheng	22951	25056	8435	9573
*瑞金市	Ruijin	27597	30042	10301	11355
*南康区	Nankang	28034	30633	10165	11308
吉安市	**Ji'an**	**31936**	**34692**	**12543**	**13820**
吉州区	Jizhou	34306	37290	15276	16836
青原区	Qingyuan	34311	37296	12406	13597
*吉安县	Ji'an	29964	32451	10325	11411
吉水县	Jishui	26926	29336	15179	16646
峡江县	Xiajiang	25456	27595	11497	12692
新干县	Xingan	29583	32317	14118	15536
永丰县	Yongfeng	28672	31270	14722	16203
泰和县	Taihe	26684	29059	13722	15067
*遂川县	Suichuan	25562	27632	9506	10648
*万安县	Wan'an	24733	26910	9530	10585
安福县	Anfu	26913	29200	13289	14604
*永新县	Yongxin	22933	24836	9453	10458
*井冈山市	Jinggangshan	31798	34469	9556	10583

9-26 续表2 continued

单位：元 (yuan)

地区	Region	城镇居民人均可支配收入 Per Capita Disposable Income of Urban Residents		农村居民人均可支配收入 Per Capita Disposable Income of Rural Residents	
		2017	2018	2017	2018
宜春市	**Yichun**	**29871**	**32248**	**13747**	**14975**
袁州区	Yuanzhou	33217	35892	13425	14669
奉新县	Fengxin	30040	32428	15371	16642
万载县	Wanzai	26306	28506	11106	12180
上高县	Shanggao	30053	32289	16114	17567
宜丰县	Yifeng	29651	31827	14175	15339
靖安县	Jing'an	27657	30000	13127	14380
铜鼓县	Tonggu	23891	25761	9257	10142
丰城市	Fengcheng	31805	34205	15573	16919
樟树市	Zhangshu	32150	34736	15671	16972
高安市	Gaoan	30626	32968	15072	16400
抚州市	**Fuzhou**	**29463**	**31976**	**13563**	**14767**
临川区	Linchuan	36073	39150	16529	18033
南城县	Nancheng	31316	34072	15369	16783
黎川县	Lichuan	25944	28124	12816	13918
南丰县	Nanfeng	29924	32377	20130	21774
崇仁县	Chongren	26824	29024	16167	17574
*乐安县	Le'an	22367	24290	8794	9800
宜黄县	Yihuang	24971	27043	12933	14097
金溪县	Jinxi	27894	30237	13710	14875
资溪县	Zixi	23907	26035	12637	13762
东乡区	Dongxiang	32212	34992	15896	17294
*广昌县	Guangchang	24389	26511	9364	10399
上饶市	**Shangrao**	**31853**	**34656**	**12174**	**13346**
信州区	Xinzhou	34549	37724	15692	17146
*上饶县	Shangrao	26104	28404	9520	10498
广丰区	Guangfeng	33903	36903	15134	16541
玉山县	Yushan	29112	31773	14045	15424
铅山县	Qianshan	24569	26659	11965	13079
*横峰县	Hengfeng	23213	25165	9469	10470
弋阳县	Yiyang	29111	31734	12630	13812
*余干县	Yugan	23229	25169	9472	10546
*鄱阳县	Poyang	22309	24241	9483	10467
万年县	Wannian	29317	31797	12491	13659
婺源县	Wuyuan	[illegible]	[illegible]	11707	12877
德兴市	Dexing	31464	34195	14089	15414

主要统计指标解释

一、城镇住户

城镇家庭人口 指居住在一起，经济上合在一起共同生活的家庭成员。凡计算为家庭人口的成员其全部收支都包括在本家庭中。

城镇就业面 指就业人口占家庭人口的百分比。

城镇就业者负担人数 指家庭人口与就业人口之比。

城镇家庭总收入 指家庭成员在调查期得到的工资性收入、经营净收入、财产性收入、转移性收入之和，不包括出售财物收入和借贷收入。

城镇家庭可支配收入 指家庭成员可用于最终消费支出和其它非义务性支出以及储蓄的总和，即居民家庭可以用来自由支配的收入。它是家庭总收入扣除交纳的所得税、个人交纳的社会保障支出以及记账补贴后的收入。计算公式为：

可支配收入=家庭总收入-交纳所得税-个人交纳的社会保障支出-记账补贴

城镇家庭总支出 指除借贷支出以外的全部家庭支出。包括消费性支出、购房建房支出、转移性支出、财产性支出、社会保障支出。

城镇家庭消费性支出 指家庭用于日常生活的支出，包括食品、衣着、家庭设备用品及服务、医疗保健、交通和通信、娱乐教育文化服务、居住、其他商品和服务等八大类支出。

城镇家庭服务性消费支出 指家庭用于支付社会提供的各种文化和生活方面的非商品性服务费用。

二、农村住户

农村住户 指农村常住户。农村常住户指长期(一年以上)居住在乡镇(不包括城关镇)行政管理区域内的住户，以及长期居住在城关镇所辖行政村范围内的农村住户。户口不在本地而在本地居住一年及以上的住户也包括在本地农村常住户范围内；有本地户口，但举家外出谋生一年以上的住户，无论是否保留承包耕地都不包括在本地农村住户范围内。

常住人口 指全年经常在家或在家居住6个月以上，而且经济和生活与本户连成一体的人口。外出从业人员在外居住时间虽然在6个月以上，但收入主要带回家中，经济与本户连为一体，仍视为家庭常住人口；在家居住，生活和本户连成一体的国家职工、退休人员也为家庭常住人口。但是现役军人、中专及以上(走读生除外)的在校学生、以及常年在外(不包括探亲、看病等)且已有稳定的职业与居住场所的外出从业人员，不算家庭常住人口。家庭常住人口主要作为计算农村住户平均每人收入、消费和积累水平及分析家庭人口状况的依据。

整、半劳动力 整劳动力指男子18周岁到50周岁，女子18周岁到45周岁；半劳动力指男子16周岁到17周岁，51周岁到60周岁；女子16周岁到17周岁，46周岁到55周岁，同时具有劳动能力的人。虽然在劳动年龄之内，但已丧失劳动能力的人，不应算为劳动力；超过劳动年龄，但能经常参加劳动，计入半劳动力数内。常住人口中的职工，若这些职工为劳动力，就包括在本户的整半劳动力中。

总收入 指调查期内农村住户和住户成员从各种来源渠道得到的收入总和。按收入的性质划分为工资性收入、家庭经营收入、财产性收入和转移性收入。

工资性收入 指农村住户成员受雇于单位或个人，靠出卖劳动而获得的收入。

家庭经营收入 指农村住户以家庭为生产经营单位进行生产筹划和管理而获得的收入。农村住户家庭经营活动按行业划分为农业、林业、牧业、渔业、工业、建筑业、交通运输业邮电业、批发和零售贸易餐饮业、社会服务业、文教卫生业和其他家庭经营。

财产性收入 指金融资产或有形非生产性资产的所有者向其他机构单位提供资金或将有形非生产性资产供其支配，作为回报而从中获得的收入。

转移性收入 指农村住户和住户成员无须付出任何对应物而获得的货物、服务、资金或资产所有权等，不包括无偿提供的用于固定资本形成的资金。一般情况下，是指农村住户在二次分配中的所有收入。

现金收入 指农村住户和住户成员在调查期内得到以现金形态表现的收入。按来源分成工资性收入、家庭经营现金收入、财产性收入、转移性收入。

纯收入 指农村住户当年从各个来源得到的总收入相应地扣除所发生的费用后的收入总和。计算方法：

纯收入=总收入-税费支出-家庭经营费用支出-生产性固定资产折旧-赠送农村亲友支出

纯收入主要用于再生产投入和当年生活消费支出，也可用于储蓄和各种非义务性支出。“农民人均纯收入”按人口平均的纯收入水平，反映的是一个地区或一个农户农村居民的平均收入水平。

总支出 指农村住户用于生产、生活和再分配的全部支出。家庭经营费用支出、购置生产性固定资产支出、生产性固定资产折旧、税费支出、生活消费支出、财产性支出和转移性支出。

可支配收入(新口径) 指调查户在调查期内获得的、可用于最终消费支出和储蓄的总和，即调查户可以用来自由支配的收入。可支配收入既包括现金，也包括实物收入。按照收入的来源，可支配收入包含五项，分别为：工资性收入、经营净收入、财产净收入、转移净收入和自有住房折算净租金。计算公式为：可支配收入=工资性收入+经营净收入+财产净收入+转移净收入+自有住房折算净租金。

Explanatory Notes on Main Statistical Indicators

I. Urban Households

Population of Urban Households refer to members of households living and sharing economically together in the urban areas. All the income and expenditure of all the members of such households are included in the income and expenditure of the household.

Proportion of Urban Employment refers to the proportion of employed population to the population of urban households.

Number of Dependents per Urban Employee refers to the ratio between number of persons in an urban household and the number of employed persons.

Total Income of Urban Households refers to the sum of wage and salary; net business income; income from properties; and income from transfers of members of the households. Income from selling of properties and income from borrowing are not included..

Disposable Income of Urban Households refers to the actual income at the disposal of members of the households which can be used for final consumption, other non-compulsory expenditure and savings. This equals to total income minus income tax, personal contribution to social security and subsidy for keeping diaries in being a sample household. The following formula is used:

Disposable income = total household income - income tax - personal contribution to social security - subsidy for keeping diaries for a sampled household

Total Expenditure of Urban Households refers to all expenditure of households except expenditure on lending. It includes expenditure on consumption; on purchasing or building houses; on transfers; on properties; and on social security.

Consumption Expenditure of Urban Households refers to total expenditure of households for consumption in daily life, including expenditure on the eight categories of food; clothing; household appliances and services; health care and medical services; transport and communications; recreation, education and cultural services; housing; and miscellaneous goods and services.

Expenditure of Urban Households on Consumption of Services refers to expenditure of households on various kinds of non-commercial services provided in life and culture by society.

II. Rural Household

Rural Households refer to usual resident households in rural areas. Usual resident households in rural areas are households residing on a long term basis(for more than one year) in the areas under the administration of township governments (not including county towns), and in the areas under the administration of villages in county towns. Households residing in the current addresses for over one year with their household registration in other places are still considered as resident households of the locality. For households with their household registration in one place but all members of the households having moved away to make a living in another place for over one year, they will not be included in the rural households of the area where they are registered, irrespective of whether they still keep their contracted land.

Usual Resident Population refers to persons staying at home regularly or for over 6 months during a year and integrated with the household economically and in terms of living.. Members of the household staying away from the household for over 6 months but keeping a close economic relation with the household by sending the majority of income to the household are regarded as usual resident of the household. Government staff and workers or retirees living as close members of the household are also considered as usual resident. However, servicemen, students of secondary technical schools or schools of higher education and persons with stable jobs and residence outside the household (excluding those visiting relatives or seeking medical service) are not included as resident population of the household. Resident population is used in calculating income, consumption, accumulation on per capita basis of rural households and in analyzing composition of rural households.

Full/Semi Labour Force Full labour force refers to persons capable of work, aged 18-50 for males and 18-45 for females. Semi labour force refers to persons capable of work, aged 16-17 and 51-60 for males and 16-17 and 46-55 for females. Persons at their working ages but not capable of work are not to be included as labour force. Persons not at working ages but participating regularly in work are included in semi labour force. For staff and workers who are usual residents, are included as full or semi labour force of the household if they are in the labour force.

Total Income refers to the sum of income earned from various sources by the rural households and their members during the reference period, and is classified as income from wages and salaries, income from household operations, income from properties and income from transfers.

Income from Wages and Salaries refers to income from labour earned by the members of rural households employed by other units or individuals.

Income from Household Operations refers to income by the rural households as units of production and operation. Operations by rural households are classified according to their economic activities namely agriculture, forestry, animal husbandry, fishery, manufacturing, construction, transportation, post and telecommunications, wholesale, retail and catering, social service, culture, education, health, and other household operations.

Income from Properties refers to the income received as returns by owners of financial assets or tangible non-productive assets by providing capitals or tangible non-productive assets to other institutional units.

Income from Transfers refers to the receipt by rural households and their members of goods, services, capital or rights of assets without giving or repaying accordingly, excluding capital provided to them for the formation of fixed assets. In general, it refers to all income received by rural households through redistribution.

Cash Income refers to income received by rural households and their members in the form of cash during the reference period. It is classified, by source of income, into income from wages and salaries, cash income from household operations, income from properties and income from transfers.

Net Income refers to the total income of rural households from all sources minus all corresponding expenses. The formula for calculation is as follows:

Net income = total income - taxes and fees paid - household operation expenses - taxes and fees depreciation of fixed assets for production - gifts to non-rural relatives

Net income is mainly used as input for reinvestment in production and as consumption expenditure of the year, and also used for savings and non-compulsory expenses of various forms. "Per capita net income of farmers" is the level of net income averaged by population, reflecting the average income level of rural households in a given area.

Total Expenditure refers to total expenses of rural households on production, consumption and redistribution, including expenditure on household operations,; purchase of productive fixed assets; depreciation of productive fixed assets; taxes and fees; expenses on household consumption; expenses on properties; and expenses on transfers.

Disposable Income（New Statistic Scope) refers to actual income at the disposal of member of the households which can be used for final consumption and savings. It includes both cash and income-in-kind. It includes five items: wage and salary; net business income; net income from properties; net income from transfers and net rent of private housing equivalent.

Disposable Income= wage and salary + net business income + net income from properties + net income from transfers + net rent of private housing equivalent.

10

城市建设

MUNICIPAL CONSTRUCTION

◆203/217

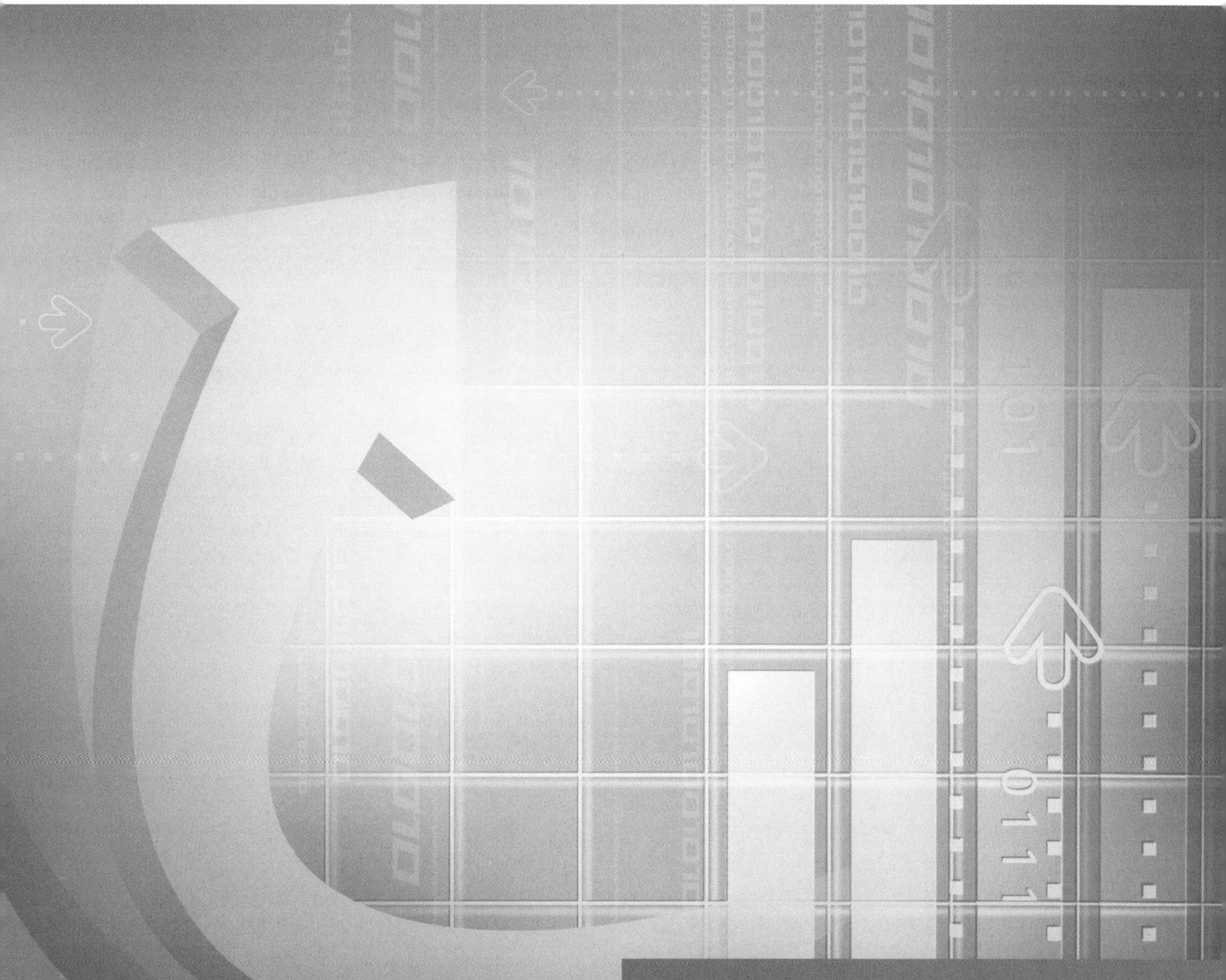

资料整理:　李家文

简要说明

一、主要内容

本篇反映江西省城市公用事业概况，主要包括：城市建设、供水、供气、市政设施、公共交通、城市绿化、环境卫生等资料。

二、统计范围

包括全省所有设市城市在建成区范围内所有的城市规划管理、投资、建设或经营管理相关设施的单位。

三、资料来源

设区市和县级市城市公用事业基本情况资料由省住建厅和省交通厅提供，由省统计局固定资产投资处编辑整理。

Brief Introduction

I. Main Contents

Data in this chapter present the basic conditions of public facilities of urban construction of Jiangxi provincial cities, mainly include supply of water and gas; municipal infrastructure; public transportation; urban greenery; and environmental, sanitation.

II. Scope of Statistics

Data in this chapter cover all units under the jurisdiction of cities which are engaged in urban planning and management, investment, construction and operation of relevant facilities.

III. Sources of Data

Data on basic conditions and overall level of urban public facilities are collected by the Jiangxi Provincial Bureau of Housing and Urban-Rural Development and Provincial Bureau of Communications , provided by the Department of Investment & Construction Statistics of Jiangxi Provincial Bureau of Statistics.

10-1 城市公用事业和建设基本情况
Basic Statistics on City Public Utilities and Construction

指　　标	Item	2000	2005	2010	2015	2018
用水普及率(%)	Coverage Rate of Population with Access to Tap Water (%)	93.3	92.6	97.4	97.6	98.3
供水管道长度(公里)	Length of Gas Supply Pipelines (km)	3968	6079	9527	15630	22076
公共车辆(汽、电车)运营数(辆)	Operating Public Buses (Buses and Trolley Buses) (unit)	4031	5818	7048	10385	13699
平均每万人拥有(标台)	Number of Public Transportation Vehicles Per 10 000 Population (standardized)	3.0	8.0	9.3	12.1	14.2
排水管道长度(公里)	Length of Drainpipes (km)	2074	3564	7340	11983	17331
道路长度(公里)	Length of Roads (km)	3033	3916	5742	8185	11222
道路面积(万平方米)	Area of Roads (10 000 sq.m)	3293	6667	11330	17436	23263
天然气供应量(万立方米)	Natural Gas Supply (10 000 cu.m)			11263	73570	145718
#家庭用量	Used by Residential Households			3384	22196	44054
液化石油气供应量(吨)	Total Liquefied Petroleum Gas Supply (ton)	164698	174521	188847	228912	202716
#家庭用量	Used by Residential Households	162783	154998	151656	192294	160136
燃气普及率(%)	Rate of Population with Access to Gas (%)	69.2	80.6	92.4	94.8	97.4
绿化覆盖面积(公顷)	Coverage Area of Afforestation (hectare)	20044	27381	48924	58510	75471
公园数(个)	Number of Parks (unit)	109	125	238	356	519
公园面积(公顷)	Area of Parks and Zoos (hectare)	1820	2259	6442	8764	11511
污水处理率(%)	Rate of Sewage Disposal (%)		31.92	80.83	87.71	95.77
生活垃圾清运量(万吨)	Volume of Garbage Disposal (10 000 tons)	197.00	264.00	284.00	329.27	448.80
生活垃圾无害化处理率(%)	Rate of Garbages innocuously Treated (%)		48.87	85.89	94.46	100

10-2 城市人口和面积（2018年）
Basic Statistics on City Population and Area (2018)

单位：平方公里、万人 (sq.km,10 000 persons)

城　市	City	市区面积 City Area	城区面积 Urban Area	城区人口 Population of Urban Area	建成区面积 Area of Built Districts	城市建设用地面积 Area of Land for Urban Construction	#居住用地 Land for Residence
合　计	**Total**	**42954.34**	**2492.74**	**1060.75**	**1546.31**	**1477.42**	**428.75**
南昌市	Nanchang	3095.36	358.90	249.70	338.50	317.70	95.80
景德镇市	Jingdezhen	580.00	198.50	40.88	86.86	81.13	20.61
乐平市	Leping	1974.00	49.20	17.03	25.32	25.30	6.31
萍乡市	Pingxiang	1065.00	85.70	42.82	51.39	51.39	15.98
九江市	Jiujiang	1514.25	179.53	73.71	150.75	129.30	41.36
瑞昌市	Ruichang	764.20	12.00	6.85	12.00	11.95	2.20
共青城市	Gongqingcheng	1423.11	23.67	21.25	22.88	22.88	10.02
庐山市	Lushan	310.00	23.00	8.20	23.00	22.35	5.40
新余市	Xinyu	1789.00	230.00	47.60	80.00	72.00	21.31
鹰潭市	Yingtan	1077.50	101.00	29.70	49.54	45.64	13.49
贵溪市	Guixi	2480.00	90.00	13.40	31.72	31.71	7.81
赣州市	Ganzhou	5366.24	328.24	139.55	180.25	177.04	48.19
瑞金市	Ruijin	2449.00	52.00	28.92	29.86	29.51	8.60
吉安市	Ji'an	1381.53	230.00	41.46	58.70	58.54	14.76
井冈山市	Jinggangshan	1297.50	8.90	3.00	8.90	8.59	2.21
宜春市	Yichun	2532.36	115.00	53.90	88.10	88.10	22.45
丰城市	Fengcheng	2845.00	62.60	37.45	53.50	52.59	10.70
樟树市	Zhangshu	1290.99	46.34	25.11	29.50	29.38	8.24
高安市	Gaoan	2439.00	52.00	25.60	34.13	34.13	7.29
抚州市	Fuzhou	3428.30	133.15	77.03	97.18	95.86	31.60
上饶市	Shangrao	1770.00	92.01	69.86	81.13	79.99	29.90
德兴市	Dexing	2082.00	21.00	7.73	13.10	12.34	4.52

10-2 续表 continued

单位：平方公里、万人 (sq.km,10 000 persons)

城　市	City	#公共管理与公共服务用地 Land for Public Management and Service	#商业服务业设施用地 Land for Commercial Management and Service	#工业用地 Land for Industry	#物流仓储用地 Land for logistics and warehousing	#道路和交通设施用地 Land for External Transportation and Roads	#公用设施用地 Land for Public Facilities	#绿地与广场用地 Land for Afforestation and Squares
合　计	**Total**	**150.52**	**102.20**	**272.52**	**31.07**	**238.07**	**49.25**	**205.04**
南昌市	Nanchang	45.55	22.45	61.10	4.35	48.55	6.85	33.05
景德镇市	Jingdezhen	5.81	7.94	20.98	1.70	12.97	1.22	9.90
乐平市	Leping	3.22	3.29	5.59	0.99	2.04	0.95	2.91
萍乡市	Pingxiang	4.53	0.60	8.70	1.23	7.75	5.42	7.18
九江市	Jiujiang	9.53	8.37	28.57	2.22	18.65	5.65	14.95
瑞昌市	Ruichang	0.90	0.80	2.30	0.20	2.90	0.35	2.30
共青城市	Gongqingcheng	2.36	0.91	3.48	0.69	2.12	1.56	1.74
庐山市	Lushan	1.50	1.50	2.50	0.50	3.20	1.20	6.55
新余市	Xinyu	3.90	3.21	8.15	0.84	11.91	1.27	21.41
鹰潭市	Yingtan	3.69	3.31	7.94	1.72	8.31	0.99	6.19
贵溪市	Guixi	2.19	1.77	11.01	0.58	4.58	1.22	2.55
赣州市	Ganzhou	20.00	12.35	26.64	3.88	29.34	6.54	30.10
瑞金市	Ruijin	2.42	4.52	1.70	1.32	5.99	2.12	2.84
吉安市	Ji'an	9.69	3.03	15.39	1.53	8.22	0.59	5.33
井冈山市	Jinggangshan	1.05	1.80	0.90	0.18	1.31	0.10	1.04
宜春市	Yichun	6.06	7.54	12.55	3.91	17.52	4.18	13.89
丰城市	Fengcheng	3.83	3.32	20.20	1.25	6.87	1.79	4.63
樟树市	Zhangshu	3.85	4.52	2.12	0.82	6.09	0.73	3.01
高安市	Gaoan	5.11	1.45	5.63	0.73	6.86	1.08	5.98
抚州市	Fuzhou	8.38	3.29	22.13	1.73	14.24	1.32	10.97
上饶市	Shangrao	5.63	3.13	3.69	0.39	17.22	3.53	16.50
德兴市	Dexing	1.32	1.10	1.25	0.31	1.43	0.39	2.02

10-3 市政设施水平（2018年）

Basic Statistics on Municipal Infrastructure in Cities (2018)

城市	City	人口密度（人/平方公里）Population Density (person/sq.km)	人均日生活用水量(升) Per Capita Daily Consumption of Tap Water for Residential Use (liter)	用水普及率(%) Coverage Rate of Population with Access to Tap Water (%)	燃气普及率(%) Coverage Rate of Population with Access to Gas (%)	人均城市道路面积(平方米) Per Capita Area of Roads (sq.m)	排水管道密度(公里/平方公里) Density of drainpipe (km/sq.km)
合　计	**Total**	**4818**	**174.61**	**98.31**	**97.40**	**19.37**	**9.58**
南昌市	Nanchang	7868	237.22	99.15	98.88	13.13	7.15
景德镇市	Jingdezhen	2697	253.71	98.71	97.50	25.76	0.61
乐平市	Leping	3514	149.34	97.34	91.38	13.09	2.29
萍乡市	Pingxiang	5299	163.19	100.00	99.19	25.64	0.86
九江市	Jiujiang	4316	173.19	98.93	99.12	21.75	9.18
瑞昌市	Ruichang	6775	130.84	95.94	91.02	34.63	8.58
共青城市	Gongqingcheng	9320	117.10	99.73	90.30	21.11	10.11
庐山市	Lushan	6478	97.54	95.37	91.95	16.13	0.30
新余市	Xinyu	2110	205.49	100.00	99.55	24.32	11.40
鹰潭市	Yingtan	3023	150.23	97.54	97.38	18.25	9.34
贵溪市	Guixi	1611	221.73	88.97	93.17	16.57	6.85
赣州市	Ganzhou	5453	151.94	99.41	99.13	17.40	14.61
瑞金市	Ruijin	5817	112.44	95.21	91.87	12.83	9.08
吉安市	Ji'an	2100	144.45	94.97	95.94	21.89	12.50
井冈山市	Jinggangshan	5393	78.68	87.50	56.25	20.03	6.65
宜春市	Yichun	6087	138.50	98.54	96.14	24.93	12.90
丰城市	Fengcheng	5997	130.47	91.98	95.02	20.38	7.12
樟树市	Zhangshu	5432	119.55	96.70	96.15	24.20	13.92
高安市	Gaoan	5167	106.71	98.33	99.37	25.45	20.19
抚州市	Fuzhou	6059	122.89	99.52	99.55	22.68	13.07
上饶市	Shangrao	8175	176.06	99.79	96.21	22.51	15.91
德兴市	Dexing	3967	101.97	87.15	86.55	18.39	3.31

10-3 续表 continued

城市	City	污水处理率(%) Waste water Treatment Rate (%)	#污水处理厂集中处理率 Intensive Treatment Rate of Polluted Water by Sewage Factories	人均公园绿地面积(平方米) Public Recreational Green Space Per Capita (sq.m)	建成区绿化覆盖率(%) Green Coverage Rate of Built District Developed (%)	建成区绿地率(%) Green Space Rate of Built District Area (%)	生活垃圾处理率(%) Treatment Rate of Garbage Disposal (%)	#生活垃圾无害化处理率 Harmless-Treatment Rate
合　计	**Total**	**95.77**	**94.93**	**14.67**	**45.92**	**42.94**	**100**	**100**
南昌市	Nanchang	98.57	98.57	13.01	44.80	42.59	100	100
景德镇市	Jingdezhen	94.26	94.26	16.74	51.61	51.27	100	100
乐平市	Leping	96.52	96.52	18.19	40.37	38.42	100	100
萍乡市	Pingxiang	95.40	95.40	16.36	46.82	44.76	100	100
九江市	Jiujiang	91.25	91.25	14.58	47.83	44.15	100	100
瑞昌市	Ruichang	90.35	90.35	13.78	42.50	37.42	100	100
共青城市	Gongqingcheng	90.16	90.16	12.20	36.95	33.34	100	100
庐山市	Lushan	95.18	95.18	10.07	36.74	36.43	100	100
新余市	Xinyu	97.49	97.49	19.28	51.00	48.21	100	100
鹰潭市	Yingtan	95.76	95.76	15.11	40.94	34.79	100	100
贵溪市	Guixi	95.72	95.72	14.87	37.64	33.89	100	100
赣州市	Ganzhou	93.29	85.60	13.05	49.84	47.36	100	100
瑞金市	Ruijin	91.51	91.51	10.53	40.12	37.90	100	100
吉安市	Ji'an	94.44	94.44	17.09	45.81	41.30	100	100
井冈山市	Jinggangshan	82.59	82.59	19.32	41.18	32.32	100	100
宜春市	Yichun	96.54	96.54	15.34	44.96	42.62	100	100
丰城市	Fengcheng	92.07	92.07	13.08	42.72	39.11	100	100
樟树市	Zhangshu	98.40	98.40	14.69	41.77	36.42	100	100
高安市	Gaoan	92.12	92.12	22.17	43.60	40.13	100	100
抚州市	Fuzhou	97.67	97.67	16.61	46.76	42.76	100	100
上饶市	Shangrao	92.39	92.39	15.72	48.13	43.72	100	100
德兴市	Dexing	93.65	93.65	10.94	42.67	39.42	100	100

10-4 城市天然气供应和使用情况（2018年）

Basic Statistics on Supply and Use of Natural Gas in Cities (2018)

城市	City	储气能力（万立方米）Capacity of Gas Storage (10 000 cu.m)	供气管道长度(公里) Length of Gas Supply Pipelines (km)	供气总量（万立方米）Volume of Gas Supply (10 000 cu.m)	销售气量 Volume of Gas Sale
合计	**Total**	**851.10**	**14483.01**	**145717.52**	**142769.92**
南昌市	Nanchang	98.20	4115.17	42522.85	41374.79
景德镇市	Jingdezhen	29.63	721.68	11821.63	11256.53
萍乡市	Pingxiang	69.00	1082.00	21602.00	21600.00
九江市	Jiujiang	75.60	1430.10	14433.39	14410.39
瑞昌市	Ruichang	0.01	21.40	360.00	359.70
共青城市	Gongqingcheng	5.00	222.25	1216.44	1204.40
庐山市	Lushan		21.00	26.00	24.75
新余市	Xinyu	11.00	768.17	5970.50	5696.14
鹰潭市	Yingtan	70.00	220.43	3600.09	3538.93
贵溪市	Guixi	36.92	106.00	1260.22	1260.12
赣州市	Ganzhou	103.00	1383.52	13267.21	13118.78
瑞金市	Ruijin	7.00	88.50	410.50	396.50
吉安市	Ji'an	37.00	854.50	2726.41	2666.49
井冈山市	Jinggangshan	2.00	11.50	64.00	63.00
宜春市	Yichun	20.00	1195.55	11748.12	11286.73
丰城市	Fengcheng	3.00	403.82	370.14	357.34
樟树市	Zhangshu	20.00	249.07	1010.00	996.00
高安市	Gaoan	76.91	178.17	3711.34	3680.34
抚州市	Fuzhou	66.00	662.83	4974.54	4907.75
上饶市	Shangrao	114.40	702.07	4019.00	3968.90
德兴市	Dexing	6.43	45.28	603.14	602.34

10-4 续表 continued

城市	City	#居民家庭 Households	燃气损失量 Volume of Gas Loss	用气户数（户）Households with Access to Gas (household)	#家庭用户 Residential Households	用气人口（万人）Population with Access to Gas (10 000 persons)
合计	**Total**	**44053.90**	**2947.60**	**2699519**	**2678843**	**763.23**
南昌市	Nanchang	12076.77	1148.06	992435	984692	248.90
景德镇市	Jingdezhen	926.18	565.10	98735	97878	32.28
萍乡市	Pingxiang	10200.00	2.00	132000	131780	40.51
九江市	Jiujiang	3828.38	23.00	213261	210913	62.94
瑞昌市	Ruichang	30.00	0.30	910	850	2.20
共青城市	Gongqingcheng	380.00	12.04	27909	27724	8.12
庐山市	Lushan	6.50	1.25	859	774	1.00
新余市	Xinyu	2529.87	274.36	243705	242742	44.83
鹰潭市	Yingtan	756.59	61.16	47681	47230	16.83
贵溪市	Guixi	324.00	0.10	11065	9850	2.85
赣州市	Ganzhou	5134.89	148.43	269453	266939	103.99
瑞金市	Ruijin	396.50	14.00	21935	21935	9.06
吉安市	Ji'an	1449.43	59.92	129668	128698	37.50
井冈山市	Jinggangshan	21.00	1.00	2470	2462	0.90
宜春市	Yichun	1847.48	461.39	144520	142944	42.14
丰城市	Fengcheng	357.34	12.80	50252	50252	21.89
樟树市	Zhangshu	591.00	14.00	41579	41291	14.42
高安市	Gao'an	927.56	31.00	74174	73850	4.20
抚州市	Fuzhou	[illegible]	[illegible]	[illegible]	[illegible]	[illegible]
上饶市	Shangrao	1122.00	50.10	76029	75989	26.34
德兴市	Dexing	25.65	0.80	2804	2750	0.82

10-5 城市液化石油气供应和使用情况（2018年）
Basic Statistics on Supply and Use of Liquefied Petroleum Gas in Cities (2018)

城市	City	储气能力（吨） Capacity of Gas Storage (ton)	供气管道长度(公里) Length of Gas Supply Pipelines (km)	供气总量（吨） Volume of Gas Supply (ton)	销售气量 Volume of Gas Sale
合计	**Total**	**17429**	**93**	**202716**	**201013**
南昌市	Nanchang	2163		20265	20242
景德镇市	Jingdezhen	460		3501	3496
乐平市	Leping	337		1772	1770
萍乡市	Pingxiang	2300		24630	24615
九江市	Jiujiang	850		10520	10491
瑞昌市	Ruichang	115		1620	1580
共青城市	Gongqingcheng	568		5518	5509
庐山市	Lushan	43		1345	1337
新余市	Xinyu	1230		810	800
鹰潭市	Yingtan	522	49	5825	5790
贵溪市	Guixi	525		4891	4826
赣州市	Ganzhou	1653		18226	18066
瑞金市	Ruijin	250		7362	7302
吉安市	Ji'an	884		12000	12000
井冈山市	Jinggangshan	85		396	396
宜春市	Yichun	338		16873	16598
丰城市	Fengcheng	1000		6786	6786
樟树市	Zhangshu	100		2185	2185
高安市	Gaoan	1200	44	8136	8078
抚州市	Fuzhou	1437		25136	25110
上饶市	Shangrao	929		20420	19536
德兴市	Dexing	440		4500	4500

10-5 续表 continued

城市	City	居民家庭 Households	燃气损失量 Volume of Gas Loss	用气户数（户） Households with Access to Gas (household)	家庭用户 Residential Households	用气人口（万人） Population with Access to Gas(10 000 persons)
合计	**Total**	**160136**	**1704**	**1227395**	**1162254**	**395.70**
南昌市	Nanchang	20242	23	174399	174399	30.35
景德镇市	Jingdezhen	2650	5	42000	40000	12.00
乐平市	Leping	1723	2	35939	33533	15.80
萍乡市	Pingxiang	10862	15	62000	62000	4.53
九江市	Jiujiang	4030	29	43344	43344	13.87
瑞昌市	Ruichang	1550	40	13850	13700	5.20
共青城市	Gongqingcheng	5218	9	31895	31652	11.80
庐山市	Lushan	1254	8	16011	13315	12.70
新余市	Xinyu	800	10	3000	3000	0.60
鹰潭市	Yingtan	5790	35	42000	42000	12.90
贵溪市	Guixi	3747	65	29775	27918	10.66
赣州市	Ganzhou	17134	159	172946	171986	73.46
瑞金市	Ruijin	7302	60	50256	50256	18.73
吉安市	Ji'an	8000		29002	28500	8.85
井冈山市	Jinggangshan	396		2500	2500	1.80
宜春市	Yichun	10098	275	64701	62522	25.16
丰城市	Fengcheng	6786		54056	54056	13.78
樟树市	Zhangshu	1658		33295	16795	9.78
高安市	Gaoan	8078	58	76824	76824	22.50
抚州市	Fuzhou	25110	26	96619	96619	38.81
上饶市	Shangrao	13808	884	132671	100422	46.03
德兴市	Dexing	3900		20312	16913	6.39

10-6 城市公共交通和出租车情况（2018年）

Basic Statistics on Public Transportation and Taxi in Cities (2018)

城　市	City	公　共　交　通 Public Transportation		
		运营车数（辆） Number of Public Vehicles Under Operation (unit)	标准运营车数（标台） Number of Standard Vehicles Under Operation (standardized)	营运里程（万公里） Operation Mileage (10 000 kms)
合　计	**Total**	13699	15099.8	77156.9
南昌市	Nanchang	4287	5029.0	28464.2
景德镇市	Jingdezhen	415	452.2	1933.6
萍乡市	Pingxiang	618	663.6	3086.7
九江市	Jiujiang	1083	1189.2	5627.8
新余市	Xinyu	545	598.4	2737.0
鹰潭市	Yingtan	376	395.5	1387.1
赣州市	Ganzhou	1568	1697.3	8053.4
吉安市	Ji'an	1048	1072.6	6179.3
宜春市	Yichun	1860	1982.7	9804.5
抚州市	Fuzhou	1102	1189.5	5395.7
上饶市	Shangrao	797	829.8	4487.6

10-6 续表 continued

城　市	City			出　租　车 Taxi	
		运营线路总长度（公里） Length under Operation (km)	客运总量（万人次） Number of Passengers Carried by Bus (10 000 person-times)	运营车数（辆） Number of Taxi under Operation (unit)	客运总量（万人次） Number of Passengers Carried by Taxi (10 000 person-times)
合　计	**Total**	33088.7	128513.2	17833	57444.6
南昌市	Nanchang	6631.3	38832.3	5649	18715.1
景德镇市	Jingdezhen	1023.0	4754.6	872	3488.2
萍乡市	Pingxiang	931.5	5605.4	724	3942.1
九江市	Jiujiang	2400.0	14158.7	2733	9382.0
新余市	Xinyu	1379.5	4506.9	636	2979.3
鹰潭市	Yingtan	449.5	2868.3	450	1948.9
赣州市	Ganzhou	5002.7	12211.0	1849	4880.8
吉安市	Ji'an	3844.7	9834.0	932	2133.3
宜春市	Yichun	7924.7	10926.4	1469	2472.4
抚州市	Fuzhou	2037.4	13470.1	1028	4036.8
上饶市	Shangrao	1444.4	9345.5	1491	3465.7

10-7 城市道路和桥梁情况（2018年）
Basic Statistics on Urban Roads and Bridges (2018)

城市	City	道路长度（公里）Length of Roads(km)	道路面积（万平方米）Area of Roads (10 000 sq.m)	#人行道 Sidewalk
合计	**Total**	**11222.23**	**23263.21**	**5189.67**
南昌市	Nanchang	1550.68	3707.76	815.46
景德镇市	Jingdezhen	849.03	1379.13	197.07
乐平市	Leping	212.06	226.30	59.10
萍乡市	Pingxiang	427.05	1164.17	291.04
九江市	Jiujiang	1010.69	1685.73	308.96
瑞昌市	Ruichang	142.40	281.53	66.66
共青城市	Gongqingcheng	315.61	465.60	90.64
庐山市	Lushan	128.00	240.40	75.40
新余市	Xinyu	496.14	1180.38	367.69
鹰潭市	Yingtan	310.92	557.21	138.98
贵溪市	Guixi	132.67	240.24	53.43
赣州市	Ganzhou	1612.32	3114.82	857.73
瑞金市	Ruijin	242.73	388.00	68.70
吉安市	Ji'an	477.47	1057.35	264.46
井冈山市	Jinggangshan	56.32	96.14	38.68
宜春市	Yichun	704.45	1744.91	295.87
丰城市	Fengcheng	348.19	764.93	162.25
樟树市	Zhangshu	255.11	609.02	165.66
高安市	Gaoan	314.79	683.73	160.82
抚州市	Fuzhou	778.11	1829.53	446.40
上饶市	Shangrao	784.01	1693.10	241.50
德兴市	Dexing	73.48	153.23	23.17

10-7 续表 continued

城市	City	道路照明灯盏数（盏）Number of Street Lights (units)	安装路灯的道路长度（公里）Length of Roads with Lights (km)	桥梁数（座）Number of Bridges(unit)	#人行道 Crossroads
合计	**Total**	**807616**	**8450.59**	**944**	**91**
南昌市	Nanchang	217892	1325.08	286	34
景德镇市	Jingdezhen	66069	411.77	29	1
乐平市	Leping	7588	112.25	3	1
萍乡市	Pingxiang	41498	217.00	35	1
九江市	Jiujiang	40912	607.78	99	20
瑞昌市	Ruichang	10146	120.00	16	
共青城市	Gongqingcheng	9826	114.66	43	
庐山市	Lushan	4800	44.70	2	1
新余市	Xinyu	19755	379.00	32	8
鹰潭市	Yingtan	26892	284.27	39	12
贵溪市	Guixi	12375	132.67	14	
赣州市	Ganzhou	62376	1481.36	91	4
瑞金市	Ruijin	13721	91.00	11	
吉安市	Ji'an	23191	316.23	16	
井冈山市	Jinggangshan	13131	30.70	18	
宜春市	Yichun	43870	450.61	38	1
丰城市	Fengcheng	14906	254.13	10	2
樟树市	Zhangshu	9010	163.60	27	
高安市	Gaoan	16527	223.80	17	3
抚州市	Fuzhou	90460	1144.39	77	3
上饶市	Shangrao	51504	476.97	31	
德兴市	Dexing	11167	68.62	10	

10-8 城市排水和污水处理情况（2018年）
Basic Statistics on Urban Drainage and Sewage Disposal (2018)

城市	City	污水排放量（万立方米） Discharged Volume of Sewage (10 000 cu.m)	排水管道长度（公里） Length of Drainpipes (km)	#污水管道 Sewage Pipes	污水处理厂 Sewage Treatment Plant 座数（座） Units (unit)	#二、三级 Second or Third Grade	日处理能力（万立方米） Daily Disposal Capacity (10 000 cu.m)	#二、三级 Second or Third Grade
合计	**Total**	**99677.96**	**17331.43**	**6897.46**	**52**	**46**	**286**	**272**
南昌市	Nanchang	34775.00	3759.06	1223.51	7	7	106	106
景德镇市	Jingdezhen	4367.37	815.22	493.38	2	2	12	12
乐平市	Leping	1870.00	213.78	102.12	1	1	4	4
萍乡市	Pingxiang	2859.75	58.14	44.25	1	1	8	8
九江市	Jiujiang	7403.15	1454.68	539.68	3	3	17	17
瑞昌市	Ruichang	456.00	103.54	49.94	1	1	1	1
共青城市	Gongqingcheng	1011.00	231.34	38.90	1		3	
庐山市	Lushan	498.00	122.40	27.50	1	1	1	1
新余市	Xinyu	4347.00	912.88	316.46	1	1	12	12
鹰潭市	Yingtan	2625.00	463.92	205.46	2	2	7	7
贵溪市	Guixi	1031.65	217.18	88.27	2	1	3	1
赣州市	Ganzhou	10835.68	2634.58	992.06	9	9	28	28
瑞金市	Ruijin	1202.00	271.20	149.30	1	1	4	4
吉安市	Ji'an	3618.05	733.97	457.64	2	2	9	9
井冈山市	Jinggangshan	114.60	59.15	51.40	1	1		
宜春市	Yichun	4814.24	1136.88	470.35	3	2	15	13
丰城市	Fengcheng	2029.00	381.58	184.84	2	2	5	5
樟树市	Zhangshu	1474.12	417.04	158.82	2	2	5	5
高安市	Gaoan	1625.00	700.39	266.35	3	1	6	4
抚州市	Fuzhou	5718.00	1269.92	450.04	3	2	20	14
上饶市	Shangrao	6641.35	1290.40	526.41	3	3	20	20
德兴市	Dexing	362.00	84.18	60.78	1	1	1	1

10-8 续表 continued

城市	City	处理量（万立方米） Treated Volume (10 000 cu.m)	#二、三级 Second or Third Grade	污水处理厂干污泥产生量（吨） Output of Dewatered Sludge (ton)	污水处理厂干污泥处置量（吨） Treated Volume of Dewatered Sludge (ton)
合计	**Total**	**94629**	**91436**	**107286**	**102687**
南昌市	Nanchang	34277	34277	20232	16093
景德镇市	Jingdezhen	4117	4117	3565	3565
乐平市	Leping	1805	1805	686	686
萍乡市	Pingxiang	2728	2728	1888	1888
九江市	Jiujiang	6755	6755	3291	3291
瑞昌市	Ruichang	412	412	450	450
共青城市	Gongqingcheng	912		980	980
庐山市	Lushan	474	474	182	182
新余市	Xinyu	4238	4238	9628	9628
鹰潭市	Yingtan	2514	2514	8341	8341
贵溪市	Guixi	988	357	969	969
赣州市	Ganzhou	9275	9275	25011	25002
瑞金市	Ruijin	1100	1100	1108	1108
吉安市	Ji'an	3417	3417	1974	1974
井冈山市	Jinggangshan	95	95	100	100
宜春市	Yichun	4648	4242	4362	4362
丰城市	Fengcheng	1868	1868	1891	1891
樟树市	Zhangshu	1451	1451	1477	1327
高安市	Gaoan	1497	1161	1850	1550
抚州市	Fuzhou	5583	4675	4057	4057
上饶市	Shangrao	6136	6136	15123	15123
德兴市	Dexing	339	339	121	121

10-9 城市园林绿化情况（2018年）

Basic Statistics on Urban Parks, Gardens and Green Areas (2018)

单位：公顷 (hectare)

城市	City	绿化覆盖面积 Area of Green Coverage	建成区 Built Districts	园林绿地面积 Area of Green Areas	建成区 Built Districts
合计	**Total**	**75470.85**	**71001.11**	**69708.16**	**66394.92**
南昌市	Nanchang	15544.89	15163.79	14805.98	14417.98
景德镇市	Jingdezhen	4551.43	4482.93	4475.46	4453.46
乐平市	Leping	1031.00	1022.15	1029.80	972.78
萍乡市	Pingxiang	2406.00	2406.00	2300.31	2300.31
九江市	Jiujiang	7210.68	7210.68	6655.00	6655.00
瑞昌市	Ruichang	525.00	510.00	473.00	449.00
共青城市	Gongqingcheng	891.44	845.45	785.84	762.84
庐山市	Lushan	894.00	845.00	842.00	838.00
新余市	Xinyu	4485.00	4080.00	3887.81	3856.81
鹰潭市	Yingtan	2161.21	2028.18	1856.64	1723.59
贵溪市	Guixi	1276.34	1193.92	1256.61	1074.90
赣州市	Ganzhou	10473.65	8984.43	9875.69	8536.98
瑞金市	Ruijin	1241.00	1198.00	1145.56	1131.59
吉安市	Ji'an	3455.14	2689.05	2597.86	2424.31
井冈山市	Jinggangshan	374.17	366.46	305.59	287.64
宜春市	Yichun	3960.98	3960.98	3754.82	3754.82
丰城市	Fengcheng	2285.27	2285.27	2092.31	2092.31
樟树市	Zhangshu	1343.29	1232.29	1169.33	1074.33
高安市	Gaoan	2294.09	1488.12	2087.27	1369.55
抚州市	Fuzhou	4545.26	4544.40	4161.83	4155.42
上饶市	Shangrao	3962.00	3905.00	3633.05	3546.90
德兴市	Dexing	559.01	559.01	516.40	516.40

10-9 续表 continued

单位：公顷 (hectare)

城市	City	公园绿地面积 Area of Park Green Areas	公园个数（个） Number of Parks(unit)	公园面积 Area of Parks
合计	**Total**	**17619.71**	**519**	**11510.53**
南昌市	Nanchang	3673.96	87	819.36
景德镇市	Jingdezhen	896.49	23	844.15
乐平市	Leping	314.50	9	180.32
萍乡市	Pingxiang	742.81	19	663.97
九江市	Jiujiang	1129.75	31	658.70
瑞昌市	Ruichang	112.00	24	120.00
共青城市	Gongqingcheng	269.24	8	98.36
庐山市	Lushan	150.00	3	195.00
新余市	Xinyu	935.77	37	963.77
鹰潭市	Yingtan	461.27	25	464.40
贵溪市	Guixi	215.59	14	175.18
赣州市	Ganzhou	2336.82	70	2044.38
瑞金市	Ruijin	318.60	6	316.00
吉安市	Ji'an	825.62	10	618.93
井冈山市	Jinggangshan	93.68	3	93.68
宜春市	Yichun	1073.80	18	612.96
丰城市	Fengcheng	490.88	23	378.88
樟树市	Zhangshu	369.70	16	185.70
高安市	Gaoan	595.58	6	102.90
抚州市	Fuzhou	1340.06	40	1206.57
上饶市	Shangrao	1182.50	35	676.23
德兴市	Dexing	91.09	12	91.09

10-10 城市市容环境卫生情况（2018年）
Basic Statistics on Urban Sanitation in Cities (2018)

城市	City	道路清扫保洁面积（万平方米）Area under Cleaning Program (10 000 sq.m)	机械化 Mechanisation	生活垃圾 Residential Garbage		
				清运量（万吨）Collection & Transport Volume (10 000 tons)	处理量（万吨）Disposal Volume (10 000 tons)	无害化处理厂(场)数（座）Number of Harmless Treatment Plants (unit)
合　计	**Total**	**21514**	**14567**	**448.80**	**448.81**	**24**
南昌市	Nanchang	4964	3771	109.62	109.62	1
景德镇市	Jingdezhen	1127	789	23.10	23.10	1
乐平市	Leping	554		8.96	8.96	1
萍乡市	Pingxiang	784	683	20.58	20.58	1
九江市	Jiujiang	1708	1302	23.68	23.68	2
瑞昌市	Ruichang	130	60	3.02	3.02	
共青城市	Gongqingcheng	450	350	7.14	7.14	
庐山市	Lushan	314	195	2.98	2.98	
新余市	Xinyu	843	760	17.78	17.78	1
鹰潭市	Yingtan	580	237	8.04	8.04	2
贵溪市	Guixi	324	198	4.56	4.56	
赣州市	Ganzhou	2819	1944	57.20	57.20	3
瑞金市	Ruijin	576	218	11.79	11.79	1
吉安市	Ji'an	485	450	18.37	18.37	1
井冈山市	Jinggangshan	134	71	3.51	3.51	1
宜春市	Yichun	1110	720	24.46	24.46	1
丰城市	Fengcheng	655	409	11.46	11.46	1
樟树市	Zhangshu	389	310	12.78	12.78	1
高安市	Gaoan	421	358	12.15	12.15	1
抚州市	Fuzhou	1773	805	26.95	26.95	3
上饶市	Shangrao	1195	875	38.50	38.50	1
德兴市	Dexing	178	62	2.20	2.20	1

10-10 续表 continued

城市	City	日无害化处理能力（吨）Daily Harmless Treatment Capacity (ton)	无害化处理量（万吨）Volume of Harmless Treatment (10 000 tons)	公共厕所（座）Number of Public Lavatories (unit)	市容环卫专用车辆设备总数（辆）Number of Special Vehicles for Environmental Sanitation (unit)
合　计	**Total**	**17318**	**448.81**	**2581**	**4435**
南昌市	Nanchang	2983	109.62	235	1592
景德镇市	Jingdezhen	1000	23.10	278	350
乐平市	Leping	300	8.96	97	53
萍乡市	Pingxiang	700	20.58	165	284
九江市	Jiujiang	3000	23.68	313	301
瑞昌市	Ruichang		3.02	33	20
共青城市	Gongqingcheng		7.14	48	42
庐山市	Lushan		2.98	13	40
新余市	Xinyu	600	17.78	119	70
鹰潭市	Yingtan	700	8.04	48	78
贵溪市	Guixi		4.56	10	26
赣州市	Ganzhou	2434	57.20	290	815
瑞金市	Ruijin	338	11.79	30	42
吉安市	Ji'an	450	18.37	123	35
井冈山市	Jinggangshan	180	3.51	2	17
宜春市	Yichun	670	24.46	116	156
丰城市	Fengcheng	273	11.46	43	53
樟树市	Zhangshu	350	12.78	72	75
高安市	Gaoan	600	12.15	[illegible]	60
抚州市	Fuzhou	[illegible]	26.95	331	[illegible]
上饶市	Shangrao	1040	38.50	153	135
德兴市	Dexing	150	2.20	35	12

主要统计指标解释

供水综合生产能力　指按供水设施取水、净化、送水、出厂输水干管等环节设计能力计算的综合生产能力。包括在原设计能力的基础上，经挖、革、改增加的生产能力。计算时，以四个环节中最薄弱的环节为主确定能力。

年末供水管道长度　指从送水泵至用户水表之间所有管道的长度。不包括新安装尚未使用、水厂内以及用户建筑物内的管道。

全年供水总量　指报告期供水企业(单位)供出的全部水量。包括有效供水量和漏损水量。

生活用水量　包括公共服务用水和居民家庭用水。公共服务用水指为城市社会公共生活服务的用水。包括行政事业单位、部队营区和公共设施服务、社会服务业、批发零售贸易业、旅馆饮食业以及其他公共服务业等单位的用水。居民家庭用水指城市范围内所有居民家庭的日常生活用水。包括城市居民、农民家庭、公共供水站用水。

用水普及率　指城市用水人口数与城市人口总数的比率。计算公式:

$$用水普及率=\frac{城市用水人口数}{城市人口总数}\times 100\%$$

人工煤气生产能力　指报告期末人工煤气生产厂制气、净化、输送等环节的综合生产能力，不包括备用设备能力。一般按设计能力计算，如果实际生产能力大于设计能力时，应按实际测定的生产能力计算。测定时应以制气、净化、输送三个环节中最薄弱的环节为主。

供气管道长度　指报告期末从气源厂压缩机的出口或门站出口至各类用户引入管之间的全部已经通气投入使用的管道长度。不包括煤气生产厂、输配站、液化气储存站、灌瓶站、储配站、气化站、混气站、供应站等厂(站)内的管道。

全年供气总量　指全年燃气企业(单位)向用户供应的燃气数量。包括销售量和损失量。

燃气普及率　指报告期末使用燃气的城市人口数与城市人口总数的比率。计算公式为:

$$燃气普及率=\frac{城市用气人口数}{城市人口总数}\times 100\%$$

年末道路长度　指年末道路长度和与道路相通的桥梁、隧道的长度，按车行道中心线计算。在统计时只统计路面宽度在3.5米(含3.5米)以上的各种铺装道路，包括开放型工业区和住宅区道路在内。

城市桥梁　指为跨越天然或人工障碍物而修建的构筑物。包括跨河桥、立交桥、人行天桥以及人行地下通道等。按使用年限分为永久性桥和半永久性桥。

城市排水管道长度　指所有排水总管、干管、支管、检查井及连接井进出口等长度之和。

城市污水日处理能力　指污水处理厂(或污水处理装置)每昼夜处理污水量的设计能力。

年末运营车数　指年末城市用于公共交通运营业务的全部车辆数。新购、新制和调入的运营车辆，自投入之日起开始计算；调出、报废和调作他用的运营车辆，自上级主管机关批准之日起不再计入。

城市绿地面积　指报告期末用作园林和绿化的各种绿地面积。包括公园绿地、生产绿地、防护绿地、附属绿地和其他绿地的面积。

公园绿地　城市中向公众开放的以游憩为主要功能，有一定的游憩设施和服务设施，同时兼有健全生态、美化景观，防灾减灾等综合作用的绿化用地。包括综合公园，社区公园、专类公园、带状公园和街旁绿地。其中综合公园、专类公园和带状公园面积之和为公园面积。

清扫保洁面积　指报告期末对城市道路和公共场所（主要包括城市行车道、人行道、车行隧道、人行过街地下通道、道路附属绿地、地铁站、高架路、人行过街天桥、立交桥、广场、停车场及其他设施等）进行清扫保洁的面积。一天清扫多次的，按清扫保洁面积最大的一次计算。

市容环卫专用车辆　指用于环境卫生作业、监察的专用车辆和设备，包括用于道路清扫、冲洗、洒水、除雪、垃圾粪便清运、市容监察以及与其配套使用的车辆和设备。

每万人拥有公共交通车辆　指报告期末城区内每万人平均拥有的公共交通车辆标台数。计算公式:

$$每万人拥有公共交通车辆=\frac{公共交通运营车标台数}{城市人口总数}$$

生活垃圾清运量　指报告期内收集和运送到垃圾处理厂(场)的生活垃圾数量。生活垃圾指城市日常生活或为城市日常生活提供服务的活动中产生的固体废物以及法律行政规定的视为城市生活垃圾的固体废物。包括：居民生活垃圾、商业垃圾、集市贸易市场垃圾、街道清扫垃圾、公共场所垃圾和机关、学校、厂矿等单位的生活垃圾。

Explanatory Notes on Main Statistical Indicators

Production Capacity of Water Supply refers to the designed overall production capacity of water facilities, covering the four segments of water collection, purification, conveyance, and outflow through trunk pipelines. Increased capacity through transformation and innovation projects is included as well. The capacity is determined mainly on the weakest of the above-mentioned four segments.

Length of Water Supply Pipelines at the Year-end refers to the total length of all the pipelines between the water pumps and the user water meters, excluding pipelines newly installed but not used yet, pipeline in the water factory,and pipeline in the user's buildings.

Annual Volume of Water Supply refers to the total volume of water supplied by water-works (units) during the reference period, including both the effective water supply and loss during the water supply.

Consumption of Water for Residential Use refers to water consumption of households for daily life and water consumption of public service facilities. The latter refers to water consumption for urban public services, including the consumption of government agencies and public institutions, military barracks, public facilities, wholesale and retail outlets, restaurants, hotels, and other units providing public services. Household water consumption refers to consumption of water for daily life of all households within the boundary of cities, including households of urban residents and farmers, and public water supply stations.

Coverage Rate of Urban Population with Access to Tap Water refers to the ratio of the urban population with access to tap water to the total urban population. The formula is:

$$\frac{\text{Coverage of urban population}}{\text{with access to tap water}} = \frac{\text{Urban population with access to tap water}}{\text{Urban population}} \times 100\%$$

Production Capacity of Gaswork Gas refers to the overall production capacity of the urban gasworks in gas generation, purification and delivery at the end of the reference period, excluding capacity of the reserved facilities. In general, it is determined by the designed capacity, and when actual production capacity is larger than the designed capacity, the capacity is determined by the actual measurement on the weakest segment in the production, purification and delivery.

Length of Gas Pipelines refers to the total length of pipelines in use between the outlet of the compressor of gas-work or outlet of gas stations and the leading pipe of users, excluding pipelines within gasworks, delivery stations, LPG storage stations, refilling stations, gas-mixing stations and supply stations.

Volume of Gas Supply refers to the total volume of gas provided to users by gas-producing enterprises (units) in a year, including the volume sold and the volume lost.

Coverage Rate of Urban Population with Access to Gas refers to the ratio of the urban population with access to gas to the total urban population at the end of the reference period. The formula is:

$$\frac{\text{Coverage rate of urban}}{\text{population with access to gas}} = \frac{\text{Urban population with access to gas}}{\text{Urban population}} \times 100\%$$

Length of Paved Roads at Year-end refers to the length of roads with paved surface including bridges and tunnels connected with roads by the end of the year. Length of the roads is measured by the central lines for vehicles for paved roads with a width of 3.5 meters and over, including roads in open-ended factory compounds and residential quarters.

Urban Bridges refer to bridges built to cross over natural or man-made barriers, including bridges over rivers, overpasses for traffic and for pedestrians, underpasses for pedestrians, etc. Both permanent and semi-permanent bridges are included.

Length of Urban Sewage Pipes refers to the total length of general drainage, trunks, branch and inspection wells, connection wells, inlets and outlets, etc.

Daily Disposal Capacity of Urban Sewage refers to the designed 24-hour capacity of sewage disposal by the sewage treatment works or facilities.

Number of Vehicles under Operation at Year-end refers to the total number of vehicles under operation by public transport enterprises (units) at the end of the year, based on the records of operational vehicles by the enterprises (units).

Area of Urban Green Areas refers to the total area occupied for green projects at the end of the reference period, including park green land, production green land, protection green land, green land attached to institutions, and other green areas.

Park Green Area refers to green areas open to the public for amusement and rest with the facilities of amusement, rest and services. Its function includes perfecting ecology, beautifying landscape, and preventing and reducing disaster. Park green areas include comprehensive park, community park, topic park, belt-shaped park and green area nearby street. Total areas of comprehensive park, topic park and belt-shaped is the area of park.

Area Cleaned refers to the area which are regularly cleaned, as at the end of the reference period, at urban roads and public places (mainly including urban roadways, pedestrian walkways, vehicular tunnels, pedestrian underpasses, underground railway stations, lifted roads, pedestrians walk bridges, overpasses, plazas, carparks and other facilities). If there are several times of cleaning in a day at a location, the area of that time of cleaning with the largest area cleaned will be taken.

Vehicles Dedicated to Urban Cleanliness and Environmental Sanitation refer to vehicles and facilities dedicated for use in the operation, management and monitoring of environmental hygiene work. They include vehicles for road cleaning, washing, showering, ice removal, disposal of garbage and human wastes, cleanliness monitoring and related activities.

Public Transportation Vehicles per 10000 Population refers to the number of public transportation vehicles, at the end of the reference period, per 10000 population in the city district. The formula for calculation is:

$$\frac{\text{Public Transportation Vehicles}}{\text{per 10000 Population}} = \frac{\text{Number of Public Transportation Vehicles}}{\text{City District Population}}$$

Consumption Wastes Transported refers to volume of consumption wastes collected and transported to disposal factories or sites. Consumption wastes are solid wastes produced from urban households or from service activities for urban households, and solid wastes regarded by laws and regulations as urban consumption wastes, including those from households, commercial activities, markets, cleaning of streets, public sites, offices, schools, factories, mining units and other sources。

Annual Volume of Water Supply refers to the total volume of water supplied by water-works (units) during the reference period, including both the effective water supply and loss during the water supply.

Consumption of Water for Residential Use refers to water consumption of households for daily life and water consumption of public service facilities. The latter refers to water consumption for urban public services, including the consumption of government agencies and public institutions, military barracks, public facilities, wholesale and retail outlets, restaurants, hotels, and other units providing public services. Household water consumption refers to consumption of water for daily life of all households within the boundary of cities, including households of urban residents and farmers, and public water supply stations.

Coverage Rate of Urban Population with Access to Tap Water refers to the ratio of the urban population with access to tap water to the total urban population. The formula is:

$$\frac{\text{Coverage of urban population}}{\text{with access to tap water}} = \frac{\text{Urban population with access to tap water}}{\text{Urban population}} \times 100\%$$

Production Capacity of Gaswork Gas refers to the overall production capacity of the urban gasworks in gas generation, purification and delivery at the end of the reference period, excluding capacity of the reserved facilities. In general, it is determined by the designed capacity, and when actual production capacity is larger than the designed capacity, the capacity is determined by the actual measurement on the weakest segment in the production, purification and delivery.

Length of Gas Pipelines refers to the total length of pipelines in use between the outlet of the compressor of gas-work or outlet of gas stations and the leading pipe of users, excluding pipelines within gasworks, delivery stations, LPG storage stations, refilling stations, gas-mixing stations and supply stations.

Volume of Gas Supply refers to the total volume of gas provided to users by gas-producing enterprises (units) in a year, including the volume sold and the volume lost.

Coverage Rate of Urban Population with Access to Gas refers to the ratio of the urban population with access to gas to the total urban population at the end of the reference period. The formula is:

$$\frac{\text{Coverage rate of urban}}{\text{population with access to gas}} = \frac{\text{Urban population with access to gas}}{\text{Urban population}} \times 100\%$$

Length of Paved Roads at Year-end refers to the length of roads with paved surface including bridges and tunnels connected with roads by the end of the year. Length of the roads is measured by the central lines for vehicles for paved roads with a width of 3.5 meters and over, including roads in open-ended factory compounds and residential quarters.

Urban Bridges refer to bridges built to cross over natural or man-made barriers, including bridges over rivers, overpasses for traffic and for pedestrians, underpasses for pedestrians, etc. Both permanent and semi-permanent bridges are included.

Length of Urban Sewage Pipes refers to the total length of general drainage, trunks, branch and inspection wells, connection wells, inlets and outlets, etc.

Daily Disposal Capacity of Urban Sewage refers to the designed 24-hour capacity of sewage disposal by the sewage treatment works or facilities.

Number of Vehicles under Operation at Year-end refers to the total number of vehicles under operation by public transport enterprises (units) at the end of the year, based on the records of operational vehicles by the enterprises (units).

Area of Urban Green Areas refers to the total area occupied for green projects at the end of the reference period, including park green land, production green land, protection green land, green land attached to institutions, and other green areas.

Park Green Area refers to green areas open to the public for amusement and rest with the facilities of amusement, rest and services. Its function includes perfecting ecology, beautifying landscape, and preventing and reducing disaster. Park green areas include comprehensive park, community park, topic park, belt-shaped park and green area nearby street. Total areas of comprehensive park, topic park and belt-shaped is the area of park.

Area Cleaned refers to the area which are regularly cleaned, as at the end of the reference period, at urban roads and public places (mainly including urban roadways, pedestrian walkways, vehicular tunnels, pedestrian underpasses, underground railway stations, lifted roads, pedestrians walk bridges, overpasses, plazas, carparks and other facilities). If there are several times of cleaning in a day at a location, the area of that time of cleaning with the largest area cleaned will be taken.

Vehicles Dedicated to Urban Cleanliness and Environmental Sanitation refer to vehicles and facilities dedicated for use in the operation, management and monitoring of environmental hygiene work. They include vehicles for road cleaning, washing, showering, ice removal, disposal of garbage and human wastes, cleanliness monitoring and related activities.

Public Transportation Vehicles per 10000 Population refers to the number of public transportation vehicles, at the end of the reference period, per 10000 population in the city district. The formula for calculation is:

$$\frac{\text{Public Transportation Vehicles}}{\text{per 10000 Population}} = \frac{\text{Number of Public Transportation Vehicles}}{\text{City District Population}}$$

Consumption Wastes Transported refers to volume of consumption wastes collected and transported to disposal factories or sites. Consumption wastes are solid wastes produced from urban households or from service activities for urban households, and solid wastes regarded by laws and regulations as urban consumption wastes, including those from households, commercial activities, markets, cleaning of streets, public sites, offices, schools, factories, mining units and other sources.

11

生态环境

Ecological Environment

◆219/234

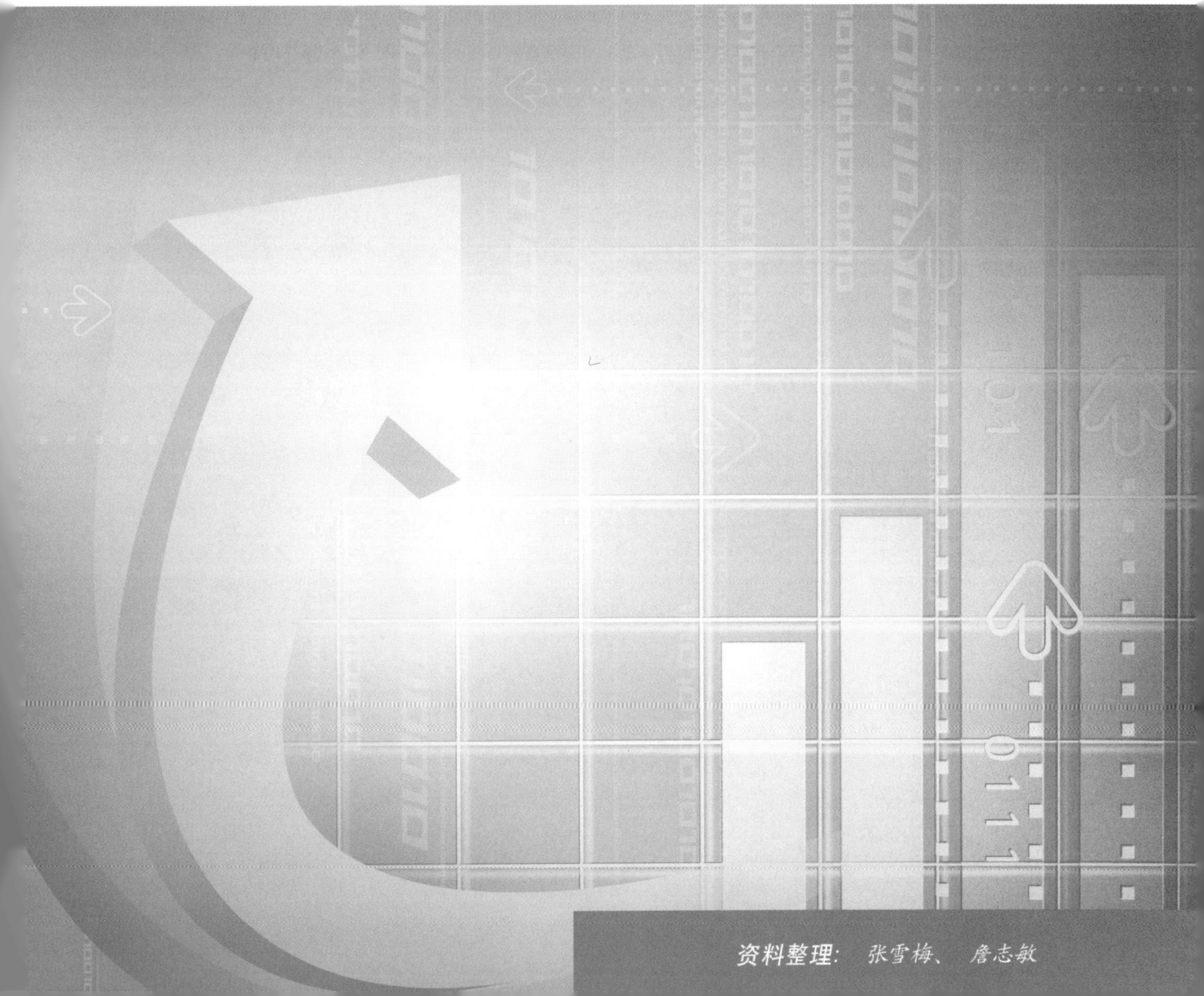

资料整理：张雪梅、詹志敏

简要说明

本篇资料由环境保护、水资源和气象三个部分组成。

环境保护统计资料包括工业废水、生活污水排放及治理情况；工业废气排放及处理情况；一般工业固体废物的产生、处理及利用情况；城镇生活污染情况；烟（粉）尘排放情况。资料来源于省环保厅，由省统计局能源处整理提供。

水资源资料主要包括水资源总量、供水量及用水量，资料来源于省水文局；气象资料主要包括各设区市平均气温、降水量、日照等方面的资料，资料来源于省气象局。由省统计局综合处整理提供。

Brief Introduction

This chapter includes three parts: environment protection, water resources and meteorological phenomena.

Data on environment protection include discharge and treatment of industrial and consumption waste water; emission treatment and utilization of general industrial waste gas; urban household pollution; industrial waste air and dust emitted. Data source from provincial Bureau of Environmental Proctection. Data are provided by Energy Division of Jiangxi Statistics Bureau.

Data on water resources include total amount of water resources, supply and use. Data source from Jiangxi Hydrological Bureau. Data on meteorological phenomena include annual average temperature, precipitation and sunshine hours by region. Data source from Jiangxi Meteorological Bureau. Data are provided by Comprehensive Division of Jiangxi Statistics Bureau.

11-1 工业“三废” 排放及处理利用情况
Discharge and Treatment of Industrial Waste Gas, Waste Water & Solid Wastes

指　　标	Item	2000	2010	2015	2017	2018
工业废水	**Industrial Waste Water**					
工业废水排放总量(万吨)	Industrial Waste Water Discharge (10 000 tons)	42083	72525.86	76412.31	41206.56	39556.67
工业废气	**Industrial Waste Gas**					
工业废气排放总量(亿立方米)	Industrial Waste Air Emission (100 million cu.m)	2220	9811.70	17054.67	15064.89	15519.15
工业二氧化硫排放量(万吨)	Industry Sulphur Dioxide Emission (10 000 tons)	29	47	51.57	20.08	15.16
工业氮氧化物排放量(万吨)	Industry Nitrogen Oxides Emission (10 000 tons)			27.94	19.52	18.99
工业烟(粉)尘排放量(万吨)	Volume of Industrial Dust Emission (10 000 tons)			44.60	25.72	20.98
工业固体废物	**Industrial Solid Wastes**					
一般工业固体废物产生量(万吨)	General Industrial Solid Wastes Produced (10 000 tons)	4814.97	9407.30	10776.68	12340.92	11664.78
#危险废物	Hazardous Wastes	1.71	8.98	71.34	84.50	111.18
一般工业固体废物综合利用量(万吨)	General Industrial Solid Wastes Utilized (10 000 tons)	702.24	4379.14	6151.78	4593.78	4970.13
#危险废物	Hazardous Wastes	1.60	7.87	57.67	59.74	62.63
一般工业固体废物综合利用率(%)	Ratio of General Industrial Solid Wastes Utilized (%)	14.64	46.54	57.03	37.15	42.41
一般工业固体废物贮存量(万吨)	General Industrial Solid Wastes in Stocks (10 000 tons)	3861.40	557.14	4363.06	6939.52	6267.73
#危险废物贮存量	Hazardous Wastes in Stocks	0.86	0.04	3.37	5.58	9.98
一般工业固体废物处置量(万吨)	General Industrial Solid Wastes Treated (10 000 tons)	98.71	4486.55	271.76	838.82	486.24
#危险废物处置量	Hazardous Wastes Treated	0.01	1.25	12.53	26.13	45.92
一般工业固体废物倾倒丢弃量(万吨)	General Industrial Solid Wastes Discharged (10 000 tons)	28.70	13.23	3.96	0.72	0.01

注：1. 工业废气排放总量的计量单位2011年改为：亿立方米，历年数据是万立方米；

2. 工业固体废物产生量、工业固体废物综合利用量、工业固体废物综合利用率、工业固体废物贮存量、工业固体废物处置量、工业固体废物丢弃量2011年统一改为一般工业固体废物产生量、一般工业固体废物综合利用量、一般工业固体废物综合利用率、一般工业固体废物贮存量、一般工业固体废物处置量和一般工业固体废物倾倒丢弃量，且口径发生变化，后同。

a) The measuring unit of industrial waste air emission changed from 10 thousand cu.m into 100 million cu.m aince 2011.

b) Industrial solid wastes in stocks, industrial solid wastes treated, industrial solid wastes discharged changed into general industrial solid wastes produced,general industrial solid wastes utilized, ratio of general industrial solid wastes utilized, general industrial solid wastes in stocks, general industrial solid wastes treated, general industrial solid wastes discharged. Statistical range changed accordingly, the same as following tables.

11-2 重点调查工业企业“三废”排放及处理利用情况（2018年）

行业	Sector	工业废水排放量（万吨）Industry Waste Water Discharge (10 000tons)	废水治理设施数（套）Number of Facilities for Treatment of Waste Water (set)
总计	**Total**	**35061.34**	**3246**
煤炭开采和洗选业	Mining and Washing of Coal	347.61	50
黑色金属矿采选业	Mining and Processing of Ferrous Metal Ores	109.53	14
有色金属矿采选业	Mining and Processing of Non-Ferrous Ores	6431.94	91
非金属矿采选业	Mining and Processing of Non-metal Ores	237.71	47
开采辅助活动	Support Activities for Mining		2
其他采矿业	Mining of Other Mineral		
农副食品加工业	Processing of Food from Agricultural Products	1229.36	317
食品制造业	Manufacture of Foods	702.82	118
酒、饮料和精制茶制造业	Manufacture of Liquor, Beverages & Refined Tea	669.35	66
烟草制品业	Manufacture of Tobacco	14.22	4
纺织业	Manufacture of Textile	1285.39	69
纺织服装、服饰业	Manufacture of Textile,Wearing Apparel and Accessories	95.63	26
皮革、毛皮、羽毛及其制品和制鞋业	Manufacture of Leather, Fur, Feather and Related Products and Footwear	175.69	45
木材加工和木、竹、藤、棕、草制品业	Processing of Timber, Manufacture of Wood, Bamboo, Rattan, Palm and Straw Products	120.98	32
家具制造业	Manufacture of Furniture	56.77	13
造纸和纸制品业	Manufacture of Paper and Paper Products	4555.97	103
印刷和记录媒介复制业	Printing and Reproduction of Recording Media	53.30	25
文教、工美、体育和娱乐用品制造业	Manufacture of Articles for Culture, Education, Arts and Crsfts Sport and Entertainment Activities	26.28	36
石油、煤炭及其他燃料加工业	Processing of Petroleum, Coal, and Other Fuels	1520.15	17
化学原料和化学制品制造业	Manufacture of Raw Chemical Materials and Chemical Products	3686.11	426
医药制造业	Manufacture of Medicines	1328.84	268
化学纤维制造业	Manufacture of Chemical Fibers	2731.15	10
橡胶和塑料制品业	Manufacture of Rubber & Products	193.79	81
非金属矿物制品业	Manufacture of Non-metallic Mineral Products	672.13	369
黑色金属冶炼和压延加工业	Smelting and Pressing of Ferrous Metals	1905.27	72
有色金属冶炼和压延加工业	Smelting and Pressing of Non-ferrous Metals	2296.49	233
金属制品业	Manufacture of Metal Products	435.73	120
通用设备制造业	Manufacture of General Purpose Machinery	126.94	47
专用设备制造业	Manufacture of Special Purpose Machinery	52.33	30
汽车制造业	Manufacture of Automobiles	308.23	67
铁路、船舶、航空航天和其他运输设备制造业	Manufacture of Railway，Ship, Aerospace, and Other Transport Equipments	199.49	20
电气机械和器材制造业	Manufacture of Electrical Machinery and Apparatus	793.69	98
计算机、通信和其他电子设备制造业	Manufacture of Computers communication and other Electronic Equipment	2191.33	178
仪器仪表制造业	Manufacture of Measuring Instruments and Machinery	48.75	7
其他制造业	Other Manufacture	71.27	44
废弃资源综合利用业	Utilization of Waste Resources	94.97	43
金属制品，机械和设备修理业	Repair Service Products, Machinery & Equipment	9.57	3
电力、热力生产和供应业	Production and Supply of Electric Power and Heat Power	282.55	54
燃气生产和供应业	Production and Supply of Gas		1

Discharge and Treatment of Industrial Waste Gas, Waste Water & Solid Wastes of Focused Investigated Industrial Enterprises (2018)

废水治理设施处理能力(万吨/日) Waste Water Treatment Facilities Capacity (10 000 tons/day)	化学需氧量排放量(吨) Chemical Oxygen Demand Emission (ton)	氨氮排放量(吨) Ammonia Nitrogen Emission (ton)	工业废气排放量(亿立方米) Total Volume of Industrial Waste Gas Emission (100 million cu.m)	废气治理设施数(套) Facilities for Treatment of Waste Gas (set)	#脱硫设施数(套) Desulfu-rization Facilities (set)
684.72	**26879**	**3018**	**15517.57**	**10959**	**1586**
3.29	239	6			
3.76	28	3	15.16	2	
154.58	2520	211	30.40	39	5
3.11	240	34	19.87	26	4
				1	1
10.04	2399	293	256.99	283	63
6.59	1289	95	66.93	109	40
5.68	1264	110	11.15	46	21
	10	1	19.26	67	1
11.00	1703	142	31.27	145	24
1.59	79	13	1.92	11	5
1.36	291	43	8.98	103	17
0.74	350	21	80.96	214	21
	171	93	7.47	96	2
50.14	4090	309	130.05	152	73
	44	6	4.93	38	11
0.73	41	10	4.88	50	2
4.50	452	45	365.30	47	18
22.14	2534	307	296.53	1049	207
9.46	2156	204	76.54	467	65
12.79	807	38	62.48	17	9
1.34	318	50	87.53	221	38
49.11	703	94	4739.25	4114	630
243.24	583	60	4309.60	354	24
35.62	1268	335	491.58	738	150
4.63	356	39	71.98	383	13
0.53	237	36	12.57	126	4
	51	5	5.20	50	5
2.06	338	20	80.11	169	2
1.76	131	27	15.87	52	2
6.81	364	49	85.06	666	13
20.51	1458	221	403.45	747	5
0.72	94	66	3.69	9	1
0.60	73	8	18.01	88	11
0.95	137	19	122.23	132	29
	3		0.73	8	1
15.35	60	3	3579.64	139	69
				1	

11-2 续表

行　　业	Sector	废气治理设施处理能　力（万立方米/时）Emission Control Facilities Treatment Capacity (10 000 cu.m/hour)	废气治理设施运行费用(万元) Waste Gas Treatment Facilities Operating Cost (10 000 yuan)
总　　计	**Total**	**496404.26**	**519950.15**
煤炭开采和洗选业	Mining and Washing of Coal		
黑色金属矿采选业	Mining and Processing of Ferrous Metal Ores	16.60	11.00
有色金属矿采选业	Mining and Processing of Non-Ferrous Ores	268.84	1944.43
非金属矿采选业	Mining and Processing of Non-metal Ores	82.19	4166.00
开采辅助活动	Support Activities for Mining		
其他采矿业	Mining of Other Mineral		40.00
农副食品加工业	Processing of Food from Agricultural Products	223.63	2336.87
食品制造业	Manufacture of Foods	199.01	3214.18
酒、饮料和精制茶制造业	Manufacture of Liquor, Beverages & Refined Tea	104.86	491.30
烟草制品业	Manufacture of Tobacco	169.50	370.00
纺织业	Manufacture of Textile	175.81	1642.28
纺织服装、服饰业	Manufacture of Textile,Wearing Apparel and Accessories	10.35	210.90
皮革、毛皮、羽毛及其制品和制鞋业	Manufacture of Leather, Fur, Feather and Related Products and Footwear	163.63	568.47
木材加工和木、竹、藤、棕、草制品业	Processing of Timber, Manufacture of Wood, Bamboo, Rattan, Palm and Straw Products	331.92	2364.00
家具制造业	Manufacture of Furniture	47.60	814.33
造纸和纸制品业	Manufacture of Paper and Paper Products	500.75	8193.34
印刷和记录媒介复制业	Printing and Reproduction of Recording Media	23.26	139.25
文教、工美、体育和娱乐用品制造业	Manufacture of Articles for Culture, Education, Arts and Crsfts Sport and Entertainment Activities	54.05	477.10
石油、煤炭及其他燃料加工业	Processing of Petroleum, Coal, and Other Fuels	347.92	16892.09
化学原料和化学制品制造业	Manufacture of Raw Chemical Materials and Chemical Products	1812.83	27861.28
医药制造业	Manufacture of Medicines	372.42	7766.15
化学纤维制造业	Manufacture of Chemical Fibers	175.72	6143.40
橡胶和塑料制品业	Manufacture of Rubber & Products	928.23	2482.83
非金属矿物制品业	Manufacture of Non-metallic Mineral Products	27293.82	92391.55
黑色金属冶炼和压延加工业	Smelting and Pressing of Ferrous Metals	12351.21	104255.27
有色金属冶炼和压延加工业	Smelting and Pressing of Non-ferrous Metals	1765.86	71485.59
金属制品业	Manufacture of Metal Products	468.22	3007.05
通用设备制造业	Manufacture of General Purpose Machinery	91.81	480.61
专用设备制造业	Manufacture of Special Purpose Machinery	33.28	183.28
汽车制造业	Manufacture of Automobiles	498.03	8628.07
铁路、船舶、航空航天和其他运输设备制造业	Manufacture of Railway，Ship, Aerospace, and Other Transport Equipments	161.14	306.00
电气机械和器材制造业	Manufacture of Electrical Machinery and Apparatus	436941.69	7126.98
计算机、通信和其他电子设备制造业	Manufacture of Computers communication and other Electronic Equipment	891.16	8299.52
仪器仪表制造业	Manufacture of Measuring Instruments and Machinery	3.79	99.00
其他制造业	Other Manufacture	139.67	1387.83
废弃资源综合利用业	Utilization of Waste Resources	360.14	7100.36
金属制品、机械和设备修理业	Repair Service Products, Machinery & Equipment	6.60	71.38
电力、热力生产和供应业	Production and Supply of Electric Power and Heat Power	9389.82	126978.47
燃气生产和供应业	Production and Supply of Gas		20.00

continued

二氧化硫排放量(吨) Sulphur Dioxide Emission (ton)	氮氧化物排放量(吨) Nitroger Oxide Emission (ton)	烟(粉)尘排放量(吨) Volume of Dust Emission (ton)	一般工业固体废物产生量(万吨) General Industrial Solid Wastes Produced (10 000 tons)	一般工业固体废物综合利用量(万吨) General Industrial Solid Wastes Utilized (10 000 tons)	一般工业固体废物处置量(万吨) General Industrial Solid Wastes Treated (10 000 tons)	一般工业固体废物贮存量(万吨) General Industrial Solid Wastes in Stocks (10 000 tons)	一般工业固体废物倾倒丢弃量(万吨) General Industrial Solid Wastes Discharged (10 000 tons)
124237.16	**157988.30**	**171062.77**	**11092.94**	**4662.03**	**434.22**	**6050.27**	**70.2**
6	5	148	52.06	51.49	1.46		
	2	110	91.66	71.11	1.00	19.55	
109	65	455	7558.18	1384.75	309.64	5905.46	
178	148	1530	105.07	92.02	12.84		
			0.65	0.65			
1	4	2					
985	516	1643	10.13	8.70	1.21		
1909	1964	1889	19.10	16.14	1.55	1.45	
282	250	522	12.52	12.12			
6	16	3	0.57	0.57			
505	386	567	5.48	4.46	1.17		
57	18	537					
195	44	192	1.31	1.32			
912	298	4783	12.70	12.25	0.67		
174	123	1578	0.69	0.68			
2540	1911	1922	87.29	82.56	4.79		
125	188	86	1.21	1.11			
17	10	24	0.58				30.0
796	4541	746	17.74	15.55	2.19		
5413	3477	5456	215.97	182.74	30.94	6.23	
697	496	825	9.01	5.50	3.62		
330	791	75	23.12	23.12			
426	202	519	10.60	10.51			
64406	86361	74241	307.46	286.86	9.18	15.34	21.0
24934	30745	65665	1197.91	1105.44	0.84	91.63	
8087	1430	3206	249.35	209.91	33.30	9.80	
195	90	313	4.31	2.54	1.74		15.1
63	38	147	1.47	1.19			
14	13	44					2.0
52	74	461	18.95	18.03	0.92		
8	7	26					
76	163	219	4.88	3.80	1.14		
97	129	328	7.83	3.09	3.95	0.81	2.0
173	82	14					
411	532	438	2.41	2.33			
911	254	386	20.43	13.51	6.96		
8	3	22					
9139	22606	1942	1042.33	1037.99	5.12		
1	6						

11-3 各地区工业“三废”排放及处理情况(2018年)

指标	Item	全 省 Total	南昌市 Nanchang
工业废水	**Industrial Waste Water**		
工业废水排放量(万吨)	Industrial Waste Water Discharge (10 000 tons)	39557	3740.1
废水治理设施数(套)	Facilities for Treatment of Waste Water (set)	3252	340
废水治理设施处理能力(万吨/日)	Waste Water Treatment Facilities Capacity (10 000 tons/day)	685.85	72.92
工业废气	**Industrial Waste Gas**		
工业废气排放总量(亿立方米)	Industrial Waste Air Emission (100 million cu.m)	15519	1750
废气治理设施数(套)	Facilities for Treatment of Waste Gas (set)	10977	1151
#脱硫设施数(套)	Desulfurization Facilities (set)	1590	71
废气治理设施处理能力(万立方米/时)	Emission Control Facilities Treatment Capacity (10 000 cu.m/hour)	496421.31	4101.82
工业二氧化硫排放量(吨)	Industrial Sulphur Dioxide Emission (ton)	151607	6540
工业氮氧化物排放量(吨)	Industrial Nitrogen Oxides Emission (ton)	189857	11119
工业烟(粉)尘排放量(吨)	Volume of Industrial Dust Emission (ton)	209781	19229
工业固体废物	**Industrial Solid Wastes**		
一般工业固体废物产生量(万吨)	Generation of General Industrial Solid Wastes (10 000 tons)	11664.78	246.88
#危险废物	Hazardous Wastes	111.18	13.29
一般工业固体废物综合利用量(万吨)	General Industrial Solid Wastes Utilized (10 000 tons)	4970.13	236.82
#危险废物	Hazardous Wastes	62.63	9.28
一般工业固体废物综合利用率(%)	Ratio of General Industrial Solid Wastes Utilized (%)	42.41	95.91
一般工业固体废物贮存量(万吨)	General Industrial Solid Wastes in Stocks (10 000 tons)	6267.73	0.37
一般工业固体废物处置量(万吨)	General Industrial Solid Wastes Treated (10 000 tons)	486.24	9.94
一般工业固体废物倾倒丢弃量(万吨)	General Industrial Solid Wastes Discharged (10 000 tons)	80.20	

Discharge and Treatment of Industrial Waste Gas, Waste Water & Solid Wastes(2018)

景德镇市 Jingdezhen	萍乡市 Pingxiang	九江市 Jiujiang	新余市 Xinyu	鹰潭市 Yingtan	赣州市 Ganzhou	吉安市 Ji'an	宜春市 Yichun	抚州市 Fuzhou	上饶市 Shangrao
2719.45	666.06	9045.12	2274.57	1141.29	5327.31	3236.89	3516.86	1874.82	6014.16
66	191	215	141	84	601	310	547	335	422
8.18	86.42	54.75	137.49	24.03	50.95	26.95	51.10	30.06	143.00
529	2053	2478	1517	509	1215	1065	2243	930	1230
308	692	1047	874	192	1769	1185	1675	858	1226
42	76	133	79	52	304	122	406	138	167
1010.37	4377.12	9975.61	7350.13	1268.95	4262.00	5003.35	157409.17	2849.90	298812.91
4963	11347	15662	26088	4212	21593	15712	25284	6373	13833
9826	14310	26661	21602	1674	17189	8821	58889	4176	15591
3599	16081	27019	34657	1740	23544	9051	43129	6794	24937
125.68	411.86	1208.63	923.03	332.52	812.47	287.90	565.38	192.05	6558.36
9.46	0.49	19.20	10.12	5.83	6.34	4.29	21.04	8.73	12.38
112.08	398.56	620.54	785.58	280.85	734.53	283.96	563.69	180.54	772.98
0.86	0.06	2.68	8.89	4.62	1.29	2.89	14.67	7.71	9.69
89.07	96.77	51.31	84.77	84.23	85.91	98.26	99.62	93.90	11.78
1.62	0.01	552.26	112.20	49.71	34.41	1.95	0.40	0.05	5514.76
12.15	13.34	36.63	29.23	3.08	88.44	3.19	2.24	11.69	276.31
2.00	36.00		0.20	30.00		10.00		2.00	

11-4　各地区城镇生活污染情况（2018年）

Basic Statistics on Urban Consumption Waste by Region (2018)

地　区	Region	城镇生活污水排放量（万吨）Urban Consumption Waste Water Discharge (10 000 tons)	城镇生活污水中COD产生量（吨）COD Produced from Urban Consumption Waste Water(ton)	城镇生活污水中COD排放量（吨）COD Discharged from Urban Consumption Waste Water(ton)	城镇生活污水中氨氮产生量（吨）Ammonia Nitrogen Produced from Urban Consumption Waste Water(ton)
全　省	**Provincial Total**	**148842.35**	**628769.43**	**472134.35**	**72139.98**
南昌市	Nanchang	27357.13	102169.05	56182.58	12019.89
景德镇市	Jingdezhen	6203.45	34127.50	29759.10	3814.25
萍乡市	Pingxiang	4487.74	19987.38	16235.41	2608.88
九江市	Jiujiang	15272.55	54515.34	38600.43	7115.69
新余市	Xinyu	6450.89	20627.11	13932.30	2426.72
鹰潭市	Yingtan	4045.16	15723.32	12323.68	2028.82
赣州市	Ganzhou	26102.53	108312.00	88494.58	12742.59
吉安市	Ji'an	14652.91	63417.71	52138.06	6788.38
宜春市	Yichun	15790.90	69241.82	51301.43	7392.30
抚州市	Fuzhou	7849.55	51505.86	36971.97	5474.34
上饶市	Shangrao	20629.55	89142.33	76194.80	9728.14

11-4　续表　continued

地　区	Region	城镇生活污水中氨氮排放量（吨）Ammonia Nitrogen Discharged from Urban Consumption Waste Water(ton)	二氧化硫排放量（吨）Volume of Sulphur Dioxide Emission (ton)	氮氧化物排放量（吨）Nitrogen Oxide Emission (ton)	烟尘排放量（吨）Volume of Soot Emission (ton)
全　省	**Provincial Total**	**53801.37**	**12487.01**	**1977.88**	**2423.06**
南昌市	Nanchang	6116.33	244.80	225.42	599.40
景德镇市	Jingdezhen	3451.48	92.00	34.36	6.77
萍乡市	Pingxiang	2193.61	163.20	116.78	12.00
九江市	Jiujiang	5886.29	1346.40	166.66	59.40
新余市	Xinyu	1443.84	1390.60	187.29	122.70
鹰潭市	Yingtan	1728.31	19.38	7.46	1.14
赣州市	Ganzhou	9658.70	2152.37	282.04	368.32
吉安市	Ji'an	5599.54	605.00	71.02	241.02
宜春市	Yichun	5637.97	4202.40	521.52	643.52
抚州市	Fuzhou	[illegible]	[illegible]	[illegible]	[illegible]
上饶市	Shangrao	8238.78	1468.46	258.80	321.60

11-5 水 资 源 总 量（2018年）
Water Resources (2018)

地　区	Region	水资源总量（亿立方米）Total Amount of Water Resources (100 million cu.m)	年降水量 Annual Precipitation		地表水资源量 Surface Water Resources		地下水资源量（亿立方米）Groundwater Resources (100 million cu.m)
			年降水深（毫米）Annual Precipitation Depth (mm)	年降水量（亿立方米）Annual Precipitation (100 millioncu.m)	年径流深（毫米）Annual Flow Depth(mm)	年径流量（亿立方米）Annual Flow (100 million cu.m)	
全　省	**Provincial Total**	**1149.09**	**1487.6**	**2483.60**	**676.8**	**1129.85**	**298.54**
南 昌 市	Nanchang	63.19	1304.3	96.56	801.4	59.33	13.17
景德镇市	Jingdezhen	49.84	1869.3	98.10	949.7	49.84	11.52
萍 乡 市	Pingxiang	24.29	1317.7	50.43	634.7	24.29	4.70
九 江 市	Jiujiang	104.00	1345.0	253.16	524.7	98.77	29.15
新 余 市	Xinyu	19.13	1262.6	39.95	604.6	19.13	5.47
鹰 潭 市	Yingtan	30.29	1601.3	56.91	848.6	30.16	8.15
赣 州 市	Ganzhou	222.92	1388.8	546.89	566.1	222.92	68.92
吉 安 市	Ji'an	157.04	1464.0	369.98	621.4	157.04	41.00
宜 春 市	Yichun	141.00	1503.2	280.64	737.1	137.62	38.71
抚 州 市	Fuzhou	125.89	1622.9	305.38	668.9	125.87	29.10
上 饶 市	Shangrao	211.50	1691.9	385.60	899.0	204.88	48.65

11-6 供 水 量（2018年）
Water Supply (2018)

单位：亿立方米 (100 million cu.m)

地　区	Region	总供水量 Total Water Supply	地表水源供水量 Surface Water				地下水源供水量 Groundwater	其他水源供水量 Others
				蓄　水 Storage	引　水 Diversion	提　水 Carry		
全　省	**Provincial Total**	**250.81**	**240.63**	**120.83**	**48.89**	**70.91**	**8.03**	**2.15**
南 昌 市	Nanchang	32.02	30.90	6.41	11.33	13.16	1.02	0.10
景德镇市	Jingdezhen	8.38	7.84	4.97	0.71	2.16	0.51	0.03
萍 乡 市	Pingxiang	7.88	7.37	2.43	3.64	1.30	0.40	0.11
九 江 市	Jiujiang	23.95	23.48	11.45	1.59	10.44	0.42	0.05
新 余 市	Xinyu	8.04	7.68	4.77	1.89	1.02	0.29	0.07
鹰 潭 市	Yingtan	7.77	7.42	3.46	1.71	2.25	0.29	0.06
赣 州 市	Ganzhou	34.05	31.27	16.23	6.43	8.61	1.69	1.09
吉 安 市	Ji'an	31.70	30.83	20.60	4.00	6.23	0.80	0.07
宜 春 市	Yichun	42.81	41.79	21.68	6.41	13.70	0.98	0.04
抚 州 市	Fuzhou	23.44	22.56	9.50	6.33	6.73	0.42	0.46
上 饶 市	Shangrao	30.77	29.49	19.33	4.85	5.31	1.21	0.07

11-7 用 水 量 （2018年）

Water Use (2018)

单位：亿立方米 (100 million cu.m)

地 区	Region	总用水量 Total	农田灌溉 Farm Irrigated	林牧渔畜 Forestry, Animal Husbanray Fishery and Livestocks	工业 Industry 小计 total	火（核）电 Thermal (Nuclear) Power Generation	非（火）核电 Non-Thermal (Nuclear) Power Generation	城镇公共 Urban Publical	城镇居民生活 Urban Residential	农村居民生活 Rural Residential	生态环境 Ecological Protection
全 省	**Provincial Total**	**250.81**	**152.53**	**8.21**	**58.75**	**16.98**	**41.77**	**6.47**	**15.20**	**7.28**	**2.37**
南昌市	Nanchang	32.02	16.98	0.47	9.13	0.15	8.98	1.79	2.52	0.49	0.64
景德镇市	Jingdezhen	8.38	4.67	0.08	2.31	0.16	2.15	0.26	0.69	0.20	0.17
萍乡市	Pingxiang	7.88	3.16	0.36	2.96	0.09	2.87	0.35	0.75	0.22	0.08
九江市	Jiujiang	23.95	12.61	0.27	8.03	3.14	4.89	0.53	1.51	0.80	0.20
新余市	Xinyu	8.04	3.87	0.24	2.96	0.30	2.66	0.23	0.51	0.13	0.10
鹰潭市	Yingtan	7.77	4.58	0.19	2.03	0.14	1.89	0.26	0.43	0.16	0.12
赣州市	Ganzhou	34.05	21.59	2.48	4.51	0.07	4.44	1.04	2.52	1.58	0.33
吉安市	Ji'an	31.70	22.46	0.79	5.67	2.40	3.27	0.33	1.44	0.84	0.17
宜春市	Yichun	42.81	23.67	1.08	14.59	10.23	4.36	0.60	1.70	0.99	0.18
抚州市	Fuzhou	23.44	17.08	1.47	2.46	0.17	2.29	0.42	1.12	0.73	0.16
上饶市	Shangrao	30.77	21.86	0.78	4.10	0.13	3.97	0.66	2.01	1.14	0.22

注：1. 城镇公共用水指建筑业用水和服务业用水。
2. 生态环境用水指城镇环境用水和农村环境用水。

a) Urban publical water use refer to water use of construction and services.

b) Ecological water use refer to water use of urban and rural areas.

11-8 耗 水 量 （2018年）

Total Water Consumption(2018)

单位：亿立方米 (100 million cu.m)

地 区	Region	总耗水量 Water Consumption	农田灌溉 Farm Irrigated	林牧渔畜 Forestry, Animal Husbanray Fishery and Livestocks	工业 Industry 火(核)电 Thermal (Nuclear) Power Generation	非火(核)电 Non-Thermal (Nuclear) Power Generation	城镇公共 Urban Publical	城镇居民生活 Urban Residential	农村居民生活 Rural Residential	生态环境 Ecological Protection
全 省	**Provincial Total**	**116.90**	**79.66**	**7.60**	**1.89**	**14.00**	**2.70**	**3.81**	**5.32**	**1.92**
南昌市	Nanchang	14.81	8.82	0.43	0.14	3.14	0.79	0.63	0.35	0.51
景德镇市	Jingdezhen	3.94	2.48	0.08	0.11	0.75	0.09	0.17	0.13	0.13
萍乡市	Pingxiang	3.61	1.67	0.35	0.05	0.98	0.16	0.18	0.15	0.07
九江市	Jiujiang	10.61	7.24	0.25	0.21	1.58	0.15	0.38	0.64	0.16
新余市	Xinyu	3.54	1.83	0.22	0.15	0.93	0.11	0.13	0.09	0.08
鹰潭市	Yingtan	3.66	2.26	0.17	0.13	0.66	0.10	0.11	0.13	0.10
赣州市	Ganzhou	18.06	11.87	2.26	0.07	1.55	0.39	0.63	1.03	0.26
吉安市	Ji'an	14.84	11.51	0.77	0.22	1.03	0.18	0.38	0.59	0.16
宜春市	Yichun	16.40	11.96	0.98	0.57	1.38	0.78	0.47	0.71	0.15
抚州市	Fuzhou	12.26	8.83	1.37	0.17	0.73	0.17	0.28	0.59	0.12
上饶市	Shangrao	15.17	11.19	0.72	0.12	1.27	0.28	0.50	0.91	0.18

11-9 各地区气象台站及主要技术装备情况（2018年）

Weather Stations and Machinery in Cities by Region (2018)

地 区	Region	国家基准气侯站（个）National Reference Climatological Station (unit)	国家基本气象站(个) Basic Synoptic Station (unit)	国家一般气象站（个）General Synoptic (unit)	区域气象观测站（个）Number of Regional Observatory (unit)	农业气象观测站（个）Agrometeoro-logical Observatory (unit)
全 省	**Provincial Total**	**5**	**21**	**67**	**2452**	**18**
南昌市	Nanchang		1	4	109	1
景德镇市	Jingdezhen		1	2	57	1
萍乡市	Pingxiang		1	3	92	1
九江市	Jiujiang	1	2	10	289	2
新余市	Xinyu			2	53	1
鹰潭市	Yingtan		1	2	49	1
赣州市	Ganzhou		4	13	559	3
吉安市	Ji'an	1	3	8	369	2
宜春市	Yichun	1	3	6	256	2
抚州市	Fuzhou	1	2	8	235	1
上饶市	Shangrao	1	3	9	384	3

11-9 续表 continued

地 区	Region	生态气象观测站（个）Ecometeoro-logical Observatory (unit)	紫外线观测站（个）Ultraviolet Radiation Observatory (unit)	移动雷达（部）Mobile Radar (unit)	风廓线雷达（部）Wind Profile Radar (unit)	天气雷达（部）Weather Radar (unit)	闪电定位仪（个）Lightning Orientation (unit)
全 省	**Provincial Total**	**14**	**12**	**3**	**3**	**8**	**12**
南昌市	Nanchang	1	1			1	1
景德镇市	Jingdezhen		1		1	1	1
萍乡市	Pingxiang	1	1	1			
九江市	Jiujiang	1	2			1	2
新余市	Xinyu		1				
鹰潭市	Yingtan		1				1
赣州市	Ganzhou	3	1	1		1	2
吉安市	Ji'an	1	1	1		1	1
宜春市	Yichun	1	1		1	1	1
抚州市	Fuzhou	2	1			1	2
上饶市	Shangrao	4	1		1	1	1

11-10 各地区气候基本情况（2018年）

Climate by Region (2018)

地　区	Region	年平均气温 Annual Average Temperature (0.1℃)/△T	年降水量 Annual Precipitation (0.1mm)/△R	年日照时数 Annual Sunshine Hours (0.1h)/△S	年平均相对湿度 Annual Average Relative Humidity (%)/△U
全省平均	**Provincial Average**	18.9/0.8	1543/-117.6	1734.9/76.4	77/-0.4
南昌市	Nanchang	19.2/1.2	1568.7/-45	1859.8/24.5	73/-3
景德镇市	Jingdezhen	18.9/1.1	1898.2/93.4	1678.2/-65.8	76/0
萍乡市	Pingxiang	18.9/1.3	1267.2/-357.5	1595.8/144.5	76/-5
九江市	Jiujiang	17.4/-0.2	1536.1/89.9	1696.5/28.9	83/8
新余市	Xinyu	18.6/0.3	1264.5/-338.8	1753.1/120.3	75/-2
鹰潭市	Yingtan	19.1/0.5	1628.5/-248.6	1817.1/132.1	79/3
赣州市	Ganzhou	20.3/0.7	1606/159.7	1891.7/139.9	74/-1
吉安市	Ji'an	19.7/1.0	1597.5/31.3	1698.1/108.8	78/-1
宜春市	Yichun	18.4/0.9	1427.3/-204.1	1674.8/172.2	78/-2
抚州市	Fuzhou	18.8/0.7	1701.2/-103.6	1682.7/69.8	80/0
上饶市	Shangrao	18.7/0.8	1477.8/-370.3	1735.8/-34.3	77/-1

注：△T、△R、△S、△U分别表示本年度平均气温、降水量、日照时数、平均相对湿度与1981-2010年三十年平均值比较的偏差值。

a) △T,△R,△S and △U indicate comparative differences of annual average temperature, precipitation, sunshine hours and Annual Average Relaive Humidity between 30 yeara average Value from 1981 to 2010.

11-10 续表 continued

地　区	Region	重大灾害性天气(站次) Great calamity weather(time)					
		暴雨 Storm	大风 Gale	冰雹 Hail	大雾 Fog	大雪 Heavy snow	雷暴 Thunder-storm
合　计	**Total**	**386**	**295**	**6**	**2612**	**154**	**1978**
全省平均	**Provincial Average**	**35.09**	**26.82**		**237.45**	**14.00**	**179.82**
南昌市	Nanchang	20	14		78	9	96
景德镇市	Jingdezhen	22	7		80	3	54
萍乡市	Pingxiang	6	13		79	6	80
九江市	Jiujiang	39	92	1	418	94	267
新余市	Xinyu	2			51		38
鹰潭市	Yingtan	20	9		93		73
赣州市	Ganzhou	81	24		339		383
吉安市	Ji'an	49	34		423		261
宜春市	Yichun	44	32	4	263	17	200
抚州市	Fuzhou	53	31	1	368	8	259
上饶市	Shangrao	50	39		420	17	267

主要统计指标解释

林业产业总产值 指一定时期内（通常为1年）以货币表现的林业物质生产部门和非物质生产部门的生产总值，包括林业第一、第二、第三产业的生产总值。林业产业总产值的现行统计范围为：第一产业（农林牧渔业）中全社会的林业产值，种植业中全社会的花卉产值和茶、桑、果产值，畜牧业中全社会的狩猎业产值，林业系统的其他种植业产值、牧业产值和渔业产值；第二产业中采掘业之中全社会的木竹采运业产值，制造业之中全社会的木材加工及竹、藤、棕、草制品业产值和林产化学产品制造业产值，林业系统其他采掘业产值和制造业产值、电力煤气及水的生产供应业产值、建筑业产值；第三产业中全社会的森林旅游产值，林业系统的批发及零售贸易及餐饮业产值、交通运输仓储及邮电通讯业产值、房地产业产值、除森林旅游业外的其他社会服务业产值及其他第三产业产值。

工业废水排放量 指经过企业厂区所有排放口排到企业外部的工业废水量。包括生产废水、外排的直接冷却水、超标排放的矿井地下水和与工业废水混排的厂区生活污水，不包括外排的间接冷却水(清污不分流的间接冷却水应计算在内)。

工业废气排放量 指报告期内企业厂区内燃料燃烧和生产工艺过程中产生的各种排入大气的含有污染物的气体的总量，以标准状态(273K，101325Pa)计算。

工业烟（粉）尘排放量 指报告期内企业在燃料燃烧和生产工艺过程中排入大气的烟尘及工业粉尘的总质量之和。烟尘或工业粉尘排放量可以通过除尘系统的排风量和除尘设备出口烟尘浓度相乘求得。

一般工业固体废物综合利用量 指报告期内企业通过回收、加工、循环、交换等方式，从固体废物中提取或者使其转化为可以利用的资源、能源和其他原材料的固体废物量(包括当年利用往年的工业固体废物贮存量)，如用作农业肥料、生产建筑材料、筑路等。综合利用量由原产生固体废物的单位统计。

供水总量 指各种水源工程为用户提供的包括输水损失在内的毛供水量之和，不包括海水直接利用量。

地表水源供水量 指地表水体工程的取水量，按蓄、引、提、调四种形式统计。从水库、塘坝中引水或提水，均属蓄水工程供水量；从河道或湖泊中自流引水的，无论有闸或无闸，均属引水工程供水量；利用扬水站从河道或湖泊中直接取水的，属提水工程供水量；跨流域调水指水资源一级区或独立流域之间的跨流域调配水量，不包括在蓄、引、提水量中。

地下水源供水量 指水井工程的开采量，按浅层淡水、深层承压水和微咸水分别统计。城市地下水源供水量包括自来水厂的开采量和工矿企业自备井的开采量。

用水量 指各类用水户取用的包括输水损失在内的毛用水量，按农田灌溉、林牧渔畜、工业、城镇公共、居民生活、生态环境六大类统计。工业用水为取用的新水量，不包括企业内部的重复利用水。

耗水量 指在输、用水过程中，通过蒸腾、蒸发、土壤吸收、产品吸附、居民和牲畜饮用等多种途径与形式消耗，不能回归到地表水体或地下含水层的水量。

Explanatory Notes on Main Statistical Indicators

Gross output value of forestry Refer to the total value of products of productive departments and nonproductive departments during a given period of time (usually a year), including the primary Industry, the secondary Industry, and the tertiary Industry. The current Statistics of gross output value of Forestry include the output value of forestry in the whole country, the output value of flower, tea, mulberry and fruit in planting, the output value of hunting in animal husbandry, the output value of the other planting, animal husbandry and fishery of the forestry system; the output value of the bamboo and timber' s cutting and transport in extractive industry, the processing of timber, the products of bamboo, rattan, palm, grass and forestry chemical, the output value of the other extractive industry, manufacturing, the production and supply of electric power and heat power, the construction; the output value of the forestry tourist, wholesale and retail trades and catering, transport, storage and post, real estate, and the other social services except the forestry tourist.

Waste Water Discharged by Industry refers to the volume of waste water discharged by industrial enterprises through all their outlets, including waste water from production process, directly cooled water, groundwater from mining wells which does not meet discharge standards and sewage from households mixed with waste water produced by industrial activities, but excluding indirectly cooled water discharged (It should be included if the discharge is not separated from waste water).

Industrial Waste Air Emission refers to the discharge into atmosphere of waste air containing pollutants generated from fuel burning and production processes in enterprises within a given period of time. It is calculated at standard status (273K, 101325Pa)

Volume of Dust Emission refers to volume of smoke and industrial dust emitted by burning and production process of enterprises and suspended in the air.Volume of smoke and industrial dust is calculated by volume of air flow timing thickness of dust from dedusting equipment exits.

General Industrial Solid Wastes Utilized refers to volume of solid wastes from which useful materials can be extracted or which can be converted into usable resources, energy or other materials by means of reclamation, processing, recycling and exchange (including utilizing in the year the stocks of industrial solid wastes of the previous year). Examples of such utilizations include fertilizers, building materials and road materials. The information shall be collected by the producing units of the wastes.

Water Supply refers to gross water supply by supply systems from sources to consumers, including losses during distribution.

Surface Water Supply refers to withdrawals by surface water supply system, broken down with storage, flow, pumping and transfer. Supply from storage projects includes withdrawals from reservoirs; supply from flow includes withdrawals from rivers and lakes with natural flows no matter if there are locks or not; supply from pumping projects includes withdrawals from rivers or lakes with pumping stations; and supply from transfer refers to water supplies transferred from first-level regions of water resources or independent river drainage areas to others, and should not be covered under supplies of storage, flow and pumping.

Groundwater Supply refers to withdrawals from supplying wells, broken down with shallow layer freshwater, deep layer freshwater and slightly brackish water. Groundwater supply for urban areas includes water mining by both waterworks and own wells of enterprises.

Water Usage refers to water used including lose during transportation. Water consumption is divided into farmland irrigation, forestry husbandry fishing and farming, industry, public affair, livelihoods, ecological environment. Industry water consumption refers to newly using, do not include reusing.

Water consumption is the amount of water consumed through evaporation, interception, adsorption, inhabitant and livestock drinking during water use and cannot recycled into surface waters and aquifers.

12

农 业

AGRICULTURE

◆235/274

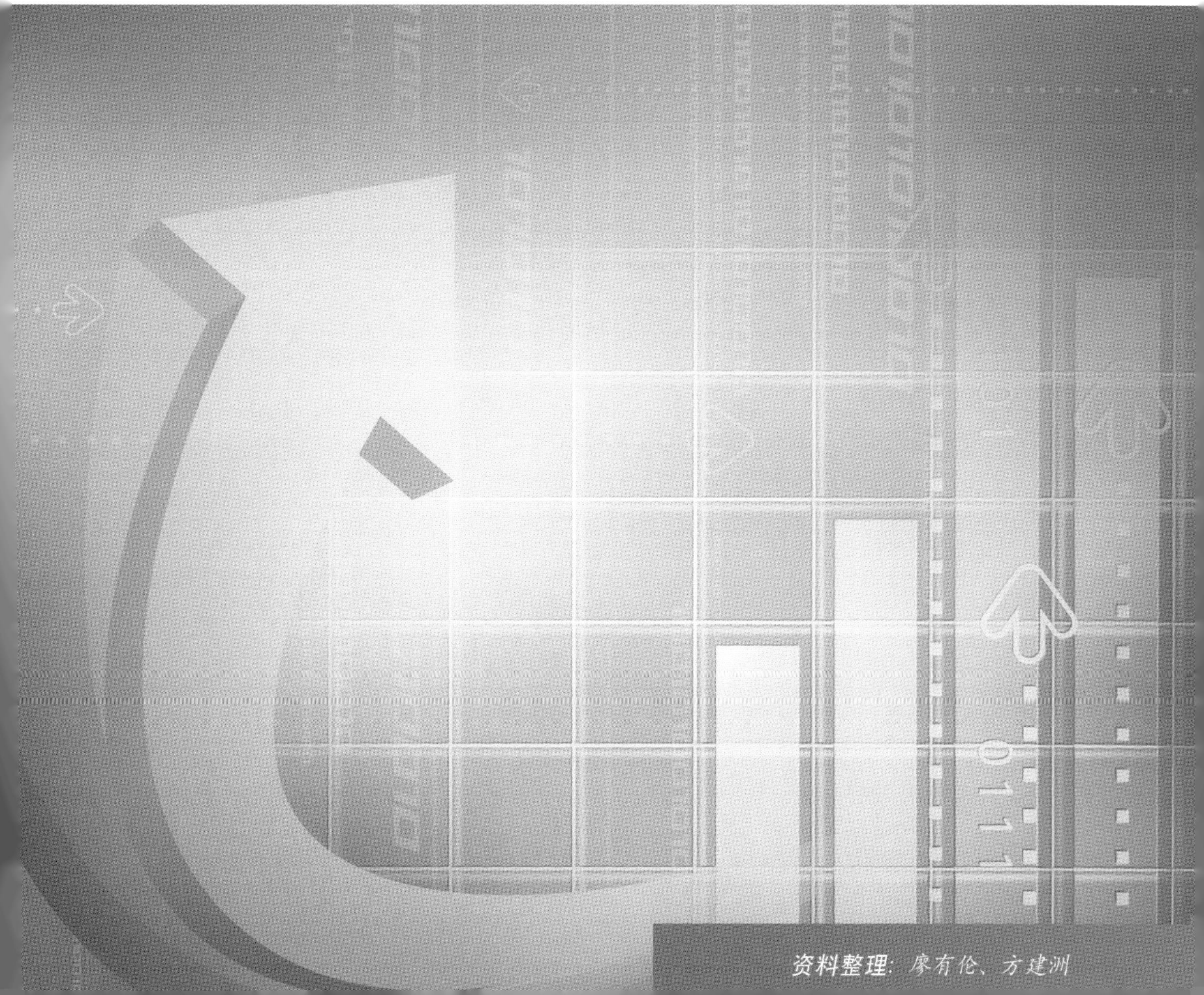

资料整理：廖有伦、方建洲

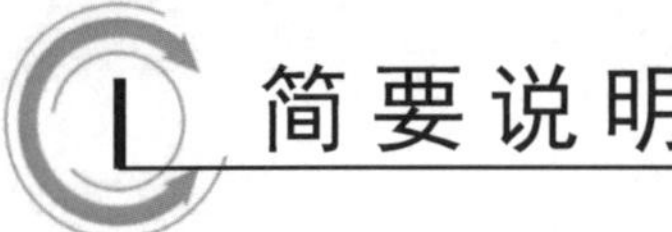

简要说明

一、本篇资料反映全省农业生产和农村经济的基本情况。主要包括农村基层组织、乡村劳动力、耕地、主要农产品面积和产量、农村基础设施以及农林牧渔综合计算等方面的统计资料。

二、本篇资料主要来源于江西省《农林牧渔业、农业产值综合、乡村社会经济统计报表制度》，其统计范围包括各市、县(区)各种经济类型的全部农林牧渔业以及各非农行业附属的农林牧渔业生产单位。

三、本篇资料中的农村基层组织、乡村劳动力、主要农产品面积和产量以及农林牧渔业总产值和增加值等由省统计局农业处提供；林业、渔业、农机和水利情况则分别根据省林业厅、省农业厅、省水利厅和省国土资源厅等部门资料整理提供。

四、部分指标依据2016年全国第三次农业普查资料进行了修正。

Brief Introduction

Ⅰ. The data in this chapter show the basic conditions of agricultural production and rural economy for the whole province, including mainly rural grassroots units, rural employed labors force, cultivated land, areas and output of major products, rural infrastructure, and Comprehensive Statistical of farming, forestry, animal husbandry and fishery.

Ⅱ. Data in this chapter mainly come from the Comprehensive Statistical Reporting on Agriculture, Forestry, Animal Husbandry and Fishery, the Comprehensive Statistical Reporting on Agricultural Output, and the Rural Social and Economic Survey of Jiangxi Province. Statistics on agriculture includes all productive units of agriculture, forestry, animal husbandry and fishery and units engaged in agriculture, forestry, animal husbandry and fishery in non-agricultural sectors with various types of ownership in cities, counties and districts of Jiangxi Province.

Ⅲ. Data on rural grassroots units, employed labor force, agricultural production and area, gross output value and value-added of agriculture, forestry, animal husbandry, and fishery are provided by Agriculture Division of Jiangxi Statistic Bureau. Data on forestry, fishery, agricultural machinery, and water conservancy are provided by Forestry, Agriculture, Water Conservancy Department of Jiangxi province, and Department of Land and Resources of Jiangxi province.

Ⅳ. Some Indicators have been adjusted according to the Third National Agricultural Census in 2016.

12-1 农村乡(镇)基本情况

Basic Conditions of Township and Town of Country

指　　标	Iterm	2017	2018
乡镇政府(个)	Number of Township and Town Governments (unit)	1405	1405
镇政府	Number of Town Governments (unit)	826	826
乡政府	Number of Township Governments (unit)	579	579
村民委员会(个)	Number of Villagers' Committees (unit)	17085	17071
村民小组(个)	Number of Villagers' Groups (unit)	201804	201664
自来水受益村委会个数(个)	Number of Villages Benifited by Tap Water (unit)	11862	12697
占村委会总个数比重(%)	Rate to Total Number of Villages (%)	69.4	74.4
通有线电视的村委会个数(个)	Number of Villages with Cable TV (unit)	16388	16583
占村委会总个数比重(%)	Rate to Total Number of Villages (%)	95.9	97.1
通宽带的村委会个数(个)	Number of Villages with Broadband Network (unit)	16684	16923
占村委会总个数比重(%)	Rate to Total Number of Villages (%)	97.7	99.1

12-2 各地区乡(镇)组织情况（2018年）

Organizing Conditions of Township and Town by Region (2018)

地　区	Region	乡(镇)政府个数(个) Number of Township and Town Governments (unit)	镇政府 Number of Town Governments	村民委员会(个) Number of Villagers' Committees (unit)	村民小组(个) Number of Villagers' Groups (unit)
全　省	**Provincial Total**	**1405**	**826**	**17071**	**201664**
南昌市	Nanchang	80	52	1178	9508
景德镇市	Jingdezhen	39	28	473	5608
萍乡市	Pingxiang	47	28	640	9492
九江市	Jiujiang	181	101	1749	23915
新余市	Xinyu	26	17	411	3831
鹰潭市	Yingtan	34	24	342	4012
赣州市	Ganzhou	285	144	3461	49071
吉安市	Ji'an	214	120	2511	26542
宜春市	Yichun	159	115	2200	25697
抚州市	Fuzhou	153	95	1802	17551
上饶市	Shangrao	187	102	2304	26437

12-3 农、林、牧、渔业总产值和商品产值
Gross Output Value，and Commodity Output Value of Agriculture, Forestry, Animal Husbandry and Fishery

本表按当年价格计算

Data in this table are calculated at current prices.

单位：万元 (10 000 yuan)

年份 Year	农林牧渔业总产值 Gross Output Value of Aqgiculture,Forestry Animal Husbandry and Fishery	农业产值 Output Value of Farming	林业产值 Output Value of Forestry	牧业产值 Output Value of Animal Husbandry	渔业产值 Output Value of Fishery	服务业产值 Output Value of Services	农林牧渔业商品产值 Commodity Output Value of Agriculture, Forestry, Animal Husbandry and Fishery	农林牧渔业商品率(%) Commodity Rate of Agriculture, Forestry, Animal Husbandry and Fishery(%)
1978	492900	364752	58723	63025	6400		175842	35.7
1980	681508	482402	96038	95168	7900		279874	41.1
1985	1145040	740353	141190	228397	35100		566795	49.5
1990	2119055	1202955	195286	620351	100463		1372256	64.8
1990	2552437	1534586	239624	674764	103463		1372256	53.8
1991	2715836	1612274	288951	688523	126088		1483574	54.6
1992	2983528	1683513	315804	830611	153600		1735728	58.2
1993	3601064	1961358	314875	1095139	229692		2165316	60.1
1994	5278602	2762704	375230	1776561	364107		3368228	63.8
1995	6317137	3316376	414590	2095348	490823		4053816	64.2
1996	7334888	3863193	463328	2311829	696538		4751920	66.9
1997	7855119	3946088	468592	2558551	881888		5180617	66.0
1998	7348844	3615365	476187	2383146	874146		4824857	65.7
1999	7502895	3881699	495903	2239960	885333		4824974	64.3
2000	7602670	3872737	511086	2217976	1000871		4923589	64.8
2000	7413543	3446961	579735	2217976	1000871	168000	4497813	60.7
2001	7674396	3583299	605300	2261129	1042668	182000	4812927	62.7
2002	7918643	3664496	649332	2339367	1099548	165900	5093507	64.3
2003	8416300	3837127	704801	2540056	1185493	148823	5598337	66.5
2004	10549211	4910558	790778	3249823	1431346	166706	6836789	64.8
2005	11429925	5104715	873713	3650964	1625621	174912	7797125	68.2
2006	12252714	5571936	1046051	3440455	1643115	551157	8364442	68.3
2007	14232763	6230568	1253166	4310098	1819696	619236	9649814	67.8
2008	16707526	6983471	1480574	5444099	2110607	688776	11361117	68.0
2009	17197613	7360732	1574457	5246315	2303010	713098	12537060	72.9
2010	18801649	8106770	1801451	5599251	2542855	751322	13744005	73.1
2011	21751409	9311733	1969743	6966210	2704788	798935	15704518	72.2
2012	23599561	10207446	2167966	7065268	3305289	853591	17204080	72.9
2013	25296890	10947155	2371398	7397614	3668736	911986	18416136	72.8
2014	26701795	11708268	2550057	7489530	3966009	987930	19465609	72.9
2015	28083704	13618493	2706821	6546549	4152149	1059692	20535252	73.1
2016	30198718	14353075	2946136	7705092	4081116	1113299	21845218	72.3
2017	30690051	14892890	2964890	7096764	4530639	1204867	22288929	72.6
2018	31485736	15492192	3195550	6721756	4739156	1337081	22805010	72.4
南昌市 Nanchang	3210113	1417402	49648	872244	730770	140048	2477235	77.2
景德镇市 Jingdezhen	978506	621085	101777	106488	55298	93858	749590	76.6
萍乡市 Pingxiang	952452	444750	90953	327927	73365	15456	611473	64.2
九江市 Jiujiang	3134035	1380178	298708	432351	844611	178187	2094065	66.8
新余市 Xinyu	970060	405902	194624	217483	86338	65713	668920	69.0
鹰潭市 Yingtan	907888	391307	139241	265770	85635	25935	576537	63.5
赣州市 Ganzhou	5457965	2892930	571583	1240701	550163	202588	3723985	68.2
吉安市 Ji'an	3827971	1823093	483690	923807	406172	191208	3060612	80.0
宜春市 Yichun	4546805	2231917	534153	1083240	616364	81130	3157140	69.4
抚州市 Fuzhou	3435320	2065508	270648	631069	310853	157242	2636492	76.7
上饶市 Shangrao	4064622	1818119	460525	620675	979587	185716	3048961	75.0

注：1.1990年数据为按老口径计算的数据，自2000年后按新的国民经济行业分类计算，后同。
2.2007年后的产值数据按照第三次全国农业普查数据修订。

a)The data of 1990 was calculated on old basis.The data since 2000 is calculated on the new classification standards for national economic.

b)The output value data since 2007 is revised according to the third national agricutural census data.

12-4 农、林、牧、渔业总产值构成
Composition of Gross Output Value of Agriculture, Forestry, Animal Husbandry and Fishery

本表按可比价格计算。
Data in this table are calculated at constant prices.

单位：% (%)

年 份 Year	农林牧渔业总产值 Gross Output Value of Agriculture,Forestry, Animal Husbandry and Fishery	农业产值 Output Value of Farming	林业产值 Output Value of Forestry	牧业产值 Output Value of Animal Husbandry	渔业产值 Output Value of Fishery	服务业产值 Output Value of Services
1978	100	74.0	11.9	12.8	1.3	
1980	100	70.7	14.1	14.0	1.2	
1985	100	64.7	12.3	19.9	3.1	
1990	100	56.8	9.2	29.3	4.7	
1990	100	60.1	9.4	26.4	4.1	
1991	100	59.4	10.6	25.4	4.6	
1992	100	56.5	10.6	27.8	5.1	
1993	100	54.5	8.7	30.4	6.4	
1994	100	52.3	7.1	33.7	6.9	
1995	100	52.4	6.6	33.2	7.8	
1996	100	52.7	6.3	31.5	9.5	
1997	100	50.2	6.0	32.6	11.2	
1998	100	49.2	6.5	32.4	11.9	
1999	100	51.7	6.6	29.9	11.8	
2000	100	50.9	6.7	29.2	13.2	
2000	100	46.5	7.8	29.9	13.5	2.3
2001	100	46.7	7.9	29.5	13.6	2.3
2002	100	46.3	8.2	29.5	13.9	2.1
2003	100	45.6	8.4	30.2	14.1	1.7
2004	100	46.5	7.5	30.8	13.6	1.6
2005	100	44.7	7.7	31.9	14.2	1.5
2006	100	45.5	8.5	28.1	13.4	4.5
2007	100	43.8	8.8	30.3	12.8	4.4
2008	100	41.8	8.9	32.6	12.6	4.1
2009	100	42.8	9.2	30.5	13.4	4.1
2010	100	43.1	9.6	29.8	13.5	4.0
2011	100	42.8	9.1	32.0	12.4	3.7
2012	100	43.3	9.2	29.9	14.0	3.6
2013	100	43.3	9.4	29.2	14.5	3.6
2014	100	43.8	9.6	28.0	14.9	3.7
2015	100	48.5	9.6	23.3	14.8	3.8
2016	100	47.5	9.8	25.5	13.5	3.7
2017	100	48.5	9.7	23.1	14.8	3.9
2018	100	49.2	10.1	21.3	15.1	4.2
南昌市 Nanchang	100	44.2	1.5	27.2	22.8	4.4
景德镇市 Jingdezhen	100	63.5	10.4	10.9	5.7	9.6
萍乡市 Pingxiang	100	46.7	9.5	34.4	7.7	1.6
九江市 Jiujiang	100	44.0	9.5	13.8	26.9	5.7
新余市 Xinyu	100	41.8	20.1	22.4	8.9	6.8
鹰潭市 Yingtan	100	43.1	15.3	29.3	9.4	2.9
赣州市 Ganzhou	100	53.0	10.5	22.7	10.1	3.7
吉安市 Ji'an	100	47.6	12.6	24.1	10.6	5.0
宜春市 Yichun	100	49.1	11.7	23.8	13.6	1.8
抚州市 Fuzhou	100	60.1	7.9	18.4	9.0	4.6
上饶市 Shangrao	100	44.7	11.3	15.3	24.1	4.6

12-5 农、林、牧、渔业总产值指数

Indices of Gross Output Value of Agriculture,Forestry,Animal Husbandry and Fishery

本表按可比价格计算。
Data in this table are calculated at constant prices.

年 份 Year	以1978年为100 (year of 1978=100)						以上年为100 (preceding year=100)					
	农林牧渔业总产值 Gross Output Value of Agriculture, Forestry, Animal Husbandry and Fishery	农业产值 Output Value of Farming	林业产值 Output Value of Forestry	牧业产值 Output Value of Animal Husbandry	渔业产值 Output Value of Fishery	服务业产值 Output Value of Services	农林牧渔业总产值 Gross Output Value of Agriculture, Forestry, Animal Husbandry and Fishery	农业产值 Output Value of Farming	林业产值 Output Value of Forestry	牧业产值 Output Value of Animal Husbandry	渔业产值 Output Value of Fishery	服务业产值 Output Value of Services
1978	100	100	100	100	100	100	102.8	101.6	105.7	107.2	98.9	
1979	114.8	115.0	112.4	116.5	113.6		114.8	115.0	112.4	116.5	113.6	
1980	111.2	109.3	108.7	120.6	127.4		96.9	95.1	96.8	103.6	112.2	
1981	115.6	111.2	127.3	122.6	150.7		103.9	101.7	117.1	101.8	118.3	
1982	127.4	122.4	124.8	148.7	170.0		110.2	110.1	98.0	121.1	112.8	
1983	129.4	122.7	128.2	152.7	213.2		101.5	100.2	102.7	102.7	125.4	
1984	143.3	135.4	144.5	169.0	240.9		110.8	110.3	112.7	110.7	112.9	
1985	153.6	140.4	153.7	200.8	291.5		107.2	103.7	106.4	118.8	121.0	
1986	157.7	138.0	154.9	232.9	337.4		102.6	98.3	100.8	116.0	115.7	
1987	171.6	150.8	169.3	247.9	387.9		108.8	109.3	109.3	106.4	115.0	
1988	176.3	147.5	176.9	282.1	445.1		102.7	97.8	104.5	113.8	114.8	
1989	185.8	156.8	177.6	296.5	485.3		105.4	106.3	100.4	105.1	109.0	
1990	198.0	167.7	184.0	315.5	532.0		106.5	106.9	103.6	106.4	109.6	
1991	210.0	176.0	199.4	337.6	584.6		106.1	105.0	108.3	107.0	109.9	
1992	223.8	181.4	212.9	378.7	712.1		106.6	103.0	106.8	112.2	121.8	
1993	240.1	185.2	194.2	456.3	972.1		107.3	102.1	91.2	120.5	136.5	
1994	264.7	193.4	209.7	537.7	1243.1		110.2	104.5	108.0	117.8	127.9	
1995	278.4	193.9	210.3	590.9	1562.5		105.2	100.2	100.3	109.9	125.7	
1996	301.8	208.4	221.5	609.2	2087.5		108.4	107.5	105.3	103.1	133.6	
1997	322.9	221.3	218.1	644.1	2510.9		107.0	106.2	98.5	105.7	120.3	
1998	310.2	203.8	220.4	623.6	2656.1		96.1	92.1	101.1	96.8	105.8	
1999	325.4	226.2	216.8	600.3	2847.3		104.9	111.0	98.4	96.3	107.2	
2000	334.5	230.3	234.4	599.1	3103.6	335.0	102.8	101.8	108.1	99.8	109.0	100.6
2001	344.5	238.1	237.2	608.7	3261.9	364.8	103.0	103.4	101.2	101.6	105.1	108.9
2002	358.3	244.5	251.2	628.8	3539.2	332.3	104.0	102.7	105.9	103.3	108.5	91.1
2003	368.1	243.3	268.7	651.4	3819.9	296.1	102.7	99.5	107.0	103.6	107.9	89.1
2004	397.6	269.3	280.8	685.9	4125.4	307.9	108.0	110.7	104.5	105.3	108.0	104.0
2005	424.6	278.5	293.2	770.3	4451.3	316.8	106.8	103.4	104.4	112.3	107.9	102.9
2006	450.5	293.5	346.8	794.2	4780.5	356.4	106.1	105.4	118.3	103.1	107.4	112.5
2007	469.4	303.5	377.0	818.0	5067.3	383.8	104.2	103.4	108.7	103.0	106.0	107.7
2008	491.9	315.3	406.8	859.7	5340.9	399.5	104.8	103.9	107.9	105.1	105.4	104.1
2009	514.5	323.5	430.8	909.6	5725.4	413.1	104.6	102.6	105.9	105.8	107.2	103.4
2010	535.1	327.1	458.8	962.4	6137.6	434.2	104.0	101.1	106.5	105.8	107.2	105.1
2011	557.6	346.7	484.0	985.5	6211.3	458.0	104.2	106.0	105.5	102.4	101.2	105.5
2012	583.2	356.0	515.0	1034.7	6726.8	485.5	104.6	102.7	106.4	105.0	108.3	106.0
2013	609.3	374.6	548.0	1070.0	6928.6	514.7	104.5	105.2	106.4	103.4	103.0	106.0
2014	638.6	388.9	583.6	1129.9	7247.3	546.6	104.8	103.8	106.5	105.6	104.6	106.2
2015	664.1	427.5	624.0	1106.0	7544.8	579.9	104.0	109.9	106.9	97.9	104.1	106.1
2016	691.5	448.2	671.1	1129.5	7740.4	607.8	104.1	104.8	107.5	102.1	102.6	104.8
2017	721.4	473.3	717.2	1141.9	8036.7	644.6	104.4	105.6	106.9	101.1	103.8	106.1
2018	746.6	493.0	760.6	1151.1	8229.8	708.0	103.5	104.2	106.0	100.8	102.4	109.8

12-6 农、林、牧、渔业总产值

Gross Output Value of Agriculture,Forestry,Animal Husbandry and Fishery

单位：万元 (10 000 yuan)

行 业	Sector	2017	2018	2018年比2017年增长（%）Increase Rate in 2018 over 2017(%)
农林牧渔业总产值	**Gross Output Value of Agriculture,Foretry, Animal Husbandry and Fishery**	**30690051**	**31485736**	**3.5**
农业产值	**Output Value of Farming**	**14892890**	**15492192**	**4.2**
谷物及其他作物	Cereal and Other Cereal	7216900	7382652	5.0
谷物	Cereal	5484962	5793933	-1.6
薯类	Tubers	114609	121824	3.4
油料	Oil-bearing Crops	706950	700640	0.1
豆类	Soybeans	167496	180995	4.0
棉花	Cotton	67374	56755	-7.2
麻类	Fiber Crops	7368	8091	-0.5
糖料	Sugar Crops	221415	221996	-1.4
烟草	Tobacco	141111	92611	-35.1
其他农作物	Other Crops	305615	205808	-29.1
蔬菜、食用菌及花卉、盆景园艺产品	Vegetable, Edible Fungi and Gardening Crops	4787212	5023658	4.0
水果、坚果、茶、饮料和香料作物	Fruit, Nut, Tea, Drink and Spicery Crops	2683410	2867779	2.4
中药材	Chinese Traditional Medicinal Materials	205369	218104	1.0
林业产值	**Output Value of Forestry**	**2964890**	**3195550**	**6.0**
林木的培育和种植	Forest Cultivated and Planted	891442	895898	-0.9
竹木采运	Bamboo and timber's Cutting and Transport	747690	875876	14.6
林产品	Forestry Products	1325758	1423775	5.9
牧业产值	**Output Value of Animal Husbandry**	**7096764**	**6721756**	0.8
牲畜饲养	Livestock Raised	581707	563540	3.6
猪的饲养	Hogs Raised	3773827	3325320	-1.3
家禽饲养	Poultry Raised	2512318	2615169	3.3
狩猎和捕捉动物	Animal Hutted and Caught	28756	29627	8.6
其他畜牧业	Other Animal Husbandry	200156	188100	-0.9
渔业产值	**Output Value of Fishery**	**4530639**	**4739156**	2.4
鱼类	Fish	3333233	3410929	1.5
甲壳类	Carapace	575450	680025	5.5
贝类	Shellfish	81645	79819	-3.4
其他渔业	Other Fishery	540311	568384	5.4
农林牧渔服务业产值	**Services Output Value of Agriculture, Forestry, Animal Husbandry and Fishery**	**1204867**	**1337081**	9.8

注：增长速度由当年可比价格产值除以上年现行价格产值所得。

a) The growth is equal to the output value that caculated at current year's constant prices divided by the output value that caculated at last year's current prices.

12-7　各地区粮食作物和多种经营产值（2018年）

Output Value of Grain Crops and Multi-dealing by Region (2018)

本表按可比价格计算。
Data in this table are calculated at constant prices.

地　区	Region	农林牧渔业总产值（万元）Gross Output Value of Agriculture, Forestry, Animal Husbandry and Fishery(10 000 yuan)			构　成（%）Composition (%)	
			粮食作物 Grain Crops	多种经营 Multi-dealing	粮食作物 Grain Crops	多种经营 Multi-dealing
全　省	**Provincial Total**	**31485739**	**6674164**	**24811575**	**21.2**	**78.8**
南昌市	Nanchang	3210112	565654	2644458	17.6	82.4
景德镇市	Jingdezhen	978506	153112	825394	15.6	84.4
萍乡市	Pingxiang	952452	135116	817336	14.2	85.8
九江市	Jiujiang	3134035	540323	2593712	17.2	82.8
新余市	Xinyu	970062	204932	765130	21.1	78.9
鹰潭市	Yingtan	907888	243225	664663	26.8	73.2
赣州市	Ganzhou	5457965	815873	4642092	14.9	85.1
吉安市	Ji'an	3827970	928982	2898988	24.3	75.7
宜春市	Yichun	4546806	1214379	3332427	26.7	73.3
抚州市	Fuzhou	3435320	783449	2651871	22.8	77.2
上饶市	Shangrao	4064623	1089119	2975504	26.8	73.2

12-8　农林牧渔业商品产值和商品率

Commodity Output Value and Commdity Rate of Agriculture, Forestry, Animal Husbandry and Fishery

本表按可比价格计算。
Data in this table are calculated at constant prices.

行　业	sector	农林牧渔业商品产值(万元) Commodity Output Value of Agriculture, Forestry, Animal Husbandry and Fishery (10 000 yuan)		农林牧渔业商品率（%）Commdity Rate of Agriculture, Forestry, Animal Husbandry and Fishery (%)	
		2017	2018	2017	2018
合　计	**Total**	**22288929**	**22805010**	**72.6**	**72.4**
粮食作物产值	Output Value of Grain Crops	3628219	4265867	62.9	63.9
多种经营产值	Output Value of Multi-dealing	18660709	18539143	74.9	74.7
农　业	Farming	10052644	10531958	67.5	68.0
林　业	Forestry	1839700	1987813	62.0	62.2
牧　业	Animal Husbandry	5971744	5540962	84.1	82.4
渔　业	Fishery	3608253	3880692	81.6	81.9
服务业	Services	726588	863585	60.3	64.6

12-9 农、林、牧、渔业中间消耗

Intermediate Consumption of Agriculture,Forestry,Animal Husbandry and Fishery

单位：万元 (10 000 yuan)

行 业	Sector	2017	2018
农林牧渔业中间消耗总计	**Total Intermediate Consumption of Agriculture,Forestry, Animal Husbandry and Fishery**	**11705144**	**12010746**
农业中间消耗	**Intermediate Consumption of Farming**	**5287898**	**5560959**
物质消耗	Material Consumption	4617405	4826316
用种量	Quantity of Seeds Used	1052482	1130979
役畜用饲料、饲草	Feedstuff for Service-livestock	224376	238063
肥料	Fertilizer	1786343	1814174
燃料	Fuel	275340	293759
农药	Pesticide	378169	390678
农用塑料薄膜	Plastic Film for Farming	146115	149903
用电量	Consumption of Electricity	278085	284654
小农具购置	Small Farm Machinery Purchased	166126	179287
办公用品购置	Office Supplies Purchased	31726	34158
其他	Others	278642	310661
生产服务支出	Production and Services Expenditure	670493	734642
林业中间消耗	**Intermediate Consumption of Forestry**	**921760**	**993195**
物质消耗	Material Consumption	705221	763124
用种量	Quantity of Seeds Used	256052	274775
肥料	Fertilizer	158748	172478
燃料	Fuel	49339	52105
农药	Pesticide	42076	44593
用电量	Consumption of Electricity	28352	31715
小农具购置	Small Farm Machinery Purchased	51597	60307
办公用品购置	Office Supplies Purchased	22837	25063

12-9 续表 continued

单位：万元 (10 000 yuan)

行业	Sector	2017	2018
其他物质消耗	Other Material Consumption	96220	102089
生产服务支出	Production and Services Expenditure	216539	230071
牧业中间消耗	**Intermediate Consumption of Animal Husbandry**	**3335260**	**3159334**
物质消耗	Material Consumption	3084488	2909486
用种量	Quantity of Seeds Used	587192	553321
饲料、饲草	Feedstuff,Forage Grass	2163902	2039476
燃料	Fuel	101612	98957
用电量	Consumption of Electricity	34884	34094
畜牧用药品	Leechdom for Livestock	113467	105465
其他	Others	83431	78173
生产服务支出	Production and Services Expenditure	250772	249849
渔业中间消耗	**Intermediate Consumption of Fishery**	**1587676**	**1661855**
物质消耗	Material Consumption	1302395	1355157
饲料	Feedstuff	874776	930312
燃料	Fuel	79379	83563
用电量	Consumption of Electricity	41701	42271
办公用品购置	Office Supplies Purchased	21516	22139
其他	Others	285024	276872
生产服务支出	Production and Services Expenditure	285281	306698
农林牧渔服务业中间消耗	**Intermediate Consumption of Services of Agriculture, Forestry, Animal Husbandry and Fishery**	**572549**	**635403**
物质消耗	Material Consumption	342614	382298
生产服务支出	Production and Services Expenditure	229935	253105

12-10 主要农业机械年末拥有量和机耕情况

Major Agricultural Machinery at Year-end and Condition of Tractor-ploughing

指　　标	Item	1990	2000	2010	2015	2018
农业机械总动力(万瓦特)	**Total Power of Agricultural Machinery Power (10 000 watts)**	**667717**	**902307**	**3805000**	**2260816**	**2381969**
柴油发动机动力	Power of Diesel Motor	410637	620228	2978000	1763877	1847737
汽油发动机动力	Power of Pectrol Motor	80651	63401	161000	100942	107203
电动机动力	Power of Electromotor	176429	211399	666000	395120	426222
其他机械动力	Power of Other Engines		7279		876	806
农业机械与设备	**Agricultural Machinery and Equiment**					
大中型拖拉机(台)	Large and Medium-sized Agricultural Tractors (unit)	19324	22725	16700	19624	38432
(万瓦特)	(10 000 watts)	49449	54001	38490	85114	188687
小型拖拉机(台)	Small Tractors(unit)	91682	78634	390300	331997	340666
(万瓦特)	(10 000 watts)	76492	65329	469800	375940	373172
拖拉机配套农具(部)	Tractor Towing Farm Machinery	77509	108850	306600	361782	389223
农用水泵(台)	Agricultural Water Pumps (unit)	118122	223295	731000	446701	475391
节水灌溉机械(套)	Water-saving Irrigation Machinry (set)	4816	7033	50900	132240	137431
机动脱粒机(台)	Motorized Thrashing Machine (unit)	42047	253864	931400	292381	274420
机动植保机械(台)	Motorized plant protection Machinery	6942	24389	138800	148270	143301
农业机耕情况	**Condition of Agricultural Tractor-ploughing**					
当年实际机耕面积(千公顷)	Actual Tractor-ploughing Areas in Current Year (10 00 hectares)	641	1029	2899	4206	4347

12-11 农业电气化、化学化、水利化情况
Agricultural Electrization, Chamization, Adequate Irrigation

指 标	Item	1990	2000	2010	2015	2018
农业电气化情况	**Agricultural Electrization**					
农村用电量(万千瓦小时)	Electricity Consumed in Rural Areas (10 000 kwh)	159927	339255	715738	999196	1124715
通电的村民委员会个数(个)	Number of Villagers' Committees with Electricity (unit)	18957	20242	17245	17065	17071
通电的村委会占村委会总数比重(%)	Percentage of Villagers' Committees with Electricity in Total Villagers'Committees (%)	91.1	97.6	99.9	100	100
农业化学化情况	**Agricultural Chamization**					
农用化肥施用量(实物量)(万吨)	Quantity of Chemical Fertilizers Used for Farming (Material) (10 000 tons)	285.6	343.4	415.1	431.5	378.7
氮 肥	Nitrogenous Fertilizer	150.5	150.2	135.0	132.1	110.9
磷 肥	Phosphate Fertilizer	90.0	88.2	81.2	80.8	67.5
钾 肥	Potash Fertilizer	26.7	40.0	53.3	53.5	46.6
复 合 肥	Compound Fertilizer	18.4	65.0	145.6	165.1	153.8
农用化肥施用量(折纯量)(万吨)	Quantity of Chemical Fertilizers Used for Farming (net) (10 000 tons)	83.6	106.9	137.6	143.6	123.2
氮 肥	Nitrogenous Fertilizer	46.1	47.5	43.4	42.2	34.0
磷 肥	Phosphorus Fertilizer	17.8	19.6	22.1	22.1	18.5
钾 肥	Kalium Fertilizer	13.3	17.2	21.1	21.5	17.9
复 合 肥	Compound Fertilizer	6.4	22.7	50.9	57.7	52.9
农用塑料薄膜使用量(吨)	Quantity of Plastic Film for Farming Consumed (ton)	16428	28599	45491	53977	52218
农药使用量(吨)	Quantity of Pesticide Consumed (ton)	36482	51406	106530	93873	77183
农业水利化情况	**Agricultural Adequate Irrigation**					
有效灌溉面积(千公顷)	Irrigated Areas (1 000 hectares)	1836.7	1903.4	1852.4	2027.7	2032.0

12-12 水利灌溉设施年末建成达到情况

Construction Condition of Water Conservancy for Irrigation at Year-end

指　　标	Item	2014	2015	2016	2017	2018
工程座数	**Number of Projects**					
蓄水工程(座)	Water Storage Project (unit)	240716	240841	240853	240868	233232
大型水库	Large-scale Reservoir	28	28	30	30	30
中型水库	Medium-scale Reservoir	258	260	260	260	262
小(一)型水库	Small (1)-scale Reservoir	1505	1508	1498	1497	1501
小(二)型水库	Small (2)-scale Reservoir	9015	9019	9010	9025	9016
塘　坝	Embankment	229910	230026	230055	230056	222423
泵站(处)	Pump Station (set)	19838	19879	19966	19970	19974
大型	Large	3	3	3	3	3
中型	Medium	111	111	112	112	112
小型及规模以下	Small and below	19724	19765	19851	19855	19859
机电井(眼)	Mechanical and Electrical Well (unit)	1550178	1550022	1550028	1549386	1549386
规模以上机电井	above Designated Size	7353	7357	7357	7357	7357
规模以下机电井	below Designated Size	1542825	1542665	1542671	1542029	1542029
有效灌溉面积(千公顷)	Irrigated Areas (1 000 hectares)	2002	2028	2037	2039	2032
灌区数量(处)	Irrigated Places(unit)					
50万亩以上	500 000 mu and above	5	5	5	5	5
30-50万亩	300 000-500 000 mu	13	13	13	13	13
5-30万亩	50 000-300 000 mu	90	90	91	91	91
1-5万亩	10 000-50 000 mu	206	206	204	204	204
0.2-1万亩	2 000-10 000 mu	831	839	840	842	843

注：2011年数据为全省水利普查数据(水利工程完工数)，2012年和2013年的数据是以2011年水利普查数为基数进行增减变动的数据.

a) The data of 2011 came from Provincial water conservancy Census(number of Projcets constructed),and the data of 2012 & 2013 were deleted & altered based on it.

12-13 各地区农业电气化、化学化、水利化情况（2018年）

指 标	Item	全 省 Provincial Total	南昌市 Nanchang
农业电气化情况	**Agricultural Electrization**		
农村用电量(万千瓦小时)	Electricity Consumed in Rural Areas (10 000 kw per hour)	1124716	137426
通电的村民委员会个数(个)	Number of Villagers' Committees with Electricity (unit)	17071	1178
通电的村委会占村委会总数比重(%)	Percentage of Villagers' Committees with Electricity in Total Villagers'Committees (%)	100	100
农业化学化情况	**Agricultural Chamization**		
农用化肥施用量(实物量)(吨)	Quantity of Chemical Fertilizers Used for Farming (material) (ton)	3787465	354042
氮 肥	Nitrogenous Fertilizer	1108509	97695
磷 肥	Phosphate Fertilizer	675387	70401
钾 肥	Potash Fertilizer	465901	51092
复 合 肥	Compound Fertilizer	1537668	134854
农用化肥施用量(折纯量)(吨)	Quantity of Chemical Fertilizers Used for Farming (net)(ton)	1231965	134902
氮 肥	Nitrogenous Fertilizer	340258	31952
磷 肥	Phosphate Fertilizer	184547	21205
钾 肥	Potash Fertilizer	178527	22506
复 合 肥	Compound Fertilizer	528633	59239
农用塑料薄膜使用量(吨)	Quantity of Plastic Film for Farming Consumed (ton)	52218	1926
农药使用量(吨)	Quantity of Pesticide Consumed (ton)	77183	3314
农业水利化情况	**Agricultural Adequate Irrigation**		
有效灌溉面积(千公顷)	Irrigated Areas (1 000 hectares)	2032	190

Agricultural Electrization,Chamization, Adequate Irrigation by Region (2018)

景德镇市 Jingdezhen	萍乡市 Pingxiang	九江市 Jiujiang	新余市 Xinyu	鹰潭市 Yingtan	赣州市 Ganzhou	吉安市 Ji'an	宜春市 Yichun	抚州市 Fuzhou	上饶市 Shangrao
35061	65647	138276	31362	25847	154977	87724	147411	65842	235143
473	640	1749	411	342	3461	2511	2200	1802	2304
100	100	100	100	100	100	100	100	100	100
89288	81440	370475	114291	124096	568980	518387	562530	467762	536174
24072	33652	123705	31923	33167	192863	126309	165568	127242	152313
11967	17615	60741	28231	26126	97602	82876	105100	94608	80120
9188	10265	44037	17916	13382	62630	56790	81174	58268	61159
44061	19908	141991	36221	51421	215885	252412	210688	187644	242583
33935	32211	140783	35309	32851	179083	172593	177088	154269	138941
8907	12359	45494	10688	8792	46494	40107	54403	42229	38833
2992	7362	23020	7388	6804	21568	24730	24259	25637	19582
4411	4665	18047	5869	3384	26440	21589	31098	23700	16818
17625	7825	54222	11364	13871	84581	86167	67328	62703	63708
1581	765	3797	1113	1579	14241	6554	8469	6624	5569
1433	1738	10591	1699	1461	10065	10759	9266	10696	16161
52	43	198	55	53	290	297	313	246	295

12-14 堤防、水闸、除涝、水土保持及解决饮水困难情况

Condition of Dike,Sluice,Waterlogging Control,Water and Soil Conversation and Easing the Shortage of Drinking Water

指标	Item	2013	2014	2015	2016	2017	2018
堤防长度(公里)	Dike Projects (km)	12980	13229	13438	13578	13788	13934
1级堤防	First-grade Dike	67	67	67	67	67	67
2级堤防	Second-grade Dike	293	293	293	293	293	293
3级堤防	Third-grade Dike	230	223	223	242	264	264
4、5级堤防	Fourth-grade and Fifth-grade Dike	6508	6578	6737	7159	7337	7634
5级以下堤防	Dike below Fifth-grade	5882	6068	6118	5817	5827	5676
达标堤防长度(公里)	Dike up to Standard (km)	3489	3642	3916	4081	4278	4594
水闸工程设施(座)	Sluice Projects (set)	11311	11317	11326	11332	11335	11335
大型水闸	Large-scale Sluice	25	25	25	25	25	25
中型水闸	Medium-scale Sluice	230	234	242	245	245	246
小型水闸及规模以下	Small-scale Sluice and below	11056	11058	11059	11062	11065	11064
除涝面积(千公顷)	Area of Waterlogging Control (1 000 hectares)	385	393	405	411	422	431
除涝标准3-5年一遇的	Once 3-5 Years	185	190	196	200	204	211
除涝标准5年以上的	Once over 5 Years	200	202	209	211	218	220
水土流失综合治理面积(千公顷)	Area of Soil Erosion under Control (1 000 hectares)	5129	5352	5578	5675	5787	5918
农村集中式供水工程(处)	Centralized Water Supply Project in Rural Areas (unit)						
千吨万人以上	above Kiloton 10 000 persons	570	660	764	792	865	884

12-15 农作物播种面积和产量（2018年）

Total Sown Areas and Output of Farm Crops (2018)

类　　别	Type	播种面积（千公顷）Sown Area (1 000 hectares)	单　产（千克/公顷）Yield per Unit (kg/hectare)	总产量(粮食:万吨；其他：吨) Total Output (Grain:10 000 tons; Others:ton)	总产量比上年增长(%) Total Output Growth Over Last Year (%)
总　　计	**Total**	**5555.93**			
粮食作物	Grain Crops	3721.33	5886.9	2190.70	-1.4
谷　　物	Cereal	3491.67	6049.2	2112.17	-1.6
稻　　谷	Rice	3436.20	6088.7	2092.20	-1.6
早　　稻	Early Rice	1207.60	5746.1	693.90	-3.2
中稻及一季晚稻	Middle-season and Single-cropping Late Rice	909.80	6533.3	594.40	5.3
二季晚稻	Double cropping Late Rice	1318.80	6095.7	803.90	-4.8
小　　麦	Wheat	14.62	2168.3	3.17	2.3
玉　　米	Corn	35.00	4471.4	15.65	1.6
大(米)麦	Barley	0.25	1600.0	0.04	-20.0
豆类合计	Total Beans	127.64	2305.7	29.43	4.0
大　　豆	Soybean	106.23	2472.9	26.27	4.2
杂　　豆	Mixed bean	21.41	1475.9	3.16	2.3
薯类(按折粮计算)	Tubers (converted into grain)	102.02	4812.8	49.10	3.4
油料合计	Total Oil-bearing Crops	680.12	1776	1208015	3.0
#花　　生	Peanuts	167.27	2873	480606	2.8
油 菜 籽	Rapeseeds	483.00	1430	690819	2.7
芝　　麻	Sesame	29.83	1226	36563	11.3
棉　　花	Cotton	46.69	1545	72115	-7.2
麻类合计	Total Fiber Crops	3.65	1559	5688	-1.3
黄红麻	Jute and Ambary Hemp	0.02	4217	97	-38.2
苎　　麻	Ramee	3.60	1555	5590	-0.3
甘　　蔗	Sugarcane	14.34	45026	645714	-1.4
烟叶合计	Tabacco	17.42	2075	36148	-35.1
烤　　烟	Flue-cured Tobacco	16.83	2034	34229	-36.8
晒　　烟	Sun-cured Tobacco	0.59	3242	1919	19.9
中 药 材	Traditional Chinese Medicinal Materials	54.92			
蔬菜类及食用菌	Vegetables and Edible Mushrooms	632.98	24283	15370827	3.2
瓜果类	Melons and Fruits	82.62	25922	2141654	-0.3
其他作物	Other Crops	301.86			
#莲　　子	Lotus Seeds	25.12	1757	44135	-5.9
青 饲 料	Succulence	76.00			

注：本表粮食作物均为农产量抽样调查数，数据来自国家统计局江西调查总队，后同。

a) Data of Grain Crops in this table are estimated from sample surveys, which come from survey office of National Bureau of Statistic in Jiangxi. The same applies to the following tables.

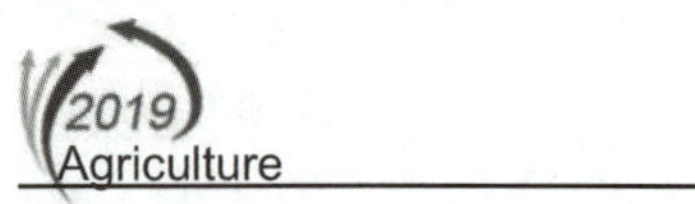

12-16 农作物播种面积

单位：千公顷

年份 Year	合计 Total	粮食作物 Grain Crops	#稻谷 Cereal	#小麦 Wheat	棉花 Cotton	油料 Oil-bearing Crops	#花生 Peanuts
1978	5701.1	3820.8	3380.3	121.2	114.3	270.8	46.2
1979	5699.5	3844.0	3386.8	136.1	98.9	329.7	46.4
1980	5553.7	3775.3	3383.7	121.3	108.5	324.0	47.7
1981	5542.8	3758.3	3362.7	116.3	104.7	360.5	48.7
1982	5578.3	3743.9	3339.5	104.0	100.9	370.3	49.6
1983	5465.3	3714.1	3323.7	98.4	82.6	351.7	48.6
1984	5456.7	3714.1	3326.9	98.7	81.1	348.0	52.3
1985	5419.1	3650.9	3264.9	94.2	66.3	372.0	64.2
1986	5438.7	3629.8	3250.7	86.8	61.5	414.5	80.3
1987	5482.7	3647.9	3268.7	83.7	62.2	449.8	89.7
1988	5396.3	3588.7	3210.5	80.1	65.2	440.9	93.3
1989	5555.3	3693.9	3297.7	78.2	66.1	507.1	91.9
1990	5759.7	3700.9	3286.6	74.9	70.3	686.5	91.7
1991	5829.7	3589.7	3146.1	71.9	114.6	800.7	92.0
1992	5844.9	3446.2	2981.5	72.5	135.1	913.9	117.9
1993	5721.0	3360.1	2865.1	74.0	151.3	840.9	131.1
1994	5753.4	3434.4	2939.5	73.1	163.3	853.8	138.5
1995	5949.5	3510.0	3019.4	59.1	131.8	1057.0	130.3
1996	6105.3	3570.6	3055.4	72.3	107.4	1055.3	140.0
1997	6037.6	3586.5	3087.4	72.5	102.2	1003.3	142.6
1998	5804.0	3421.1	3034.6	63.3	108.4	947.7	151.8
1999	5871.0	3548.2	3050.0	61.5	69.2	900.4	163.5
2000	5650.8	3322.0	2832.0	51.4	69.0	858.1	179.9
2001	5534.7	3265.2	2808.3	38.3	70.5	778.7	183.4
2002	5355.1	3188.0	2786.7	28.5	55.0	704.2	176.7
2003	4997.4	3051.1	2685.3	20.6	65.5	632.7	166.8
2004	5258.1	3425.4	3095.9	19.1	62.5	566.2	134.5
2005	5328.9	3519.0	3187.7	15.9	63.9	577.0	135.1
2006	5255.6	3547.1	3271.1	12.4	65.7	585.8	132.6
2007	5215.0	3525.3	3196.3	11.2	68.3	583.5	132.1
2008	5330.9	3578.1	3255.5	10.2	66.6	658.8	142.0
2009	5376.4	3604.6	3282.1	9.9	75.5	716.4	146.4
2010	5457.7	3639.1	3318.4	10.4	79.7	731.7	152.4
2011	5486.8	3650.1	3359.6	10.9	82.0	732.4	157.9
2012	5525.9	3676.0	3328.3	11.9	85.0	744.2	160.7
2013	5553.0	3690.9	3338.0	11.8	84.7	743.1	163.7
2014	5570.6	3697.3	3339.5	12.0	84.9	741.5	162.6
2015	5579.1	3705.6	3342.4	12.2	81.1	739.9	164.2
2016	5602.1	3807.2	3527.1	14.4	49.3	682.4	160.4
2017	5596.9	3786.3	3504.7	14.5	50.5	676.3	162.5
2018	5555.9	3721.3	3436.2	14.6	46.7	680.1	167.3

Total Sown Areas of Farm Crops

(1 000 hectares)

#油菜籽 Rapeseeds	#芝 麻 Sesame	黄红麻 Jute and Ambary Hemp	苎 麻 Ramee	甘 蔗 Sugarcane	烤 烟 Flue-cured Tobacco	晒 烟 Sun-cured Tobacco	蔬 菜 Vegetables
174.3	50.3	5.2	1.3	19.5	3.8	4.1	69.9
214.1	69.3	5.1	1.4	18.8	2.1	3.8	65.1
217.7	58.7	6.4	2.1	19.1	1.1	3.1	70.2
252.2	59.6	10.1	2.7	24.1	2.3	3.3	71.1
255.9	64.7	7.9	2.5	23.7	2.8	3.7	128.7
246.1	57.1	4.7	2.3	21.1	1.8	3.0	159.5
238.3	57.4	5.4	2.6	30.1	2.1	3.8	185.9
245.9	61.9	16.3	9.5	37.7	2.3	4.8	207.1
273.0	61.1	9.7	28.9	38.9	1.7	4.3	211.3
302.9	57.2	7.7	37.3	36.7	3.2	4.9	222.3
300.1	47.5	6.9	21.1	36.1	11.7	6.5	238.3
358.9	56.3	7.7	12.0	31.8	10.5	6.7	243.5
540.9	54.0	8.3	6.6	35.6	14.8	5.9	269.2
657.2	51.3	8.3	5.3	41.8	28.1	6.5	272.3
741.5	54.5	6.9	6.4	50.4	31.1	6.9	317.9
648.8	61.1	6.9	5.0	43.4	37.4	6.5	371.6
653.8	61.4	5.9	7.0	38.5	16.0	5.5	399.1
864.1	62.4	4.4	8.6	40.2	9.8	5.1	436.1
853.6	61.8	3.9	9.1	37.0	11.8	4.9	484.7
801.1	59.7	3.0	8.5	41.8	23.7	4.9	508.1
745.3	50.6	2.8	7.5	38.6	13.9	3.2	491.6
685.4	51.4	1.8	7.3	33.6	11.8	3.1	525.9
629.2	49.0	1.7	9.0	28.4	11.5	2.7	560.1
547.7	47.0	1.3	9.9	25.9	12.1	2.6	605.0
482.9	42.4	1.0	8.9	26.0	11.3	2.1	625.0
428.1	36.1	0.6	8.3	24.4	9.7	1.8	548.3
400.5	29.1	1.1	7.3	18.6	7.8	1.0	552.9
409.7	30.6	0.5	7.3	17.7	10.6	1.0	543.6
418.7	31.7	0.5	7.3	15.1	14.7	0.9	505.5
414.3	35.8	0.3	7.4	14.1	14.7	0.8	500.5
482.3	29.8	0.4	7.8	14.0	19.8	0.7	512.9
538.5	30.8	0.2	7.2	13.6	17.5	0.7	509.7
547.0	31.6	0.2	6.2	13.6	17.0	0.7	521.2
542.6	31.8	0.2	6.0	14.0	19.4	0.6	535.5
551.9	31.2	0.2	5.5	13.8	22.9	0.9	548.4
548.0	31.5	0.1	5.2	14.5	22.4	1.3	563.7
547.9	31.0	0.1	4.6	14.3	27.0	0.8	572.3
545.0	30.7	0.1	3.9	14.5	26.9	0.7	585.4
494.9	27.1	0.1	3.7	14.5	30.2	1.1	607.4
486.3	27.5	0.0	3.6	14.3	25.1	0.6	619.3
483.0	29.8	0.0	3.6	14.3	16.8	0.6	633.0

12-17 主要农产品产量

年份 Year	粮食(万吨) Grain (10 000 tons)	棉花(吨) Cotton (ton)	油料折油(吨) Oil folding (ton)	油料合计(吨) Total Oil-bearing Grops (ton)	#花生 Peanuts	#油菜籽 Rapeseeds	#芝麻 Sesame	黄红麻(吨) Jute and Ambary Hemp (ton)
1978	1125.74	34796	66271	134940	51686	68399	14855	4793
1979	1296.50	43542	103540	199216	60588	100639	37989	7529
1980	1240.04	43039	67804	137605	50502	71999	15104	10775
1981	1268.71	46909	104690	198344	56713	116275	25356	14993
1982	1408.74	65621	105360	259958	62974	159804	37180	11567
1983	1460.45	47932	93031	228752	62424	141353	24975	6427
1984	1549.18	69141	104260	245317	74155	144974	26188	8257
1985	1533.54	62199	122268	288842	103050	156691	29101	29875
1986	1453.77	54558	115323	315869	135578	156664	23627	18301
1987	1562.77	59187	135282	356974	157779	171632	27563	14080
1988	1535.43	32495	122547	328348	138059	174773	15516	10456
1989	1589.62	50050	148379	376519	150739	198755	27025	13423
1990	1658.20	56995	196114	548851	151909	371383	25559	18846
1991	1625.70	108998	226176	621726	149377	444558	27791	20472
1992	1566.00	148368	257389	741627	215142	490178	36307	17984
1993	1517.10	156222	260851	778140	257203	480746	40191	18327
1994	1603.50	174714	282747	836078	309554	483500	42966	17547
1995	1607.40	118547	346693	1035823	302510	690239	42971	13597
1996	1766.30	123071	339313	1010393	331169	634898	44277	9017
1997	1767.70	132390	365379	1056276	332669	681332	42244	7984
1998	1555.50	76092	282503	843455	334317	477853	31165	6555
1999	1732.70	63417	318638	943803	365179	546651	31907	4254
2000	1614.60	68025	325212	967297	403832	529998	33407	4437
2001	1600.00	80510	300390	905295	408616	463306	32333	4142
2002	1549.50	66891	277100	824182	407900	383506	30824	2882
2003	1450.30	76148	252998	759765	368282	364761	24603	1552
2004	1803.40	84812	257237	745278	317971	400887	23035	1793
2005	1853.86	87196	262238	761229	316617	416814	25318	909
2006	1896.52	95015	276246	779766	321554	428286	27094	898
2007	1904.21	107641	285360	841699	332692	429588	26885	1108
2008	1958.10	111915	317434	911919	367891	516281	26398	1404
2009	2002.56	125104	370794	1020240	381959	609619	27626	901
2010	1954.70	130773	364717	1075715	407959	638423	28434	1123
2011	2052.79	142853	444396	1149896	437498	666568	31723	988
2012	2084.84	152203	460395	1170753	448133	687541	34476	804
2013	2116.10	130860	458432	1192243	452003	703654	36547	720
2014	2143.50	133682	471713	1217081	456514	723497	37032	628
2015	2148.70	115221	475675	1239636	464130	739408	36047	610
2016	2234.40	73296	433513	1153338	455993	665140	32205	588
2017	2221.73	77709	461132	1173202	467718	672628	32856	157
2018	2190.70	72115	472262	1208015	480606	690819	36563	97

注：1）本表1990年以后粮食产量为农产量抽样调查数，数据来自国家统计局江西江西调查总队。
2)2016年、2017年畜牧产品产量为第三次农业普查修正数，数据来自江西调查总队，后同。

Output of Major Farm Products

苎麻 (吨) Ramee (ton)	甘蔗 (吨) Sugarcane (ton)	烤烟 (吨) Flue-cured Tobacco (ton)	晒烟 (吨) Sun-cured Tobacco (ton)	水果 (吨) Fruits (ton)	肉类总产量 (吨) Output of Meat (ton)	生猪年末存栏 (万头) Hogs on Hand at Year-end (10 000 heads)	水产品总产量 (万吨) Gross Output of Aquatic Products (10 000 tons)
773	682908	2601	3540	29229	262704	944.3	5.93
1212	790784	1726	3266	60190	313749	1004.7	6.73
1252	857362	950	2758	56126	380490	1018.0	7.55
1627	1167281	2542	3265	70870	411140	1006.6	8.58
2050	1204245	3439	4184	73356	441368	1023.3	9.40
1732	1021939	2033	2777	89348	458122	1079.4	11.55
2495	1499874	2758	4046	89485	547967	1138.8	13.01
5106	1971006	2914	5880	107543	642514	1232.5	16.02
13211	1720310	1664	4287	161274	777126	1344.1	19.28
33475	1907887	3525	5928	172879	838692	1387.6	22.59
19212	1735822	7699	5890	146135	978268	1454.5	25.59
10581	1494895	9155	6173	229708	1040340	1486.5	28.12
6039	1942913	17175	5942	232983	1117438	1547.3	30.68
5166	2299461	31454	6686	334161	1239667	1589.6	33.93
6592	2561426	38246	7867	140914	1410488	1656.6	41.32
5727	2311395	46106	7980	208141	1676110	1781.0	55.49
8644	2041521	15186	6433	303658	1976564	1867.1	69.48
11141	2000272	10179	5730	427637	2193984	1951.0	84.04
12224	1857833	14870	6422	503928	2219302	1978.7	100.10
11288	2205930	31444	7527	676384	2275735	1979.8	115.08
9921	1863799	15906	3660	454628	2147125	1799.6	118.35
9692	1720059	14156	3304	703877	1982708	1554.3	122.12
11397	1368109	15092	3065	423403	1923111	1473.5	127.12
13034	1237046	16635	3095	577314	1931396	1406.5	132.26
12729	1308464	17232	2555	652276	1967198	1309.4	138.20
10165	1182490	15470	2434	777691	2013931	1362.7	146.06
10774	857182	15442	1387	1023742	2200265	1421.3	156.34
10944	783147	19761	1469	1302821	2448110	1485.4	168.66
10992	701340	29955	1321	1609336	2402215	1344.1	179.95
11149	660864	32751	1111	2181603	2473363	1420.1	196.06
11416	642066	46724	1070	2753566	2616319	1530.6	190.39
9837	622022	41411	1922	3270764	3009138	1680.1	205.30
9071	590981	36198	1393	2971285	3082029	1756.3	215.34
8938	628475	44497	1008	3876539	3167526	1827.5	222.81
8267	615764	50338	2134	3702788	3339124	1911.6	237.00
7429	646598	47563	2975	4413431	3445152	1967.6	242.65
6601	645242	57501	1388	4147641	3552418	1943.0	253.76
[illegible]	[illegible]	[illegible]	1100	[illegible]	[illegible]	[illegible]	[illegible]
5682	657504	61981	2108	4053727	3232491	1631.3	241.76
5608	655073	54131	1600	4552342	3260579	1621.3	250.55
5590	645714	34229	1919	4702071	3256758	1587.3	255.95

a) Data of Grain Crops since 1990 in this table are estimated from sample surveys,which come from survey office of National Bureau of Statistics in Jiangxi.

b) Production of animal husbandry of 2016 and 2017 were adjusted by the third Agricultural Census.

12-18　各地区经济作物播种面积（2018年）

单位：公顷

类　　别	Type	全　省 Provincial Total	南昌市 Nanchang	景德镇市 Jingdezhen
油料合计	Total Oil-bearing Grops	680124	69915	25663
花　生	Peanuts	167270	16308	2824
油菜籽	Rapeseeds	483007	47309	20445
芝　麻	Sesame	29834	6298	2394
棉　花	Cotton	46689	1206	1135
麻类合计	Total Fiber Crops	3620		
黄红麻	Jute and Ambary Hemp	23		
苎　麻	Ramee	3596		
甘　蔗	Sugarcane	14341	1344	1168
烟叶合计	Tabacco	17423		
烤　烟	Flue-cured Tobacco	16831		
晒　烟	Sun-cured Tobacco	592		
中药材	Traditional Chinese Medicinal Materials	54921	433	493
蔬菜类及食用菌	Vegetables and Edible Mushrooms	632982	40883	33083
叶菜类	Leaf Vegetable	104784	7080	4739
白菜类	Chinese Cabbage Vegetable	108806	8936	5210
甘蓝类	Kale Vegetable	27210	2568	952
根茎类	Root Vegetable	105590	6754	5813
瓜菜类	Melons Vegetable	58967	3872	2695
豆类(菜用)	Legumes	41305	2293	3166
茄果菜类	Solanaceous Fruit Vegetable	80322	2921	4609
葱蒜类	Bulb Vegetable	36015	2374	1911
水生菜类	Aquatic Vegetable	12926	1322	444
其他蔬菜类	Others	57057	2763	3544
瓜果类	Melons and Fruits	82618	4076	3171
其他作物	Other Crops	[illegible]	[illegible]	[illegible]
莲　子	Lotus Seeds	25116	136	102

Total Sown Areas of Cash Crops by Region (2018)

(hectare)

萍乡市 Pingxiang	九江市 Jiujiang	新余市 Xinyu	鹰潭市 Yingtan	赣州市 Ganzhou	吉安市 Ji'an	宜春市 Yichun	抚州市 Fuzhou	上饶市 Shangrao
23845	116164	11302	12985	40634	116123	128736	24596	110161
1498	7468	3832	6726	34168	24950	42997	11649	14850
22306	104958	7213	5613	6168	89571	79112	12440	87872
37	3738	255	646	298	1602	6622	507	7437
	28518	1764		5	168	8059	1826	4008
	463	1600	26	5	12	1420	2	92
			3	5	8			7
	463	1600	23		4	1420	2	84
21	642	60	872	253	1002	2390	3170	3419
20				8156	3451	1454	4232	110
				8131	3407	1164	4036	93
20				25	44	290	196	17
1260	4479	246	125	2078	7561	27726	8062	2458
26487	53469	12081	14116	131996	101506	86858	68727	63776
5455	8766	1885	1694	21695	18328	16100	10590	8452
5007	9824	1172	2696	19879	17198	13445	14793	10646
814	1707	349	376	7124	3611	3437	2447	3825
3731	8209	2130	2313	19142	15942	15481	11731	14344
2786	4953	1466	888	14014	10454	6780	5789	5270
2296	3710	866	1054	8534	6560	5330	4233	3263
2196	7491	1915	2022	16701	15374	11431	8562	7100
1484	1875	1226	521	8145	6636	5128	3747	2968
494	1467	394	1205	1207	1440	1654	2073	1226
2224	5467	678	1347	15555	5963	8072	4762	6682
3424	5908	3743	2306	9925	10315	13159	19957	6634
10210	23015	4993	12554	71353	15148	62796	50798	22670
536	611		5	12088	1957	193	9066	422

12-19 各地区主要经济作物单位播种面积产量（2018年）

单位：千克/公顷

类别	Type	全省 Provincial Total	南昌市 Nanchang	景德镇市 Jingdezhen
油料合计	Total Oil-bearing Grops	1776	1650	1505
花生	Peanuts	2873	3439	3474
油菜籽	Rapeseeds	1430	1140	1260
芝麻	Sesame	1226	852	1274
棉花	Cotton	1545	1340	1554
麻类合计	Total Fiber Crops	1571		
黄红麻	Jute and Ambary Hemp	4217		
苎麻	Ramee	1555		
甘蔗	Sugarcane	45026	43947	43010
烟叶合计	Tabacco	2075		
烤烟	Flue-cured Tobacco	2034		
晒烟	Sun-cured Tobacco	3242		
蔬菜类及食用菌	Vegetables and Edible Mushrooms	24283	31771	31933
叶菜类	Leaf Vegetable	20880	25744	21173
白菜类	Chinese Cabbage Vegetable	26922	39270	39486
甘蓝类	Kale Vegetable	23918	24101	36357
根茎类	Root Vegetable	28099	45582	40735
瓜菜类	Melons Vegetable	26746	35179	36976
豆类(菜用)	Legumes	20150	16779	26262
茄果菜类	Solanaceous Fruit Vegetable	21559	23749	29105
葱蒜类	Bulb Vegetable	20287	21271	26531
水生菜类	Aquatic Vegetable	23120	27807	31081
其他蔬菜类	Others	23572	23193	25157
瓜果类	Melons and Fruits	25922	25277	24660
其他作物	Other Crops			
莲子	Lotus Seeds	1757	11184	1559

Output of Unit of Major Cash Crops Sown Area by Region (2018)

(kg/hectare)

萍乡市 Pingxiang	九江市 Jiujiang	新余市 Xinyu	鹰潭市 Yingtan	赣州市 Ganzhou	吉安市 Ji'an	宜春市 Yichun	抚州市 Fuzhou	上饶市 Shangrao
1611	1781	1864	2402	2549	1462	1763	2216	1830
2084	2281	2994	3075	2805	2618	2681	2952	3476
1580	1757	1266	1703	1196	1146	1303	1560	1597
1676	1472	1827	1460	1322	1145	1310	1383	1287
	1541	1598		2200	1673	1440	1430	1859
	2425	1138	1962	5600	3000	1641	5500	3130
			8000	5600	3500			2429
	2425	1138	1174		2000	1641	5500	3214
26333	25012	18617	38446	45134	47648	48062	57909	37309
1700				1864	2001	2404	2416	2609
				1865	1996	2679	2196	3011
1700				1520	2364	1300	6934	412
24336	19547	17913	21734	26299	23026	21085	22355	25498
25534	15639	15363	15938	25306	19871	18821	19949	17209
26870	24058	22568	20040	24361	22351	24831	23632	34681
20115	23198	19630	16721	24269	20561	21479	23184	28106
28404	23741	21581	28366	31049	28991	20060	25182	24218
25149	21643	16394	24869	30700	25203	25892	23276	21615
18483	16221	14513	15299	25904	17548	19828	19717	16566
20277	15230	17675	23439	27807	21802	17631	19706	16686
24527	15242	13993	15818	24798	18513	17127	18255	19551
24543	19031	19442	24231	18487	24500	23704	22539	22730
17906	17902	16765	22519	18966	24493	24194	20344	41766
19110	21092	19096	40362	25535	25396	25630	31280	19432
2203	3791		2000	1795	1990	8425	1212	1737

12-20 各地区主要经济作物总产量（2018年）

单位：吨

类　　别	Type	全　省 Provincial Total	南 昌 市 Nanchang	景德镇市 Jingdezhen
油料合计	Total Oil-bearing Grops	1208015	115374	38614
花　生	Peanuts	480606	56078	9811
油菜籽	Rapeseeds	690819	53928	25752
芝　麻	Sesame	36563	5368	3051
棉　花	Cotton	72115	1616	1764
麻类合计	Total Fiber Crops	5688		
黄红麻	Jute and Ambary Hemp	97		
苎　麻	Ramee	5590		
甘　蔗	Sugarcane	645714	59065	50236
烟叶合计	Tabacco	36148		
烤　烟	Flue-cured Tobacco	34229		
晒　烟	Sun-cured Tobacco	1919		
蔬菜类及食用菌	Vegetables and Edible Mushrooms	15370827	1298881	1056455
叶菜类	Leaf Vegetable	2187892	182269	100340
白菜类	Chinese Cabbage Vegetable	2929326	350913	205723
甘蓝类	Kale Vegetable	650812	61892	34612
根茎类	Root Vegetable	2966963	307859	236792
瓜菜类	Melons Vegetable	1577147	136214	99649
豆类(菜用)	Legumes	832305	38475	83145
茄果菜类	Solanaceous Fruit Vegetable	1731695	69370	134143
葱蒜类	Bulb Vegetable	730654	50497	50700
水生菜类	Aquatic Vegetable	298854	36761	13800
其他蔬菜类	Others	1344966	64081	89157
瓜果类	Melons and Fruits	2141654	103030	78198
其他作物	Other Crops			
莲　子	Lotus Seeds	44135	1521	159

Total Output of Major Cash Crops by Region (2018)

(ton)

萍乡市 Pingxiang	九江市 Jiujiang	新余市 Xinyu	鹰潭市 Yingtan	赣州市 Ganzhou	吉安市 Ji'an	宜春市 Yichun	抚州市 Fuzhou	上饶市 Shangrao
38426	206945	21072	31186	103596	169763	226988	54500	201551
3122	17031	11472	20685	95828	65316	115257	34389	51617
35238	184413	9131	9558	7374	102612	103045	19410	140358
62	5501	466	943	394	1835	8672	701	9570
	43959	2819		11	281	11602	2611	7452
	1123	1821	51	28	36	2330	11	288
			24	28	28			17
	1123	1821	27		8	2330	11	270
553	16058	1117	33525	11419	47743	114869	183570	127559
34				15204	6905	3495	10223	287
				15166	6801	3118	8864	280
34				38	104	377	1359	7
644591	1045169	216409	306796	3471325	2337306	1831361	1536373	1626161
139289	137094	28960	26999	549014	364187	303024	211262	145454
134539	236348	26450	54028	484268	384394	333852	349595	369216
16374	39599	6851	6287	172893	74244	73824	56731	107505
105974	194893	45967	65611	594343	462182	310555	295406	347381
70066	107197	24033	22084	430232	263469	175547	134743	113913
42438	60180	12568	16125	221061	115115	105681	83463	54054
44528	114085	33848	47394	464402	335189	201542	168726	118468
36398	28578	17156	8241	201977	122849	87829	68402	58027
12124	27919	7660	29198	22314	35280	39207	46724	27867
39824	97871	11367	30333	295023	146054	195298	96878	279080
65431	124612	71476	93074	253434	261963	337268	624254	128914
1181	2316		10	21703	3895	1626	10991	733

12-21 茶叶、水果生产情况

Production Conditions of Tea,Fruits

指　　标	Item	2017	2018	2018年比2017年增长（%）Increase Rate in 2018 over 2017(%)
产　量(吨)	**Output (ton)**			
茶叶	Tea	61399	65362	6.5
#红茶	Black Tea	7162	8095	13.0
绿茶	Green Tea	49319	51690	4.8
水果	Fruits	4552342	4702071	3.3
柑桔类	Citrus Fruit	4042623	4107908	1.6
#柑	Hesperidium	372444	372083	
桔	Tangerine	2256482	2289894	1.5
橙	Orange	1293725	1284229	-0.7
柚	Grapefruit	119972	161702	34.8
梨	Pear	167795	163243	-2.7
桃	Peach	61976	63617	2.6
其他水果	Other Fruits	279948	367303	31.2
面　积(公顷)	**Area (hectare)**			
年末茶园面积	Area of Tea Plantations at Year-end	98544	103548	5.1
#当年采摘	Picked in Current Year	73344	79184	8.0
当年新增	Newly Added in Current Year	7265	6052	-16.7
年末果园面积	Area of Orchard at Year-end	408947	411670	0.7
柑桔园	Citrus Fruit Plantation	323129	326834	1.1
梨园	Pear Plantation	24484	22468	-8.2
桃园	Peach Plantation	10872	10964	0.8
其他果园	Other Plantation	50462	51404	1.9
当年新增	Newly Added in Current Year	13560	18360	35.4

12-22 各地区茶叶、水果产量（2018年）

Output of Tea,Fruits by Region (2018)

单位：吨　　　　(ton)

地　　区	Region	茶　叶 Tea	#红　茶 Black Tea	#绿　茶 Green Tea	水　果 Fruits	#柑　桔 Citrus Fruit	#梨 Pear
全　省	**Provincial Total**	**65362**	**8095**	**51690**	**4702071**	**4107908**	**163243**
南昌市	Nanchang	1868	31	1825	41668	24312	2608
景德镇市	Jingdezhen	10302	3039	5752	20651	4758	3000
萍乡市	Pingxiang	689	1	614	15676	6009	1031
九江市	Jiujiang	9845	2618	5409	137471	78346	25524
新余市	Xinyu	283		283	134852	110866	4349
鹰潭市	Yingtan	138	2	132	55057	34530	12797
赣州市	Ganzhou	5291	132	5145	1641866	1472308	15675
吉安市	Ji'an	7100	685	5989	598953	503293	19639
宜春市	Yichun	5830	302	4945	152399	87962	10463
抚州市	Fuzhou	2828	147	1981	1800368	1719514	52710
上饶市	Shangrao	21188	1138	19615	103110	66010	15447

12-23 各地区茶园、果园面积（2018年）
Area of Tea Plantations,Orchard by Region (2018)

单位：公顷 (hectare)

地 区	Region	年末茶园面积 Area of Tea Plantations at Year-end	年末果园面积 Area of Orchards at Year-end	#柑 桔 Cirtrus Fruit	#当年新增面积 Areas Newly Added in Current Year
全 省	**Provincial Total**	**103548**	**411670**	**326834**	**18360**
南昌市	Nanchang	1366	6721	3872	1485
景德镇市	Jingdezhen	11443	4068	1419	85
萍乡市	Pingxiang	997	2966	1602	31
九江市	Jiujiang	19613	17207	8090	284
新余市	Xinyu	226	7186	5672	576
鹰潭市	Yingtan	513	6130	3062	79
赣州市	Ganzhou	13201	165081	138691	7688
吉安市	Ji'an	17768	59708	49809	2030
宜春市	Yichun	11292	17371	8541	516
抚州市	Fuzhou	4430	92085	85014	1237
上饶市	Shangrao	22699	33147	21062	4349

12-24 牧 业 生 产 情 况

Production Condition of Animal Husbandry

指　　　标	Item	2017	2018	2018年比2017年增长（%）Increase Rate in 2018 over 2017%)
当年出栏肉猪头数(头)	Number of Slaughtering Hogs in Current Year (head)	31804600	31240000	-1.8
当年出售和自宰肉用牛(头)	Cattle for Sale and Butchering in Current Year (head)	1158640	1194300	3.1
当年出售和自宰肉用羊(只)	Sheep for Sale and Butchering in Current Year (head)	1234600	1315100	6.5
当年出售和自宰肉用兔(只)	Rabbits for Sale and Butchering in Current Year (head)	3218343	3248289	0.9
当年出售和自宰肉用禽(万羽)	Poultry for Sale and Butchering in Current Year (10 000 heads)	43888	45424	3.5
肉类总产量(吨)	Total Output of Meat (ton)	3260533	3256758	-0.1
#猪　肉	Pork	2494900	2463200	-1.3
牛　肉	Beef	120468	124500	3.3
羊　肉	Mutton	19698	21000	6.6
兔　肉	Rabbit Meat	5289	5388	1.9
禽　肉	Meat of Poultry	608088	631700	3.9
牛奶产量(吨)	Output of Milk (ton)	94942	96300	1.4
家禽产蛋量(吨)	Output of Eggs (ton)	456581	469600	2.9
蜂蜜产量(吨)	Output of Honey (ton)	14850	18175	22.4
牛年末存栏头数(头)	Number of Cattle at Year-end (head)	2413971	2464500	2.1
#奶牛	Number of Cow	31771	32100	1.0
生猪年末存栏头数(头)	Number of Hogs at Year-end (head)	16213428	15872500	-2.1
#能繁殖母猪	Number of Female Hogs with Fertility	1485600	1408349	-5.2
羊年末存栏只数(只)	Number of Sheep and goats at Year-end (head)	952800	1002600	5.2
兔年末存栏只数(只)	Number of Rabbits at the End of Year (head)	1272845	1330450	4.5
家禽年末只数(万羽)	Number of Poultry at Year-end (10 000 heads)	17978	18550	3.2
养蜂年末箱数(箱)	Number of Boxes for Beekeeping at Year-end (box)	616536	706870	14.7
年末桑园面积(公顷)	Area of Mulberry Plantation at Year-end (hectare)	9651	8899	-7.8
蚕　茧(吨)	Silkworn cocoons (ton)	6274	6177	-1.5

注：本表2017年主要畜牧产品产量为第三次农业普查修正数，2018年为抽样调查数，数据均来自国家统计局江西调查总队。

a)Production of Animal Husbandry in this Table was adjusted by the third Agriacltural Census.And the data of 2018 estimated from sample surveys.All these data come from Survey office of National Bureau of Statistics in Jiangxi.

12–25 渔业生产情况

Production Condition of Fishery

指　　标	Item	2017	2018	2018年比2017年增长（%）Increase Rate in 2018 over 2017(%)
渔业乡(个)	Number of Fishery Townships (unit)	20	13	-35.0
渔业村(个)	Number of Fishery Villages (unit)	333	263	-21.0
渔业户(户)	Number of Fishery Households (household)	323328	312047	-3.5
渔业人口(万人)	Population of Fishery (10 000 persons)	147.46	142.02	-3.7
渔业从业人员(万人)	Laborers of Fishery (10 000 persons)	90.89	87.93	-3.3
专业从业人员	Professional Laborers	41.93	40.48	-3.4
捕捞专业从业人员	Laborers of Catch	5.79	5.70	-1.6
养殖专业从业人员	Laborers of Cultivation	30.36	29.17	-3.9
其他专业从业人员	Other Laborers	5.77	5.63	-2.5
兼业从业人员	Sideline Laborers	37.86	36.74	-3.0
已养殖面积(千公顷)	Cultured Area (1 000 hectares)	412.78	408.40	-1.1
#池　塘	Pond	161.03	165.36	2.7
水　库	Reservoir	138.63	138.04	-0.4
湖　泊	Lake	95.27	92.83	-2.6
养殖亩产(千克/公顷)	Per Unit Area Yield of Cultivation (kg/hectare)	5522	5718	3.6
#池　塘	Pond	9022	8948	-0.8
水　库	Reservoir	2708	2837	4.7
湖　泊	Lake	2746	3062	11.5
水产品总产量(吨)	Total Output of Aquatic Products (ton)	2505549	2559450	2.2
#养殖产量	Cultured Output	2279506	2335443	2.5
#池　塘	Pond	1452759	1479749	1.9
水　库	Reseroir	375446	391573	4.3
湖　泊	Lake	261599	284185	8.6
水产品总产量中：鱼　类	Fish	2048168	2067367	0.9
甲壳类	Carapace	121385	154303	27.2
贝　类	Shellfish	42227	38449	-8.9
珍珠产量(千克)	Output of Pearls (kg)	318147	248000	-22.0
鱼苗产量(亿尾)	Output of Frys (100 millon fries)	379	377	-0.5
鱼种产量(吨)	Output of Fingerling (ton)	299486	288961	-3.5

12-26 各地区渔业生产情况（2018年）
Production Condition of Fishery by Region (2018)

地区	Region	渔业从业人员（万人）Laborers of Fishery (10 000person)	专业从业人员 Professional Laborers	捕捞从业人员 Laborers of Catch	养殖从业人员 Laborers of Cultivation	其他从业人员 Other Laborers	兼业从业人员 Sideline Laborers	养殖面积（公顷）Cultured Area (hectare)	养殖单产（千克/公顷）Per Unit Area Yield of Cultivation (kg/hectare)
全　省	**Provincial Total**	**87.93**	**40.48**	**5.70**	**29.16**	**5.63**	**36.74**	**408400**	**5718**
南昌市	Nanchang	7.61	4.01	0.72	2.78	0.51	2.44	53560	6551
景德镇市	Jingdezhen	0.34	0.23	0.04	0.15	0.04	0.09	6580	3936
萍乡市	Pingxiang	2.42	0.96	0.05	0.82	0.09	1.43	6340	6066
九江市	Jiujiang	7.11	4.25	1.59	2.23	0.43	2.29	78980	5048
新余市	Xinyu	1.53	0.64	0.11	0.43	0.10	0.76	11230	4235
鹰潭市	Yingtan	0.90	0.53	0.17	0.23	0.12	0.13	7810	5971
赣州市	Ganzhou	24.31	10.77	0.30	8.94	1.53	12.22	42090	6729
吉安市	Ji'an	9.63	3.04	0.25	2.42	0.36	5.51	32770	4741
宜春市	Yichun	10.57	4.59	0.54	3.62	0.44	2.98	43120	4978
抚州市	Fuzhou	5.63	1.68	0.10	1.36	0.23	3.20	79560	5786
上饶市	Shangrao	17.89	9.79	1.84	6.17	1.78	5.70	46360	6766

12-26 续表 continued

地区	Region	水产品总产量(吨) Total Output of Aquatic Products (ton)	养殖产量 Cultured Output	水产品产量中 Among Output of Aquatic Products: 鱼类 Fish	甲壳类 Carapace	贝类 Shellfish	珍珠产量（千克）Output of Pearl (kg)	鱼苗产量（亿尾）Output of Fry (One hundred million)	鱼种产量（吨）Output of Fingerling (ton)
全　省	**Provincial Total**	**2559450**	**2335443**	**2067367**	**154393**	**38449**	**248000**	**376.94**	**288961**
南昌市	Nanchang	404361	350914	313317	24908	8703	6000	37.77	41090
景德镇市	Jingdezhen	29196	25906	24186	1063	445		17.50	771
萍乡市	Pingxiang	40078	38435	35509	691	1468		10.52	5481
九江市	Jiujiang	451520	398709	328515	65718	1383	187000	49.94	32908
新余市	Xinyu	50655	47571	44104	825	407		4.43	4249
鹰潭市	Yingtan	49263	46621	41139	2730	1149		19.30	5977
赣州市	Ganzhou	293036	283216	261406	5865	5015		82.89	34356
吉安市	Ji'an	221948	214640	201165	4871	2136	2000	33.31	20573
宜春市	Yichun	348023	313702	276268	17893	7433	2000	44.33	51449
抚州市	Fuzhou	161649	155368	124630	4083	1992	1000	33.79	31191
上饶市	Shangrao	509721	460361	417128	25746	8318	50000	43.16	60916

12-27 各地区按人口平均的主要农产品产量（2018年）

Pural Economic Efficiency by Region (2018)

指　　标	Item	全　省 Provincial Total	南昌市 Nanchang	景德镇市 Jingdezhen	萍乡市 Pingxiang	九江市 Jiujiang	新余市 Xinyu
粮　食(千克/人)	Grain (kg/person)	471.36					
棉　花(千克/人)	Cotton (kg/person)	1.55	0.29	1.05		8.98	2.38
花　生(千克/人)	Peanut (kg/person)	10.34	10.11	5.86	1.61	3.48	9.67
油菜籽(千克/人)	Rapeseeds (kg/person)	14.86	9.72	15.39	18.23	37.66	7.69
芝　麻(千克/人)	Sesame (kg/person)	0.79	0.97	1.82	0.03	1.12	0.39
水产品产量(千克/人)	Output of Aquatic Products (kg/person)	55.07	72.92	17.45	20.73	92.21	42.68
水果产量(千克/人)	Output of Fruits (kg/person)	101.17	7.51	12.34	8.11	28.07	113.63
#柑　桔	Citrus Fruits	88.39	4.38	2.84	3.11	16.00	93.42

12-27 续表 continued

指　　标	Item	鹰潭市 Yingtan	赣州市 Ganzhou	吉安市 Ji'an	宜春市 Yichun	抚州市 Fuzhou	上饶市 Shangrao
粮　食(千克/人)	Grain (kg/person)						
棉　花(千克/人)	Cotton (kg/person)		0.00	0.06	2.08	0.65	1.09
花　生(千克/人)	Peanut (kg/person)	17.60	11.04	13.18	20.68	8.50	7.58
油菜籽(千克/人)	Rapeseeds (kg/person)	8.13	0.85	20.70	18.49	4.80	20.61
芝　麻(千克/人)	Sesame (kg/person)	0.80	0.05	0.37	1.56	0.17	1.41
水产品产量(千克/人)	Output of Aquatic Products (kg/person)	41.93	33.77	44.78	62.45	39.94	74.84
水果产量(千克/人)	Output of Fruits (kg/person)	46.86	189.21	120.84	27.34	444.85	15.14
#柑　桔	Citrus Fruits	29.39	169.67	101.54	15.78	424.87	9.69

12-28 各地区农村经济效益（2018年）

指　标	Item	全　省 Provincial Total	南昌市 Nanchang
每一农业劳动力创造农林牧渔业总产值（元）	Gross Output of Agriculture,Forestry,Animal Husbandry and Fishery Created by Per Rural Laborer(yuan)	37125	50757
每一农业劳动力创造农林牧渔业增加值（元）	Value-added of Agriculture,Forestry,Animal Husbandry and Fishery Created by Per Rural Laborer(yuan)	22963	31272
每一农业劳动力创造农林牧渔业商品产值(元)	Commodity Output of Agriculture,Forestry,Animal Husbandry and Fishery Created by Per Rural Laborer(yuan)	26889	39169
每一农业劳动力生产的主要农产品(千克)	Major Farm Products Producted by Per Rural Laborer(kg)		
粮　食	Grain	2583.04	
棉　花	Cotton	8.50	2.56
油　料	Oil-bearing Grops	142.44	182.42
糖　料	Crops	76.14	93.39
肉类总产量	Total Output of Meat	384.00	
水产品产量	Output of Aquatic Products	301.78	639.36
农林牧渔业中间消耗占农林牧渔业总产值(%)	Percentage of Intermediate Consumption of Agriculture,Forestry,Animal Husbandry and Fishery in Gross Output of Agriculture,Forestry,Animal	38.14	39.64
	Husbandry and Fishery(%)	72.63	76.13
农林牧渔业商品率(%)	Commodity Rate of Agriculture, Forestry, Animal Husbandry and Fishery(%)		

Rural Economic Efficiency by Region (2018)

景德镇市 Jingdezhen	萍乡市 Pingxiang	九江市 Jiujiang	新余市 Xinyu	鹰潭市 Yingtan	赣州市 Ganzhou	吉安市 Ji'an	宜春市 Yichun	抚州市 Fuzhou	上饶市 Shangrao
47312	35813	35694	43237	49835	30383	38954	39150	38762	32142
29687	22637	22744	26180	31799	19538	22157	23552	23377	20743
36243	22992	23850	29815	31647	20730	31145	27185	29749	24110
8.53		50.07	12.56		0.01	0.29	9.99	2.95	5.89
186.70	144.48	235.69	93.92	171.18	57.67	172.75	195.45	61.49	159.38
242.89	2.08	18.29	4.98	184.02	6.36	48.58	98.91	207.13	100.87
141.16	150.69	514.24	225.78	270.41	163.13	225.86	299.66	182.39	403.07
35.62	36.50	37.02	40.37	36.18	35.94	41.21	41.62	38.09	34.84
76.10	62.58	66.96	68.83	75.31	68.31	79.28	69.85	77.30	74.53

12-29 生猪调出奖励大县农村经济情况（2018年）

Economic Conditions of Rural of County Which are Rewarded for Hog-contributed (2018)

地　区	Region	农作物总播种面积（公顷）Total Sown Areas of Farm Crops (hectare)	粮　食 Grain	粮食总产量（吨）Total Output of Grain (ton)	棉花总产量（吨）Total Output of Cotton (ton)	油料总产量（吨）Total Output of Oil-bearing Grops (ton)
15个生猪大县（市、区）	**15 Large Hog-raising Counties (County-level City、District)**	**1595005**	**1074332**	**7110378**	**11120**	**379603**
新建区	Xinjiang	125925	90401	639387	175	28376
南昌县	Nanchang	156991	122154	909537		12910
进贤县	Jinxian	131241	86187	552667	95	49593
余江县	Yujiang	68883	47899	304782		23181
南康区	Nankang	58989	36262	211473		14037
信丰县	Xinfeng	73812	45964	236133		15835
定南县	Dingnan	16748	10781	55966		545
新干县	Xin'gan	85361	56990	377176	214	21408
袁州区	Yuanzhou	110531	76112	482572	129	18911
上高县	Shanggao	79622	48255	344464	871	15452
丰城市	Fengcheng	236577	164666	1072402	157	45065
樟树市	Zhangshu	152241	84061	590989	337	56825
高安市	Gao'an	174501	107985	755624	8658	61467
东乡县	Dongxiang	67349	51326	316389	29	7461
万年县	Wannian	56234	45289	260817	455	8537

12-29 续表 continued

地　区	Region	肉类总产量（吨）Total Output of Meat (ton)	农业机械总动力(万千瓦) Total Power of Agricultural Machinery (10 000 kw)	有效灌溉面积（公顷）Irrigated Area (hectare)	化肥施用量（折纯量，吨）Consumption of Chemical Firtilizer (net,ton)	农村用电量（万千瓦小时）Electricity Consumed in Rural Area (10 000 kwh)	农林牧渔总产值（当年价格）（万元）Gross Output Value of Agriculture, Forestry, Animal Husbandry and Fishery(at current prices)(10 000 yuan)
15个生猪大县（市、区）	**15 Large Hog-raising Counties (County-level City、District)**	**1236000**	**671**	**572287**	**338557**	**250200**	**8414035**
新建区	Xinjiang	73123	76	45698	30174	18640	935608
南昌县	Nanchang	100253	107	55860	54569	41171	959073
进贤县	Jinxian	115590	66	52590	28361	29429	930919
余江县	Yujiang	76736	25	50029	13416	10421	293825
南康区	Nankang	65985	26	20740	10761	11856	407942
信丰县	Xinfeng	72881	33	23090	16107	13420	499826
定南县	Dingnan	50560	8	9210	3451	1168	174210
新干县	Xin'gan	83915	27	27460	15300	5546	336698
袁州区	Yuanzhou	89746	39	36690	13655	15675	536422
上高县	Shanggao	71122	44	24610	14472	14378	455358
丰城市	Fengcheng	91553	68	69700	50315	38035	1020308
樟树市	Zhangshu	81111	41	43100	32817	14026	595173
高安市	Gao'an	115160	50	56090	20697	20465	673733
东乡区	Dongxiang	85578	37	28317	13214	6046	346058
万年县	Wannian	62687	16	28303	13248	9924	248882

12-30 农村扶贫对象分布情况
Distribution of Aid-the-poor Object

单位：人 (person)

县(市、区)	County (County level City,District)	2017	2018
全　省	**Provincial Total**	**877451**	**509370**
南 昌 市	**Nanchang City**	**16986**	**10232**
湾 里 区	Wanli	642	455
南 昌 县	Nanchang	3739	988
新 建 区	Xinjian	3829	2750
安 义 县	Anyi	3188	2168
进 贤 县	Jinxian	5588	3871
景德镇市	**Jingdezhen City**	**13515**	**9920**
昌 江 区	Changjiang	782	526
珠 山 区	Zhushan	35	17
浮 梁 县	Fuliang	5029	3731
乐 平 市	Leping	7669	5646
萍 乡 市	**Pingxiang City**	**16935**	**9474**
湘 东 区	Xiangdong	1452	1071
莲 花 县	Lianhua	6245	2260
上 栗 县	Shangli	3356	2422
芦 溪 县	Luxi	2953	2399
安 源 区	Anyuan	1991	950
武功山风景名胜区	Wugongshan scenic area	938	372
九 江 市	**Jiujiang City**	**111405**	**72437**
濂 溪 区	Lianxi	1540	1178
共 青 城 市	Gongqingcheng	614	401
柴 桑 区	Jiujiang	1901	1528
武 宁 县	Wuning	9983	6425
修 水 县	Xiushui	41217	27186
永 修 县	Yongxiu	4241	3002
德 安 县	De'an	1901	1237
庐 山 市	Lushan	3181	2670
都 昌 县	Duchang	35457	20339
湖 口 县	Hukou	2970	2511
彭 泽 县	Pengze	5900	4215
瑞 昌 市	Ruichang	2500	1745
新 余 市	**Xinyu City**	**8896**	**7581**
渝 水 区	Yushui	4006	3150
分 宜 县	Fenyi	3220	2811
仙女湖区	Xiannvhu	720	718
新余开发区	Development Zone	950	902
鹰 潭 市	**Yingtan City**	**11307**	**6976**
月 湖 区	Yuehu	686	462
余 江 区	Yujiang	3819	2462
贵 溪 市	Guixi	5888	3523
鹰潭经济技术开发区	Development Zone	191	145
信江新区管委会	Xinjiang	183	122
龙虎山管委会	Longhushan	540	262
赣 州 市	**Ganzhou City**	**350597**	**189024**
章 贡 区	Zhanggong	1493	1030
赣 县 区	Gan	30676	21628
信 丰 县	Xinfeng	17951	11711
大 余 县	Dayu	10824	7686
上 犹 县	Shangyou	13440	2149
崇 义 县	Chongyi	7000	5006
安 远 县	Anyuan	10133	2392
龙 南 县	Long'nan	10263	7774
定 南 县	Ding'nan	8887	7266
全 南 县	Quannan	5836	4804
宁 都 县	Ningdu	52993	28580
于 都 县	Yudu	59760	42786
兴 国 县	Xingguo	40015	23045
会 昌 县	Huichang	17823	3067
寻 乌 县	Xunwu	11079	2036
石 城 县	Shicheng	18009	2108
瑞 金 市	Ruijin	5159	4088
南 康 区	Nankang	18390	5177
赣州开发区	Development Zone	7567	4656
蓉江新区	Rongjiang	2991	1955
吉 安 市	**Ji'an City**	**50708**	**31260**
吉 州 区	Jizhou	1017	642
青 原 区	Qingyuan	1940	1291
吉 安 县	Ji'an	4382	3260
吉 水 县	Jishui	5237	3651
峡 江 县	Xiajiang	2511	1998
新 干 县	Xingan	609	866
永 丰 县	Yongfeng	3665	2761
泰 和 县	Taihe	3888	3505
遂 川 县	Suichuan	16627	5119
万 安 县	Wan'an	2614	2090
安 福 县	Anfu	3555	2716
永 新 县	Yongxin	4110	3075
井冈山市	Jinggangshan	553	284
宜 春 市	**Yichun City**	**62502**	**39076**
袁 州 区	Yuanzhou	9717	6443
奉 新 县	Fengxin	2641	1737
万 载 县	Wanzai	12600	7470
上 高 县	Shanggao	3747	2642
宜 丰 县	Yifeng	3011	1832
靖 安 县	Jing'an	2071	1356
铜 鼓 县	Tonggu	5711	3306
丰 城 市	Fengcheng	8200	5530
樟 树 市	Zhangshu	6194	3552
高 安 市	Gaoan	8610	5208
抚 州 市	**Fuzhou City**	**43076**	**27474**
临 川 区	Linchuan	6072	5368
南 城 县	Nancheng	3085	2201
黎 川 县	Lichuan	2233	2605
南 丰 县	Nanfeng	3726	2475
崇 仁 县	Chongren	2289	2213
乐 安 县	Le'an	12347	2693
宜 黄 县	Yihuang	2474	1797
金 溪 县	Jinxi	4057	2991
资 溪 县	Zixi	928	695
东 乡 区	Dongxiang	4297	3323
广 昌 县	Guangchang	1561	1113
抚州开发区	Development Zone	7	
上 饶 市	**Shangrao City**	**191524**	**105916**
信 州 区	Xinzhou	2000	1551
上 饶 县	Shangrao	7855	7095
广 丰 区	Guangfeng	14130	10025
玉 山 县	Yushan	13829	7997
铅 山 县	Yanshan	8711	7490
横 峰 县	Hengfeng	[illegible]	[illegible]
弋 阳 县	Yiyang	10547	5994
余 干 县	Yugan	46957	8057
鄱 阳 县	Poyang	66439	43197
万 年 县	Wannian	9212	6660
婺 源 县	Wuyuan	5681	4053
德 兴 市	Dexing	4213	2583
三清山管委会	Administrative Board of Sanqing Mountain	305	159

主要统计指标解释

农林牧渔总产值 以货币表现的农林牧渔业的全部产品总量和对农林牧渔业生产活动进行的各种支持性服务活动的价值。它反映一定时期内农林牧渔业生产总规模和总成果，是观察农林牧渔业生产水平和发展速度的重要指标，同时也是计算农林牧渔业劳动生产率和农林牧渔业增加值的基础资料。

农林牧渔业总产值的计算，一般采用“产品法”，即凡有产品产量的，都按产品价格乘产量的办法求得每种产品产量的产值，然后相加求得各业的产值，最后各业相加求出农林牧渔业总产值。

农林牧渔业增加值 指农、林、牧、渔及农林牧渔服务业在一定时期内生产货物或提供服务活动而增加的价值。它反映了农业生产经营活动的最终成果和对社会的贡献。

农业增加值的计算方法有两种：(1) 生产法，是从生产角度进行计算的一种方法。即用农业总产出减去农业中间消耗求得。(2) 分配法，是从分配角度进行计算的一种方法。即通过农业生产单位在生产经营和劳务活动过程中形成的不含中间消耗的各种收入来计算。具体包括农业劳动者收入、福利基金、利税、固定资产折旧及大修理和其他。一般采用生产法计算。

农作物播种面积 指实际播种或移植有农作物的面积。凡是实际种植有农作物的面积，不论种植在耕地上还是种植在非耕地上，均包括在农作物播种面积中，在播种季节基本结束后，因遭灾而重新改种和补种的农作物面积，也包括在内。播种面积的大小，反映农作物的生产规模和耕地的利用程度。

农作物总产量 指在一定时期内（通常是一年）生产的各种农作物产品总产量。无论是种植在耕地上或非耕地上的农作物产量，都包括在内。有的农作物收割期较长，虽在当年冬季就开始收割，但需跨年延到来年春季才能收完的，仍计算为本年农作物总产量。它是衡量农业生产成果，统筹安排城乡人民生活，研究生产、积累和消费比例关系及编制国民经济计划的基本数据。

粮食产量 指全社会的产量。包括国有经济经营的、集体统一经营的和农民家庭经营的粮食产量，还包括工矿企业办的农场和其他生产单位的产量。粮食除包括稻谷、小麦、玉米、高粱、谷子及其他杂粮外，还包括薯类和豆类。

猪、牛、羊肉产量 指当年出栏并已屠宰、除去头蹄下水后带骨肉（即胴体重）的重量。

期初（末）畜禽存栏头（只）数 指报告期初（末）农村各种合作经济组织和国营农场、农民个人、机关、团体、学校、工矿企业、部队等单位以及城镇居民饲养的大牲畜、猪、羊、家禽等畜禽的存栏数。

农用化肥施用量 指本年内实际用于农业生产的化肥数量，包括氮肥、磷肥、钾肥和复合肥。化肥施用量要求按折纯量计算数量。折纯量是指指把氮肥、磷肥、钾肥分别按含氮、含五氧化二磷、含氧化钾的百分之一百成份进行折算后的数量。复合肥按其所含主要成分折算。

有效灌溉面积 指具有一定的水源，地块比较平整，灌溉工程或设备已经配套，在一般年景下当年能够进行正常灌溉的耕地面积。

农业机械总动力 指主要用于农、林、牧、渔业的各种动力机械的动力总和。包括耕作机械、排灌机械。收获机械、农用运输机械、植物保护机械、牧业机械、林业机械、渔业机械和其他农业机械〔内燃机按引擎马力折成瓦（特）计算、电动机按功率折成瓦（特）计算〕。不包括专门用于乡、镇、村、组办工业、基本建设、非农业运输、科学试验和教学等非农业生产方面用的动力机械与作业机械

Explanatory Notes on Main Statistical Indicators

Gross Out Value of Agriculture, Firestry, Animal, Husbandry and Fishery refer to the total volume of products of farming, forestry, animal husbandry and fishery and the value of various services supporting the production of farming, forestry, animal husbandry and fishery in monetary terms, which reflects the total scale and total results of farming, forestry, animal husbandry and fishery production during a given period of time. It is an important indicator to observe the production level and development speed of farming, forestry, animal husbandry and fishery. It is also the foundation for calculating the labor productivity and value-added of farming, forestry, animal husbandry and fishery.

Generally, the gross output value of farming, forestry, animal husbandry, and fishery is calculated with the production approach. Where applicable, the gross output value of each single product is obtained by multiplying the output of each product by its price. These values are then summed up to obtain the output value of each sector. The sum of output values of all sectors is the gross output value of farming, forestry, animal husbandry, and fishery.

Value-added of Agriculture, Forestry, Animal Husbandry and Fishery refers to the value-added of goods produced or services provided by farming, forestry, animal husbandry and fishery in a given period of time. It shows the final results of the activities of production and management of agriculture and its contributions to the society.

The value-added of agriculture is calculated with two approaches:

(1) Production of approach is a method from the production angle, i.e. total output of agriculture minus intermediate consumption of agriculture. The value-added of agriculture is usually calculated with the production approach as no complete accounting records of the rural households are available;

(2) Distribution approach is a method from the distribution angle, i.e. various incomes from the activities of production and management of the productive units of agriculture without intermediate consumption, including incomes of the rural laborers, welfare funds, profit and tax, depreciation of fixed assets and major overhaul and others.

Sown Area of Crops refers to area of land sown or transplanted with crops regardless of being in cultivated area or non cultivated area. Area of land re-sown due to natural disasters is also included. It refers the scale of crops and the use of cultivated area.

Total Output of Crops refers to the total output of farm crops of various kinds during a given period of time (usually a year). It covers the output of crops in both cultivated and uncultivated area. Crops with an extensive reaping period beginning in the winter of the current year are included in the total output of crops of the current year, even if harvest is extended until the spring of the following year. It is the basic figure to examine the production results of agriculture, make overall arrangements in the life of urban and rural households, study the proportionate relationships between production, accumulation and consumption and work out a plan of national economy.

Grain Yield refers to the yield in the whole country including grains produced by state farm, collective units, industrial enterprises and mines. Grain includes rice, wheat, corn, sorghum, millet and other miscellaneous grains as well as tubers and beans.

Output of Pork, Beef, and Mutton refers to the meat of slaughtered hogs, cattle, sheep and goats with head, feet, and offal taken away.

Number of Livestock or Poultry in Stock at Beginning (or End) refers to the total number of large animals, pigs, sheep, fowls, etc. raised by rural cooperative organizations, state farms, rural individuals, government agencies, schools, Industrial and mining enterprises, army, and urban residents at the beginning (or end) of the reference period.

Consumption of Chemical Fertilizers in Agriculture refers to the quantity of chemical fertilizers applied in agriculture in the year, including nitrogenous fertilizer, phosphate fertilizer, potash fertilizer, and compound fertilizer. The consumption of chemical fertilizers is required in calculation to convert the gross weight into weight containing 100% effective component (e.g.100% nitrogen content in nitrogenous fertilizer,100%

phosphorous pentoxide contents in phosphate fertilizer,100% potassium oxide contents in potash fertilizer). Compound fertilizer is converted with its major component.

Irrigated Area refers to areas that are effectively irrigated, i.e. level land which has water source and complete sets of irrigation facilities to lift and move adequate water for irrigation purpose under normal conditions.

Total Power of Agricultural Machinery refers to total mechanical power of machinery used in farming, forestry, animal husbandry, and fishery, including ploughing, irrigation and drainage, harvesting, transport, plant protection, stock breeding, forestry and fishery. The power of internal combustion engines is required to convert horsepower into watts and the power of electric motors is required to be converted into watts. Machinery employed for non agricultural purposes, such as the machines used in township run and village-run Industry, construction, non agricultural transport, scientific experiments and teaching, is exclude.

工 业

INDUSTRY

◆275/320

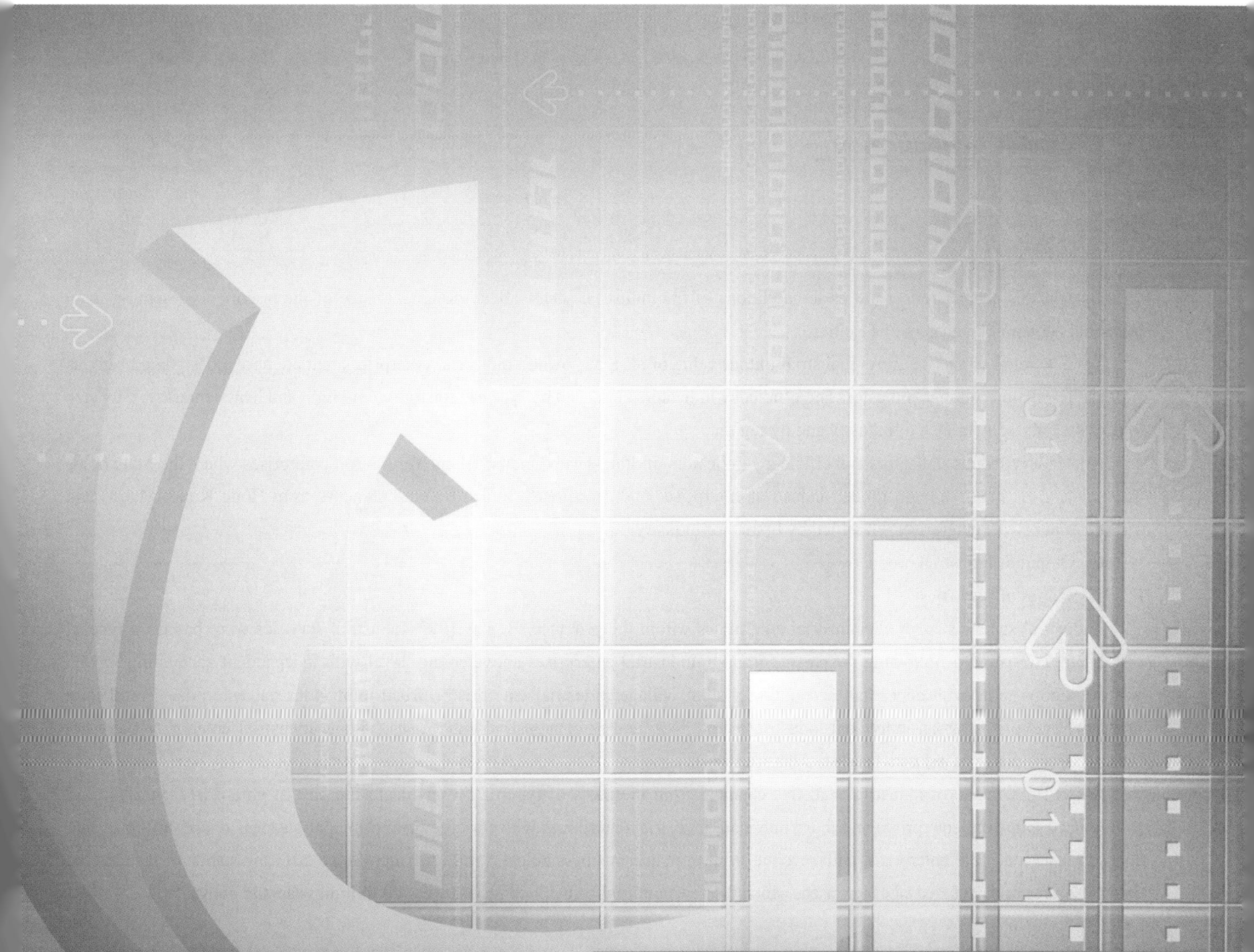

资料整理：刘 娥、丁 亦
顾惟雨、倪 萍

简要说明

一、本篇资料的主要内容

本篇资料反映全省规模以上工业经济方面的基本情况，包括11个设区市的主要工业经济统计数据：

1.规模以上工业企业单位数和总产值，以及按企业登记注册类型、轻重工业、企业规模、工业行业大类和按地区分组的主要经济指标和经济效益指标；

2.规模以上国有及国有控股、外商投资、港澳台商投资和私营工业企业主要经济指标和经济效益指标；

3.规模以上主要工业产品产量。

二、本篇资料的统计范围

工业统计调查范围为全省境内的全部工业企业。1997年以前，工业的统计范围按隶属关系划分，分为乡及乡以上独立核算工业企业和非独立核算生产单位、村办工业、城镇合作工业、农村合作工业、城镇个体工业、农村个体工业六大部分。（1984年以前村办工业不在工业统计范围内）。

1998年及以后年份，工业统计调查范围由按隶属关系划分，改变为按企业规模划分，分为全部国有及年主营业务收入在500万元以上非国有工业企业和年主营业务收入在500万元以下非国有工业企业两部分。2011年，规模以上工业划分标准提高到年主营业务收入2000万元及以上。本篇资料中的统计范围为年主营业务收入在2000万元以上工业企业。

本篇资料中工业行业分类按2011年《国民经济行业分类标准》划分；企业大中小微型划分按2011年《统计上大中小型企业划分办法（暂行）》标准执行。

三、本篇的资料来源和统计调查方法

本篇工业企业统计数据主要是根据工业统计月度报表中有关资料整理汇总的。

Brief Introduction

I. Main Contents

Data in this chapter reflect the basic conditions of the industrial sector above designated size of the province, presenting main industrial economic indicators of 11 cities.

(1) The number and the gross industrial output value of all State-owned industrial enterprises that are above designated size; as well as their main economic indicators and efficiency indicators classified by type of registration, by light and heavy industries, by size of the enterprises, by branch of industry and by region.

(2) Main economic indicators and efficiency indicators of State-owned industrial enterprises and enterprises where the State holds the majority of shares; foreign-funded industrial enterprises and enterprises funded by entrepreneurs from Hong Kong, Macao and Taiwan; and private enterprises, classified by branch of industry.

(3) Output of Industrial products.

II. Scopes of Statistics

Industrial statistics cover all industrial enterprises within the province. Before 1997, industrial statistics were based on type of ownership, consisting of following six parts: corporate industrial enterprises above county level with independent accounting system and production units with dependent accounting system, village industrial enterprises; urban joint industrial enterprises, rural joint industrial enterprises, urban individual industrial enterprises, and rural industrial enterprises (village industrial enterprises were not included in the scope of industrial statistics before 1984).

Since 1998, scope of industrial statistics changed from the basis of type of ownership to the size of enterprises, they are: all state-owned industrial enterprises and those non-state industrial enterprises with revenue from principal business over 5 million yuan, and non-state industrial enterprises with revenue from principle business below 5 million yuan. Since 2011,the standard of industrial enterprises above designated size are raised, which the revenue from principle business were 20 million yuan and above.

Data by industries in this chapter are based on the 2011 National Industrial Classification of all Economic Activities, and data by size of enterprises are based on the Preliminary Standards of Enterprises by Size in 2011.

III. Sources of Data and Methods of Survey

The data on enterprises statistics in this chapter are collected from the relevant data in the monthly industrial statistics reporting forms.

13-1 规模以上工业企业增加值增速

Growth Rate of Value-added of Industrial Enterprises above Designated Size

类　　别	Type	2017年比2016年增长（%）Growth Rate of 2017 to 2016 (%)	2018年比2017年增长（%）Growth Rate of 2018 to 2017 (%)
总　　计	**Total**	**9.1**	**8.9**
按登记注册类型及隶属关系分	**By Registration Status and Jurisdiction of Management**		
国有企业	State-owned Enterprises	10.1	1.0
中央企业	Central Enterprises	-6.3	-0.1
地方企业	Local Enterprises	10.9	1.0
集体企业	Collective-owned Enterprises	-7.6	6.7
股份合作企业	Cooperative Enterprises	-21.6	-12.3
联营企业	Joint Ownership Enterprises	19.2	-28.5
有限责任公司	Limited Liability Corporations	9.6	9.1
股份有限公司	Share-holding Corporations Limited	8.6	7.7
私营企业	Private Enterprises	8.9	10.1
港、澳、台商投资企业	Enterprises with Funds from Hong Kong, Macao and Taiwan	9.3	11.5
外商投资企业	Foreign Funded Enterprises	7.4	4.6
其他经济类型	Other Economic Types	33.3	73.2
#国有控股企业	State-holding Enterprises	9.6	6.6
按轻、重工业分	**Grouped by Light & Heavy Industries**		
轻工业	Light Industry	10.2	4.7
重工业	Heavy Industry	8.5	11.3
按企业规模分	**Grouped by Size of Enterprises**		
大型企业	Large Enterprises	9.7	9.1
中型企业	Medium-sized Enterprises	4.9	3.3
小型企业	Small Enterprises	11.6	12.9
微型企业	Miniature Enterprises	17.7	20.1
按工业行业分	**Grouped by Sector**		
煤炭开采和洗选业	Mining and Washing of Coal	-39.0	0.1
黑色金属矿采选业	Mining and Processing of Ferrous Metal Ores	-5.3	-3.4
有色金属矿采选业	Mining and Processing of Non-Ferrous Ores	9.8	0.2
非金属矿采选业	Mining and Processing of Non-metal Ores	14.7	9.0
农副食品加工业	Processing of Food from Agricultural Products	9.4	3.6
食品制造业	Manufacture of Foods	8.7	5.0
酒、饮料和精制茶制造业	Manufacture of Liquor, Beverages & Refined Tea	6.9	5.4
烟草制品业	Manufacture of Tobacco	14.7	6.7
纺织业	Manufacture of Textile	8.4	7.7
纺织服装、服饰业	Manufacture of Textile,Wearing Apparel and Accessories	6.6	4.0
皮革、毛皮、羽毛及其制品和制鞋业	Manufacture of Leather, Fur, Feather and Related Products and Footwear	10.6	3.1

13-1 续表 continued

类 别	Type	2017年比2016年增长（%） Growth Rate of 2017 to 2016 (%)	2018年比2017年增长（%） Growth Rate of 2018 to 2017 (%)
木材加工和木、竹、藤、棕、草制品业	Processing of Timber, Manufacture of Wood, Bamboo, Rattan, Palm and Straw Products	11.5	10.4
家具制造业	Manufacture of Furniture	21.2	4.2
造纸和纸制品业	Manufacture of Paper and Paper Products	8.3	-3.8
印刷和记录媒介复制业	Printing and Reproduction of Recording Media	4.6	13.9
文教、工美、体育和娱乐用品制造业	Manufacture of Articles for Culture, Education, Arts and Crsfts Sport and Entertainment Activities	5.1	7.7
石油、煤炭及其他燃料加工业	Processing of Petroleum, Coal, and Other Fuels	2.4	7.1
化学原料和化学制品制造业	Manufacture of Raw Chemical Materials and Chemical Products	3.3	9.2
医药制造业	Manufacture of Medicines	10.8	1.9
化学纤维制造业	Manufacture of Chemical Fibers	12.3	3.6
橡胶和塑料制品业	Manufacture of Rubber & Products	18.3	3.9
非金属矿物制品业	Manufacture of Non-metallic Mineral Products	8.7	4.8
黑色金属冶炼和压延加工业	Smelting and Pressing of Ferrous Metals	-4.6	5.6
有色金属冶炼和压延加工业	Smelting and Pressing of Non-ferrous Metals	2.3	12.7
金属制品业	Manufacture of Metal Products	5.2	12.4
通用设备制造业	Manufacture of General Purpose Machinery	6.7	10.2
专用设备制造业	Manufacture of Special Purpose Machinery	9.6	10.0
汽车制造业	Manufacture of Automobiles	16.6	4.1
铁路、船舶、航空航天和其他运输设备制造业	Manufacture of Railway，Ship, Aerospace, and Other Transport Equipments	11.7	6.9
电气机械和器材制造业	Manufacture of Electrical Machinery and Apparatus	14.2	15.3
计算机、通信和其他电子设备制造业	Manufacture of Computers communication and other Electronic Equipment	19.0	27.3
仪器仪表制造业	Manufacture of Measuring Instruments and Machinery	4.5	-8.8
其他制造业	Other Manufacture	31.4	4.6
废弃资源综合利用业	Utilization of Waste Resources	15.9	-1.6
金属制品、机械和设备修理业	Repair Service of Products, Machinery & Equipment	-32.4	16.5
电力、热力生产和供应业	Production and Supply of Electric Power and Heat Power	17.9	13.0
燃气生产和供应业	Production and Supply of Gas	15.0	22.3
水的生产和供应业	Production and Supply of Water	11.2	2.5
按地区分	**By Region**		
南 昌 市	Nanchang	9.5	9.5
景德镇市	Jingdezhen	8.9	8.3
萍 乡 市	Pingxiang	8.8	8.6
九 江 市	Jiujiang	9.2	8.9
新 余 市	Xinyu	8.5	8.5
鹰 潭 市	Yingtan	9.0	8.7
赣 州 市	Ganzhou	9.1	9.5
吉 安 市	Ji'an	9.2	9.4
宜 春 市	Yichun	9.2	6.3
抚 州 市	Fuzhou	9.4	9.0
上 饶 市	Shangrao	9.1	9.4

13-2 各地区规模以上工业企业单位数（2018年）

单位：个

分　　类	Item	全　省 Total	南 昌 市 Nanchang	景德镇市 Jingdezhen
总　　计	**Total**	**11630**	**1196**	**334**
按登记注册类型及隶属关系分	**By Registration Status and Jurisdiction of Management**			
国有企业	State-owned Enterprises	47	10	3
中央企业	Central Enterprises	4	1	
地方企业	Local Enterprises	43	9	3
集体企业	Collective-owned Enterprises	31	3	1
股份合作企业	Cooperative Enterprises	27	6	
联营企业	Joint Ownership Enterprises	2		1
有限责任公司	Limited Liability Corporations	4138	604	170
股份有限公司	Share-holding Corporations Limited	324	53	9
私营企业	Private Enterprises	6300	398	129
港、澳、台商投资企业	Enterprises with Funds from Hong Kong, Macao and Taiwan	469	53	8
外商投资企业	Foreign Funded Enterprises	275	69	13
其他经济类型	Other Economic Types	17		
#国有控股企业	State-holding Enterprises	464	95	26
按轻、重工业分	**Grouped by Light & Heavy Industries**			
轻工业	Light Industry	5229	559	122
重工业	Heavy Industry	6401	637	212
按企业规模分	**Grouped by Size of Enterprises**			
大型企业	Large Enterprises	197	42	5
中型企业	Medium-sized Enterprises	1578	172	45
小型企业	Small Enterprises	9512	938	279
微型企业	Miniature Enterprises	343	44	5

Number of Industrial Enterprises above Designated Size by Region (2018)

(unit)

萍乡市 Pingxiang	九江市 Jiujiang	新余市 Xinyu	鹰潭市 Yingtan	赣州市 Ganzhou	吉安市 Ji'an	宜春市 Yichun	抚州市 Fuzhou	上饶市 Shangrao
600	**1753**	**390**	**293**	**1890**	**1319**	**1631**	**817**	**1407**
2	6	2	2	5	6	5	3	3
	1	1			1			
2	5	1	2	5	5	5	3	3
4	3	4		4	4	7		1
13			1			2	2	3
							1	
114	832	115	178	419	310	551	347	498
35	38	15	11	40	32	41	18	32
410	769	233	87	1217	875	942	411	829
17	65	11	6	148	59	54	23	25
4	39	6	8	57	30	28	11	10
1	1	4			3	1	1	6
12	53	23	12	101	35	39	21	47
106	842	109	92	948	607	776	445	623
494	911	281	201	942	712	855	372	784
12	19	13	7	24	22	35	6	12
94	267	44	39	233	234	237	70	143
490	1445	313	232	1550	1032	1323	725	1185
4	22	20	15	83	31	36	16	67

13-3 工 业 产 品 产 量（2018年）

Output of Industrial Products (2018)

品　　名	Item	2018年	2018年比2017年增长（%）Growth Rate of 2018 to 2017 (%)
硫铁矿生产量(折含硫 35%)(万吨)	Pyrite Ore (converted into 35% sulphur) (10 000 tons)	281.94	0.2
钨精矿折含量（万吨)	Scheelite Presentation of Content (10 000 tons)	4.54	-4.4
原　盐（万吨)	Salt (10 000 tons)	212.44	7.7
配混合饲料（万吨)	Mixed Feed (10 000 tons)	1088.05	4.5
乳 制 品（万吨)	Milk Products (10 000 tons)	17.49	-2.7
罐　头（万吨)	Canned Food (10 000 tons)	12.42	-7.4
软 饮 料（万吨)	Soft Drinks (10 000 tons)	427.19	23.4
白　酒（万千升)	White Spirit (10 000 kiloliter)	11.16	-6.2
啤　酒（万千升)	Beer (10 000 kiloliter)	83.62	1.7
精 制 茶（吨)	Refined Tea (ton)	88691.30	8.5
卷　烟（亿支)	Cigarettes (100 million pieces)	638.01	-3.1
纱（万吨)	Yarn (10 000 tons)	140.28	9.8
布（万米)	Cloth (10 000 m)	77928.00	-40.0
纯棉布	Cotton Cloth	58576.40	18.3
棉混纺交织布	Cotton Blended Cloth	5722.50	-91.7
纯化纤布	Chemical Fiber Cloth	13629.20	18.2
印 染 布（万米)	Dyeing Cloth (10 000 m)	9403.10	16.9
服　装（万件)	Garments (10 000 pieces)	74672.00	-1.8
皮　鞋（万双)	Shoes (10 000 pairs)	11703.70	-62.1
人 造 板（万立方米)	Manmade Plates (10 000 cu.m)	474.94	8.2
机制纸及纸板（万吨)	Machine-made Paper and Paperboards (10 000 tons)	214.50	5.3
家　具（万件)	Furniture (10 000 pieces)	3899.19	0.8
硫　酸（万吨)	Sulfuric Acid (10 000 tons)	272.58	-0.1
烧　碱（万吨)	Caustic Soda (10 000 tons)	43.47	25.0
电石（折300升/千克)(万吨)	Calcium Carbide (convert to 300 L/kg) (10 000 tons)	9.45	10.2
化学肥料（折有效成份100%)(万吨)	Chemical Fertilizers (10 000 tons)	10.98	-51.5
氮　肥	Nitrogen Fertilizers	0.66	-83.5
磷　肥	Phosphate Fertilizers	10.32	-44.7
化学农药（吨)	Chemical Pesticide (ton)	49306.40	5.0
纯　苯（吨)	Benzene (ton)	55561	20.5
涂　料（吨)	Paint (ton)	93230.80	10.5
塑料树脂及共聚物（万吨)	Primary Plastic (10 000 tons)	33.31	31.5
合成洗涤剂（吨)	Synthetic Detergents (ton)	2826.00	0.7
化学药品原药（吨)	Chemical Medicines (ton)	29484.40	-43.2
中 成 药（吨)	Traditional Chinese Medicine (ton)	114831.60	17.8
化学纤维（万吨)	Chemical Fiber (10 000 tons)	54.62	23.7
粘胶纤维	Viscose Fiber	52.14	34.8
合成纤维	Synthetic Fiber	2.48	-54.7
轮胎外胎（万条)	Tires (10 000 tires)	78.67	-53.3
塑料制品（吨)	Plastic Articles (ton)	950787	11.6
水　泥（万吨)	Cement (10 000 tons)	8813.55	4.7
日用玻璃制品（万吨)	Glass Products for Daily Use (10 000 tons)	4.81	-2.0
玻璃保温容品（万个)	Glass Proof Containers (10 000 units)	276.00	-77.4

13-3 续表 continued

品　　名	Item	2018	2018年比2017年增长（%） Growth Rate of 2018 to 2017 (%)
耐火材料制品（万吨）	Fire-resistant Products (10 000 tons)	34.75	18.0
生　铁（万吨）	Pig Iron (10 000 tons)	2204.17	2.8
粗钢（万吨）	Crude Steel (10 000 tons)	2499.18	4.0
钢材（万吨）	Rolled Steel (10 000 tons)	2571.34	7.9
#中小型型材	Rolled Steel,Medium and Small	12.11	54.4
棒　材	Steel Bar	66.08	-14.4
钢　筋	Corrugated Steel Bar	1156.09	17.0
线　材	Wire Rod	469.77	-9.4
厚钢板	Thick Steel Plate	163.37	-4.3
中　板	Medium Steel Plate	177.66	0.8
冷轧窄钢带	Non Hot Roll Narrow Steel Belt	20.72	8.3
电工钢板	Electrical Sheet Steel	57.03	13.9
无缝钢管	Seamless Steel Pipe	5.31	-16.8
焊接钢管	Welded Steel Pipe		
十种有色金属（万吨）	Ten Kinds of Non-ferrous Metals (10 000 tons)	163.71	2.4
#精炼铜	Refined Copper	130.45	0.6
铁合金（万吨）	Ferroalloy (10 000 tons)	3.03	9.5
工业锅炉（蒸发量吨）	Industrial Boilers (evaporation ton)	2065.00	-14.4
金属切削机床（台）	Metal-Cutting Machine Tools (unit)	4713	1.6
#数控机床	CNC Machine Tools	1352	12.0
泵（万台）	Pumps (10 000 units)	20.13	-36.7
风　机（万台）	Fans (10 000 units)	22.40	14.4
气体压缩机（台）	Gas Compressor (unit)	54999637	4.3
轴　承（万套）	Rolling Bearings (10 000 units)	9107.60	2.6
矿山设备（吨）	Mining Equipment (ton)	78266.60	-22.9
印刷机（吨）	Printing Presses (ton)	682.70	85.1
小型拖拉机（万台）	Small Tractors (10 000 units)	0.79	27.6
汽　车（万辆）	Motor Vehicles (10 000 units)	55.04	-9.4
#载货汽车	Trucks	24.81	4.6
民用钢质船舶（万总吨）	Civil Steel Vessels (10 000 tons)	5.37	23.3
发电设备（万千瓦）	Power Generation Equipment (10 000 kw)	15.74	18.8
交流电动机（万千瓦）	AC Motors (10 000 kw)	485.81	30.2
变压器（万千伏安）	Transformers (10 000 KVA pm)	1385.30	-56.7
通信及电子网络用电缆（对千米）	Cables for Communication and Electronic Network (couples·km)	2568731.30	70.1
家用电冰箱（万台）	Home Refrigerators (10 000 units)	89.13	-20.5
房间空气调节调器（万台）	Air Conditioners (10 000 units)	582.48	28.7
电风扇（万台）	Electric Fans (10 000 units)	182.07	14.7
电光源（万只）	Electric Light (10 000 units)	65057.40	-18.5
电话单机（万部）	Telephone Sets (10 000 units)	84.66	6.3
彩色电视机（万台）	Color Television Sets (10 000 units)	23.21	-23.4
照相机（万台）	Cameras (10 000 units)	64.50	-50.8

13-4 主要工业产品产量

年 份 地 区 Year Region	化学纤维 （万吨） Chemical Fiber (10 000 tons)	纱 （吨） Yarn (ton)	布 （万米） Cloth (10 000 m)	机制纸及纸板 （万吨） Machine-made Paper and Paperboard (10 000 tons)	日用瓷 （万件） Ceramics for Daily Use (10 000 units)
1978	0.42	42373	20173	9.26	32095
1980	1.33	61791	30011	12.69	33087
1985	1.30	72161	26009	22.17	35041
1990	2.00	80749	30566	25.59	44969
1991	2.37	86729	27897	26.36	53083
1992	2.54	96433	29194	31.03	55837
1993	4.13	90595	29670	36.54	53063
1994	5.33	101349	34041	36.29	54702
1995	5.11	109652	35784	41.07	48652
1996	4.80	105556	33256	38.24	60053
1997	6.33	110362	36086	35.49	57016
1998	6.42	107994	25088	23.39	38213
1999	7.65	109102	26315	27.96	52391
2000	7.08	99512	21710	24.02	57470
2001	7.74	79652	17948	26.04	55737
2002	8.59	112105	20491	28.18	56791
2003	10.02	148731	22095	24.66	44588
2004	14.59	186303	32187	35.51	58966
2005	18.07	204424	28057	67.00	61893
2006	20.76	255128	34137	91.35	54902
2007	27.63	390421	46424	106.21	116774
2008	16.87	445644	47026	113.73	160380
2009	13.50	620191	67651	139.64	259118
2010	17.92	746779	80517	186.59	406806
2011	31.47	968465	80754	219.39	296558
2012	37.89	1372942	92650	161.39	
2013	42.00	1607922	77615	181.90	
2014	45.94	1574045	96761	154.52	
2015	46.88	1669100	114447	173.60	
2016	45.82	1627002	134572	200.34	
2017	46.33	1704184	127379	211.04	
2018	54.62	1402835	77928	214.50	
南昌市 Nanchang		66364	2553	64.41	
景德镇市 Jingdezhen					
萍乡市 Pingxiang		2723		6.41	
九江市 Jiujiang	52.14	547915	13749	63.44	
新余市 Xinyu		41305	970	0.75	
鹰潭市 Yingtan		3754			
赣州市 Ganzhou		18193	2847	27.31	
吉安市 Ji'an		21169	7469	19.00	
宜春市 Yichun	1.06	598115	29224	1.81	
抚州市 Fuzhou	1.44	68253	19701	11.04	
上饶市 Shangrao		34715	1415	20.34	

Output of Major Industrial Products

合成洗涤剂 (吨) Synthetic Detergents (ton)	卷 烟 (万箱) Cigarettes (10 000 boxes)	粗 钢 (万吨) Crude Steel (10 000 tons)	生 铁 (万吨) Pig Iron (10 000 tons)	钢 材 (万吨) Rolled Steel (10 000 tons)
5098	19.14	25.64	35.84	24.50
6298	22.32	38.76	31.45	46.65
12778	32.11	77.42	57.43	60.98
17083	47.02	112.09	89.03	92.32
21700	49.58	109.68	84.05	95.27
25100	49.49	133.06	97.83	109.76
29984	50.09	148.68	120.72	119.61
34600	46.42	150.94	150.16	129.84
45194	43.76	149.73	136.63	126.36
42063	38.63	173.02	133.86	139.87
38626	35.54	173.80	149.48	154.79
38267	38.31	222.94	192.43	179.23
24696	41.20	267.03	248.24	228.60
34257	50.99	319.86	304.69	282.90
24400	54.57	399.83	338.26	375.63
14563	55.95	548.21	453.04	531.64
17141	60.44	599.53	496.40	655.37
6377	64.46	748.00	638.16	774.90
11210	81.81	963.20	819.84	1017.82
20453	89.80	1162.97	949.60	1235.77
18385	95.80	1306.15	1045.30	1349.50
20130	100.80	1240.94	1036.30	1277.21
24123	105.80	1620.88	1446.96	1647.40
24449	111.80	1834.03	1673.94	1951.55
7372	116.80	2067.41	1917.07	2247.36
5726	119.80	2140.85	2027.05	2368.89
5287	127.80	2156.63	2012.17	2463.82
5013	135.30	2235.28	2075.31	2611.06
5998	135.60	2210.95	2083.25	2577.57
7117	129.22	2241.53	2081.97	2584.99
8399	131.65	2412.69	2143.19	2524.44
2826	127.60	2499.18	2204.17	2571.34
	127.60	420.31	346.04	464.29
		538.22	459.32	544.25
		602.49	495.25	591.55
		938.17	903.56	875.55
				73.08
				4.91
2826				
				17.72

13-4 续表

年份 地区 Year Region	硫酸 (万吨) Sulfuric Acid (10 000 tons)	烧碱 (万吨) Caustic Soda (10 000 tons)	化学肥料 (万吨) Chemical Fertilizers (10 000 tons)	化学农药 (吨) Chemical Pesticides (ton)
1978	2.68	2.32	15.97	13539
1980	4.00	3.07	25.73	17405
1985	3.81	3.74	19.41	2753
1990	43.59	5.88	31.07	5146
1991	46.93	6.12	32.49	5819
1992	47.49	6.59	33.04	5151
1993	49.40	7.24	29.44	4100
1994	52.00	8.53	31.78	4589
1995	57.10	9.97	38.44	5997
1996	54.27	9.74	37.86	5793
1997	59.72	9.57	44.73	6257
1998	61.43	10.51	52.22	7495
1999	62.77	12.76	54.55	12810
2000	79.92	16.24	43.43	13796
2001	87.75	18.65	46.88	14428
2002	78.95	18.87	55.96	12710
2003	103.29	19.91	47.90	9657
2004	110.13	25.60	50.67	15177
2005	113.19	24.62	47.61	14425
2006	134.53	30.03	55.80	17173
2007	139.97	33.36	53.80	16126
2008	185.15	34.03	54.20	21212
2009	213.56	24.49	48.71	21612
2010	227.00	27.28	113.42	21213
2011	239.97	27.80	29.46	34210
2012	289.81	44.70	93.71	38866
2013	323.31	52.57	106.29	42057
2014	333.74	41.67	134.72	46452
2015	334.09	32.35	140.81	50881
2016	323.18	33.50	148.18	55743
2017	272.60	34.77	22.66	35399
2018	272.58	43.47	10.98	49306
南昌市 Nanchang	0.17			
景德镇市 Jingdezhen		23.15		12664
萍乡市 Pingxiang				
九江市 Jiujiang	44.13	4.98		
新余市 Xinyu				
鹰潭市 Yingtan	197.03		8.50	23505
赣州市 Ganzhou	31.26			
吉安市 Ji'an				2697
宜春市 Yichun		15.34		8843
抚州市 Fuzhou			2.48	1597
上饶市 Shangrao				

continued

化学原料药 (吨) Chemical Medicines (ton)	交流电动机 (万千瓦) AC Motors (10 000 kw)	金属切削机床 (台) Metal-cutting Machine Tools (unit)	汽车 (辆) Motor Vehicles (unit)	电视机 (万台) Television Sets (10 000 units)	照相机 (万台) Cameras (10 000 units)	水泥 (万吨) Cement (10 000 tons)
847	52.74	2619	991	0.25	1.00	155.56
860	36.02	4012	1463	2.51	1.40	201.00
8472	81.20	4365	7060	31.40	10.55	354.19
10140	88.45	4727	9711	43.88	9.00	469.13
12750	97.48	4686	14443	48.90	16.17	566.91
15442	118.09	6055	25301	61.90	14.20	689.25
13910	136.07	7043	38678	59.16	13.15	811.63
14799	127.51	4905	45321	63.64	17.97	905.80
24318	106.33	5646	52479	52.56	21.75	1005.59
7697	78.79	4014	63166	32.16	21.78	1062.16
5487	64.31	3073	90943	17.31	17.32	1105.39
4389	46.35	2163	121987	6.50	29.34	1133.38
1631	48.51	2693	119915	31.27	18.87	1315.02
1842	61.73	3559	133562	19.80	17.84	1382.00
1182	70.52	3047	159407	30.16	28.81	1574.00
2327	93.06	3281	207453	44.86	34.87	1966.00
2457	119.82	4023	185199	64.10	41.47	2172.00
1832	160.72	5087	183962	72.62	15.49	2976.00
5801	157.81	4272	207112	89.11	6.73	3477.01
8009	205.84	5020	233893	64.22	4.38	4206.31
13133	274.75	3774	221832	39.06	1.99	4956.97
16108	301.81	1548	211942	44.62	1.93	5271.59
28306	343.99	959	284659	90.97	2.69	6153.20
42822	447.50	3103	372776	67.66	0.58	6220.54
31238	457.30	3829	343457	102.56	1.02	6782.24
41593	377.40	4812	343615	132.87	1505.22	7420.94
51597	434.16	5452	368086	46.75	374.38	9204.20
49099	380.31	5775	461529	19.57	244.50	9803.57
55570	358.83	6091	421470	23.56	337.39	9438.01
73138	331.27	6346	537361	20.05	126.76	9513.03
63936	373.06	5470	610193	30.30	130.98	8934.13
29484	485.81	4713	550421	23.21	64.50	8813.55
868	81.47	218	412871	21.81		693.06
2304			71186			284.13
		168				574.39
1636	7.73	3625			64.50	1492.20
176	44.51			1.40		313.09
549						169.37
0			22			1976.55
9678		524				499.17
3432	352.11	178				877.67
1986						256.55
8856			66342			1677.37

13-5 规模以上工业企业经济指标

指　　标	Item	2000	2005	2006	2007
企业单位数(个)	Number of Enterprises (unit)	3548	4403	5333	6028
#亏损企业(个)	Deficit Enterprises (unit)	1250	859	888	748
资产总计(万元)	Total Assets (10 000 yuan)	18358562	30583375	36714081	46887884
流动资产合计(万元)	Total current Assets (10 000 yuan)	7302030	12656554	16213919	20587012
负债总计(万元)	Total Liabilities (10 000 yuan)	12538729	19322205	22388278	27793878
所有者权益(万元)	Owners' Equity (10 000 yuan)	5749725	10961595	14036300	19092849
主营业务收入(万元)	Revenue from Principal Business (10 000 yuan)	8970030	29091272	41737387	62411363
销售费用(万元)	Selling Expenses(10 000 yuan)	348333	860647	1091098	1296073
利润总额(万元)	Total Profits (10 000 yuan)	125262	1124119	1941917	3077476
全部从业人员年平均人数(人)	Annual Average Employed Persons (person)	1088214	1121126	1257972	1407253
总资产贡献率(%)	Ratio of Total Assets to Output Value (%)	6.19	10.43	12.81	14.18
资本保值增值率(%)	Changing Rate of Net Assets (%)	108.93	119.55	128.05	136.02
资产负债率(%)	Assets-Liability Ratio (%)	68.30	63.18	60.98	59.28
流动资产周转率(次)	Ratio of Turnover Working Capitals (time)	1.27	2.36	2.79	3.36
成本费用利润率(%)	Ratio of Profits to Cost (%)	1.44	4.14	5.04	5.40
全员劳动生产率(元/人)	Overall Labor Productivity (yuan/person)	24794	78698	102394	129489
产品销售率(%)	Sales Ratio of Products (%)	97.27	98.48	98.46	98.58

Economic Indicators of Industrial Enterprises above Designated Size

2008	2009	2010	2011	2012	2013	2014	2015	2016	2017	2018
6226	7329	7976	6251	6773	7601	8271	9226	10106	11734	11630
667	522	378	294	403	429	448	632	563	841	1087
52936108	67355232	84248635	99640588	114741203	136401179	155356630	189715620	214326626	229092933	240854766
23706799	27942172	35674934	46148463	54079089	62332378	69060974	79390445	89690889	105346324	113914249
30671736	38348158	47004353	55512183	64032206	74021408	80419911	94007411	103660746	114721288	124542579
22264371	29007074	37244282	44128405	50708997	62379770	74936719	95708209	110665880	114371646	116312187
82819433	98141565	141966804	184668214	222676403	267002175	305971151	324594081	355186535	355851135	320773676
1520240	1887424	2511101	2738042	3436269	4211075	5057432	5513344	6040173	6889145	6604230
3155831	4967457	8568128	11138553	12851090	17566628	20439279	21279702	23994185	24756903	21578377
1481676	1698449	1971755	1922534	2090307	2201132	2448000	2563214	2675341	2634854	2338032
15.72	16.97	20.36	21.54	21.42	24.38	24.91	21.99	20.00	18.30	15.45
121.44	123.86	125.74	123.17	113.25	119.40	118.66	121.67	114.42	108.04	116.15
57.94	56.93	55.79	55.71	55.81	54.27	51.76	49.55	48.37	50.08	51.71
3.71	3.78	4.51	4.53	4.45	4.60	4.77	4.44	4.28	3.81	2.82
4.12	5.59	6.69	6.65	6.33	7.19	7.23	7.07	7.31	7.54	7.27
162992	168029	206437	231445	247387	278594	292275	298393	291684	303326	298341
98.55	98.82	98.98	98.94	99.25	99.07	98.86	99.00	98.80	99.36	99.19

13-6 规模以上工业企业主要经济指标（2018年）

单位：万元

项　　　目	Item	企业单位数（个）Number of Enterprises (unit)	#亏损企业 Deficit Enterprises	主营业务收入 Revenue from Principal Business
总　　　计	**Total**	**11630**	**1087**	**320773676**
按登记注册类型及隶属关系分	**By Registration Status and Jurisdiction of Management**			
国有企业	State-owned Enterprises	47	12	33434877
中央企业	Central Enterprises	4	4	357146
地方企业	Local Enterprises	43	8	33077731
集体企业	Collective-owned Enterprises	31	1	462432
股份合作企业	Cooperative Enterprises	27	3	227278
联营企业	Joint Ownership Enterprises	2		30520
有限责任公司	Limited Liability Corporations	4138	450	109507214
股份有限公司	Share-holding Corporations Limited	324	42	28643373
私营企业	Private Enterprises	6300	481	113792249
港、澳、台商投资企业	Enterprises with Funds from Hong Kong,Macao and Taiwan	469	53	20813810
外商投资企业	Foreign Funded Enterprises	275	42	13688369
其他经济类型	Other Economic Types	17	3	173554
#国有控股企业	State-holding Enterprises	464	90	74620742
按轻、重工业分	**Grouped by Light & Heavy Industries**			
轻工业	Light Industry	5229	403	96615762
重工业	Heavy Industry	6401	684	224157914
按企业规模分	**Grouped by Size of Enterprises**			
大型企业	Large Enterprises	197	20	104931883
中型企业	Medium-sized Enterprises	1578	163	77083738
小型企业	Small Enterprises	9512	857	135470738
微型企业	Miniature Enterprises	343	47	3287318
按工业行业分	**Grouped by Sector**			
煤炭开采和洗选业	Mining and Washing of Coal	69	3	580125
黑色金属矿采选业	Mining and Processing of Ferrous Metal Ores	39	7	553371
有色金属矿采选业	Mining and Processing of Non-Ferrous Metal Ores	124	21	2832571
非金属矿采选业	Mining and Processing of Non-metal Ores	214	8	2739374
农副食品加工业	Processing of Food from Agricultural Products	556	50	17300078
食品制造业	Manufacture of Foods	212	14	3279798
酒、饮料和精制茶制造业	Manufacture of Liquor, Beverages & Refined Tea	132	9	2761507
烟草制品业	Manufacture of Tobacco	4		2203512
纺织业	Manufacture of Textile	605	78	8680355
纺织服装、服饰业	Manufacture of Textile,Wearing Apparel and Accessories	839	39	9558912
皮革、毛皮、羽毛及其制品和制鞋业	Manufacture of Leather, Fur, Feather and Related Products, and Footwear	301	14	5053340
木材加工和木、竹、藤、棕、草制品业	Processing of Timber, Manufacture of Wood, Bamboo, Rattan, Palm and Straw Products	[illegible]	[illegible]	[illegible]
家具制造业	Manufacture of Furniture	480	8	3701929

Main Economic Indicators of Industrial Enterprises above Designated Size (2018)

(10 000 yuan)

主营业务成本 Cost of Principal Business	销售费用 Selling Expenses	资产合计 Total Assets	流动资产 Total Current Assets	#产成品 Finished Goods	负债合计 Total Liabilities	所有者权益合计 Total Owners' Equities
277817844	**6604230**	**240854766**	**113914249**	**9903664**	**124542579**	**116312187**
31380182	407029	25120217	16518648	787943	16171488	8948729
372002	778	850923	173392	21708	591964	258959
31008180	406251	24269295	16345256	766235	15579524	8689771
365292	6757	545992	410807	20248	348808	197184
199526	3453	119055	55038	4280	47099	71956
24501	1113	59259	11234	1528	9819	49440
94143691	2245965	90122294	39978703	3503390	49428471	40693823
23396824	492044	26595399	11586569	1067638	12252868	14342531
98779055	2687281	68581570	30885250	3214963	31019742	37561828
17710655	517583	16378053	8472593	731394	8247037	8131016
11652839	241095	13272460	5959288	571006	6973757	6298703
165280	1911	60467	36120	1274	43490	16977
65340813	1032282	70845510	33389432	1898831	43481787	27363723
80222566	3275228	67362898	30601814	3209758	29521130	37841768
197595278	3329002	173491868	83312435	6693907	95021450	78470418
90222450	2036504	92275482	47650567	3081533	53524059	38751423
66001516	1719812	57976394	25015933	2650503	27292724	30683670
118563593	2808987	87336765	39241469	4094667	41658283	45678482
3030285	38927	3266124	2006280	76961	2067514	1198610
450942	9109	1565388	542149	15260	1098695	466693
494223	10718	347518	189745	8991	150603	196915
2423917	31328	2554601	1012330	175229	1187042	1367559
2287286	83408	1869528	694505	70629	823037	1046491
15323157	380502	10038042	5338704	590475	4910412	5127630
2601910	175826	2358677	991236	110182	902895	1455782
1971521	175308	3018236	1230310	125616	1550319	1467917
716230	38076	2004741	1552309	43354	576639	1428102
7653769	151439	6027644	1961068	308467	3223022	2804622
8313491	146534	5412169	2012304	235497	2328968	3083201
4383462	90913	2892307	1372345	87640	889437	2002870
2593413	68241	2393165	919794	128001	913132	1480033
3116272	114704	2351025	1421090	157345	953315	1397710

13-6 续表1

单位：万元

项 目	Item	企业单位数（个）Number of Enterprises (unit)	#亏损企业 Deficit Enterprises	主营业务收入 Revenue from Principal Business
造纸和纸制品业	Manufacture of Paper and Paper Products	174	22	3141023
印刷和记录媒介复制业	Printing and Reproduction of Recording Media	143	11	2528768
文教、工美、体育和娱乐用品制造业	Manufacture of Articles for Culture, Education, Arts and Crsfts，Sports and Entertainment Activities	245	18	4607072
石油、煤炭及其他燃料加工业	Processing of Petroleum, Coal, and Other Fuels	52	8	6530214
化学原料和化学制品制造业	Manufacture of Raw Chemical Materials and Chemical Products	951	85	16688832
医药制造业	Manufacture of Medicines	371	41	10530809
化学纤维制造业	Manufacture of Chemical Fibers	23	2	868645
橡胶和塑料制品业	Manufacture of Rubber & Products	384	24	5884051
非金属矿物制品业	Manufacture of Non-metallic Mineral Products	1452	111	24473835
黑色金属冶炼和压延加工业	Smelting and Pressing of Ferrous Metals	96	17	14619045
有色金属冶炼和压延加工业	Smelting and Pressing of Non-ferrous Metals	613	107	57525750
金属制品业	Manufacture of Metal Products	411	30	8297205
通用设备制造业	Manufacture of General Purpose Machinery	342	22	7060109
专用设备制造业	Manufacture of Special Purpose Machinery	301	31	4692065
汽车制造业	Manufacture of Automobiles	285	42	16576163
铁路、船舶、航空航天和其他运输设备制造业	Manufacture of Railway，Ship, Aerospace, and Other Transport Equipments	57	7	1220265
电气机械和器材制造业	Manufacture of Electrical Machinery and Apparatus	682	85	24933064
计算机、通信和其他电子设备制造业	Manufacture of Computers communication and other Electronic Equipment	606	87	26957746
仪器仪表制造业	Manufacture of Measuring Instruments and Machinery	82	11	1482836
其他制造业	Other Manufacture	75	6	816881
废弃资源综合利用业	Utilization of Waste Resources	129	16	4730745
金属制品、机械和设备修理业	Repair Service Products, Machinery & Equipment	1		8411
电力、热力生产和供应业	Production and Supply of Electric Power and Heat Power	155	24	11945850
燃气生产和供应业	Production and Supply of Gas	57	6	1505294
水的生产和供应业	Production and Supply of Water	71	8	922902
按地区分	**By Region**			
南昌市	Nanchang	1196	217	63953801
景德镇市	Jingdezhen	334	32	8219189
萍乡市	Pingxiang	600	57	10064709
九江市	Jiujiang	1753	97	55848965
新余市	Xinyu	390	59	14140893
鹰潭市	Yingtan	293	46	35675706
赣州市	Ganzhou	1890	204	29238934
吉安市	Ji'an	1319	60	30742545
宜春市	Yichun	1601	112	30503932
抚州市	Fuzhou	817	82	14327709
上饶市	Shangrao	1407	121	27777294

(10 000 yuan)

主营业务成本 Cost of Principal Business	销售费用 Selling Expenses	资产合计 Total Assets	流动资产 Total Current Assets	产成品 Finished Goods	负债合计 Total Liabilities	所有者权益合计 Total Owners' Equities
2669864	64932	2878071	1151315	106331	1543315	1334756
2123844	46188	1946905	743333	52212	620138	1326767
3963011	105534	2767756	1100754	139253	981992	1785764
4968912	49121	3532543	1220296	164109	2317649	1214894
13834347	396672	12693066	4853868	496143	4967797	7725269
7504691	1193124	9906228	4293605	382706	3707691	6198537
768451	14657	1020735	396357	20452	554462	466273
5058597	118861	3803524	1644900	167464	1307584	2495940
20098647	666361	19378097	8570361	842137	8879089	10499008
12242733	91985	8882018	5104233	229647	4318843	4563175
54281095	307652	28844267	16833661	1537155	15922691	12921576
7234948	167049	4921608	1998235	274723	1888610	3032998
6047819	153569	5208964	2789274	307183	2603382	2605582
3905715	163920	3873653	1983317	208260	1698523	2175130
14536040	525549	16296256	9822184	603350	10638828	5657428
1084545	14866	1200745	612672	97829	641268	559477
21816914	543685	19516565	10703891	932508	10956929	8559636
23936984	309977	24443072	14400285	977331	14148815	10294257
1231259	43446	1496225	763382	48222	613635	882590
702826	14975	529914	253320	17200	230588	299326
4355192	45502	1858965	1017698	214453	1032511	826454
6675		7393	6706	79	6161	1232
11129193	13907	18336499	2754881	3410	12497909	5838590
1299236	39819	1477981	476039	13574	940067	537914
686714	36775	3200678	1181796	11251	2016588	1184090
54913289	1423010	61069861	33530461	2155835	35195896	25873965
6986765	288418	8523300	3637521	366705	4864203	3659097
8311772	258769	7722002	2949298	240477	3519379	4202623
46831254	922973	32994119	10412880	1410661	14460955	18533164
12499598	157372	12847117	6792677	471575	7301718	5545399
33998898	212279	20205299	11989252	659451	10976133	9229166
25443653	683540	21994051	12221511	1361058	11813688	10180363
26407368	695017	17919566	6300550	533621	7668650	10250916
25599442	953447	27293129	11373893	1321684	13406791	13886338
12509069	507915	10647959	4131648	508421	4552686	6095273
24316738	501490	19638363	10574558	874177	10782482	8855881

13-6 续表2

单位：万元

项　　目	Item	利润总额 Total Profits	#盈利企业的利润额 Profits of Profit-making Enterprises	#亏损企业的亏损额 Losses of Deficit Enterprises
总　　计	**Total**	**21578377**	**22447460**	**869083**
按登记注册类型及隶属关系分	**By Registration Status and Jurisdiction of Management**			
国有企业	State-owned Enterprises	731184	770904	39720
中央企业	Central Enterprises	-34940		34940
地方企业	Local Enterprises	766124	770904	4780
集体企业	Collective-owned Enterprises	44660	45142	482
股份合作企业	Cooperative Enterprises	17472	17557	85
联营企业	Joint Ownership Enterprises	3361	3361	
有限责任公司	Limited Liability Corporations	7517552	7931700	414148
股份有限公司	Share-holding Corporations Limited	2594225	2662699	68474
私营企业	Private Enterprises	7894099	8092513	198414
港、澳、台商投资企业	Enterprises with Funds from Hong Kong,Macao and Taiwan	1681086	1710875	29789
外商投资企业	Foreign Funded Enterprises	1092923	1207368	114445
其他经济类型	Other economic types	1814	5341	3527
#国有控股企业	State-holding Enterprises	3307917	3615722	307805
按轻、重工业分	**Grouped by Light & Heavy Industries**			
轻工业	Light Industry	7471583	7660782	189199
重工业	Heavy Industry	14106794	14786678	679884
按企业规模分	**Grouped by Size of Enterprises**			
大型企业	Large Enterprises	6386899	6616584	229685
中型企业	Medium-sized Enterprises	6022201	6272546	250345
小型企业	Small Enterprises	9018259	9401355	383096
微型企业	Miniature Enterprises	151020	156976	5956
按工业行业分	**Grouped by Sector**			
煤炭开采和洗选业	Mining and Washing of Coal	91235	91622	387
黑色金属矿采选业	Mining and Processing of Ferrous Metal Ores	23673	26915	3242
有色金属矿采选业	Mining and Processing of Non-Ferrous Metal Ores	228395	241021	12626
非金属矿采选业	Mining and Processing of Non-metal Ores	235400	237454	2054
农副食品加工业	Processing of Food from Agricultural Products	1077575	1093520	15945
食品制造业	Manufacture of Foods	300856	305701	4845
酒、饮料和精制茶制造业	Manufacture of Liquor, Beverages & Refined Tea	445787	460346	14559
烟草制品业	Manufacture of Tobacco	150891	150891	
纺织业	Manufacture of Textile	550662	572105	21443
纺织服装、服饰业	Manufacture of Textile,Wearing Apparel and Accessories	676837	681002	4165
皮革、毛皮、羽毛及其制品和制鞋业	Manufacture of Leather, Fur, Feather and Related Products and Footwear	388249	393391	5142
木材加工和木、竹、藤、棕、草制品业	Processing of Timber, Manufacture of Wood, Bamboo, Rattan, Palm and Straw Products	196480	200368	3888
家具制造业	Manufacture of Furniture	281981	284389	2408

continued

企业亏损面 (%) Ratio to Deficit Enterprises (%)	资产负债率 (%) Assets-Liability Ratio (%)	产品销售率 (%) Sales Ratio of Products (%)	全部从业人员年平均人数 (人) Annual Average Employed Persons (person)	人均实现利润 (元) Profits Per Capita (yuan)
9.3	**51.7**	**99.2**	**2338032**	**92293**
25.5	64.4	98.7	85729	85290
100.0	69.6	100.4	3261	-107145
18.6	64.2	98.7	82468	92900
3.2	63.9	99.3	9208	48501
11.1	39.6	100.2	3040	57474
	16.6	99.8	195	172359
10.9	54.8	99.5	819160	91771
13.0	46.1	99.1	146268	177361
7.6	45.2	98.8	937019	84247
11.3	50.4	99.6	221291	75967
15.3	52.5	99.9	113448	96337
17.6	71.9	99.6	2674	6784
19.4	61.4	99.5	317679	104128
7.7	43.8	99.3	981621	76115
10.7	54.8	99.1	1356411	104001
10.2	58.0	99.5	595721	107213
10.3	47.1	98.7	726836	82855
9.0	47.7	99.3	1006348	89614
13.7	63.3	101.6	9127	165465
4.3	70.2	100.7	28701	31788
17.9	43.3	99.9	4409	53692
16.9	46.5	99.4	24159	94538
3.7	44.0	99.1	19712	119420
9.0	48.9	100.0	81922	131537
6.6	38.3	98.4	37006	81299
6.8	51.4	101.9	24806	179709
	28.8	102.9	5746	262602
12.9	53.5	98.6	89266	61688
4.6	43.0	98.7	160201	42249
4.7	30.8	99.5	93652	41457
5.1	38.2	97.85	31698	61985
1.7	40.5	98.7	61228	46054

13-6 续表3

项　　目	Item	利润总额（万元）Total Profits (10 000 yuan)	#盈利企业的利润额 Profits of Profit-making Enterprises	#亏损企业的亏损额 Losses of Deficit Enterprises
造纸和纸制品业	Manufacture of Paper and Paper Products	249505	256467	6962
印刷和记录媒介复制业	Printing and Reproduction of Recording Media	231479	235902	4423
文教、工美、体育和娱乐用品制造业	Manufacture of Articles for Culture, Education, Arts and Crsfts Sports and Entertainment Activities	353509	358889	5380
石油、煤炭及其他燃料加工业	Processing of Petroleum, Coal, and Other Fuels	281115	292123	11008
化学原料和化学制品制造业	Manufacture of Raw Chemical Materials and Chemical Products	1668331	1707752	39421
医药制造业	Manufacture of Medicines	1122925	1145738	22813
化学纤维制造业	Manufacture of Chemical Fibers	18766	19818	1052
橡胶和塑料制品业	Manufacture of Rubber & Products	501787	512697	10910
非金属矿物制品业	Manufacture of Non-metallic Mineral Products	2507848	2543609	35761
黑色金属冶炼和压延加工业	Smelting and Pressing of Ferrous Metals	1842688	1846334	3646
有色金属冶炼和压延加工业	Smelting and Pressing of Non-ferrous Metals	2007762	2111160	103398
金属制品业	Manufacture of Metal Products	566054	580550	14496
通用设备制造业	Manufacture of General Purpose Machinery	481054	492027	10973
专用设备制造业	Manufacture of Special Purpose Machinery	358147	369713	11566
汽车制造业	Manufacture of Automobiles	693505	833553	140048
铁路、船舶、航空航天和其他运输设备制造业	Manufacture of Railway，Ship, Aerospace, and Other Transport Equipments	54805	62938	8133
电气机械和器材制造业	Manufacture of Electrical Machinery and Apparatus	1367479	1501074	133595
计算机、通信和其他电子设备制造业	Manufacture of Computers communication and other Electronic Equipment	1551326	1632935	81609
仪器仪表制造业	Manufacture of Measuring Instruments and Machinery	126885	133081	6196
其他制造业	Other Manufacture	60378	61130	752
废弃资源综合利用业	Utilization of Waste Resources	247326	253826	6500
金属制品、机械和设备修理业	Repair Service Products, Machinery & Equipment	5	5	
电力、热力生产和供应业	Production and Supply of Electric Power and Heat Power	364029	474331	110302
燃气生产和供应业	Production and Supply of Gas	117673	121586	3913
水的生产和供应业	Production and Supply of Water	155977	161504	5527
按地区分	**By Region**			
南 昌 市	Nanchang	3633715	3769263	135548
景德镇市	Jingdezhen	343847	496571	152724
萍 乡 市	Pingxiang	1014642	1048526	33884
九 江 市	Jiujiang	5000257	5072982	72725
新 余 市	Xinyu	1053460	1174709	121249
鹰 潭 市	Yingtan	881186	926232	45046
赣 州 市	Ganzhou	1781514	1920859	139345
吉 安 市	Ji'an	2359366	2390538	31172
宜 [illegible] 市	[illegible]	[illegible]	[illegible]	[illegible]
抚 州 市	Fuzhou	930206	968462	38256
上 饶 市	Shangrao	1810003	1848268	38265

continued

企业亏损面 (%) Ratio to Deficit Enterprises (%)	资产负债率 (%) Assets-Liability Ratio (%)	产品销售率 (%) Sales Ratio of Products (%)	全部从业人员年平均人数 (人) Annual Average Employed Persons (person)	人均实现利润 (元) Profits Per Capita (yuan)
12.6	53.6	107.1	27130	91966
7.7	31.9	99.1	22199	104275
7.3	35.5	99.2	58294	60642
15.4	65.6	99.7	16275	172728
8.9	39.1	98.8	134902	123670
11.1	37.4	98.4	93392	120238
8.7	54.3	99.21	4952	37896
6.3	34.4	99.0	52039	96425
7.6	45.8	98.9	223632	112142
17.7	48.6	99.7	52459	351263
17.5	55.2	99.2	120665	166391
7.3	38.4	98.1	56677	99874
6.4	50.0	98.9	63231	76079
10.3	43.8	97.4	51279	69843
14.7	65.3	99.7	106200	65302
12.3	53.4	95.8	13705	39989
12.5	56.1	98.8	187443	72954
14.4	57.9	98.9	270677	57313
13.4	41.0	100.35	17835	71144
8.0	43.5	99.9	8820	68456
12.4	55.5	99.9	13506	183123
	83.3	100	246	203
15.5	68.2	99.9	58814	61895
10.5	63.6	98.8	6968	168876
11.3	63.0	98.8	14186	109951
18.1	57.6	99.4	411541	88295
9.6	57.1	99.2	73205	46970
9.5	45.6	99.4	123379	82238
5.5	43.8	99.2	314427	159028
15.1	56.8	99.6	87809	119972
15.7	51.3	99.6	73461	119953
10.8	53.7	99.1	316154	56350
4.5	42.8	99.5	303715	77684
6.9	49.1	97.4	324996	85237
10.0	42.8	99.7	115917	80248
8.6	54.9	99.7	193428	93575

13-7 规模以上国有控股工业企业经济指标

指　　标	Item	2000	2005	2006	2007
企业单位数(个)	Number of Enterprises (unit)	2506	804	706	563
#亏损企业（个）	Deficit Enterprises (unit)	1053	275	211	132
资产总计(万元)	Total Assets (10 000 yuan)	16329797	19449500	22034893	25536051
流动资产合计(万元)	Total current Assets (10 000 yuan)	6429562	7746481	9484535	10740181
负债总计(万元)	Total Liabilities (10 000 yuan)	11278672	13494055	14642855	16628458
所有者权益(万元)	Owners' Equity (10 000 yuan)	4981017	5655984	7106514	8907593
主营业务收入(万元)	Revenue from Principal Business (10 000 yuan)	7221113	15262090	19498190	24560686
销售费用(万元)	Selling Expenses (10 000 yuan)	221515	340005	395913	456021
利润总额(万元)	Total Profits (10 000 yuan)	84322	571611	1066988	1267392
全部从业人员年平均人数(人)	Annual Average Employed Persons (person)	889644	470614	461026	423776
总资产贡献率(%)	Ratio of Total Assets to Output value (%)	5.94	9.74	12.39	12.00
资本保值增值率(%)	Changing Rate of Net Assets (%)	106.21	100.54	97.20	125.34
资产负债率(%)	Assets-Liability Ratio (%)	69.07	69.38	66.45	65.12
流动资产周转率(次)	Ratio of Turnover Working Capitals (time)	1.15	2.01	2.24	2.51
成本费用利润率(%)	Ratio of Profits to Cost (%)	1.20	4.00	5.98	5.60
全员劳动生产率(元／人)	Overall Labor Productivity (yuan/person)	24146	88551	115532	147089
产品销售率(%)	Sales Ratio of Products (%)	97.67	99.49	99.10	98.69

Economic Indicators of State-holding Industrial Enterprises above Designated Size

2008	2009	2010	2011	2012	2013	2014	2015	2016	2017	2018
558	543	533	416	448	475	466	486	421	455	464
167	113	90	74	77	86	80	101	87	78	90
27779963	30315254	35482546	42925158	46411368	51624131	51602447	57037997	59738603	66328592	70845510
11648204	11717577	16005336	21066012	22800469	25208417	24000489	25757038	26049692	30595932	33389432
17686025	18992890	22320360	27614627	30047050	33301256	32519237	35403893	36367168	40246779	43481787
10093937	11322364	13162186	15310531	16364318	18322875	19083210	21634104	23371435	26081813	27363723
27229935	26985648	37613661	47141803	53286792	59896645	61989296	60080696	61202948	68492547	74620742
481064	551091	651394	690800	740713	774010	920967	878485	991333	1164790	1032282
376295	829164	1456208	1898016	1731126	2290144	2406749	2123168	2068162	2783185	3307917
407662	397412	404799	388639	379236	366618	360816	352047	344294	319609	317679
9.07	10.91	12.16	12.39	11.42	12.51	12.94	12.00	11.67	12.26	12.44
114.57	113.81	114.85	108.81	106.93	111.59	108.16	112.56	108.81	110.73	108.13
63.66	62.65	62.91	64.33	64.74	64.51	63.02	62.07	60.88	60.68	61.40
2.32	2.24	2.56	2.48	2.43	2.48	2.62	2.43	5.89	2.45	2.23
1.43	3.29	4.14	4.29	3.44	4.09	4.14	3.78	3.82	4.34	4.78
186782	185579	247567	267481	277280	312980	317575	317016	316550	393133	430459
99.24	98.73	99.05	98.61	99.18	98.35	98.39	99.49	99.20	99.54	99.54

13-8 规模以上国有控股工业企业主要经济指标（2018年）

单位：万元

项　　目	Item	企业单位数（个）Number of Enterprises (unit)	亏损企业 Deficit Enterprises
总　　计	**Total**	**464**	**90**
按登记注册类型及隶属关系分	**By Registration Status and Jurisdiction of Management**		
国有企业	State-owned Enterprises	45	12
中央企业	Central Enterprises	4	4
地方企业	Local Enterprises	41	8
有限责任公司	Limited Liability Corporations	352	65
股份有限公司	Share-holding Corporations Limited	37	7
港、澳、台商投资企业	Enterprises with Funds from Hong Kong, Macao and Taiwan	10	3
外商投资企业	Foreign Funded Enterprises	17	2
其他经济类型	Other economic types	3	1
按轻、重工业分	**Grouped by Light & Heavy Industries**		
轻工业	Light Industry	75	19
重工业	Heavy Industry	389	71
按企业规模分	**Grouped by Size of Enterprises**		
大型企业	Large Enterprises	34	5
中型企业	Medium-sized Enterprises	116	24
小型企业	Small Enterprises	295	61
微型企业	Miniature Enterprises	19	
按工业行业分	**Grouped by Sector**		
煤炭开采和洗选业	Mining and Washing of Coal	9	1
黑色金属矿采选业	Mining and Processing of Ferrous Metal Ores	2	2
有色金属矿采选业	Mining and Processing of Non-Ferrous Metal Ores	21	4
非金属矿采选业	Mining and Processing of Nonmetal Ores	9	
农副食品加工业	Processing of Food from Agricultural Products	14	4
食品制造业	Manufacture of Foods	4	1
酒、饮料和精制茶制造业	Manufacture of Liquor, Beverages & Refined Tea	5	2
烟草制品业	Manufacture of Tobacco	2	
纺织业	Manufacture of Textile	4	1
纺织服装、服饰业	Manufacture of Textile,Wearing Apparel and Accessories	10	2
木材加工和木、竹、藤、棕、草制品业	Processing of Timber, Manufacture of Wood, Bamboo, Rattan, Palm and Straw Products	[illegible]	[illegible]

Main Economic Indicators of State-holding Industrial Enterprises above Designated Size (2018)

(10 000 yuan)

主营业务收入 Revenue from Principal Business	主营业务成本 Cost of Principal Business	销售费用 Selling Expenses	资产合计 Total Assets	流动资产 Total Current	产成品 Finished Goods
74620742	**65340813**	**1032282**	**70845510**	**33389432**	**1898831**
33430350	31376138	406956	25117234	16518451	787932
357146	372002	778	850923	173392	21708
33073203	31004137	406179	24266311	16345059	766225
30006311	25058518	466590	35049212	12921555	786706
8551602	6515951	141103	7834865	3045380	283055
720767	645680	12098	555017	292814	10652
1894311	1729729	5488	2264786	599823	30285
17401	14796	47	24397	11409	201
4560861	2383258	216725	6837559	3065354	165528
70059881	62957555	815557	64007951	30324079	1733303
59661904	52720363	751210	51140415	26487428	1381986
8925782	7705685	140939	10623454	3774305	229160
5869425	4793224	138801	8653957	3035765	287174
163631	121541	1331	427684	91934	511
327948	240424	4663	1292005	450397	8107
10914	7304	242	14607	7702	378
755138	564587	11253	1470659	431685	90680
255555	198586	11439	437271	115632	6320
272352	244600	3235	98777	49121	6647
60308	40443	6719	72149	25353	2061
172576	119760	22586	247719	70352	3133
2043691	675189	34175	1739406	1299201	41897
15498	15598	374	450134	13616	4033
164233	76138	391	224491	161437	3654
7837	8489	181	26909	16567	449

13-8 续表1

单位：万元

项　　目	Item	企业单位数（个）Number of Enterprises (unit)	#亏损企业 Deficit Enterprises
造纸和纸制品业	Manufacture of Paper and Paper Products	2	
印刷和记录媒介复制业	Printing and Reproduction of Recording Media	9	4
文教、工美、体育和娱乐用品制造业	Manufacture of Articles for Culture, Education, Arts and Crsfts Sports and Entertainment Activities	2	
石油、煤炭及其他燃料加工业	Processing of Petroleum, Coal, and Other Fuels	3	1
化学原料和化学制品制造业	Manufacture of Raw Chemical Materials and Chemical Products	27	5
医药制造业	Manufacture of Medicines	9	2
橡胶和塑料制品业	Manufacture of Rubber & Plastics Products	5	
非金属矿物制品业	Manufacture of Non-metallic Mineral Products	100	11
黑色金属冶炼和压延加工业	Smelting and Pressing of Ferrous Metals	3	
有色金属冶炼和压延加工业	Smelting and Pressing of Non-ferrous Metals	35	11
金属制品业	Manufacture of Metal Products	13	5
通用设备制造业	Manufacture of General Purpose Machinery	8	2
专用设备制造业	Manufacture of Special Purpose Machinery	8	3
汽车制造业	Manufacture of Automobiles	13	5
铁路、船舶、航空航天和其他运输设备制造业	Manufacture of Railway， Ship, Aerospace, and Other Transport Equipments	6	
电气机械和器材制造业	Manufacture of Electrical Machinery and Apparatus	7	
计算机、通信和其他电子设备制造业	Manufacture of Computers communication and other Electronic Equipment	12	2
仪器仪表制造业	Manufacture of Measuring Instruments and Machinery	1	
其他制造业	Other Manufacture	2	
废弃资源综合利用业	Utilization of Waste Resources	6	1
电力、热力生产和供应业	Production and Supply of Electric Power and Heat Power	56	13
燃气生产和供应业	Production and Supply of Gas	15	2
水的生产和供应业	Production and Supply of Water	40	4
按地区分	**By Region**		
南昌市	Nanchang	95	22
景德镇市	Jingdezhen	26	5
萍乡市	Pingxiang	12	3
九江市	Jiujiang	53	8
新余市	Xinyu	23	6
鹰潭市	Yingtan	12	6
赣州市	Ganzhou	101	16
吉安市	Ji'an	35	8
宜春市	Yichun	39	5
抚州市	Fuzhou	21	4
上饶市	Shangrao	47	7

continued

(10 000 yuan)

主营业务收入 Revenue from Principal Business	主营业务成本 Cost of Principal Business	销售费用 Selling Expenses	资产合计 Total Assets	流动资产 Total Current Assets	产成品 Finished Goods
60014	55505	134	31911	15472	571
415172	303699	5092	501386	275211	12098
93068	73820	4207	46980	31001	1514
5993274	4516331	35134	3094711	1062871	145200
1126099	776340	39524	1437054	495838	33493
977945	555301	125187	2870730	908054	65834
73920	63375	3023	46864	30349	4708
3649396	2701390	122861	4004282	1851933	77067
6124871	5326573	34324	4738919	3127738	121555
26282502	25332031	78805	15262239	10136363	574204
233136	211493	5491	305031	189759	29932
1558413	1339925	30240	1794743	1281160	163585
107100	70852	10663	134060	73858	11792
9965294	8885104	383686	10943307	7416997	433094
288057	260389	2622	397797	253706	4281
226350	204058	2660	141811	112219	19240
1398179	1211948	9065	1172403	1022462	12811
46513	40187	923	42669	28434	4043
30437	19327	470	23720	18191	39
127846	109999	998	195199	82315	2241
10513846	10048621	2055	14549090	1233237	166
701296	618293	15707	683033	214815	4249
541965	425136	24156	2353443	886384	9756
24545017	20641087	557701	27884189	12412533	662611
3071187	2776985	138969	4972609	2416559	235605
638084	517927	13030	1255420	414737	15050
7792399	5927223	57177	5012450	1315162	110492
6667587	5810516	48203	5546571	3348631	138671
24295831	23426157	75171	14609519	9619643	424797
2764141	2294514	41536	3582978	1534279	198942
965457	803914	24848	1650624	324085	11710
1392545	1092893	40190	2649961	636566	21958
747382	641873	11308	1403975	346057	27383
1741111	1407724	24151	2277215	1021180	51614

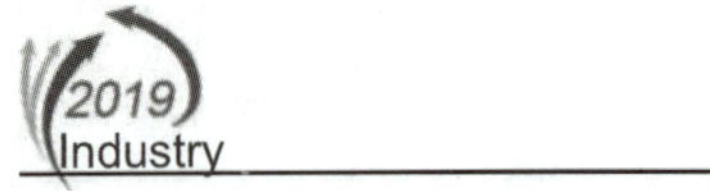

13-8 续表2

项 目	Item	负债合计 Total Liabilities	所有者权益合计 Total Owners' Equities	利润总额 Total Profits
总 计	**Total**	**43481787**	**27363723**	**3307917**
按登记注册类型及隶属关系分	**By Registration Status and Jurisdiction of Management**			
国有企业	State-owned Enterprises	16170831	8946403	730885
中央企业	Central Enterprises	591964	258959	-34940
地方企业	Local Enterprises	15578867	8687444	765824
有限责任公司	Limited Liability Corporations	21898117	13151095	1924384
股份有限公司	Share-holding Corporations Limited	3583829	4251036	558339
港、澳、台商投资企业	Enterprises with Funds from Hong Kong, Macao and Taiwan	328168	226849	24268
外商投资企业	Foreign Funded Enterprises	1485653	779133	68600
其他经济类型	Other economic types	15190	9207	1442
按轻、重工业分	**Grouped by Light & Heavy Industries**			
轻工业	Light Industry	2244081	4593478	345535
重工业	Heavy Industry	41237706	22770245	2962382
按企业规模分	**Grouped by Size of Enterprises**			
大型企业	Large Enterprises	31666788	19473627	2140297
中型企业	Medium-sized Enterprises	6186653	4436801	622989
小型企业	Small Enterprises	5335584	3318373	512805
微型企业	Miniature Enterprises	292762	134922	31827
按工业行业分	**Grouped by Sector**			
煤炭开采和洗选业	Mining and Washing of Coal	980621	311384	67625
黑色金属矿采选业	Mining and Processing of Ferrous Metal Ores	6282	8325	-1658
有色金属矿采选业	Mining and Processing of Non-Ferrous Metal Ores	679218	791441	87018
非金属矿采选业	Mining and Processing of Non-metal Ores	226646	210625	27349
农副食品加工业	Processing of Food from Agricultural Products	53676	45101	18629
食品制造业	Manufacture of Foods	36983	35166	4185
酒、饮料和精制茶制造业	Manufacture of Liquor, Beverages & Refined Tea	120008	127711	16757
烟草制品业	Manufacture of Tobacco	423349	1316057	31123
纺织业	Manufacture of Textile	242206	207928	-1884
纺织服装、服饰业	Manufacture of Textile,Wearing Apparel and Accessories	100137	124354	5142
木材加工和木、竹、藤、棕、草制品业	Processing of Timber, Manufacture of Wood, Bamboo, Rattan, Palm and Straw Products	18996	7913	1769

continued

#盈利企业的利润额 Profits of Profit-making Enterprises	#亏损企业的亏损额 Losses of Deficit Enterprises	企业亏损面 (%) Ratio to Deficit Enterprises (%)	资产负债率 (%) Assets-Liability Ratio (%)	产品销售率 (%) Sales Ratio of Products (%)	全部从业人员年平均人数 (人) Annual Average Employed Persons (person)	人均实现利润 (元) Profits Per Capita (yuan)
3615722	**307805**	**19.4**	**61.4**	**99.5**	**317679**	**104128**
			61.4			
770605	39720	26.7	64.4	98.7	85489	85495
	34940	100.0	69.6	100.4	3261	-107145
770604	4780	19.5	64.2	98.7	82228	93134
2147959	223575	18.5	62.5	99.9	189791	101395
589959	31620	18.9	45.7	99.7	32957	169414
27213	2945	30.0	59.1	101.3	3293	73696
78311	9711	11.8	65.6	98.6	5864	116985
1677	235	33.3	62.3	100.0	285	50596
357586	12051	25.3	32.8	101.1	41949	82370
3258136	295754	18.3	64.4	99.4	275730	107438
2281710	141413	14.7	61.9	99.9	214242	99901
726358	103369	20.7	58.2	98.7	70008	88988
575828	63023	20.7	61.7	98.8	33099	154931
31827			68.5	99.6	330	964455
67645	20	11.1	75.9	101.5	20720	32638
	1658	100.0	43.0	98.8	239	-69372
96602	9584	19.0	46.2	100.2	12095	71945
27349			51.8	98.9	2313	118240
20092	1463	28.6	54.3	100.7	1569	118732
4204	19	25.0	51.3	99.2	1031	40592
18235	1478	40.0	48.4	98.9	3340	50171
31123			24.3	103.1	5607	55507
427	2311	25.0	53.8	104.3	676	-27870
6449	1307	20.0	44.6	99.6	9104	5648
	1769	100.0	70.6	102.9	283	-62509

13-8 续表3

项　　目	Item	负债合计（万元）Total Liabilities	所有者权益合计（万元）Total Owners' Equities	利润总额（万元）Total Profits
造纸和纸制品业	Manufacture of Paper and Paper Products	8322	23589	2437
印刷和记录媒介复制业	Printing and Reproduction of Recording Media	128888	372498	64364
文教、工美、体育和娱乐用品制造业	Manufacture of Articles for Culture, Education, Arts and Crsfts Sports and Entertainment Activities	14452	32528	11431
石油、煤炭及其他燃料加工业	Processing of Petroleum, Coal, and Other Fuels	2016639	1078072	245884
化学原料和化学制品制造业	Manufacture of Raw Chemical Materials and Chemical Products	732677	704377	215318
医药制造业	Manufacture of Medicines	816805	2053925	176740
橡胶和塑料制品业	Manufacture of Rubber & Plastics Products	15986	30878	3187
非金属矿物制品业	Manufacture of Non-metallic Mineral Products	1862346	2141936	614868
黑色金属冶炼和压延加工业	Smelting and Pressing of Ferrous Metals	2792626	1946293	652633
有色金属冶炼和压延加工业	Smelting and Pressing of Non-ferrous Metals	9408788	5853451	401527
金属制品业	Manufacture of Metal Products	175616	129415	-5053
通用设备制造业	Manufacture of General Purpose Machinery	1144475	650268	60330
专用设备制造业	Manufacture of Special Purpose Machinery	46225	87835	5972
汽车制造业	Manufacture of Automobiles	7992161	2951146	234193
铁路、船舶、航空航天和其他运输设备制造业	Manufacture of Railway，Ship, Aerospace, and Other Transport Equipments	277079	120718	8851
电气机械和器材制造业	Manufacture of Electrical Machinery and Apparatus	104107	37704	6584
计算机、通信和其他电子设备制造业	Manufacture of Computers communication and other Electronic Equipment	830385	342018	61250
仪器仪表制造业	Manufacture of Measuring Instruments and Machinery	33349	9320	1923
其他制造业	Other Manufacture	11669	12051	6360
废弃资源综合利用业	Utilization of Waste Resources	97331	97868	9787
电力、热力生产和供应业	Production and Supply of Electric Power and Heat Power	10117749	4431341	165069
燃气生产和供应业	Production and Supply of Gas	440663	242370	50101
水的生产和供应业	Production and Supply of Water	1525330	828113	61646
按地区分	**By Region**			
南 昌 市	Nanchang	16865267	11018922	942591
景德镇市	Jingdezhen	3592919	1379690	13322
萍 乡 市	Pingxiang	931975	323445	52339
九 江 市	Jiujiang	3217124	1795326	566495
新 余 市	Xinyu	3185369	2361202	672079
鹰 潭 市	Yingtan	8793640	5815879	344533
赣 州 市	Ganzhou	2109381	1473597	301556
吉 安 市	Ji'an	966115	684509	56294
宜 春 市	Yichun	1910072	739009	157350
抚 州 市	Fuzhou	773532	630443	46869
上 饶 市	Shangrao	1136393	1140822	154483

continued

#盈利企业的利润额 Profits of Profit-making Enterprises	#亏损企业的亏损额 Losses of Deficit Enterprises	企业亏损面 (%) Ratio to Deficit Enterprises (%)	资产负债率 (%) Assets-Liability Ratio (%)	产品销售率 (%) Sales Ratio of Products (%)	全部从业人员年平均人数（人） Annual Average Employed Persons (person)	人均实现利润（元） Profits Per Capita (yuan)
2437		26.1		96.8	395	172234
65955	1591	25.7	44.4	98.6	3737	296140
11431		30.8		100.0	386	
						190978
256122	10238	65.2	33.3	99.8	12875	244680
223367	8049	51.0	18.5	101.3	8800	142017
177475	735	28.5	22.2	100.4	12445	38724
3187		34.1		104.4	823	313213
624696	9828	46.5	11.0	98.8	19631	286884
652633		58.9		100.3	22749	122844
434360	32833	61.6	31.4	98.1	32686	-17582
3288	8341	57.6	38.5	96.2	2874	44949
63020	2690	63.8	25.0	100.0	13422	34282
8382	2410	34.5	37.5	98.6	1742	43919
352338	118145	73.0	38.5	99.9	53324	56126
8851		69.7		78.7	1577	
						47029
6584		73.4		99.8	1400	152250
61843	593	70.8	16.7	100.1	4023	
						11591
1923		78.2		97.2	1659	251383
6360		49.2		100.0	253	103457
12471	2684	49.9	16.7	99.7	946	31831
249545	84476	69.5	23.2	100.0	51858	154442
50894	793	64.5	13.3	98.6	3244	62566
66437	4791	64.8	10.0	98.4	9853	104128
957047	14456	60.5	23.2	99.9	138936	4737
128974	115652	72.3	19.2	100.7	28121	38715
68986	16647	74.2	25.0	98.3	13519	347607
580759	14264	64.2	15.1	100.0	16297	224408
710632	38553	57.4	26.1	100.2	29949	122535
377237	32704	60.2	50.0	97.7	28117	103191
342248	40692	58.9	15.8	98.8	18255	83846
63951	7657	58.5	22.9	99.9	6714	90817
165695	8337	72.1	12.8	98.3	17327	99089
59769	12900	55.1	19.0	99.6	4730	98309
160427	5944	49.9	14.9	99.7	15714	

13-9 规模以上集体企业经济指标

Economic Indicators of Collective-owned Industrial Enterprises above Designated Size

指　　标	Item	2010	2015	2016	2017	2018
企业单位数(个)	Number of Enterprises (unit)	117	62	58	48	31
#亏损企业(个)	Deficit Enterprises (unit)	5	2	1	4	1
资产总计(万元)	Total Assets (10 000 yuan)	348716	239682	254707	174614	545992
流动资产合计(万元)	Total current Assents (10 000 yuan)	144706	98619	84895	75509	410807
负债总计(万元)	Total Liabilities (10 000 yuan)	188307	96097	95294	70645	348808
所有者权益(万元)	Owners' Equity (10 000 yuan)	160408	143585	159413	103969	197184
主营业务收入(万元)	Revenue from Principal Business (10 000 yuan)	987192	653238	635015	397945	462432
销售费用（万元）	Selling Expenses (10 000 yuan)	13666	11570	9480	9694	6757
利润总额(万元)	Total Profits (10 000 yuan)	70683	50481	54149	22388	44660
全部从业人员年平均人数(人)	Annual Average Empolyed Persons (person)	20572	10885	9476	6759	9208
总资产贡献率(%)	Ratio of Total Assets to Output Value (%)	35.01	44.73	39.12	22.15	14.32
资本保值增值率(%)	Changing Rate of Net Assets (%)	118.10	81.74	115.07	86.26	136.09
资产负债率(%)	Assets-Liability Ratio (%)	54.00	40.09	37.41	40.46	63.89
流动资产周转率(次)	Ratio of Turnover Working Capitals (time)	7.55	7.77	2.68	5.23	1.13
成本费用利润率(%)	Ratio of Profits to Cost (%)	8.30	8.48	9.42	6.39	10.83
全员劳动生产率(元／人)	Overall Labor Productivity (yuan/person)	145987	153357	188651	150837	122021
产品销售率(%)	Sales Ratio of Products (%)	97.80	99.17	99.30	98.88	99.31

13-10 规模以上外商及港、澳、台投资工业企业经济指标

Economic Indicators of Industrial Enterprises with Funds From Foreign, Hong Kong,Macao and Taiwan above Designated Size

指标	Item	2010	2015	2016	2017	2018
企业单位数(个)	Number of Enterprises (unit)	865	863	822	840	744
#亏损企业(个)	Deficit Enterprises (unit)	76	90	75	83	95
资产总计(万元)	Total Assets (10 000 yuan)	18824976	30189699	34033119	33356051	29650513
流动资产合计(万元)	Total current Assets (10 000 yuan)	8015663	12092042	14003112	14728486	14431881
负债总计(万元)	Total Liabilities (10 000 yuan)	10166105	15257048	17470497	17372796	15220794
所有者权益(万元)	Owners' Equity (10 000 yuan)	8658871	14932651	16562622	15983255	14429719
主营业务收入(万元)	Revenue from Principal Business (10 000 yuan)	23685256	46132507	48494841	45519451	34502178
销售费用（万元）	Selling Expenses (10 000 yuan)	491534	857341	924528	835255	758678
利润总额(万元)	Total Profits (10 000 yuan)	1729082	3328445	3754584	3744680	2774009
全部从业人员年平均人数(人)	Annual Average Employed Persons (person)	443757	501615	492720	440707	334739
总资产贡献率(%)	Ratio of Total Assets to Output Value (%)	15.46	18.79	18.06	15.83	13.69
资本保值增值率(%)	Changing Rate of Net Assets (%)	137.21	116.03	112.34	105.86	116.53
资产负债率(%)	Assets-Liability Ratio (%)	54.00	50.54	51.33	52.08	51.33
流动资产周转率(次)	Ratio of Turnover Working Capitals (time)	3.38	4.11	3.20	3.31	2.39
成本费用利润率(%)	Ratio of Profits to Cost (%)	8.09	7.79	8.41	9.05	8.75
全员劳动生产率(元/人)	Overall Labor Productivity (yuan/person)	155849	224221	236867	247069	239663
产品销售率(%)	Sales Ratio of Products (%)	98.34	98.89	98.67	100.02	99.72

13-11 规模以上股份制工业企业经济指标

Economic Indicators of Share-holding Industrial Enterprises above Designated Size

指　标	Item	2010	2015	2016	2017	2018
企业单位数(个)	Number of Enterprises (unit)	5283	7876	8790	10416	10465
#亏损企业(个)	Deficit Enterprises (unit)	226	515	457	717	962
资产总计(万元)	Total Assets (10 000 yuan)	46765828	136865248	156606094	170433558	183993671
流动资产合计(万元)	Total current Assets (10 000 yuan)	18614138	54178292	62198701	74833168	81999614
负债总计(万元)	Total Liabilities (10 000 yuan)	27478751	66048669	72846434	82143352	92240505
所有者权益(万元)	Owners' Equity (10 000 yuan)	19287077	70816579	83759659	88290206	91753166
主营业务收入(万元)	Revenue from Principal Business (10 000 yuan)	89001186	245092265	272056007	275397003	249923280
销售费用（万元）	Selling Expenses (10 000 yuan)	1540124	4212668	4619656	5436321	5388997
利润总额(万元)	Total Profits (10 000 yuan)	4694573	16667116	19008131	19866908	17857168
全部从业人员年平均人数(人)	Annual Average Employed Persons (person)	1109565	1890660	2014193	2065808	1870917
总资产贡献率(%)	Ratio of Total Assets to Output Value (%)	18.86	24.65	23.13	20.34	17.10
资本保值增值率(%)	Changing Rate of Net Assets (%)	118.46	125.16	116.21	108.45	117.75
资产负债率(%)	Assets-Liability Ratio (%)	58.76	48.26	46.52	48.20	50.13
流动资产周转率(次)	Ratio of Turnover Working Capitals (time)	4.78	4.96	4.86	4.21	3.05
成本费用利润率(%)	Ratio of Profits to Cost (%)	5.81	7.38	7.59	7.86	7.78
全员劳动生产率(元/人)	Overall Labor Productivity (yuan/person)	172084	301678	271061	315899	311598
产品销售率(%)	Sales Ratio of Products (%)	99.15	98.99	98.90	99.26	99.14

13-12 规模以上私营工业企业经济指标

Economic Indicators of Private Industrial Enterprises above Designated Size

指　　标	Item	2010	2015	2016	2017	2018
企业单位数(个)	Number of Enterprises (unit)	4349	4751	5163	6128	6300
#亏损企业(个)	Loss Enterprises (unit)	109	226	190	340	481
资产总计(万元)	Total Assets (10 000 yuan)	19097127	54963359	63881003	66147349	68581570
流动资产合计(万元)	Total current Assets (10 000 yuan)	7601357	20559860	24052851	29011471	30885250
负债总计(万元)	Total Liabilities (10 000 yuan)	8834351	21950995	24911800	28568018	31019742
所有者权益(万元)	Owners' Equity (10 000 yuan)	10262776	33012364	38969203	37579331	37561828
主营业务收入(万元)	Revenue from Principal Business (10 000 yuan)	53384652	128893398	141558836	133950600	113792249
销售费用（万元）	Selling Expenses (10 000 yuan)	1030121	2154706	2320571	2626274	2687281
利润总额(万元)	Total Profits (10 000 yuan)	3624354	9796112	10761466	9777458	7894099
全部从业人员年平均人数(人)	Annual Average Employed Persons (person)	757930	990348	1028441	1047587	937019
总资产贡献率(%)	Ratio of Total Assets to Output Value (%)	36.38	33.74	30.00	23.41	18.86
资本保值增值率(%)	Changing Rate of Net Assets (%)	126.25	126.78	118.27	106.56	116.86
资产负债率(%)	Assets-Liability Ratio (%)	46.26	39.94	39.00	43.19	45.23
流动资产周转率(次)	Ratio of Turnover Working Capitals (time)	8.34	7.05	4.09	5.33	3.68
成本费用利润率(%)	Ratio of Profits to Cost (%)	7.87	8.28	8.28	7.91	7.48
全员劳动生产率(元／人)	Overall Labor Productivity (yuan/person)	207636	323638	311909	299971	275223
产品销售率(%)	Sales Ratio of Products (%)	99.12	99.01	98.70	98.91	98.83

13-13 开发区主要经济指标（2018年）

项目	Item	本年实际累计开发面积（平方公里）Actually Total Area Developed This Year (sq.km)	投产工业企业数（个）Number of Industrial Enterprises Completed and Put into Use (unit)	招商实际到位资金（亿元）Actually Introduced Funds (100 million yuan)	
				绝对数 Absolute Number	比上年增长(%) Rate of Increase over Preceding Year (%)
全省总计	**Provincial Total**	653.77	11691	5187.82	-13.7
国家级园区	**National Park**				
南昌小蓝经济技术开发区	Nanchang Xiaolan Economic-Technological Development Zone	6.60	311	122.91	16.6
南昌经济技术开发区	Nanchang Economic-Technological Development Zone	22.80	410	330.05	19.9
南昌高新技术产业开发区	Nanchang High-tech Industrial Development Zone	11.70	329	174.91	-16.6
景德镇高新技术产业开发区	Jingdezhen High-tech Industrial Development Zone	4.62	116	54.98	-35.4
萍乡经济技术开发区	Pingxiang Economic-Technological Development Zone	5.60	135	45.43	-51.5
九江共青城高新技术产业开发	Jiujiang Gongqingcheng High-tech Industrial Development Zone	8.26	201	92.57	-18.7
九江经济技术开发区	Jiujiang Economic-Technological Development Zone	14.50	221	180.58	-13.1
新余高新技术产业开发区	Xinyu High-tech Industrial Development Zone	4.90	192	113.26	1.4
鹰潭高新技术产业开发区	Yingtan High-tech Industrial Development Zone	9.60	115	42.58	-20.3
赣州高新技术产业开发区	Ganzhou High-tech Industrial Development Zone	8.50	112	33.06	-31.1
龙南经济技术开发区	Longnan Economic-Technological Development Zone	16.31	281	103.34	-2.7
瑞金经济技术开发区	Ruijin Economic-Technological Development Zone	26.08	495	99.86	-1.2
赣州经济技术开发区	Ganzhou Economic-Technological Development Zone	10.10	299	172.28	14.7
井冈山经济技术开发区	Jinggangshan Economic-Technological Development Zone	16.60	298	245.81	5.5
吉安高新技术产业开发区	Ji'an High-tech Industrial Development Zone	7.00	133	61.11	-52.9
宜春经济技术开发区	Yichun Economic-Technological Development Zone	7.34	308	46.32	-59.1
江西丰城高新技术产业开发区	Jiangxi Fengcheng High-tech Industrial Development Zone	18.10	183	78.22	-47.7
抚州高新技术产业开发区	Fuzhou High-tech Industrial Development Zone	11.50	160	86.53	-3.4
上饶经济技术开发区	Shangrao Economic-Technological Development Zone	15.40	325	121.82	-42.7
省级重点园区	**Provincial Main Park**				
南昌青山湖高新技术产业园区	Nanchang Qingshanhu High-tech Industrial Park	9.58	305	58.61	6.5
江西新建长堎经济开发区	Jiangxi Xinjian Changleng Industrial Development Zone	3.50	102	72.65	76.3
江西乐平工业园区	Jiangxi Leping Industrial Park	5.59	70	12.98	-66.6
江西芦溪工业园区	Jiangxi Luxi Industrial Park	2.00	60	32.77	-24.8
江西永修云山经济开发区	Jiangxi Yongxiu Yunshan Economic Development Zone	12.80	139	138.56	-38.7
江西德安高新技术产业园区	Jiangxi De'an High-tech Industrial Park	11.00	138	72.97	-50.8
江西分宜工业园区	Jiangxi Fenyi Industrial Park	3.50	61	30.51	-9.8
江西余江工业园区	Jiangxi Yujiang Industrial Park	4.60	137	40.86	-42.9
江西贵溪工业园区	Jiangxi Guixi Industrial Park	6.20	143	74.73	7.4
江西章贡高新技术产业园区	Jiangxi Ganzhou Zhanggong High-tech Industrial Park	6.10	151	68.73	-6.6
江西泰和高新技术产业园区	Jiangxi Taihe High-tech Industrial Park	6.00	115	52.91	-43.7
江西上高工业园区	Jiangxi Shanggao Industrial Park	7.24	191	99.81	-12.8
江西樟树工业园区	Jiangxi Zhangshu Industrial Park	6.10	168	142.84	-6.9
江西崇仁工业园区	Jiangxi Chongren Industrial Park	5.50	85	29.06	42.5
江西东乡经济开发区	Jiangxi Dongxiang Economic Development Zone	6.50	104	57.00	18.5
江西上饶高新技术产业园区	Jiangxi Shangrao High-tech Industrial Park	11.00	162	56.61	1.2
江西玉山高新技术产业园区	Jiangxi Yushan High-tech Industrial Park	7.27	255	15.29	2.0
江西横峰经济开发区	Jiangxi Hengfeng Economic Development Zone	5.10	56	43.42	70.3

Main Economic Indicators of Development Zone (2018)

工业增加值 Value-added of Industry	出口交货值 (亿元) Delivery Value of Industry Export (100 million yuan)		主营业务收入 (亿元) Revenue from Principal Business (100 million yuan)		利润总额 (亿元) Total Profits (100 million yuan)		从业人员 (人) Number of Employed Persons (person)	
比上年增长(%) Rate of Increase over Preceding Year (%)	绝对数 Absolute Number	比上年增长(%) Rate of Increase over Preceding Year (%)	绝对数 Absolute Number	比上年增长(%) Rate of Increase over Preceding Year (%)	绝对数 Absolute Number	比上年增长(%) Rate of Increase over Preceding Year (%)	绝对数 Absolute Number	比上年增长(%) Rate of Increase over Preceding Year (%)
9.3	1721.99	9.6	25843.32	12.4	1860.76	15.7	2065217	-0.3
11.0	77.17	-14.2	1062.58	15.9	68.78	12.7	64502	1.6
9.4	145.51	77.0	1329.88	11.7	115.32	29.6	94221	-5.5
8.9	106.44	3.4	2381.71	11.0	136.87	-4.7	120575	4.8
9.0	55.45	30.6	556.08	6.5	24.02	7.7	38018	2.2
8.9	23.30	0.7	521.68	18.5	53.14	-1.9	43522	9.5
8.4	7.39	-58.6	401.19	8.9	37.59	3.7	29099	1.7
9.6	43.20	-29.3	1149.88	11.1	65.84	4.8	49293	-0.5
9.2	33.11	-17.1	426.73	5.0	24.49	249.6	35123	-7.3
8.8	11.15	-9.5	492.55	14.5	30.96	3.5	20154	-9.2
8.5	13.13	16.0	116.55	17.7	5.91	-7.3	15361	0.1
8.8	83.72	5.0	268.08	18.4	11.72	5.4	47494	-3.3
6.0	87.76	-1.4	587.05	14.8	34.47	21.7	68558	-3.1
9.9	35.69	9.7	585.21	19.0	29.44	7.2	50325	5.4
10.1	126.64	22.8	938.22	11.0	59.97	11.3	99838	2.3
12.9	77.38	14.9	424.90	11.3	32.68	15.6	42133	3.5
3.6	13.13	38.4	270.41	2.0	16.94	-7.5	51626	3.9
11.2	10.18	371.7	551.57	25.2	47.11	40.9	29154	1.9
8.0	25.71	-11.7	447.06	2.3	36.16	16.6	34063	7.7
9.9	98.12	9.7	746.74	18.0	29.31	52.5	53798	-2.0
0.8	17.53	-6.8	162.44	3.0	9.50	6.0	37338	5.6
8.4	6.46	-43.8	478.97	17.3	23.15	24.6	22559	-2.8
11.0	23.35	10.5	268.48	0.6	19.87	-18.2	15262	-14.3
13.0	0.10	19.7	64.27	7.6	4.48	15.9	8572	-0.3
11.7	12.12	96.6	424.51	21.6	49.94	37.7	21595	-0.3
8.5	11.95	-14.2	409.39	7.0	26.73	22.1	23586	-4.7
8.5	3.81	16.3	103.03	11.9	5.66	-8.0	8816	-3.7
5.0	9.58	14.4	137.05	-20.9	8.71	0.3	14311	-16.5
14.9	4.69	-27.9	535.80	30.7	12.43	40.7	14228	-0.8
9.0	20.26	19.2	361.91	23.9	23.16	14.4	26614	7.6
12.2	21.82	5.3	274.57	24.6	19.00	21.8	33370	1.5
3.7	21.79	-33.6	245.51	-0.6	19.55	-14.7	42732	1.2
8.0	0.93	-62.1	448.08	16.2	57.56	20.2	35165	-2.6
8.4	2.95	28.7	150.70	5.3	10.14	25.7	12851	0.4
8.4	2.81	24.9	196.84	16.9	8.29	33.6	13634	-3.3
13.0	15.96	43.3	453.65	19.5	43.19	19.4	22851	4.9
13.5	7.96	20.8	341.02	19.4	24.54	24.0	23346	14.3
9.4	2.73		186.43	15.9	12.27	19.8	5390	-4.6

主要统计指标解释

工业 指从事自然资源的开采，对采掘品和农产品进行加工和再加工的物质生产部门。具体包括：(1)对自然资源的开采，如采矿、晒盐等(但不包括禽兽捕猎和水产捕捞)；(2)对农副产品的加工、再加工，如粮油加工、食品加工、缫丝、纺织、制革等；(3)对采掘品的加工、再加工，如炼铁、炼钢、化工生产、石油加工、机器制造、木材加工等，以及电力、自来水、煤气的生产和供应等；(4)对工业品的修理、翻新，如机器设备的修理、交通运输工具(如汽车)的修理等。

工业统计调查单位为独立核算法人工业企业。

独立核算法人工业企业指从事工业生产经营活动的单位。独立核算法人工业企业应同时具备以下条件：①依法成立，有自己的名称、组织机构和场所，能够承担民事责任；②独立拥有和使用资产，承担负债，有权与其他单位签订合同；③独立核算盈亏，并能够编制资产负债表。

本年鉴中涉及的企业登记注册类型：

国有及国有控股企业 指国有企业加上国有控股企业。国有企业(即原全民所有制工业或国营工业)指企业全部资产归国家所有，并按《中华人民共和国企业法人登记管理条例》规定登记注册的非公司制的经济组织。包括国有企业、国有独资公司和国有联营企业。1957 年以前的公私合营和私营工业，后均改造为国营工业，1992 年改为国有工业，这部分工业的资料不单独分列时，均包括在国有企业内。国有控股企业是对混合所有制经济的企业进行的“国有控股”分类。它是指这些企业的全部资产中国有资产(股份)相对其他所有者中的任何一个所有者占资(股)最多的企业。该分组反映了国有经济控股情况。

集体企业 指企业资产归集体所有，并按《中华人民共和国企业法人登记管理条例》规定登记注册的经济组织。是社会主义公有制经济的组成部分。包括城乡所有使用集体投资举办的企业，以及部分个人通过集资自愿放弃所有权并依法经工商行政管理机关认定为集体所有制的企业。

股份合作企业 指以合作制为基础，由企业职工共同出资入股，吸收一定比例的社会资产投资组建，实行自主经营，自负盈亏，共同劳动，民主管理，按劳分配与按股分红相结合的一种集体经济组织。

联营企业 指两个及两个以上相同或不同所有制性质的企业法人或事业单位法人，按自愿、平等、互利的原则，共同投资组成的经济组织。联营企业包括：

国有联营企业指国有企业与国有企业间的联营；

集体联营企业指集体企业与集体企业间的联营；

国有与集体联营企业指国有企业与集体企业间的联营。

有限责任公司 指根据《中华人民共和国公司登记管理条例》规定登记注册，由两个以上，五十个以下的股东共同出资，每个股东以其所认缴的出资额对公司承担有限责任，公司以其全部资产对其债务承担责任的经济组织。

有限责任公司包括国有独资公司以及其他有限责任公司。

股份有限公司 指根据《中华人民共和国企业法人登记管理条例》规定登记注册，其全部注册资本由等额股份构成并通过发行股票筹集资本，股东以其认购的股份对公司承担有限责任，公司以其全部资产对其债务承担责任的经济组织。

私营企业 指由自然人投资设立或由自然人控股，以雇佣劳动为基础的营利性经济组织。包括按照《公司法》、《合伙企业法》、《私营企业暂行条例》规定登记注册的私营有限责任公司、私营股份有限公司、私营合伙企业和私营独资企业。

港、澳、台商投资企业 指企业注册登记类型中的港、澳、台资合资、合作、独资经营企业和股份有限公司之和。

外商投资企业 指企业注册登记类型中的中外合资、合作经营企业、外资企业和外商投资股份有限公司之和。

“三资”企业系指港、澳、台商投资企业和外资企业的简称。

轻工业 指主要提供生活消费品和制作手工工具的工业。按其所使用的原料不同，可分为两大类：(1)以农产品为原料的轻工业，是指直接或间接以农产品为基本原料的轻工业。主要包括食品制造、饮料制造、烟草加工、纺织、缝纫、皮革和毛皮制作、造纸以及印刷等工业；(2)以非农产品为原料的轻工业，是指以工业品为原料的轻工业。主要包括文教体育用品、化学药品制造、合成纤维制造、日用化学制品、日用玻璃制品、日用金属制品、手工工具制造、医疗器械制造、文化和办公用机械制造等工业。

重工业 指为国民经济各部门提供物质技术基础的主要生产资料的工业。按其生产性质和产品用途，可以分为下列三类：(1)采掘(伐)工业，是指对自然资源的开采，包括石油开采、煤炭开采、金属矿开采、非金属矿开采等工业；(2)原材料工业，指向国民经济各部门提供基本材料、动力和燃料的工业。包括金属冶炼及加工、炼焦及焦炭、化学、化工原料、水泥、人造板以及电力、石油和煤炭加工等工业；(3)加工工业，是指对工业原材料进行再加工制造的工业。包括装备国民经济各部门的机械设备制造工业、金属结构、水泥制品等工业，以及为农业提供的生产资料如化肥、农药等工业。

根据上述划分原则，修理业中以重工业产品为修理作业对象的划为重工业，反之划为轻工业。

工业总产值

(1)定义:

工业总产值是以货币形式表现的，工业企业在一定时期内生产的工业最终产品或提供工业性劳务活动的总价值量。它反映一定时间内工业生产的总规模和总水平。

(2)计算原则:

工业生产的原则，即凡是企业在报告期生产的经检验合格的产品，不管是否在报告期销售，均包括在内。

最终产品的原则，即凡是计入工业总产值的产品，必须是本企业生产的经检验合格的，不需要再进行任何加工的最终产品。如果企业有中间产品(半成品)对外销售，则对外销售的中间产品应视为企业的最终产品。

工厂法原则，即工业总产值是以工业企业作为基本计算(核算)单位，即按企业的最终产品计算工业总产值。按这种方法计算的工业总产值，不允许同一产品价值在企业内部重复计算，不能把企业内部各个车间(分厂)生产的成果相加，但允许企业间的重复计算。

(3)内容及计算方法:

1995 年全国工业普查对工业总产值(原规定)的内容及计算原则和方法做了某些修订，修订后的工业总产值(新规定)包括三项内容：即本期生产成品价值、对外加工费收入、在制品半成品期末期初差额价值三部分。

本期生产成品价值：指企业本期生产，并在报告期内不再进行加工，经检验、包装入库的全部工业成品(半成品)价值合计，包括企业生产的自制设备及提供给本企业在建工程、其他非工业部门和福利部门等单位使用的成品价值。本期生产成品价值为按自备原材料生产的产品的数量乘以本期不含增值税(销项税额)的产品实际销售平均单价计算；会计核算中按成本价格转帐的自制设备和自产自用的成品，按成本价格计算生产成品价值。生产成品价值中不包括用定货者来料加工的成品(半成品)价值。

对外加工费收入：指企业在报告期内完成的对外承接的工业品加工(包括用定货者来料加工产品)的加工费收入和对外工业修理作业所取得的加工费收入。对外加工费收入按不含增值税(销项税额)的价格计算，可根据会计“产品销售收入”科目的有关资料取得。

对于本企业对内非工业部门提供的加工修理，设备安装的劳务收入，如果企业会计核算基础较好，能取得这部分资料，而且这部分价值所占比重较大，应包括在对外加工费收入中。

自制半成品在制品期末期初差额价值：指企业报告期在制品期末减期初的差额价值，本指标一般可以从会计核算资料中取得。如果会计产品成本核算中不计算半成品、在制品的成本，则总产值中也不包括这部分价值，反之则包括。

(4)工业总产值统计范围变化和计算方法修订情况:

1984 年以前工业总产值不包括村办工业，村办工业总产值划归农业。1984 年以后工业总产值包括村办工业。

1995 年工业普查对工业总产值计算方法做了修订，即从 1995 年始按新修订(新规定)方法计算工业总产值。新规定与原规定的区别如下:

全价与加工费的计算原则不同：新规定为凡自备原材料，不论其生产繁简程度如何，一律按全价计算工业总产值；凡来料加工，允许按加工费计算工业总产值。原规定则视生产加工的繁简程度不同，规定哪些行业按全价，哪些行业按加工费计算工业总产值。

自制半成品、在产品期末期初差额价值的计算原则不同：新规定要求，凡会计产品成本核算时计算了成本的差额价值，总产值中就应包括，否则可不包括；原规定则按生产周期六个月的界限区分，凡生产周期六个月以上的企业，总产值计算中应包括这部分差额价值，否则可不包括。

计算价格不同：新规定按不含增值税(销项税额)的价格计算；原规定则按含增值税(销项税额)的价格计算。

工业增加值　指工业企业在报告期内以货币表现的工业生产活动的最终成果。

工业增加值有两种计算方法：一是生产法，即工业总产出减去工业中间投入加上应交增值税；二是收入法，即从收入的角度出发，根据生产要素在生产过程中应得到的收入份额计算，具体构成项目有固定资产折旧、劳动者报酬、生产税净额、营业盈余，这种方法也称要素分配法。本年鉴中的工业增加值是以生产法计算的。

生产法工业增加值的计算方法为:

工业增加值=工业总产出-工业中间投入+应交增值税

(1)工业总产出：指工业企业在一定时期内工业生产活动的总成果。工业总产出包括：成品生产价值，对外加工费收入，自制半成品、在产品期末期初差额价值。1995 年后用新规定计算的工业总产值代替。

(2)工业中间投入：指工业企业在工业生产活动中消耗的外购物质产品和对外支付的服务费用。服务费用包括支付给物质生产部门(工业、农业、批发零售贸易业、建筑业、运输邮电业)的服务费用和支付给非物质生产部门(如保险、金融、文化教育、科学研究、医疗卫生、行政管理等)的服务费用。工业中间投入的确定须遵循以下原则：必须从外部购入的，并已计入工业总产出的产品和服务价值；必须是本期投入生产，并一次性消耗掉(包括本期摊销的低值易耗品等)的产品和服务价值。

工业中间投入包括直接材料费用、制造费用中的工业中间投入、管理费用中的工业中间投入、销售费用中的工业中间投入和利息支出五部分。

资产总计 指企业拥有或控制的能以货币计量的经济资源，包括各种财产、债权和其他权利。资产按流动性分为流动资产、长期投资、固定资产、无形资产、递延资产和其他资产。该指标根据企业会计“资产负债表”中“资产总计”项目的期末数增列。

流动资产 指企业可以在一年内或者超过一年的一个生产周期内变现或者耗用的资产，包括现金及各种存款、短期投资，应收及预付款项、存货等。

流动资产平均余额 指企业在报告期内全部流动资产的平均余额。

固定资产原价 指企业在建造、购置、安装、改建、扩建、技术改造某项固定资产时所支出的全部货币总额。它一般包括买价、包装费、运杂费和安装费等。

固定资产净值年平均余额 指固定资产净值在报告期内余额的平均数。计算公式为:

$$\text{固定资产净值年平均余额} = \frac{\text{1至12月各月月初、月末固定资产净值之和}}{24}$$

该指标根据“资产负债表”中“固定资产原价”、“累计折旧”指标的期初、期末数计算填列。

固定资产净值指固定资产原价减去历年已提折旧额后的净额。计算公式为:

固定资产净值=固定资产原价-累计折旧

负债合计 指企业所承担的能以货币计量，将以资产或劳务偿付的债务，偿还形式包括货币、资产或提供劳务。负债一般按偿还期长短分为流动负债和长期负债。根据会计“资产负债表”中“负债合计”的年末数填列。

所有者权益 指企业投资人对企业净资产的所有权。企业净资产等于企业全部资产减去全部负债后的余额，包括企业投资人对企业的最初投入的实际到位的资产及资本公积金、盈余公积金和未分配利润。所有者权益合计数小于零，表示企业资不抵债。

主营业务收入 指企业销售产品和提供劳务等主要经营业务取得的收入。

主营业务成本 指企业销售产品和提供劳务等主要经营业务过程中的实际成本。

主营业务税金及附加 指企业销售产品和提供劳务等主要经营业务应负担的城市维护建设税、消费税、资源税和教育费附加。

利润总额 指企业生产经营活动的最终成果，是企业在一定时期内实现的盈亏相抵后的利润总额(亏损以“-”号表示)，它等于营业利润加上补贴收入加上投资收益加上营业外净收入再加上以前年度损益调整。

本年应交增值税 指企业在报告期内应交纳的增值税额。它等于本年销项税额加上出口退税加上进项税额转出数减去本年进项税额。小规模纳税企业直接按全年计税销售额乘以征收率计算取得。

从业人员平均人数 是指报告期内每天拥有的从业人员人数。其计算公式为:

$$\text{季平均人数} = \frac{\text{季内各月平均人数之和}}{3}$$

$$\text{月平均人数} = \frac{\text{报告月内每天实有人数之和}}{\text{报告月日历日数}}$$

$$\text{年平均人数} = \frac{\text{年内各月平均人数之和}}{12}$$

工业增加值率 指在一定时期内工业增加值占同期工业总产值的比重，反映降低中间消耗的经济效益。计算公式为:

工业增加值率（%）＝工业增加值（现价）／工业总产值（现价）×100%

总资产贡献率 反映企业全部资产的获利能力，是企业经营业绩和管理水平的集中体现，是评价和考核企业盈利能力的核心指标。计算公式为:

$$\text{总资产贡献率(\%)} = \frac{\text{利润总额+税金总额+利息支出}}{\text{平均资金总额}} \times 100\%$$

公式中：税金总额为产品销售税金及附加与应交增值税之和；平均资产总额为期初期末资产之和的算术平均值。

资产负债率 该指标既反映企业经营风险的大小，也反映企业利用债权人提供的资金从事经营活动的能力。计算公式为:

$$\text{资产负债率(\%)} = \frac{\text{负债总额}}{\text{资产总额}} \times 100\%$$

资产与负债均为报告期期末数。

流动资产周转次数 指一定时期内流动资产完成的周转次数，反映投入工业企业流动资金的周转速度。计算公式为:

$$\text{流动资产周转次数} = \frac{\text{产品销售收入}}{\text{全部流动资产平均余额}}$$

公式中：全部流动资产平均余额为期初和期末的流动资产之和的算术平均值。

成本费用利润率 反映企业投入的生产成本及费用的经济效益，同时也反映企业降低成本所取得的经济效益。计算公式为:

$$\text{成本费用利润率(\%)} = \frac{\text{利润总额}}{\text{成本费用总额}} \times 100\%$$

公式中：成本费用总额为产品销售成本、销售费用、管理费用、财务费用之和。

产品销售率 该指标反映工业产品已实现销售的程度，是分析工业产销衔接情况，研究工业产品满足社会需求的指标。计算公式为:

$$\text{产品销售率(\%)} = \frac{\text{工业销售产值}}{\text{工业总产值(现价)}} \times 100\%$$

全员劳动生产率 指根据产品的价值量指标计算的平均每一就业人员在单位时间内的产品生产量。是考核企业经济活动的重要指标，是企业生产技术水平、经营管理水平、职工技术熟练程度和劳动积极性的综合表现。目前，我国的全员劳动生产率是将工业企业的增加值除以同一时期全部就业人员的平均人数来计算的。计算公式为:

$$全员员劳动生产率=\frac{工业增加值}{全部从业人员平均人数}$$

资本保值增值率 该指标反映企业净资产的变动状况，是企业发展能力的集中体现。计算公式为:

$$资本保值增值率（\%）=\frac{报告期期末所有者权益}{上年同期期末所有者权益}\times100\%$$

工业经济效益综合指数 是综合衡量地区工业经济效益总体水平的一种特殊相对数，是反映一定时期工业经济运行质量的主要指标。工业经济效益综合指数由总资产贡献率、资本保值增值率、资产负债率、流动资产周转率、成本费用利润率、全员劳动生产率和产品销售率的实际数值分别除以该项指标的全国标准值，并乘以各自的权数，加总后除以总权数求得。该指标可从静态水平和动态趋势上较为全面地反映各地区工业经济效益的变化情况，并可在一定程度上消除地区对比的不可比因素。

Explanatory Notes on Main Statistical Indicators

Industry refers to the material production sector which is engaged in the extraction of natural resources and processing and reprocessing of minerals and agricultural products, including (1) extraction of natural resources, such as mining, salt production (but not including hunting and fishing); (2) processing and reprocessing of farm and sideline produces, such as rice husking, flour milling, wine making, oil pressing, silk reeling, spinning and weaving, and leather making; (3) manufacture of industrial products, such as steel making, iron smelting, chemicals manufacturing, petroleum processing, machine building, timber processing; water and gas production and electricity generation and supply; (4)repairing of industrial products such as the repairing of machinery and means of transport (including cars).

In industrial statistics surveys, the units of enquiry are corporate industrial enterprises with independent accounting systems.

Corporate industrial enterprises with independent accounting systems refer to enterprises engaging in industrial production activities, which meet the following requirements: (1) They are established legally, having their own names, organizations, location and able to take civil liability; (2) They possess and use their assets independently, assume liabilities and are entitled to sign contracts with other units; (3) They are financially independent and compile their own balance sheets.

Enterprises covered in the industrial statistics in the Yearbook include the following categories by their registration:

State-owned and State-holding Enterprises refer to state-owned enterprises plus State-holding enterprises. State-owned enterprises (originally known as State-run enterprises with ownership by the whole society) are non-corporate economic entities registered in accordance with the Regulation of the People's Republic of China on the Management of Registration of Legal Enterprises, where all assets are owned by the State. Included in this category are State-owned enterprises, State-funded corporations and State-owned joint-operation enterprises. Joint State-private industries and private industries, which existed before 1957, were transformed into state-run industries since 1957, and into State-owned industries after 1992. Statistics on those enterprises are included in the State-owned industries instead of being grouped them separately. State-holding enterprises are a sub-classification of enterprises with mixed ownership, referring to enterprises where the percentage of State assets (or shares by the State) is larger than any other single share holder of the same enterprise. This sub-classification illustrates the control of the State over a particular industry.

Collective-owned Enterprises refer to economic entities registered in accordance with the Regulation of the People's Republic of China on the Management of Registration of Legal Enterprises, where assets are owned collectively. Collective enterprises constitute an integral part of the socialist economy with public ownership. They include urban and rural enterprises invested collectively, and some enterprises registered in industrial and commercial administration agency as collective units where funds are pooled together by individuals who voluntarily give up their right of ownership.

Share-holding Cooperative Enterprises refer to economic units set up on a cooperative basis, with funding partly from employees of the enterprise and partly from outside investment, where the operation and management is decided by all the members who also participate in the production, and the distribution of income is based both on work (labour input) and on shares (capital input).

Joint-operation Enterprises refer to economic units that are established by joint investment by two or more corporate enterprises or institutions of the same or different types of ownership on voluntary, equal and mutual-beneficial basis. They include:

a) State-owned joint-operation enterprises (joint operation between State-owned enterprises);

b) Collective joint-operation enterprises (joint operation between collective enterprises; and

c) State-collective joint-operation enterprises (joint operation between state and collective enterprises).

Limited Liability Corporations refer to economic units registered in accordance with the Regulation of the People's Republic of China on the Management of Registration of Corporations, with capital from 2 to 49 investors, each investor bears limited liability to the corporation depending on his/her holding of shares, and the corporation bears liability to its debt to the maximum of its total assets.

Share-holding Corporations Ltd. refer to economic units registered in accordance with the Regulation of the People's Republic of China on the Management of Registration of Corporate Enterprises, with total registered capital divided into equal shares and raised through issuing stocks. Each investor bears limited liability to the corporation depending on the holding of shares, and the corporation bears liability to its debt to the maximum of its total assets.

Private Enterprises refer to economic units invested or controlled (by holding the majority of the shares) by natural persons who hire labours for profit-making activities. Included in this category are private limited liability corporations, private share-holding corporations Ltd., private partnership enterprises and private sole investment enterprises registered in accordance with the Corporation Law, Partnership Enterprise Law and Tentative Regulation on Private Enterprises.

Enterprises with Funds from Hong Kong, Macao and Taiwan refers to all industrial enterprises registered as the joint-venture, cooperative, sole (exclusive) investment industrial enterprises and limited liability corporations with funds from Hong Kong, Macao and Taiwan.

Foreign Funded Enterprises refer to all industrial enterprises registered as the joint-venture, cooperative, sole (exclusive) investment industrial enterprises and limited liability corporations with foreign funds.

Enterprises with Hong Kong, Macao, Taiwan and Foreign Fund refer to all the enterprises with funds from Hong Kong, Macao, Taiwan and foreign funded enterprises.

Light Industry refers to the industry that produces consumer goods and hand tools. It consists of two categories, depending on the materials used:

(1) Industries using farm products as raw materials. These are the branches of light industry which directly or indirectly use farm products as basic raw materials, including the manufacture of food and beverages, tobacco processing, textile, clothing, fur and leather manufacturing, paper making, printing, etc.

(2) Industries using non-farm products as raw materials. These are the branches of light industry which use manufactured goods as raw materials, including the manufacture of cultural, educational articles and sports goods, chemicals, synthetic fibre, chemical products for daily use, glass products for daily use, metal products for daily use, hand tools, medical apparatus and instruments, and the manufacture of cultural and office machinery.

Heavy Industry refers to the industry which produces capital goods, and provides various sectors of the national economy with necessary material and technical basis for production. It consists of the following three branches according to the purpose of production or the use of products:

(1) Mining, quarrying and logging industry, which refers to the industry that extracts natural resources, including extraction of petroleum, coal, metal and non-metal ores.

(2) Raw materials industry refers to the industry that provides various sectors of the national economy with raw materials, fuels and power. It includes smelting and processing of metals, coking and coke chemistry, chemical materials and building materials such as cement, plywood, and power, petroleum refining and coal dressing.

(3) Manufacturing industry which refers to the industry that processes raw materials. It includes machine-building industries which equip sectors of the national economy; industries producing metal structure and cement products; and industries producing means of agricultural production, such as chemical fertilizers and pesticides.

In accordance with the above principles of classification, the repairing trades, which are engaged primarily in repairing products of heavy industry, are classified as heavy industry while those which are engaged in repairing products of light industry are classified as light industry.

Gross Industrial Output Value

(1) Definition: Gross industrial output value is the total volume of final industrial products produced and industrial services provided during a given period. It reflects the total achievements and overall scale of industrial production during a given period.

(2) Principles for calculation:

Statistics on industrial production follow the principle that all products produced by the enterprises and accepted through quality check during the reference period are to be included no matter whether they are sold or not during the reference period.

Determination of final products follows the principle that all products that are included in the calculation of gross industrial output value are the final products of the enterprise which have been accepted through quality check and require no further processing. If an enterprise has intermediate (semi-finished) products to sell, these intermediate products are considered as the final products of the enterprise.

Gross industrial output value is calculated following the principle of factory approach, i.e. industrial enterprise is used as the basic accounting unit in calculating the gross industrial output value. By this approach, value of the same product is not to be double-counted, and the output value of different workshops (branch factories) within the enterprise should not be added. However, this approach allows the possibility of double counting between enterprises.

(3) Content and method of calculation: The old definition of gross industrial output value was modified during the 1995 National Industrial Census. The revised (new) definition of gross industrial output value consists of 3 components: value of the finished products during the reference period, income from processing for external parties, and value of change in semi-finished products between the end and the beginning of the reference period.

Value of finished products during the reference period: refers to the value of all finished (semi-finished) industrial products that are produced during the reference period without the need for further processing, checked for acceptance, packed and put into the warehouse of the enterprise, including the value of own-produced equipment and the value of products provided to the projects under construction of the enterprise, and to other non-industrial or welfare units. Value of finished products during the reference period is calculated by the quantity of products produced using own materials multiplied by the average unit prices at which products are sold (excluding value-added tax). Own-produced equipment and products produced for own use are valued at cost prices as in the case of enterprise accounting. Value of finished products does not include the value of finished products (semi-finished products) that are produced using the materials from the clients who place the orders.

Income from external processing: refers to income from contracted external processing of industrial products (including processing of industrial products using materials from the clients), and the income from industrial repairing work provided to other parties. Income from external processing is calculated using information from the item "products sales income" in the enterprise accounting at the prices with value-added tax excluded.

For income from services such as processing, repairing and installation of equipment provided to non-industrial units within the enterprise, if the accounting work of the enterprise is good enough to separate it from other records, and the share of such services is significant, it should also be included in the income from external processing.

Value of change in semi-finished products between the end and the beginning of the reference period: refers to the value of change in semi-finished products between the end and the beginning of the reference period, which generally can be obtained from accounting records of enterprises. If the enterprise accounting excludes the cost of semi-finished products, then it should not be included in the gross industrial output value, and the reverse if otherwise.

(4) Changes in the scope and method of calculation of the

gross industrial output value

Prior to 1984, the value of rural industry run by villages was classified into agriculture instead of industry. Since 1984, it has been included in the gross industrial output value. Method of calculation for the gross industrial output value was modified in the industrial census in 1995. The difference in the new method as compared with the old one is outlined below:

Principle in using full value vs. processing fee: The new method stipulates that all products produced using own materials are to be calculated with full value in reporting the gross industrial output value irrespective of the complexity of production, and for external processing, it allows calculation using processing fee. In the old method, however, the use of full value or processing fee was determined by the degree of complexity of production in different branches of industries.

Principle in determining the value of change in semi-finished products: The new method requires that value of change in semi-finished products should be included in the gross industrial output value if it is included in the accounting record of the enterprise, otherwise it should not be included. In the old method, it is determined by the type of enterprises in terms of production cycle. If the production cycle is over 6 months, the value of change in semi-finished products is included in the gross industrial output value, otherwise it is not.

Difference in prices: The new method uses prices excluding value-added tax in the calculation of gross industrial output value, while the old method used prices including value-added tax.

Value-added of Industry refers to the final results of industrial production of industrial enterprises in money terms during the reference period.

Industrial value-added can be calculated by two approaches: the production approach, i.e. gross industrial output value minus intermediate input plus value-added tax, and the income approach, i.e. income for various factors used in the course of production, including depreciation of fixed assets, remuneration of labourers, net of production tax, and operating surplus. Value-added of industry in the Yearbook is calculated by the production approach as follows:

Value-added of industry = gross industrial output - industrial intermediate input + value-added tax

(1) Gross industrial output: refers to the total achievements of industrial production activities during a given period. Gross industrial output includes value of finished products, income from external processing, and value of change in semi-finished products between the end and the beginning of the reference period. Since 1995, the gross industrial output value obtained by the new method is used in the calculation.

(2) Industrial intermediate input: refers to purchased goods and paid services consumed during the industrial production of enterprises. Fees paid for services include fees paid for the services provided by material production sectors (industry, agriculture, wholesale and retail trade, construction, transport, post and telecommunications) and by non-material production sectors (insurance, banking, culture, education, scientific research, health and medical care, public administration, etc.). The determination of industrial intermediate input follows the principle that the goods and services must be purchased from outside and included in the gross industrial output, and that the goods and services are inputted into production and consumed (include low-value consumables) during the reference period.

Industrial intermediate input includes 5 components, namely direct consumption of materials, industrial intermediate input in manufacturing cost, industrial intermediate input in management cost, industrial intermediate input in marketing cost and expenditure on interest.

Total Assets refer to all economic resources, in monetary term, these are owned or controlled by enterprises, including properties, creditor's equity and other economic rights of all forms. Classified by the degree of liquidity, total assets include working capitals, long-term investment, fixed assets, intangible assets, deferred assets and other assets. Data on this indicator can be obtained by the year-end figures of total assets in the Assets and Liability Table of accounting records of enterprises.

Working Capital refers to capital that an enterprise can cash or use during one year or one production cycle that may exceed one year, including cash and savings deposits of various forms, short-term investment, money receivable and prepaid money, inventories, etc.

Annual Average Value of Working Capital refers to the average value of all working capital of the enterprise during the reference period.

Original Value of Fixed Assets refers to the total value, in monetary terms, that an enterprise spent on fixed assets, through construction, purchase, installation, transformation, expansion or technical upgrading. Generally, it covers cost of purchase, packing, transportation and installation, etc.

Annual Average of Net Value of Fixed Assets refers to the average of the net value of fixed assets during the reference period, calculated with the following formula:

$$\begin{array}{c}\text{Annual Average}\\ \text{of Net Value of}\\ \text{Fixed Assets}\end{array} = \frac{\begin{array}{c}\text{sum of net value of fixed assets at}\\ \text{the beginning and at the end of each}\\ \text{month from January to December}\end{array}}{24}$$

Information on this indicator can be obtained from the beginning and ending figures of the original value of fixed assets and cumulative depreciation from the Assets and Liability Table of enterprises.

Net value of fixed assets refers to the original value of fixed assets minus depreciation over the years, i.e.:

Net value of fixed assets = original value of fixed assets - cumulative depreciation

Total Liabilities refer to payable liabilities of enterprises that have to be repaid in terms of money, assets or labour services. In terms of payment, it can be divided into liquid liabilities and long-term liabilities. Data on this item is obtained from the ending figures on total liabilities from the Assets and Liability Table from the enterprises.

Owner's Equity refers to the ownership of net assets of enterprise by its investors. Net assets equal total assets minus total liabilities of the enterprise, including the actual assets invested into the enterprise by investors, accumulation of capital and operating surplus and non-distributed profits. The enterprise's assets are less than its liabilities if the sum of owner's equity is smaller than zero.

Revenue from Principal Business is obtained by deducting depreciation over years from the original value of fixed assets.

Cost of Principal Business refers to the revenue from the sales of products by industrial enterprises and the revenue from services provided and etc.

Tax and Extra Charges from Principal Business refers to the actual cost of products of industrial enterprises and industrial services provided, etc.

Total Profits refer to the final achievement of production and operation activities of the enterprises, represented by total profits after deducting losses (loss is expressed by the negative figure). It is the sum of profits from operation, income from subsidies, investment earnings, net income from activities other than operation, and adjustment of profits and losses of previous years.

Value-added Tax Payable in the Current Year refers to the amount of the value-added tax which should be paid by the enterprises during the reference period. It is the sum of tax on sales, export rebate, and transferred tax on purchases of the current year, minus the tax on purchases of the current year. Value-added tax payable of small-size enterprises is determined by the taxable sales of the year multiplied by the tax rate.

Average Annual Number of Employed persons. Employed persons refer to all those who are employed in enterprises and receive remunerations there from, including currently working employees, retirees who are re-employed, teachers of local-run schools, as well as foreigners, staff from Hong Kong, Macao and Taiwan, part-time employees and persons with second job who are employed by the enterprise, and employees of other units temporarily working in the enterprises, but excluding former employees who left the enterprise with their employment records still being kept by the enterprises.

Average number of employed persons refers to the number of employee everyday during the reference period, calculated with the following formula:

$$\text{Monthly average number} = \frac{\text{sum of actual employees everyday in reference month}}{\text{number of calendar dates in reference month}}$$

$$\text{Quarterly average number} = \frac{\text{sum of monthly average number in reference quarter}}{3}$$

$$\text{Annual average number} = \frac{\text{sum of monthly average number in reference year}}{12}$$

Ratio of Value-added to Gross Industrial Output Value refers to the ratio of value added of industry in a given period to the gross output value in the same period, which reflects the economic efficiency of cutting down the intermediate input. It is calculated as follows:

Ratio of Value-added to Gross Industrial Output Value (%) =Value Added of Industry (at Current Prices)/Gross Output Value (at Current Prices) ×100%

Ratio of Profits, Taxes and Interests to Average Assets reflects the profit-making capability of all assets of the enterprise and is a key indicator manifesting the performance and management and evaluating the profit-making potential of the enterprise. It is calculated as follows:

$$\text{Ratio of Profits, Taxes and Interests to Average Assets(\%)} = \frac{\text{total profits} + \text{total taxes} + \text{interest payment}}{\text{average assets}} \times 100\%$$

In the above formula, total taxes is the sum of tax and extra charges on the sales of products and value-added tax payable; and average assets is the arithmetic mean of the sum of beginning assets and ending assets.

Ratio of Debts to Assets reflects both the operation risk and the capability of the enterprise in making use of the capital from the creditors. It is calculated as follows:

$$\text{Ratio of Debts to Assets(\%)} = \frac{\text{total debts}}{\text{total assets}} \times 100\%$$

Both assets and debts are figures at the end of the reference period.

Turnover of Working Capital refers to the number of times of turnover of working capital in a given period of time, which reflects the speed of the turnover of working capital of industrial enterprises, and is calculated as follows:

$$\text{Turnover of Working Capital} = \frac{\text{sales revenue of products}}{\text{average balance of total working capital}}$$

In the above formula, average balance of total working capital refers to the arithmetic mean of the sum of working capital at the beginning and at the end of the reference period.

Ratio of Profits to Total Industrial Costs refers to the ratio of profits realized in a given period to the total costs in the same period, which reflects the economic efficiency of input cost and is calculated as follows:

$$\text{Ratio of Profits to Total Industrial Cost(\%)} = \frac{\text{total profits}}{\text{total costs}} \times 100\%$$

Total costs in the above formula are the sum of cost of products sold, marketing cost, management cost and financial cost.

Sales Ratio of Products is an indicator reflecting the actual sale of industrial products, analyzing the production-selling and supply-demand relations. It is calculated as:

$$\text{Sales Ratio of Products(\%)} = \frac{\text{value of industrial sales}}{\text{gross industrial output value(current prices)}} \times 100\%$$

Overall Labor Productivity refers to the average output per employed person in industrial enterprises in value terms. At present, the value added and the average number of staff and workers of an industrial enterprises in a given period are used to calculate the overall labor productivity. It is calculated as:

$$\text{Overall Labor Productivity} = \frac{\text{Value Added of Industry}}{\text{Average Number of Staff and Workers}}$$

Changing Rate of Net Assets refers to the changes of an enterprise's net assets. It epitomizes the growth capability of an enterprise .Its calculating formula is:

$$\text{Changing Rate of Net Assets} = \frac{\text{Ownership equity at the end of the reporting period}}{\text{Ownership equity at same period of the previous year}} \times 100\%$$

Aggregate Index of Industrial Economic Efficiency is a special kind of relative figure to comprehensively measure overall economic efficiency of regional industry, showing the quality of industrial economic efficiency of the reference period. Industrial comprehensive index of economic efficiency is calculated with 7 items of ratio of total assets to industrial output value, ratio of creditors' equity of current year to that of previous year, ratio of liabilities to assets, turnover ratio of output value, circulating funds, ratio of profits to cost, overall labor productivity, ratio of sales to products. The actual figure of every indicator above is divided by responding national standard numerical value, and the results multiply correlative weight coefficients, then the total number is divided by general weight coefficient. The index comprehensively reflects the changes of regional industrial economic efficiency in static and dynamic status, eliminating the incomparable factors at a certain extent.

建筑业

CONSTRUCTION

◆321/340

资料整理：焦　毅

I 简要说明

一、本篇资料的主要内容

本篇资料反映全省建筑业概况和发展情况。包括建筑业企业基本情况和生产经营情况。主要指标有企业个数、从业人员数、建筑业总产值、房屋建筑面积、自有机械设备、资产负债、损益及分配、劳动生产率等。

二、本篇的统计范围

具有建筑业资质的独立核算建筑业企业。

三、本篇的资料来源

本篇建筑业企业统计数据是根据国家统计局制定的《建筑业统计报表制度》搜集资料，整理汇总的。

四、本篇的统计调查方法

由各级统计部门采取全面调查的方法布置、收集。

I Brief Introduction

I. Main Contents

Data in this chapter show the general situation and the development of the construction industry for the whole province. They cover the situation of production and management of the construction enterprises, including the number of enterprises; number of employed persons; gross output value of the construction industry; floor space of buildings under construction; Mechanical Equipment Owned, Assets and Liabilities profits and taxes; and labor productivity, etc.

II. Scope of Statistics

The data in this chapter cover the construction enterprises with qualification and independent accounting system.

III. Sources of Data

Data on construction enterprises are collected in accordance with the Statistical Reporting System of Construction stipulated by the National Bureau of Statistics.

IV. Methods of Survey

The construction statistical reports are deployed and collected through comprehensive survey by statistical bureaus of each municipality and conveyance level by level upwards.

14-1 建筑业主要经济指标

Main Economic Indicators on Construction

指　　标	Item	2017	2018
企业个数(个)	**Number of Enterprises (unit)**	**2393**	**2691**
建筑业合同情况(万元)	**Construction Contract (10 000 yuan)**		
签订的合同额	Contract Value Signed	117100107	125436326
上年结转合同额	Contract Value on Hand last Year	48984992	53686456
本年新签合同额	Contract Value Newly Signed this Year	68115115	71749870
承包工程完成情况(万元)	**Finished Projects of Contracted (10 000 yuan)**		
直接从建设单位承揽工程完成的产值	Completed Output Value of Projects Constracted Directly from Investors	59816635	66519301
自行完成施工产值	Own-completed output Value	59089334	65481938
分包出去工程的产值	Output Value of out-sourced Projects	727302	1037363
从建设单位以外承揽工程完成的产值	Completed Output Value of Projects Constracted from Non-investors	2578793	3250155
建筑业总产值(万元)	**Gross Output Value (10 000 yuan)**	**61727046**	**68848679**
#装饰装修产值	Building Decoration	3058566	3430245
在外省完成的产值	Output in Other Provinces	22206004	24227372
建筑工程产值	Construction	53494224	58827234
安装工程产值	Installation	4591239	5299774
其他产值	Others	3641583	4721672
竣工产值(万元)	**Output Value of Buildings Completed (10 000yuan)**	**34290753**	**38105172**
房屋建筑施工及竣工面积(万平方米)	**Floor Space of Buildings Under Construction and Completed (10 000 sq.m)**		
房屋建筑施工面积	Floor Space of Buildings Under Construction	30726.83	33362.42
#本年新开工面积	Floor Space Started this Year	14824.29	16972.92
房屋建筑竣工面积	Floor Space of Buildings Completed	15042.24	15635.20
住宅房屋	Residential Buildings	9821.26	10145.01
商业及服务用房屋	Buildings for Business and Service	1097.55	1259.99
商厦房屋(批发和零售用房)	Building for Wholesale and Retail	448.32	452.23
宾馆用房屋(住宿用房)	Accommodation Buildings	89.21	100.81
餐饮用房屋(餐饮用房)	Dinning Buildings	32.75	28.97
商务会展用房屋	Business Exhibition Building	43.27	67.34
其他商业及服务用房屋(居民服务业用房)	Other Buildings for Business and Service	484.00	610.64
办公用房屋	Office Buildings	865.71	918.54
科研、教育、医疗用房屋	Buildings for Scientific Research,Education and Medical Sevice	856.95	776.39
科学研究用房屋	Buildings for Scientific Research	78.38	49.53
教育用房屋	Education Building	643.75	542.94
医疗用房屋(卫生医疗用房)	Medical Buildings	134.82	183.92
文化、体育、娱乐用房屋	Buildings for Culture,Sports and Entertainment	211.51	224.17
厂房及建筑物	Factory Buildings	1749.09	1817.53
厂房	Factories	1165.20	1022.15
仓库	Warehouses	115.30	149.75
其他未列明的房屋建筑物	Other Buildings	324.86	343.82

注：建筑业统计范围为具有建筑业资质等级的独立核算建筑业企业。

a) Statistics of Construction refers to enterprises with qualification and with independent accounting.

14-1 续表1 continued

指 标	Item	2017	2018
竣工房屋价值(万元)	**Value of Completed Buildings (10 000 yuan)**	**21609680**	**22946202**
住宅房屋	Residential Buildings	13821156	14121155
商业及服务用房屋	Buildings for Business and Service	1636222	1798632
商厦房屋(批发和零售用房)	Building for Wholesale and Retail	643951	675933
宾馆用房屋(住宿用房)	Accommodation Buildings	174418	144666
餐饮用房屋(餐饮用房)	Dinning Buildings	40320	53122
商务会展用房屋	Business Exhibition Building	59911	87562
其他商业及服务用房屋(居民服务业用房)	Other Buildings for Business and Service	717621	837350
办公用房屋	Office Buildings	1701078	1899693
科研、教育、医疗用房屋	Buildings for Scientific Research,Education and Medical Sevice	1177595	1422879
科学研究用房屋	Buildings for Scientific Research	138123	74213
教育用房屋	Education Building	827214	1002084
医疗用房屋(卫生医疗用房)	Medical Buildings	212259	346583
文化、体育、娱乐用房屋	Buildings for Culture,Sports and Entertainment	298510	345533
厂房及建筑物	Factory Buildings	2437582	2621708
厂房	Factories	1539954	1424811
仓库	Warehouses	175216	280021
其他未列明的房屋建筑物	Other Buildings	362320	456582
年末自有机械设备	**Year-end Self-own Machinery and Equipment**		
净 值(万元)	Net Value of Machinery and Equipment Owned (10 000 yuan)	1448911	1399533
总台数(台)	Number of Machinery and Equipment Owned (set)	246212	250540
总功率(万千瓦)	Total Power of Machinery and Equipment Owned (10 000 kw)	661.45	663.49
劳动人员情况(万人)	**Labourers (10 000 persons)**		
计算劳动生产率的平均人数	Staff and Workers Annual Average	228.75	181.19
期末从业人数	Number of Persons Engaged	160.89	150.69
#工程技术人员	Technologist in Employed Persons at the Year-end	22.19	20.88
年末资产负债(万元)	**Year-end Assets and Liabilities (10 000 yuan)**		
流动资产合计	Total Circulating Funds	31704546	49204952
#存 货	Stock	7942257	7667206
固定资产原值	Original Value of Fixed Assets	4286035	4691165
累计折旧	Total Depreciation	1568463	1757272
#本年折旧	Depreciation This Year	250326	358015
在建工程	Under Construction Project	469028	650170
资产合计	Total Assets	40800954	59234616
流动负债合计	Liquid Liabilities	20200300	23686039
#应付账款	Payable Accounts	7268255	8657502
非流动负债合计	Non-current Liabilities	1600835	1556965
负债合计	Total Liabilities	23209343	40388776
所有者权益合计	Total Creditors Equity	17572680	18845094
#实收资本	Capitals Hold	10147438	11981311
国家资本	State-owned	1145803	1763056
集体资本	Collective-owned	357912	425234
法人资本	Institutional Units	3391799	2754876
个人资本	Individuals	5205353	7004990
港澳台资本	Funds from Hong Kong,Macao and Taiwan	25711	12341
外商资本	Foreign Funds	20860	20816
损益及分配(万元)	**Loss-profit and Allocation (10 000 yuan)**		
营业收入	Operational Revenue	53461236	57850648
工程结算收入	Revenue of Project Settlement Accounts	52282335	56960115

14-1 续表2 continued

指 标	Item	2017	2018
营业成本	Operational Cost	48461007	52544839
工程结算成本	Costs of Project Settlement Accounts	46797611	51721048
营业税金及附加	Operational Tax and Additional Expense	1181972	1038146
工程结算税金及附加	Taxes and Extra Charges on Project Settle Accounts	1109414	990855
其他业务利润	Other Profit from Business	24057	20011
销售费用	Selling Expenses	218410	225505
管理费用	Management Fee	1379838	1388312
财务费用	Financial Expenses	269911	281040
#利息收入	Revenue of Interest	20925	24941
#利息支出	Expenses of Interest	171937	211003
营业利润	Profits of Business	1993240	2317949
营业外收入	Nonoperating Income	36232	43321
营业外支出	Nonoperating Expense	31210	56926
利润总额	Total Profits	1981328	2288338
#应交所得税	Income Tax Payable	461913	493623
工资、福利费(万元)	**Wages,Welfare (10 000 yuan)**		
应付职工薪酬	Payable Total Wages	5079909	6685845
其他	**Others**		
劳动生产率(按总产值计算)(元/人	Overall Labor Productivity (In Terms of Gross Output Value) (yuan/persor	269846	379970
利税总额(万元)	Total Pre-Tax Profits (10 000 yuan)	3552654	3279194
产值利润率(%)	Ratio of Profit to Gross Output Value (%)	3.2	3.3
产值利税率(%)	Ratio of Pre-tax Profit to Gross Output Value (%)	5.8	4.8
资产负债率(%)	Assets-Liability Ratio (%)	56.9	68.2
房屋建筑面积竣工率(%)	Rate of Floor Space of Buildings Completed (%)	49.0	46.9

14-2 按登记注册类型分的建筑业企业主要经济指标（2018年）

指　　标	Item	合　计 Total	内资企业 Domestic Funded
企业个数(个)	**Number of Enterprises (unit)**	**2691**	**2682**
建筑业合同情况(万元)	**Construction Contract (10 000 yuan)**		
签订的合同额	Contract Value Signed	125436326	120964622
上年结转合同额	Contract Value on Hand last Year	53686456	50480754
本年新签合同额	Contract Value Newly Signed this Year	71749870	70483869
承包工程完成情况(万元)	**Conditions Finished of Contracted Projects (10 000 yuan)**		
直接从建设单位承揽工程完成的产值	Contracted Directly from Fabricative Units Output Value Finished of Projects	66519301	65153886
自行完成施工产值	Output Value Self-Finished of Buildings Under Construction	65481938	64116523
分包出去工程的产值	Output Value of Projects Subcontracted	1037363	1037363
从建设单位以外承揽工程完成的产值	Contracted Directly Exceptant Fabricative Units Output Value Finished of Projects	3250155	3250155
建筑业总产值(万元)	**Gross Output Value (10 000 yuan)**	**68848679**	**67483265**
#装饰装修产值	Building Decoration	3430245	3425140
在外省完成的产值	Output in Other Provinces	24227372	23944503
建筑工程产值	Construction	58827234	57573068
安装工程产值	Installation	5299774	5188729
其他产值	Others	4721672	4721468
竣工产值(万元)	**Output Value of Buildings Completed (10 000yuan)**	**38105172**	**37557040**
房屋建筑施工及竣工面积(万平方米)	**Floor Space of Buildings Under Construction and Completed (10 000 sq.m)**		
房屋建筑施工面积	Floor Space of Buildings Under Construction	33362.42	32120.98
#本年新开工面积	Floor Space Started this Year	16972.92	16715.52
房屋建筑竣工面积	Floor Space of Buildings Completed	15635.20	15458.53
住宅房屋	Residential Buildings	10145.01	10054.47
商业及服务用房屋	Buildings for Business and Service	1259.99	1236.94
商厦房屋(批发和零售用房)	Building for Wholesale and Retail	452.23	432.08
宾馆用房屋(住宿用房)	Accommodation Buildings	100.81	99.55
餐饮用房屋(餐饮用房)	Dinning Buildings	28.97	28.97
商务会展用房屋	Business Exhibition Building	67.34	67.34
其他商业及服务用房屋(居民服务业用房)	Other Buildings for Business and Service	610.64	608.99
办公用房屋	Office Buildings	918.54	918.54
科研、教育、医疗用房屋	Buildings for Scientific Research,Education and Medical Sevice	776.39	741.10
科学研究用房屋	Buildings for Scientific Research	49.53	49.53
教育用房屋	Education Building	542.94	534.12
医疗用房屋(卫生医疗用房)	Medical Buildings	183.92	157.45
文化、体育、娱乐用房屋	Buildings for Culture,Sports and Entertainment	224.17	209.33
厂房及建筑物	Factory Buildings	1817.53	1817.53
厂房	Factories	1022.13	1022.13
仓库	Warehouses	149.75	149.75
其他未列明的房屋建筑物	Other Buildings	343.82	330.87

Main Economic Indicators on Construction Enterprises by Registrtion Status (2018)

国有企业 State-owned	集体企业 Collective-owned	股份合作企业 Cooperative	联营企业 Joint Ownership Units	有限责任公司 Limited liability Enterprises	股份有限公司 Share-holding Corporations Ltd	私营企业 Private Enterprise	其他企业 Others	港澳台商投资企业 Funded from Hong Kong, Macao and Taiwan	外商投资企业 Foreign Funded
66	**130**	**7**		**1097**	**116**	**1266**		**6**	**3**
7845982	3806448	108362		64691488	7995604	36516737		4465164	6539
4515769	1222694	17409		28582868	3493113	12648901		3203246	2456
3330213	2583755	90953		36108620	4502491	23867837		1261918	4084
2905116	2869557	67969		30879060	4299068	24133118		1359988	5426
2904894	2845064	67969		30625030	4005964	23667603		1359988	5426
221	24494			254030	293104	465514			
7139	27921			954497	320362	1940236			
2912033	**2873683**	**67969**		**31623774**	**4326326**	**25679480**		**1359988**	**5426**
166697	57371	511		1515367	91504	1593689		5105	
1077291	263356	90		11511398	2564220	8528147		282869	
2713194	2679819	62485		27375833	3990874	20750862		1253077	1090
138740	137375	4875		2362732	107485	2437524		10670[illegible]	4337
60099	56489	609		1885209	227968	2491094		203	
1540593	**1841062**	**83909**		**17718492**	**1997578**	**14375407**		**542876**	**5256**
1277.66	2022.93	58.88		15430.63	1325.10	12005.78		1240.60	0.84
480.77	1350.23	47.06		7561.45	651.24	6624.77		256.59	0.81
544.67	1099.07	46.60		6697.33	777.87	6293.00		175.84	0.83
353.64	783.36	26.32		4215.46	484.50	4191.19		89.71	0.83
38.01	78.49			595.40	121.02	404.01		23.05	
19.68	13.78			219.32	15.06	164.24		20.15	
0.14	3.99			48.80	19.65	26.96		1.26	
0.02	1.28			11.96	3.79	11.93			
	4.26			55.11	2.31	5.66			
18.17	55.18			260.20	80.22	195.22		1.65	
14.69	34.31	13.03		362.72	40.57	453.22			
17.02	42.10			342.92	36.54	302.51		35.29	
0.82	8.52			19.58	1.06	19.55			
1.81	27.11			241.58	29.27	231.35		8.82	
11.39	0.48			81.76	6.21	51.61		26.48	
	7.17			63.94	22.79	115.43		14.84	
112.92	116.83	7.24		940.48	38.61	601.44			
110.21	69.43	5.67		454.44	13.96	368.43			
0.49	13.86			55.35	13.10	66.97			
7.91	22.94			121.07	20.73	158.22		12.94	

14-2 续表1

指　　标	Item	合　计 Total	内资企业 Domestic Funded
竣工房屋价值(万元)	**Value of Completed Buildings (10 000 yuan)**	**22946202**	**22614458**
住宅房屋	Residential Buildings	14121155	13980334
商业及服务用房屋	Buildings for Business and Service	1798632	1763693
商厦房屋(批发和零售用房)	Building for Wholesale and Retail	675933	654031
宾馆用房屋(住宿用房)	Accommodation Buildings	144666	140782
餐饮用房屋(餐饮用房)	Dinning Buildings	53122	53122
商务会展用房屋	Business Exhibition Building	87562	87562
其他商业及服务用房屋(居民服务业用房)	Other Buildings for Business and Service	837350	828196
办公用房屋	Office Buildings	1899693	1899693
科研、教育、医疗用房屋	Buildings for Scientific Research,Education and Medical Sevice	1422879	1336567
科学研究用房屋	Buildings for Scientific Research	74213	74213
教育用房屋	Education Building	1002084	962940
医疗用房屋(卫生医疗用房)	Medical Buildings	346583	299414
文化、体育、娱乐用房屋	Buildings for Culture,Sports and Entertainment	345533	309155
厂房及建筑物	Factory Buildings	2621708	2621708
厂房	Factories	1424811	1424811
仓库	Warehouses	280021	280021
其他未列明的房屋建筑物	Other Buildings	456582	423288
年末自有机械设备	**Year-end Self-own Machinery and Equipment**		
净　值(万元)	Net Value of Machinery and Equipment Owned (10 000yuan)	1399533	1399350
总台数(台)	Number of Machinery and Equipment Owned (set)	250540	250510
总功率(万千瓦)	Total Power of Machinery and Equipment Owned (10 000kw)	663.49	663.35
劳动人员情况(万人)	**Labourers (10 000 persons)**		
计算劳动生产率的平均人数	Staff and Workers Annual Average	181.19	175.01
期末从业人数	Number of Persons Engaged at the Year-end	150.69	144.51
#工程技术人员	Technologist in Employed Persons at the Year-end	20.88	20.80
年末资产负债(万元)	**Year-end Assets and Liabilities (10 000 yuan)**		
流动资产合计	Total Circulating Funds	49204952	47569148
#存　货	Stock	7667206	7610284
固定资产原值	Original Value of Fixed Assets	4691165	4675686
累计折旧	Total Depreciation	1757272	1751416
#本年折旧	Depreciation this Year	358015	357359
在建工程	Under Construction Project	650170	650170
资产合计	Total Assets	59234616	57016946
流动负债合计	Liquid Liabilities	23686039	21955594
#应付账款	Payable Accounts	8657502	7766431
非流动负债合计	Non-current Liabilities	1556965	1463934
负债合计	Total Liabilities	40388776	38551497

continued

国有企业 State-owned	集体企业 Collective-owned	股份合作企业 Cooperative	联营企业 Joint Ownership Units	有限责任公司 Limited liability Enterprises	股份有限公司 Share-holding Corporations Ltd	私营企业 Private Enterprise	其他企业 Others	港澳台商投资企业 Funded from Hong Kong, Macao and Taiwan	外商投资企业 Foreign Funded
953309	**1320679**	**75781**		**10062091**	**1265885**	**8936713**		**330655**	**1090**
588779	952409	34007		6034837	758238	5612065		139731	1090
63979	91311			833423	206008	568972		34940	
30710	16229			333165	32340	241587		21902	
126	1688			64756	32586	41626		3884	
17	1242			17941	9824	24098			
	4716			67554	6916	8376			
33127	67436			350007	124341	253285		9154	
19202	38333	18476		630308	69867	1123507			
28006	45594			708212	70455	484300		86312	
1520	10325			33270	3074	26024			
14004	29315			504155	52731	362736		39144	
12482	5954			170788	14650	95540		47169	
	14623			90056	54991	149484		36378	
243366	133691	23297		1447673	50328	723353			
240880	75037	6716		615181	27542	459455			
863	18725			156504	28496	75433			
9114	25993			161079	27503	199600		33294	
75086	77675	1330		635799	88197	521263		14	169
11709	13720	454		97320	7894	119413		3	27
22.81	26.16	0.23		347.56	29.29	237.29		0.00	0.14
6.72	7.93	0.38		68.93	7.72	83.33		6.14	0.04
6.72	7.67	0.35		64.04	7.91	57.82		6.14	0.04
0.59	1.17	0.05		9.01	1.05	8.93		0.07	0.01
1838325	950941	55870		33176052	2508384	9039577		1629601	6203
503631	233534	33088		4507306	292098	2040626		56704	218
287163	200841	8450		2218205	314949	1646078		14519	961
79879	63533	2488		881328	153593	570594		5284	572
13747	9681	419		177257	19976	136279		579	77
19819	29224			359868	17696	223564			
2267488	1231898	68990		38711825	2932485	11804260		2209061	8610
1543385	576865	51927		14052023	1901650	3829744		1729515	931
404839	140140	3130		5081137	845254	1291931		890405	667
152684	18557			1136723	22154	133816		93031	
1869883	670197	51927		29203535	1973085	4782870		1836334	946

14-2 续表2

指　　　　　　标	Item	合　计 Total	内资企业 Domestic Funded
所有者权益合计	Total Creditors Equity	18845094	18464703
其中:实收资本	Capitals Hold	11981311	11849963
国家资本	State-owned	1763056	1700236
集体资本	Collective-owned	425234	425174
法人资本	Institutional Units	2754876	2740052
个人资本	Individuals	7004990	6984100
港澳台资本	Funds from Hong Kong,Macao and Taiwan	12341	247
外商资本	Foreign Funds	20816	156
损益及分配(万元)	**Loss-profit and Allocation (10 000 yuan)**		
营业收入	Operational Revenue	57850648	56545951.2
工程结算收入	Revenue of Project Settlement Accounts	56960115	55656607
营业成本	Operational Cost	52544839	51365642
工程结算成本	Costs of Project Settlement Accounts	51721048	50542727
营业税金及附加	Operational Tax and Additional Expense	1038146	1034692
工程结算税金及附加	Taxes and Extra Charges on Project Settle Accounts	990855	987460
其他业务利润	Other Profit from Business	20011	19837
销售费用	Selling Expenses	225505	225453
管理费用	Management Fee	1388312	1376465
财务费用	Financial Expenses	281040	260844
其中:利息收入	Expenses of Interest	24941	17332
其中:利息支出	Expenses of Interest	211003	184423
营业利润	Profits of Business	2317949	2230903
营业外收入	Nonoperating Income	43321	43161
营业外支出	Nonoperating Expense	56926	55999
利润总额	Total Profits	2288338	2202060
其中:应交所得税	Income Tax Payable	493623	472140
工资、福利费(万元)	**Wages,Welfare (10 000 yuan)**		
应付职工薪酬	Payable Total Wages	6685845	6290546
其他	**Others**		
劳动生产率(按总产值计算)(元/人)	Overall Labor Productivity (In Terms of Gross Output Value) (yuan/person)	379970	385603
利税总额(万元)	Total Pre-Tax Profits (10 000 yuan)	3279194	3189520
产值利润率(%)	Ratio of Profit to Gross Output Value (%)	3.3	3.3
产值利税率(%)	Ratio of Pre-tax Profit to Gross Output Value (%)	4.8	4.7
资产负债率(%)	Assets-Liability Ratio (%)	68.2	67.0
房屋建筑面积竣工率(%)	Rate of Floor Space of Buildings Completed (%)	46.9	48.1

continued

国有企业 State-owned	集体企业 Collective-owned	股份合作企业 Cooperative	联营企业 Joint Ownership Units	有限责任公司 Limited liability Enterprises	股份有限公司 Share-holding Corporations Ltd	私营企业 Private Enterprise	其他企业 Others	港澳台商投资企业 Funded from Hong Kong, Macao and Taiwan	外商投资企业 Foreign Funded
428586	561682	17063		9496339	959400	7001634		372727	7664
383251	295003	15344		6296619	625770	4233976		129693	1656
345311	59			1146323	199020	9522		62820	
53	271912	6795		112512	17607	16295		60	
34881	22637	5625		1432525	118853	1125531		13168	1656
3005	394	2924		3604969	290291	3082517		20890	
				190		57		12095	
				100		56		20660	
2597887	2384059	70232		27218904	3760183	20514686		1299276	5421
2577725	2347275	70221		26755720	3732708	20172959		1298178	5330
2420386	2125953	59345		24835415	3468755	18455789		1174339	4858
2386630	2072433	59345		24455730	3445988	18122602		1173543	4779
49814	90876	2259		399171	45016	447555		3381	73
44635	89846	2259		378003	44296	428420		3322	73
1185	1596	11		12478	-487	5052		174	
3207	6713	566		86711	9869	118387		52	
62187	60030	3040		702149	90461	458598		11523	324
7000	11160	134		143807	7989	90755		20198	-2
6938	490	-1		7211	894	1800		7606	3
12304	10200	50		93644	7241	60984		26579	
44652	90614	4888		999045	130087	961617		86878	168
514	1819	184		24466	959	15219		158	2
2034	1161			30431	3064	19308		928	
44720	90833	5072		992319	127925	941193		86108	170
14001	23288	1128		201386	26351	205986		21440	43
332550	341215	10083		3204897	341432	2060369		393976	1324
422100	362363	181154		458770	560456	308177		221395	121118
89355	180679	7331		1370322	172221	1369613		89430	213
1.5	3.2	7.5		3.1	3.0	3.7		6.3	3.1
3.1	6.3	10.8		4.3	4.0	5.3		6.6	4.5
82.5	54.4	75.3		75.4	67.3	40.5		83.1	11.0
42.6	54.3	79.1		43.4	58.7	52.4		14.2	98.4

14-3 各地区建筑业企业主要经济指标（2018年）

指标	Item	全省 Total	南昌市 Nanchang
企业个数(个)	**Number of Enterprises (unit)**	**2691**	**734**
建筑业合同情况(万元)	**Construction Contract (10 000 yuan)**		
签订的合同额	Contract Value Signed	125436326	74343945
上年结转合同额	Contract Value on Hand last Year	53686456	33909858
本年新签合同额	Contract Value Newly Signed this Year	71749870	40434086
承包工程完成情况(万元)	**Conditions Finished of Contracted Projects (10 000 yuan)**		
直接从建设单位承揽工程完成的产值	Contracted Directly from Fabricative Units Output Value Finished of Projects	66519301	35665072
自行完成施工产值	Output Value Self-Finished of Buildings Under Construction	65481938	35164900
分包出去工程的产值	Output Value of Projects Subcontracted	1037363	500172
从建设单位以外承揽工程完成的产值	Contracted Directly Exceptant Fabricative Units Output Value Finished of Projects	3250155	1180463
建筑业总产值(万元)	**Gross Output Value (10 000 yuan)**	**68848679**	**36355055**
#装饰装修产值	Building Decoration	3430245	1943680
在外省完成的产值	Output in Other Provinces	24227372	13734228
建筑工程产值	Construction	58827234	30668834
安装工程产值	Installation	5299774	3118731
其他产值	Others	4721672	2567490
竣工产值(万元)	**Output Value of Buildings Completed (10 000yuan)**	**38105172**	**16764750**
房屋建筑施工及竣工面积(万平方米)	**Floor Space of Buildings Under Construction and Completed (10 000 sq.m)**		
房屋建筑施工面积	Floor Space of Buildings Under Construction	33362.42	17953.26
#本年新开工面积	Floor Space Started this Year	16972.92	8090.53
房屋建筑竣工面积	Floor Space of Buildings Completed	15635.20	6357.11
住宅房屋	Residential Buildings	10145.01	4211.98
商业及服务用房屋	Buildings for Business and Service	1259.99	482.10
商厦房屋(批发和零售用房)	Building for Wholesale and Retail	452.23	183.10
宾馆用房屋(住宿用房)	Accommodation Buildings	100.81	24.70
餐饮用房屋(餐饮用房)	Dinning Buildings	28.97	11.35
商务会展用房屋	Business Exhibition Building	67.34	51.39
其他商业及服务用房屋(居民服务业用房)	Other Buildings for Business and Service	610.64	211.56
办公用房屋	Office Buildings	918.54	402.42
科研、教育、医疗用房屋	Buildings for Scientific Research,Education and Medical Sevice	776.39	403.40
科学研究用房屋	Buildings for Scientific Research	49.53	30.40
教育用房屋	Education Building	542.94	245.10
医疗用房屋(卫生医疗用房)	Medical Buildings	183.92	127.90
文化、体育、娱乐用房屋	Buildings for Culture,Sports and Entertainment	224.17	90.30
厂房及建筑物	Factory Buildings	1817.53	615.26
厂房	Factories	[illegible]	[illegible]
仓库	Warehouses	149.75	39.54
其他未列明的房屋建筑物	Other Buildings	343.82	112.12

Main Economic Indicators on Construction by Region (2018)

景德镇市 Jingdezhen	萍乡市 Pingxiang	九江市 Jiujiang	新余市 Xinyu	鹰潭市 Yingtan	赣州市 Ganzhou	吉安市 Ji'an	宜春市 Yichun	抚州市 Fuzhou	上饶市 Shangrao
38	**102**	**214**	**109**	**59**	**400**	**203**	**300**	**152**	**380**
430859	1732980	7745450	3082196	4598472	5489829	3629902	5368257	6475530	12538908
144078	557078	3220711	1103999	3603301	1791245	1142522	1472092	2607980	4133592
286780	1175902	4524739	1978197	995171	3698585	2487380	3896165	3867549	8405316
330370	1351631	5237801	1802356	1145882	3806523	2983868	3325798	4273095	6596904
324890	1344890	5182354	1783048	1145802	3778715	2937974	3270495	4267308	6281563
5480	6741	55447	19308	80	27809	45894	55303	5787	315341
6880	13501	167541	67109	4299	116576	48808	85085	47000	1512892
331770	**1370134**	**5393443**	**1850157**	**1150101**	**3895777**	**2993191**	**3392365**	**4315821**	**7800865**
8327	129463	143726	46563	8616	256550	84244	173743	224044	411291
16688	200898	2206012	613683	503248	355556	905195	990933	1833999	2866932
287567	1239238	5029746	1627923	1034847	3421366	2512508	2807916	3935750	6261540
28039	97213	224283	86262	81865	253910	345072	247038	194861	622500
16164	33684	139414	135972	33389	220502	135611	337412	185210	916825
248668	**928517**	**3033455**	**801076**	**433430**	**2351330**	**2135913**	**2283892**	**3547023**	**5577117**
205.44	799.20	1579.15	836.39	304.86	1926.72	1315.71	2208.47	2583.68	3649.54
121.36	513.97	1062.03	461.77	106.19	1022.32	781.33	1338.63	1566.18	1908.60
120.38	502.59	988.50	441.93	209.19	1049.68	803.87	1396.44	1584.62	2180.89
92.79	282.35	677.00	286.48	121.46	649.48	494.08	937.34	1148.38	1243.66
13.70	13.56	54.79	30.43	44.58	81.61	47.11	135.80	101.24	255.08
3.84	6.61	18.88	17.42	44.40	33.27	7.00	41.11	61.23	35.37
		3.29	0.27		6.90	1.93	18.20	20.12	25.40
	0.07	0.72			2.94	2.26	0.65	1.00	9.99
	0.96				0.17	0.88	0.59	0.07	13.28
9.86	5.93	31.91	12.75	0.17	38.33	35.03	75.25	18.83	171.03
3.64	27.56	36.68	32.42	0.82	66.45	79.78	61.84	68.70	138.23
	10.10	35.03	40.50	5.04	59.12	40.94	16.59	68.77	96.92
	1.55	5.02		0.00	2.27	2.42		3.41	4.47
	6.80	27.53	40.49	3.01	54.13	30.64	14.65	50.23	70.36
	1.75	2.48	0.01	2.03	2.72	7.87	1.94	13.13	22.09
0.58	0.17	6.24	1.04	0.00	34.60	9.25	31.80	4.23	45.94
8.33	151.48	157.90	40.80	35.93	132.86	99.82	157.77	131.91	285.47
1.24	119.53	124.35	25.95	34.71	77.80	72.14	75.04	96.66	72.00
0.38	0.92	4.69	5.88	0.00	1.56	4.77	7.62	8.68	75.72
0.96	16.44	16.17	4.38	1.36	24.00	28.11	47.68	52.71	39.87

14-3 续表1

指　　标	Item	全　省 Total	南 昌 市 Nanchang
竣工房屋价值(万元)	**Value of Completed Buildings (10 000 yuan)**	**22946202**	**9709513**
住宅房屋	Residential Buildings	14121155	6122062
商业及服务用房屋	Buildings for Business and Service	1798632	718464
商厦房屋(批发和零售用房)	Building for Wholesale and Retail	675933	257994
宾馆用房屋(住宿用房)	Accommodation Buildings	144666	50118
餐饮用房屋(餐饮用房)	Dinning Buildings	53122	22847
商务会展用房屋	Business Exhibition Building	87562	67891
其他商业及服务用房屋(居民服务业用房)	Other Buildings for Business and Service	837350	319614
办公用房屋	Office Buildings	1899693	684197
科研、教育、医疗用房屋	Buildings for Scientific Research,Education and Medical Sevice	1422879	822454
科学研究用房屋	Buildings for Scientific Research	74213	51320
教育用房屋	Education Building	1002084	511459
医疗用房屋(卫生医疗用房)	Medical Buildings	346583	259675
文化、体育、娱乐用房屋	Buildings for Culture,Sports and Entertainment	345533	162773
厂房及建筑物	Factory Buildings	2621708	893000
厂房	Factories	1424811	522604
仓库	Warehouses	280021	94816
其他未列明的房屋建筑物	Other Buildings	456582	211748
年末自有机械设备	**Year-end Self-own Machinery and Equipment**		
净　值(万元)	Net Value of Machinery and Equipment Owned (10 000yuan)	1399533	455801
总台数(台)	Number of Machinery and Equipment Owned (set)	250540	104236
总功率(万千瓦)	Total Power of Machinery and Equipment Owned (10 000kw)	663.49	311.69
劳动人员情况(万人)	**Labourers (10 000 persons)**		
计算劳动生产率的平均人数	Staff and Workers Annual Average	181.19	94.13
期末从业人数	Number of Persons Engaged at the Year-end	150.69	66.29
#工程技术人员	Technologist in Employed Persons at the Year-end	20.88	8.43
年末资产负债(万元)	**Year-end Assets and Liabilities (10 000 yuan)**		
流动资产合计	Total Circulating Funds	49204952	20644227
#存　货	Stock	7667206	4504901
固定资产原值	Original Value of Fixed Assets	4691165	1655895
累计折旧	Total Depreciation	1757272	677054
#本年折旧	Depreciation this Year	358015	119608
在建工程	Under Construction Project	650170	250469
资产合计	Total Assets	59234616	25070388
流动负债合计	Liquid Liabilities	23686039	15341096
#应付账款	Payable Accounts	8657502	5057632
非流动负债合计	Non-current Liabilities	1556965	1091108
负债合计	Total Liabilities	40388776	17077741

continued

景德镇市 Jingdezhen	萍乡市 Pingxiang	九江市 Jiujiang	新余市 Xinyu	鹰潭市 Yingtan	赣州市 Ganzhou	吉安市 Ji'an	宜春市 Yichun	抚州市 Fuzhou	上饶市 Shangrao
133618	**611015**	**1175398**	**533584**	**323300**	**1423456**	**1470762**	**1763962**	**2573840**	**3227756**
101011	368219	798343	345144	139860	865551	601345	1148339	1848932	1782349
13708	14345	66683	39039	61826	115585	51926	232962	191617	292479
5020	7875	19838	25100	61659	42200	6470	77023	119720	53035
		4328	259		12809	1709	19159	27656	28628
	100	608			3380	2031	520	1269	22367
	1400				192	852	539	76	16612
8688	4969	41910	13680	167	57005	40865	135721	42895	171836
3556	29536	41017	45769	703	102203	601306	77335	137965	176106
	16508	39438	51943	13835	88962	52299	20117	142749	174574
	2963	5802		1	2985	2599		3742	4800
	11182	31234	51933	10911	82212	41339	17544	115472	128799
	2363	2403	10	2924	3765	8361	2573	23535	40975
542	200	12174	737	2	54462	12464	31781	16734	53664
13508	172457	203451	37153	105974	160926	112209	207173	158320	557539
3598	136300	156746	29352	103819	96564	83091	80829	105463	106447
337	4182	5892	3612	2	1403	5426	10069	10531	143750
957	5568	8399	10187	1098	34363	33788	36188	66991	47295
26500	89691	114923	52350	24733	114094	71042	125660	133499	191242
2148	16974	23782	8547	982	14365	12752	20426	22536	23792
2.56	42.03	58.86	11.46	3.16	33.54	22.54	82.60	46.16	48.91
1.31	3.57	9.50	4.39	3.32	10.93	7.41	10.35	14.00	22.31
1.16	3.57	8.91	4.22	3.29	10.69	7.12	10.34	13.93	21.19
0.30	0.37	1.51	0.71	0.47	1.55	1.42	1.75	1.79	2.59
176453	508077	2030769	1219847	1391469	1686319	1059961	1917819	15894910	2675100
46964	154325	320555	162463	371388	292062	255957	565522	379342	613726
108427	177632	457845	136236	149233	296989	219249	368613	357580	763466
25719	74043	211628	43788	61249	116954	76758	115121	104822	250137
4847	16206	45615	10064	11644	27246	11540	21300	32413	57532
1139	4759	121838	2982	10136	27626	30608	20636	9080	144981
299058	768187	3114908	1480137	1548992	2128102	1401796	2590302	16962817	3869929
139723	345669	1508490	566287	1144155	840833	515676	946236	1135616	1202258
37907	109136	520350	195681	384317	245515	164288	240379	370917	531381
5369	5572	142219	90163	90058	9967	4092	16670	66277	35472
158963	416242	1887121	699477	1238897	978837	649151	1114137	14764228	1403983

14-3　续表2

指　　　　标	Item	全　省 Total	南昌市 Nanchang
所有者权益合计	Total Creditors Equity	18845094	7984592
#实收资本	Capitals Hold	11981311	4440451
国家资本	State-owned	1763056	760853
集体资本	Collective-owned	425234	186687
法人资本	Institutional Units	2754876	1203169
个人资本	Individuals	7004990	2257083
港澳台资本	Funds from Hong Kong,Macao and Taiwan	12341	12000
外商资本	Foreign Funds	20816	20660
损益及分配（万元）	**Loss-profit and Allocation (10 000 yuan)**		
营业收入	Operational Revenue	57850648	30543674
工程结算收入	Revenue of Project Settlement Accounts	56960115	30073860
营业成本	Operational Cost	52544839	28209477
工程结算成本	Costs of Project Settlement Accounts	51721048	27770296
营业税金及附加	Operational Tax and Additional Expense	1038146	361531
工程结算税金及附加	Taxes and Extra Charges on Project Settle Accounts	990855	346060
其他业务利润	Other Profit from Business	20011	10578
销售费用	Selling Expenses	225505	86550
管理费用	Management Fee	1388312	680414
财务费用	Financial Expenses	281040	162771
#利息收入	Expenses of Interest	24941	14699
#利息支出	Expenses of Interest	211003	129493
营业利润	Profits of Business	2317949	1000851
营业外收入	Nonoperating Income	43321	19266
营业外支出	Nonoperating Expense	56926	21997
利润总额	Total Profits	2288338	982514
#应交所得税	Income Tax Payable	493623	231799
工资、福利费（万元）	**Wages,Welfare (10 000 yuan)**		
应付职工薪酬	Payable Total Wages	6685845	3418766
其他	**Others**		
劳动生产率(按总产值计算	Overall Labor Productivity (In Terms of Gross Output Value)	379970	386242
利税总额(万元)	Total Pre-Tax Profits (10 000 yuan)	3279194	1328574
产值利润率(%)	Ratio of Profit to Gross Output Value (%)	3.3	2.7
产值利税率(%)	Ratio of Pre-tax Profit to Gross Output Value (%)	4.8	3.7
资产负债率(%)	Assets Liability Ratio (%)	68.2	68.1
房屋建筑面积竣工率(%)	Rate of Floor Space of Buildings Completed (%)	46.9	35.4

continued

景德镇市 Jingdezhen	萍乡市 Pingxiang	九江市 Jiujiang	新余市 Xinyu	鹰潭市 Yingtan	赣州市 Ganzhou	吉安市 Ji'an	宜春市 Yichun	抚州市 Fuzhou	上饶市 Shangrao
140095	349942	1217696	780661	310094	1148766	780735	1469768	2197590	2465157
100582	206252	746085	445551	259677	790780	518949	1008804	1922372	1541808
21343	4868	273224	64332	82051	41899	55862	108702	105220	244703
15928	21169	68046	9496	6500	15049	35997	21582	31319	13461
17928	59835	153754	83051	66795	198920	120935	299328	146865	404296
45383	120381	251060	288672	104241	534818	306156	579192	1638968	879037
				90	95		1		156
							1		155
371069	1011795	4100304	1528096	1202249	3392922	2464248	3108725	3947938	6179629
370662	988894	4002902	1515424	1189940	3316079	2451478	3043982	3879589	6127306
326547	852625	3663516	1359437	1115832	2998351	2120532	2726019	3693032	5479471
326447	824992	3568481	1351397	1105965	2915751	2104720	2683491	3641783	5427725
12857	32768	96764	32117	11939	90588	97067	89485	72635	140394
12499	31175	89887	31291	11583	82345	90207	88559	69852	137398
186	2570	343	221	246	1765	229	151	1447	2274
1685	6926	9234	6761	1932	31046	28717	17721	2488	32446
13648	25224	102536	34985	25406	93074	91037	110369	60420	151200
370	8824	15330	2934	751	13929	7016	11314	16000	41802
141	9	512	210	6945	570	105	508	523	719
62	3684	6228	1962	8851	7650	5004	6532	12366	29171
16311	86243	215949	81897	42589	168554	119620	153817	103652	328467
191	1456	3335	1588	832	2794	921	1808	4866	6265
697	1334	2449	2847	2522	3819	1617	1696	5294	12655
15805	86247	219098	80638	37916	167464	120452	153372	103166	321668
4604	16974	30037	21000	8683	38579	30004	32135	21472	58335
64530	156707	406094	158689	189244	333349	205278	444396	732007	576786
252546	383619	567880	421871	346886	356573	404174	327904	308315	349642
28304	117421	308983	111929	49499	249808	210659	241930	173018	439066
4.8	6.3	4.1	4.4	3.3	4.3	4.0	4.5	2.4	4.1
8.5	8.6	5.7	6.0	4.3	6.4	7.0	7.1	4.0	5.9
53.2	54.2	60.6	47.3	80.0	46.0	46.3	43.0	87.0	36.3
58.6	62.9	62.6	52.8	68.6	54.5	61.1	63.2	61.3	59.8

14-4 劳务分包建筑业企业主要指标

Main Indicators of Labour Subcontractors in Construction Industry

指　　标	Item	2017	2018
企业个数(个)	Number of Construction Enterprises (unit)	21	35
建筑业总产值(万元)	Gross Output Value of Construction (10 000 yuan)	58919	116587
#装饰装修产值	Output Value of Fitment	85	6158
计算劳动生产率的平均人数(人)	Staff and Workers Annual Average (person)	2302	3982
年末从业人员(人)	Number of Employed Persons at the Year-end (person)	2133	3860
工程技术人员	Technologist in Employed Persons at the Year-end	204	441
现场施工工人(人)	Builder in Employed Persons at the Year-end (person)	1730	3314
固定资产原值(万元)	Original Value of Fixed Assets (10 000 yuan)	3059	6177
#本年折旧	Draw Depreciation this Year	285	919
资产总计(万元)	Total Assets (10 000 yuan)	32520	48557
负债合计(万元)	Total Liabilities (10 000 yuan)	13489	17799
实收资本(万元)	Capitals Hold (10 000 yuan)	4295	13756
营业收入(万元)	Total Revenue (10 000 yuan)	91443	151808
#工程结算收入	Revenue of Project Settlement Accounts	91443	151682
营业成本(万元)	Operating Costs (10 000 yuan)	86100	135115
#工程结算成本	Costs of Project Settlement Accounts	85817	123361
营业税金及附加(万元)	Business Tax and Extra (10 000 yuan)	2054	3239
#工程结算税金及附加	Taxes and Extra Charges on Project Settle Accounts	2054	3219
费用合计(万元)	Total Charges (10 000 yuan)	1399	5284
营业利润(万元)	Profits of Business (10 000 yuan)	1914	8586
利润总额(万元)	Total Profits (10 000 yuan)	2031	8354
从业人员劳动报酬(万元)	Labour Reward of Employed Persons(10 000 yuan)	27146	17279

主要统计指标解释

建筑业统计单位 指从事房屋、构筑物建造和设备安装活动的法人企业。建筑业法人企业应同时具备的条件是：① 依法成立，有自己的名称、组织机构和场所，能够承担民事责任；②独立拥有和使用资产，承担负债，有权与其他单位 签订合同；③独立核算盈亏，能够编制资产负债表。

建筑业总产值 是以货币形式表现的建筑业企业在一定时期内生产的建筑业产品和提供的服务的总和。建筑业总产值包括：

⑴建筑工程产值：指列入建筑工程预算内的各种工程价值。

⑵安装工程产值：指设备安装工程价值，不包括被安装设备本身的价值。

⑶其他产值：建筑业总产值中除建筑工程、安装工程以外的产值。包括房屋构筑物修理产值、非标准设备制造产值、总包企业向分包企业收取的管理费以及不能明确划分的施工活动所完成的产值。

a.房屋构筑物修理产值：指房屋和构筑物修理所完成的产值，但不包括被修理房屋、构筑物本身价值和生产设备的修理产值。

b.非标准设备制造产值：指加工制造没有定型的非标准生产设备的加工费和原材料价值(如化工厂、炼油厂用的各种罐、槽，矿井生产统一使用的各种漏斗、三角槽、阀门等)以及附属加工厂为本企业承建工程制作的非标准设备的价值。

房屋建筑施工面积 指在报告期内施工的全部房屋建筑面积，包括本期新开工的房屋面积、上期施工跨入本期继续施工的房屋面积、上期停缓建在本期恢复施工的房屋面积、本期竣工的房屋面积及本期施工后又停缓建的房屋面积。

房屋建筑竣工面积 指在报告期内房屋建筑按照设计要求全部完工，达到了住人和使用条件，经验收鉴定合格，正式移交使用单位的房屋建筑面积。

自有机械设备年末总台数 指归本企业所有，属于本企业固定资产的生产性机械设备年末总台数。包括施工机械、生产设备、运输设备以及其他设备。

自有机械设备年末总功率 指本企业自有施工机械、生产设备、运输设备以及其他设备等列为在册固定资产的生产性机械设备年末总功率，按设定能力或查定能力计算。包括机械本身的动力和为该机械服务的单独动力设备，如电动机等。计算单位用千瓦，动力换算可按 1 马力＝0.735 千瓦折合成千瓦数。电焊机、变压器、锅炉不计算动力。

工程结算收入 指企业承包工程实现的工程价款结算收入，以及向发包单位收取的除工程价款以外的按规定列作营业收入的各种款项，如临时设施费、劳动保险费、施工机械调迁费等以及向发包单位收取的各种索赔款。

工程结算利润 指已结算工程实现的利润，如亏损以“－”号表示。计算公式为：

工程结算利润＝工程结算收入－工程结算成本－工程结算税金及附加

Explanatory Notes on Main Statistical Indicators

Statistical Unit in Construction refers to corporate enterprise engaged in the construction of buildings and structures and in the installation of equipment. A corporate construction enterprise should meet the following 3 requirements.①being set up in line with relevant legal basis, having its full name, organization and location, and capable of taking civil liabilities;②independently possessing and using its assets and assuming its liabilities, and entitled to sign contracts with other institutions; and ③ making independent accounts of its profits and losses, and capable of compiling its own balance sheet

Gross Output Value of Construction refers to total of construction products and services, expressed in money terms, produced or rendered by construction and installation enterprises during a given period of time. It includes:

(1) Output value of construction projects: the value of projects covered by the project budgets;

(2) Output value of installation projects: the value of the installation of equipment, (excluding the value of the equipment to be installed);

(3) Other output values: the output value of construction industry apart from that of construction projects and installation projects. It includes: output value of repair of buildings and structures; output value of non-standard equipment manufacturing; overhead expenses received by contracted enterprises from the sub-contracted enterprises and the completed output value of construction activities for which there is no clear definition.

a. Output value of repair of buildings and structures: the value created through the repairs of buildings or structures. It does not include the value of buildings or structures being repaired and the value of the repair of production equipment;

b. Output value of manufactured non-standard equipment: the value of non-standard production equipment, including raw materials and manufacturing cost, made for the construction project (i.e., chemical plant; kettles or tanks used by refineries; various fillers, triangle tanks, valves used by mines). It also includes the output value of equipment manufactured by subsidiary workshops.

Floor Space of Buildings Under Construction refers to floor space of buildings under construction during the reference period, including newly started buildings, buildings started earlier and continued during the reference period, and buildings suspended earlier but restarted during the reference period, buildings completed during the reference period, and buildings under construction and then suspended during the reference period.

Floor Space of Buildings Completed refers to the floor space of buildings that are completed in the reference period in accordance with the requirements of the design, up to the standard for putting them into use, and have been checked and accepted by concerned departments as qualified ones.

Total Number of Machinery and Equipment Owned by the End of Year refers to the number of machines and equipment owned by the enterprises, and listed as the fixed assets of the enterprises by the end of the year, including machinery and equipment for construction, production and transportation.

Total Power of Machinery and Equipment Owned by the End of Year refers to the total power of machinery and equipment owned by the enterprises, and listed as the fixed assets of the enterprises by the end of the year, including machinery and equipment for construction, production and transportation. The power of the machinery is calculated on basis of the designed or verified capacity, covering the power of the machinery/equipment and the separate power equipment serving the machinery/equipment (such as electric motors), but excluding welders, transformers and boilers. The unit used for the calculation of power is kilowatt, with horsepower converted to kilowatt by 1 horsepower＝0.735 kilowatt.

Income from Settlement of Projects refers to the income received by the construction enterprise from the contracted project through settlement procedures, and other charges to the contractee as operational costs in addition to the value of the project, such as temporary facility fee, labour insurance premium, moving cost of construction equipment, as well as various types of claims to the contractee.

Profit from Settlement of Projects refers to profit realized through settled projects. It is calculated with the following formula:

Profit from Settlement of Projects＝Income from Settlement of Projects－Settled Cost－Settled Taxes and Other Cost.

15

交通运输、邮电通讯和规上服务业

Transportation,Postal Telecommunications And Above Designated Size In Services

◆341/354

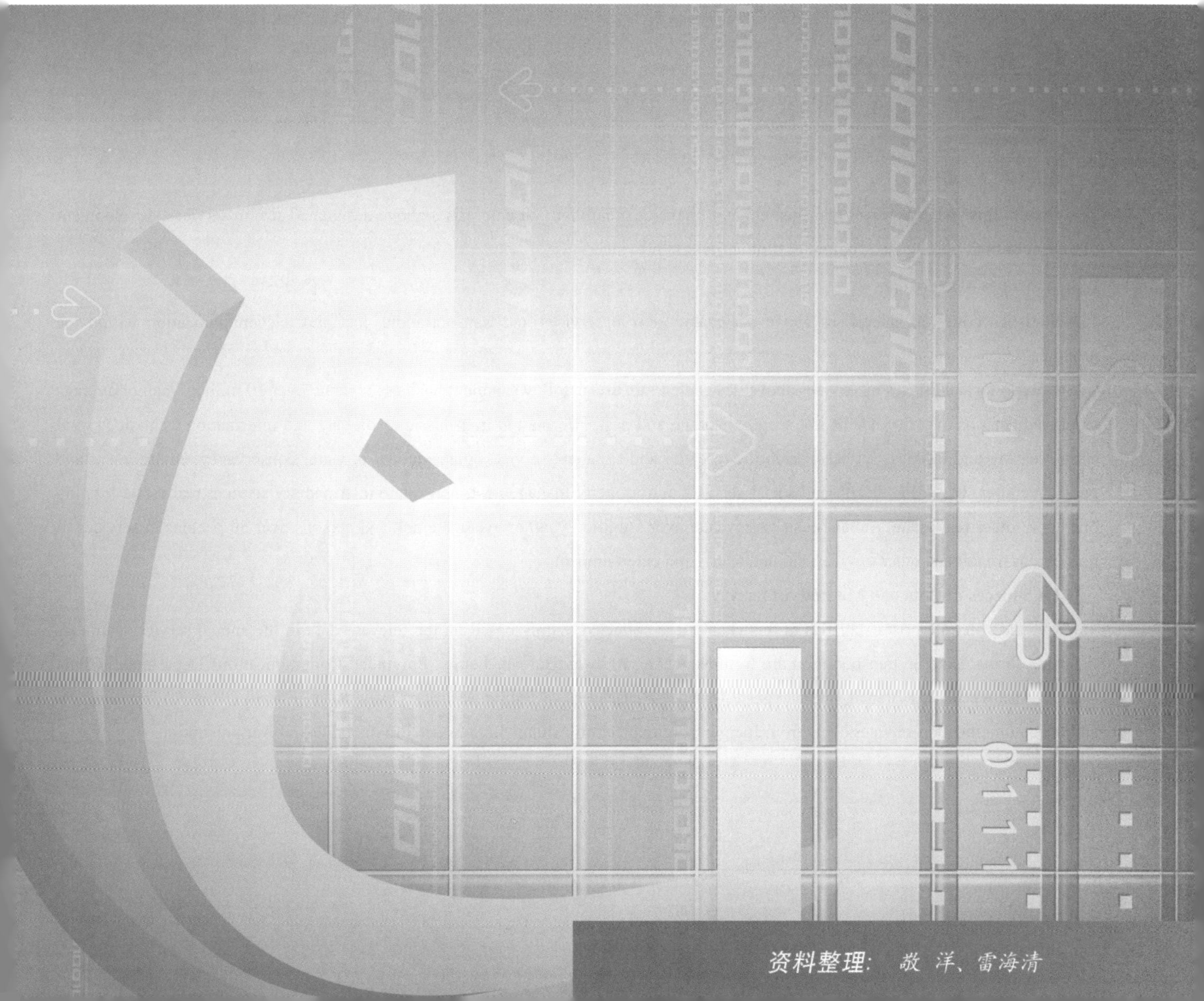

资料整理：敬 洋、雷海清

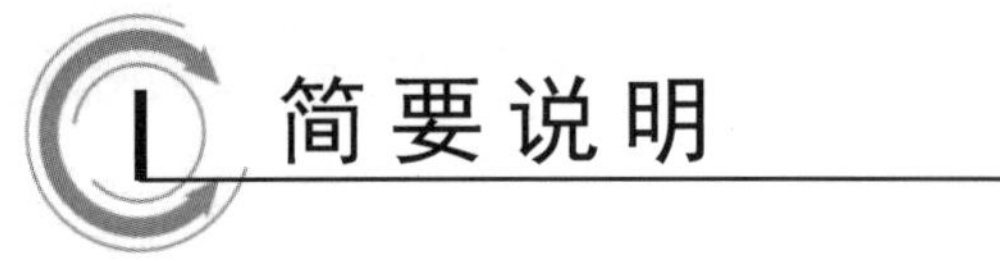

一、本篇资料的主要内容

本篇资料反映全省规模以上服务业经营情况及主要财务状况，交通运输业和邮电通讯业发展的基本状况。

二、本篇资料的来源

全省境内全部规模以上服务业企业，交通运输业和邮电通讯业。

规模以上服务业企业划分标准为：年营业收入1000万元及以上，或年末从业人员50人及以上服务业法人单位，包括：交通运输、仓储和邮政业，信息传输、软件和信息技术服务业，租赁和商务服务业，科学研究和技术服务业，水利、环境和公共设施管理业，教育，卫生和社会工作；以及物业管理、房地产中介服务、房地产租赁经营和其他房地产业等行业。年营业收入500万元及以上，或年末从业人员50人及以上服务业法人单位，包括：居民服务、修理和其他服务业，文化、体育和娱乐业。

三、本篇的资料来源和统计调查方法

本篇资料中规模以上服务业企业统计数据主要是根据规模以上服务业统计年度报表中有关资料整理汇总的；交通运输资料分别来源于南昌铁路局、省交通厅、东方航空公司江西分公司、省公安厅交警总队，邮电通信业资料来源于省通信管理局和省邮政管理局。

Ⅰ.Main Contents

Data in this chapter present management and financial situation of all enterprises above designated size in services, development of,transportation, post and telecommunication in Jiangxi province.

Ⅱ.Scopes of Statistics

Statistics cover all enterprises above designated size in services and transportation, post and telecommunication within the province.

Criteria for enterprises in services above designated size are as follows: annual business revenue over 10 million yuan or average employed persons over 50 persons in transport, storage and post, information transmission, software and information technology, real estate, leasing and business services, scientific research and technical services, management of water conservancy, environment and public facilities, education, health and social services and property management, real estate intermediary services,real estate leasting operation, other real estate. Annual business revenue over 5 million yuan or average employed persons over 50 persons in services to households, repair and other services, culture, sports and entertainment.

III.Sources of Data and Methods of Survey

The data on enterprises statistics in this chapter are collected mainly based on the relevant data in the annual services statistics reporting forms. Data on transportation are from Nanchang Railway Bureau, Jiangxi Provincial Communications Department, China Eastern Airlines Jiangxi Branch, and Jiangxi Provincial Department of Public Security Traffic Administrative Bureau. Data on post and telecommunication services come from Jiangxi Communication Administration, and Provincial Postal Administration.

15-1 运输线路长度

Length of Transportation Routes

单位：公里 (km)

指　　标	Item	1978	1980	1990	2000	2010	2016	2017	2018
铁路营业里程	Length of Railways in Operation	1184	1335	1581	2197	2734	3909	4137	4134
公路通车里程	Length of Highways	30245	29651	33203	60292	140597	161909	162285	161941
等级公路	Expressway and Class I to IV Highways		12096	18561	34999	101455	134025	134862	135442
#高速公路	Expressway				421	3088	5894	5916	5931
一级公路	First Class Highways			15	314	1386	2618	2917	2601
二级公路	Second Class Highways		169	1105	6471	9340	10643	10837	11613
三级公路	Third Class Highways		521	2156	5581	6670	12723	13165	14338
等外公路	Highways Below Class IV		17559	14642	25293	39142	27883	27422	26499
内河通航里程	Length of Navigable Inland Waterways	6630	4937	4937	5537	5638	5638	5638	5716
等级航道	Standard Waterways				2343	2349	2349	2349	2427
等外航道	Substandard Waterways				3194	3289	3289	3289	3289

注：1.2000年的公路通车里程根据公路普查作了调整。
　　2.公路通车里程从2006年开始包括村道。

a) The total Length of highways is adjusted according to the Highways Census in 2000.

b) The total length of highways have included the village road since 2006.

15-2 交通运输工具年末实有数

Actual Number of Transportation Facilities at Year-end

指　　标	Item	1990	2000	2010	2016	2017	2018
民用汽车合计(辆)	Total Civil Motor Vehicles (unit)	110432	247000	1476011	4073587	4733337	5443919
#载货汽车	Trucks	74424	131147	401679	603327	651280	731868
载客汽车	Passenger Vehicles	29473	100794	956480	3363902	3981039	4614506
其他汽车	Other Vehicles	6535	15059	117852	106358	101018	97545
摩托车(辆)	Motorcycles(unit)	51630	891179	4172862	2289407	2283359	2324674
汽车挂车(辆)	Trailers (unit)	5209	1190	39684	78732	98763	109877
运输船舶(艘)	Transport Vessels (unit)	8687	4856	4221	3293	3062	2708
机动船(艘)	Motor Vessels (unit)	8051	4511	4184	3284	3060	2706
(净载重量吨)	(Dead Weight Cargo Tonnage)	333989	356441	1962783	2227266	2371268	2524237
(客位)	(Number of Seats)	13362	16172	11811	12276	11982	11835
驳　船(艘)	Barges (unit)	636	345	37	9	2	2
(净载重量吨)	(Dead Weight Cargo Tonnage)	76267	74504	17560	5541	1730	1730
补充资料:	Supplementary Information:						
汽车驾驶员(人)	Drivers (person)	168842	791545	3911886	12384569	13105742	13760852

注：其他汽车从2006年起，将农业运输车放入民用汽车中其他汽车。

a) Since 2006,Other vehicles inclued farm vehicles.

15-3　公路里程年底到达数（2018年）
Length of Highways at Year-end (2018)

单位：公里 (km)

地　区	Region	合　计 Total	等级公路 Expressway and Class I to IV Highway	高速公路 Expressway	一　级 First Class
全　省	**Provincial Total**	**161941**	**135442**	**5931**	**2601**
南昌市	Nanchang	11258	9672	432	223
景德镇市	Jingdezhen	4783	4197	199	53
萍乡市	Pingxiang	7093	5764	118	72
九江市	Jiujiang	20247	15402	683	350
新余市	Xinyu	4449	3627	128	137
鹰潭市	Yingtan	4174	3370	101	86
赣州市	Ganzhou	31008	26671	1444	403
吉安市	Ji'an	23038	21527	652	335
宜春市	Yichun	19892	15776	783	408
抚州市	Fuzhou	14936	12665	708	104
上饶市	Shangrao	21063	16772	684	431

15-3　续表　continued

单位：公里 (km)

地　区	Region	二　级 Second Class	三　级 Third Class	四　级 Fourth Class	等外公路 Highway Below Class IV
全　省	**Provincial Total**	**11613**	**14338**	**100959**	**26499**
南昌市	Nanchang	674	626	7717	1586
景德镇市	Jingdezhen	377	602	2966	586
萍乡市	Pingxiang	586	596	4392	1329
九江市	Jiujiang	1294	1526	11549	4845
新余市	Xinyu	302	385	2675	822
鹰潭市	Yingtan	166	529	2488	804
赣州市	Ganzhou	2213	2918	19693	4337
吉安市	Ji'an	1741	1783	17016	1511
宜春市	Yichun	1601	1766	11218	4116
抚州市	Fuzhou	1093	1353	9407	2271
上饶市	Shangrao	1566	2254	11837	4291

15-4 全社会运输量

Total Freight Traffic and Passenger Traffic

指　标	Item	2012	2013	2014	2015	2016	2017	2018
货物运输量(万吨)	**Freight Traffic(10 000 tons)**	**127020**	**135036**	**151773**	**130279**	**138068**	**154359**	**174184**
民　航	Civil Aviation	1.5	4.0	5.7	6.3	6.3	6.4	9.1
铁　路	Railways	5384	5077	4821	3943	4296	4787	5046
公　路	Highways	113703	121279	137784	115436	122877	138074	157646
水　运	Waterways	7931	8676	9162	10894	10889	11492	11483
内 河	Inland Waterways	7426	8152	8655	10417	10498	11132	11131
沿 海	Coastal	490	508	498	477	391	360	352
远 洋	Ocean	15	17	10				
旅客运输量(万人)	**Passenger Traffic(10 000 persons)**	**84459**	**65747**	**68728**	**63404**	**63924**	**64413**	**62419**
民　航	Civil Aviation	219	681.1	930	985	1050	1415	1734
铁　路	Railways	6335	6944.8	7839.6	8458.3	9249	10224	11131
公　路	Highways	77650	57915	59676	53687	53364	52506	49302
水　运	Waterways	255	206.6	282	274	261	267.5	253
内 河	Inland Waterways	255	206.6	282	274	261	267.5	253

注：2015年交通运输部开展全国公路、水路运输小样本抽样调查，对公路、水路运输统计口径进行了调整，与往年数据不可比。(下表同)

a) The sample survey on highway and water transport was carried out by The Ministry of Transports in 2015.Statistical caliber was adjusted according to the survey.Therefore,data of 2015 are not comparable to previous years. The same applies to the following table.

15-5 全社会运输周转量

Total Freight Ton-kilometers and Passenger-kilometers

指　标	Item	2013	2014	2015	2016	2017	2018
货物周转量(万吨公里)	**Freight Ton-kilometers (10 000 ton-km)**	**36460456**	**38299712**	**37532370**	**38975513**	**42170685**	**45282985**
铁　路	Railways	6186600	5412900	4969574	5147759	5322426	5302489
公　路	Highways	28290235	30733082	30227179	31474970	34329546	37599405
水　运	Waterways	1983621	2153730	2335617	2352784	2518713	2381091
内 河	Inland Waterways	1430470	1518022	1825577	1839798	1950843	1952621
沿 海	Coastal	485999	601710	510040	512986	567870	428470
远 洋	Ocean	67153	33998				
旅客周转量(万人公里)	**Passenger-kilometers (10 000 passenger-km)**	**9306886**	**9713303**	**9538100**	**9706448**	**10002942**	**9937261**
铁　路	Railways	6226300	6545000	6687232	6879899	7226626	7324229
公　路	Highways	3076941	3164601	2847402	2823139	2772918	2609677
水　运	Waterways	3645	3702	3466	3410	3398	3355
内 河	Inland Waterways	3645	3702	3466	3410	3398	3355

15-6 铁路、港口主要指标
Main Indicators of Railways and Ports

指　　标	Item	2000	2005	2010	2015	2017	2018
铁　　路	**Railway Transport**						
货车周转时间(天)	Turning Around Time of Freight Cars Locomotives (day)	1.9	2.6	2.6	2.6	2.5	2.4
平均每日装车数(辆)	Average Daily Loading Coaches (coach)	1456	2155	4112	3030	3797	4037
货车平均静载重(吨)	Average Static Load of Freight Cars Locomotives (ton)	58.9		61.8	61.5	57.7	58.2
货物列车旅行速度(公里/小时)	Running Speed of Freight Trains (km/hour)	38.9	28.0	30.7	35.4	38.2	39.1
货运机车平均日产量(万吨公里)	Average Daily Ton-kilometers of Freight Locomotives (10 000 ton-km)	107.0	106.0	109.7	104.5	110.2	114.2
内燃机车每万吨公里耗油(公斤)	Oil Consumption of Diesel Locomotives per 10 000 ton-km(kg)	22.8	22.9	30.0	35.5	36.8	38.2
南昌直属站	**Nanchang Station**						
货物发送量(万吨)	Volume of Freight Dispatched (10 000 tons)	1.3	0.4	12.4	0.3	0.5	0.5
旅客发送量(万人)	Number of Passenger Dispatched(10 000 persons)	867.7	1217.7	1860.7	2817.5	3362.4	3620.7
平均每日装车数(车)	Daily Loading Coach (coach)	0.7	0.4	5.2	0.1	0.4	0.4
平均每日卸车数(车)	Daily Unloading Coach (coach)	8.5	8.9	34.8	6.3	3.7	3.5
向塘直属站	**Xiangtang Station**						
货物发送量(万吨)	Volume of Freight Dispatched (10 000 tons)	7.5	19.9	21.2	23.7	32.4	27.6
旅客发送量(万人)	Number of Passenger Dispatched(10 000 persons)	82.4	82.4	63.4	52.2	53.0	44.7
平均每日装车数(车)	Daily Loading Coach (coach)	3.6	9.3	10.9	12.4	33.5	25.4
平均每日卸车数(车)	Daily Unloading Coach (coach)	18.0	19.7	21.9	21.6	35.2	38.3
#向塘西站平均每日办理车数(车)	Daily Transaction Coach (coach)	11769	14644	12495	12851	14955	14070
鹰潭直属站	**Yingtan Station**						
货物发送量(万吨)	Volume of Freight Dispatched (10 000 tons)	222.5	300.4	397.5	377.6	354.5	338.5
旅客发送量(万人)	Number of Passenger Dispatched(10 000 persons)	364.0	376.6	459.9	516.1	523.9	493.6
平均每日装车数(车)	Daily Loading Coach (coach)	109.6	140.0	188.9	171.8	166.4	158.8
平均每日卸车数(车)	Daily Unloading Coach (coach)	174.0	283.3	240.4	305.6	295.0	279.6
#鹰潭站平均每日办理车数(车)	Daily Transaction Coach (coach)	10473	10527	8773	9264	10220	9999
长航九江港务局	**Jiujiang Port Authority**						
旅客吞吐量(万人)	Volume of Passenger Traffic(10 000 persons)	92.0	2.2	88.4	16.7	21.8	16.8
货物吞吐量(万吨)	Volume of Freight Handled(10 000 tons)	623	928	3291	10425	11717	11689

15-7 邮政电信业务主要指标

Principal Indicators of Postal and Telecommunication Services

指　　标	Item	1995	2000	2010	2015	2017	2018
邮政业务总量(亿元)	Business Volume of Postal Services (100 Million yuan)		5.45	36.85	69.70	129.65	176.64
电信业务总量(亿元)	Business Volume of Telecommunication Services (100 Million yuan)		75.9	661.2	549.4	661.1	1609.2
邮路总长度(公里)	Length of Postal Routes (km)	46182	119905	98020	56291	90254	83278
农村投递路线总长度(公里)	Length of Rural Delivery Routes (km)	120365	118555	97950	90019	90373	90190
邮政汽车(辆)	Postal Cars (unit)	498	1098	2060	1295	5156	5628
函　　件(万件)	Number of Letters (10 000 pcs)	23254	14010	17971	3632	2997	2764
包　　裹(万件)	Package(10 000 pcs)		247	121	83	50	45
报刊累计数(万份)	Total Number of Newspapers and Magazines Subscribed (10 000 copies)	56016	48881	54433	57351	55572	51533
快递业务量(万件)	Pieces of Express Mail Services (10 000 pcs)	157	283	2351	23472	43754	61930
固定电话用户(万户)	Fixed Telephone Subscribers (10 000 Subscribers)	74.1	354.1	709.6	568.4	477.0	465.4
#城市电话用户	Urban Fixed Telephone Subscribers	63.1	234.3	439.7	363.8	317.4	313.5
#住宅电话	Household Fixed Telephone Subscribers	45.7	191.4	235.6	165.8	157.9	302.6
农村电话用户	Rural Fixed Telephone Subscribers	11.0	119.8	269.8	204.6	159.6	152.6
#住宅电话	Household Fixed Telephone Subscribers		108.9	233.9	171.1	143.5	
移动电话用户(万户)	Number of Mobile Telephone Subscribers (10 000 Subscribers)		140	1811	3056	3449	4044
互联网宽带用户数(万户)	Number of Broadbard Subscribers of Internet (10 000 Subscribers)		27.0	253.4	442.0	997.1	1323.4
长途光缆线路长度(公里)	Length of Long-distance Optical Cable Lines (km)			21201	21115	25397	28385
本地中继线光缆线路长度(公里)	Length of Local Optical Cable Lines (km)			247494	454666	607933	697004
长途电话交换机容量(路端)	Capacity of Long Distance Telephone Exchanges (circuit)	118311	190330	554829	208000	206700	84000
移动电话交换机容量(万门)	Capacity of Mobile Telephone Exchanges (10 000 lines)			3333	4086	6125	6485

注：1.2003年以后“固定电话用户”包括小灵通用户。

2.2016年起“电信业务总量”按2015年不变单价计算；“邮路总长度”包含了邮政速递物流的数据；“互联网宽带用户数”包含了中国移动的数据。

a) The fixed telephone subscribers includes PHS subscribers since 2003.

b) Since 2016,calulation of business volume of telecommunications based on the conscant price of 2015;is included in length of postal routes length of EMS's routes;number of CMCC Subscribers are included in number of Broadbard Subscribers of Internet.

15-8 各设区市交通运输工具年末实有数（2018年）
Actual Number of Transportation Facilities at Year-end (2018)

地区	Region	民用汽车合计（辆）Total Civil Motor Vehicles (unit)	载货汽车 Trucks	载客汽车 Passenger Vehicles	其他汽车 Other Vehicles	摩托车(辆) Motorcycles (unit)	汽车挂车(辆) Trailers (unit)	运输船舶(艘) Transport Vessels (unit)
全　省	**Provincial Total**	**5443919**	**731868**	**4614506**	**97545**	**2324674**	**109877**	**2708**
南昌市	Nanchang	1071207	69302	996367	5538	5211	3782	144
景德镇市	Jingdezhen	219610	22535	195354	1721	31720	5661	25
萍乡市	Pingxiang	222239	23790	194172	4277	121794	3625	
九江市	Jiujiang	563391	60323	490814	12254	150494	3798	415
新余市	Xinyu	178294	29818	145606	2870	107109	11192	69
鹰潭市	Yingtan	132227	20678	109931	1618	44750	9163	53
赣州市	Ganzhou	944675	145604	785817	13254	1263474	3046	390
吉安市	Ji'an	454304	63832	373499	16973	152706	9774	435
宜春市	Yichun	702112	160874	528008	13230	189795	39051	691
抚州市	Fuzhou	341112	59213	271656	10243	106397	13082	103
上饶市	Shangrao	605530	74976	515284	15270	148286	7703	383

15-9 邮政电信业务主要指标（2018年）
Principal Indicators of Postal and Telecommunications Services (2018)

地区	Region	年末邮政局(所)数 Number of Postal Offices at Year end (unit)	邮政业务总量(亿元) Business Volume of Postal Services (100 Million yuan)	电信业务总量(亿元) Business Volume of Telecommunications (100 Million yuan)	固定电话年末用户数(万户) Fixed Telephone Subscribers (10 000 Subscribers)	移动电话年末用户数(万户) Number of Mobile Telephone Subscribers (10 000 Subscribers)	互联网宽带接入用户数(万户) Number of Broadband Subscribers of Internet (10 000 Subscribers)
全　省	**Provincial Total**	**1901**	**176.6**	**1609.2**	**465.3**	**4043.4**	**1323.4**
南昌市	Nanchang	162	63.5	385.8	90.4	696.8	237.9
景德镇市	Jingdezhen	57	8.0	61.9	15.4	154.7	57.3
萍乡市	Pingxiang	59	4.9	53.7	23.9	171.4	59.8
九江市	Jiujiang	240	17.6	161.5	65.4	427.4	152.3
新余市	Xinyu	48	3.9	50.3	11.4	124.3	43.8
鹰潭市	Yingtan	45	4.2	47.9	13.1	105.5	37.4
赣州市	Ganzhou	376	23.0	299.7	87.6	764.3	226.1
吉安市	Ji'an	258	14.3	124.9	35.1	380.7	119.3
宜春市	Yichun	204	11.4	155.0	46.0	432.1	138.6
抚州市	Fuzhou	206	9.3	106.9	17.7	294.6	97.3
上饶市	Shangrao	246	16.6	161.7	59.3	491.6	153.4

15-10 规模以上服务业单位数及营业收入(2018年)
Number and business Revenus of Enterprises above Designated Size in Services (2018)

类　　别	Type	企业单位数（个）Number of Enterprises (unit)	营业收入（万元）Business Revenue (10 000yuan)
总　　计	**Total**	**4533**	**29060677**
按登记注册类型及隶属关系分组	**By Registration Status and Jurisdiction of Management**		
内资企业	Domestic Funded Enterprises	4501	28473916
国有企业	State-owned Enterprises	219	2656794
集体企业	Collective-owned Enterprises	26	120118
股份合作企业	Cooperative Enterprises	22	59407
联营企业	Joint Ownership Enterprises	6	29199
有限责任公司	Limited Liability Corporations	1435	14081074
股份有限公司	Share-holding Corporations Limited	177	2991073
私营企业	Private Enterprises	2398	8083961
其他企业	Other Enterprises	218	452291
港、澳、台商投资企业	Enterprises with Funds from Hong Kong,Macao and Taiwan	18	233510
外商投资企业	Foreign Funded Enterprises	14	353251
国有控股企业	State-hilding Holding Enterprises	562	13294463
按行业分组	**Grouped by Sector**		
铁路运输业	Railway Transport	3	3957264
道路运输业	Road Transport	1432	8608766
水上运输业	Water Transport	66	567284
航空运输业	Air Transport	5	204171
管道运输业	Transport Via Pipelines		
多式联运和运输代理业	Multimodal Transport and Transport Agent Industry	18	137269
装卸搬运和仓储业	Loading, Unloading and Storage	127	1211085
邮政业	Post	48	780031
电信、广播电视和卫星传输服务	Telecommunications, Broadcasting Television and Satellite Transmission	65	3619510
互联网和相关服务	Internet and Related Services	71	669964
软件和信息技术服务业	Software and Information Technology Services	175	1179939
物业管理业	Property Management	192	302179
房地产中介服务业	Real Estate Intermediary Services	29	90492
房地产租赁经营	Real Estate Leasing Operation	50	167551
其他房地产业	Other Real Estate	1	4368
租赁业	Leasing	60	201554
商务服务业	Business Services	606	2070974
研究和试验发展	Research and Experimental Development	9	13020
专业技术服务业	Professional Technical Services	270	1183026
科技推广和应用服务业	Services of Science and Technology Promotion and Application	49	134640
水利管理业	Management of Water Conservancy	1	1650
生态保护和环境治理业	Ecological Protection and Environmental Management	15	47497
公共设施管理业	Management of Public Facilities	140	470881
土地管理业	Land Managemetn Industry	8	115250
居民服务业	Services to Households	86	135100
机动车、电子产品和日用产品修理业	Repair to Motor,Electronic Products and Household Products	100	126835
其他服务业	Other Services	37	59426
教育	Education	303	561587
卫生	Health	246	1605146
社会工作	Social Services	18	20508
新闻和出版业	Journalism and Publishing Activities	22	365146
广播、电视、电影和影视录音制作业	Broadcasting, Television, Movies and Video Recording	111	139773
文化艺术业	Cultural and Art Activities	35	74047
体育	Sports Activities	22	25410
娱乐业	Entertainment	113	209337
按地区分组	**By Region**		
南 昌 市	Nanchang	917	8105230
景德镇市	Jingdezhen	171	696361
萍 乡 市	Pingxiang	106	536694
九 江 市	Jiujiang	406	2098421
新 余 市	Xinyu	102	366296
鹰 潭 市	Yingtan	186	1015692
赣 州 市	Ganzhou	626	3024383
吉 安 市	Ji'an	580	2605738
宜 春 市	Yichun	497	2193444
抚 州 市	Fuzhou	366	1766011
上 饶 市	Shangrao	621	2811623

15-11 规模以上服务业企业主要财务指标（2018年）

单位：万元

类别	Type	资产总计 Total Assets	流动资产合计 Working Capitals
总计	**Total**	**130686560**	**34894195**
按登记注册类型及隶属关系分组	By Registration Status and Jurisdiction of Management		
内资企业	**Domestic Funded Enterprises**	**129953375**	**34840413**
国有企业	State-owned Enterprises	8813998	6459770
集体企业	Collective-owned Enterprises	116842	35041
股份合作企业	Cooperative Enterprises	72164	37605
联营企业	Joint Ownership Enterprises	50924	5739
有限责任公司	Limited Liability Corporations	99964144	22065228
股份有限公司	Share-holding Corporations Limited	14002746	2450122
私营企业	Private Enterprises	6194655	3540539
其他企业	Other Enterprises	737903	246370
港、澳、台商投资企业	Enterprises with Funds from Hong Kong,Macao and Taiwan	427622	49046
外商投资企业	Foreign Funded Enterprises	305563	4736
#国有控股企业	State-hilding Holding Enterprises	114984664	26786890
按行业分组	**Grouped by Sector**		
铁路运输业	Railway Transport	35395546	5074189
道路运输业	Road Transport	47704996	6413827
水上运输业	Water Transport	598392	249968
航空运输业	Air Transport	761597	192792
管道运输业	Transport Via Pipelines		
多式联运和运输代理业	Multimodal Transport and Transport Agent Industry	53283	40732
装卸搬运和仓储业	Loading, Unloading and Storage	4077908	3351897
邮政业	Post	422863	233235
电信、广播电视和卫星传输服务	Telecommunications, Broadcasting Television and Satellite Transmission	6258463	1185843
互联网和相关服务	Internet and Related Services	346563	282803
软件和信息技术服务业	Software and Information Technology Services	1238202	973996
物业管理业	Property Management	1113724	695945
房地产中介服务业	Real Estate Intermediary Services	62552	43030
房地产租赁经营	Real Estate Leasing Operation	4222476	1991347
其他房地产业	Other Real Estate	113557	56335
租赁业	Leasing	141969	112121
商务服务业	Business Services	7052039	4987826
研究和试验发展	Research and Experimental Development	50242	30457
专业技术服务业	Professional Technical Services	9634133	3912063
科技推广和应用服务业	Services of Science and Technology Promotion and Application	183342	88317
水利管理业	Management of Water Conservancy	3656	424
生态保护和环境治理业	Ecological Protection and Environmental Management	89337	47188
公共设施管理业	Management of Public Facilities	2798563	1407092
土地管理业	Land Managemetn Industry	3294571	1096458
居民服务业	Services to Households	191557	84300
机动车、电子产品和日用产品修理业	Repair to Motor,Electronic Products and Househole Products	59919	30609
其他服务业	Other Services	66797	44492
教育	Education	989190	356755
卫生	Health	2186025	1171635
社会工作	Social Services	77741	11187
新闻和出版业	Journalism and Publishing Activities	574490	424960
广播、电视、电影和影视录音制作业	Broadcasting, Television, Movies and Video Recording	156556	72760
文化艺术业	Cultural and Art Activities	156758	66709
体育	Sports Activities	156921	37322
娱乐业	Entertainment	453135	126081

Main Financial Indicators of Enterprises above Designated Size in Services (2018)

(10 000 yuan)

固定资产原价 Original Value of Fixed Assets	负债合计 Total Liabilities	所有者权益合计 Total Owners` Equities	营业收入 Revenue from Business	营业成本 Cost of Business	税金及附加 Taxes and Other Charges	营业利润 Business Profits	利润总额 Total Profits	本年应交增值税 Valued-Added Payable
58100685	**60827556**	**69858321**	**29060677**	**22908998**	**190515**	**1957629**	**2106175**	**735005**
56824326	**60260203**	**69692490**	**28473916**	**22520769**	**188410**	**1862447**	**2009971**	**702404**
2409126	6132839	2681159	2656794	2299965	7226	56523	89505	20175
40580	60872	55970	120118	79321	1236	15334	15225	7488
43302	42392	29772	59407	50108	205	2739	2736	720
103836	30903	20021	29199	25344	123	-6417	-6418	1542
43351715	44015413	55948048	14081074	11096588	79339	857859	906376	267243
7611271	5891976	8110770	2991073	2079088	14890	382848	393287	94657
2738956	3705318	2489336	8083961	6573195	84223	519027	571699	308220
525541	380490	357413	452291	317161	1168	34534	37560	2359
741749	325383	102239	233510	185022	857	-11316	-10972	16090
534611	241971	63592	353251	203206	1248	106499	107176	16511
49544720	51443688	63540976	13294463	10415385	57411	1016765	1067464	211544
15137670	6147247	29248299	3957264	3671750	5404	179860	152030	533
25764872	27767181	19937815	8608766	7023438	81173	515747	615788	342368
327244	314111	284281	567284	447399	5095	64093	65094	29559
677493	246014	515583	204171	193738	909	-2995	-4781	6814
14893	27626	25657	137269	129385	235	3109	3622	790
574167	3450064	627844	1211085	1213426	2440	5946	18108	4004
317144	253959	168904	780031	665886	3310	-1252	-5089	7774
9358709	3370253	2888210	3619510	2433384	8755	460855	460456	132465
29509	204967	141596	669964	356266	1906	14355	17934	10809
211252	564092	673427	1179939	835793	7858	136714	143828	32002
132541	927172	186552	302179	199182	5271	21428	22036	8008
4527	27269	35283	90492	47607	816	12250	12367	3245
663854	2009184	2213292	167551	72972	6376	23044	25417	7026
195	26175	87381	4368	3712	531	40	308	229
49231	117882	24087	201554	172843	2203	12241	12511	18581
902794	4091965	2960074	2070974	1703179	19155	91504	116022	45129
13130	17885	32357	13020	9640	110	-1728	-1412	176
436340	5514425	4119708	1183026	831862	9515	92431	97169	37243
62707	88928	94414	134640	95794	1962	18403	21048	3559
3383	154	3502	1650	1465	2	151	151	20
14261	38895	50443	47497	34043	274	7154	8125	2015
722305	1772533	1026031	470881	255689	7916	54343	57658	11183
216583	1244091	2050479	115250	87844	2434	16725	16903	707
50127	109364	82193	135100	74157	2543	24853	27901	4324
26138	24259	35660	126835	94322	1805	15414	15493	2644
11416	42144	24653	59426	51917	438	-4834	-4820	2093
629600	474747	514444	301387	364313	3009	60661	61812	5877
1129669	1228650	957373	1603140	1237126	1403	79255	81700	1399
77079	20465	57276	20508	14601	41	467	600	3
102073	180794	393696	365146	273124	1759	37856	40327	4784
72673	86849	69707	139773	89591	2790	13166	13780	3378
90882	94975	61283	74047	54475	417	1201	3197	1967
24976	80349	76572	25410	17535	282	-1028	-1006	430
251249	262890	190244	209337	151543	1419	16211	18902	3868

15-12 各地区规模以上服务业企业主要财务指标（2018年）
Main Financial Indicators of Enterprises above Designated Size in Services by Region (2018)

单位：万元 (10 000 yuan)

类别	Type	资产总计 Total Assets	流动资产合计 Total Current Asstes	固定资产原价 Original Value of Fixed Assets	负债合计 Total Liabilities	所有者权益合计 Total Owners` Equities	营业收入 Revenue from Business
全省	**Provincial Total**	**130686560**	**34894195**	**58100685**	**60827556**	**69858321**	**29060677**
南昌市	Nanchang	65684962	13506914	25797323	35516913	30167365	8105230
景德镇市	Jingdezhen	682763	238074	600560	460641	222122	696361
萍乡市	Pingxiang	1614100	634667	992983	785067	829032	536694
九江市	Jiujiang	2970915	1064439	2095974	1556266	1414649	2098421
新余市	Xinyu	568153	275226	437840	247975	320179	366296
鹰潭市	Yingtan	1096648	611323	644836	762495	334153	1015692
赣州市	Ganzhou	8438775	3403647	4843626	5045726	3393049	3024383
吉安市	Ji'an	4166838	1943982	1514071	1858083	2308755	2605738
宜春市	Yichun	8566762	5289808	2342149	5463070	3103692	2193444
抚州市	Fuzhou	2585668	1249245	1259661	1637419	948249	1766011
上饶市	Shangrao	2850260	1328700	1690105	1777287	1072973	2811623

15-12 续表 continued

单位：万元 (10 000 yuan)

类别	Type	营业成本 Cost of Business	税金及附加 Taxes and Other Charges	营业利润 Business Profits	利润总额 Total Profits	本年应交增值税 Valued-Added Payable
全省	**Provincial Total**	**22908998**	**190515**	**1957629**	**2106175**	**735005**
南昌市	Nanchang	5810366	42408	650013	699074	165363
景德镇市	Jingdezhen	568659	8077	53617	58147	29209
萍乡市	Pingxiang	415646	2407	25811	29454	11847
九江市	Jiujiang	1543491	20679	237816	239731	55608
新余市	Xinyu	257932	3264	28752	29443	12084
鹰潭市	Yingtan	865850	9019	29518	39567	57193
赣州市	Ganzhou	2253857	11057	295028	317244	45695
吉安市	Ji'an	2067665	31317	255685	273805	109003
宜春市	Yichun	1778015	18818	220814	245707	73793
抚州市	Fuzhou	1530693	14676	102976	125106	98579
上饶市	Shangrao	2029355	21462	205420	223672	76632

主要统计指标解释

铁路营业里程 指办理客货运输业务的铁路正线总长度。凡是全线或部分建成双线及以上的线路，以第一线的实际长度计算；复线、站线、段管线、岔线和特别用途线以及不计算运费的联络线都不计算营业里程。铁路营业里程是反映铁路运输业基础设施发展水平的重要指标，也是计算客货周转量、运输密度和机车车辆运用效率指标的基础资料。

公路里程 也称“公路通车里程”，是指实际达到《公路工程[WTB2]技术标准 JTJ01-88》规定的等级公路，并经主管部门的正式验收支付使用的公路里程数。它包括大中城市的郊区公路以及通过小城镇街道的公路里程，也包括桥梁、渡口的长度，但不包括城市的街道以及厂矿、林区和农业生产用道的里程。两条或多条公路共同经由同一路段，只计算一次，不重复计算里程长度。公路里程是反映公路建设发展规模的重要指标，也是计算运输网密度等指标的基础资料。

内河航道里程 也称“内河通航里程”，是指在枯水季节水深在０.３米及以上，能通航运输船舶及排筏的天然河流、湖泊水库、运河及通航渠道的长度。包括全年季节性通航累计三个月以上的航道，但不包括仅供零散流放竹木排的河道。内河航道里程是反映内河水运网规模、水平和发展情况的主要指标。

货（客）运量 指运输业实际运送的货物（旅客）数量。货运按吨计算，客运按人计算。货物不论运输距离长短，货物类别，均按实际重量统计；旅客不论行程远近或票价多少，均按一人一次作为客运量统计。半票价、小孩票，也按一人统计。货（客）运量是反映运输业为国民经济和人民生活服务的数量指标，也是制定和检查运输生产计划、研究运输展规模和速度的重要指标。

货物（旅客）周转量 指运输业运送的货物（旅客）数量与其相应运输距离的乘积之总和，通常以吨公里和人公里为计算单位。计算货物周转量通常按发出站与到达站之间的最短距离，也就是计费距离计算。它是反映运输业生产总成果的重要指标，也是编制和检查运输生产计划、计算运输效率、劳动生产率以及核算运输单位成本的主要基础资料。

铁路货运机车平均日产量 指平均每台货运机车在一昼夜内所完成的总重吨公里数。它既包括载运货物的重量，也包括车辆本身的自重，它是从时间和牵引能力两方面反映了机车运用效率的综合性指标。计算公式为：

$$\text{货运机车平均日产量}=\frac{\text{货运总重吨公里数}}{\text{货运机车台日数}}$$

邮电业务总量 指以货币表现的邮电部门为用户传递信息和提供其他邮电服务的总量。它用各种邮电分类业务量，如函件件数、电报份数、长话张数、市内电话和农村电话的年均户数、订销报刊累计份数等，分别乘以相应的不变单价加总后再加上出租电路和设备的收入、代用户维护电话交换机和线路等设备的收入、其他业务收入求得。邮电业务总量综合反映了一定时期邮电工作的总成果，是研究邮电业务量构成和发展趋势的重要指标。

Explanatory Notes on Main Statistical Indicators

Length of Railways in Operation refers to the total length of the trunk line for passenger and freight transportation (including both full operation and temporary operation). The calculation is based on the actual length of the first line if this line has a full or partial double (or more). Not included are double tracks, station sidings, tracks under the charge of stations, branch lines, special-purpose lines and non-payable connecting lines. The length of railways in operation is an important indicator to show the development of the infrastructure of railway transport. It is also essential data to calculate volume of passenger freight transport, traffic density and utilization efficiency of locomotives and carriages.

Length of Highways refers to the length of highways which are built in conformity with the grades specified by the highway engineering standard [Highways WTBZ-Technical Standard JTJ01-88]formulated by the Ministry of Communications, and have been formally checked and accepted by the departments of highways and put into use. The length of highways includes that of the suburb highways at large and medium-sized cities, highways passing through streets at small cities and towns, and also the length of bridges and ferry piers. It does not include the length of streets in big and medium-sized cities and highways built for the production purpose at factories, mines, forest areas and agricultural areas. If two or more highways go the same section of the way, the length of the section is only calculated for once and no duplication is allowed. The length of highways is an indicator to show the development of the scale of highway construction and to provide essential information to calculate the transport network density.

Length of Navigable Inland Waterways is an indicator reflecting the size and development of inland water network. It refers to the length of the natural rivers, lakes, reservoirs, canals, and ditches open to navigation during a given period, which enables transportation by ships and rafts. It includes the channels open to navigation for over an accumulated period of 3 months in a year, yet this does not include the river courses which are only used to float odd logs and bamboo rafts. This indicator can reflect the scale, level and development situation of the inland waterway network.

Freight (Passenger) Traffic refers to the volume of freight (passenger) transported with various means within a specific period of time. This indicator reflects the service of the transport industry towards the national economy and people's living conditions, as well as an important indicator used in formulating and monitoring transport production plans and research into the scale and pace of transport development. Freight transport is calculated in tons and passenger traffic is calculated in terms of number of persons. Freight transport is calculated in terms of the actual weight of the goods and takes no account of the type of freight and distance of travel. Passenger traffic is calculated by the principle that one person can be counted only once in one trip and takes no account of the travelling distance and ticket price. The passengers who travel with a half price ticket or a child's ticket is also calculated as one person.

Freight Ton-kilometres (Passenger-kilometres) refers to the sum of the product of the volume of transported cargo (passengers) multiplied by the transport distance. It is an important indicator to reflect the achievement of the transportation industry. This is an important indicator to show the total results of the transport industry; to prepare and examine the transport plan; and to serve as the main basic data for calculating the efficiency, labour productivity and unit cost of transport. Normally, the shortest distance between the departure station and the destination station (i.e., the payable distance) is the basis in calculating the freight ton-kilometres.

Average Daily Haul of Freight Locomotives refers to the average total ton-kilometres accomplished by each freight transport locomotive over one day and night during a given period of time. It includes both the weight of the goods carried and the dead weight of the train itself. It is a comprehensive indicator reflecting the locomotive efficiency in terms of both time and the pulling force.

$$\begin{matrix}\text{Average daily haul of}\\ \text{freight transport locomotive}\\ \text{(ton-kilometre)}\end{matrix} = \frac{\text{Total ton-kilometres of freight}}{\text{Daily number of freight transport locomotive}}$$

Business Volume of Post and Telecommunications refers to the total amount of postal and telecommunication services, expressed in value terms, provided by the post and telecommunications departments for society. Postal and telecommunication services can be classified as letters, parcels, remittance, issue of newspapers and magazines, fast mail service, express mail service, savings deposits, stamps for collection, facsimiles, long-distance telephone service, leasing of telephone lines, mobile telephone service, data transmission, income from leasing, maintenance, etc. The accounting approach is to multiply the service products of all types with their average unit price (constant price) to get the total business value, and to add to it income from other services such as leasing of telephone lines and equipment and maintenance of telephone switchboards and lines on behalf of customers. This indicator reflects the overall results of postal and telecommunication services during a given period, and is important for studying the composition of business service and the trend of development of postal and telecommunication services.

16

国内贸易和旅游

DOMESTIC TRADE AND TOURISM

◆355/388

资料整理：王杨帆、尹琼楠、刘 兴

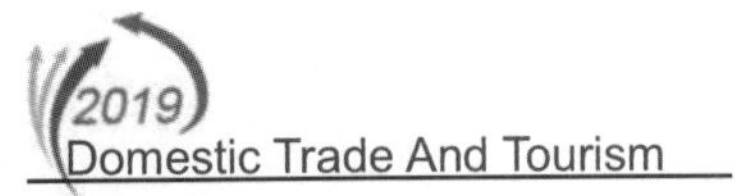

简要说明

一、本篇资料的主要内容

本篇资料主要反映全省国内贸易基本情况、零售市场的发展和批发和零售业商品流转情况、住宿和餐饮业经营情况以及主要财务状况；旅游的历年概况等。主要内容包括：社会消费品零售总额及其分组指标；城乡个体私营批发零售贸易、住宿餐饮业基本情况；限额以上批发和零售业、住宿和餐饮业基本情况、商品流转和经营情况、财务状况；亿元商品交易市场成交情况；旅游统计资料等。

二、本篇资料的统计范围

从事批发和零售业、住宿和餐饮业的法人企业、产业活动单位和个体户，以及年成交额在亿元以上的商品交易市场。

根据国家统计局对社会消费品零售总额指标调整的要求，我们对社会消费品零售总额进行了调整，即：1993年以后社会消费品零售总额指标不包括农业生产资料；1997年以后社会消费品零售总额指标不包括居民购买住房；2003年以后社会消费品零售总额指标不包括有各种经济类型的制造业法人企业、产业活动单位和个体工业，直接售给城乡居民（包括本企业职工）和社会集团的商品以及农民在田间地头出售的农产品。

限额以上批发和零售业、住宿和餐饮业统计限额标准：批发业，年主营业务收入2000万元及以上；零售业，年主营业务收入500万元及以上；住宿业、餐饮业，年主营业务收入200万元及以上。

国际旅游和国内旅游资料。

三、本篇的资料来源

本篇资料国内贸易部分是江西省统计局贸易外经处根据国家统计局制定的《批发和零售业、住宿和餐饮业统计报表制度》进行搜集和加工整理而得；城乡个体私营批发零售贸易、住宿餐饮业基本情况资料由省工商局提供；旅游资料来自省旅游局。

四、本篇的统计调查方法

本篇资料中限额以上批发和零售业、住宿和餐饮业法人企业资料和限额以下批发和零售业、住宿和餐饮企业及个体户的资料采用全面调查和抽样调查的方法取得；国际、国内旅游收入和旅游人数等指标采取抽样调查方法取得。

Brief Introduction

I. Main Contents

Data in this chapter reflect the development for the whole province of domestic market, development of retail trade, and circulation of commodities through wholesale and retail trades, and the operation, management and financial situation of hotels catering services and annual tourism. Main contents include total retail sales of consumer goods and its indicators by group; the basic conditions of private enterprises in wholesale and retail trades and catering services in urban and rural areas; the basic statistics of the wholesale and retail trades, hotels and catering services above designated size; circulation of commodities (in operation and financial terms); turnover of large commodity transaction markets with transaction over 100 million yuan; statistical information of tourism.

II. Scope of Statistics

This chapter Included corporation enterprises, economic active establishments and self-employed individuals of wholesale and retail trades; hotels and catering services and large commodity markets with transaction value over 100 million yuan.

Based on requests from national bureau of statistics, we adjusted datas of total retail sales of consumer goods since 1993, this indicator does not include means of agricultural production; since 1997, this indicator does not include purchase of houses by residents. Since 2003, this indicator does not include commodities sold to urban and rural households (including their own employees) and institutions directly by manufacturing corporations, establishments and individual manufacturers, nor farm products sold by farmers in the fields.

Criteria for wholesale and retail sale trades, hotels and catering services above designated size are as follows: wholesale trade, wholesale trade with annual principal business sales over 20 million yuan; retail trade, with annual principal business sales over 5 million yuan. The statistical unit of enterprises of hotel and catering services above the designated size is the annual income of main business at and over 2 million yuan.

Statistical information of home and aboard tourism.

III. Sources of Data

Data on domestic trade in this chapter are collected and processed in accordance with The Statistical Reporting Form System on Wholesale and Retail Trades, Hotels and Catering Services of the National Bureau of Statistics by the Department of Trade and External Economic Relations of Jiangxi Provincial Bureau of Statistics. Data on private enterprises in wholesale and retail trades and catering services in urban and rural areas are provided by Industry and Commerce Bureau of Jiangxi Province. Data on tourism are provided by Tourism Bureau of Jiangxi Province.

IV. Methods of Survey

Data on basic conditions for all corporate enterprises of wholesale and retail trades, hotels and catering services above designated size and enterprises and individual enterprises below the designated size are collected through comprehensive reporting form system and sample surveys. Data are reported to their next higher level. Data on private enterprises in wholesale and retail trades and catering services in urban and rural areas are offered by Jiangxi Administration for Industry and Commerce. Data on revenue and population of home and aboard tourism are collected from sample surveys.

16–1 社会消费品零售总额

Total Retail Sales of Consumer Goods

单位：万元 (10 000 yuan)

年 份 Year	社会消费品零售总额 Total Retail Sales of Consumer Goods	按行业分 Gruped by Sector				按所在地分 Grouped by Location		
		批发零售贸易业 Wholesale and Retail Trades	住宿餐饮业 Hotels and Catering Services	制造业 Manufacturing Industry	其他行业 Others	市 City	县 County	县以下 Below County Level
1980	454837	394464	14716	11925	33732	136117	124878	193842
1985	857101	624672	29833	67896	134700	284121	241686	331294
1990	1519351	992798	67288	123838	335427	565455	416650	537246
1991	1691914	1104809	76691	124733	385681	652942	452991	585981
1992	1976150	1252247	95006	140292	488605	773815	552926	649409
1993	2436197	1558161	133924	182450	561662	993276	647603	795318
1994	3309488	2170230	190318	225022	723918	1417590	842239	1049659
1995	4108625	2621800	240923	339499	906403	1754824	1032896	1320905
1996	4904426	3097082	324083	415364	1067896	2136075	1160310	1608041
1997	5585484	3393320	434171	422694	1335299	2509674	1328683	1747127
1998	6050877	3663941	487089	455056	1444791	2783772	1416479	1850626
1999	6504678	3976504	529461	472388	1526325	3024481	1504438	1975759
2000	7048677	4332119	601080	482100	1633378	3336519	1597858	2114300
2001	7633414	4719534	668622	505988	1739270	3689149	1712064	2232201
2002	8327099	5208415	750374	533849	1834461	4062171	1867732	2397196
2003	9232088	8120182	852549		259357	4553077	2066072	2612939
2004	10744928	9516427	1064138		164363	5545548	2358081	2841299
2005	12448931	11020953	1270375		157603	6449814	2737685	3261432
2006	14481923	12805426	1512142		164355	7594410	3170514	3716999
2007	17189295	15175878	1834720		178697	9097512	3736589	4355194
2008	21417862	18879278	2335508		203076	11161236	4583190	5370136
2009	24844266	21855608	2785850		202808	13305829	5317196	6221240

16-1 续表 continued

单位：万元 (10 000 yuan)

年 份 Year	社会消费品零售总额 Total Retail Sales of Consumer Goods	按行业分 Gruped by Sector				按所在地分 Grouped by Location		
		批发业 Wholesale Trades	零售业 Retail Trades	住宿业 Hotels Services	餐饮业 Catering Services	城镇 City and Town	城区 County Proper	乡村 Below County Level
2010	29562073	4740892	21340866	358522	3121793	24659839	14614792	4902234
2011	35599147	7671238	22858294	530335	4539280	29531016	17705183	6068131
2012	41230342	9033701	26283758	586522	5326360	34214590	20861469	7015752
2013	46960018	10402336	29923465	651355	5982862	39100476	25350871	7859542
2014	52926290	11610565	34370161	717601	6227963	44222325	28362972	8703965
2015	59255007	11842974	39908894	790023	6713116	49150612	31187097	10104395
2016	66346275	9870910	48260448	783248	7431670	54918204	35366168	11428071
2017	74480901	10859854	54646655	916558	8057834	61673143	40282065	12807758
2018	75664438	10150760	55976137	903790	8633751	63997063	36931552	11667375
南昌市 Nanchang	21316307	2273939	17132941	184457	1724969	19606411	12185162	1709896
景德镇市 Jingdezhen	3406578	1119369	1756764	25733	504713	2950196	1807264	456383
萍乡市 Pingxiang	3848322	317716	2937931	28123	564552	3142297	1579763	706025
九江市 Jiujiang	7521037	643017	5544076	156721	1177223	5811408	3305340	1709629
新余市 Xinyu	2743622	248010	1768234	17663	709715	2395713	1387049	347910
鹰潭市 Yingtan	2207915	483342	1294380	60820	369373	1893456	1475008	314459
赣州市 Ganzhou	9017126	1401112	6715756	87919	812338	7456037	3269162	1561089
吉安市 Ji'an	5141948	329024	4075545	33670	703709	4286031	3105255	855917
宜春市 Yichun	6760270	885315	4851920	47369	975667	5381092	2773407	1379178
抚州市 Fuzhou	5441371	474033	4263168	44695	659475	4566685	2316541	874686
上饶市 Shangrao	8259941	1975883	5635421	216621	432016	6507736	3727600	1752205

注：2010年国家统计制度作了修订，社会消费品零售总额统计分组发生变化。

a) The classification of Total Rotal Retail Sales of Consumer God has been adjusted due to the modification of the national statistical system in 2010.

16-2 限额以上批发零售贸易法人企业商品购进、销售、库存总额(2018年)

单位：万元

指　　标	Item	法人企业(个) Number of Corporation(unit)	购进总额 Total Purchases	#进口 Imports
总　计	**Total**	**4482**	**44294852**	**524496**
批发业	**Wholesale Trade**	**1348**	**27931530**	**307655**
按登记注册类型分	**By Types of Registration**			
内资企业	Domestic Funded Enterprises	1340	27382382	296497
国有企业	State-owned Enterprises	46	3357234	
集体企业	Collective-owned Enterprises	7	32546	
有限责任公司	Limited Liability Corporations	509	14849880	227433
国有独资公司	State Sole Funded Corporations	9	89378	
其他有限责任公司	Other Limited Liability Corporations	500	14760502	227433
股份有限公司	Share-holding Corporations Ltd.	52	2164060	
私营企业	Private Enterprises	720	6965574	69064
#私营有限责任公司	Private Limited Liability Corporations	680	6706105	69064
私营股份有限公司	Private Share-holding Corporations Ltd.	26	214836	
其他企业	Other Enterprises	5	10189	
港澳台商投资企业	Enterprises with Funds from Hong Kong, Macao and Taiwan	4	135944	
港澳台商独资企业	Enterprises with Sole Funds	3	133120	
港澳台商投资股份有限公司	Share-holding Corporations Ltd. with Funds	1	2825	
外商投资企业	Foreign Funded Enterprises	4	413203	11158
#中外合资经营企业	Joint-venture Enterprises	2	283778	11158
外资企业	Enterprises with Sole Foreign Funds	1	108617	
按国民经济行业分	**By Sector**			
农、林、牧产品批发业	Wholesale of Farm Produce and Livestock Products	73	604565	
食品、饮料及烟草制品批发业	Wholesale of Food, Beverages and Tobaccos	190	4447832	7304
#米、面制品及食用油批发业	Wholesale of Rice, Flour and Edible Oil	31	231918	986
烟草制品批发业	Whole of Tobaccos	11	3090452	
纺织、服装及家庭用品批发业	Wholesale of Textiles, Garments and Daily Consumer Articles	93	1309984	12161
#服装批发业	Wholesale of Garments	19	269990	1969
家用电器批发业	Wholesale of Household Electrical Appliances	28	805134	
文化、体育用品及器材批发业	Wholesale of Culture, Sports Appliances and Equipment	19	274016	
医药及医疗器材批发业	Wholesale of Medicines and Medical Appliances	272	5200970	5343
矿产品、建材及化工产品批发业	Wholesale of Mineral Products, Building Materials and Chemical Products	434	9998003	112463
#煤炭及制品批发业	Wholesale of Coal and Related Products	39	977095	
石油及制品批发业	Wholesale of Petrolem and Related Products	42	2090460	
金属及金属矿批发业	Wholesale of Metal Materials	123	5186334	54942
建材批发业	Wholesale of Building Materials	128	992655	
化肥批发业	Wholesale of Chemical Fertilizer	35	243499	1224
机械设备、五金交电及电子产品批发业	Wholesale of Machinery, Hardware and Electronic Equipment	182	5169802	132642
#汽车批发业	Wholesale of Motor Vehicles	47	2864633	4501
计算机、软件及辅助设备批发业	Wholesale of Computer, Software and Assistant Appliances	17	70210	
[illegible]	Trade Broker and Agency	[illegible]	[illegible]	[illegible]
其他批发业	Other Wholesale not Classified Elsewhere	56	544656	11

Total Purchases, Sales and Inventory of Enterprise above Designated Size in Wholesale and Retail Sale Trades (2018)

(10 000 yuan)

销售总额 Total Sales	批发 Wholesale Trade	出口 Exports	零售 Retail Trade	年末库存总额 Inventory (year-end)
58497646	**33812611**	**1149448**	**24685035**	**4131345**
37485710	**32236792**	**1136976**	**5248918**	**2126539**
36887985	31673854	891356	5214131	2112069
5175489	4971803	13243	203687	341749
35397	27827		7569	2411
17737982	16440442	606988	1297540	973161
628594	375652		252941	15538
17109389	16064790	606988	1044599	957623
4805470	1877147	9153	2928323	320111
9119250	8343096	261971	776154	472130
8810174	8068816	256888	741358	449258
261754	232357	5083	29397	19403
11118	10462		656	661
136255	114629	9383	21626	12413
133423	112248	9383	21175	12350
2831	2380		451	63
461470	448309	236237	13161	2058
295505	295505	236237		857
142923	129762		13161	1201
689043	601872	41383	87172	168429
6822577	6399520	39286	423057	426319
253279	209879		43399	114231
4704345	4700286		4059	188779
1467444	1336531	119474	130912	111725
266863	202742	51379	64121	23892
860074	824252		35822	69845
343057	336585		6472	12153
7161435	6853268	71460	308167	437324
14182628	10298047	170294	3884581	691921
1112534	1056270		56264	35582
5325919	1721855		3604064	310200
5492760	5443118	127626	49642	249113
1326202	1203037	5866	122355	47801
266136	253305		12831	25531
5680301	5304944	550242	375357	204250
3051953	2800058	238106	251895	49302
86403	75076		11326	2934
392617	391877	96792	740	5788
746609	714148	48045	32461	68631

16-2 续表

单位：万元

指标	Item	法人企业（个）Number of Corporation(unit)	购进总额 Total Purchases	#进口 Imports
零售业	**Retail Trade**	**3134**	**16363323**	**216841**
按登记注册类型分	**By Types of Registration**			
内资企业	Domestic Funded Enterprises	3105	15473177	216321
国有企业	State-owned Enterprises	19	70133	
股份合作企业	Cooperative Enterprises	4	15311	
有限责任公司	Limited Liability Corporations	917	7336299	97032
国有独资公司	State Sole Funded Corporations	8	92251	
其他有限责任公司	Other Limited Liability Corporations	909	7244048	97032
股份有限公司	Share-holding Corporations Ltd.	61	794810	27841
私营企业	Private Enterprises	2088	7211091	91447
私营独资企业	Private-funded Enterprises	77	74160	432
私营合伙企业	Private Share-holding Corporations Ltd.	20	21838	
私营有限责任公司	Private Limited Liability Corporations	1940	6823012	90947
私营股份有限公司	Private Share-holding Corporations Ltd.	51	292081	68
其他企业	Other Enterprises	10	7168	
港澳台商投资企业	Enterprises with Funds from Hong Kong, Macao and Taiwan	18	569785	520
#与港澳台商合资经营企业	Joint-venture Enterprises	3	9330	
港澳台商独资企业	Enterprises with Sole Funds	13	549980	520
外商投资企业	Foreign Funded Enterprises	11	320360	
中外合资经营企业	Joint-venture Enterprises	4	158136	
外资企业	Enterprises with Sole Foreign Funds	5	160784	
按国民经济行业分	**By Sector**			
综合零售业	Integrated Retail	344	2640704	1153
#百货零售业	Retail of General Merchandise	149	1642069	1
超级市场零售业	Retail of Supermarkets	168	933009	520
食品、饮料及烟草制品专门零售业	Retail of Food, Beverages and Tobaccos	329	753077	5070
纺织、服装及日用品专门零售业	Special Retail of Textiles, Garments and Daily Consumer Articles	130	322204	490
#服装零售业	Retail of Garments	65	171571	
文化、体育用品及器材专门零售业	Retail of Culture, Sports Appliances and Equipment	71	993983	27999
#图书、报刊零售业	Wholesale of Books, Newspapers and Periodicald	4	764996	
医药及医疗器材专门零售业	Retail of Medicines and Medical Appliances	117	537620	
#西药药品零售业	Retail of Western Medicines	74	406995	
汽车、摩托车、燃料及零配件专门零售业	Retail of Motor Vehicles, Motorcycles, Fuel and Parts	1190	8141702	162851
#汽车零售业	Retail of Motor Vehicles	1059	7413606	162419
机动车燃料零售业	Retail of Fuel of Motor Vehicles	73	555841	432
家用电器及电子产品专门零售业	Special Retail of Household Electric Appliances and Electronic Products	420	1381057	7388
#家用电器零售业	Retail of Household Electric Appliances	242	887937	5001
计算机、软件及辅助设备零售业	Retail of Computer, Software and Assistant Appliances	96	157573	
通讯设备零售业	Retail of Communication Equipments	49	221275	
五金、家具及室内装修材料专门零售业	Special Retail of Hardware, Furniture and Decoration Materials	219	314851	8476
货摊、无店铺及其他零售业	Non-shop and Other Retails	314	1278125	3413

continued

(10 000 yuan)

销售总额 Total Sales	批发 Wholesale Trade	#出口 Exports	零售 Retail Trade	年末库存总额 Inventory (year-end)
21011936	**1575819**	**12472**	**19436117**	**2004805**
19985992	1567678	12472	18418315	1939533
87282	3896		83386	12779
23251	460		22791	597
9576208	982584	138	8593624	726526
98717			98717	12416
9477491	982584	138	8494907	714110
1052976	118812		934164	379476
9183163	457112	12333	8726051	814471
90565	2434		88131	6107
29284	463		28821	2246
8688296	445913	12333	8242383	751793
375018	8302		366716	54326
15382	2734		12647	1035
631432	8141		623290	23809
11816			11816	921.6
604032	8141		595890	22678
394512			394512	41463
156730			156730	13041
235969			235969	28346
3548404	48642	38	3499762	357441
2318143	38126		2280017	242015
1145807	7093		1138714	110259
1037630	162672		874958	67363
439502	15292	6	424210	40569
206369	5837		200532	22144
1075573	391364	30	684209	93879
775583	308387		467196	42453
709429	45044		664386	119854
507481	14614		492867	96370
10451258	465402		9985856	959910
8884140	136056		8748084	927308
1369083	284207		1084876	19792
1648148	317883		1330265	116608
1055908	157321		898586	86589
205909	29805		176104	9698
246903	123083		123820	11877
450642	31495	38	419147	30322
1651350	98025	12360	1553324	218859

16-3 限额以上批发零售贸易法人企业主要财务指标（2018年）

单位：万元

类　　别	Type	流动资产合计 Total Current Assets
总　计	**Total**	**22050102**
批发业	**Wholesale Trade**	**14209190**
按登记注册类型分	**By Types of Registration**	
内资企业	Domestic Funded Enterprises	14009668
国有企业	State-owned Enterprises	1569522
集体企业	Collective-owned Enterprises	7199
有限责任公司	Limited Liability Corporations	7975945
国有独资公司	State Sole Funded Corporations	211528
其他有限责任公司	Other Limited Liability Corporations	7764417
股份有限公司	Share-holding Corporations Ltd.	1483786
私营企业	Private Enterprises	2967900
#私营独资企业	Private-funded Enterprises	11568
私营有限责任公司	Private Limited Liability Corporations	2852326
港澳台商投资企业	Enterprises with Funds from Hong Kong, Macao and Taiwan	66451
#港澳台商独资企业	Enterprises with Sole Funds	66045
外商投资企业	Foreign Funded Enterprises	133071
#中外合资经营企业	Joint-venture Enterprises	86700
外资企业	Enterprises with Sole Foreign Funds	37386
按国民经济行业分	**By Sector**	
农、林、牧产品批发业	Wholesale of Farm Produce and Livestock Products	222514
食品、饮料及烟草制品批发业	Wholesale of Food, Beverages and Tobaccos	2023725
#米、面制品及食用油批发业	Wholesale of Rice, Flour and Edible Oil	62959
烟草制品批发业	Wholesale of Tobaccos	1410805
纺织、服装及家庭用品批发业	Wholesale of Textiles, Garments and Daily Consumer Articles	716602
#服装批发业	Wholesale of Garments	81434
家用电器批发业	Wholesale of Household Electrical Appliances	545577
文化、体育用品及器材批发业	Wholesale of Culture, Sports Appliances and Equipments	133898
医药及医疗器材批发业	Wholesale of Medicines and Medical Appliances	3313467
矿产品、建材及化工产品批发业	Wholesale of Mineral Products, Building Materials and Chemical Products	5515432
#煤炭及制品批发业	Wholesale of Coal and Related Products	530675
石油及制品批发业	Wholesale of Petrolem and Related Products	1298514
金属及金属矿批发业	Wholesale of Metal Materials	2541398
建材批发业	Wholesale of Building Materials	908866
化肥批发业	Wholesale of Chemical Fertilizer	58072
机械设备、五金交电及电子产品批发业	Wholesale of Machinery, Hardware and Electronic Equipment	1987550
#汽车批发业	Wholesale of Motor Vehicle	883928
计算机、软件及辅助设备批发业	Wholesale of Computer, Software and Assistant Appliances	15271
贸易经纪与代理	Trade Broker and Agency	92168
其他批发业	Other Wholesale not Classified Elsewhere	203835

Main Financial Indicators of Enterprises above Designated Size of Wholesale and Retail Sale Trades (2018)

(10 000 yuan)

固定资产合计 Total Fixed Assets	固定资产原价 Original Value of Fixed Assets	资产总计 Total Assets	负债合计 Total Liabilities	所有者权益合计 Total Owners' Equities
2801432	**4600579**	**29079057**	**19823423**	**9255633**
1523130	**2478222**	**18010357**	**12399853**	**5610504**
1502764	2450601	17776986	12250848	5526138
257858	483624	1963384	550621	1412762
1133	1481	8614	4756	3858
667697	1107296	9625960	7712553	1913407
38555	68286	334929	207832	127097
629142	1039010	9291031	7504721	1786310
266281	434776	2410884	1426596	984288
307375	419566	3759148	2550993	1208155
4879	7235	18176	11234	6942
227762	331829	3544722	2425969	1118753
9142	11842	76370	41058	35312
9105	11799	75927	40872	35055
11224	15779	157001	107947	49054
11224	15775	110538	92470	18067
		37386	8324	29063
90641	164058	401335	246870	154465
309200	574296	2566219	950030	1616190
22090	38415	117137	58063	59074
174174	344209	1660241	335738	1324504
11796	17549	746416	632633	113783
1514	3164	89752	58172	31581
1062	1965	552672	499402	53270
1156	2094	139139	100467	38672
171716	249780	3920430	2970949	949481
788632	1272640	7673991	5373630	2300361
342512	554859	965867	710510	255356
339975	560598	2418129	1366083	1052047
21782	32635	2464294	2181092	283202
34312	61543	1510177	939052	571125
11086	13729	73844	50634	23210
64918	102271	2151083	1861518	289565
25682	41553	939523	867987	71536
423	879	47091	34411	12679
1851	4372	101082	73848	27234
83220	91162	310663	189910	120753

16-3 续表1

单位：万元

类 别	Type	流动资产合计 Total Current Assets
零售业	**Retail Trade**	**7840912**
按登记注册类型分	**By Types of Registration**	
内资企业	Domestic Funded Enterprises	7624020
国有企业	State-owned Enterprises	35570
股份合作企业	Cooperative Enterprises	4157
有限责任公司	Limited Liability Corporations	3901973
国有独资公司	State Sole Funded Corporations	36885
其他有限责任公司	Other Limited Liability Corporations	3865088
股份有限公司	Share-holding Corporations Ltd.	670454
私营企业	Private Enterprises	3001646
私营独资企业	Private-funded Enterprises	17049
私营合伙企业	Private Partnership Enterprises	13617
私营有限责任公司	Private Limited Liability Corporations	2857362
私营股份有限公司	Private Share-holding Corporations Ltd.	113618
其他企业	Other Enterprises	2456
港澳台商投资企业	Enterprises with Funds from Hong Kong, Macao and Taiwan	109355
#与港澳台商合资经营企业	Joint-venture Enterprises	8668
港澳台商独资企业	Enterprises with Sole Funds	95982
外商投资企业	Foreign Funded Enterprises	107537
中外合资经营企业	Joint-venture Enterprises	26039
外资企业	Enterprises with Sole Foreign Funds	78080
按国民经济行业分	**By Sector**	
综合零售业	Integrated Retail	1188978
#百货零售业	Retail of General Merchandise	849077
超级市场零售业	Retail of Supermarkets	319321
食品、饮料及烟草制品专门零售业	Retail of Food, Beverages and Tobaccos	461428
纺织、服装及日用品专门零售业	Special Retail of Textiles, Garments and Daily Consumer Articles	157967
#服装零售业	Retail of Garments	101029
文化、体育用品及器材专门零售业	Retail of Culture, Sports Appliances and Equipment	1493603
#图书、报刊零售业	Wholesale of Books, Newspapers and Periodicald	854326
医药及医疗器材专门零售业	Retail of Medicines and Medical Appliances	339133
#西药药品零售业	Retail of Western Medicines	262299
汽车、摩托车、燃料及零配件专门零售业	Retail of Motor Vehicles, Motorcycles, Fuel and Parts	2978533
#汽车零售业	Retail of Motor Vehicles	2751377
机动车燃料零售业	Retail of Fuel of Motor Vehicles	169112
家用电器及电子产品专门零售业	Special Retail of Household Electric Appliances and Electronic Products	531326
#家用电器零售业	Retail of Household Electric Appliances	275000
计算机、软件及辅助设备零售业	Retail of Computer, Software and Assistant Appliances	77454
通讯设备零售业	Retail of Communication Equipments	92866
五金、家具及室内装修材料专门零售业	Special Retail of Hardware, Furniture and Decoration Materials	177663
货摊、无店铺及其他零售业	Non-shop and Other Retails	512281

continued

(10 000 yuan)

固定资产合计 Total Fixed Assets	固定资产原价 Original Value of Fixed Assets	资产总计 Total Assets	负债合计 Total Liabilities	所有者权益合计 Total Owners' Equities
1278302	**2122357**	**11068700**	**7423571**	**3645129**
1210978	1976845	10556943	6950384	3606559
9594	15707	60732	37257	23476
832	1193	5391	2471	2920
555301	913766	5513113	3562979	1950134
6436	9653	46082	29304	16778
548865	904113	5467031	3533675	1933356
84533	198214	886538	632397	254141
557271	843018	4076524	2707425	1369099
14251	20418	39142	18357	20786
4709	6251	19838	4909	14929
461335	720361	3793905	2558608	1235297
76975	95988	223638	125552	98087
2038	2954	4982	1414	3568
51244	90276	365760	332201	33559
1286	2726	12826	8590	4236
46634	81824	341591	316901	24690
16080	55237	145997	140985	5012
2901	16882	31041	44469	-13428
12728	37402	110692	94653	16039
395684	702706	2088010	1629809	458201
176006	361364	1378474	1168933	209541
203079	318260	663587	429442	234146
118660	162900	717314	284218	433096
20464	41941	217517	109234	108282
7749	21457	135986	73899	62087
116652	167273	2088254	1116452	971803
92733	129379	1135330	465099	670231
23138	37272	421198	341400	79799
18921	31821	338747	280492	58255
457646	731752	4003032	2920876	1082156
361917	587158	3547770	2633283	914488
82501	124299	381547	247875	133671
38746	68599	630837	425445	205392
25053	42533	336302	232782	103520
6596	14888	102448	43327	59121
1613	3924	97734	72163	25571
17476	30986	243365	145174	98191
89836	178929	659174	450964	208210

16-3 续表2

单位：万元

类　　　　别	Type	营业收入 Revenue from Business
总　　计	**Total**	**53068078**
批发业	**Wholesale Trade**	**33755340**
按登记注册类型分	**By Types of Registration**	
内资企业	Domestic Funded Enterprises	33187036
国有企业	State-owned Enterprises	4566027
集体企业	Collective-owned Enterprises	33839
有限责任公司	Limited Liability Corporations	16150981
国有独资公司	State Sole Funded Corporations	584728
其他有限责任公司	Other Limited Liability Corporations	15566253
股份有限公司	Share-holding Corporations Ltd.	4239704
私营企业	Private Enterprises	8182536
#私营独资企业	Private-funded Enterprises	37501
私营有限责任公司	Private Limited Liability Corporations	7897203
港澳台商投资企业	Enterprises with Funds from Hong Kong, Macao and Taiwan	120375
#港澳台商独资企业	Enterprises with Sole Funds	118544
外商投资企业	Foreign Funded Enterprises	447929
#中外合资经营企业	Joint-venture Enterprises	290054
外资企业	Enterprises with Sole Foreign Funds	134833
按国民经济行业分	**By Sector**	
农、林、牧产品批发业	Wholesale of Farm Produce and Livestock Products	620161
食品、饮料及烟草制品批发业	Wholesale of Food, Beverages and Tobaccos	5806023
#米、面制品及食用油批发业	Wholesale of Rice, Flour and Edible Oil	213312
烟草制品批发业	Wholesale of Tobaccos	4146755
纺织、服装及家庭用品批发业	Wholesale of Textiles, Garments and Daily Consumer Articles	1340179
#服装批发业	Wholesale of Garments	239703
家用电器批发业	Wholesale of Household Electrical Appliances	766428
文化、体育用品及器材批发业	Wholesale of Culture, Sports Appliances and Equipment	310064
医药及医疗器材批发业	Wholesale of Medicines and Medical Appliances	6523925
矿产品、建材及化工产品批发业	Wholesale of Mineral Products, Building Materials and Chemical Products	12835134
#煤炭及制品批发业	Wholesale of Coal and Related Products	1070513
石油及制品批发业	Wholesale of Petrolem and Related Products	4695968
金属及金属矿批发业	Wholesale of Metal Materials	4949575
建材批发业	Wholesale of Building Materials	1261057
化肥批发业	Wholesale of Chemical Fertilizer	256864
机械设备、五金交电及电子产品批发业	Wholesale of Machinery, Hardware and Electronic Equipment	5241375
#汽车批发业	Wholesale of Motor Vehicles	2876979
计算机、软件及辅助设备批发业	Wholesale of Computer, Software and Assistant Appliances	81810
贸易经纪与代理	Trade Broker and Agency	381779
其他批发业	Other Wholesale not Classified Elsewhere	696700

continued

(10 000 yuan)

营业成本 Cost of Business	营业税金及附加 Taxes and Other Charges on Business	营业利润 Profits	利润总额 Total Profits	本年应交增值税 Valued Added Payable
46462782	**734563**	**1744735**	**1752810**	**914012**
29639265	**644278**	**1147495**	**1179104**	**640765**
29113450	643313	1132087	1162774	637714
3261318	554339	506661	510738	202090
29155	359	1707	1765	177
14737988	45849	305401	318927	228441
548824	980	3267	5264	4056
14189164	44869	302134	313663	224385
3929177	7722	90903	90121	36060
7143835	35032	226284	240396	170975
34340	305	809	1491	973
6889246	32711	223793	237422	167043
105564	276	5425	5928	2103
103749	275	5424	5927	2102
420252	690	9983	10402	948
273805	328	4591	4922	614
125638	357	5407	5482	334
543639	826	18646	22743	3613
4305255	564077	569038	579286	209875
197011	558	4345	7902	375
2900870	553486	505848	509800	197747
1265017	2471	29099	28054	8042
225714	291	7392	7584	1311
732325	1354	15940	16076	3296
279741	522	9950	10187	1871
5228470	28088	216169	240369	229011
12058306	39072	252129	247611	142972
968353	7252	22922	17278	14827
4353457	9333	89735	87755	38246
4827507	10972	48460	52154	54892
1127288	6937	73294	71250	25981
238981	2033	5391	5505	860
4931585	5803	42225	45321	33737
2720364	1917	11897	11682	6763
73570	116	1293	1213	495
367180	267	4859	146	1756
660072	3151	5380	5388	9888

16-3　续表3

单位：万元

类　　别	Type	营业收入 Revenue from Business
零售业	**Retail Trade**	**19312737**
按登记注册类型分	**By Types of Registration**	
内资企业	Domestic Funded Enterprises	18348504
国有企业	State-owned Enterprises	78808
股份合作企业	Cooperative Enterprises	21365
有限责任公司	Limited Liability Corporations	8729876
国有独资公司	State Sole Funded Corporations	98929
其他有限责任公司	Other Limited Liability Corporations	8630948
股份有限公司	Share-holding Corporations Ltd.	1005800
私营企业	Private Enterprises	8451460
私营独资企业	Private-funded Enterprises	89898
私营合伙企业	Private Partnership Enterprises	27055
私营有限责任公司	Private Limited Liability Corporations	7978753
私营股份有限公司	Private Share-holding Corporations Ltd.	355755
其他企业	Other Enterprises	14791
港澳台商投资企业	Enterprises with Funds from Hong Kong, Macao and Taiwan	614530
#与港澳台商合资经营企业	Joint-venture Enterprises	11914
港澳台商独资企业	Enterprises with Sole Funds	587613
外商投资企业	Foreign Funded Enterprises	349704
中外合资经营企业	Joint-venture Enterprises	138793
外资企业	Enterprises with Sole Foreign Funds	209210
按国民经济行业分	**By Sector**	
综合零售业	Integrated Retail	3302187
#百货零售业	Retail of General Merchandise	2182413
超级市场零售业	Retail of Supermarkets	1042786
食品、饮料及烟草制品专门零售业	Retail of Food, Beverages and Tobaccos	960766
纺织、服装及日用品专门零售业	Special Retail of Textiles, Garments and Daily Consumer Articles	413877
#服装零售业	Retail of Garments	191102
文化、体育用品及器材专门零售业	Retail of Culture, Sports Appliances and Equipment	1086936
#图书、报刊零售业	Wholesale of Books, Newspapers and Periodicald	798852
医药及医疗器材专门零售业	Retail of Medicines and Medical Appliances	651545
#西药药品零售业	Retail of Western Medicines	466100
汽车、摩托车、燃料及零配件专门零售业	Retail of Motor Vehicles, Motorcycles, Fuel and Parts	9593674
#汽车零售业	Retail of Motor Vehicles	8180659
机动车燃料零售业	Retail of Fuel of Motor Vehicles	1238143
家用电器及电子产品专门零售业	Special Retail of Household Electric Appliances and Electronic Products	1451942
#家用电器零售业	Retail of Household Electric Appliances	913298
计算机、软件及辅助设备零售业	Retail of Computer, Software and Assistant Appliances	193995
通讯设备零售业	Retail of Communication Equipments	219416
五金、家具及室内装修材料专门零售业	Special Retail of Hardware, Furniture and Decoration Materials	361218
货摊、无店铺及其他零售业	Non-shop and Other Retails	1490593

continued

(10 000 yuan)

营业成本 Cost of Business	营业税金及附加 Taxes and Other Charges on Business	营业利润 Profits	利润总额 Total Profits	本年应交增值税 Valued Added Payable
16823517	**90285**	**597239**	**573705**	**273247**
16017676	88539	586147	561570	263511
70841	102	1372	2203	845
20030	129	687	707	220
7707620	33607	228316	207988	124182
85680	258	7537	7544	5167
7621940	33349	220780	200444	119015
833956	6308	18124	16941	17254
7329986	47611	335360	331385	119356
73324	831	7684	6918	880
21695	251	2889	2893	595
6935101	45126	317068	313385	112903
299867	1404	7719	8189	4978
12573	13	933	970	32
512502	1099	11670	11233	5224
9490	73	1054	1053	227
492166	981	10269	9831	3516
293339	647	-578	901	4512
120259	270	-1303	410	2028
171668	372	766	514	2437
2725371	23360	85859	70179	38809
1823958	11387	52178	38317	23070
838533	11494	37420	35565	15092
763039	6897	63583	62765	17759
322205	4085	16965	16818	12874
155665	3059	6911	6634	9099
874660	4481	80424	74195	23803
624557	2399	80099	72356	19935
494391	3077	15529	15809	16687
359857	2223	8072	7575	10292
8743315	31984	219263	217970	119103
7418892	29143	201673	200510	109019
1163796	1958	13274	13220	8626
1291622	5686	29070	29097	18661
816370	3233	17011	16958	11256
169119	1270	7129	6974	3063
201703	504	-444	-242	2293
297991	2740	24521	25093	7378
1310923	7977	62027	61780	18175

16–4 限额以上餐饮法人企业主要财务指标（2018年）

单位：万元

类　　别	Type	流动资产合计 Total Current Assets	固定资产合计 Total Fixed Assets	固定资产原价 Original Value of Fixed Assets
总　　计	**Total**	**366880**	**301081**	**437930**
按登记注册类型分组	**By Types of Registration**			
内资企业	Domestic Funded Enterprises	341073	264428	385934
国有企业	State-owned Enterprises	4889	10208	14658
股份合作企业	Cooperative Enterprises	3036	4	752
有限责任公司	Limited Liability Corporations	162844	120836	171912
其他有限责任公司	Other Limited Liability Corporations	160390	114861	165011
股份有限公司	Share-holding Corporations Ltd.	4861	651	1600
私营企业	Private Enterprises	165247	132705	196986
私营独资企业	Privat-funded Enterprises	11901	26866	31438
私营合伙企业	Private Partnership Enterprises	3164	2397	3431
私营有限责任公司	Private Limited Liability Corporations	139960	99527	156465
私营股份有限公司	Private Share-holding Corporations Ltd.	10223	3914	5651
港澳台商投资企业	Enterprises with Funds from Hong Kong, Macao and Taiwan	22802	29361	36292
与港澳台商合资经营企业	Joint-venture Enterprises	18958	499	2412
港澳台商独资企业	Enterprises with Sole Funds	3844	28862	33880
外商投资企业	Foreign Funded Enterprises	3005	7292	15704
外资企业	Enterprises with Sole Foreign Funds	2834	7272	15660
外商投资股份有限公司	Foreign Investment Share-holding Corporations Ltd.	172	20	43
按国民经济行业分组	**By Sector**			
正餐服务业	Dinner	358947	292573	420067
快餐服务业	Snack	3899	8032	17208

Main Financial Indicators of Enterprises above Designated Size in Catering Services (2018)

(10 000 yuan)

资产总计 Total Assets	负债合计 Total Liabilities	所有者权益合计 Total Owners' Equities	营业收入 Revenue from Business	营业成本 Cost of Business	营业税金及附加 Taxes and Other Charges on Business	营业利润 Profits	营业外收入 Other Income	利润总额 Total Profits
909120	**655788**	**253332**	**527201**	**306996**	**7103**	**44124**	**1431**	**43405**
824325	583687	240639	440216	264087	6892	33116	1134	32269
20668	8514	12154	14520	7782	134	131	29	73
3040	4041	-1001	805	349	4	-99		-99
419633	351290	68343	136296	86820	1664	6741	517	5954
410108	348713	61395	126794	79055	1227	6106	517	5319
6194	2507	3687	8335	5586	166	253	2	253
374313	217257	157057	280006	163447	4916	26071	586	26070
42324	17465	24860	22226	14164	316	3050	16	3054
7399	1788	5611	10031	5842	109	1078		1078
309655	194067	115588	236893	135143	4242	21133	569	21127
14935	3937	10998	10857	8298	250	810	1	811
59995	60000	-5	7660	2835	70	-314	37	-276
19458	23304	-3846	3155	1872	13	-382	3	-379
40537	36696	3841	4505	963	57	68	35	103
24799	12102	12698	79324	40075	142	11322	260	11412
24578	12059	12519	78331	39540	135	11295	258	11384
[illegible]	[illegible]	[illegible]	[illegible]	[illegible]	7	27	2	28
876266	638282	237983	435895	258931	6762	31959	1161	31193
27788	14594	13195	85358	43921	232	11360	264	11401

16-5 限额以上住宿法人企业主要财务指标（2018年）

单位：万元

类　　别	Type	流动资产合计 Total Current Assets	固定资产合计 Total Fixed Assets	固定资产原价 Original Value of Fixed Assets
总　　计	**Total**	**922719**	**1033940**	**1523328**
按登记注册类型分组	**By Types of Registration**			
内资企业	Domestic Funded Enterprises	905361	1004237	1470147
国有企业	State-owned Enterprises	50876	86419	139038
联营企业	Associated Enterprises	407	2129	3020
有限责任公司	Limited Liability Corporations	421331	424505	661943
其他有限责任公司	Other Limited Liability Corporations	400928	390247	616062
股份有限公司	Share-holding Corporations Ltd.	39466	47930	74182
私营企业	Private Enterprises	392464	443139	591615
私营独资企业	Private-funded Enterprises	2775	7617	10756
私营合伙企业	Private Partnership Enterprises	7013	10284	12483
私营有限责任公司	Private Limited Liability Corporations	380234	420219	560752
私营股份有限公司	Private Share-holding Corporations Ltd.	2441	5019	7625
其他企业	Other Enterprises	818	115	350
港澳台商投资企业	Enterprises with Funds from Hong Kong, Macao and Taiwan	11801	20725	37323
与港澳台商合资经营企业	Joint-venture Enterprises	759	1302	3163
港澳台商独资企业	Enterprises with Sole Funds	11042	19423	34160
外商投资企业	Foreign Funded Enterprises	5557	8978	15859
中外合资经营企业	Joint-venture Enterprises	4921	5843	9569
外资企业	Enterprises with Sole Foreign Funds	544	2745	5789
按国民经济行业分组	**By Sector**			
旅游饭店	Tourism Hotel	732997	840626	1257033
一般旅馆	General Hotel	146205	137119	196209
其他住宿服务	Other Residential Services	41226	52326	63449

Main Financial Indicators of Enterprises above Designated Size of Hotels (2018)

(10 000 yuan)

资产总计 Total Assets	负债合计 Total Liabilities	所有者权益合计 Total Owners' Equities	营业收入 Revenue from Business	营业成本 Cost of Business	营业税金及附加 Taxes and Other Charges on Business	营业利润 Profits	营业外收入 Other Income	利润总额 Total Profits
2743097	**1853754**	**889343**	**766870**	**356439**	**15145**	**1088**	**4072**	**1504**
2660355	1795247	865108	743656	346854	14680	-250	3959	56
191097	70346	120752	60448	32197	1884	-2611	1235	-1735
2536	2334	202	4163	1735	11	146		146
1325049	918776	406274	322806	143287	5484	-12514	1437	-13127
1231392	847803	383590	307578	138573	5189	-11227	1415	-11826
94892	61437	33455	23723	14446	592	-1049	485	-718
1045763	742090	303673	332244	155108	6708	15687	803	15398
14040	8666	5374	10023	6819	306	1032	11	1033
18943	2427	16516	8048	4125	104	1469	11	1478
1002945	727778	275167	305422	138560	6160	12074	781	11773
9836	3220	6616	8752	5604	138	1113		1113
1018	264	754	272	82	1	91		91
61165	36114	25051	14818	7033	432	755	83	836
2357	92	2265	965	256	4	-93		-94
58808	36022	22786	13853	6778	428	848	83	930
21577	22393	-816	8396	2552	32	583	29	612
11555	11035	520	3400	804	12	-99	27	-71
9424	11198	-1774	4448	1312	19	578	2	580
2227743	1611018	616725	546992	233444	10240	-8263	2729	-8477
387280	194194	193086	175985	97878	4205	7253	904	7540
118618	45008	73610	39510	23630	653	1153	418	1498

16-6 限额以上住宿业经营情况（2018年）

Basic Conditions of Enterprises above Designated Size of Hotels (2018)

单位：万元 (10 000 yuan)

类别	Type	法人企业（个）Number of Corporation (unit)	从业人数（人）Persons Employed (person)	营业额 Business Revenue	#客房收入 Revenue from Hotel Rooms	#餐费收入 Revenue from Meals	#商品销售收入 Revenue from Commodities
总计	**Total**	**597**	**41024**	**780886**	**415026**	**304555**	**20967**
按登记注册类型分	**By Types of Registration**						
内资企业	Domestic Funded Enterprises	585	39701	756998	402747	293906	20441
国有企业	State-owned Enterprises	47	3987	61317	30026	27109	1305
联营企业	Associated Enterprises	1	28	5176	2233	2567	342
有限责任公司	Limited Liability Corporations	188	16188	333868	168829	130927	9414
其他有限责任公司	Other Limited Liability Corporations	181	15155	318790	161754	124338	9293
股份有限公司	Share-holding Corporations Ltd.	25	1429	24503	12263	11109	452
私营企业	Private Enterprises	323	18037	331842	189243	122067	8916
私营独资企业	Private-funded Enterprises	20	678	10212	6895	2895	422
私营合伙企业	Private Partnership Enterprises	16	562	8129	4544	3220	211
私营有限责任公司	Private Limited Liability Corporations	280	16509	304619	172528	112706	7924
私营股份有限公司	Private Share-holding Corporations Ltd.	7	288	8882	5277	3246	359
其他企业	Other Enterprises	1	32	292	153	127	13
港澳台商投资企业	Enterprises with Funds from Hong Kong, Macao and Taiwan	7	819	15334	6591	8322	158
与港澳台商合资经营企业	Joint-venture Enterprises	1	93	1022	391	554	
港澳台商独资企业	Enterprises with Sole Funds	6	726	14312	6200	7768	158
外商投资企业	Foreign Funded Enterprises	5	504	8555	5689	2327	368
中外合资经营企业	Joint-venture Enterprises	2	141	3405	2066	811	368
外资企业	Enterprises with Sole Foreign Funds	2	251	4602	3294	1298	
按国民经济行业分	**By Sector**						
旅游饭店	Tourism Hotel	316	27765	555027	267348	237342	16377
一般旅馆	General Hotel	[illegible]	[illegible]	[illegible]	[illegible]	[illegible]	[illegible]
其他住宿服务	Other Residential Hotel	35	2960	40034	21359	16587	981

16-7 限额以上餐饮法人企业经营情况（2018年）

Basic Conditions of Enterprises above Designated Size of Catering Services (2018)

单位：万元 (10 000 yuan)

类别	Type	法人企业（个）Number of Corporation (unit)	从业人数（人）Persons Employed (person)	营业额 Business Revenue	#客房收入 Revenue from Hotel Rooms	#餐费收入 Revenue from Meals	#商品销售收入 Revenue from Commodities
总计	**Total**	**540**	**26949**	**547503**	**73246**	**451740**	**15643**
按登记注册类型分	**By Types of Registration**						
内资企业	Domestic Funded Enterprises	529	24610	456075	70595	363311	15296
国有企业	State-owned Enterprises	10	765	14671	4234	10351	86
股份合作企业	Cooperative Enterprises	1	89	853		682	171
有限责任公司	Limited Liability Corporations	139	6920	140291	30255	103701	4450
其他有限责任公司	Other Limited Liability Corporations	134	6611	130748	27026	97908	3952
股份有限公司	Share-holding Corporations Ltd.	9	613	8487	955	6964	568
私营企业	Private Enterprises	369	16160	291519	35150	241359	10021
私营独资企业	Private-funded Enterprises	39	1276	22490	3542	17910	245
私营合伙企业	Private Partnership Enterprises	19	569	10380	1434	8470	463
私营有限责任公司	Private Limited Liability Corporations	301	13841	248093	29790	205922	8337
私营股份有限公司	Private Share-holding Corporations Ltd.	10	474	10556	384	9057	977
港澳台商投资企业	Enterprises with Funds from Hong Kong, Macao and Taiwan	7	517	8900	2652	5901	347
与港澳台商合资经营企业	Joint-venture Enterprises	2	181	3342		2994	347
港澳台商独资企业	Enterprises with Sole Funds	5	336	5559	2652	2907	
外商投资企业	Foreign Funded Enterprises	4	1822	82528		82528	
外资企业	Enterprises with Sole Foreign Funds	3	1775	81535		81535	
外商投资股份有限公司	Foreign Investment Share-holding Corporations Ltd.	1	47	993		993	
按国民经济行业分组	**By Sector**						
正餐服务业	Dinner	518	24512	453244	73072	358790	15361
快餐服务业	Snack	15	2267	88505		88270	231

16-8 各地区限额以上批发零售贸易法人企业主要指标（2018年）
Main Indicators of Enterprises above Designated Size of Wholesale and Retail Trades by Region (2018)

地区	Region	法人企业（个）Number of Corporation (unit)	批发企业 Wholesale Trade	零售企业 Retail Trade	产业活动单位(个) Number of Economic Active Units (unit)	年末从业人数(人) Persons Employed (person)	销售合计(万元) Total Purchase Value (10 000 yuan)
全　省	**Provincial Total**	**4482**	**1348**	**3134**	**6816**	**243040**	**58497646**
南昌市	Nanchang	1005	445	560	2435	85026	26679309
景德镇市	Jingdezhen	126	23	103	219	5476	1063458
萍乡市	Pingxiang	141	29	112	497	6649	1094934
九江市	Jiujiang	442	102	340	519	19416	4021247
新余市	Xinyu	130	52	78	56	5339	1422109
鹰潭市	Yingtan	176	53	123	115	6285	2686532
赣州市	Ganzhou	567	108	459	1254	26907	5007912
吉安市	Ji'an	541	100	441	604	22863	3619264
宜春市	Yichun	533	218	315	334	33063	6298350
抚州市	Fuzhou	234	69	165	423	10666	2044502
上饶市	Shangrao	587	149	438	360	21350	4560030

16-8 续表 continued

单位：万元 (10 000 yuan)

地区	Region	批发额 Wholesale Value	出口 Exports	零售额 Retail Value	营业收入 Revenue from Business	营业成本 Cost of Business	营业税金及附加 Taxes and Other Charges on Business	营业利润 Profits
全　省	**Provincial Total**	**33812611**	**1149448**	**24685035**	**53068078**	**46462782**	**734563**	**1744735**
南昌市	Nanchang	17165683	960634	9513626	24171206	21727257	137637	527401
景德镇市	Jingdezhen	440994	6	622464	999359	868854	28170	29488
萍乡市	Pingxiang	541782	28111	553152	969424	840179	29310	40236
九江市	Jiujiang	1487187	2193	2534060	3659263	3113147	90663	223215
新余市	Xinyu	797944		624165	1260193	1102436	23071	62041
鹰潭市	Yingtan	2074137	721	612395	2498456	2324738	23614	48273
赣州市	Ganzhou	1885793	43777	3122119	4672558	4032520	97106	180702
吉安市	Ji'an	1565341	2457	2053923	3333399	2835638	66823	140465
宜春市	Yichun	4311941	12137	1986410	5443141	4354861	88220	282146
抚州市	Fuzhou	1167892	92092	876610	1914200	1653201	43165	81528
上饶市	Shangrao	2373917	7321	2186113	4146879	3609950	106784	129241

16-9 各地区限额以上住宿餐饮法人企业主要指标（2018年）
Main Indicators of Enterprises above Designated Size of Hotels and Catering Services (2018)

地 区	Region	法人企业（个）Number of Corporation Units (unit)	住宿企业 Hotels	餐饮企业 Catering Sevices	产业活动单位（个）Number of Economic Active Units (unit)	年末从业人数（人）Persons Employed (person)	营业额（万元）Business Revenue (10 000 yuan)	#客房收入 Revenue from Hotel Rooms
全 省	**Provincial Total**	**1137**	**597**	**540**	**362**	**67973**	**1328390**	**488272**
南 昌 市	Nanchang	196	123	73	205	15763	360689	116949
景德镇市	Jingdezhen	49	36	13	20	3408	48606	22488
萍 乡 市	Pingxiang	46	15	31	13	2013	25116	8615
九 江 市	Jiujiang	142	60	82	14	8140	226466	78756
新 余 市	Xinyu	31	12	19	2	2761	44913	10736
鹰 潭 市	Yingtan	45	27	18	8	2534	41000	17419
赣 州 市	Ganzhou	135	63	72	46	9127	144782	49704
吉 安 市	Ji'an	178	73	105	29	7007	119692	47169
宜 春 市	Yichun	130	65	65	13	6742	110492	42950
抚 州 市	Fuzhou	47	25	22	2	2820	28963	13909
上 饶 市	Shangrao	138	98	40	10	7658	177672	79578

16-9 续表 continued

单位：万元 (10 000 yuan)

地 区	Region	餐费收入 Revenue from Meals	商品销售收入 Revenue from Commodities	营业收入 Revenue from Business	营业成本 Cost of Business	营业税金及附加 Taxes and Other Charges on Business	营业利润 Profits
全 省	**Provincial Total**	**756295**	**36610**	**1294071**	**663436**	**22248**	**45212**
南 昌 市	Nanchang	215790	14880	352412	156734	5274	-1666
景德镇市	Jingdezhen	25175	122	48146	18896	309	1176
萍 乡 市	Pingxiang	13893	2151	24478	12373	416	1085
九 江 市	Jiujiang	129789	4680	214948	128987	4420	19362
新 余 市	Xinyu	33739	146	43717	19975	848	3491
鹰 潭 市	Yingtan	21306	1703	39097	18813.6	621	-1920
赣 州 市	Ganzhou	89960	2560	141628	67357	1990	4902
吉 安 市	Ji'an	66446	1771	118652	68529	2391	8995
宜 春 市	Yichun	56832	1830	107493	56152	1373	3864
抚 州 市	Fuzhou	14012	342	28559	15557	431	-903
上 饶 市	Shangrao	89352	6426	174943	100063	4175	6825

16-10 亿元以上商品交易市场摊位成交额情况（2018年）
Turnover of Commodity Exchange Markets of Transaction Value over 100 Million Yuan (2018)

类别	Classification	年末出租摊位数（个）Number of Rented Booths at Year-end (unit)	成交额（万元）Turnover (10 000 yuan)
全省	**Total**	**96172**	**20830860**
#食品类	Food	25983	9180908
#粮油类	Grain and Oil	2785	1106958
肉禽蛋类	Meat,Poultry and Eggs	3213	1375996
水产品类	Aquatic Products	2088	859447
蔬菜类	Vegetables	6177	2506118
干鲜果品类	Dried and Fresh Melons and Fruits	3975	1997853
饮料类	Beverages	952	220323
烟酒类	Tobacco and Liquor	1192	417108
服装、鞋帽、针纺织品类	Clothing,shoes,Hats and Textiles	17010	1881621
#服装类	Clothing	8957	1027270
鞋帽类	Footwear and Hats	4015	384520
针纺织品类	Knitwear and Textiles	4038	469831
化妆品类	Cosmetics	968	240163
金银珠宝类	Gold silver and Jeweller	121	58942
日用品类	Articles for Daily Use	7494	652962
五金、电料类	Hardware & Electrical Materials	2615	1009285
体育、娱乐用品类	Sports & Recreational Articles	194	21423
书报杂志类	Newspapers and Magazines	99	8050
电子出版物及音像制品类	E-journal and Video Products	160	29153
家用电器和音像器材类	Household Appliances and Video Equipments	2050	532969
中西药品类	Traditional Chinese and Western Medicine	503	1000043
#西药类	Western Medicine	36	14662
中草药及中成药类	Traditional Chinese	386	969322
文化办公用品类	Cultural and official Goods	1112	111775
家俱类	Furniture	12203	2050208
通讯器材类	Communication Appliances	82	18163
煤炭及制品类	Coal and Coal Products	44	4069
木材及制品类	Wood and Wooden Products	444	35798
化工材料及制品类	Raw Chemical Materials and Related Products	268	43257
#化肥类	Fertilizer	19	10070
金属材料类	Metal Materials	1240	107201
建筑及装潢材料类	Building and Decoration Materials	14758	1723389
机电产品及设备类	Mechanical & Electrical Products	449	354604
#农机类	Agricultural Machinery	105	146407
汽车类	Automobile	1585	925051
种子饲料类	Seed and Feedstuff	79	5653
棉麻类	Cotton and Hemp	90	4324
其他类	Others	4390	186895

16-11 各地区亿元以上商品交易市场基本情况（2018年）

Basic Statistics on Commodity Exchange Markets of Transaction Value over 100 Million Yuan by Region (2018)

地区	Region	市场数量（个）Number of Markets (unit)	总摊位数（个）Number of Booths (unit)	年末出租摊位数（个）Number of Rented Booths at Year-end(unit)	营业面积（平方米）Operating Area (sq.m)	成交额（万元）Turnover (10 000 yuan)
全　省	**Provincial Total**	**105**	**106539**	**96172**	**7547588**	**20830860**
南 昌 市	Nanchang	27	39418	36838	2107647	7712093
景德镇市	Jingdezhen	5	6723	6479	435200	547250
萍 乡 市	Pingxiang	4	3171	3145	131900	324671
九 江 市	Jiujiang	13	6667	5420	1405156	2020022
新 余 市	Xinyu	1	1500	368	100011	25002
鹰 潭 市	Yingtan	3	2100	2100	32399	371810
赣 州 市	Ganzhou	16	17482	15594	1988161	5045842
吉 安 市	Ji'an	5	6120	5888	324668	822450
宜 春 市	Yichun	5	4275	3911	173084	2016191
抚 州 市	Fuzhou	4	3740	2603	58402	154780
上 饶 市	Shangrao	22	15343	13826	790960	1790749

16-12 旅 游 业 发 展 情 况

Development of Tourism

年份 Year	旅游总收入（亿元）Total Tourism Earnings (100 million yuan)	为全省地区生产总值（%）As Percentage of the Province's GDP (%)	为全省地区生产总值中第三产业（%）As Percentage of Tertiary Industry in the Province's GDP(%)
1991	4.30	0.90	3.04
1992	4.81	0.84	2.79
1993	5.31	0.73	2.47
1994	6.33	0.67	2.14
1995	8.39	0.72	2.14
1996	50.15	3.56	10.27
1997	79.35	4.94	13.64
1998	81.64	4.75	12.35
1999	111.29	6.00	15.03
2000	134.60	6.72	16.47
2001	161.40	7.42	18.27
2002	191.10	7.80	19.65
2003	197.47	7.03	18.93
2004	240.81	6.94	19.75
2005	320.02	7.86	22.61
2006	390.89	8.07	24.14
2007	463.67	7.96	24.09
2008	559.38	7.99	23.67
2009	675.61	8.77	25.53
2010	818.32	8.63	26.13
2011	1105.93	9.42	28.11
2012	1402.59	10.80	31.17
2013	1896.06	13.12	36.98
2014	2649.70	16.81	45.66
2015	3637.65	21.68	55.46
2016	4993.29	27.15	64.31
2017	6435.09	32.17	75.33
2018	8145.12	37.04	82.63

16–13　国际旅游收入情况

Income from International Turism

单位：万美元　　　　（USD 10 000）

指　　标	Item	2005	2010	2015	2017	2018
合　计	**Total**	**10395**	**34630**	**56700**	**62992**	**74538**
长途交通	Long Distance Transportation	3618	11324	20374	20661	10137
民　航	Civil Aviation	1653	7792	11657	11401	6336
铁　路	Railway	676	1420	3121	3213	745
汽　车	Highway	468	1281	1938	2142	3056
轮　船	Waterway	821	831	3659	3905	
游　览	Sightseeing	322	1281	2204	2646	5814
住　宿	Accommodation	1279	3498	5617	7244	13566
餐　饮	Food and Beverage	1092	3047	3938	5102	14535
娱　乐	Entertainment	665	2009	2025	2079	3205
购　物	Shopping	1715	9281	16272	18268	19827
邮电通讯	Post and Communication Services	374	623	1191	1134	596
市内交通	Local Transportation	187	693	1235	1323	522
其　他	Others	1143	2874	3844	4535	6336

16-14 入境旅游情况

Condition of Oversea Visitor Arrivals

指　　标	Item	2005	2010	2015	2017	2018
旅游人数(人次)	**Number of Oversea Visitor Arrivals (person-time)**	**372513**	**1140792**	**1552833**	**1889316**	**2063082**
外 国 人	Foreigners	136270	399449	448810	570542	572490
印度尼西亚	Indonesia	1982	12251	11954	17006	20098
日　本	Japan	23945	34956	25124	46708	47576
马来西亚	Malaysia	3639	12113	15124	20955	25746
菲 律 宾	Philippines	1794	8320	7156	13317	15857
新 加 坡	Singapore	8271	20249	22060	30132	31375
韩　国	Korea Rep.	10809	36240	49150	45548	53260
泰　国	Thailand	1716	4271	22337	24217	19992
英　国	United Kingdom	11543	21613	23449	40208	35048
德　国	Germany	5943	21689	18913	24664	22011
法　国	France	6488	15299	21765	29643	29117
意 大 利	Italy	3320	9132	11883	15469	14772
西 班 牙	Spain	3757	5551	5219	7467	7181
瑞　典	Sweden	1131	6705	6704	7304	5720
瑞　士	Switzerland	364	6748	7505	9408	7840
俄 罗 斯	Russia	2329	16502	17110	14579	12132
加 拿 大	Canada	4380	10886	20105	21547	23579
美　国	United States	27235	52339	43509	49174	47011
澳大利亚	Australia	4622	11888	15616	17815	16351
新 西 兰	New Zealand	1486	2911	8428	10382	10869
港澳同胞	Chinese Compatriots from Hong Kong and Macao	154885	534537	825395	855234	988287
台湾同胞	Chinese Compatriots fromTaiwan Province	81358	206806	278628	321095	357035
旅游外汇收入(万美元)	**Foreign Exchange Earnings from International Tourism (USD 10000)**	**10395**	**34630**	**56700**	**62992**	**74538**

注：外国人包括了华侨人数。2015年后入境旅游者人数为入境过夜游客人数，不包括一日游人数。

a) Overseas Chinese are included in oversea vistors.Since 2015, the number of oversea visitors refers to overnight visitors, excluding one-day-tour visitors.

16-15 各地区旅游情况（2018年）

Condition of Tourism by Region (2018)

地　区	Region	入境游客（万人次）Number of Oversea Visitor Arrivals (10 000 Person-times)	国际旅游外汇收入（万美元）Foreign Exchange Earnings from International Tourism (USD 10 000)	国内游客（万人次）Number of Domestic Visitors (10 000 Person-times)	国内旅游收入（亿元）Earnings from Domestic Tourism (100 million yuan)	星级饭店数（个）Number of Star-rated Hotel (unit)
全　省	**Provincial Total**	**191.78**	**74537.92**	**68344.05**	**8095.79**	**379**
南昌市	Nanchang	29.12	12680.93	8545.70	1061.94	54
景德镇市	Jingdezhen	22.44	9709.19	4930.95	609.44	16
萍乡市	Pingxiang	6.92	2619.43	5005.45	593.81	8
九江市	Jiujiang	33.31	13710.95	8018.66	1013.16	55
新余市	Xinyu	3.82	1382.72	4293.15	440.83	9
鹰潭市	Yingtan	7.86	2797.75	4390.48	477.20	16
赣州市	Ganzhou	18.80	6635.39	6977.33	880.76	70
吉安市	Ji'an	20.24	6660.39	6785.54	804.80	41
宜春市	Yichun	12.95	5120.91	6876.28	747.51	35
抚州市	Fuzhou	9.09	3038.88	4545.08	457.05	30
上饶市	Shangrao	27.25	10181.38	7975.43	1009.28	45

16-16 全省"春节、五一、十一"旅游情况

Condition of Tourism by Region in Spring Festival, May Day or National Day Holidays

年份	旅游人数（万人次）Number of Visitors (10 000 person-times)			旅游收入（万元）Tourism Earnings (10 000yuan)		
	春节 Spring Festival	五一 Labor Day	十一 National Day	春节 Spring Festival	五一 Labor Day	十一 National Day
2005	196.10	519.40	580.30	67754	205469	175259
2006	249.52	632.60	699.70	81259	247132	219200
2007	300.40	762.80	826.60	95121	310087	271900
2008	210.75	377.40	996.27	58049	138669	334200
2009	274.90	447.00	1226.60	72517	171901	419537
2010	321.90	539.20	1398.40	104459	211204	512439
2011	443.40	700.30	1777.40	143631	293357	701800
2012	550.94	912.30	2405.70	196974	429481	1018597
2013	685.00	1092.70	2469.90	262467	515316	1150264
2014	877.78	1411.29	3232.21	354596	684200	1603200
2015	1182.99	1858.95	3937.01	526292	970100	2036600
2016	1639.87	2473.83	3360.34	761814	1340700	2923800
2017	2210.65	3005.90	6087.21	1093209	1722600	3685600
2018	2623.82	3383.17	5639.55	1455249	1999500	3415900

主要统计指标解释

批发业 指批发商向批发、零售单位及其他企事业、机关单位批量销售生活用品和生产资料的活动，以及从事进出口贸易和贸易经纪与代理的活动。批发商可以对所批发的货物拥有所有权，并以本单位、公司的名义进行交易活动；也可以不拥有货物的所有权，而以中介身份做代理销售商。还包括各类商品批发市场中固定摊位的批发活动。

零售业 指百货商店、超级市场、专门零售商店、品牌专卖店、售货摊等主要面向最终消费者（如居民等）的销售活动。包括以互联网、邮政、电话、售货机等方式的销售活动，还包括在同一地点，后面加工生产，前面销售的店铺（如前店后厂的面包房）。不包括：谷物、种子、饲料、牲畜、矿产品、生产用原料、化工原料、农用化工产品、机械设备（乘用车、计算机及通信设备等除外）等生产资料的销售（列入批发业）；非零售单位附带的零售活动，如汽车修理单位销售汽车零件（列入单位主业所对应的行业类别中）；商业零售单位所在商厦的物业管理（列入物业管理）；商业零售单位所在的商品市场、商业大厦的市场管理活动（列入市场管理）。

批发和零售业商品购进、销售、库存额 指各种登记注册类型的批发和零售业企业(单位)以本企业(单位)为总体的，从国内、国外市场购进的商品总量，销售和出口的商品总量，库存的商品总量等情况。该指标可以反映商品流转过程中商品的购进、销售、库存之间的比例关系和存在的问题。

商品购进额 指从本企业以外的单位和个人购进（包括从国外直接进口）作为转卖或加工后转卖的商品金额（含增值税）。商品购进包括：（1）从工农业生产者、批发和零售业企业、住宿和餐饮业企业、出版社或报社的出版发行部门和其他服务业企业购进的商品；（2）从机关团体、事业单位购进的商品；（3）从海关、市场管理部门购进的缉私和没收的商品；（4）从居民收购的废旧商品等。不包括：（1）企业为本单位自身经营用，不是作为转卖而购进的商品，如材料物资、包装物、低值易耗品、办公用品等；（2）未通过买卖行为而收入的商品，如接受其他部门移交的商品、借入的商品、收入代其他单位保管的商品、其他单位赠送的样品、加工回收的成品等；（3）经本单位介绍，由买卖双方直接结算，本单位只收取手续费的业务；（4）销售退回和买方拒付货款的商品；（5）商品溢余。

商品销售额 指对本单位以外的单位和个人出售的商品金额（包括售给本单位消费用的商品，含增值税）。商品销售包括（1）售给城乡居民和社会集团消费用的商品；（2）售给农业、工业、建筑业、运输邮电业、服务业、公用事业等国民经济各行业用于生产、经营用的商品，包括售予批发和零售业作为转卖或加工后转卖的商品；（3）对国（境）外直接出口的商品。不包括：（1）未通过买卖行为付出的商品，如随机构变动移交给其他企业单位的商品、借出的商品、归还受其他单位委托代保管的商品、付出的加工原料和赠送给其他单位的样品等；（2）经本单位介绍，由买卖双方直接结算，本单位只收取手续费的业务；（3）购货退回的商品；（4）商品损耗和损失；（5）出售本单位自用的废旧物资。

商品库存额 指报告期末各种登记注册类型的批发和零售业企业(单位)已取得所有权的商品。它反映批发和零售业企业(单位)的商品库存情况和对市场商品供应的保证程度。商品库存包括：(1)存放在批发和零售业经营单位(如门市部、批发站、采购站、经营处)的仓库、货场、货柜和货架中的商品；(2)挑选、整理、包装中的商品；(3)已记入购进而尚未运到本单位的商品，即发货单或银行承兑凭证已到而货未到的商品；(4)寄放他处的商品，如因购货方拒绝付款而暂时存在购货方的商品；(5)委托其他单位代销(未作销售或调出)尚未售出的商品；(6)代其他单位购进尚未交付的商品。不包括：所有权不属于本单位的商品；委托外单位加工的商品；外贸企业代理其他单位从国外进口尚未付给订货单位的商品；代国家物资储备部门保管的商品等。

连锁总店（总部） 指负责连锁企业资源（商号、商誉、经营模式、服务标准、管理模式等等）的开发、配置、控制或使用等功能的企业核心管理机构。连锁经营是指经营同类商品或服务，使用统一商号的若干店铺，在同一总店（总部）的管理下，采取统一采购或特许经营等方式，实现规模效益的组织形式，包括直营连锁、特许连锁和自愿连锁三种形式。其中，直营连锁是指连锁店铺由连锁公司全资或控股开设，在总部的直接控制下，开展统一经营的连锁经营形式；特许连锁是指拥有注册商标、企业标志、专利、专有技术等经营资源的企业（特许人），以合同形式将其拥有的经营资源许

可其他经营者（被特许人）使用，被特许人按合同约定在统一的经营模式下开展经营，并向特许人支付特许经营费用的连锁经营形式；自愿连锁是指若干个店铺或企业自愿组合起来，在不改变各自资产所有权关系的情况下，以同一个品牌形象面对消费者，以共同进货为纽带开展的连锁经营形式。

亿元以上商品交易市场 指年成交额在亿元及以上的商品交易市场。商品交易市场是指经有关部门和组织批准设立，有固定场所、设施，有经营管理部门和监管人员，若干市场经营者入内，常年或实际开业三个月以上，集中、公开、独立地进行生活消费品、生产资料等现货商品交易以及提供相关服务的交易场所，包括各类消费品市场、生产资料市场等。

住宿业 指有偿为顾客提供临时住宿的服务活动。不包括提供长期住宿场所的活动，如出租房屋、公寓等（列入房地产开发经营）。

餐饮业 指在一定场所，对食物进行现场烹饪、调制，并出售给顾客主要供现场消费的服务活动。

营业额 指住宿和餐饮业单位在经营活动中因提供服务或销售商品等取得的收入。包括：客房收入、餐费收入、商品销售额和其他收入。其中，客房收入指住宿和餐饮业单位在经营活动中因提供住宿服务取得的收入。餐费收入指住宿和餐饮业单位因为顾客提供就餐服务取得的收入，包括经烹饪、调制加工后出售的各种食品，如主食、炒菜、凉拌菜等的收入。

社会消费品零售总额 指企业（单位、个体户）通过交易直接售给个人、社会集团非生产、非经营用的实物商品金额，以及提供餐饮服务所取得的收入金额。个人包括城乡居民和入境人员，社会集团包括机关、社会团体、部队、学校、企事业单位、居委会或村委会等。

旅游人数

(1)入境游客 指报告期内来中国（大陆）观光、度假、探亲访友、就医疗养、购物、参加会议或从事经济、文化、体育、宗教活动的外国人、港澳台同胞等游客(即入境旅游人数)。统计时，入境游客按每入境一次统计 1 人次。入境旅游人数包括入境过夜游客和入境一日游游客。

(2)国内游客 指在报告期内在中国（大陆）观光游览、度假、探亲访友、就医疗养、购物、参加会议或从事经济、文化、体育、宗教活动的中国（大陆）居民人数，其出游的目的不是通过所从事的活动谋取报酬。统计时，国内游客按每出游一次统计 1 人次。

国际旅游(外汇)收入 指入境游客在中国（大陆）境内旅行、游览过程中用于交通、参观游览、住宿、餐饮、购物、娱乐等全部花费。

国内旅游收入 指国内游客在国内旅行、游览过程中用于交通、参观游览、住宿、餐饮、购物、娱乐等全部花费。

星级饭店 指设备、设施、服务符合《旅游饭店星级的划分与评定》（GB/T14308-2003），通过相关旅游管理部门评定，并取得星级饭店称号的饭店（含预备星级饭店）。

Explanatory Notes on Main Statistical Indicators

Wholesale Trade refers to the activities of wholesaler selling at wholesale commodities for daily use and capital goods to enterprises of wholesale and retail trades and other enterprises, institutions and government offices, including the activities of wholesaler engaged in import and export and acting as a trade agent. The wholesaler may have the right of ownership over the commodities of wholesale and trade in the name of its owns or a company, the wholesaler may not have the right of ownership, only acts an agent. The wholesale trade also include the activities of wholesaler at the fixed stalls of the wholesale market of different commodities.

Retail Trade refers to the activities of department store, supermarket, franchised store, brand store, retail stall and on-the-spot-making-selling store selling commodities to the final consumers (citizens) by any means including internet, post, telephone, sales machine. Retail trade excludes the activities of sales of capital goods such a grain, seed, feed, livestock, mineral products, raw material for production, industrial chemicals, chemical products for farm, machine and equipment (vehicle, computer and communication equipment), and the activities of supplementary sales of non-retailer such as the sales of spare parts of car repair business (listed as branch in correspondence with principle business), property management of buildings of retail units (listed as property management);

market management of commercial markets and buildings of retail units (listed as market management) .

Purchase, Sales and Stock of Commodities by Wholesale and Retail Trades refer to the total volume of commodities purchased, total volume of sales and exports, and the stock of commodities by wholesale and retail enterprises (establishments) of different status of registration from domestic and overseas markets. This indicator reflects the relationship among purchase, sales and stock of commodities in the circulation of goods and reveals the existing problems.

Total Purchases of Commodities refer to the total value of purchases of commodities by enterprises (establishments) from other establishments or individuals (including direct import from abroad) for the purpose of re-selling, either with or without further processing of the commodities purchased. The commodities include: (1) commodities purchased from agricultural and industrial producer, wholesaler, retailer, publishing house and other service business; (2) commodities purchased from institutions and government departments; (3) confiscated goods purchased from the customs authorities or market management agencies; (4) second-hand goods and wastes purchased from residents; The commodities exclude 1. commodities purchased by enterprises (establishments) for use in their own business operation, commodities obtained without buying or selling procedures such as materials, consumable goods of low value, office appliance, etc. 2. received goods without trading, such as goods handed over from others, borrowed goods, preserved goods for others, donated goods from others, processed and retrieved goods, etc. 3. goods of direct settlement between buyer and seller with handling fees introduced by others, 4. goods returned or refused to pay by the buyer, 5. excessive goods.

Total Sales of Commodities refer to value of commodities sold by the establishments to other establishments and individuals (including goods sold for self consumption, including the value-added tax). The commodities include: (1) commodities sold to urban and rural residents and social groups for their consumption; (2) commodities sold to establishments in all industries for their production and operation, including agriculture, industry, construction, transportation, post and telecommunications, catering services, and public utility including commodities sold to wholesale and retail establishments for re-selling, with or without further processing; and (3) commodities for direct export to abroad. Excluded are (1) extended commodities without trading, such as goods handed over to other enterprises and institutions because of the change of organizations, lent goods, returned goods preserved for others, extended processing materials and samples donated to others, (2) goods of direct settlement between buyer and seller with handling fees introduced by others, 3. goods returned after purchase, (4) damaged and spoiled goods, (5) waste and used goods of self use,

Total Stock of Commodities refers to total commodities possessed by wholesaler and retailer of various types of registration status at the end of the reference period, reflecting the commodity stock level of various wholesaler and retailer and the potential for market supply. It includes: (1) commodities located in storage, garages, counters, and shelves of operating places of wholesale and retail trades (such as sale stores, wholesale centers, procurement stations and operating offices); (2) commodities in the process of being selected, sorted, and packed; (3) commodities not arrived but recorded as purchase in the account, i.e. commodities not arrived but payment receipts for the commodities from the sellers or the banks arrived; (4) commodities deposited in other places rather than places mentioned above, for instance: commodities in the hold of purchasers temporarily due to the refusal of payment; (5) commodities entrusted to other units to sell but not sold yet; (6) commodities purchased for other units but not delivered yet. Commodities not included as stock are those not owned by the enterprises (units), commodities on commission for processing, imported commodities of agency of foreign trade enterprise but not yet delivered to ordering units and finally those put in stock on behalf of the state material reserves units.

Chain Head Stores (headquarter) refer to the core leading stores responsible for development, allocation, administration and utilization of resources (name of stores, brand of stores, operation model, service standard, management way, etc.) of chain stores. Chain stores refers to the stores engaged in providing homogeneous commodities or services, with the central leadership of head store (headquarters) and guided by common policies, conduct centralized purchase and distributed selling of commodities, in order to gain better efficiency through standardized operation. The chain stores include regular chain stores, franchise chain stores and voluntary chain stores.

Regular Chain store refers to chain stores that are invested or controlled by the headquarters. They operate under direct and unified management from the headquarters.

Franchise chain store refers to the chain stores (franchisees) which are franchised with operation resources such as trade marks, names, patent and operation know-how by the franchisors in form of contract and pay the operation fees to the franchisors.

Voluntary chain store refers to the stores operate jointly on the voluntary bases while maintaining their status of independent legal entities with full ownership of their assets. They sell goods of same brand from same channel of resource to the consumers.

Large Commodity Markets with Transaction Value over 100 Million Yuan refers to the commodity markets with an annual transaction at and above 100 million. The commodity market refers to the markets approved and managed by related departments, where there are fixed sites, facilities, managers and administration offices, where there are a certain number of traders to operate for three month and above or all the year, where the commodities including the articles for daily consumption and capital goods and services are traded in a centralized, independent and open way. Such market includes markets of daily goods and market of capital goods, etc.

Hotel Services refer to the charged accommodation services provided to customers, excluding the long term accommodation service activities such as rental housing and apartments(it is under real estate development and management).

Catering Services refer to the activities of enterprises providing on-the-spot services of selling food cooked and prepared to the customer in certain sites

Business Revenue refers to revenue of hotels and catering services received from providing services or selling commodities through business activities, including income from hotels, from catering services, from selling of commodities and from other services. Income from hotels refers to income of hotels and catering services by providing lodging services through business activities. Income from catering services refers to income of hotels and catering services by providing catering services, including selling of cooked or prepared foods, such as staple food, cooked dishes, or cold dishes.

Total Retail Sales of Consumer Goods refer to the amount obtained by enterprises (units, self-employed individuals) through direct sales of non-production and non-business physical commodity to individuals, social institutions, and revenue from providing catering services. Individuals include rural and urban households, population from abroad, social institutions include government agencies, social organizations, military units, schools, institutions, neighborhood (village) committees.

Number of Tourists

(1) **Visitor arrivals** refer to the number of tourists of foreigners, Chinese compatriots from Hong Kong, Macao and Taiwan who come to China (mainland) within the reference period for sight-seeing, vacation, visiting relatives, medical treatment, shopping, attending conference, or to engage in economic, cultural, sports and religious activities. Each entry of one visitor counts as one person-time. Visitor arrivals include both overnight-trippers and day-trippers.

(2) **Number of domestic tourists** refers to the number of Chinese (mainland) residents who travel within China (mainland) for sight-seeing, vacation, visiting relatives, medical treatment, shopping, attending conference, or to engage in economic, cultural, sports and religious activities. In compiling statistics, each time of travelling is counted as one person-time.

Foreign Exchange Earnings from International Tourism refer to the total expenditure of foreigners, overseas Chinese, Chinese compatriots from Hong Kong, Macao and Taiwan during their stay in the mainland of China on transportation, sighting, accommodation, food, shopping and entertainment.

Income from Domestic Tourism refer to expenditure of domestic tourists on transportation, sighting, accommodation, food, shopping and entertainment while they travel.

Star-rated Hotels refer to hotels rated with stars as assessed by the relevant tourism authorities according to GB/T14308-2003 standard with reference to their infrastructure, facilities and service levels.

17

金融业

FINANCIAL INDUSTRY

◆389/398

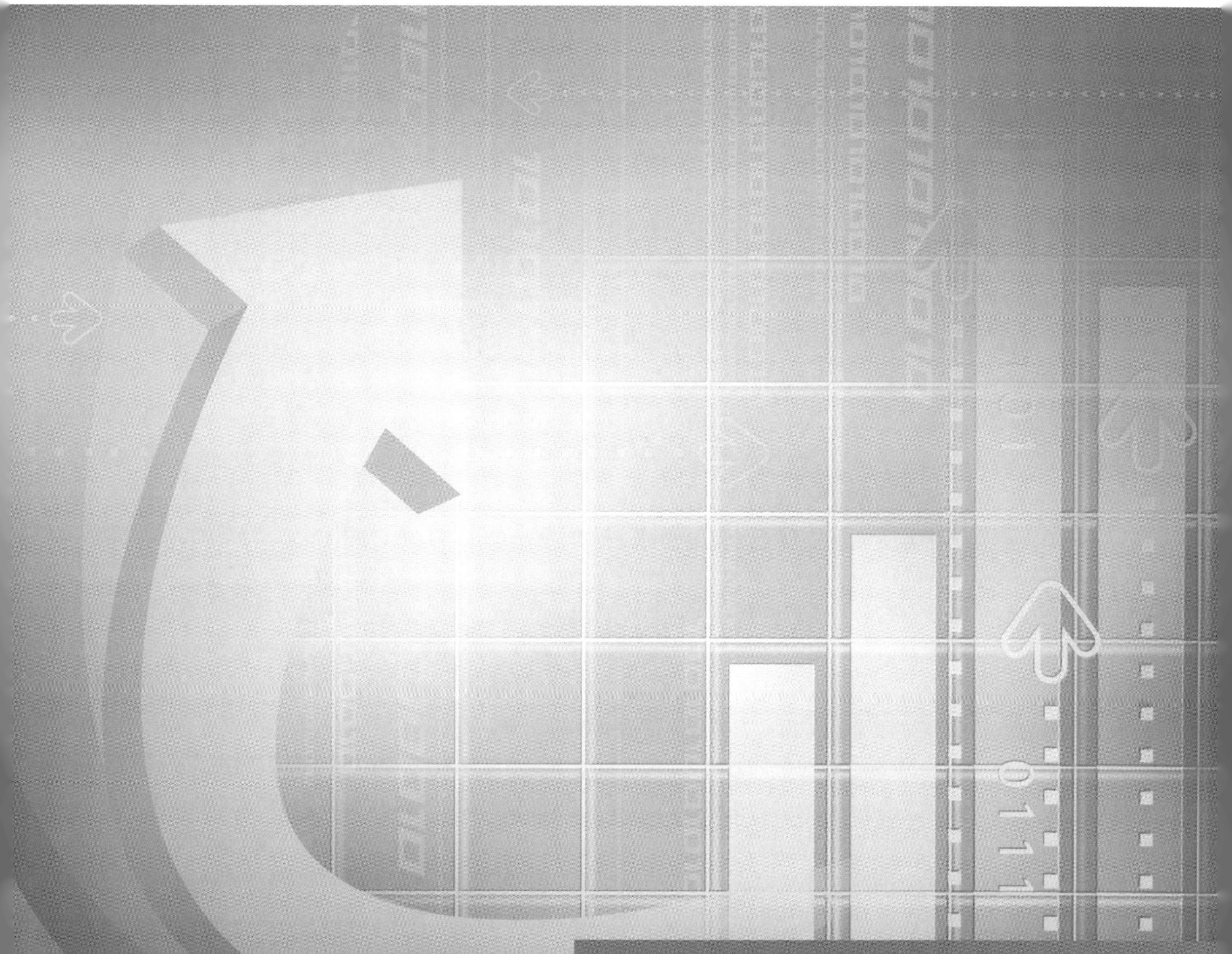

资料整理：雷海清、周爱萍

简要说明

本篇资料主要反映全省金融、保险、证券等方面的基本情况。

金融资料由中国人民银行南昌中心支行提供。

保险业务资料由江西省银保监局提供。

证券资料由江西省证监局提供。

Brief Introduction

The data in this chapter show the basic conditions of local government banking, insurance and stocks of the whole province.

The data on banking are provided by Nanchang Branch of the People's Bank of China.

The data on insurance are provided by Jiangxi Banking and Insurance Regulatory Bureau.

The data on stocks are provided by Securities Regulatory Bureau of Jiangxi Province.

17-1 金融机构本外币信贷资金平衡表年末余额(2018年)

Balance Sheet of Credit Funds of RMB and Foreign Currency of Financial Institutions at Year-end (2018)

单位：万元 (10 000 yuan)

指　　标	Item	年末余额 Balance	比年初增减 Over Beginning of Year	比年初增长(%) Growth Rate (%)
各项存款	**Total Deposits**	**352906859**	**27549983**	**8.5**
境内存款	Domestic Deposits	352762369	27563768	8.5
住户存款	Resident Deposits	172601432	16769219	10.8
活期存款	Current Deposits	68711583	3475688	5.3
定期及其他存款	Fixed and Other Deposits	103889849	13293531	14.7
非金融企业存款	Deposits of Non-financial Enterprises	105555179	5950805	6.0
活期存款	Current Deposits	61559393	2507808	4.2
定期及其他存款	Fixed and Other Deposits	43995785	3442998	8.5
广义政府存款	Generalized Government Deposits	66716809	5137807	8.3
财政性存款	Budgetary Deposits	12616714	408580	3.3
机关团体存款	**Deposits of Non-profit Institutions**	**54100095**	**4729227**	**9.6**
非银行业金融机构存款	Deposits of Non-banking Financial Institutions	7888950	-294064	-3.6
境外存款	Overseas Deposits	144490	-13786	-8.7
各项贷款	**Total Loans**	**305671364**	**46658751**	**18.0**
境内贷款	Demestic Loans	305083092	46617587	18.0
住户贷款	Resident Loans	121398435	18979649	18.5
短期贷款	Short-term Loans	34614831	2585585	8.1
中长期贷款	Medium and long-term Loans	86783604	16394064	23.3
非金融机构及机关团体贷款	Loans of Non-financial Institutions and Non-Profit Institutions	183079274	27084484	17.4
短期贷款	Short-term Loans	52543086	2393584	4.8
中长期贷款	Medium and long-term Loans	115944674	19815574	20.6
票据融资	Bill financing	12839411	4398118	3.5
融资租赁	Financial Lease	1413486	430469	43.8
各项垫款	Money Advanced	338617	46740	16.0
非银行业金融机构贷款	Loans of Non-banking Financial Institutions	605383	553453	1065.0
境外贷款	Overseas Loans	588272	41164	7.5

注：本表统计口径包括中国人民银行、政策性银行、国有独资商业银行、邮政信汇局、其他商业银行、农村合作银行、城市信用社、农村信用社、信托投资公司、财务公司等金融机构。后同。

a) The statistical scope in the table includes the People's Bank of China, policy banks, state-owned commercial banks, postal savings bureau, other commercial banks, rural cooperative banks, urban credit cooperatives, rural credit cooperatives, financial trust and investment companies, finance companies. The same applies to the following tables.

17-2　金融机构人民币信贷资金平衡表年末余额(2018年)
Balance Sheet of Credit Funds of Financial Institutions at Year-end (2018)

单位：万元　　(10 000 yuan)

指　　标	Item	年末余额 Balance	比年初增减 Over Beginning of Year	比年初增长(%) Growth Rate (%)
各项存款	**Total Deposits**	**350695070**	**27445957**	**8.5**
境内存款	Domestic Deposits	350562539	27458034	8.5
住户存款	Resident Deposits	171844399	16781619	10.8
活期存款	Current Deposits	68350699	3485520	5.4
定期及其他存款	Fixed and Other Deposits	103493700	13296099	14.7
非金融企业存款	Deposits of Non-financial Enterprises	104155131	5851828	6.0
活期存款	Current Deposits	60820535	2616915	4.5
定期及其他存款	Fixed and Other Deposits	43334597	3234913	8.1
广义政府存款	Generalized Government Deposits	66681084	5118530	8.3
财政性存款	Budgetary Deposits	12616714	408580	3.3
机关团体存款	Deposits of Non-profit Institutions	54064371	4709950	9.5
非银行业金融机构存款	Deposits of Non-banking Financial Institutions	7881925	-293942	-3.6
境外存款	Overseas Deposits	132531	-12078	-8.4
各项贷款	**Total Loans**	**303583815**	**46450078**	**18.1**
境内贷款	Demestic Loans	303547175	46503196	18.1
住户贷款	Resident Loans	121395895	18979484	18.5
短期贷款	Short-term Loans	34612339	2585370	8.1
中长期贷款	Medium and long-term Loans	86783557	16394114	23.3
非金融机构及机关团体贷款	Loans of Non-financial Institutions and Non-Profit Institutions	181545897	26970259	17.4
短期贷款	Short-term Loans	51535623	2447932	2.9
中长期贷款	Medium and long-term Loans	115421150	19648027	20.5
票据融资	Bill financing	12839411	4398118	52.1
融资租赁	Financial Lease	1413486	430469	43.8
各项垫款	Money Advanced	336227	45712	15.7
非银行业金融机构贷款	Loans of Non-banking Financial Institutions	605383	553453	1065.8
境外贷款	Overseas Loans	36640	-53118	-59.2

17-3 各地区金融机构(含外资)本外币信贷主要指标(2018年)

Main Indicators on RMB and Foreign Currency Trust of Financial Institutions (Foreign-Capital Included) by Region (2018)

单位：亿元 (100 million yuan)

地区	Region	各项存款 Savings Deposits in Various Forms			各项贷款 Loans in Various Forms		
		年末余额 Balance	比年初增减 Over Beginning of Year	增长(%) Growth Rate (%)	年末余额 Balance	比年初增减 Over Beginning of Year	增长(%) Growth Rate (%)
全省	**Provincial Total**	**35069.51**	**2744.60**	**8.5**	**30358.38**	**4645.01**	**18.1**
南昌市	Nanchang	10605.78	594.39	5.9	11950.32	1740.10	17.1
景德镇市	Jingdezhen	1140.65	64.75	6.0	817.81	129.93	18.9
萍乡市	Pingxiang	1203.71	86.27	7.7	847.85	123.99	17.1
九江市	Jiujiang	3371.37	455.19	15.6	2513.10	439.65	21.2
新余市	Xinyu	1139.01	62.77	5.8	821.49	55.03	7.2
鹰潭市	Yingtan	776.01	51.40	7.1	678.25	80.84	13.5
赣州市	Ganzhou	5062.57	309.00	6.5	4047.19	631.22	18.5
吉安市	Ji'an	2819.91	200.94	7.7	1871.02	310.44	19.9
宜春市	Yichun	3261.13	382.09	13.3	2318.90	406.51	21.3
抚州市	Fuzhou	2067.27	166.53	8.8	1608.78	240.08	17.5
上饶市	Shangrao	3573.56	362.55	11.3	2673.39	469.38	21.3

17-4 财产保险公司主要指标

Main Indicators of Property Insurance Companies

单位：万元 (10 000 yuan)

指标	Item	保费收入 Premium Income		赔款支出 Indemnity Expenditure	
		2017	2018	2017	2018
合计	**Total**	**2353417**	**2699036**	**1201238**	**1503708**
企业财产保险	Enterprise Property Insurance	47472	47693	28238	38470
机动车辆保险	Motor Vehicle Insurance	1813874	1952929	916002	1061489
货物运输保险	Freight Transport Insurance	9006	11809	3938	7613
责任保险	Liability Insurance	79175	107217	36304	52718
信用保证保险	Credit Insurance	61000	78260	15816	33149
农业保险	Agriculture Insurance	103038	142787	56025	69039
其它财产保险	Other Insurance	239852	1931	144915	1269

17-5 人寿保险公司主要指标

Main Indicators of Life Insurance Companies

单位：万元 (10 000 yuan)

指　　标	Item	2012	2013	2014	2015	2016	2017	2018
原保险保费收入	**Original Premium Incomes**	**1701491**	**1965029**	**2544629**	**3372161**	**4135346**	**4922223**	**4836839**
寿险小计	Life Insurance in Total	1339074	1442034	1533897	1489765	1712066	2315342	1866118
普通寿险	Ordinary Life Insurance	134956	175409	708121	711855	822691	1432132	576424
分红寿险	Participating Life Insurance	1196501	1258087	816392	767550	877721	870399	1277569
投资连结保险	Investment-linked Life Insurance	162	158	155	153	114	112	113
万能寿险	Universal Life Insurance	7456	8381	9229	10207	11540	12698	12013
年金保险	Annuities Insurance	213346	333204	692137	1460478	1767520	1840503	1946199
意外伤害险	Accident Insurance	44064	53236	63162	63815	73158	82401	103256
健康险	Health Insurance	105007	136555	255434	358102	582602	683979	921266
赔付支出	**Compensation Expenses**	**349065**	**580825**	**658874**	**922922**	**1055501**	**966602**	**1145437**
赔款支出	Lose Payment	32341	39511	68799	124142	183381	187894	293111
死伤医疗给付	Medical Care Payment	33160	41649	48762	56595	66687	85197	105810
满期给付	Expire Payment	224051	441822	483762	643882	689364	548255	539669
年金给付	Annuities Payment	59513	57844	57551	98303	116068	145255	206846

17-6 各地区保险业务情况（2018年）
Insurance Business Conditions by Region (2018)

单位：万元 (10 000 yuan)

地 区	Region	全部业务 Insurance Total Business		财产保险公司业务 Property Insurance Business		人身保险公司业务 Life Insurance Business	
		保费收入 Premium Income	比上年增长(%) Growth Rate over Preceding year (%)	保费收入 Premium Income	比上年增长(%) Growth Rate over Preceding year (%)	保费收入 Premium Income	比上年增长(%) Growth Rate over Preceding year (%)
全 省	**Provincial Total**	**7535876**	**3.58**	**2699036**	**14.69**	**4836839**	**-1.73**
南昌市	Nanchang	2014797	5.34	658806	15.67	1355991	0.96
景德镇市	Jingdezhen	200490	4.96	80982	13.07	119509	0.09
萍乡市	Pingxiang	266381	7.53	100777	14.17	165604	3.86
九江市	Jiujiang	649163	10.85	229500	14.10	419663	9.16
新余市	Xinyu	248107	10.52	78752	13.43	169355	9.22
鹰潭市	Yingtan	169133	3.25	60808	7.44	108325	1.05
赣州市	Ganzhou	1316830	5.79	478157	13.24	838673	1.97
吉安市	Ji'an	665906	-5.42	220151	19.11	445755	-14.15
宜春市	Yichun	897251		339714	11.21	557537	-5.78
抚州市	Fuzhou	410748	4.46	169096	20.21	241651	-4.31
上饶市	Shangrao	693779	-2.13	280402	15.49	413377	-11.32

17-6 续表 continued

单位：万元 (10 000 yuan)

地 区	Region	保险密度（元） Density of Insurance (yuan)			保险深度（%） Deep of Insurance (%)		
		全部业务 Total Insurance Business	财产险 Property Insurance	人身险 Life Insurance	全部业务 Total Insurance Business	财产险 Property Insurance	人身险 Life Insurance
全 省	**Provincial Total**	**1621.47**	**580.74**	**1040.72**	**3.43**	**1.23**	**2.20**
南昌市	Nanchang	3633.21	1188.00	2445.21	3.82	1.25	2.57
景德镇市	Jingdezhen	1198.25	483.99	714.25	2.37	0.96	1.41
萍乡市	Pingxiang	1377.93	521.30	856.63	2.64	1.00	1.64
九江市	Jiujiang	1325.69	468.67	857.02	2.40	0.85	1.55
新余市	Xinyu	2090.73	663.62	1427.11	2.42	0.77	1.65
鹰潭市	Yingtan	1439.43	517.52	921.92	2.07	0.74	1.32
赣州市	Ganzhou	1517.50	551.02	966.48	4.69	1.70	2.99
吉安市	Ji'an	1343.47	444.16	899.32	3.82	1.26	2.56
宜春市	Yichun	1609.94	609.55	1000.39	4.11	1.56	2.56
抚州市	Fuzhou	1014.89	417.81	597.08	2.97	1.22	1.75
上饶市	Shangrao	1018.66	411.71	606.95	3.14	1.27	1.87

注：保险密度=年保费收入/国民年平均人口；保险深度=年保费收入/年国内生产总值。

a) Density of insurance=The annualy premium income/The National annual owerage population.
Deep of insurance=The annualy premium income/The annual Gross Domestic Product.

17-7　江西省上市公司数量
Number of Listed Companies in Jiangxi

单位：个　　　　(unit)

地　区	Region	2012	2013	2014	2015	2016	2017	2018
全　省	**Total**	**33**	**33**	**32**	**35**	**37**	**39**	**42**
南 昌 市	Nanchang	17	16	16	17	19	19	20
景德镇市	Jingdezhen	3	3	2	4	4	4	4
萍 乡 市	Pingxiang	1	1	1	1	1	1	1
九 江 市	Jiujiang							
新 余 市	Xinyu	2	2	2	2	2	3	4
鹰 潭 市	Yingtan	2	2	2	2	2	2	2
赣 州 市	Ganzhou	2	3	3	3	3	3	4
吉 安 市	Ji'an							
宜 春 市	Yichun	2	2	2	2	2	3	3
抚 州 市	Fuzhou	1	1	1	1	1	1	1
上 饶 市	Shangrao	3	3	3	3	3	3	3

17-8　股票发行量和筹资额
Issued Share and Raised Capital

年份 Year	股票发行量（亿股） Issued Share (100 million shares)	A股 A Shares	H股 H Shares	B股 B shares	股票筹资额（亿元） Raised Capital (100 million shares)	A股 A Shares	配股 Rights Issued	B股 B Shares
2012	7.98	4.90	3.08		65.35	60.48		4.87
2013	4.03	4.03			33.63	33.63		
2014	5.60	5.60			37.27	37.27	5.66	
2015	7.31	7.31			81.46	81.46	5.90	
2016	17.03	17.03			191.56	191.56		
2017	10.68	10.68			68.72	68.72	6.40	
2018	6.16	4.16	2.00		70.26	42.07		

17-9 江西省证券市场基本情况
Jiangxi General Statistics on Securities Markets

指　标	Item	2012	2013	2015	2016	2017	2018
证券法人公司(个)	Securities Company Corporation (unit)	2	2	2	2	2	2
证券营业部(个)	Security Exchange (unit)	126	133	275	317	319	321
证券投资者开户数(万户)	Security Accounts Established (10 000 units)	231.31	241.81	351.09	468.72	573.22	635.00
A股成交金额(亿元)	Stock A Turnover Value (100 million yuan)	11076.1	13722.46	76940.00	39988.21	32415.27	24805.54
B股成交金额(亿元)	Stock B Turnover Value (100 million yuan)	33.24	12.62	47.46	17.89	9.96	6.63
上市公司总股本(亿股)	Total Share Capital of Listed Company(100 million shares)	212.35	226.21	251.67	323.34	337.22	364.57
A股	Stock A	195.03	208.89	234.36	306.03	319.90	345.25
B股	Stock B	3.44	3.44	3.44	3.44	3.44	3.44
流通股本(亿股)	Share Capital in Circulation(100 million shares)	166.15	203.91	235.42	265.14	294.94	321.41
股票市价总值(亿元)	Total Market Capitalization (100 million yuan)	2287.44	2366.95	4004.31	4159.46	4131.87	3084.96
A股	Stock A	2008.87	2136.06	3819.70	3968.03	3951.30	2927.06
B股	Stock B	49.06	78.16	77.79	59.14	36.75	23.67
股票流通市值(亿元)	Negotiable Market Capitalization (100 million yuan)	1877.95	2002.92	3552.27	3440.30	3476.22	2591.87
A股	Stock A	1599.38	1772.04	3367.66	3254.81	3295.65	2433.96
B股	Stock B	49.06	78.16	77.79	59.14	36.75	23.67
期货投资者开户数(万户)	Future Accounts Established (10 000 units)	2.62	2.89	3.80	3.85	4.66	4.93
期货总成交量(万手)	Trading Volume of Future (10 000 transactions)	2267.51	3256.26	4484.15	4151.16	2840.34	2403.11
期货总成交额(亿元)	Trading Turnover of Future (100 million yuan)	24234.8	34783.37	91327.34	19871.43	18271.84	19109.74

主要统计指标解释

信贷资金 国家银行用于发放贷款的资金叫信贷资金。中国人民银行信贷资金的来源有各项存款、对国际金融机构负债、流通中货币、银行自有资金及当年结益等。信贷资金的运用有各项贷款、黄金占款、外汇占款、财政借款及在国际金融机构中的资产等。

存款 企业、机关、团体或居民根据可以收回的原则，把货币资金存入银行或其他信用机构保管并取得一定利息的一种信用活动形式。根据存款对象的不同可划分：企业存款、财政存款、机关团体存款、对外贸易存款、城乡居民储蓄存款和农村存款等科目，它是银行信贷资金的主要来源。

贷款 银行或其他信用机构根据必须归还的原则，按一定利率，为企业、个人等提供资金的一种信用活动形式。我国银行贷款，分流动资金贷款、固定资产贷款、城乡个体工商户贷款以及农业贷款等科目。

保险金额 指保险人承担赔偿或者给付保险金责任的最高限额。

保费 指投保人为取得保险人在约定范围内所承担赔偿责任而支付给保险人的费用。

赔偿 指保险人根据保险合同的规定，向被保险人支付的赔偿保险责任损失的金额。

Explanatory Notes on Main Statistical Indicators

Credit Funds refer to the monetary funds accumulated and distributed in the means of credit by the financial institutions. The sources of credit funds include various deposits, financial bonds, liabilities to international financial institutions, currency in circulation, other items. The uses of credit funds include loans, securities and investment, position for bullion and silver purchase, position for foreign exchange purchase, advances to treasury, and assets with international financial institutions.

Deposit is a form of credit by which enterprises, institutions, organizations or households can put money into banks and other credit institutions for safekeeping and interest earning under the principle of free withdrawal. According to different depositors, deposits are divided into enterprise deposits, fiscal deposits, deposits of government agencies and organizations, savings deposits of rural and urban households, agricultural savings deposits, entrusted deposits and other deposits. Deposits are major sources of the credit funds of banks.

Loan is a form of credit by which banks and other credit institutions provide funds at certain interest rate to enterprises and individuals in the light of the principle of unconditional repayment. Loans from Chinese banks include short-term loan, medium- term and long-term loans, entrusted loans, and other loans.

Amount Insured refers to the maximum that the insurant will get for the claim of the case insured.

Premium is the fee paid by the insurant to the insurer to obtain the obligation of compensation from the insurance within the agreed terms.

Settled Claim is the compensation paid by the insurer to the insurant in accordance with the insurance contract.

房地产开发

REAL ESTATE DEVELOPMENT

◆399/412

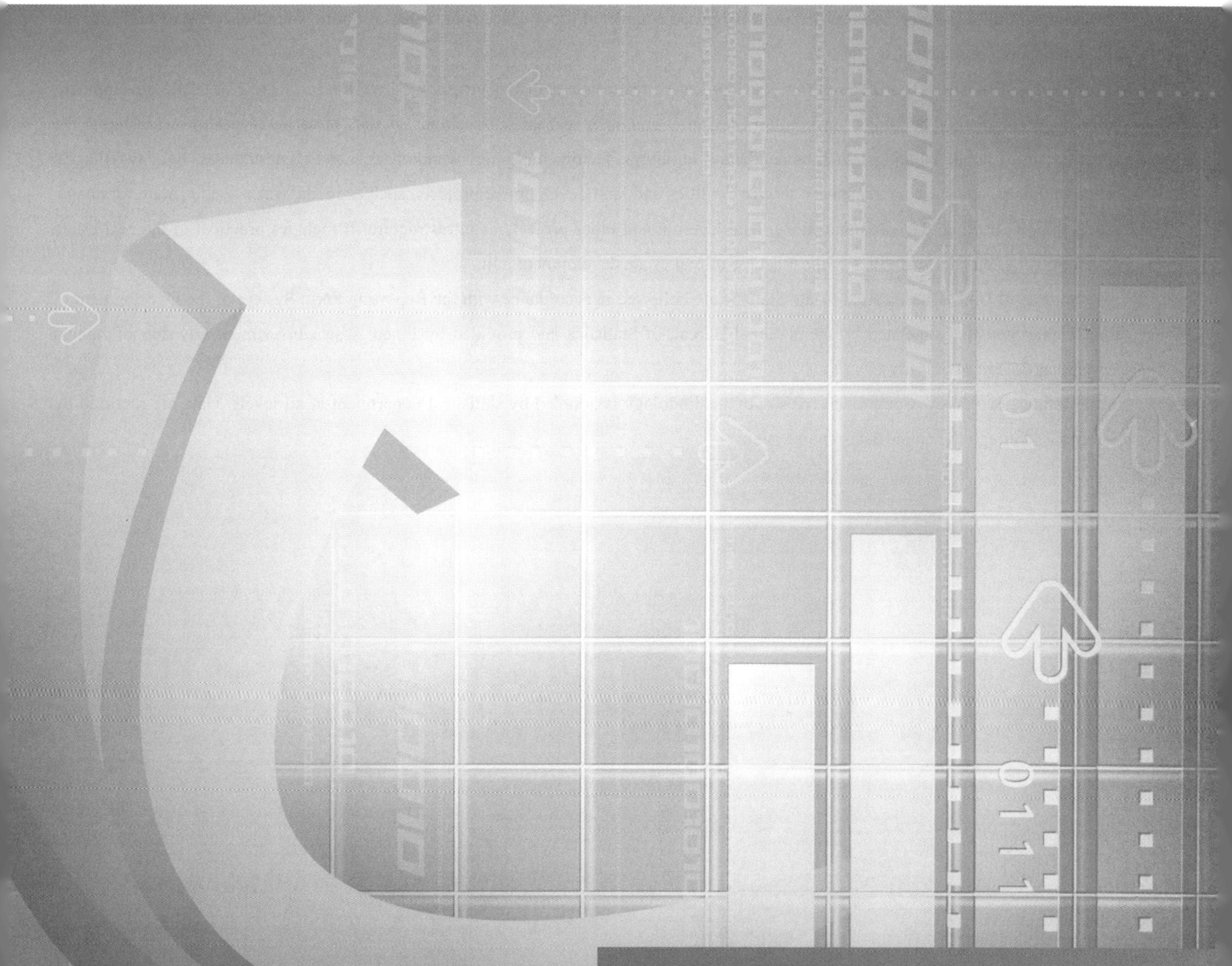

资料整理：熊　谦

简要说明

房地产开发统计资料的主要内容包括：全省房地产开发建设方面的基本情况，包括11个设区市的主要房地产统计数据。如：房地产开发投资额、房屋施工面积、房屋竣工面积、商品房销售面积、商品房销售额、房地产开发投资资金来源等。

统计范围：房地产开发投资统计的统计范围为各种登记注册类型的房地产开发公司、商品房建设公司及其他房地产开发单位统一开发的包括统代建、拆迁还建的住宅、厂房、仓库、饭店、宾馆、度假村、写字楼、办公楼等房屋建筑物和配套的服务设施、土地开发工程，如道路、给水、排水、供电、供热、通讯、平整场地等基础设施工程。包括实际从事房地产开发或经营活动的附营房地产开发单位。

资料来源：根据国家统计局制定的《房地产开发投资统计报表制度》搜集资料，由省统计局固定资产投资处整理汇总。

统计调查方法：由各级统计部门采取全面调查方法，执行企业一套表，由企业网上直报。

Brief Introduction

Main Contents of Real Estate Statistic: Data in this chapter show the general situation and the development of real estate. They cover the situation of real estate of the 11 municipalities in the whole Jiangxi Province. The data include the value of real estate development, floor space under construction, floor space completed, floor space sold, value of house sold, the source of funds for the development of construction.

Scope of Statistics: The scope of the development of real estate statistics covers the investment by the real estate development companies, commercial buildings construction companies and other real estate development units of various types of ownership in the construction of house buildings, such as residential buildings, factory buildings, warehouses, hotels, guesthouses, holiday villages, office buildings, and the complementary service facilities and land development projects, such as roads, water supply, water drainage, power supply, heating, telecommunications, land leveling and other projects of infrastructure. It includes practical in the real estate development or business activities of the business of real estate development unit.

Sources of Data: Data on Real Estate Statistic are collected in accordance with the Reporting Form System of the Development of Real Estate Statistics stipulated by the National Bureau of Statistics and provided by Fixed Assets Investment Division of Jiangxi Provincial Bureau of Statistics.

Methods of Survey: Comprehensive survey methodology is adopted by statistical department at all levels. Data are reported by enterprises through the online data-report system.

18-1 房地产开发与经营主要指标

Main Indicators of Enterprises for Real Estate Development

指　　标	Item	2017	2018
房地产开发投资增速(%)	**Growth Rates of Total Investment in Real Estate Development (%)**	**13.7**	**8.0**
按登记注册类型分	Grouped by Registration Status		
内　资	Domestic Funded	13.0	9.2
#国　有	State-owned Units	41.4	-73.9
集　体	Collective-owned Units		
股份合作	Cooperative Units	-57.5	
有限责任公司	Limited liability Corporations	9.5	9.5
股份有限公司	Share-holding Corporations Ltd.	23.1	3.0
私　营	Private Enterprises	17.3	14.7
其　他	Others	-9.9	
港澳台商投资	Funds from Hong Kong, Macao and Taiwan	28.6	-27.0
外商投资	Foreign Funded	114.0	10.9
按构成分	Grouped by Use of Funds		
建筑工程	Construction	12.9	-1.7
安装工程	Installation	16.1	-12.7
设备工器具购置	Purchase of Equipment and Instruments	56.3	-9.6
其他费用	Others	10.8	75.3
#土地购置费	Land Purchase	11.7	93.8
按工程用途分	Grouped by Use of Projects		
住　宅	Residential Buildings	11.0	14.3
办公楼	Office Buildings	26.6	-18.3
商业营业用房	Houses for Bussiness Use	21.9	-10.7
其　他	Others	7.6	14.1

18-1 续表 continued

指 标	Item	2000	2010	2015	2016	2017	2018
企业个数(个)	**Number of Enterprises (unit)**	**539**	**2141**	**2187**	**2297**	**2452**	**2601**
本年新增固定资产(万元)	**Newly Increased Fixed Assets this Year**	**294124**	**3898732**	**6676396**	**5519484**	**5916121**	**6026342**
土地开发(万平方米)	**Land Space Developed (10000 sq.m)**						
本年购置土地面积	Land Space Purchased this Year	287.81	777.15	542.89	443.13	576.17	558.22
资金来源(万元)	**Sources of Funds (10000 yuan)**						
本年资金来源小计	Sources of Funds This Year	444086	10081606	21013298	25179462	29233439	31688991
国内贷款	Domestic Loans	71414	1464036	2308154	2917282	4198149	3601431
#银行贷款	Bank Loans		1412902	2063823	2604808	3483953	3057179
非银行金融机构贷款	Non-banking Financial Institutions Loans		51134	244331	312474	714196	544252
利用外资	Foreign Investment	33925	28979	61412	6977		20
自筹资金	Self-raising Funds	134697	3912925	7307833	7907118	7602623	8677327
其他资金来源	Others	202730	4675666	11335899	14348085	17432667	1033580
定金及预收款	Deposit and Advance Payment	164019	2542706	5852983	7036917	8467288	10761390
个人按揭贷款	Individual Mortgage Loans		1460827	4479961	5806930	7264407	7615243
房屋施工、竣工和销售、出租情况(万平方米)	**Floor Space of Buildings Under Construction and Completed, On Sale and for Rent (10 000 sq.m)**						
房屋施工面积	Floor Space under Construction	896.62	7229.94	15293.60	16427.25	18806.79	20738.65
#新开工面积	Started this Year	490.92	2344.98	3704.87	3875.01	4954.33	5801.49
房屋竣工面积	Floor Space of Buildings Completed	402.80	1817.74	1907.89	1635.61	1854.40	2036.39
商品房销售面积	Floor Space of Commercialized Buildings Sold	286.69	2469.73	3478.23	4691.84	5841.93	6201.16
商品房销售额(万元)	Total Sales of Commercialized Buildings(10 000 yuan)	272008	7764058	18636712	26783684	35925237	42201368
商品房出租面积	Floor Space of Commercialized Buildings for Rent	1.67	23.66	5.96	7.23	8.77	16.82
商品房待售面积	Floor Space of Commercialized Bulidings Lying Idle	102.90	357.99	1496.06	1434.56	1129.94	950.68

18-2 房地产开发房屋施工、竣工、销售与出租情况（2018年）

Buildings under Construction, Completed, Sold and for Rent of Real Estate Development (2018)

指标	Item	合计 Total	住宅 Residential Budildings	#90平方米及以下住房 Housing of 90 Squre Metres and Below
房屋施工面积(平方米)	Floor Space under Construction (sq.m)	207386482	152468575	21662578
#新开工面积	Started This Year	58014939	44546544	2951816
房屋竣工面积(平方米)	Floor Space lf Buildings Completed (sq.m)	20363941	15151427	2093746
房屋竣工价值(万元)	Value of Buildings Completed (10 000 yuan)	5220766	3805862	531151
商品房销售面积(平方米)	Floor Space of Commercialized Buildings Sold (sq.m)	62011610	53894370	5693129
#现房销售面积	Floor Space of Marketable Housing Sold	9140985	7196599	954093
期房销售面积	Floor Space of Future Marketable Housing Sold	52870625	46697771	4739036
出租房屋面积(平方米)	Floor Space for Rent (sq.m)	168196	2968	
不可销售面积(平方米)	Floor Space Unsalable (sq.m)	906555	279430	12771
待售面积(平方米)	Floor Space Lying Idle (sq.m)	9506819	4980999	708687
商品房销售额(万元)	Total Sales of Commarcialized Buildings (10 000 yuan)	42201368	35245441	4435833
#现房销售额	Sale of Marketable Housing	5068014	3486794	592081
期房销售额	Sale of Futures Marketable Housing	37133354	31758647	3843752

18-2 续表 continued

指标	Item	#别墅、高档公寓 Villas, High-grade Apartments	办公楼 Office Buildings	商业营业用房 Houses for Bussiness Use	其他 Others
房屋施工面积(平方米)	Floor Space under Construction (sq.m)	4844403	5823523	29216562	19877822
#新开工面积	Started This Year	1338268	773963	7115322	5579110
房屋竣工面积(平方米)	Floor Space Completed (sq.m)	314779	505554	3036873	1670087
房屋竣工价值(万元)	Value of Buildings Completed (10 000 yuan)	76670	194590	832333	387981
商品房销售面积(平方米)	Floor Space of Commercialized Buildings Sold (sq.m)	1346349	1191754	5648238	1277248
#现房销售面积	Floor Space of Marketable Housing Sold	191980	217012	1376813	350561
期房销售面积	Floor Space of Future Marketable Housing Sold	1154369	974742	4271425	926687
出租房屋面积(平方米)	Floor Space for Rent (sq.m)			165220	
不可销售面积(平方米)	Floor Space Unsalable (sq.m)	790	6226	206017	414882
待售面积(平方米)	Floor Space Lying Idle (sq.m)	283772	399079	3444019	682722
商品房销售额(万元)	Total Sales of Commarcialized Buildings (10 000 yuan)	1165188	1021253	5225736	708938
#现房销售额	Sale of Marketable Housing	171935	189632	1237619	153969
期房销售额	Sale of Futures Marketable Housing	993253	831621	3988117	554969

18-3 按登记注册类型分的房地产开发投资增速（2018年）

单位: % 万元

指标	Item	合计 Total	内资 Domestic Funds	国有 State-owned Units
投资增速(%)	**Growth Rates of Total Investment**	**8.0**	**9.1**	**-73.9**
按构成分	Grouped by Use of Funds			
建筑工程	Construction	-1.7	-1.5	-74.4
安装工程	Installation	-12.7	-12.1	-70.4
设备工器具购置	Purchase of Equipment and Instruments	-9.6	-5.6	454.4
其他费用	Others	75.3	80.6	-83.2
按工程用途分	Grouped by Use of Projects			
住　宅	Residential Buildings	14.3	15.0	-74.8
#90平方米及以下住房	Housing of 90 Square Metres and below	-19.8	-19.3	-63.7
别墅、高档公寓	Villas, High-grade Apartments	15.0	20.5	
办公楼	Office Buildings	-18.3	-16.9	
商业营业用房	Houses for Bussiness Use	-10.7	-9.4	-76.7
其　他	Others	14.1	17.7	-35.0
本年资金来源合计（万元）	**Total Sources of Funds**	**40736504**	**39396366**	**166838**
上年末结余资金	Surplus Funds last Year	9047513	8547962	69598
本年资金来源小计	Sources of Funds This Year	31688991	30848404	97240
国内贷款	Domestic Loans	3601431	3566231	6050
#银行贷款	Bank Loans	3057179	3024479	6050
非银行金融机构贷款	Non-banking Financial Institutions Loans	544252	541752	
利用外资	Foreign Investment	20		
自筹资金	Self-raising Funds	8677327	8272023	24717
其他资金来源	Others	1033580	1019932	14375
定金及预收款	Deposit and Advance Payment	10761390	10539100	36652
个人按揭贷款	Individual Mortgage Loans	7615243	7451118	15446

Growth Rates of Investment in Real Estate Development by Registration Status (2018)

(%， 0 000 yuan)

股份有限公司 Share-holding Corporations Ltd.	私营 Private & Self-employed	其他内资 Others	港澳台商投资 Funds from Hong Kong, Macao and Taiwan	外商投资 Foreign Funds
3.0	**14.7**		**-27.0**	**10.9**
-23.5	10.0		-11.0	3.4
13.0	-4.2		-46.3	295.4
235.5	-12.9		-80.1	42.7
179.0	57.8		-59.8	-89.5
19.8	19.5		-3.3	-38.6
-3.6	-24.2		-24.2	-50.4
60.9	56.1		-77.9	
55.6	15.9		-44.8	
-37.5	0.6		-61.4	116.3
-39.0	6.5		-53.9	-77.4
1576631	**15724473**		**1043377**	**296761**
462375	3026925		328687	170864
1114256	12697548		714690	125897
168178	1333983		32500	2700
106360	1043527		32500	200
61818	290456			2500
			20	
239690	3522192		339823	65481
47084	144986		13648	
396924	4318907		192997	29293
262380	3377480		135702	28423

18-4 各地区房地产开发和经营指标（2018年）

指　　标	Item	全　省 Total	南昌市 Nanchang	景德镇市 Jingdezhen
企业个数(个)	**Number of Enterprises (unit)**	**2601**	**526**	**77**
投资额和新增固定资产	**Gorwth Rate of Investment And Newly Increased Fixed**			
投资额增速(%)	**Assets Investment (%)**	**8.0**	**12.6**	**43.2**
按登记注册类型分	Grouped by Registration Status			
内　资	Domestic Funds	9.2	14.6	43.2
#国　有	State-owned Units	-73.9	-87.6	
集　体	Collective-owned Units			
联　营	Joint Ownership Units			
股份有限公司	Share-holding Corporations Ltd.	3.0	95.7	106.6
私营	Individuals	14.7	11.7	-7.8
其他内资	Others			
港澳台商投资	Funded by Entrepreneurs from Hong Kong, Macao and Taiwan	-27.4	-20.0	
外商投资	Enterprises with Foreign Investment	10.9	52.8	
按构成分	Grouped by Use of Funds			
建筑工程	Construction	-1.7	-1.7	-0.7
安装工程	Installation	-12.7	-5.8	-2.0
设备工器具购置	Purchase of Equipment and Instruments	-9.6	-15.4	18.8
其他费用	Others	75.3	89.3	694.2
#土地购置费	Land Purchase	93.8	111.2	1351.1
按工程用途分	Grouped by Use of Projects			
住　宅	Residential Buildings	14.3	26.0	42.9
#90平方米及以下住房	Housing of 90 Square Metres and Below	-19.8	-1.8	32.7
别墅、高档公寓	Villas, High-grade Apartments	15.0	-0.7	-77.7
办公楼	Office Buildings	-18.3	-12.2	-44.6
商业营业用房	Houses for Bussiness Use	-10.7	-16.3	-19.9
其　他	Others	14.1	12.4	868.8
本年新增固定资产(万元)	**Newly Increased Fixed Assets this Year (10 000 yuan)**	**6026342**	**2333464**	**134405**
土地开发情况(平方米)	**Land Space Developed (sq.m)**			
本年购置土地面积	Land Space Purchased this Year	5582206	1026248	241564
资金来源(万元)	**Source of Funds (10 000 yuan)**			
本年资金来源小计	**Source of Funds this Year (10 000 yuan)**	**31688991**	**12212336**	**985316**
国内贷款	Domestic Loans	3601431	1819520	205181
#银行贷款	Bank Loans	3057179	1547232	159940
非银行金融机构贷款	Non-banking Financial Institutions Loans	544252	272288	45241
利用外资	Foreign Investment	20		
自筹资金	Self-raising Funds	8677327	3770475	211060
其他资金来源	Others	1033580	576649	31526
定金及预付款	Deposit and Advance Payment	10761390	3765723	315329
个人按揭贷款	Individual Mortgage Loans	7615243	2279969	222220
房屋施工、竣工和销售、出租情况(平方米)	**Floor Space of Buildings Under Construction and Completed, on Sale and for Rent (sq.m)**			
房屋施工面积	**Floor Space of Buildings under Construction**	**207386482**	**60939498**	**5336367**
住　宅	Residential Buildings	152468575	42950424	4298594
#90平方米及以下住房	Housing of 90 Square Metres and Below	21662578	10375536	823856
别墅、高档公寓	Villas, High-grade Apartments	4844403	1515413	41149
办公楼	Office Buildings	5823523	3975542	44205
商业营业用房	Houses for Bussiness Use	29216562	7043739	533622
其　他	Others	19877822	6969793	459946

Development and Operating Indicators for Real Estate by Region (2018)

萍乡市 Pingxiang	九江市 Jiujiang	新余市 Xinyu	鹰潭市 Yingtan	赣州市 Ganzhou	吉安市 Ji'an	宜春市 Yichun	抚州市 Fuzhou	上饶市 Shangrao
93	**317**	**92**	**83**	**417**	**185**	**275**	**208**	**328**
2.8	**-5.3**	**8.1**	**-6.2**	**3.0**	**-6.4**	**-6.2**	**20.4**	**24.8**
2.8	-3.0	8.1	-6.2	4.1	-5.7	-6.0	20.6	26.5
		138.5		-67.7	-64.1	-59.3		
-85.6	120.2	371.8	-44.5	-65.0	-49.4	-35.3	-41.0	-52.3
33.9	-13.1	4.9	11.8	20.7	30.6	-10.2	54.1	42.7
	-96.8			-42.1	-77.3	2.3	-80.0	
								-53.6
-0.1	-19.8	6.9	-19.1	3.5	-14.7	-0.2	4.4	18.5
-43.6	-21.3	-5.0	25.9	-6.8	-11.6	-41.2	-0.2	-33.5
61.7	-18.7	278.4	112.4	-24.7	8.8	35.7	2.7	-27.0
46.6	153.3	31.2	23.5	9.4	63.2	9.8	197.0	97.6
45.3	185.9	5.3	48.8	6.0	61.2	13.6	259.3	112.5
12.0	3.2	8.3	-5.6	3.6	-3.4	-1.4	21.2	26.3
-64.6	-69.2	31.7	-9.9	-25.3	-65.7	-31.8	-3.4	-51.1
344.4	-7.8	-2.8	160.7	14.0	20.1	57.6	7.2	-42.0
-73.3	-78.3	17.9	46.1	-7.0	53.7	-11.8	91.0	-68.7
-3.4	-21.5	13.9	-18.5	-3.3	-22.5	-17.4	17.9	18.7
21.4	-38.9	-0.8	13.5	15.1	6.5	-44.7	3.8	65.7
174410	**295803**	**317694**	**115319**	**607685**	**431989**	**514799**	**309373**	**791401**
	220147		139131	1195930	560326	554730	812918	831212
844594	**2400846**	**504882**	**696876**	**5616800**	**1570106**	**2562445**	**1887531**	**2407259**
85982	394150	24434	21098	509192	149551	109954	101303	181066
85782	298716	24434	17278	416862	133706	103356	93053	176820
200	95434		3820	92330	15845	6598	8250	4246
	20							
116368	738296	57299	239719	1249211	431828	526571	632328	704172
35770	55069	12218	38924	74415	46326	64747	14394	83542
406798	689596	226051	219436	2008797	477841	1168851	687214	795754
199676	523715	184880	177699	1775185	464560	692322	452292	642725
8433028	**20703527**	**8778880**	**6402418**	**34171494**	**11801065**	**18609882**	**15253473**	**16956850**
5912655	16079189	6703292	4654766	24178515	8673508	14780362	11999001	12238269
561394	1876168	606613	716972	1705509	920901	1613163	1298195	1164271
183801	157116	113153	176135	783836	279605	1048023	139363	406809
61910	236754	39554	109146	551041	79749	254808	246437	224377
1441244	3039712	1112522	741056	5615274	1861087	2464645	2163205	3200456
1017219	1347872	923512	897450	3826664	1186721	1110067	844830	1293748

18-4 续表

指 标	Item	全 省 Total	南昌市 Nanchang	景德镇市 Jingdezhen
房屋新开工面积（平方米）	**Floor Space Started this Year (sq.m)**	**58014939**	**12775960**	**1871560**
住 宅	Residential Buildings	44546544	8694714	1614833
#90平方米及以下住房	Housing of 90 Square Metres and Below	2951816	1013957	129436
别墅、高档公寓	Villas, High-grade Apartments	1338268	476434	11953
办公楼	Office Buildings	773963	377805	1210
商业营业用房	Houses for Bussiness Use	7115322	1739609	81459
其 他	Others	5579110	1963832	174058
房屋竣工面积（平方米）	**Floor Space of Buildings Completed (sq.m)**	**20363941**	**6345134**	**644728**
住 宅	Residential Buildings	15151427	4623450	572419
#90平方米及以下住房	Housing of 90 Square Metres and Below	2093746	1160916	120987
别墅、高档公寓	Villas、High-grade Apartments	314779	158070	11953
办公楼	Office Buildings	505554	312793	
商业营业用房	Houses for Bussiness Use	3036873	789646	60745
其 他	Others	1670087	619245	11564
竣工房屋价值（万元）	**Value of Buildings Completed (10 000 yuan)**	**5220766**	**1948800**	**126481**
住 宅	Residential Buildings	3805862	1403812	105113
#90平方米及以下住房	Housing of 90 Square Metres and Below	531151	328305	18639
别墅、高档公寓	Villas, High-grade Apartments	76670	46897	3300
办公楼	Office Buildings	194590	123673	
商业营业用房	Houses for Bussiness Use	832333	237272	19577
其 他	Others	387981	184043	1791
商品房销售面积（平方米）	**Floor Space of Commercialized Buildings Sold (sq.m)**	**62011610**	**18463065**	**1595245**
住 宅	Residential Buildings	53894370	15365198	1516994
#90平方米及以下住房	Housing of 90 Squre Metres and Below	5693129	3340747	115854
别墅、高档公寓	Villas, High-grade Apartments	1346349	342795	10821
办公楼	Office Buildings	1191754	866729	1500
商业营业用房	Houses for Bussiness Use	5648238	1633537	72997
其 他	Others	1277248	597601	3754
商品房销售额（万元）	**Total Sales of Commercialized Buildings Sold (10 000 yuan)**	**42201368**	**15805835**	**1015883**
住 宅	Residential Buildings	35245441	12716041	947504
#90平方米及以下住房	Housing of 90 Square Metres and Below	4435833	3112440	63507
别墅、高档公寓	Villas、High-grade Apartments	1165188	428539	6003
办公楼	Officc Buildings	1021253	802993	1050
商业营业用房	Houses for Bussiness Use	5225736	1917436	65242
其 他	Others	708938	369365	2087
商品房出租面积（平方米）	**Floor Space for Rent (sq.m)**	**168196**	**158118**	
住 宅	Residential Buildings	2968	2968	
#90平方米及以下住房	Housing of 90 Squre Metres and Below			
别墅、高档公寓	Villas, High-grade Apartments			
办公楼	Office Buildings			
商业营业用房	Houses for Bussiness Use	165228	155150	
其 他	Others			
商品房待售面积（平方米）	**Floor Space Lying Idle (sq.m)**	**9506819**	**1811955**	**417637**
住 宅	Residential Buildings	4980999	1004345	332287
#90平方米及以下住房	Housing of 90 Square Metres and Below	708687	102840	84229
别墅、高档公寓	Villas, High-grade Apartments	283772	47153	26819
办公楼	Office Buildings	399079	278334	
商业营业用房	Houses for Bussiness Use	3444019	449215	64879
其 他	Others	682722	80061	20471

continued

萍乡市 Pingxiang	九江市 Jiujiang	新余市 Xinyu	鹰潭市 Yingtan	赣州市 Ganzhou	吉安市 Ji'an	宜春市 Yichun	抚州市 Fuzhou	上饶市 Shangrao
3255079	**7208724**	**1620989**	**1192567**	**10247745**	**3904989**	**6006631**	**4685792**	**5244903**
2217772	6298467	1317901	927776	8190611	2835210	5076293	3606253	3766714
54313	312518	20960	116310	298545	204778	442601	119654	238744
73547	8006		3453	93670	64854	464714	82495	59142
19466	8203	560	11181	99256	51966	33633	132868	37815
463454	555003	154329	120111	1070390	592170	548664	672204	1117929
554387	347051	148199	133499	887488	425643	348041	274467	322445
663091	**1155758**	**1582280**	**336593**	**2342247**	**1591976**	**1855381**	**968608**	**2878145**
607592	800658	1316281	305713	1513377	1318158	1603357	646004	1844418
5479	120916	51115	8900	44641	105297	154567	82706	238222
	1746	540		20446	83005	8229		30790
	763	2820		67856	1973	1891	5600	111858
40811	280946	137299	27533	432523	204610	183625	176277	702858
14688	73391	125880	3347	328491	67235	66508	140727	219011
168433	**252428**	**270651**	**106819**	**550955**	**356821**	**473759**	**218494**	**747125**
155047	177523	213005	97765	309905	294665	407080	160001	481946
1476	32211	17237	2572	8333	22515	36170	6873	56820
	349	159		5365	10083	2264		8253
	115	410		37920	391	539	1672	29870
9628	64568	29303	8182	129577	50526	59632	38450	185618
3758	10222	27933	872	73553	11239	6508	18371	49691
1795766	**6773956**	**2102706**	**1800925**	**10583976**	**3313249**	**5266034**	**4679327**	**5637361**
1672063	6194330	1984185	1661442	9076982	2882716	4693502	4209455	4637503
49946	438828	103973	146048	498417	103578	341636	348928	205174
88323	6726	15838	69592	153581	100863	267980	159037	130793
	8945		64138	84668	27938	73241	34102	30493
115390	476985	89303	71297	1117666	348612	452317	406199	863935
8313	93696	29218	4048	304660	53983	46974	29571	105430
982272	**4038470**	**972487**	**1001412**	**7320894**	**1985846**	**2922315**	**2743422**	**3412532**
873802	3538315	908487	859487	6106988	1706451	2453231	2357770	2777365
29720	287932	39955	81615	326532	40568	190686	161924	100954
63497	4402	10557	83041	148049	63872	200040	79999	77189
	8347		37733	80222	11213	33752	24426	21517
106102	422920	53901	102444	994123	247199	407462	342445	566462
2368	68888	10099	1748	139561	20983	27870	18781	47188
				72		**6210**	**1728**	**2068**
				72		6210	1728	2068
560634	**1254444**	**590538**	**230091**	**1363880**	**578240**	**899884**	**402066**	**1397450**
324560	641055	274199	92834	585209	321577	437492	138454	828987
71320	69292	26261	40698	98271	27364	80749	21843	85820
1906	12895	23377		19556	30722	76930	130	44284
1000	63800			26933	10875	2412	1245	14480
203114	497999	234425	132199	605625	170728	436888	242075	406872
31960	51590	81914	5058	146113	75060	23092	20292	147111

主要统计指标解释

房地产业 是指从事房地产开发、建设、经营、租赁及维修等活动的经济部门。按照国民经济行业划分的规定，房地产业包括房地产开发与经营、房地产管理和房地产经纪与代理业三部分内容。

房地产开发业 是房地产业的一个重要组成部分，是指进行商品房屋建设和土地开发及经营活动的企业和单位。

房地产开发投资额 是以货币形式表现的房地产开发企业（单位）在一定时期内进行房屋建设及土地开发所完成的工作量及有关费用的总称。

建筑工程 指各种房屋、建筑物的建造工程，又称建筑工作量。这部分投资额必须兴工动料，通过施工活动才能实现。

安装工程 指各种设备、装置的安装工程，又称安装工作量。

设备、工器具购置 指工业企业生产的产品转化为固定资产的购置活动，包括建设单位或企、事业单位购置或自制的，达到固定资产标准的设备、工具、器具的价值。

商品住宅 指房地产开发企业(单位)建设并出售、出租给使用者，仅供居住用的房屋。

别墅、高档公寓 指建筑造价和销售价格明显高于一般商品住宅的商品住宅。别墅一般指地处郊区，独立成栋的商品住宅；高档公寓一般指地处市内高尚社区，高层或多层的商品住宅。别墅、高档公寓的确定标准：一是经有房地产投资计划审批权的主管部门审批建设的别墅、高档公寓开发项目；二是销售价格高于当地同等地段商品住宅平均销售价格一倍以上的别墅、公寓开发项目。该指标可以分析房地产投资结构，反映高收入家庭商品住宅的供求平衡情况。

办公楼 指企业、事业、机关、团体、学校、医院等单位使用的各类办公用房(又称写字楼)。

本年新增固定资产 指在报告期已经完成建造和开发过程并交付使用的房屋和土地开发面积的价值。指房地产开发公司进行开发经营活动的最终成果，即为社会提供的固定资产，而且是在报告期内新增加的。不是反映房地产开发企业本身固定资产的增加。

本年资金来源合计 指房地产开发企业(单位)在本年内收到的可用于房地产开发和经营的各种资金来源数之和，包括上年末结余资金、本年度内拨入、借入或以各种方式筹集的资金。

上年末结余资金 指上年资金来源中没有形成投资额而结余的资金。包括尚未用到工程上去的材料价值、未开始安装的需要安装设备价值及结存的现金和银行存款等。可根据有关财务数字填报。上年末结余资金不能出现负数，即不能把上年应付工程、材料款作为上年末结余资金的负数来处理。

本年资金来源小计 指房地产开发企业(单位)实际拨入的，用于房地产开发的各种货币资金。包括国内贷款、利用外资、自筹资金和其他资金。

国内贷款 指报告期房地产开发企业(单位)向银行及非银行金融机构借入的用于房地产开发与经营的各种国内借款，包括银行利用自有资金及吸收的存款发放的贷款、上级主管部门拨入的国内贷款、国家专项贷款(包括煤代油贷款、劳改煤矿专项贷款等)，地方财政专项资金安排的贷款、国内储备贷款、周转贷款等。

银行贷款 指向各商业银行、政策性银行借入的用于房地产开发与经营的各项贷款。

利用外资 指报告期收到的用于房地产开发与经营的境外资金(包括外国及港澳台地区)，包括外商直接投资、对外借款(外国政府贷款、国际金融组织贷款、出口信贷、外国银行商业贷款、对外发行债券和股票)及外商其他投资(包括补偿贸易和加工装配由外商提供的设备价款、国际租赁)。不包括我国自有外汇资金(包括国家外汇、地方外汇、留成外汇、调剂外汇和中国银行自有资金发行的外汇贷款等)。各类外资按报告期的外汇牌价(中间价)折成人民币“万元”计算。

自筹资金 指各地区、各部门及企事业单位筹集用于房地产开发与经营的预算外资金。

其他资金来源 指在报告期收到的除以上各种资金之外其他用于房地产开发与经营的资金。包括国家预算内资金、债券、社会集资、个人资金、无偿捐赠的资金及用征地迁移补偿费、移民费等进行房地产开发的资金。

房屋施工面积 指报告期内施工的全部房屋建筑面积。包括本期新开工的面积和上年开工跨入本期继续施工的房屋面积，以及上期已停建在本期恢复施工的房屋面积。本期竣工和本期施工后又停建缓建的房屋面积仍包括在施工面积中，多层建筑应填各层建筑面积之和。

房屋竣工面积 指报告期内房屋建筑按照设计要求已全部完工，达到住人和使用条件，经验收鉴定合格或达到竣工验收标准，可正式移交使用的各栋房屋建筑面积的总和。

竣工房屋价值 指在报告期内竣工房屋本身的建造价值。竣工房屋的价值一般按房屋设计和预算规定的内容计算。包括竣工房屋本身的基础、结构、屋面、装修以及水、电、卫等附属工程的建筑价值，也包括作为房屋建筑组成部分而列入房屋建筑工程预算内的设备(如电梯、通风设备等)的购置和安装费用；不包括厂房内的工艺设备、工艺管线的购置和安装，工艺设备基础的建造；办公和生活用家具的购置等费用；购置土地的费用；迁移补偿费和场地平整的费用及城市建设配套投资。竣工房屋价值一般按结算价格计算。

出租房屋面积 指在报告期期末房屋开发单位出租的商品房屋的全部面积。

商品房销售面积 指报告期内出售商品房屋的合同总面积(即双方签署的正式买卖合同中所确定的建筑面积)。由现房销售建筑面积和期房销售建筑面积两部分组成。

商品房销售额 指报告期内出售商品房屋的合同总价款(即双方签署的正式买卖合同中所确定的合同总价)。该指标与商品房销售面积同口径，由现房销售额和期房销售额两部分组成。

待售面积 指报告期末已竣工的可供销售或出租的商品房屋建筑面积中，尚未销售或出租的商品房屋建筑面积，包括以前年度竣工和本期竣工的房屋面积，但不包括报告期已竣工的拆迁还建、统建代建、公共配套建筑、房地产公司自用及周转房等不可销售或出租的房屋面积。

本年购置土地面积 指在本年内通过各种方式获得土地使用权的土地面积。

Explanatory Notes on Main Statistical Indicators

Real Estate Industry refers to those engaged in real estate development,construction,management,leasin and maintenance activities in the sectors of the economy. In accordance with the provisions of the national economy sectors, the real estate industry including real estate development and management, property management and real estate brokers and agents part of the contents of the three.

Real Estate Development Industry is an important component of real estate industry ,refers to enterprises and units engaged in housing construction and land development and management.

Value of Real Estate Development Investment is in the form of money in real estate development enterprises (units) in a certain period for housing construction and land development by the workload and related costs.

Construction refers to the construction of houses and buildings,also called work volume of construction.This part of investment can only be realized under construction.

Installation refers to the installation of various kinds of equipment and instruments,also called work volume of installation.

Purchase of Equipment and Instruments Purchase of equipment and instruments refers to the total value of equipment, tools, and instruments purchased or self-produced which come up to the cut-off point for fixed assets by the construction units or investing enterprises or institutions.

Residential Buildings refers to buildings built and sold, least to users, only used for living .

Villas、High-grade Apartments refers to commercial houses whose construction costs and marketing prices are significantly higher than ordinary housing.Villas are independent structures generally located in the suburbs;high-grade apartments are multi-story buildings located in elegant urban neighborhoods.Criteria for villas and high-grade apartments include:1）projects for the construction of villas or high-grade apartments have to be approved by comprtent departments in charge of real estate development and investment plans,and 2)prices for projects on villas or high-grade apartments are higher by over 100% compared with the average prices of ordinary commercial housing projects in similar location.This indicator helps to analyze the investment structure of the real estate industry and the demand and supply of housing for high-income households.

Office Buildings refer to office space for enterprise, business, institutions, organizations, schools, hospitals and other units .

Newly Increased Fixed Assets This year refer to the newly increased value of fixed assets,constructed or purchased,that have been transferred to the investors.This is an indicator that demonstrates the results of investment in fixed assets in monetary terms,and an important indicator to reflect the speed of construction and to calculate the efficiency of investement.

Total source of funds refers to the various funds received by real estate enterprises in this year for the purpose of construction and purchase of investment in real estate. It includes balance of funds brought forward from the previous year, funds appropriated and brought in this year, and funds collected by various ways.

Surplus Funds Last Year refers to the surplus funds which didn't form the investment in fixed assets in the sources of funds in previous year. It includes material values that will be used in the projects, facilities values that must be and will be installed, and surplus cashes and deposits in bank.

Sources of Funds This Year refers to the monetary funds received by investing enterprises during the reference period for the purpose of investment in fixed assets. It includes funds from domestic loans, foreign investment, self-raised funds, and others.

Domestic Loans refer to loans of various forms borrowed by investing units from banks and non-bank financial institutions during the reference period, including loans issued by banks from their self-owned funds and deposit, loans appropriated by higher responsible authorities, special loans by government (including loan for substituting petroleum with coal, special loan for reform-through-labour coal mines), loans arranged by local government from special funds, domestic reserve loan, and working loan, etc.

Bank Loans refer to loans for real estate development and management brought from commercial banks and policy banks.

Foreign Investment refers to foreign funds received during the reference period for investment in fixed assets (covering equipment, materials and technology), including foreign direct investment, foreign borrowings (loans from foreign governments and international financial institutions, export credit, commercial loans from foreign banks, issuance of bonds and stocks overseas), and other foreign investment (covering facilities' funds provided by foreign investment by compensation trade and processing & assembly, as well as international lease).

Self-raising Funds refer to extra-budgetary funds for investment in fixed assets received by investing units from central government ministries, local governments, enterprises and institutions during the reference period.

Others Sources of Funds refer to funds for investment in fixed assets received from the sources other than those listed above, including funds raised from social and individuals, through donations, and funds transferred from other units.

Floor Space under Construction refer to total floor space of all buildings under construction during the reference period, including floor space of newly started buildings during the reference period, floor space of construction extended from the previous period to the current period, and floor space of construction suspended during the previous period and resumed in the current period. Floor space of construction completed in the current period, and floor space of construction started and then suspended in the current period are also included in the floor space under construction of the current year.

Floor Space Completed refers to the floor space of all buildings completed in the reference period, which have been appraised and accepted (or come up to the designed standards) and have been transferred to owner units.

Value of Buildings Completed refer to the intrinsic construction value of buildings completed in the reference period. It is figured by the rules of buildings design and budget, which not only includes the construction value of foundations, structure, furnishings, subsidiary projects such as water, electricity, toilet, etc. but also includes purchase and installation expenditures of facilities (such as lift, ventilation, etc.) listed into buildings budget as component of building construction. It excludes the purchase and installation of technical facilities, leads and lines in factories, construction of technical facilities' basis, expenditures of environment projects such as water, eructate, electricity, toilet, road projects, wall fended to earth outside, purchase of furniture in office or house, purchase of lands, as well as expenditures of move compensation and land leveling etc.

Floor Space of Buildings for rent refer to the total area for rent in the end of the reference period.

Floor Space of Commercialized Buildings Sold refer to total contracted area of commercialized housing (i.e. area of floor space as designated in the formal contracts signed by both sides) during the reference time. It constitutes floor space of completed housing and floor space of future housing.

Total Sales of Commercialized Buildings Sold refer to the total contracted value (i.e. value of sales/purchase for selling/purchase of commercialized housing as designated in the contract signed by both sides) during the reference time. This indicator has the same coverage as the area of commercialized housing sold, which constitutes floor space of completed housing and floor space of housing yet to be completed.

Floor Space Lying Idle refer to the area has not yet sold or rent, including the housing area completed in the current period the previous year, but does not include demolition re-construction,united construction and the building of agents, public supporting the construction, real estate companies, such as swing space for personal use and not for sale or rental of housing area. has been completed in the reporting period.

Land Space Purchased This Year refer to the land area accessible by various means in current year.

19

科技、教育、文化

SCI-TECH,EDUCATION AND CULTURE

◆413/448

资料整理：王惠媗、许 娇、冯晓晖

简要说明

本篇资料主要分为科技、教育、文化、新闻出版、广播电视四部分。

科技统计资料主要内容包括：地方企事业单位专业技术人员情况；独立核算的科研机构、高校及各类企事业单位的科技活动人员、科技成果及奖励等情况；专利申请和授权情况；技术市场技术合同成交情况；科协系统科技活动情况等。

科技统计范围：包括全社会有科技活动的企事业单位，具体为：规模限额以上企业、独立核算的科研机构、普通高等学校以及国民经济其他行业中有研发活动的企业（单位）等。资料来源:全省科技综合资料、各类企业科技资料由省统计局调查提供；独立核算的科研机构资料、技术市场资料由省科技厅调查提供；高校科技活动资料由省教育厅调查提供；国防科研机构资料由省工信委调查提供；专业技术人员资料由省人力资源保障厅调查提供；科协系统科技活动资料由省科协调查提供；专利由省知识产权局调查提供。统计调查方法：规模（限额）限额以上企业、独立核算的科研机构、高校的科技活动资料采用全数调查取得，国民经济其他行业中有研发活动的企业（单位）数据为第二次R&D资源清查资料。

教育统计资料包括研究生教育、高等教育(普通教育本专科、成人教育本专科)、中等教育(高中阶段教育和初中阶段教育)、初等教育(小学)、学前教育、特殊教育(盲聋哑和弱智儿童学校)等资料。主要指标包括学校数、在校学生数、招生数、毕业生数、教职工数和专任教师数等。资料来源于省教育厅，其中技工学校资料来源于省人力资源和社会保障厅。

文化统计资料主要包括艺术表演团体、艺术表演场所、公共图书馆、博物馆、文化馆、文化站、文物、文化产业、新闻出版、广播电视等资料，资料来源于省文化厅、省广播电视局。

新闻出版、广播电视资料主要包括各类报纸杂志、图书出版数量，全省广播电台、电视台数量，广播电视人口覆盖率，有线电视人口覆盖等资料。资料来源于省广播电视局。

Brief Introduction

This chapter covers four parts: technology, education, culture, and radio film and television.

Data on technology mainly include: condition of professional scientific and technological personnel of local state-owned enterprises and institutions; scientific and technological institutions with independent accounting system, scientific and technological personnel in universities and colleges and various enterprises or institutions, activities of R&D and scientific and technological achievements and prizes; condition on applied and certified patent applications domestically and overseas; the situation of signed technological contracts on technological market; scientific and technological activities within scientific and technological system.

Statistical scope of science and technology: enterprises and institutions with scientific and technological activities, including industrial enterprises above designed size, scientific and technological institutions with independent accounting system, universities and colleges enterprises with scientific and technological activities in other national economic industries. Sources of data are listed as follows. Scientific and technological data on provincial level and various enterprises are prepared and provided by Jiangxi Bureau of Statistics. Data on scientific and technological institutions with independent accounting system and technological markets are prepared and provided by Jiangxi Bureau of Science and Technology. Data on scientific and technological activities in universities and colleges are prepared and provided by Jiangxi Provincial Department of Education. Data on scientific research institutions for defense are prepared and provided by Jiangxi Department of Industry and Information Technology. Data on the number of scientific and technological personnel are prepared and provided by Jiangxi Department of Human Resources and Social Security. Data on the scientific and technological activities are prepared and provided by Jiangxi Science Association. Data on supervision and checking of the products quality and patents are prepared and provided by Jiangxi Intellectual Property Office. Statistical methodology: data on industrial enterprises above designated size, scientific and technological institutions with independent accounting system and scientific and technological activities of universities and colleges are collected through comprehensive reporting system. Data on enterprises with scientific and technological activities in other national economic industries are collected through the 2rd R&D survey.

Data on education cover the situations on postgraduates, higher education (universities and colleges), secondary education (senior and junior high schools), elementary education (primary schools), preschool education, special education (schools for the blind, deaf-mutes, and the retarded) on education. The main indicators cover the number of schools, the number of student enrollment, the number of new enrollment, the number of graduates, the number of staff and workers, and the number of full-time teachers. The data are mainly prepared and provided by Bureau of Education. Data on the technical training schools are prepared and provided by the Bureau of Labor and Social Security.

Data on culture industry cover art performance troupes, art performance places, public libraries, museums, culture centers, culture satiations, relics, publishing and broadcasting. Data source from Jiangxi Bureau of Culture, The Administration of Press, Publication, Radio, Film and Television of Jiangxi Province, The Bureau of Statistics of Jiangxi Province.

Data on press, publication and broadcasting mainly include publication of newspapers, magazines and books, number of radio and television stations, TV and radio coverage rate of population. Data are prepared and provided by The Administration of Press, Publication, Radio, Film and Television of Jiangxi Province.

19-1 R&D 经费内部支出

R&D Internal Expenditure

年份 Year	R&D经费内部支出（万元） R&D Internal Expenditure (10 000 yuan)	企业 Enterprises	科研机构 Science Institutions	高等院校 High Educations	其他 Others	R&D经费内部支出与GDP比值 Proportion of R&D Internal Expenditure in GDP (%)
2005	288244	219157	34437	32253	2397	
2010	860691	671849	93819	74108	20915	0.91
2011	967529	783482	82488	79950	21609	0.82
2012	1136552	939633	90599	85676	20644	0.88
2013	1354972	1115772	122711	95126	21363	0.94
2014	1531114	1295464	114192	100738	20720	0.97
2015	1731820	1484984	122029	103843	20964	1.03
2016	2073091	1813485	130051	103038	26517	1.13
2017	2558030	2244897	152315	135412	25406	1.28
2018	3106906	2730419	185337	159222	31928	1.41

19-2 研究与试验发展（R&D）情况（2018年）

Basic Statistics on Research and Experimental Development (2018)

项目	Item	总计 Total	企业 Enterprises	科研机构 Science Institutions	高等院校 High Educations	其他 Others
有R&D活动单位（个）	R&D Institutions (unit)	3964	3625	96	150	93
R&D人员（人）	R&D Personnel (person)	122696	92817	6208	16951	6720
#研究人员	Research Personnel	55657	33213	4510	14509	3425
全时人员	Full-time	84710	69412	5219	6164	3915
非全时人员	Non Full-time	37986	23405	989	10787	2805
R&D人员折合全时当量（人年）	Full-time Equivalent of R&D Personnels (person-year)	85255	69287	5534	6818	3616
R&D经费内部支出（万元）	R&D Interal Expenditure (10 000 yuan)	3106906	2730419	185337	159222	31928
日常性支出	Routine	2734596	2443260	152743	114971	23623
#人员劳务费	Labour	711872	581349	69660	41929	18935
资产性支出	Asset	372310	287159	32594	44251	8305
#仪器和设备	Instruments and Facilities	344687	277472	21468	38007	7739
政府资金	Government Funded	386404	88031	171611	102290	24471
企业资金	Enterprises Funded	2676660	2635952	2098	36208	2402
境外资金	Overseas Fund	1492	1333		50	110
其他资金	Other Funds	42350	5102	11628	20674	4945
R&D经费外部支出（万元）	R&D External Expenditure (10 000yuan)	189036	114170	63273	11379	214

19-3　研究与试验发展(R&D)项目(课题)情况(2018年)
R&D Projects (2018)

指　标	Item	项目(课题)数（项）Number of Projects (item)	项目(课题)参加人员折合全时当量(人年) Full-time Equivalent of Project Personnel (person-year)	研究人员 Research Personel	项目(课题)经费内部支出(万元) Expenditure (10 000 yuan)
总　计	**Total**	**41079**	**77033**	**26591**	**2896187**
企　业	Enterprises	13956	62925	16530	2645998
科研机构	Science Institutions	1025	4940	3862	131947
高等院校	High Educations	25348	6820	5729	97717
其　他	Others	750	2349	471	20526

19-4　研究机构情况(2018年)
Scientific Research Institutions (2018)

指　标	Item	机构数(个) Number of Institutions (unit)	R&D人员(人) R&D Personnel (person)	#博士毕业 Doctor Graduates	#硕士毕业 Master Graduates	R&D经费支出(万元) Expenditure on R&D Activities (10 000 yuan)	科研用仪器设备原价(万元) Prime Cost of Research Instruments (10 000 yuan)
总　计	**Total**	**3490**	**57640**	**3042**	**7027**	**2125700**	**2104022**
企　业	Enterprises	2858	46627	722	4115	1909841	1725649
科研机构	Science Institutions	114	6208	412	1652	185337	149370
高等院校	High Educations	469	3903	1891	1089	25473	215118
其　他	Others	49	902	17	171	5049	13884

19-5 地方企事业单位专业技术人员(一)

Professional Technical Personnel in Local Institutions and Enterprises (I)

单位：人 (person)

类　别	Type	2000	2005	2010	2015	2016	2017	2018
总　计	**Total**	**693530**	**693932**	**695946**	**729989**	**725211**	**742119**	**740891**
工程技术人员	Engineering	91360	74607	67728	77911	77917	79024	77174
农业技术人员	Agriculture	19470	19733	20391	18337	16908	16410	16413
卫生技术人员	Health Care	99631	110834	119861	127305	127376	125981	124816
科学研究人员	Scientific Research	2333	3840	2840	2719	3163	3544	4539
教学人员	Teaching	360818	399404	414664	441951	433476	449171	437166
其他人员	Others	119918	85514	70462	61766	66371	67989	80783

注：本表中事业单位专业技术人员不包含聘用人员。表19-2同。

a) Personnel contracts are not included in institution personnel in this table.The same applies to table 19-2.

19-6 地方企事业单位专业技术人员(二)

Professional Technical Personnel in Local Institutions and Enterprises (II)

类　别	Type	人　数 (人) Personnel (person)		比　重 (%) Percentage (%)		平均每万人口专业技术人员（人） Professional Technical Staff per 10 000 Population (person)		平均每万在岗职工专业技术人员(人) Professional Technical Staff per 10 000 Staff and Workers (person)	
		2017	2018	2017	2018	2017	2018	2017	2018
总　计	**Total**	**742119**	**740891**	**100.0**	**100.0**	**161**	**160**	**1736**	**1851**
工程技术人员	Engineering	79024	77174	10.6	10.4	17	17	185	193
农业技术人员	Agriculture	16410	16413	2.2	2.2	4	4	38	41
[illegible]	[illegible]	[illegible]	[illegible]	[illegible]	[illegible]	[illegible]	[illegible]	[illegible]	[illegible]
科学研究人员	Scientific Research	3544	4539	0.5	0.6	1	1	8	11
教学人员	Teaching	449171	437166	60.5	59.0	97	94	1051	1092
其他人员	Others	67989	80783	9.2	10.9	15	17	159	202

19-7 地方企事业单位分行业专业技术人员（2018年）
Professional Technical Personnel in Local Institutions and Enterprises by Sector (2018)

单位：人 (person)

行业	Sector	合计 Total	事业单位 Institutions	企业单位 Enterprises
总计	**Total**	**740891**	**665014**	**75877**
农林牧渔业	Agriculture,Forestry,Animal Husbandry and Fishery	28342	25619	2723
采矿业	Mining	13516	11	13505
制造业	Manufacturing	19024	61	18963
电力、热力、燃气及水生产和供应业	Production and Supply of Electric Power,Gas and Water	3596	36	3560
建筑业	Construction	8899	1025	7874
批发和零售业	Wholesale and Retail Trade	1383	4	1379
交通运输、仓储和邮政业	Transport,Storage and Post	14955	7142	7813
住宿和餐饮业	Hotel and Catering	486	159	327
信息传输、软件和信息技术服务业	Information Transmission,Computer Services and Software	868	788	80
金融业	Financial Intermediation	14508	1214	13294
房地产业	Real Estate	2199	1383	816
租赁和商务服务业	Leasing and Business Services	1715	253	1462
科学研究和技术服务业	Scientific Research,Technical Service and Geologic Prospecting	18891	17314	1577
水利、环境和公共设施管理业	Management of Water Conservancy,Environment and Public Facilities	11223	10866	357
居民服务、修理和其他服务业	Services to Households and Other Services	2891	2023	868
教育	Education	439171	439171	
卫生和社会工作	Health and Social Work	124962	124962	
文化、体育和娱乐业	Culture, Sports and Entertainment	14810	13531	1279
公共管理、社会保障和社会组织	Public Management, Social Welfare and Social Organization	19452	19452	
国际组织	International Organization			

注：本表中事业单位专业技术人员不包含聘用人员。表19-6同。

a) Contract personnel are not included in institution personnel in this table.The same applies to table 19-6.

19-8 地方企业单位单位技术人员(一)(2018年)

Professional Technical Personnel in Local Enterprises (I) (2018)

单位：人 (person)

类别	Type	合 计 Total	高级职务 Senior	#正高级职务 High Senior	中级职务 Middle	初级职务 Junior	未聘任专业技术职务 Un-titled
合 计	**Total**	**75877**	**6175**	**418**	**20010**	**32069**	**17623**
按学历分	**by Schooling**						
研究生	Postgraduate	4249	850	112	1645	546	1208
大学本科	Undergraduate	39688	4589	298	10551	14670	9878
大学专科	Junior College	21131	609	8	5813	10711	3998
中 专	Junior Secondary School	5802	81		1360	3484	877
高中及以下	Senior Secondary School and below	5007	46		641	2658	1662
按年龄分	**by Age**						
35岁及以下	35 and below	30208	287		5126	13151	11644
36岁至40岁	36-40	11547	732	4	3957	5003	1855
41岁至45岁	41-45	12316	1289	58	3962	5416	1649
46岁至50岁	46-50	10689	1572	115	3279	4504	1334
51岁至54岁	51-54	6461	1357	141	2183	2312	609
55岁及以上	55 and over	4656	938	100	1503	1683	532

19-9 地方企业单位单位技术人员(二)(2018年)

Professional Technical Personnel in Local Enterprises (II) (2018)

单位：人 (person)

类别	Type	合 计 Total	工程技术人员 Engineering	农业技术人员 Agriculture	卫生技术人员 Health Care	科学研究人员 Scientific Research	教学人员 Teaching	其 他 Others
合 计	**Total**	**75877**	**38648**	**503**	**3246**	**245**	**426**	**32809**
按学历分	**by Schooling**							
研究生	Postgraduate	4249	2194	4	58	58	37	1898
大学本科	Undergraduate	39688	20509	76	1616	128	230	17129
大学专科	Junior College	21131	10731	159	1037	29	125	9050
中 专	Junior Secondary School	5802	2987	153	463	30	27	2142
高中及以下	Senior Secondary School and below	5007	2227	111	72		7	2590
按年龄分	**by Age**							
35岁及以下	35 and below	30208	18025	97	1188	104	91	10703
36岁至40岁	36-40	11547	5868	115	608	25	51	4880
41岁至45岁	41-45	12316	5355	112	550	28	71	6200
46岁至50岁	46-50	10689	4484	74	428	35	82	5586
51岁至54岁	51-54	6461	2849	58	354	36	85	3079
55岁及以上	55 and over	4656	2067	47	118	17	46	2361

19–10 地方事业单位单位技术人员(2018年)

Professional Technical Personnel in Local Institutions (2018)

单位：人 (person)

类别	Type	合计 Total	工程技术人员 Engineering	农业技术人员 Agriculture	卫生技术人员 Health Care	科学研究人员 Scientific Research	教学人员 Teaching	其他 Others
合计	**Total**	**665014**	**38526**	**15910**	**121570**	**4294**	**436740**	**47974**
按学历分	**by Schooling**							
研究生	Postgraduate	41865	2334	454	7360	1616	28082	2019
大学本科	Undergraduate	335389	21168	5551	52784	1820	232575	21491
大学专科	Junior College	210990	11241	6085	38289	724	137832	16819
中专	Junior Secondary School	68191	3100	3167	20959	113	35168	5684
高中及以下	Senior Secondary School and below	8579	683	653	2178	21	3083	1961
按年龄分	**by Age**							
35岁及以下	35 and below	254885	13423	3907	44284	1227	176439	15605
36岁至40岁	36-40	113743	7056	3192	22983	704	71835	7973
41岁至45岁	41-45	98003	6429	3031	19206	524	59599	9214
46岁至50岁	46-50	93681	5390	2874	15750	473	61637	7557
51岁至54岁	51-54	61479	3824	1647	12391	405	38678	4534
55岁及以上	55 and over	43223	2404	1259	6956	961	28552	3091

19-11　政府部门属科技机构情况（2018年）

Government Administratied Science Institutions (2018)

类　别	Type	机构数（个）Number of Institutions (unit)	从业人员总数（人）Total Number of Employees (person)	#单位在职科技活动人员 Personnel Engaged in S&T Activities	经费收入总额（千元）Total Income (1 000yuan)	经费支出总额（千元）Total Expenditures (1 000 yuan)	#科技经费支出 On Science and Technology
总　计	**Total**	**111**	**8096**	**5843**	**2432973**	**2276136**	**1537530**
按隶属关系分	**Grouped by Jurisdiction of Management**						
中央部门属	Central-department Administratied	1	244	95	87172	84509	44748
地方部门属	Local-department Administratied	110	7852	5748	2345801	2191627	1492782
省级部门属	Provincial-department Administratied	56	5736	4285	1872624	1648104	1139449
地市级部门属	Municipal-departments Administratied	53	2086	1433	466252	537498	347308
按国民经济行业分	**Grouped by Sector**						
农、林、牧、渔业	Agriculture, Forestry, Animal Husbandry and Fishery	41	3336	2108	818199	824391	589977
采矿业	Mining	1	47	40	10813	9404	8452
制造业	Manufacturing	16	935	764	251304	304904	180705
建筑业	Construction	2	134	82	61433	57159	4189
交通运输、仓储和邮政业	Transport, Storage and Post	1	246	156	124260	115263	17880
信息传输、软件和信息技术服务业	Information Transmission, Software and Information Technical Service	1	70	70	19704	19764	19764
科学研究和技术服务业	Scientific Research and Technical Service	39	2479	2103	812663	643059	542684
水利、环境和公共设施管理业	Management of Water Conservancy, Environment and Public Facilities	5	479	356	206699	198234	112270
卫生、社会工作	Health and Social Affairs	4	353	151	119626	97942	55633
文化、体育和娱乐业	Culture, Sports and Entertainment	1	17	13	8272	6016	5976
按学科领域分	**Grouped by Field of Study**						
自然科学领域	Natural Science	6	303	250	98408	85344	68201
农业科学领域	Agriculture Science	47	3707	2362	930428	930487	689929
医学科学领域	Medical Science	7	610	384	276653	173668	117060
工程科学与技术领域	Engineering Science and Technology	37	3019	2418	965235	954070	543610
社会、人文科学领域	Social and Human Science	14	457	429	162249	132567	118730
按地区分	**Grouped by Region**						
南 昌 市	Nanchang	56	5523	4296	1858070	1632103	1128965
景德镇市	Jingdezhen	5	253	137	27254	28963	25907
萍 乡 市	Pingxiang	7	154	125	53153	134337	80560
九 江 市	Jiujiang	9	547	342	114424	104178	68348
新 余 市	Xinyu	2	34	30	8066	7839	4857
鹰 潭 市	Yingtan	2	22	22	13484	3133	3133
赣 州 市	Ganzhou	10	731	367	162464	182811	102230
吉 安 市	Ji'an	6	205	144	34019	32935	26111
宜 春 市	Yichun	4	150	133	29329	25295	19753
抚 州 市	Fuzhou	6	151	74	24441	23565	17839
上 饶 市	Shangrao	3	82	78	21097	16448	15059

19-12　县以上政府部门属自然科学研究与开发机构情况（2018年）

County-and-above Departments Administratied Natural Science Research and Development Institutions (2018)

类　　别	Type	机构数（个）Number of Institutions (unit)	从业人员 总数（人）Total Number of Employees (person)	#单位在职科技活动人员 Personnel Engaged in S&T Activities	经费收入 总额（千元）Total Income (1 000 yuan)	经费支出 总额（千元）Total Expenditures (1 000yuan)	#科技经费支出 On Science and Technology
总　　计	**Total**	**96**	**7605**	**5385**	**2254307**	**2135793**	**1413290**
按隶属关系分	**Grouped by Jurisdiction of Management**						
中央部门属	Central-department Administratied	1	244	95	87172	84509	44748
地方部门属	Local-department Administratied	95	7361	5290	2167135	2051284	1368542
省级部门属	Provincial-department Administratied	52	5426	3988	1735222	1541145	1043736
地市级部门属	Municipal-departments Administratied	42	1905	1272	424988	504114	318781
按国民经济行业分	**Group by Sector**						
农、林、牧、渔业	Agriculture, Forestry, Animal Husbandry and Fishery	41	3336	2108	818199	824391	589977
采矿业	Mining	1	47	40	10813	9404	8452
制造业	Manufacturing	16	935	764	251304	304904	180705
建筑业	Construction	2	134	82	61433	57159	4189
交通运输、仓储和邮政业	Transport,Storage and Post	1	246	156	124260	115263	17880
信息传输、软件和信息技术服务业	Information Transmission, Software and Information Technical Service	1	70	70	19704	19764	19764
科学研究和技术服务业	Scientific Research and Technical Service	25	2005	1658	642269	508732	424420
水利、环境和公共设施管理业	Management of Water Conservancy, Environment and Public Facilities	5	479	356	206699	198234	112270
卫生、社会工作	Health and Social Affairs	4	353	151	119626	97942	55633
按学科领域分	**Grouped by Field of Study**						
自然科学领域	Natural Science	5	269	221	81991	77568	62691
农业科学领域	Agriculture Science	47	3707	2362	930428	930487	689929
医学科学领域	Medical Science	7	610	384	276653	173668	117060
工程科学与技术领域	Engineering Science and Technology	37	3019	2418	965235	954070	543610
按地区分	**Grouped by Region**						
南 昌 市	Nanchang	51	5179	3970	1704251	1517368	1027742
景德镇市	Jingdezhen	4	237	121	25345	27324	24268
萍 乡 市	Pingxiang	6	146	117	50258	130087	76310
九 江 市	Jiujiang	8	523	323	111410	101164	65389
新 余 市	Xinyu	2	263	111	92450	89787	47216
鹰 潭 市	Yingtan	1	13	13	12444	2113	2113
赣 州 市	Ganzhou	9	710	346	158037	178402	99139
吉 安 市	Ji'an	5	195	134	32089	31005	24181
宜 春 市	Yichun	3	133	119	25952	21977	16699
抚 州 市	Fuzhou	5	137	66	23141	22285	16821
上 饶 市	Shangrao	2	69	65	18930	14281	13412

19-13 高等学校科技人力资源情况（2018年）

Basic Statistics on Higher Education for Human Resource (2018)

单位：人 (person)

类别	Type	总计 Total	高级 Senior	中级 Medium	初级 Junior	技术员 Technician	辅助人员 Assistant
合计	**Total**	**29949**	**9402**	**11925**	**7687**	**407**	**528**
按学科分	**Grouped by Field of Study**						
自然科学	Natural Science	5376	2247	2307	780	26	16
工程与技术	Engineering and Technology	12876	4504	5935	2221	149	67
医药科学	Medical Science	9873	2070	2962	4228	197	416
农业科学	Agricultural Science	848	369	333	139	7	
其他	Others	976	212	388	319	28	29
按学历分	**Grouped by Schooling**						
博士研究生	Doctor-graduate	5507	2763	2525	191	28	
硕士研究生	Post-graduate	10140	2263	4746	3020	111	
大学本科	Undergraduate	11157	4151	3999	2739	268	
大学专科	Junior College	2708	194	599	1598		317
中专及以下	Secondary Technical School and below	437	31	56	139		211

注：本表数据为高校理工院校。表19-10同。

a) The data refers to polytechnic colleges in this table.The same applies to table 19-10.

19-14 高等学校科技项目情况（2018年）

Statistics on Scientific Projects in Schools of Higher Education (2018)

类别	Type	课题数（项）Number of Project (item)	当年投入（万元）Input This Year (10 000 yuan)	当年支出经费（万元）Expenditures This Year (10 000 yuan)	当年投入人员（人年）Staff Input This Year (person-year)	高级职务 Senior Title	中级职务 Middle Title	初级职务 Junior Title	其他 Others
总计	**Total**	**13325**	**156803**	**122699**	**5839.3**	**2314.2**	**2499.9**	**983.5**	**41.7**
基础研究	Basic Research	6613	74682	51714	2656.8	1018.1	1212.7	400.7	25.3
应用研究	Applied Research	4442	45601	34420	2062.4	822.8	870.0	357.8	11.8
试验发展	Experimental Development	711	6692	3802	393.2	133.2	139.0	119.0	2.0
R&D成果应用	R&D Production Application	712	6477	10520	226.5	89.1	97.8	38.5	1.1
其他科技服务	Other Scientific Services	847	23351	22242	500.4	251.0	180.4	67.5	1.5

19–15 科协系统科技活动情况（2018年）

Basic Statistics on S&T Activities of S&T Associations (2018)

指标	Item	科协合计 Total Number of Associations	省科协 Provincial Associations	市科协 Prefectural Associations	县科协 County Associations	省学会合计 Total Number of Learned Societies
机构与人员	**Number of Associations or Academic Societies and Personnel**					
机构数(个)	Number of Associations (unit)	110	1	11	98	110
人员数(人)	Number of Personnel (person)	628	41	124	463	1040
举办学术交流活动	**Academic Exchange**					
次　数(次)	Number of Academic Meetings (time)	74	23	34	17	231
参加人数(人次)	Number of Participants (person-time)	18255	11950	5799	506	57119
科普活动	**S&T Popularization Activities**					
科普宣讲活动(次)	Number of S&T Popularization Lectures (time)	733		51	682	271
受众人次(万人次)	Number of Participants (10,000 person-time)	197.81		86.75	111.05	115.65
科普展览次数(次)	Number of S&T Popularization Exhibitions (time)	253	1	19	233	29
参观人次(万人次)	Number of Participants (10 000 person-time)	61.89	0.18	6.10	55.61	31.27
出　版	**S&T Media**					
科技期刊种数(种)	Number of S&T Journals (kind)	19	2	3	14	35
科技期刊年发行总数(万册)	Printed Copies (copy)	7.48	2.80	1.55	3.13	40.43

19–16 技术市场基本情况

Basic Statistics on Technology Market

类别	Type	项数（项） Item (item)			成交额（万元） Transation Value (10 000 yuan)		
		2016	2017	2018	2016	2017	2018
总　计	**Total**	**1985**	**2404**	**3024**	**790077**	**961896**	**1158095**
按签订的技术合同类别分	**Grouped by Signed Technological Contracts**						
技术开发合同	Technological Development Contract	990	1172	1113	341334	413709	412303
技术转让合同	Technological Transfer Contract	330	211	234	195128	159809	125865
技术咨询合同	Technological Consultation Contract	380	277	361	99624	59194	109687
技术服务合同	Technological Service Contract	285	744	1316	153992	329183	510239

19-17　专利申请受理量和授权量
Patents Application Examined and Granted

单位：项　(unit)

类　别	Type	受　理　量 Number of Patent Applications Examined						授　权　量 Number of Patent Applications Granted					
		2000	2005	2010	2015	2017	2018	2000	2005	2010	2015	2017	2018
总　计	**Total**	**1557**	**2815**	**6307**	**36936**	**70591**	**86001**	**1072**	**1361**	**4351**	**24161**	**33029**	**52819**
按种类分	**Grouped by Types**												
发　明	Inventions	267	713	1968	5721	11507	14519	67	142	411	1639	2238	2524
实用新型	Utility Models	806	1280	2947	18621	39496	49843	690	717	2588	13408	17613	34796
外观设计	Designs	484	822	1392	12594	19588	21639	315	502	1352	9114	13178	15499
按申请者分	**Grouped by Applicants**												
个　人	Individuals	1303	2180	2960	13938	24095	26645	854	1089	2313	8615	11073	13710
大专院校	Universities and Colleges	6	62	855	4072	7911	8436	6	12	428	2558	3741	4942
科研单位	Research Institutions	18	19	90	494	742	1256	11	11	58	250	291	376
工矿企业	Industrial and Mining Enterprises	222	546	2375	18197	37185	48993	193	247	1539	12671	17833	33625
机关团体	Government Agencies and Organizations	8	8	27	235	658	671	8	2	13	67	91	166

19-18　获国家级、省级科技奖项数
National-level and Provincial-level S&T Awards

单位：项　(unit)

类　别	Type	2005	2010	2015	2016	2017
国家级科学技术奖	National-level S&T Advancement Award	4	8	12	12	2
省级奖项合计	Total Provincial-level Awards	79	102	108	106	106
特别贡献奖	Special Contribution Award			1		
国际合作奖	International Cooperation Award					2
自然科学奖	Natural Science Award	8	11	14	17	20
一等奖	First Prize	1	2		2	1
二等奖	Second Prize	3	3	6	6	9
三等奖	Third Prize	4	6	8	9	10
技术发明奖	Technology Invention Award	2	5	14	16	7
一等奖	First Prize	1	1	1	1	1
二等奖	Second Prize		1	6	5	2
三等奖	Third Prize	1	3	7	10	4
科技进步奖	S&T Advancement Award	69	86	79	73	77
一等奖	First Prize	4	5	7	7	14
二等奖	Second Prize	17	19	31	25	20
三等奖	Third Prize	48	62	41	41	43

19-19 各类全日制学校基本情况（2018年）

Total Enrollment of Full-time Schools by Type of School (2018)

单位：人 (person)

类　别	Type	学校数（所）Number of Schools (unit)	在校学生数 Total Enrollment	招生数 New Enrollment	毕业生数 Graduates	教职工数 Teachers and Staff	#专任教师 Full-time Teachers
研究生	Post-graduates	16	39272	14757	10091		5637
普通高等学校	Regular Institutions of Higher Education	102	1054400	323600	310976	81501	57440
普通中专学校	Regular Specialized Secondary Schools	78	209801	78891	70666	8250	6011
普通中学	Regular Secondary Schools	2640	3078257	1085246	880903	223466	187184
高　中	Senior Secondary Schools	480	1008384	344664	304483	91819	58415
初　中	Junior Secondary Schools	2160	2069873	740582	576420	131647	128769
职业高中	Secondary Vocational Schools	173	137072	41296	35113	7683	5411
技工学校	Technical Schools	86	139437	54803	38979	10637	8787
小　学	Primary Schools	7578	4212208	701928	731576	210408	234662
幼儿园	Kindergartens	15368	1613091	666442	631549	139260	89133
特殊教育学校	Special Education Schools	94	33788	6212	5188	1779	1571
工读学校	Schools for Juvenile Delinquents	1	327	170	193	49	44

19-20 各类全日制学校在校学生数

Total Enrollment of Full-time Schools by Type of School

类　别	Type	1980	1990	2000	2010	2016	2017	2018
研究生(人)	Post-graduates (person)	58	479	2118	21313	30344	34530	39272
普通高等学校(人)	Regular Institutions of Higher Education (person)	35623	56608	144293	816484	1038951	1048289	1054400
普通中专学校(人)	Regular Specialized Secondary Schools (person)	40800	61675	160022	238744	219960	203941	209801
普通中学(万人)	Regular Secondary Schools (10 000 persons)	154.86	181.06	259.22	273.96	274.57	287.74	307.83
高　中	Senior Secondary Schools	28.01	26.23	38.53	73.96	94.29	96.70	100.84
初　中	Junior Secondary Schools	126.85	154.83	220.69	199.99	180.28	191.04	206.99
职业中学(万人)	Secondary Vocational Schools (10 000 persons)	0.51	11.69	12.71	36.69	13.19	13.17	13.71
高　中	Senior Secondary Schools	0.15	9.17	10.72	36.64	13.19	13.17	13.71
初　中	Junior Secondary Vocational Schools	0.36	2.52	1.99	0.05			
技工学校(人)	Technical Schools (person)	13370	34237	34617	169564	126665	134949	139437
小　学(万人)	Primary Schools (10 000 persons)	520.20	450.44	422.68	426.03	422.76	422.00	421.22
幼儿园(万人)	Kindergartens (10 000 persons)	30.61	36.26	62.06	123.51	159.04	160.94	161.31
特殊教育学校(人)	Special Education Schools (person)	485	1195	13142	23741	28006	30330	33788

19–21　各类全日制学校毕业生数
Graduates in Full-time Schools by Type of School

类　别	Type	1980	1990	2000	2010	2016	2017	2018
研 究 生(人)	Post-graduates (person)		215	409	4568	9008	9132	10091
普通高等学校(人)	Regular Institutions of Higher Education (person)	3363	13616	24449	225943	256369	295985	310976
普通中专学校(人)	Regular Specialized Secondary School (person)	11296	21040	45776	70542	71120	67684	70666
普 通 中 学(万人)	Regular Secondary Schools (10 000 persons)	34.82	49.02	73.79	79.92	87.65	86.85	88.09
高　中	Senior Secondary Schools	15.83	8.39	9.19	26.25	30.20	30.19	30.45
初　中	Junior Secondary Schools	18.99	40.63	64.60	53.68	57.45	56.66	57.64
职 业 中 学(万人)	Secondary Vocational Schools (10 000 persons)	0.12	3.03	4.62	11.30	4.47	3.47	3.51
高　中	Senior Secondary Vocational Schools	0.08	2.39	3.88	11.27	4.47	3.47	3.51
初　中	Junior Secondary Vocational Schools	0.04	0.64	0.74	0.03			
技 工 学 校(人)	Technical Schools (person)	297	9457	14740	51359	31499	33536	38979
小　学(万人)	Primary Schools (10 000 persons)	60.89	86.02	85.61	67.85	63.27	67.84	73.16
特 殊 教 育(人)	Special Education Schools (person)	65	98	1073	2476	2717	4206	5188

19–22 普通高等学校分学科学生情况（2018年）

Basic Statistics on Students in Regular Institutions of Higher Education by Field of Study (2018)

单位：人 (person)

类　　别	Type	在校学生数 Total Enrollment	招 生 数 New Enrollment	毕业生数 Graduates
总　　计	**Total**	**1054400**	**323600**	**310976**
#女	#Female	520133	162023	152689
本　科	Undergraduate course	544906	143550	126875
#女	#Female	277126	74601	63134
哲　　学	Philosophy	222	54	51
经 济 学	Economics	29761	7391	6920
法　　学	Law	17118	4802	3428
教 育 学	Education	22832	6719	4801
文　　学	Literature	53072	15274	11099
#外　　语	Foreign Language	31215	8858	6238
历 史 学	History	2591	768	597
理　　学	Science	29993	8103	6440
工　　学	Engineering	170477	44791	40589
农　　学	Agriculture	6878	1765	1613
医　　学	Medicine	44083	9909	9246
管 理 学	Management	100111	25166	26131
艺术学	Art	67768	18808	15960
专　科	Specialized Undergraduate Courses	509494	180050	184101
#女	#Female	243007	87422	89555
农林牧渔大类	Farming,Forestry, Husbandry and Fishing	6541	2445	2062
资源环境与安全大类	Resource, Environment and Safety	4407	1455	2055
能源动力与材料大类	Energy, Power and Material	6275	1980	3136
土木建筑大类	Civil Construction	40174	13686	19426
水利大类	Water Conservation	1835	578	841
装备制造大类	Equipment Manufacturing	50461	17678	19725
生物与化工大类	Bio-science and Chemical Engineering	1595	607	488
轻工纺织大类	Light and Textile Industry	2519	915	898
食品药品与粮食大类	Food, Medicine and Grain	2656	839	1088
交通运输大类	Transportation	21510	7492	6448
电子信息大类	Electronic Information	71213	25794	17533
医药卫生大类	Medicine and Health	55245	20479	21615
财经商贸大类	Finance and Commerce	101730	31378	43385
旅游大类	Tourism	9775	3564	3358
文化艺术大类	Culture and Art	28924	10559	10481
新闻传播大类	Journalism and Communication	3941	1322	1292
教育与体育大类	Education and Sport	88605	34196	26091
公安与司法大类	Public Security and Judiciary	8422	3327	3042
公共管理与服务大类	Public Affairs and Services	[illegible]	[illegible]	[illegible]

注：本表中学生数不含在成人高校接受普通高等教育的学生数。

a) Students taking regular higher education in adult higher educaton are not included in students of regular institutions of higher education.

19-23 普通中专学校分科学生数（2018年）
Number of Students in Regular Specialized Secondary School by Field of Study (2018)

单位：人 (person)

类别	Type	毕业生数 Graduates	招生数 New Enrollment	#招收应届毕业生数 This Year's Graduates	#招收初中毕业生数 Junior Middle School Graduates	在校学生数 Total Enrollment
总计	**Total**	**70666**	**78891**	**70750**	**70620**	**209801**
#女	Female	42956	41412	37069	36979	114772
农林牧渔类	Farming,Forestry,Husbandry and Fishing	1132	1400	1258	1258	3811
资源与环境类	Resources and Environment	60	275	266	266	609
能源与新能源类	Energy and New Energy	46	41	27	27	123
土木水利类	Civil and Hydraulic Engineering	2263	1879	1831	1831	5783
加工制造类	Manufacturing	6626	6950	6315	6314	18017
石油化工类	Petrochemical Industry	344	304	294	294	769
轻纺食品类	Textile and Food	409	188	135	135	537
交通运输类	Communication & Transportation	4576	7033	6262	6252	17382
信息技术类	Information Technologies	8816	15359	14058	14027	33908
医药卫生类	Medicine and Health	17652	12962	10667	10657	42628
休闲保健类	Recreation and Health Care	211	377	344	344	804
财经商贸类	Finance Economics and Trade	8000	8960	8379	8375	23426
旅游服务类	Tourism and Service	2122	2738	2231	2231	6586
文化艺术类	Culture and Arts	1635	2391	2018	1947	6553
体育与健身	Physical Fitness	290	553	503	503	1841
教育类	Education	15323	16150	14970	14967	43820
司法服务类	Legal Service	438	573	573	573	1428
公共管理与服务类	Public Affairs and Services	628	665	526	526	1460
其他	Others	95	93	93	93	316

注：普通中等专业学校在校学生数含在普通高校接受普通中专教育的学生数。
a) Number of students in regular specialized secondary school includes regular specialized secondary education in regular institutions of higher education.

19-24 各地区普通中专教育基本情况（2018年）
Basic Statistics on Regular Specialized Secondary School by Region (2018)

单位：人 (person)

地区	Region	学校数(所) Number of Schools (unit)	毕业生数 Graduates	招生数 New Enrollment	在校学生数 Total Enrollment	教职工数 Teachers and Staff	#专任教师 Full-time Teachers
全省	**Provincial Total**	**78**	**70666**	**78891**	**209801**	**8250**	**6011**
南昌市	Nanchang	26	29386	23674	69282	2648	1720
景德镇市	Jingdezhen	4	1790	1782	5273	392	287
萍乡市	Pingxiang	3	3542	4902	12136	564	365
九江市	Jiujiang	8	3898	7342	17202	821	683
新余市	Xinyu	3	1684	3238	7111	398	276
鹰潭市	Yingtan	2	1499	2068	5865	244	100
赣州市	Ganzhou	10	8227	14369	32088	1300	1077
吉安市	Ji'an	11	5137	5777	17928	793	654
宜春市	Yichun	5	3933	7019	15434	532	434
抚州市	Fuzhou		5350	1261	6684		
上饶市	Shangrao	6	6220	7459	20798	558	415

19-25 各地区普通中学基本情况（2018年）

Basic Statistics on Regular Secondary Schools (2018)

单位：人 (person)

类别	Type	学校数（所）Number of Schools (unit)	在校学生数 Total Enrollment	初中 Junior Secondary Schools	高中 Senior Secondary School	招生数 New Enrollment	初中 Junior Secondary Schools
全 省	**Provincial Total**	**2640**	**3078257**	**2069873**	**1008384**	**1085246**	**740582**
#女	Female		1374962	923584	451378	486909	333271
南昌市	Nanchang	288	305760	199427	106333	103653	69036
景德镇市	Jingdezhen	100	105885	70555	35330	37601	25638
萍乡市	Pingxiang	109	109562	73953	35609	36785	25684
九江市	Jiujiang	281	310099	201374	108725	110921	72752
新余市	Xinyu	39	75913	49740	26173	27160	17955
鹰潭市	Yingtan	87	77512	55289	22223	27999	19971
赣州市	Ganzhou	477	676624	456775	219849	236463	162335
吉安市	Ji'an	315	310990	212793	98197	112061	78545
宜春市	Yichun	253	357514	238022	119492	124887	83361
抚州市	Fuzhou	228	256254	174590	81664	90503	62750
上饶市	Shangrao	463	492144	337355	154789	177213	122555

注：初中各项指标中均含职业初中数据。

a) Data on junior secondary vocational schools are included in junior secondary vocational schools.

19-25 续表 continued

单位：人 (person)

类别	Type	高中 Senior Secondary Schools	毕业学生数 Graduates	初中 Junior Secondary Schools	高中 Senior Secondary Schools	教职工数 Teachers and Staff	#专任教师 Full-time Teachers
全 省	**Provincial Total**	**344664**	**880903**	**576420**	**304483**	**223466**	**187184**
#女	Female	153638	389304	253512	135792	109211	84950
南昌市	Nanchang	34617	95742	61399	34343	28366	20031
景德镇市	Jingdezhen	11963	29566	18215	11351	8008	6886
萍乡市	Pingxiang	11101	31822	20871	10951	9896	7757
九江市	Jiujiang	38169	87234	54105	33129	21185	18368
新余市	Xinyu	9205	21053	12770	8283	5003	4333
鹰潭市	Yingtan	8028	20250	13794	6456	6364	4932
赣州市	Ganzhou	74128	195806	130676	65130	44683	39740
吉安市	Ji'an	33516	87326	57099	30227	23675	19939
宜春市	Yichun	41526	105902	69228	36674	24356	21301
抚州市	Fuzhou	27753	72251	47730	24521	17503	15693
上饶市	Shangrao	54658	133951	90533	43418	34427	28114

19-26　中等职业学校基本情况（2018年）

Basic Statistics on Schools, Students and Full-time Teacher in Vocational Secondary Education by Type of School (2018)

单位：人　(person)

类　　别	Type	毕业生数 Graduates	招生数 New Enrollment	在校学生数 Total Enrollment	教职工数 Teachers and Staff	#专任教师 Full-time Teachers
总　　计	**Total**	**108660**	**122524**	**355042**	**17758**	**13005**
#女	Female	59861	58831	177371	8167	6143
全日制	Full-time	107616	122196	352065		
非全日制	Part-time	1044	328	2977		
按办学类型分:	Grouped by School Types					
普通中等专业学校	Regular Specialized Secondary School	51092	60981	174715	8250	6011
成人中等专业学校	Adult Specialized Secondary School	1017	2009	5190	1825	1583
职业高中学校	Vocational Junior Secondary School	26379	43509	121866	7683	5411
其他机构	Others					
附设中职班	Sceondary vocationar school attached	30172	16025	53271		
按举办部门分:	Grouped by Administrative Department					
中央部门	Central Department	56	46	164	35	14
地方部门	Regional Department					
教育部门	Educational Department	54458	63393	178500	9282	8026
其他部门	Other departmeise	37198	31471	97012	4155	2553
地方企业	Local Enterprise	113	119	408		
民　　办	Private-run	16835	27495	78958	4286	2412

19-27　各地区职业高中基本情况（2018年）

Basic Statistics on Vocational Secondary Schools by Region (2018)

单位：人　(person)

地　区	Region	学校数(所) Number of Schools (unit)	毕业生数 Graduates	招生数 New Enrollment	在校学生数 Total Enrollment	教职工数 Teachers and Staff	#专任教师 Full-time Teachers
全　省	**Provincial Total**	**173**	**35113**	**41296**	**137072**	**7683**	**5411**
#女	Female		15197	16787	59875	3370	2414
南昌市	Nanchang	17	2759	2428	12166	945	564
景德镇市	Jingdezhen	5	529	933	2458	152	138
萍乡市	Pingxiang	13	2588	1868	7556	387	262
九江市	Jiujiang	15	3406	1594	9786	524	358
新余市	Xinyu	6	2052	2866	8188	748	587
鹰潭市	Yingtan	8	311	651	2273	187	134
赣州市	Ganzhou	34	14385	14222	48654	2459	1599
吉安市	Ji'an	19	2388	3544	9783	373	270
宜春市	Yichun	14	2561	4879	11978	537	452
抚州市	Fuzhou	18	1337	2788	6788	634	542
上饶市	Shangrao	24	2797	5523	17442	737	505

19-28　职业高中分科学生情况（2018年）

Students of Senior Secondary Vocational School by Field of Study(2018)

单位：人　　(person)

类　别	Type	毕业生数 Graduates	招 生 数 New Enrollment	在校学生数 Total Enrollment
总　计	**Total**	**35113**	**41296**	**137072**
#女	Female	15197	16787	59875
农林牧渔类	Farming,Forestry,Husbandry and Fishing	1198	843	2529
土木水利类	Civil and Hydraulic Engineering	550	843	2772
加工制造类	Manufacturing	3941	3606	11442
石油化工类	Petrochemical Industry	15	19	58
轻纺食品类	Textile and Food	38	89	263
交通运输类	Communication & Transportation	4866	4831	18568
信息技术类	Information Technologies	12908	13220	43806
医药卫生类	Medicine and Health	23	162	900
休闲保健类	Recreation and Health Care	13	28	106
财经商贸类	Finance Economics and Trade	1930	3928	12239
旅游服务类	Tourism and Service	1336	1307	4504
文化艺术类	Culture, Arts and Physical Education	928	1255	3816
体育与健身类	Physical Fitness	145	218	748
教育类	Education	4385	6680	22946
司法服务类	Legal Service	1759	2798	7876
管理与服务类	Public Affairs and Services	928	1140	3917
其他	Others	150	329	582

19-29 小学、特殊教育基本情况（2018年）

Basic Statistics on Primary Schools, Special Education (2018)

单位：人 (person)

类别	Type	学校数(所) Number of Schools (unit)	毕业生数 Graduates	招生数 New Enrollment	在校学生数 Total Enrollment	教职工数 Teachers and Staff	专任教师 Full-time Teachers Teachers
小学	Primary Schools	**7578**	**731576**	**701928**	**4212208**	**210408**	**234662**
#女	Female		329874	320498	1904891	139004	157757
民办	Non-public	56	35696	21661	154999	1998	1623
按城乡分	Grouped by Residence						
城区	Cities	787	180597	200645	1124892	46867	56310
镇区	Counties and Towns	1954	362205	313322	1940662	87951	97752
乡村	Rural Areas	4837	188774	187961	1146654	75590	80600
按地区分	Grouped by Region						
南昌市	Nanchang	487	68759	77745	429758	18009	24598
景德镇市	Jingdezhen	331	25467	26363	155862	7356	8122
萍乡市	Pingxiang	359	25738	26306	151736	7980	8853
九江市	Jiujiang	589	71421	66241	398993	20743	22715
新余市	Xinyu	90	17775	18031	105245	4975	5486
鹰潭市	Yingtan	250	19329	16940	112106	5612	6545
赣州市	Ganzhou	1620	161123	144520	884587	46213	48976
吉安市	Ji'an	688	78121	81618	484483	21744	24406
宜春市	Yichun	840	82183	82984	500745	25084	27198
抚州市	Fuzhou	683	61988	56780	348271	19469	20762
上饶市	Shangrao	1641	119672	104400	640422	33223	37001
特殊教育	Special Education	94	5188	6212	33788	1779	1571
#女	Female		1911	2242	12147	1342	1187

19-30 平均每万人口在校学生数

Number of Students Per 10 000 Population by Level

指标	Item	1980	1990	2000	2010	2017	2018
各类学校在校学生占全省人口比重(%)	Schools of All Types of Students in the Proportion of the Population of the Province (%)	21.21	17.28	17.57	22.34	22.46	22.87
平均每万人口在校学生数	Number of Students Per 10 000 population by Level						
普通高等学校(人)	Regular Institutions of Higher Education (person)	10.91	14.98	35.29	187.98	235.81	277.10
中等学校(人)	Secondary Education (person)	491.67	530.97	702.41	788.66	730.80	771.22
中等专业学校	Specialized Secondary Schools	12.48	16.18	38.57	53.57	46.31	45.39
普通中学	Regular Secondary Schools	473.55	475.13	624.84	614.71	626.61	666.00
职业中学	Vocational Secondary Schools	1.55	30.68	30.65	82.33	28.68	29.66
技工学校	Technical Schools	4.09	8.98	8.35	38.05	29.20	30.17
小学(人)	Primary Schools (person)	1618.56	1182.05	1018.85	955.90	920.94	911.30

注：普通高等学校包括研究生。后同。

a) The number of regular institutions of higher education includes the number of post-graduates. The same applies to the tables following.

19-31 初中毕业生、小学毕业生升学率

Proportion of Students Entering into Junior and Senior Secondary Schools

年　份 Year	初　中　Junior Secondary School			小　学　Primary School		
	毕业生数（万人）Graduates (10 000 persons)	高级中等学校招生人数(万人) New Enrollment of Senior Secondary Schools (10 000 persons)	升学率（%）Rate of Entering the Higher School (%)	毕业生数（万人）Graduates (10 000 persons)	初级中等学校招生数(万人) New Enrollment of Junior Secondary Schools (10 000 persons)	升学率（%）Rate of Entering the Higher School (%)
1978	41.77	20.69	49.53	72.03	56.36	78.25
1979	39.55	21.36	54.01	61.41	45.49	74.08
1980	19.03	10.78	56.65	60.89	41.23	67.71
1981	33.88	15.22	44.92	64.86	41.13	63.41
1982	31.71	12.40	39.10	67.30	39.89	59.27
1983	29.99	12.64	42.15	69.90	41.20	58.94
1984	28.75	14.26	49.60	67.85	42.58	62.76
1985	30.04	13.42	44.67	71.75	45.50	63.41
1986	34.07	14.68	43.09	76.41	50.10	65.57
1987	37.32	15.14	40.57	83.68	52.55	62.80
1988	40.35	15.46	38.31	88.94	54.07	60.79
1989	41.18	14.88	36.13	86.96	53.83	61.90
1990	41.27	15.88	38.48	86.02	56.65	65.86
1991	43.41	16.38	37.73	85.44	57.66	67.49
1992	45.83	17.10	37.31	79.45	57.18	71.97
1993	47.51	18.36	38.64	71.50	57.87	80.94
1994	48.44	19.26	39.76	67.99	58.23	85.64
1995	46.99	20.57	43.78	70.05	63.08	90.04
1996	51.27	20.96	40.88	73.70	68.44	92.86
1997	55.51	21.38	38.52	77.20	72.88	94.39
1998	59.55	21.99	36.92	80.35	75.70	94.21
1999	62.28	25.53	40.99	83.90	78.57	93.65
2000	65.34	26.57	40.67	85.61	81.23	94.89
2001	65.49	30.53	46.62	85.47	81.00	94.77
2002	67.15	38.81	57.80	82.15	81.25	98.91
2003	68.66	43.30	63.06	75.74	75.96	100.29
2004	72.42	48.69	67.23	67.68	67.72	100.06
2005	74.32	57.88	77.88	64.88	64.53	99.46
2006	69.48	57.63	82.94	53.84	53.54	99.44
2007	62.06	54.81	88.32	54.28	54.73	100.82
2008	60.09	55.90	93.03	65.48	66.83	102.06
2009	51.90	51.67	99.56	69.48	69.69	100.30
2010	53.68	49.05	91.37	67.85	68.39	100.80
2011	63.12	57.52	91.13	66.79	67.56	101.15
2012	65.18	56.26	87.08	67.01	65.59	97.88
2013	62.60	52.11	83.24	65.59	61.06	93.09
2014	55.11	45.41	82.40	59.65	59.47	99.70
2015	55.65	52.55	94.43	59.39	60.07	101.14
2016	57.45	51.65	89.90	63.27	64.58	102.07
2017	56.66	49.87	88.02	67.84	68.63	101.16
2018	57.64	[illegible]	90.66	73.16	71.06	101.23

注：高级中等学校招生人数包括中等职业教育学校、技工学校和高中招生数。

a) The number of new enrollment of senior secondary schools includes the number of secondary vocational educations, technician training schools and senior secondary schools.

19-32 幼儿园基本情况

Basic Statstics on Kindergartens

单位：人 (person)

年份 Year	幼儿园数（所） Number of Kindergartens(unit)	入园幼儿数 New Enrollment	在园幼儿数 Total Enrollment	教职工数 Teachers and Staff	教师 Teachers
1978	2104		105914	6278	4159
1979	3854		172476	8304	6509
1980	7204		306055	13565	11184
1981	6364		300231	14366	11853
1982	5488		300630	15638	12693
1983	1857		296400	16000	12923
1984	4987		310300	15257	13454
1985	5208		323021	14778	12998
1986	5866	190318	318347	17744	14147
1987	5406	194370	329718	18229	14259
1988	4547	182034	327540	18471	14579
1989	4520	187932	330680	18953	14574
1990	4827	208294	362621	19798	15492
1991	4141	283249	394487	20013	15780
1992	4490	294967	450005	21050	16983
1993	3856	337689	491055	21365	17271
1994	4123		505530	21058	17755
1995	4600	419190	525330	22284	18976
1996	5084	462715	584601	23757	19822
1997	5986	496134	609026	26124	21764
1998	6626	518683	619048	26879	22321
1999	7602	514200	626009	29179	24124
2000	6573	500453	620624	26472	21154
2001	2894	428073	488380	18519	12335
2002	3469	475561	574756	21526	14275
2003	4478	504672	633073	26515	17612
2004	4370	507222	658093	28406	18228
2005	4870	526960	716760	32367	20742
2006	5848	594627	806287	37453	24235
2007	6245	648555	881690	41853	27093
2008	6620	649104	924488	47920	30447
2009	8326	728337	1123138	60102	39541
2010	8518	812046	1235056	69186	43349
2011	9431	894446	1455048	86222	52895
2012	10560	902810	1521149	94067	57338
2013	11485	944893	1563241	102917	61588
2014	11448	946767	1593532	111715	67360
2015	11870	946900	1662501	123459	73221
2016	14071	568461	1590431	116440	75438
2017	14952	680354	1609422	125150	81868
2018	15368	666442	1613091	139260	89133

19–33 按城乡、按地区分幼儿园基本情况（2018年）

Basic Statstics on Kindergartens by Residence and Region (2018)

单位：人 (person)

类　别	Type	园数(所) Number of Kindergarten (unit)	入园幼儿数 New Enrollment	在园幼儿数 Total Enrollment	离园幼儿数 Dropout	教职工数 Teachers and Staff	#教　师 Teachers
全　省	**Provincial Total**	**15368**	**666442**	**1613091**	**631549**	**139260**	**89133**
#女	Female		305630	733482	287117	132050	87843
民　办	Non-public	10188	441391	1130787	412777	108549	67698
按城乡分	**Grouped by Residence**						
城　区	City area	3045	167528	446931	162130	50390	31137
镇　区	Town area	5849	315301	772526	291092	64298	42341
乡　村	Village	6474	183613	393634	178327	24572	15655
按地区分	**Grouped by Region**						
南昌市	Nanchang	934	58246	145397	54473	17314	10576
景德镇市	Jingdezhen	603	21716	54040	20862	5646	3660
萍乡市	Pingxiang	739	28300	71330	26640	7424	4098
九江市	Jiujiang	1402	61933	159456	59185	15103	8344
新余市	Xinyu	358	16549	47895	17423	4965	2836
鹰潭市	Yingtan	380	15005	36084	15483	3985	2267
赣州市	Ganzhou	3336	150135	360647	141153	27860	19535
吉安市	Ji'an	2289	84359	187676	73461	14037	9024
宜春市	Yichun	1739	90925	210164	87929	16316	10583
抚州市	Fuzhou	897	47286	115438	43811	9844	6681
上饶市	Shangrao	2691	91988	224964	91129	16766	11529

19–34 成人教育基本情况

Basic Statistics on Adult Educations

单位：人 (person)

类　别	Type	1990	2000	2010	2016	2018
成人高等教育	**Adult Institutions of Higher Education**					
成人高校数(所)	Number of Schools (unit)	28	18	9	8	8
在校学生数	Total Enrollment	37525	85953	120348	162660	183738
招生数	New Enrollment	14191	39761	47336	41660	73522
毕业生数	Graduates	11156	20461	37056	57443	50657
教职工数	Teachers and Staff	4732	4015	2302	825	902
#专任教师	Full-time Teachers	2165	1875	1445	617	632
成人中等专业学校	**Adult Specialized Secondary School**					
在校学生数	Total Enrollment	28215	27552	12907	9865	8169
招生数	New Enrollment	11318	7839	5422	4259	2337
毕业生数	Graduates	6822	12946	5214	2207	2881

注：成人高等教育在校学生数、招生数、毕业生数包括普通高等学校举办的成人教育学生数。

a)The number of total enrollment, new enrollment, graduates of adult institutions of higher education include the number of institutions of higher education.

19-35 文化事业机构与人员数

Number of Institutions and Staff Personnel for Cultural Undertakings

指标	Item	1980	1990	2000	2010	2017	2018
机构数(个)	**Number of Institutions (unit)**						
艺术表演团体	Art Performance Troupes	118	86	79	103	425	379
#公有制艺术表演团体	Public Ownership					83	83
艺术表演场所	Art Performance Places	59	77	62	55	61	57
#公有制艺术表演场馆	Public Ownership					46	46
公共图书馆	Libraries	49	104	104	108	113	113
文化馆	Cultural Centers	102	101	101	103	118	118
文化站	Cultural Stations	637	1983	1887	1719	1755	1755
#乡镇综合文化站	Village and Town					1622	1622
艺术展览创作机构	Art Exhibition and Creation Institutions					39	40
#美术馆	Gallery					36	37
艺术教育业	Art Education Institutions					2	2
文化科研机构	Art Research Institutions					14	14
文化市场经营机构（不包括非公有制院团和场馆）	Cultural Market Management Institutions					9841	5570
文化行政主管部门	Cultural Administrative Departments					115	115
其他文化机构	Other Culture Institutions					50	49
#文化市场执法机构	Enforcing Authorities of Art Market					3	3
博物馆	Museums	52	82	81	102	139	144
文物保护管理所	Agencies of Historical Relics Preservation	10	33	44	65	67	67
文物科研机构	Scientific and Research Historical Relics Agencies				2	2	2
文物商店	Cultural Relic Shops	3	4	4	4	4	4
其他文物机构	Other Historical Relics Agencies		1	2	2	28	27
人员数(人)	**Number of Staff (person)**						
艺术表演团体	Art Performance Troupes	7747	4384	3949	4082	9701	9616
#公有制艺术表演团体	Public Ownership					2583	2595
艺术表演场所	Art Performance Places	107	874	919	604	1020	898
#公有制艺术表演场馆	Public Ownership					607	698
公共图书馆	Libraries					1420	1408
文化馆	Cultural Centers	1434	1484	1486	1664	1929	1908
文化站	Cultural Stations	862	3635	2594	2296	4252	7379
#乡镇综合文化站	Village and Town					3853	6924
艺术展览创作机构	Art Exhibition and Creation Institutions					304	288
#美术馆	Gallery					281	266
艺术教育业	Art Education Institutions					281	460
文化科研机构	Art Research Institutions					319	293
文化市场经营机构（不包括非公有制院团和场馆）	Cultural Market Management Institutions					45004	22944
文化行政主管部门	Cultural Administrative Departments					2540	2573
其他文化机构	Other Culture Institutions					1093	928
#文化市场执法机构	Enforcing Authorities of Art Market					46	48
博物馆	Museums	764	1134	1324	1917	3101	3418
文物保护管理所	Agencies of Historical Relics Preservation	292	310	242	217	417	394
文物科研机构	Scientific and Research Historical Relics Agencies				44	62	73
文物商店	Cultural Relic Shops	47	136	126	69	55	51
其他文物机构	Other Historical Relics Agencies		280	292	316	397	417

注：1. 从2013年起艺术馆表演团体包括市场艺术团体。
2. 从2014年起，文化馆包含群众艺术馆。

a) Mass art centers have been included in cultural centers since 2013.

b) Market art performance troupes have been included in art performance troupes since 2014.

19–36 各地区文化事业单位数（2018年）
Number of Institutions for Cultural Undertakings by Region (2018)

单位：个 (unit)

地 区	Region	艺术表演团体 Art Performance Troupes	艺术表演场所 Art Performance Places	群众艺术馆文化馆 Cultural Centers and Mass Art Centers	公共图书馆 Public Libraries	#总藏量（万册） Total Collections (10 000 copies)	博物馆 Museums	文物保护管理所 Agencies of Historical Relics Preservation
全 省	**Provincial Total**	**379**	**57**	**118**	**113**	**2522.12**	**144**	**67**
省 级	Provincial	6	6	1	1	382.68	5	
南 昌 市	Nanchang	80	5	10	10	225.85	21	4
景德镇市	Jingdezhen	2	1	6	5	118.36	15	3
萍 乡 市	Pingxiang	9	4	6	6	102.80	3	4
九 江 市	Jiujiang	27	7	15	15	351.28	18	11
新 余 市	Xinyu	1	4	4	3	86.42	3	1
鹰 潭 市	Yingtan	13	3	4	4	49.88	5	5
赣 州 市	Ganzhou	27	8	19	19	446.33	18	11
吉 安 市	Ji'an	17	3	15	15	272.73	14	5
宜 春 市	Yichun	18	7	11	10	156.70	12	9
抚 州 市	Fuzhou	86	5	14	12	164.87	10	8
上 饶 市	Shangrao	73	4	13	13	164.22	20	6

注：文物保护管理所包括其它文物机构。
a) Data on agency of historical relics preservations include data on other historical relics institutions.

19–37 文化产业机构基本情况（2018年）
Basic Statistics on Cultural Industry Institutions (2018)

单位：个 (unit)

指 标	Item	合 计 Total	文化部门 Culture Department	其他部门 Other Departments
总 计	**Total**	**8456**	**2541**	**5915**
文化合计	Cultural Industry	8212	2315	5897
艺术业	Art Industry	436	112	324
图书馆业	Museum Industry	113	113	
群众文化业	Mass Art Industry	1,873	1,873	
艺术展览创作机构	Art Exhibition and Creation Institutions	40	40	
艺术教育业	Art Education Industry	2	2	
文艺科研	Art Research	14	14	
文化市场经营业	The Cultural Market	5,570		5570
文化行政主管部门	Cultural Administrative Departments	115	115	
其他文化机构	Other Cultural Institutions	49	46	3
文物合计	Cultural Relic Industry	[illegible]	[illegible]	[illegible]

注：有关文化产业的指标仅含文化厅本系统的数据。后同。
a) Data on indicators of cultural industry include only data from culture system.The same applies to the tables following.

19–38 文化产业从业人员基本情况（2018年）
Basic Statistics on Personnel of Cultural Industry (2018)

单位：人 (person)

指标	Item	总计 Total				文化部门			
			#正高级职称 Senior Title	#副高级职称 Sub-senior Title	中级职称 Middle Title	合计 Cultural Department	#正高级职称 Senior Title	#副高级职称 Sub-senior Title	中级职称 Middle Title
总计	**Total**	**53048**	**189**	**742**	**2725**	**22189**	**165**	**707**	**2570**
文化合计	Cultural Industry	48695	101	584	2153	18089	93	558	2016
艺术业	Art Industry	10514	33	208	828	2868	25	182	691
图书馆业	Museum Industry	1408	12	90	387	1408	12	90	387
群众文化业	Mass Art Industry	9287	21	130	552	9287	21	130	552
艺术展览创作机构	Art Exhibition and Creation Institutions	288	8	29	64	288	8	29	64
艺术教育业	Art Education Industry	460	11	60	85	460	11	60	85
文艺科研	Art Research	293	10	44	155	293	10	44	155
文化市场经营业	The Cultural Market	22944							
文化行政主管部门	Cultural Administrative Departments	2573				2573			
其他文化机构	Other Cultural Institutions	928	6	23	82	912	6	23	82
文物合计	Cultural Relic Industry	4353	88	158	572	4100	72	149	554

19–38 续表 continued

单位：人 (person)

指标	Item	#其他部门 合计 Others	#正高级职称 Senior Title	#副高级职称 Sub-senior Title	中级职称 Middle Title
总计	**Total**	**30859**	**24**	**35**	**155**
文化合计	Cultural Industry	30606	8	26	137
艺术业	Art Industry	7646			
图书馆业	Museum Industry				
群众文化业	Mass Art Industry				
艺术展览创作机构	Art Exhibition and Creation Institutions				
艺术教育业	Art Education Industry				
文艺科研	Art Research				
文化市场经营业	The Cultural Market	22944			
文化行政主管部门	Cultural Administrative Departments				
其他文化机构	Other Cultural Institutions	16			
文物合计	Cultural Relic Industry	253	16	9	18

19-39 文化产业机构人员情况（2018年）
Statistics on Personnel of Cultural Industry Institutions (2018)

单位：人 (person)

指　标	Item	合　计 Total	文化部门 Culture Department	其他部门 Other Departments
总　计	**Total**	**53048**	**22189**	**30859**
文化合计	Cultural Industry	48695	18089	30606
艺术业	Art Industry	10514	2868	7646
图书馆业	Museum Industry	1408	1408	
文化馆	Mass Art Industry	9287	9287	
艺术教育业	Art Education Industry	460	460	
文化科研机构	Art Research	293	293	
文化市场经营业	The Cultural Market	22944		22944
文化行政主管部门	Cultural Administrative Departments	2573	2573	
其他文化机构	Other Cultural Institutions	928	912	16
文物合计	Cultural Relic Industry	4353	4100	253

19-40 报纸、杂志、图书出版种数
Publication of Newspapers, Magazines and Books

单位：种 (item)

指　标	Item	1980	1990	2000	2010	2017	2018
报　纸	Newspapers Published	6	28	65	63	69	68
综合报	General Newspapers	2	18	28	29	28	28
专业报	Special Newspapers	4	10	37	34	41	40
期　刊	Magazines Published	84	141	167	163	165	165
综　合	General Magazines	6	1	1	5	5	5
哲学、社会科学	Philosophy and General Social Sciences	10	33	52	39	44	43
自然科学、技术	Natural Sciences and Technology	47	63	78	71	70	70
文化、教育	Culture and Education	9	27	21	29	29	28
少年儿童读物	Children's Books	2	3	7	7	6	7
文学、艺术	Literature and Art	10	13	8	10	9	10
画　刊	Picture Books		1		2	2	2
图　书	Books	362	1264	2138	3869	7982	8242
课　本	Textbooks	134	329	583	689	327	407

19-41 报纸、杂志、图书出版数量
Pieces of Newspapers, Magazines and Books Published

单位：万份 (10 000 copies)

指标	Item	1980	1990	2000	2010	2017	2018
报纸	Newspapers Published	17048	58930	39929	70449	90694	88317
综合报	General Newspapers	16506	38936	33273	60771	45554	39689
专业报	Special Newspapers	542	19994	6657	9678	45140	48628
期刊	Magazines Published	584	2714	9060	7060	7385	7435
综合	General Magazines	23	54	2	46	32	63
哲学社会科学	Philosophy and General Social Sciences	18	933	3239	577	983	650
自然科学技术	Natural Sciences and Technology	119	241	830	576	274	240
文化、教育	Culture and Education	210	679	2401	1696	4839	4850
少年儿童读物	Children's Books	30	417	1850	3715	1020	1052
文学艺术	Literature and Art	184	384	738	420	196	203
画刊	Picture Books		6		30	41	39
图书	Books	8474	19216	20300	16039	22657	24587
课本	Textbooks	4861	10935	10490	6945	7007	7740

注：2017年统计口径的变化，小学生之友、初中生之友不再归为少年儿童读物类了，而是计入文化、教育类了，此二者数量合计3564万册。

a) Due to changes in statistical standard, since 2017, *Friends of Pupils* and *Friends of Junior Highs* have been categorized as cultural and educational rather than children's books. The total of these two magazines sums up to 35.64 million copies.

19-42 广播、电视事业基本情况

Basic Statistics on Radio and Television Stations

指　　标	Item	1980	2000	2010	2017	2018
广播电视台(座)						99
广播电台(座)	Number of Stations (set)	3	10	12	1	1
节目套数(套)	Number of Programs (set)	3	72	103	108	105
全年广播剧播出部数(部)	Pieces of Radio Seplay Programs (piece)			2359		
全年广播剧播出集数(集)	Episodes of Radio Seplay Programs (episode)			30027		
中短波转播发射台(座)	FM&AM Radio Broadcasting Stations (set)	17	15	16	22	24
广播人口覆盖率(%)	Radio Coverage of Population (%)	38.5	89.49	96.78	98.35	98.54
#农村广播人口覆盖率(%)	Radio Coverage of Rural Population (%)			96.23	97.87	98.18
电视台(座)	Television Stations (set)	1	12	12	1	1
节目套数(套)	Number of Programs (set)		42	113	112	122
全年电视剧播出部数(部)	Pieces of TV Series Broadcast (piece)			9318	9266	8958
全年电视剧播出集数(集)	Episodes of TV Series Broadcast (episode)			247239	265626	254637
全年动画电视播出部数(部)	Pieces of Cartoons Broadcast (piece)			782		
全年动画电视播出集数(集)	Episodes of Cartoons Broadcast (episode)			28192		
电视转播发射机台数(座)	TV Transmission Facilities (set)	58	493	301	223	211
电视人口覆盖率(%)	TV Coverage of Household (%)	50.5	92.67	97.96	98.89	99.09
#农村电视人口覆盖率	TV Coverage of Rural Household			97.55	98.43	98.77

注：1.1995年以前中短波广播发射台数是指广播发射台及转播台数。

2.2000年以前电视台是指无线电视台，2001年无线电视台与有线电视台合并。

a) Before 1995, the number of FM&AM Radio Broadcasting Stations refered to the number of radio broadcasting stations and transmission stations.

b) Before 2000, the number of TV Stations refered to the number of Wireless TV. Wirless TV and CATV Merged in 2001.

19-43 各地区广播电视主要统计指标（2018年）
Basic Statistics on Radio and Television by Region (2018)

地　区	Region	广播电视台（座）Number of Broadcasting and TV Stations (set)	中、短波转播发射台(台) Medium and short wave broadcast transmitters(set)	广播电视人口覆盖率(%) Radio &TV Coverage of Population (%)	电视综合人口覆盖率(%) General TV Coverage of Household (%)
全　省	**Provincial Total**	**99**	**24**	**98.54**	**99.09**
省本级	Provincial Lerel	1	1		
南昌市	Nanchang	5	2	98.16	99.19
景德镇市	Jingdezhen	3	2	100	100
萍乡市	Pingxiang	6	1	99.59	99.95
九江市	Jiujiang	13	2	97.70	98.73
新余市	Xinyu	3	1	99.94	99.94
鹰潭市	Yingtan	3	1	96.96	97.59
赣州市	Ganzhou	19	9	95.97	97.83
吉安市	Ji'an	12	1	100	100
宜春市	Yichun	10	2	99.17	98.40
抚州市	Fuzhou	12	1	99.43	99.76
上饶市	Shangrao	12	1	100	100

19-44 各部门、各地区广播电视主要经济指标（2018年）
Basic Statistics on Radio and Television by Region and Department (2018)

地　区	Region	从业人员（人）Number of Employees (person)	总收入（万元）Total Income (10 000 yuan)	实际创收收入（万元）Actual Income (10 000 yuan)			
					广告收入（万元）Advertisement (10 000 yuan)	广播广告收入（万元）Broadcasting Advertisement (10 000 yuan)	电视广告收入（万元）TV Advertisement (10 000 yuan)
全　省	**Provincial Total**	**18817**	**522535**	**372492**	**138148**	**18487**	**110721**
江西广播电视台	Jiangxi Broadcasting and TV Sta	9768	306613	292769	98006	10644	84080
江西省广播电视	Inside of the System	307	18272				
江西省系统外	Outside of the System	183	7108	7096			
南昌市	Nanchang	1231	41910	28898	11797	3632	7927
景德镇市	Jingdezhen	465	9757	4223	1228	358	870
萍乡市	Pingxiang	453	5858	1693	1693	135	1559
九江市	Jiujiang	1140	20645	5144	4521	1223	3299
新余市	Xinyu	265	5237	2072	1955	292	1081
鹰潭市	Yingtan	101	3020	2351	2351	922	1379
赣州市	Ganzhou	1540	34833	4432	4203	309	2143
吉安市	Ji'an	881	16674	3206	2564	30	1857
宜春市	Yichun	852	17820	1930	1680	372	1272
抚州市	Fuzhou	682	12156	2231	1159	118	1041
上饶市	Shangrao	859	21708	16447	6910	453	4214

19-45 测绘生产完成情况

Statistics on Projects Completed by Surveying and Mapping Departments

年 份 Year	大 地 测 量 Geodesy		测图合计	地图数字化	地图编制 Cartography		
	GPS测量 (点) Global Positioning System Survey (point)	水准测量 (公里) Leveling (kilometer)	(幅) Mapping (unit)	(幅) Digital Map (unit)	地形图 (幅) Topographic Map (unit)	专题地图 (幅/册) Special Map (unit/Volume)	地图集 (册) Atlas (Volume)
2001	528	336	1941	1416	440	61	2
2002	500	481	2219	1091		372	
2003	189	100	2068	1887		23	1
2004	796	5031	3051	2754		44	
2005	576	800	2509			36	
2006	1840	200	6418	999		35	
2007	1940	286	6127	288	10	30	1
2008	2150	400	13360	286	41	33	1
2009	632	1978	5114		25	607	2
2010	1009	2022	6971	4579	58	66	1
2011	62	943	3104	2078	194		
2012	462	1281	19767		16	210	1
2013	658	327	6469		5	42	
2014	60	3500	31722		3	35	
2015	100	7000	1046		1	21	2
2016	280	4600	1762		3	40	2
2017	180	1500	1810		3	44	1
2018	66		2186		14	48	1

19-46 测绘资料提供情况

Statistics on Output of Surveying and Mapping Materials

年 份 Year	地形图合计 (张) Topographic Map (unit)	1:10 000 (scale)	1:50 000 (scale)	大地成果(点) Geodetic Results (point)	航摄成果(片) Aerial Photograph (piece)	挂 图(张) Wall Map (unit)	地 图 集 (册) Atlas (volume)
2000	8904	7266	1638	377	281		
2001	10704	8785	1919	1611		66	217
2002	8294	7287	1007	173	120	40	48
2003	10048	8656	1392	47372	8411		
2004	5868	3959	1909	563	29000		
2005	5815	4231	1584	1327	48126	5	
2006	7926	5058	2868	17010	15865	112	20
2007	15035	12754	2281	24221	22631		
2008	17352	15336	2016	7929	12355		
2009	5523	4909	614	5554	22803		
2010	5469	4441	1028	31121	5329	628	731
2011	8153	7498	655	3687	7994	12	15
2012	10444	9162	1282	8992	52354	1035	79
2013	2886	2440	446	4880	133567	951	1500
2014	2940	2648	244	2598	120734	1700	2648
2015	6408	5328	1080	2641	364834	10	540
2016	3531	3078	410	2395	107643	600	1240
2017	2222	1910	275	1995	132718	700	500
2018	[illegible]	[illegible]	[illegible]	[illegible]	141379	800	300

注：航摄成果这个指标从2014年起以平方千米作计量单位。

a)The unit of measurement of aerial photograph has been adjusted to sq.km since 2014.

19-47 各地区产品质量监督检查情况（2018年）

Results of Supervision and Sampling Check on the Quality of Products by Region (2018)

地　区	Region	抽查产品（种）Production Supervised (kind)	抽查企业（家）Number of Enterprises Supervised (unit)	抽查产品（批）Production Supervised (time)	不合格产品（批）Production Unqualified (time)
全　省	**Provincial Total**	**141**	**6552**	**7799**	**663**
省本级	Provincial class	103	2797	2944	286
南昌市	Nanchang	113	643	1071	69
景德镇市	Jingdezhen	26	378	588	11
萍乡市	Pingxiang	21	203	284	70
九江市	Jiujiang	50	192	329	37
新余市	Xinyu	18	130	178	14
鹰潭市	Yingtan	33	203	297	7
赣州市	Ganzhou	65	557	583	33
吉安市	Ji'an	28	232	274	31
宜春市	Yichun	62	530	556	68
抚州市	Fuzhou	28	322	330	22
上饶市	Shangrao	47	365	345	15

注：抽查产品合计相加不等于总数。

a) The subtotal of production supervised is not equal to the gross total.

主要统计指标解释

研究与试验发展(R&D) 指在科学技术领域，为增加知识总量，以及运用这些知识去创造新的应用进行的系统的创造性的活动，包括基础研究、应用研究、试验发展三类活动。国际上通常采用R&D活动的规模和强度指标反映一国的科技实力和核心竞争力。

基础研究 指为了获得关于现象和可观察事实的基本原理的新知识(揭示客观事物的本质、运动规律，获得新发现、新学说)而进行的实验性或理论性研究，它不以任何专门或特定的应用或使用为目的。其成果以科学论文和科学著作为主要形式。用来反映知识的原始创新能力。

应用研究 指为获得新知识而进行的创造性研究，主要针对某一特定的目的或目标。应用研究是为了确定基础研究成果可能的用途，或是为达到预定的目标探索应采取的新方法(原理性)或新途径。其成果形式以科学论文、专著、原理性模型或发明专利为主。用来反映对基础研究成果应用途径的探索。

试验发展 指利用从基础研究、应用研究和实际经验所获得的现有知识，为产生新的产品、材料和装置，建立新的工艺、系统和服务，以及对已产生和建立的上述各项作实质性的改进而进行的系统性工作。其成果形式主要是专利、专有技术、具有新产品基本特征的产品原型或具有新装置基本特征的原始样机等。在社会科学领域，试验发展是指把通过基础研究、应用研究获得的知识转变成可以实施的计划(包括为进行检验和评估实施示范项目)的过程。人文科学领域没有对应的试验发展活动。主要反映将科研成果转化为技术和产品的能力，是科技推动经济社会发展的物化成果。

专业技术人员 指从事专业技术工作和专业技术管理工作的人员，即企事业单位中已经聘任专业技术职务从事专业技术工作和专业技术管理工作的人员，以及未聘任专业技术职务，现在专业技术岗位上工作的人员。包括工程技术人员，农业技术人员，科学研究人员，卫生技术人员，教学人员，经济人员，会计人员，统计人员，翻译人员，图书资料、档案、文博人员，新闻出版人员，律师、公证人员，广播电视播音人员，工艺美术人员，体育人员，艺术人员及企业政治思想工作人员，共十七个专业技术职务类别。用来反映科技人力资源情况。

专利 是专利权的简称，是对发明人的发明创造经审查合格后，由专利局依据专利法授予发明人和设计人对该项发明创造享有的专有权。包括发明、实用新型和外观设计。反映拥有自主知识产权的科技和设计成果情况。

普通高等学校 指按照国家规定的设置标准和审批程序批准举办的，通过全国普通高等学校统一招生考试，招收高中毕业生为主要培养对象，实施高等教育的全日制大学、独立设置的学院和高等专科学校、高等职业学校和其他机构。

成人高等学校 指按照国家规定的设置标准和审批程序批准举办的，通过全国成人高等学校统一招生考试，招收具有高中毕业或同等学历的在职从业人员为主要培养对象，利用函授、业余、脱产等多种形式对其实施高等学历教育的学校。包括职工高等学校、农民高等学校、管理干部学院、教育学院、独立函授学院、广播电视大学、其他机构等。其他机构是承担国家成人招生计划任务不计校数的机构。

文化事业机构 指从事专业文化工作和为专业文化工作服务的独立建制的单位。不包括这些单位另外举办独立核算的其他机构和各部门的业余文化组织。该指标主要反映文化事业机构发展规模水平。

艺术表演团体 指从事戏曲、音乐、舞蹈、杂技等专业艺术表演，有独立帐户的单位，不包括半工半艺、半农半艺和民间职业剧团。该指标主要反映专业艺术表演团体发展规模水平。

艺术表演观众人数 指售票、包场演出或民族地区免费演出的艺术表演观众人次数，不包括彩排审查和内部观摩演出的观看人次数。该指标主要反映观看专业艺术表演团体演出的效益规模。

Explanatory Notes on Main Statistical Indicators

Research and Development (R&D) refers to systematic and creative activities in the field of science and technology aiming at increasing the knowledge and using the knowledge for new application. R&D includes 3 categories of activities: basic research, applied research and experimentation for development. The scale and intensity of R&D are widely used internationally to reflect the strength of S&T and the core competitiveness of a country in the world.

Basic Research refers to empirical or theoretical research aiming at obtaining new knowledge on the fundamental principles regarding phenomena or observable facts to reveal the intrinsic nature and underlying laws and to acquire new discoveries or new theories. Basic research takes no specific or designated application as the aim of the research. Results of basic research are mainly released or disseminated in the form of scientific papers or monographs. This indicator reflects the innovation capacity for original knowledge.

Applied Research refers to creative research aiming at obtaining new knowledge on a specific objective or target. Purpose of the applied research is to identify the possible uses of results from basic research, or to explore new (fundamental) methods or new approaches. Results of applied research are expressed in the form of scientific papers, monographs, fundamental models or invention patents. This indicator reflects the exploration of ways to apply the results of basic research.

Experiments and Development refer to systematic activities aiming at using the knowledge from basic and applied researches or from practical experience to develop new products, materials and equipment, to establish new production process, systems and services, or to make substantial improvement on the existing products, process or services. Results of experiment and development activities are embodied in patents, exclusive technology, and monotype of new products or equipment. In social sciences, experiment and development activities refer to the process of converting the knowledge from basic or applied researches into feasible programmes (including conduct of demonstration projects for assessment and evaluation). There are no experiment and development activities in the science of humanities. This indicator reflects the capability of transferring the results of S&T into technique and products, and measures the realization of S&T in spearheading the economic and social development.

Professional and Technical Personnel refer to persons engaged in professional and technical work or in the management of professional and technical activities, i.e., people with professional or technical positions who are engaged in professional and technical work or in the management of professional and technical activities, and people without professional or technical positions but are working on professional or technical posts. They include professionals and technicians working in 17 categories of technical occupations including engineering, agriculture, scientific researches, medical service, teaching, economic research and application, accounting, statistics, translation, libraries, archives, cultural and museum service, journalism and publication, lawyers, notarization service, radio and television broadcasting, handicraft and fine arts, sports, performing art, and political workers in enterprises. This indicator reflects the condition of human resources in S&T.

Patent is an abbreviation for the patent right and refers to the exclusive right of ownership by the inventors or designers for the creation or inventions, given from the patent offices after due process of assessment and approval in accordance with the Patent Law. Patents are granted for inventions, utility models and designs. This indicator reflects the achievements of S&T and design with independent intellectual property.

Regular Institutions of Higher Learning refer to educational establishments set up according to the government evaluation and approval procedures, enrolling graduates from senior secondary schools and providing higher education courses and training for senior professionals. They include full-time universities, colleges, institutions of higher professional education, institutions of higher vocational education and others.

Institutions of Higher Learning for Adults refer to educational establishments, set up in line with relevant rules approved by the government, enrolling staff and workers with senior secondary school or equivalent education, and providing higher education courses in many forms of correspondence, spare time, or full time for adults. Professionals thus trained receive a qualification equivalent to graduates studying regular courses at regular universities, colleges and professional colleges. Institutions of higher learning for adults include schools of higher education for staff and workers, schools of higher education for peasants, colleges for management cadres, pedagogical colleges, independent correspondence colleges, Radio and TV universities and other educational establishments. Other educational establishments have undertakings to enrol adult students but not enumerated in the schools under the State Plan.

Enrolment Rate of Primary School Age Children refers to the proportion of school age children enrolled at schools to the total number of school age children both in and outside schools (including retarded children, but excluding blind, deaf and mute children). The formula is:

Cultural Institutions refer to units which have their own organizational system and independent accounting system and specialize in cultural work or service cultural work. They do not include other establishments run by these units with separate accounting system and amateur cultural groups established by various departments. The statistics reflect the scale and level of development of institutions engaged in cultural undertakings.

Art Troupes refer to the troupes which are engaged in drama, opera, music, dance, acrobatics or other art performance, have independent accounts with banks and have self-supporting accounting system. Troupes which are engaged partly in industrial or agricultural activities, partly in art performance and the professional troupes organized by the mass are not included. The statistics reflect the scale and level of development of professional art troupes nationally.

Number of Audience at Art Performance refers to the number of spectators at commercial shows, privately organized shows or free shows given in ethnic minority areas, and does not include the number of spectators at rehearsals and internal viewings. This indicator mainly reflects the scale and effects of viewing of performances given by professional art troupes across the country.

20 卫生、体育、社会福利和其他

PUBLIC HEALTH,SPORTS,SOCIAL WELFARE AND OTHERS

资料整理：王惠媗、许 婿、冯晓晖

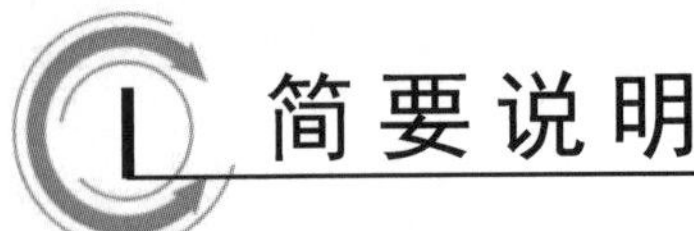

简要说明

本篇资料主要分为卫生、计划生育、体育、社会福利及其他四部分。

卫生统计资料主要包括卫生机构、人员、床位数、医院门诊诊疗人次及入院人数、医院住院治疗情况、医院病床使用、计划生育等，资料由省健康委员会整理提供。

体育统计资料包括举办运动会次数；全民健身活动人数；健身设施和俱乐部；国际国内比赛中获奖情况；少年儿童业余体校情况等，资料由省体育局整理提供。

社会福利及其他统计资料主要包括社会福利企事业机构、人员情况、优抚、福利类收养情况、社会救济、城镇社区服务、社会捐赠、福利彩票发行、婚姻登记情况等，由省民政厅整理提供。社会活动参与（包括全省人大代表和政协委员情况，工会组织情况，共青团组织情况，妇联系统组织情况），资料分别由省人大、省政协、省总工会、团省委、省妇联整理提供。

公检法司（包括律师、公证、调解工作情况，各类事故伤亡情况），资料分别由省司法厅、省安全生产监督管理局整理提供。

Brief Introduction

Data in this chapter present statistics on four sectors: public health, birth control, sports, social welfare, and other statistic data.

Data on public health cover the number of institutions, personnel, hospital beds, number of patients treated and in-patients, hospital inpatient treatment, use of hospital beds, family planning and reproductive, and late marriage. The data are prepared and provided by the Heath Commission of Jiangxi Province.

Data on sports cover the number of games held, mass sports, the number of fitness facilities and clubs, domestic and international competition prizes, and amateur sports schools. The data are prepared and provided by Jiangxi Sport Bureau.

Data on social welfare and other statistic data cover condition of institutions and personnel, budget, social welfare relief, urban welfare facilities, social donations, lottery, and marriage registration. Data are prepared and provided by the Civil Administration Office in Jiangxi Province. Data on participation (covering mainly information on representatives to Provincial People's Congress, CPPCC Provincial Committee, and Trade Unions Communist Youth League, Women's Federations) are prepared and provided by the Provincial People's Congress, CPPCC Provincial Committee, the Provincial Federation of Trade Unions, Provincial Party Committee and Provincial Women's Federation.

Data on public security cover statistics on lawyers, notarization and mediation, and various accidents casualties. The data are prepared and provided by the Department of Justice of Jiangxi Province and The Bureau of Safe Production Supervision and Administration of Jiangxi Province.

20-1 卫生机构、床位及人员数
Number of Health Institutions, Beds and Personnels

年份 Year	机构数（个）Number of Institutions (unit)	#医院 卫生院 Hospitals and Health Centers	床位数（张）Number of Beds (unit)	#医院 卫生院 Hospitals and Health Centers	人员数（人）Number of Personnels (person)	#卫生技术人员 Medical Technical Personnel	#医生 Doctor
1978	5178	2107	72289	65237	87018	70247	30430
1979	5268	2157	74314	67398	92090	73868	31054
1980	5373	2189	76924	69716	97831	79014	32675
1981	5474	2195	78630	70876	111364	90812	37021
1982	5615	2199	81011	72471	115000	93392	38578
1983	5624	2205	82098	72963	119748	97661	40628
1984	5587	2217	82623	73510	126059	100673	40865
1985	5538	2206	84134	75203	127679	102209	43322
1986	5597	2221	86431	76779	131342	105401	45012
1987	5614	2234	89227	79304	134846	108065	46109
1988	5583	2253	90151	80342	138238	111765	48801
1989	5613	2283	92194	82059	141587	114402	50525
1990	5632	2305	92274	82601	144583	116786	51994
1991	5632	2308	92745	83190	146418	117903	51893
1992	5620	2321	93291	83619	147375	118708	52304
1993	5389	2276	93315	82625	147217	118318	52619
1994	5432	2304	94372	83911	149247	120503	54212
1995	5423	2313	93669	83625	151246	122649	55095
1996	7966	2302	88509	81323	147057	118700	50876
1997	8056	2310	90251	82489	148605	120072	51864
1998	7972	2305	91641	83349	149356	121119	52498
1999	7953	2298	91230	82326	152264	122321	53147
2000	8048	2282	90930	83300	151985	123192	54437
2001	7594	2266	91091	83484	151518	122858	53717
2002	11286	2146	90019	83817	139076	114513	46756
2003	11401	2083	85537	79790	141287	117755	49289
2004	12080	2047	84036	78211	141244	118196	46468
2005	10664	2007	85086	79292	138697	115986	46093
2006	10210	2032	88260	81585	142682	119761	51436
2007	9456	2028	94862	85502	153238	126598	51828
2008	8229	2036	105156	93890	168472	139764	55187
2009	7102	2077	123086	104700	176720	146990	56325
2010	7172	2092	127915	103075	184139	154733	59264
2011	7121	2131	136512	132319	196317	166069	62888
2012	7137	2134	157660	142436	210887	179797	67168
2013	7250	2140	174299	158096	269848	190234	70276
2014	38873	2158	186857	170042	280681	201327	74605
2015	38557	2201	197873	184120	291571	210946	76814
2016	38266	2349	209085	195277	301698	220979	79183
2017	37791	2259	233513	214206	317816	235773	83652
2018	36546	2311	249510	229276	325803	247204	87277

注：1.从1996年起卫生年报统计口径变动，机构数中包括个体机构。
2.2002年卫生年报统计口径调整，数据变化较大。后同。
3.2007年卫生年报统计口径变动。后同。
4.从2013起卫生技术人员数据不包括乡村医生和卫生员。后同。
5.从2014年起机构合计中包括村卫生室。

a) Statistical standards in health report have been adjusted since 1996. Individual institutions have been included in total number of institutions.
b) Statistical standards in health report have been adjusted since 2002, causing data fluctuation among years. The same applies to the following tables.
c) Statistical standards in health report have been adjusted since 2007. The same applies to the following tables.
d) Village doctors and assistant nurses have not been included in technical personnel in health institutions since 2013 The same applies to the following tables.
e) Village clinics have been included in health institutions since 2014.

20-2 各类卫生机构、床位、人员数（2018年）

Number of Health Institutions, Beds and Personnels by Type (2018)

类别	Type	机构数（个）Total (unit)	#国有 State-owned	床位数（张）Beds (unit)	#国有 State-owned	人员数（人）Personnel (person)	#卫生技术人员 Medical Technical Personnel
全省	**Provincial Total**	36546	3335	249510	204424	325803	247204
医院	Hospital	717	328	172863	134009	179108	154037
#综合医院	General Hospital	451	208	117418	92799	127272	110534
中医医院	Hospital Specialized in Traditional	105	84	29645	26922	30326	26513
中西医结合医院	Combined Chinese and Western Medicine Hospital	11	6	1744	1262	2284	1971
专科医院	Specialized Hospital	148	30	23976	13026	19181	14978
护理院	Nursing Hospital	2		80		45	41
疗养院	Sanatoriums	4	3	2010	1860	677	410
社区卫生服务中心(站)	Community Health Service Center	556	259	3942	3028	8194	7201
卫生院	Township Hospital	1594	1474	56413	51843	48088	42244
村卫生室	Village Clinic	28309	296			47304	7743
门诊部	Outpatient Department	251	11	260	70	2283	1859
诊所、卫生所、医务室、护理站	Clinic, Medical Center, Nursing Station	4310	180			7740	7520
急救中心(站)	Emergency Center	10	10	2	2	563	424
采供血机构	Institution for Blood Collection and Supplyment	14	13			1024	783
妇幼保健院(所、站)	MCH Center	112	109	10443	10120	17700	15187
专科疾病防治院(所、站)	Specialized Disease Prevention &Treatment Institute	108	106	3577	3492	3156	2545
疾病预防控制中心(防疫站)	Disease Prevention & Control Center	147	146			5050	3975
卫生监督所	Health Supervision Institution	111	111			2085	1572
医学科学研究机构	Research Institution of Medical Science	5	5			393	236
医学在职培训机构	Medical-service Training Institution	3	3			19	3
健康教育所(站、中心)	Health Education Center	6	6			94	28
计划生育技术服务机构	Birth Control Service Institution	231	231			1081	499
临床检验中心	Clinical Laboratory Institution	9				648	462
其他	Other Health Institutions	49	44			596	476

注：1. 卫生人员合计中包括乡村医生和卫生员。
　　2. 不含乡镇卫生院在村卫生室工作的执业(助理)医师、注册护士数。

a) Village doctors and assistant nurses are included in personnels.

b) Licensed (assistant) physicians and nurses of country health stations working in village health stations are not included in personels.

20-3 卫生机构人员数

Number of Personnel in Health Institutions

单位：人 (person)

类别	Type	1990	1995	2000	2010	2016	2017	2018
全省	**Provincial Total**	**144583**	**151246**	**151985**	**184139**	**301698**	**317816**	**325803**
卫生技术人员	Medical Technical Personnel	116786	122649	123192	154733	220979	235773	247204
执业医师	Certified Doctors	51994	55095	54437	50737	66010	70081	73290
执业助理医师	Certified Assistant Doctors				8527	13173	13571	13987
注册护士	Registerd Nurses	1774	1227	1764	57703	95531	104128	110828
药剂师(士)	Pharmacists	1237	1057	611	12223	14244	14552	14714
技师(士)	Technical Personnel				10584	15095	15959	16553
#检验师	Chemist	891	677	444	7229	10400	11064	11445
其他	Others	5921	5914	4351	14959	16926	17482	17832
其他技术人员	Other Technical Personnel	1229	2329	4340	6523	8555	9162	9253
管理人员	Managerial Personnel		4464	5004	7644	8417	9445	9564
工勤技能人员	Ground Skilled Staff	10498	10812	12903	15239	18675	20010	20221
乡村医生和卫生员	Village Doctors and Health Workers					45072	43422	39561
平均每千人中有卫生技术人员	Number of Medical Technical Personnel Per 1000 Population	3.06	3.02	2.97	3.47	4.83	5.10	5.32
#医生	Doctors	1.36	1.36	1.31	1.33	1.73	1.81	1.88

注：1. 本表总数中不包含村卫生室人员，乡村医生和卫生人员，2007年卫生统计口径改变，故指标有所变化。
2. 2015年起本表总数中包括了村卫生室人员、乡村医生和卫生人员。

a) Village clinic staff, rural doctors and health workers are not included in total. The statistical standard has changed since 2007 and the indicators has changed accordingly.

b) Staff of village clinics, village doctors and health workers have been included in provincial total since 2015.

20-4 各地区卫生事业基本情况（2018年）

Basic Statistics on Health Institutions by Region (2018)

地区	Region	机构数（个） Total (unit)	#医院、卫生院 Hospitals and Health Centers	床位数（张） Number of Beds (unit)	#医院、卫生院 Hospitals and Health Centers	人员数（人） Number of Personnel (person)
全省	**Provincial Total**	**36546**	**2311**	**249510**	**229276**	**325803**
南昌市	Nanchang	2245	214	33517	31529	52442
景德镇市	Jingdezhen	1092	74	8932	8281	12489
萍乡市	Pingxiang	1408	81	12319	11155	17056
九江市	Jiujiang	2663	259	26237	22096	37097
新余市	Xinyu	1201	48	6589	5933	9069
鹰潭市	Yingtan	886	68	7200	6958	7892
赣州市	Ganzhou	8632	423	48001	44146	57743
吉安市	Ji'an	[illegible]	[illegible]	[illegible]	[illegible]	31148
宜春市	Yichun	4348	230	29476	25938	34248
抚州市	Fuzhou	2298	227	14819	14327	21948
上饶市	Shangrao	7086	382	35411	33149	44671

注：1. 人员数包括乡村医生和卫生员。
2. 医院卫生院机构数不包括村卫生室和门诊部机构数。

a) Village doctors and assistant nurses are included in personnel.

b) Hospital institutes number does not include the number of institutes of the street.

20-5 各地区卫生技术人员数（2018年）

Technical Personnel in Health Institutions by Region (2018)

单位：人 (person)

地区	Region	合计 Total	医生 Doctors	执业医师 Certified Doctors	执业助理医师 Certified Assistant Doctors	注册护士 Registerd Nurses	其他 Others
全省	**Provincial Total**	**247204**	**87277**	**73290**	**13987**	**110828**	**49099**
南昌市	Nanchang	41532	14797	13706	1091	19653	7082
景德镇市	Jingdezhen	9829	3273	2770	503	4494	2062
萍乡市	Pingxiang	13279	4467	3780	687	6306	2506
九江市	Jiujiang	27821	10493	8801	1692	12013	5315
新余市	Xinyu	7251	2611	2286	325	3401	1239
鹰潭市	Yingtan	6352	2683	2248	435	2506	1163
赣州市	Ganzhou	44902	15051	12119	2932	20244	9607
吉安市	Ji'an	23152	8405	6848	1557	10022	4725
宜春市	Yichun	25044	8599	7257	1342	11076	5369
抚州市	Fuzhou	15887	5866	4785	1081	6861	3160
上饶市	Shangrao	32155	11032	8690	2342	14252	6871

注：其他卫生技术人员中包括药师(士)、技师(士)和见习医师等。
a) Pharmacists, technical personnel, and interns are included in other technical personnel.

20-6 各类医院机构、床位及人员数（2018年）

Beds and Personnel in Health Institutions by Specializtions (2018)

类别	Type	机构数（个） Number of Institutions (unit)	床位数（张） Number of Beds (unit)	人员数（人） Number of Personnel (person)	#卫生技术人员 Medical Technical Personnel	执业医师 Certified Doctors	执业助理医师 Certified Assistant Doctors
全省	**Provincial Total**	**717**	**172863**	**179108**	**154037**	**45300**	**2956**
综合医院	General Hospital	451	117418	127272	110534	32065	1981
中医医院	Hospital Specialized in Traditional Chinese Medicine	105	29645	30326	26513	8673	634
中西医结合医院	Combined Chinese and Western Medicine Hospital	11	1744	2284	1971	617	46
护理院	Nursing Hospital	2	80	45	41	2	
专科医院	Specialized Hospital	148	23976	19181	14978	3943	295
口腔医院	Stomatological Hospital	9	102	667	487	198	17
眼科医院	Ophtalmology Hospital	13	851	1320	854	226	30
耳鼻喉科医院	Otolaryngology Hospital	2	156	212	126	22	5
肿瘤医院	Tumor Hospital	3	2241	2418	2038	580	9
妇产(科)医院	Obstetrics and Gynecology Hospital	11	598	901	701	180	26
儿童医院	Children's Hospital	1	1319	1751	1536	483	2
精神病医院	Psychiatry Hospital	41	12947	5286	4198	909	74
传染病医院	Hospital for Infectious Diseases	3	635	938	749	178	3
皮肤病院	Dermatology Hospital	5	278	768	614	173	4
结核病医院	Tuberculosis Hospital	2	887	896	746	197	4
骨科医院	Orthopedics Hospital	13	974	1060	861	220	65
康复医院	Rehabilitation Hospital	5	329	171	129	38	8
美容医院	Plastic Surgery Hospital	8	123	424	261	81	7
其他专科医院	Other Specialized Hospitals	31	2496	2349	1661	455	40

20-7 各类医疗机构病床使用情况（2018年）
Bed Utilization of Medical Institutions (2018)

类别	Type	实际占用总床日数(日) Actual Number of Bed-opening Days (day)	病床周转次数(次) Hospital Bed Turnover (time)	病床工作日(日) Hospital Bed Using Days (day)	病床使用率(%) Utilization Rate (%)	出院者平均住院日(日) Average Staying Days in Hospital (day)	出院者占用总床日数(日) Total Number of Bed-occupying Days (day)
全省	**Provincial Total**	**69656535**	**36.28**	**293.2**	**80.33**	**7.70**	**66787589**
医院	Hospital	52316156	34.4	316.5	86.72	8.90	50698630
综合医院	General Hospital	35679576	38.35	318.57	87.28	8.09	34744942
中医医院	Hospital Specialized in Traditional Chinese Medicine	9111515	32.84	313.69	85.94	9.23	8801444
中西医结合医院	Combined Chinese and Western Medicine Hospital	418093	23.21	247.15	67.71	10.59	415799
护理院	Nursing Hospital	13990	5.18	229.34	62.83	22.03	6960
专科医院	Specialized Hospital	7092982	17.64	315.49	86.44	16.97	6729485
口腔医院	Stomatological Hospital	10980	20.15	150.42	41.21	7.28	10706
眼科医院	Ophtalmology Hospital	155289	46.55	182.94	50.12	3.70	146363
耳鼻喉科医院	Otolaryngology Hospital	49748	49.69	318.9	87.37	5.00	38723
肿瘤医院	Tumor Hospital	747824	28.99	333.6	91.4	11.63	755749
妇产(科)医院	Obstetrics and Gynecology Hospital	101883	22.99	176.92	48.47	19.06	252392
儿童医院	Children's Hospital	508131	63.62	385.24	105.55	6.01	504422
精神病医院	Psychiatry Hospital	4257076	5.45	339.81	93.1	55.47	3787866
传染病医院	Hospital for Infectious Diseases	200236	18.49	315.33	86.39	16.94	198824
皮肤病医院	Dermatology Hospital	60714	32.69	275.39	75.45	8.36	60239
结核病医院	Tuberculosis Hospital	298178	26.22	342.88	93.94	13.05	297669
骨科医院	Orthopedics Hospital	248251	28.34	276.44	75.74	9.64	245288
康复医院	Rehabilitation Hospital	62679	14.85	252.56	69.19	13.74	50660
美容医院	Plastic Surgery Hospital	677	2.48	10.71	2.94	4.25	667
其他专科医院	Other Specialized Hospitals	391316	25.79	217.17	59.5	8.18	379917
疗养院	Sanitarium	406500	21.17	235.31	64.47	5.66	207000
社区卫生服务中心(站)	Health Service Center for Community	500243	18.02	156.4	42.85	6.69	385438
卫生院	Township Hospital	13077611	42.41	241.82	66.25	5.35	12271170
#中心卫生院	Center Township Hospital	6048526	44.16	255.29	69.94	5.49	5743240
乡卫生院	Rural Township Hospital	7004647	41.01	231.16	[illegible]	[illegible]	[illegible]
妇幼保健院(所、站)	Maternity and Child Care Center (Station)	2589124	47.46	259.75	71.16	5.29	2504837
#妇幼保健院	Maternity and Child Care Center	2402776	49.75	274.4	75.18	5.33	2321646
专科疾病防治院（所、站）	Specialized Disease Prevention & Treatment Institute	766901	19.77	231.19	63.34	10.99	720514

20-8 各类医疗机构门诊诊疗情况（2018年）

Out-patient Clinics in Hospitals in Medical Institutions (2018)

类别	Type	诊疗人次 (人次) Visits (person-time)	#门、急诊 Clinics	预约诊疗人次占总诊疗人次百分比 (%) Percentage in Appointment in Total Treatment	观察室留观病人 (人) Patients in Observation Room (person)	健康检查 (人) Health Examine (person)
全　省	**Provincial Total**	**214637042**	**205322763**	**3.60**	**1190206**	**15582746**
医　院	Hospital	71215083	69393159	9.22	626389	3058457
综合医院	General Hospital	52054963	50731323	10.37	437734	2228812
中医医院	Hospital Specialized in Traditional Chinese Medicine	13262808	12889082	2.27	130670	601983
中西医结合医院	Combined Chinese and Western Medicine Hospital	838037	761272	24.16	8601	49913
护理院	Nursing Hospital	636	586			
专科医院	Specialized Hospital	5058639	5010896	13.14	49384	177749
口腔医院	Stomatological Hospital	436681	436681	12.16	100	
眼科医院	Ophtalmology Hospital	358241	358241	2.26	583	39516
耳鼻喉科医院	Otolaryngology Hospital	48326	41957			
肿瘤医院	Tumor Hospital	269118	264693			22836
妇产(科)医院	Obstetrics and Gynecology Hospital	169281	163584	4.83	275	8540
儿童医院	Children's Hospital	1310992	1310992	24.93	27032	17613
精神病医院	Psychiatry Hospital	649219	643561	8.50	200	9799
传染病医院	Hospital for Infectious Diseases	198684	198684	26.34	43	26739
皮肤病医院	Dermatology Hospital	531841	531841	5.60	19613	9000
结核病医院	Tuberculosis Hospital	192412	192412	9.92		9923
骨科医院	Orthopedics Hospital	323502	315907	9.68	1454	32312
康复医院	Rehabilitation Hospital	21702	20317			320
美容医院	Plastic Sergury Hospittal	44309	44209		1	500
其他专科医院	Other Specialized Hospitals	461337	444823	17.51	83	651
疗养院	Sanitarium	53909	21742	0.23		569
社区卫生服务中心(站)	Health Service Center for Community	7118503	6648351		163931	1481322
卫生院	Township Hospital	30086976	28327666		335465	6967952
门诊部	Clinic	1041866	991216			78045
诊所、卫生所、医务室	Clinic, Medical Center, Nursing Station	12710839	12499120			
妇幼保健院(所、站)	Maternity and Child Care Center (Station)	10348635	10134937	11.07	60148	787832
#妇幼保健院	Maternity and Child Care Center	9369942	9187440	12.22	60001	670129
专科疾病防治院(所、站)	Specialized Disease Prevention & Treatment Institute	1025975	985051	0.53	4273	23880

注：本表数据没有包括村卫生室和急救中心(站)数据。后同。

a) Country health stations and emergency health centers (stations) are not included in the data of this table. The same applies to the tables following.

20-9 各类医疗机构住院治疗情况（2018年）

Basic Statistics on Inpatients Treatments in Medical Institutions (2018)

类　别	Type	入院人数（人）Inpatients (person)	出院人数（人）Out-patients (person)	住院病人手术人次（人次）Inpatients Operation (person-time)	每百门急诊的入院人数（人）Number of Admissions Per 100 Outpatient Emergency Treatment (person)
全　省	**Provincial Total**	**8655610**	**8618916**	**1591499**	**7.49**
医　院	Hospital	5712360	5684921	1430251	8.23
综合医院	General Hospital	4306863	4294690	1123218	8.49
中医医院	Hospital Specialized in Traditional Chinese Medicine	963580	953988	171602	7.48
中西医结合医院	Combined Chinese and Western Medicine Hospital	39398	39261	9973	5.18
护理院	Nursing Hospital	396	316		67.58
专科医院	Specialized Hospital	402123	396666	125458	8.02
口腔医院	Stomatological Hospital	1493	1471		0.34
眼科医院	Ophtalmology Hospital	39863	39518	26959	11.13
耳鼻喉医院	Otolaryngology Hospital	7835	7751	5288	18.67
肿瘤医院	Tumor Hospital	65004	64977	13443	24.56
妇产(科)医院	Obstetrics and Gynecology Hospital	13022	13240	1921	7.96
儿童医院	Children's Hospital	83811	83911	35961	6.39
精神病医院	Psychiatry Hospital	68317	68289	4071	10.62
传染病医院	Hospital for Infectious Diseases	11745	11740	6906	5.91
皮肤病医院	Dermatology Hospital	7258	7208	624	1.36
结核病医院	Tuberculosis Hospital	22793	22802	1229	11.85
骨科医院	Orthopedics Hospital	27671	25450	9476	8.76
康复医院	Rehabilitation Hospital	3743	3686	60	18.42
美容医院	Plastic Sergury Hospital	647	157	142	1.46
其他专科医院	Other Specialized Hospitals	48921	46466	19378	11.00
疗养院	Sanitarium	36491	36574		167.84
社区卫生服务中心	Health Service Center for Community	52098	51761		1.53
卫生院	Township Hospital	2298505	2293366		8.11
#街道卫生院	Institutes of Health, Subdistrict	4444	4442		10.71
乡镇卫生院	Institutes of Health, Rural	2294061	2288924		8.11
门诊部	Clinic	7759	7759		
妇幼保健院(所、站)	Maternity and Child Care Center (Station)	475094	473065	159442	4.69
#妇幼保健院	Maternity and Child Care Center	436997	435643	155219	4.76
专科疾病防治院（所、站）	Specialized Disease Prevention & Treatment Institute	67409	65582	1806	6.84

20-10 各地区医院门诊诊疗情况（2018年）
Out-patient Clinics in Hospitals by Region (2018)

地区	Region	诊疗人次 (人次) Visits (person-time)	#门、急诊 Clinics	门急诊人次占总人次 (%) Percentages of Out-patients in Total Number (%)	观察室留观病人 (人) Patients in Observation Room (person)	观察室病死率 (%) Observation Room Mortality (%)	健康检查 (人) Health Examine (person)
全省	**Provincial Total**	**71215083**	**69393159**	**97.44**	**626389**	**0.06**	**3058457**
南昌市	Nanchang	16360631	16071057	98.23	88358		574164
景德镇市	Jingdezhen	2118474	2072316	97.82	90184	0.01	125525
萍乡市	Pingxiang	3255954	3153724	96.86	68758		172990
九江市	Jiujiang	6907078	6523574	94.45	18858	0.04	465829
新余市	Xinyu	2213997	2111403	95.37	14304		152468
鹰潭市	Yingtan	1378441	1367714	99.22	14224		76698
赣州市	Ganzhou	14014658	13825970	98.65	109720	0.13	474484
吉安市	Ji'an	6465268	6258557	96.80	33732	0.07	397712
宜春市	Yichun	5894591	5772228	97.92	155334	0.05	240867
抚州市	Fuzhou	5097705	5005243	98.19	21950	0.14	169901
上饶市	Shangrao	7508286	7231373	96.31	10967	0.62	207819

注：本表数据包含村级卫生医疗情况。
a) Data on village health service are included in this table.

20-11 各地区医院病床使用情况（2018年）
Utilization of Hospital Beds by Region (2018)

地区	Region	医院 Total			#政府办医院 Government-conducted Hospital		
		病床周转次数 (次) Hospital Bed Turnover (time)	病床使用率 (%) Utilization Rate (%)	出院者平均住院日 (日) Average Staying Days in Hospital (day)	病床工作日 (日) Hospital Bed Utilization (day)	病床使用率 (%) Utilization Rate (%)	出院者平均住院日 (日) Average Staying Days in Hospital (day)
全省	**Provincial Total**	34.4	86.72	8.9	335.6	91.95	9.0
南昌市	Nanchang	36.1	95.56	9.6	372.3	102.00	9.7
景德镇市	Jingdezhen	31.1	82.60	9.1	309.1	84.68	9.1
萍乡市	Pingxiang	33.2	89.88	9.5	364.7	99.91	9.4
九江市	Jiujiang	34.8	93.46	9.4	355.8	97.47	9.6
新余市	Xinyu	29.9	89.98	9.5	368.2	100.88	9.8
鹰潭市	Yingtan	23.1	79.29	11.0	297.2	81.44	9.6
赣州市	Ganzhou	33.0	80.86	8.7	315.6	86.48	8.7
吉安市	Ji'an	34.0	81.02	8.7	312.7	85.67	8.5
宜春市	Yichun	[illegible]	[illegible]	[illegible]	[illegible]	[illegible]	[illegible]
抚州市	Fuzhou	38.0	80.91	7.4	306.0	83.84	7.5
上饶市	Shangrao	37.7	86.99	8.1	338.6	92.77	8.4

20-12 各地区计划生育情况（2018年）

Basic Statistics on Family Planning by Region (2018)

地 区	Region	现有一孩育龄妇女人数（人）Married Childbearing-age Women with One Child (person)	现有一孩育龄妇女占已婚育龄妇女比重(%) Percentage of Married Childbearing-age Women with One Child in Total Married Women (%)	现有二孩育龄妇女人数（人）Married Childbearing-age Women with Two Child (person)	现有二孩育龄妇女占已婚育龄妇女比重(%) Percentage of Married Childbearing-age Women with Two Child in Total Married Women (%)
全 省	**Provincial Total**	**3006642**	**31.33**	**4885329**	**50.91**
南昌市	Nanchang	398918	38.95	450670	44.00
景德镇市	Jingdezhen	127086	38.18	163723	49.19
萍乡市	Pingxiang	141965	38.05	176604	47.33
九江市	Jiujiang	357113	34.62	515354	49.96
新余市	Xinyu	87405	38.99	112670	50.26
鹰潭市	Yingtan	78133	31.67	127806	51.80
赣州市	Ganzhou	488064	26.74	919042	50.36
吉安市	Ji'an	294959	29.11	541133	53.42
宜春市	Yichun	317179	28.28	602486	53.72
抚州市	Fuzhou	277319	32.21	442840	51.43
上饶市	Shangrao	438501	28.41	833001	53.98

20-13 各地区城镇社区服务情况（2018年）

Basic Statistics on Urban Community Service by Region (2018)

单位：个 (unit)

地 区	Region	城镇社区服务设施 Urban Community Service Facilities	社区服务志愿者组织数 Voluntary Organizations for Community Services
全 省	**Provincial Total**	**4130**	**293**
南昌市	Nanchang	341	
景德镇市	Jingdezhen	131	
萍乡市	Pingxiang	112	
九江市	Jiujiang	503	6
新余市	Xinyu	51	
鹰潭市	Yingtan	446	129
赣州市	Ganzhou	748	157
吉安市	Ji'an	330	1
宜春市	Yichun	673	
抚州市	Fuzhou	504	
上饶市	Shangrao	287	

20-14 体育事业基本情况
Basic Statistics on Sports

指　标	Item	1990	1995	2000	2005	2010	2016	2017	2018
村级农民体育健身工程(个)	Village-Level Mass Sports Project (unit)						246	290	240
乡镇农民体育健身工程(个)	Township Mass Sports Project (unit)						35	11	28
城市社区多功能运动场(个)	Urban Community Multifunctional Playground (unit)						25	3	
青少年俱乐部(个)	Youth Club (unit)				64	108	159	174	176
等级裁判员发展人数(人)	Ranked Referees Developed (person)	2008	1523	2223	1465	567	1609	659	691
金　牌	Gold	28	24	25	44	36	45	74	93
银　牌	Silver	33	40	27	21	26	55	75	100
铜　牌	Bronze	29	24	19	15	33	44	56	104

注：村级农民体育健身工程、乡镇农民体育健身工程、城市社区多功能运动场为当年新增数量。

a) Village-level mass sports projects, township mass sports proiects and urban community multifuctional play grounds refer to those of new-added projects and play grounds.

20-15 少年儿童业余体育学校基本情况
Basic Statistics on Amatcur Sports School for Children and Adolescents

指　标	Item	1990	1995	2000	2005	2010	2016	2017	2018
学　校　数(所)	Number of Schools (unit)	133	99	105	92	89	95	103	90
在校学生数(人)	Total School Enrollments (person)	7122	5174	7417	8955	10113	16373	13362	15947
专职教练员人数(人)	Full-time Coaches (person)	400	398	439	436	462	612	584	626
#专科以上	Above Specialized Courses			238	330	410	592	562	584

20-16 历届全省人民代表大会的代表人数
Number of Deputies to All the Previous Provincial People's Congresses

届别	Congress	年份 Year	代表总数（人） Total Number of Deputies (person)	#女代表 Female Deputies	占代表总数(%) As Percentage to Total Deputies (%)	#少数民族代表 Ethnic Minority Deputies	占代表总数(%) As Percentage to Total Deputies (%)
一　届	First Congress	1954	404				
二　届	Second Congress	1958	500	76	15.2		
三　届	Third Congress	1963	613	129	21.0	7	1.1
五　届	Fifth Congress	1978	1200	261	21.8	9	0.8
六　届	Sixth Congress	1983	958	184	19.2	17	1.8
七　届	Seventh Congress	1988	583	99	17.0	15	2.6
八　届	Eighth Congress	1993	615	108	17.6	12	2.0
九　届	Ninth Congress	1998	603	136	22.6	11	1.8
十　届	Tenth Congress	2003	604	146	24.2	14	2.3
十一届	Eleventh Congress	2008	608	148	24.3	16	2.6
十二届	Twelfth Congress	2013	609	148	24.3	21	3.4
十三届	Thirteenth Congress	2018	607	161	26.5	23	3.8

注：1968年1月成立的江西省革命委员会作为江西省第四届人民代表大会的届次计算。
a) Revolutionary Committee of Jiangxi Province which was founded in Jun.1968 is complied as 4th Provincial People's Congresses.

20-17 历届全省政治协商会议的委员人数
Number of Deputies to All the Previous Provincical People's Political Consultative Conferences

届别	Congress	年份 Year	委员总数（人） Total Number of Deputies (person)	#中国共产党委员 Deputies from the Communist Party of China	占委员总数(%) As Percentage to Total Deputies (%)	#少数民族委员 Ethnic Minority Deputies	占委员总数(%) As Percentage to Total Deputies (%)
一　届	First Congress	1955	159	50	31.5	6	3.8
二　届	Second Congress	1959	571	227	39.8	11	1.9
三　届	Third Congress	1964	601	266	44.3	10	1.7
四　届	Fourth Congress	1978	752	340	45.3	12	1.6
五　届	Fifth Congress	1983	760	259	34.1	17	2.2
六　届	Sixth Congress	1988	755	258	36.0	22	2.9
七　届	Seventh Congress	1993	704	281	39.9	17	2.4
八　届	Eighth Congress	1998	649	274	42.2	19	2.9
九　届	Ninth Congress	2003	683	273	40.0	16	2.4
十　届	Tenth Congress	2008	690	276	40.0	13	1.9
十一届	Eleventh Congress	2013	691	275	39.8	11	1.6
十二届	Twelfth Congress	2018	591	235	39.8	9	1.5

20-18 工会组织情况

Basic Statistics on Trade Unions

年份 Year	工会基层组织数（万个） Number of Grassroot Trade Unions (10 000 units)	全省已建工会组织的基层单位的职工和会员人数（万人） Membership and Staff and Workers in Grassroot Trade Unions (10 000 persons)				工会专职工作人员人数（万人） Full-time Staff (10 000 persons)
		职工人数 Staff and Workers	#女职工 Female	会员人数 Membership	#女会员 Female	
1980	1.28	193.33	57.67	162.17		0.70
1985	1.78	260.16	90.84	229.87	77.46	1.55
1986	1.87	265.37	90.04	234.39	79.74	1.28
1987	1.95	274.43	96.85	243.38	84.88	1.29
1988	2.01	283.54	101.39	250.24	89.69	1.29
1989	2.10	293.33	102.66	260.64	93.71	1.45
1990	2.14	299.93	107.36	271.76	97.41	1.56
1991	2.16	305.12	111.02	278.47	100.88	1.60
1992	2.19	311.86	115.47	282.70	102.99	1.66
1993	2.14	300.12	111.29	272.28	99.72	1.58
1994	2.14	312.54	116.58	289.86	102.84	1.61
1995	2.01	306.17	112.10	281.77	100.15	0.91
1996	2.14	318.51	120.94	286.57	107.94	1.37
1997	1.76	243.00	91.08	222.57	81.72	1.40
1998	1.70	251.32	94.22	232.77	86.34	1.18
1999	1.56	242.01	88.92	230.59	80.78	1.16
2000	1.82	267.12	82.61	237.31	74.71	1.79
2001	3.84	288.89		273.76		1.79
2002	2.21	513.82	152.96	363.01	116.65	1.44
2003	2.24	288.55	100.68	260.36	92.68	1.04
2004	3.08	373.30	116.26	347.41	109.06	0.97
2005	3.77	391.00	139.14	375.89	131.48	1.11
2006	4.11	459.93	157.68	438.81	149.97	1.32
2007	4.60	517.76	158.07	495.92	151.9	1.55
2008	5.17	572.04	203.97	551.60	199.17	1.80
2009	5.54	600.01	218.20	581.00	212.82	2.60
2010	5.92	647.36	242.81	611.04	231.69	3.80
2011	6.48	673.36	250.61	646.86	240.67	5.42
2012	7.37	736.82	274.40	714.60	266.37	5.93
2013	7.73	750.77	276.69	730.94	270.54	4.49
2014	7.92	777.48	288.63	755.33	283.07	5.13
2015	8.23	821.84	306.30	788.59	298.61	4.69
2016	8.37	853.88	316.80	820.01	309.50	4.85
2017	8.65	891.92	324.72	861.73	320.38	5.18
2018	[illegible]	[illegible]	[illegible]	[illegible]	[illegible]	[illegible]

注：2001年为工会四季度报表数据，空白指标数据未作统计。

a) Partial statistics were missing in the year 2001.

20-19 共青团组织情况

Basic Statistics on the Communist Youth League

年 份 Year	基层团支部 (万个) Grassroot CYL Branch (10 000 units)	共青团员 (万人) CYL Members (10 000 persons)	#女团员 Female	团干部 (人) League Cadre (person)
1978	11.10	133.22	49.87	4342
1981	8.75	123.62	46.22	5323
1982	6.47	124.05	45.27	5713
1983	6.26	126.96	46.66	5839
1984	6.12	131.67	46.23	5903
1985	6.48	152.69	53.00	6473
1986	6.64	169.37	56.83	6729
1987	6.75	183.48	60.62	6542
1988	6.78	181.34	58.23	6337
1989	6.88	161.66	50.39	6074
1990	6.75	162.03	53.60	6725
1991	6.77	160.19	55.06	7156
1992	6.39	157.53	52.54	6821
1993	6.55	156.32	53.66	6801
1994	10.31	238.38	83.32	10339
1995	10.40	248.42	85.93	8752
1996	12.00	219.78	81.46	7855
1997	11.13	222.37	78.98	9759
1998	8.52	212.80	72.73	7909
1999	6.98	187.68	68.39	7362
2000	6.80	187.98	68.53	7015
2001	6.83	182.30	68.27	6627
2002	7.49	191.29	79.50	7444
2003	3.83	194.10	42.81	7444
2004	6.15	213.63	68.73	15680
2005	6.41	246.62	71.42	10370
2006	6.42	248.61	72.41	10370
2007	6.42	248.71	72.41	10370
2008	6.42	248.79	72.42	10470
2009	6.53	250.75	83.57	11812
2010	6.51	240.12	81.76	11756
2011	5.81	440.17	181.54	12888
2012	9.38	247.90	82.10	10146
2013	9.71	245.86	81.42	9714
2014	9.75	245.93	81.54	188736
2015	10.22	244.36	81.44	195307
2016	9.71	238.00	80.26	90736
2017	8.90	227.88	79.86	85712
2018	9.14	221.41	77.52	91552

注：1. 2011年共青团员数含驻赣部队团员及省外流动团员。
2. 从2014年起不统计专职团干部。只统计团干部数。2014年以前的数是专职团干部。

a) CYL in the PLA Garrison Force and migrating CYL has been in cluded in the number of CYL since 2011.

b) Statistical system of league cadre has been adjusted to full-time cadres since 2014.

20-20 妇联系统组织情况
Statistics on Women's Federations

单位：个 (unit)

年份 Year	省、市县妇联组织 Provincial, City and County Women's Federation	乡镇妇联 Township Women's Federation	街道妇联 Subdistrict Women's Federation	村级妇联 Village Women's Federation	社区妇联 Community Women's Federation
2015	112	1455	190	17975	2984
2016	100	1422	188	17913	1993
2017	121	1422	153	16261	3074
2018	112	1404	155	16685	3293

20-21 各地区福利彩票发行情况（2018年）
Statistics on Welfare Lottery by Region (2018)

地区	Reigon	机构数（个） Number of Institutions (unit)	年末职工人数(人) Number of Staff and Workers at Year-end (person)	增加值（万元） Value Added (10 000 yuan)	收入（万元） Revenues (10 000 yuan)	支出（万元） Expenditures (10 000 yuan)
全 省	**Provincial Total**	11	115	4245.7	17430.6	15665.6
省本级	Provincial	1	17	3320.5	13703.6	12596.7
南昌市	Nanchang	1	11	359.3	884	1046.5
景德镇市	Jingdezhen	1	1	0.5	80	80
萍乡市	Pingxiang	1	12	24	500	480
九江市	Jiujiang	1	8	190.4	594	547.6
新余市	Xinyu	1	3	13.5	35.8	32.8
鹰潭市	Yingtan	1	10	92.6	151.2	151.2
赣州市	Ganzhou	1	31	26.1	908	289.8
吉安市	Ji'an					
宜春市	Yichun	1	12	53	52	52
抚州市	Fuzhou	1	5	13.3	28	28
上饶市	Shangrao	1	5	152.5	494	361

20–22 社会福利事业基本情况(2018年)
Basic Statistics on Social Welfare (2018)

指 标	Item	2017	2018
提供住宿的社会服务机构(个)	**Residental Institutions of Social Service (unit)**	**1467**	**1472**
#老年人与残疾人服务机构(个)	Service Institutions for The Elderly and The Disabled (unit)	1352	1386
#社会福利院	Social Welfare Homes	94	88
光荣院	Homes for Disabled Veterans	135	16
养老服务机构	Residental Institutions for Aging Population	1105	1282
#农村	Rural	893	1050
智障与精神疾病服务机构(个)	Service Institutions for Mental Retardation and Mental Illness (unit)	3	2
儿童收养救助服务机构(个)	Service Institutions for Adoption and Salvation of Children (unit)	11	14
其他提供住宿的社会服务机构(个)	Other Residental Institutions of Social Service (unit)	101	11
年末在院人数(人)	**Number of Persons Housed at Year-end (person)**		**117124**
老年人与残疾人服务机构人数	Service Institutions for The Elderly and The Disabled	120417	127310
#社会福利院人数	Social Welfare Homes	12302	11493
光荣院人数	Homes for Disabled Veterans	10659	634
养老服务机构人数	Residental Institutions for Aging Population	94662	101839
#农村	Rural	81291	91780
智障与精神疾病服务机构(人)	Service Institutions for Mental Retardation and Mental Illness (person)	372	347
儿童收养救助服务机构(人)	Service Institutions for Adoption and Salvation of Children (person)	546	1174
城市居民最低生活保障人数(人)	Number of Persons Receiving Minimum Living Allowance in Urban Areas (person)	832633	689558
农村最低生活保障人数(人)	Number of Persons Receiving Minimum Living Allowance in Rural Areas (person)	1757029	1677864
民政部门资助参保人数(人)	Number of Insurance Paticipation Funded by Civil Affairs Departments (person)	1707036	
民政部门直接救助人次数(人次)	Number of Persons Directly Receiving Medical Salvation from Civil Affairs Departments(person-time)	2011794	
临时救助(户次)	Number of Poor Persons Receiving Temporary Relief (household-time)	162794	157906

20–23 社会保障情况
Statistics on Social Security

单位：万人 (10 000 persons)

年份 Year	养老保险 Pension Insurance		失业保险 Unemployment Insurance		职工基本医疗保险参保人数 Number of Staff and Workers Joining Medical Care Insurance
	职工人数 Number of Staff and Workers	离退休、退职人数 Number of Retired Persons	参加失业保险人数 Number of Staff and Workers Joining Unemployment Insurance	领取失业保险金人数 Number of Beneficiaries of Unemployment Insurance	
1990	178.70	36.42	153.96		
1991	188.77	37.07	158.29	0.01	
1992	193.28	40.71	167.15	0.08	
1993	198.29	43.61	166.60	0.16	
1994	197.73	45.17	170.92	0.43	
1995	193.26	45.57	183.44	0.14	
1996	197.29	47.00	183.03	0.56	
1997	197.16	48.94	152.24	0.39	
1998	235.67	64.06	182.76	0.80	
1999	246.50	66.72	209.60	0.96	
2000	254.85	71.58	231.59	0.81	61.44
2001	256.60	77.26	234.53	2.52	71.62
2002	257.13	82.65	226.67	5.16	125.77
2003	262.51	88.44	215.54	5.91	188.21
2004	271.83	99.92	226.56	10.18	250.42
2005	281.96	105.47	230.74	10.61	276.74
2006	303.34	111.63	241.05	9.98	313.34
2007	356.53	118.50	251.46	8.73	403.42
2008	421.87	128.46	266.29	6.79	503.16
2009	446.02	135.91	275.47	6.41	515.12
2010	462.08	145.52	265.33	10.69	532.13
2011	484.31	168.72	263.48	8.83	535.85
2012	518.26	189.12	267.44	7.86	546.76
2013	547.14	207.05	271.06	3.74	569.94
2014	562.81	221.08	271.75	2.43	579.21
2015	587.86	235.24	281.49	2.84	584.97
2016	672.74	284.56	282.64	3.14	591.62
2017	697.57	307.67	286.25	3.33	558.70
2018	719.72	333.0971	287.98	3.32	573.73
南昌市 Nanchang	139.36	60.33	63.09	0.65	118.67
景德镇市 Jingdezhen	28.07	16.00	13.01	0.24	33.62
萍乡市 Pingxiang	35.67	17.74	16.01	0.56	33.35
九江市 Jiujiang	78.66	31.84	35.29	0.17	70.53
新余市 Xinyu	22.28	10.97	11.52	0.35	19.70
鹰潭市 Yingtan	17.10	7.51	9.50	0.11	14.73
赣州市 Ganzhou	87.63	37.83	37.51	0.39	66.86
吉安市 Ji'an	56.32	23.28	23.51	0.20	41.89
宜春市 Yichun	75.67	34.35	27.01	0.30	47.61
抚州市 Fuzhou	52.33	22.68	21.51	0.21	37.98
上饶市 Shangrao	75.75	39.64	30.01	0.14	52.59

20-24 劳动人事争议仲裁基本情况(2018年)
Basic Statistics on Arbitration of Labor Disputes (2018)

指标	Item	合计 Total	#国有企业 State-owned Enterprises	集体企业 Collective-owned Enterprises	港澳台及外资企业 Enterprises with Funds from Hong Kong, Macao&Taiwan and Foreign Funded Enterprises	私营企业 Private Enterprises
案件受理情况	**Cases Accepted**					
案件数(件)	Number of Cases (case)	10369	531	141	248	9133
#劳动者申诉案件数	Number of Cases Appealed by Laborers	10004	483	141	248	8852
劳动者当事人人数(人)	Number of Laborers Involved (person)	17280	619	141	302	15869
争议原因(件)	**Causes of Disputes (case)**					
#劳动报酬	Labor Remunerations	3570	184	79	88	3203
社会保险	Social Insurance	3009	128	56	83	2612
解除、中止劳动合同	Termination of Labor Contracts	2006	124	1	29	1764
案件处理情况(件)	**Case Settled (case)**					
结案案件数	Number of Cases Settled	10236	537	141	254	9004
用人单位胜诉	Lawsuits Won by Units	1117	163	11	66	825
劳动者胜诉	Lawsuits Won by Laborers	4147	106	103	118	3720
双方部分胜诉	Lawsuits Won by Both Parties	3685	172	24	69	3321
其他	Others	1287	96	3	1	1138
期末累计未结案数	Accumulated Cases Unsettled at the End of Period	431	2	3		395

20-25 律师、公证及调解工作基本情况

Basic Statistics on Lawyers, Notarization and Mediation

指标	Item	2014	2015	2016	2017	2018
律师工作	**Lawyers**					
律师事务所(个)	Number of Law Offices (unit)	373	408	443	469	478
律　师(人)	Number of Lawyers (person)	4043	4488	4935	5585	6267
#专职律师	Full-time Lawyers	3551	3926	4340	4894	5425
担任法律顾问(家)	Legal Adivisors (unit)	11982	14176	15874	19002	17751
民事案件诉讼代理(件)	Agent of Civil Cases (case)	35801	47107	20929	62921	61082
行政案件诉讼代理(件)	Agent of Adminmstrative Action (case)	785	531	1042	2596	3141
刑事诉讼辩护及代理(件)	Defender and Agent of Criminal Cases (case)	16734	14085	14878	14189	21304
非诉讼法律事务(件)	Agent of Non-Litigious Legal Affairs (case)	9028	13127	15119	16255	19837
解答法律咨询(万人次)	Legal Advisory Services (10 000 person-cases)	13.5	14.7	14.45	7.08	8.01
代写法律事务文书(万件)	Agent of Legal Doucuments Written on Behalf of Chients (10 000 cases)	1.48	1.26	1.66		
公证工作	**Notarization**					
公证处(个)	Number of Notary Offices (unit)	111	112	112	119	111
#涉外公证处	Number of Foreign-related Notary Offices	56	56	59	67	72
公证人员(人)	Notarial Personnel (person)	705	693	713	740	799
#公证员	Nortaries	355	345	339	325	329
公证员助理(人)	Assistant Nortaries (person)	223	201	227	290	331
办理公证文书(件)	Number of Notarized Documents (case)	161477	164779	190037	255240	243057
国内公证文书	Number of Domestic Notarization	118908	122366	147687	213956	201125
涉外公证文书	Number of Foreign-related Notarization	37731	37887	38233	36439	38673
港台澳公证文书	Number of Hong Kong,Macao, Taiwan Notarization	4838	4526	4117	4845	3259
基层工作	**People's Mediation**					
法律服务所(个)	Agent of Legal Affairs (unit)	677	624	602	568	563
法律工作者(人)	Personnel of Legal Affairs (person)	1866	1864	1892	2124	2076
法律服务所调解民间纠纷(件)	Number of Civil Disputes Mediated (case)	28580	32922	33855	10606	8367
司法所(个)	Number of Judicial Offices (unit)	1707	1707	1709	1709	1619
司法人员(人)	Judicial Personnel (person)	3371	3491	3469	3533	3357
#专职司法助理员	Number of Full-time Judicial Assistants	2517	2528	2445	2470	2353
协助基层政府处理民间纠纷(件)	Help Grass-roots Government's Handling of Civil Disputes (case)	23285	37430	40207	37127	30424
#处理成功率(%)	Success Rate (%)	95.62	96.46	96.1	96.88	95
人民调解委员会(万个)	Number of People's Mediation Committees (10000 units)	2.41	2.43	2.46	2.47	2.41
调解人员(万人)	Number of Mediators (10 000 persons)	11.21	11.14	11.34	11.12	10.57
司法所调解民间纠纷(万件)	Number of Civil Disputes Mediated (10 000 case)	20.05	18.75	17.97	11.15	18.81
#调解成功率(%)	Success Rate (%)	97.14	97.71	97.96	98.16	97.43

20-26 婚姻登记情况(2018年)

Statistics on Marriages and Divorces (2018)

年份 Year	准予登记结婚 (对) Total Number of Registered Marriage (couple)	初婚 (人) First Marriage (person)	再婚 (人) Re-marriage (person)	离婚 (对) Divorces (couple)
1978	159661			7387
1979	127242	239747	14737	6844
1980	148365	284253	12477	10200
1981	210132	402171	18093	5717
1982	213296			6487
1983	174610			4791
1984	223765			5666
1985	232469	453632	11306	11113
1986	231917	453021	10813	11241
1987	258275	504338	12212	12473
1988	250353	488228	12478	14063
1989	283406	551914	13075	16391
1990	334773	652052	17494	17637
1991	261054	508724	13384	17376
1992	255777	496201	15353	17682
1993	236384	458275	14493	19291
1994	249091	483833	14349	18979
1995	260573	502791	18355	19751
1996	271049	526016	16082	20037
1997	272364	525087	19641	21087
1998	278088	539122	17054	21502
1999	289370	558788	17454	26935
2000	295766	570202	18296	24229
2001	293852	548757	35569	26090
2002	283391	540779	21617	31762
2003	269708	507607	27805	29700
2004	296058	560260	28418	39897
2005	295282	553628	36936	39441
2006	315513	594219	36807	45291
2007	356154	665248	47060	51240
2008	391221	719684	62758	56030
2009	408061	738330	77792	45495
2010	361099	695884	26134	48891
2011	373001	703739	42263	54360
2012	421144	781537	60751	60006
2013	393733	713805	73661	70247
2014	371233	658658	83808	72909
2015	306158	527676	84640	79099
2016	302014	508278	95750	86105
2017	358601	593777	123425	102568
2018	330641	543471	117811	107456

注：1. 1978、1979年和1981年至1984年离婚对数中未包括法院离婚数。
2. 1999年以后华侨、港澳台居民登记结婚中未分初婚、再婚人数。后同。

a) Number of divorced couples in 1978, 1979, and from 1981 to 1984 did not include number of court divorces.

b) Since 1999, the number of registered marriage of overseas Chinese, Hong Kong, Macao residents has not distincted first-marriage and re-marriage. The same applies to the tables following.

20–27 各地区婚姻登记情况（2018年）

Number of Marriages and Divorces by Region (2018)

地　区	Region	登记结婚件数（对）Total Number of Registered Marriage (couple)	#内地居民 Registered Marriages of Mainland	登记结婚人数（人）Total Number of Registered Marriage (person)	初　婚 First Marriage	再　婚 Re-marriage	#恢复结婚件数（对）Resumption of Marriage (couple)	离婚登记（对）Divorces (couple)
全　省	**Provincial Total**	**330641**	**328818**	**661282**	**543471**	**117811**	**16230**	**107456**
南昌市	Nanchang	37559	37559	75118	59023	16095	3200	15023
景德镇市	Jingdezhen	11200	11200	22400	19786	2614	383	5035
萍乡市	Pingxiang	11225	11225	22450	17278	5172	370	4462
九江市	Jiujiang	34808	34808	69616	55663	13953	1919	14053
新余市	Xinyu	6268	6268	12536	8968	3568	498	2760
鹰潭市	Yingtan	8344	8344	16688	13313	3375	455	2874
赣州市	Ganzhou	57763	57763	115526	96720	18806	2390	18692
吉安市	Ji'an	29361	29361	58722	48035	10687	1384	8729
宜春市	Yichun	37279	37279	74558	60956	13602	1846	11307
抚州市	Fuzhou	32881	32881	65762	54161	11601	1667	8547
上饶市	Shangrao	62130	62130	124260	106695	17565	2115	15834

注：各设区加总不等于合计数，因为总数中没有包括省本级。

a) Since the number of marriages and divorces in the provincial level is not included in the number of provincial total, the number by region does not add up to the total.

20–28 各类事故伤亡情况

Basic Statistics on Accidents

指　标	Item	1990	2000	2010	2016	2017	2018
事故死亡总人数(人)	**Total (person)**		**4543**	**1924**	**1649**	**1630**	**1333**
#工矿商贸企业事故死亡	Mortality of Industry, Mining, Commerce and Trade Enterprises	396	531	233	315	292	265
铁路运输业事故死亡	Mortality of Railway Traffic Accident		695	58	38	30	37
水上运输业事故死亡	Mortality of Water Traffic Accident		20	9	5		1
道路运输业事故情况	**Traffic Accidents**						
起　数(起)	Traffic Accidents (case)	5326	17591	4126	2316	2369	1823
死亡人数(人)	Mortalities (person)	1387	3222	1603	1261	1256	989
受伤人数(人)	Injures (person)	3343	13988	4938	1325	2290	1679
经济损失(万元)	Losses Converted into Cash (10 000 yuan)	573	7225	4184	2138	2623	3165
火灾情况	**Fire Accidents**						
起　数(起)	Fire Accidents (case)	896	5354	4721	8883	8811	8630
死亡人数(人)	Mortalities (person)	63	93	21	46	66	45
受伤人数(人)	Injures (person)	87	137	11	45	26	17
经济损失(万元)	Losses Converted into Cash (10 000 yuan)	1139	4039	8074	18805	16488	20353

20-29 各地区工矿商贸企业事故、火灾、道路交通事故情况（2018年）

Industry, Mining, Commerce and Trade Enterprises Accidents, Fire Accidents and Traffic Accidents by Region (2018)

地 区	Region	工矿商贸企业事故死亡人数（人）Mortality of Industry, Mining,Commerce (person per 100 million) Accidents (person)	火 灾 Fire Accidents		
			起 数（起）Fire Accidents (case)	死 亡 人 数（人）Mortality (person)	受 伤 人 数（人）Injures (person)
全 省	**Provincial Total**	**265**	**8630**	**45**	**17**
南 昌 市	Nanchang	40	1148	9	4
景德镇市	Jingdezhen	5	237	8	3
萍 乡 市	Pingxiang	6	479	4	
九 江 市	Jiujiang	24	732	4	
新 余 市	Xinyu	15	484	1	
鹰 潭 市	Yingtan	5	393	3	1
赣 州 市	Ganzhou	65	1518	2	4
吉 安 市	Ji'an	35	689	5	2
宜 春 市	Yichun	35	1237	4	1
抚 州 市	Fuzhou	5	411	2	
上 饶 市	Shangrao	30	1302	3	2
高速公路	Expressway				

注：各地区工矿商贸企业事故死亡人数不包括省煤炭集团，故小于总计。

a) Number of mortality of mining and trading enterprise by region does not include the number of mortality of Provincical Coal Cooperation. therefore, the number by region does not add up to the total.

20-30 各地区安全生产四项相对控制指标情况（2018年）

Four Safe Production Relatively Control Targets by Region (2018)

地 区	Region	亿元GDP生产安全事故死亡率（人/亿元）100Million GDP Production Safety Accidents Mortality Rate (person per 100 million)	工矿商贸企业从业人员10万人生产安全事故死亡率(人/10万) Production Safety Accidents Mortality Rate in Per Hundred Thousand Industry, Mining, Commerce and Trade Enterprises Employees (person per 100 thousand)	道路交通万车死亡率(人/万车) Traffic Accident Mortality Rate Per 10 Thousand Vehicles (person per 10 000 units)	煤矿百万吨死亡率（人/百万吨）Coal Mining Mortality Rate Per Million Tons (person per million tons)
全 省	**Provincial Total**	**0.06**	**1.60**	**2.59**	**1.39**
南 昌 市	Nanchang	0.01	1.85	2.36	
景德镇市	Jingdezhen	0.04	0.09	2.68	14.04
萍 乡 市	Pingxiang	0.05	2.35	0.02	0.01
九 江 市	Jiujiang	0.06	2.01	1.54	
新 余 市	Xinyu	0.04	3.35	1.46	4.00
鹰 潭 市	Yingtan	0.04	0.76	2.40	
赣 州 市	Ganzhou	0.02	1.23	1.29	
吉 安 市	Ji'an	0.10	2.40	2.16	
宜 春 市	Yichun	0.03	1.56	1.37	0.49
抚 州 市	Fuzhou	0.07	0.76	2.12	
上 饶 市	Shangrao	0.07	1.00	3.25	

20-31 社会发展与妇女儿童基本情况
Basic Statistics on Social Development, Women and Children

指　　标	Item	2017	2018
卫生保健	**Health Care**		
出生人口性别比(以女孩为100)	Sex Ratio of Born Population (female=100)	113.11	113.05
婴儿死亡率(‰)	Infant Mortality Rate (‰)	5.60	5.54
#城市	Urban	5.33	3.57
农村	Rural	5.67	6.06
5岁以下儿童死亡率(‰)	Mortality Rate Under 5 (‰)	8.68	8.07
#城市	Urban	6.61	4.57
农村	Rural	9.23	9.00
孕产妇死亡率(1/10万)	Maternal Mortality Rate (per 100 000 persons)	8.06	8.41
#城市	Urban	4.35	3.93
农村	Rural	9.99	11.52
当年报告艾滋病病毒感染例数(例)	HIV Infections Reported at Current Year (case)	1753	2061
#女性	Female	389	438
教育	**Education**		
学前三年毛入园率(%)	Enrollment of 3 years in Pre-primary Education (%)	79.25	81.83
初中阶段毛入学率(%)	Secondary School Gross Enrollment (%)	107.92	114.93
九年义务教育在校学生数(万人)	Enrollment of 9-year Compulsory Education (person)	613.94	628.21
高中阶段毛入学率(%)	High School Gross Enrollment (%)	89.50	90.50
地区国家财政性教育经费(万元)	Regional State Financial Education Funds (10 000 yuan)	9880908	11043555
地区公共财政教育支出(万元)	Regional Public Financial Expenditure on Education (10 000 yuan)	9405702	10991268
地区国家财政性教育经费占地区生产总值比例(%)	Proportion of Regional State Financial Education Funds in GDP (%)	4.75	5.02
地区公共财政教育经费占地区公共财政支出比例(%)	Proportion of Education in Regional Public Financial Expenditure (%)	18.40	19.38
就业与社会保障	**Employment and Social Insurance**		
女性就业人员(万人)	Female Employments (10 000 person)	1166.8	1162.4
城镇新增就业人员(万人)	Urban New Employments (10 000 person)	55.8	55.3
安全与法律保护	**Security and Legal Protection**		
火灾事故	Fire Accidents		
发生数(起)	Cases (case)	8811	8630
死亡人数(人)	Mortalities (person)	66	45
受伤人数(人)	Injures (person)	26	17
直接经济损失(万元)	Direct Losses Converted into Cash (10 000 yuan)	16488	20353
人口火灾发生率(1/10万)	Fire Accidents per 100 thousand person (case per 100 thousand person)	19.06	18.62

20-31 续表 continued

指　　标	Item	2017	2018
破获强奸案件数(起)	Rape Cases Solved (case)	410	536
破获拐卖妇女案件数(起)	Abducting Women Cases Solved (case)	18	12
破获拐卖儿童案件数(起)	Abducting Children Cases Solved (case)	7	10
破获组织、强迫、引诱、容留、介绍妇女卖淫案件数(起)	Prostitution-involved Cases Solved (case)	260	381
治安案件查处数(起)	Public Security Cases Investigated (case)	345092	340430
妇女参政议政	Women Empowerment		
省级政府领导班子配有女干部的班子比例(%)	Rate of Women Cadres in Provincial Government Organs (%)	100.00	100.00
市级政府领导班子配有女干部的班子比例(%)	Rate of Women Cadres in Prefecture Government Organs (%)	100.00	91.00
县级政府领导班子配有女干部的班子比例(%)	Rate of Women Cadres in County Government Organs (%)	98.00	95.00
省级政府工作部门领导班子配有女干部的班子比例(%)	Rate of Women Cadres in Provincial Government Services (%)	45.00	52.78
市级政府工作部门领导班子配有女干部的班子比例(%)	Rate of Women Cadres in Prefecture Government Services (%)	47.56	49.48
市级政府领导班子正职中女干部比例(%)	Rate of Principal Women Cadres in Prefecture Government Organs (%)	10.00	
县级政府领导班子正职中女干部比例(%)	Rate of Principal Women Cadres in County Government Organs (%)	10.00	10.20
省级政府工作部门领导班子配有正职女干部的班子比例(%)	Rate of Principal Women Cadres in Provincial Government Services (%)	10.00	13.89
市级政府工作部门领导班子配有正职女干部的班子比例(%)	Rate of Principal Women Cadres in Prefecture Government Services (%)	11.05	12.50
县级政府工作部门领导班子配有正职女干部的班子比例(%)	Rate of Principal Women Cadres in County Government Services (%)	9.36	8.98

主要统计指标解释

卫生机构 包括医疗机构、疾病预防控制中心(防疫站)、采供血机构、卫生监督及监测(检验)机构、医学科研和在职培训机构、健康教育所等。

医疗机构 包括医院、社区卫生服务中心(站)、疗养院、卫生院、门诊部、诊所(卫生所、医务室)、妇幼保健院(所、站)、专科疾病防治院(所、站)、急救中心(站)和临床检验中心。医疗机构分为非赢利性医疗机构和赢利性医疗机构。

医院 包括综合医院、中医医院、中西医结合医院、民族医院、各类专科医院和护理院。

卫生技术人员 指卫生机构中医生、护理人员 、药剂人员、检验人员等卫生技术人员。

医生 指在医疗、预防保健机构工作且取得《执业医师证书》的执业医师和执业助理医师。

社会福利事业单位 指集中收养社会孤老、残、幼的机构，包括由民政部门管理的社会福利院、儿童福利院、精神病人福利院和城镇集体举办的福利院及农村集体举办的敬老院以及优抚医院和具有收养能力的社区服务中心等。

社会福利事业单位收养人数 包括民政部门管理和城镇、农村集体举办的社会福利事业单位中收养的老人、少年儿童、缺乏生活自理能力的残疾人员和精神病人。

社会福利企业单位 指以安置城镇有一定劳动能力的盲、聋、哑和肢体残疾人员就业为目的，享受国家减免税待遇的国有或集体企业。包括福利工厂、福利商业和服务业、假肢厂和安置农场等单位。

行政事业单位离退休费和企业单位养老金平均水平 行政、事业和企业单位离休、退休、退职人员在一定时期内平均每人所得离休金、退休金、退职生活费用和养老金。

$$\text{行政事业单位离退休费和企业单位养老金平均水平} = \frac{\text{报告期行政、事业和企业单位实际支付的离休金、退休金、退职生活费用和养老金总额}}{\text{报告期行政、事业和企业单位离退休人员平均人数}}$$

律师 指依法取得律师执业证书，担任法律顾问，民事(刑事、行政)案件代理人、刑事案件辩护人、办理非诉讼业务，解答法律询问，代写法律事务文书等，为社会提供法律服务的人员。

公证人员 指在公证处工作的人员总称，包括公证处主任、副主任、公证员、公证员助理(助理公证员)和其他从事辅助性工作的人员。

公证文书 指公证处根据当事人申请，依照事实和法律，按照法定程序制作的，具有法律效力的司法证明文书。根据公证书用途和使用地，公证书分为国内公证书、国内经济公证书、涉外民事公证书、涉外经济公证书四类。

调解员 指在人民调解委员会担负调解民间纠纷工作的人员，包括调解委员会的委员和调解小组的调解员。

调解民间纠纷 指调解委员会按照法律规定，根据自愿原则，用说服教育的方法调解民间发生的有关民事权利和义务争执的件数，包括调解成功数和调解未成功数。

Explanatory Notes on Main Statistical Indicators

Health Care Institutions include: medical institutions, disease prevention and control centres (epidemic prevention stations), blood gathering and supplying institutions, health supervision and inspection (check up) institutions, medicinal scientific research and on job training institutions, health education centres and so on.

Medical Organizations include: hospitals, health service centres (stations) in communities, sanatoria, health centres, out-patient clinics, clinics (health stations and infirmaries), maternity and child care agencies (centres and stations), special disease prevention and curing agencies (centres and stations), first aid centres (stations) and clinical inspection centres.

Medical organizations are grouped by two types: profit-making and non-profit-making medical organizations.

Hospitals include: polyclinics, traditional Chinese medical hospitals, hospitals integrating traditional Chinese therapeutics and western therapeutics, ethnic hospitals, various specialist hospitals and nursing homes.

Medical Technical Personnel refers to doctors, nurses, pharmacists and laboratory technicians working in medical institutions.

Doctors refer to certified physicians and certified assistant physicians with certifications working in medical and health care and prevention agencies.

Social Welfare Institutions refer to institutions taking care of old people without children, handicapped people and orphans. They include social welfare institutions run by civil affairs departments, children welfare institutions, social welfare institutions for mental patients, collective-owned old people's homes in rural areas, convalescent homes and community service centers with the capacity of receiving those people.

Number of People Accommodated by Social Welfare Institutions refers to the number of old people, children, totally dependent handicapped people and mental patients Accommodated by social welfare institutions run by civil affairs departments and those run by collective units in urban and rural areas.

Social Welfare Enterprises are collective-owned enterprises which employ the blind, deaf-mute, and physically disabled people who are able to work in cities and towns and enjoy exemption from State taxes. They include welfare plants, welfare commercial services, artificial limb plants and farms, etc.

Average Expenditure for Retired Persons in Administrative Department and Average Pension of Enterprise refers to average level of retirement pension, expenditures for living consumption after retirement and pension in money terms per person in the administrative department, institution and enterprise during a certain time of period.

$$\text{Average Expenditure for Retired Persons in Administrative Department and Average Pension of Enterprise} = \frac{\text{Total Expenditure for Retired Persons and Pension in Administrative Department Institution and Enterprise at Reference Period}}{\text{Average Number of Retirees in Administrative Department, Institution and Enterprise at Reference Period}}$$

Lawyers are certified legal workers according to law, and who are employed by legal counselling firms to act as legal advisers; agents in criminal or civil lawsuits; and defenders in criminal lawsuits; or to handle non-litigious legal affairs, to advise on matters of law or to write legal papers for others and provide service to the public.

Notary Personnel refers to people working for notary offices including: directors, deputy directors, notaries, assistant notaries and other people providing assistance.

Notary Documents refer to the judicial notary documents drawn up at the request of the interested party and are in accordance with facts and the law and following certain legal proceedings. According to usage and locality, notary documents are divided into the following 4 types: domestic notary documents, domestic economic notary documents, foreign-related civil notary documents and foreign-related economic notary documents.

Mediators refer to workers on people's mediation committees responsible for mediating in civil disputes and cases of slight infraction of the law. They include members of the mediation committees and mediators of mediation groups.

Mediation of Civil Disputes refers to number of cases made by mediation committees in mediating in civil disputes concerning civil rights and duties through persuasion and education in accordance with the provisions of law on a voluntary basis, so as to solve disputes by helping the parties involved come to an agreement and understanding, including those unsuccessful ones.

21

各省、市、自治区主要经济指标

MAIN ECONOMIC INDICATORS OF PROVICES, AUTONOMOUS REGIONS AND MUNICIPALITIES DIRECTLY UNDER THE CENTRAL GOVERNMENT

资料整理：张雪梅

21-1 各省(市、区)按三次产业分法人单位数(2018年)

Number of Legal Entities by Three Strata of Industryby Provinces, Autonomous Regions and Municipalities (2018)

单位：个 (unit)

地 区	Region	法人单位 Number of Legal Entities	第一产业 Primary Industry	第二产业 Secondary Industry	第三产业 Tertiary Industry
全 国	**National Total**	**22009092**	**1670774**	**4731349**	**15606969**
北 京	Beijing	719624	9008	55793	654823
天 津	Tianjin	444546	12322	84250	347974
河 北	Hebei	1147414	89801	290623	766990
山 西	Shanxi	600802	99121	77335	424346
内蒙古	Inner Mongolia	328901	53418	45915	229568
辽 宁	Liaoning	655309	30723	144177	480409
吉 林	Jilin	209045	19420	40508	149117
黑龙江	Heilongjiang	335310	47322	53021	234967
上 海	Shanghai	484495	6375	101788	376332
江 苏	Jiangsu	2356034	49738	702204	1604092
浙 江	Zhejiang	1792465	65778	536493	1190194
安 徽	Anhui	872865	93247	185151	594467
福 建	Fujian	870050	50706	198812	620532
江 西	**Jiangxi**	**573013**	**60700**	**123257**	**389056**
山 东	Shandong	2015001	114194	471201	1429606
河 南	Henan	964944	76844	174154	713946
湖 北	Hubei	943502	85154	170969	687379
湖 南	Hunan	685025	60149	118652	506224
广 东	Guangdong	1955087	37645	566416	1351026
广 西	Guangxi	539342	77842	64913	396587
海 南	Hainan	100398	11912	13063	75423
重 庆	Chongqing	598575	105628	87381	405566
四 川	Sichuan	629919	71812	97894	460213
贵 州	Guizhou	447650	97661	79790	270199
云 南	Yunnan	579001	103864	70301	404836
西 藏	Tibet	26600	589	4023	21988
陕 西	Shanxi	462710	50032	82057	330621
甘 肃	Gansu	222361	36953	28440	156968
青 海	Qinghai	108773	21704	15415	71654
宁 夏	Ningxia	90563	13909	13422	63232
新 疆	Xinjiang	249768	17203	33931	198634

21-2 各省(市、区)生产总值(2018年)

Gross Regional Product by Provinces, Autonomous Regions and Municipalities(2018)

地区	Region	地区生产总值 Gross Regional Product (亿元) (100 million yuan)	第一产业 Primary Industry	第二产业 Secondary Industry	第三产业 Tertiary Industry	地区生产总值指数 Index of Gross Regional Product (上年=100) (preceding year=100)	人均地区生产总值 Per Capita Gross Regional Product (元) (yuan)	人均地区生产总值指数 Index of Per Capita Gross Regional Product (上年=100) (preceding year=100)
全国	**National Total**	**900310**	**64734**	**366001**	**469575**	**106.6**	**64644**	**106.1**
北京	Beijing	30320	119	5648	24554	106.6	140211	107.1
天津	Tianjin	18810	173	7610	11027	103.6	120711	103.7
河北	Hebei	36010	3338	16040	16632	106.6	47772	106.0
山西	Shanxi	16818	741	7089	8988	106.7	45328	106.2
内蒙古	Inner Mongolia	17289	1754	6807	8728	105.3	68302	105.0
辽宁	Liaoning	25315	2033	10025	13257	105.7	58008	105.9
吉林	Jilin	15075	1161	6411	7503	104.5	55611	105.0
黑龙江	Heilongjiang	16362	3001	4031	9330	104.7	43274	105.0
上海	Shanghai	32680	104	9733	22843	106.6	134982	106.5
江苏	Jiangsu	92595	4142	41249	47205	106.7	115168	106.3
浙江	Zhejiang	56197	1967	23506	30724	107.1	98643	105.7
安徽	Anhui	30007	2638	13842	13527	108.0	47712	106.9
福建	Fujian	35804	2380	17232	16192	108.3	91197	107.4
江西	**Jiangxi**	**21985**	**1877**	**10250**	**9857**	**108.7**	**47434**	**108.1**
山东	Shandong	76470	4951	33642	37877	106.4	76267	105.9
河南	Henan	48056	4289	22035	21732	107.6	50152	107.2
湖北	Hubei	39367	3548	17089	18730	107.8	66616	107.5
湖南	Hunan	36426	3084	14454	18889	107.8	52949	107.2
广东	Guangdong	97278	3831	40695	52751	106.8	86412	105.1
广西	Guangxi	20353	3019	8073	9260	106.8	41489	105.8
海南	Hainan	4832	1000	1096	2736	105.8	51955	104.8
重庆	Chongqing	20363	1378	8329	10656	106.0	65933	105.1
四川	Sichuan	40678	4427	15323	20929	108.0	48883	107.4
贵州	Guizhou	14806	2160	5756	6891	109.1	41244	108.4
云南	Yunnan	17881	2499	6957	8425	108.9	37136	108.2
西藏	Tibet	1478	130	628	719	109.1	43397	107.0
陕西	Shanxi	24438	1830	12157	10451	108.3	63477	107.5
甘肃	Gansu	8246	921	2795	4530	106.3	31336	105.8
青海	Qinghai	2865	268	1247	1350	107.2	47689	106.3
宁夏	Ningxia	3705	280	1650	1775	107.0	54094	106.0
新疆	Xinjiang	12199	1692	4923	5584	106.1	49475	104.1

注：本表绝对量按当年价格计算，指数按不变价格计算。
a) Level data in this table are calculated at current prices while indices at constant prices.

21-3 各省(市、区)年末总人口

Total Population at Year-end by Provinces, Autonomous Regions and Municipalities

单位：万人 (10 000 persons)

地 区	Region	2012	2013	2014	2015	2016	2017	2018
全 国	**National Total**	**135404**	**136072**	**136782**	**137462**	**138271**	**139008**	**139538**
北 京	Beijing	2069	2115	2152	2171	2173	2171	2154
天 津	Tianjin	1413	1472	1517	1547	1562	1557	1560
河 北	Hebei	7288	7333	7384	7425	7470	7520	7556
山 西	Shanxi	3611	3630	3648	3664	3682	3702	3718
内蒙古	Inner Mongolia	2490	2498	2505	2511	2520	2529	2534
辽 宁	Liaoning	4389	4390	4391	4382	4378	4369	4359
吉 林	Jilin	2750	2751	2752	2753	2733	2717	2704
黑龙江	Heilongjiang	3834	3835	3833	3812	3799	3789	3773
上 海	Shanghai	2380	2415	2426	2415	2420	2418	2424
江 苏	Jiangsu	7920	7939	7960	7976	7999	8029	8051
浙 江	Zhejiang	5477	5498	5508	5539	5590	5657	5737
安 徽	Anhui	5988	6030	6083	6144	6196	6255	6324
福 建	Fujian	3748	3774	3806	3839	3874	3911	3941
江 西	**Jiangxi**	**4504**	**4522**	**4542**	**4566**	**4592**	**4622**	**4648**
山 东	Shandong	9685	9733	9789	9847	9947	10006	10047
河 南	Henan	9406	9413	9436	9480	9532	9559	9605
湖 北	Hubei	5779	5799	5816	5852	5885	5902	5917
湖 南	Hunan	6639	6691	6737	6783	6822	6860	6899
广 东	Guangdong	10594	10644	10724	10849	10999	11169	11346
广 西	Guangxi	4682	4719	4754	4796	4838	4885	4926
海 南	Hainan	887	895	903	911	917	926	934
重 庆	Chongqing	2945	2970	2991	3017	3048	3075	3102
四 川	Sichuan	8076	8107	8140	8204	8262	8302	8341
贵 州	Guizhou	3484	3502	3508	3530	3555	3580	3600
云 南	Yunnan	4659	4687	4714	4742	4771	4801	4830
西 藏	Tibet	308	312	318	324	331	337	344
陕 西	Shanxi	3753	3764	3775	3793	3813	3835	3864
甘 肃	Gansu	2578	2582	2591	2600	2610	2626	2637
青 海	Qinghai	573	578	583	588	593	598	603
宁 夏	Ningxia	647	654	662	668	675	682	688
新 疆	Xinjiang	2233	2264	2298	2360	2398	2445	2487

注：本表数据根据年度人口抽样调查推算。全国数据包括中国人民解放军现役军人数，但不包括香港、澳门特别行政区和台湾地区数据；分省数据中未包括中国人民解放军现役军人数。

a) Data in the table are estimated from Annual National Sample Survey on Population Changes. National total includes military personnel of the Chinese People's Liberation Army, and excludes population of Hong Kong, Macao and Taiwan. Population by region does not include military personnel of the Chinese People's Liberation Army.

21-4 各省(市、区)年末城镇人口比重

Proportion of Urban Population at Year-end by Provinces, Autonomous Regions and Municipalities

单位：% (%)

地区	Region	2012	2013	2014	2015	2016	2017	2018
全国	**National Total**	**52.57**	**53.73**	**54.77**	**56.10**	**57.35**	**58.52**	**59.58**
北京	Beijing	86.20	86.30	86.35	86.50	86.50	86.50	86.50
天津	Tianjin	81.55	82.01	82.27	82.64	82.93	82.93	83.15
河北	Hebei	46.80	48.12	49.33	51.33	53.32	55.01	56.43
山西	Shanxi	51.26	52.56	53.79	55.03	56.21	57.34	58.41
内蒙古	Inner Mongolia	57.74	58.71	59.51	60.30	61.19	62.02	62.71
辽宁	Liaoning	65.65	66.45	67.05	67.35	67.37	67.49	68.10
吉林	Jilin	53.70	54.20	54.81	55.31	55.97	56.65	57.53
黑龙江	Heilongjiang	56.90	57.40	58.01	58.80	59.20	59.40	60.10
上海	Shanghai	89.30	89.60	89.60	87.60	87.90	87.70	88.10
江苏	Jiangsu	63.00	64.11	65.21	66.52	67.72	68.76	69.61
浙江	Zhejiang	63.20	64.00	64.87	65.80	67.00	68.00	68.90
安徽	Anhui	46.50	47.86	49.15	50.50	51.99	53.49	54.69
福建	Fujian	59.60	60.77	61.80	62.60	63.60	64.80	65.82
江西	**Jiangxi**	**47.51**	**48.87**	**50.22**	**51.62**	**53.10**	**54.60**	**56.02**
山东	Shandong	52.43	53.75	55.01	57.01	59.02	60.58	61.18
河南	Henan	42.43	43.80	45.20	46.85	48.50	50.16	51.71
湖北	Hubei	53.50	54.51	55.67	56.85	58.10	59.30	60.30
湖南	Hunan	46.65	47.96	49.28	50.89	52.75	54.62	56.02
广东	Guangdong	67.40	67.76	68.00	68.71	69.20	69.85	70.70
广西	Guangxi	43.53	44.81	46.01	47.06	48.08	49.21	50.22
海南	Hainan	51.60	52.74	53.76	55.12	56.78	58.04	59.06
重庆	Chongqing	56.98	58.34	59.60	60.94	62.60	64.08	65.50
四川	Sichuan	43.53	44.90	46.30	47.69	49.21	50.79	52.29
贵州	Guizhou	36.41	37.83	40.01	42.01	44.15	46.02	47.52
云南	Yunnan	39.31	40.48	41.73	43.33	45.03	46.69	47.81
西藏	Tibet	22.75	23.71	25.75	27.74	29.56	30.89	31.14
陕西	Shanxi	50.02	51.31	52.57	53.92	55.34	56.79	58.13
甘肃	Gansu	38.75	40.13	41.68	43.19	44.69	46.39	47.69
青海	Qinghai	47.44	48.51	49.78	50.30	51.63	53.07	54.47
宁夏	Ningxia	50.67	52.01	53.61	55.23	56.29	57.98	58.88
新疆	Xinjiang	43.98	44.47	46.07	47.23	48.35	49.38	50.91

注：本表数据根据年度人口抽样调查推算。

a) The data in the table are estimates based on annual national sample surveys of pupulation.

21-5 各省(市、区)固定资产投资(不含农户)增长速度

Growth Rate of Investment in Fixed Assets (Excluding Rural Households) by Provinces, Autonomous Regions and Municipalities

单位：% (%)

地区	Region	2015	2016	2017	2018
全国	**National Total**	**10.0**	**8.1**	**7.2**	**5.9**
北京	Beijing	8.3	5.9	5.3	-5.5
天津	Tianjin	12.6	8.0	0.5	-5.6
河北	Hebei	10.6	8.4	5.3	6.0
山西	Shanxi	14.8	0.8	6.3	5.7
内蒙古	Inner Mongolia	0.1	10.1	-7.2	-28.3
辽宁	Liaoning	-27.8	-63.5	0.1	3.7
吉林	Jilin	12.6	10.1	1.4	1.6
黑龙江	Heilongjiang	3.6	5.5	6.2	-4.7
上海	Shanghai	5.6	6.3	7.2	5.2
江苏	Jiangsu	10.5	7.5	7.5	5.5
浙江	Zhejiang	13.2	10.9	8.6	7.1
安徽	Anhui	12.0	11.7	11.0	11.8
福建	Fujian	17.4	9.3	13.9	11.5
江西	**Jiangxi**	**16.0**	**14.0**	**12.3**	**11.1**
山东	Shandong	13.9	10.5	7.3	4.1
河南	Henan	16.5	13.7	10.4	8.1
湖北	Hubei	16.2	13.1	11.0	11.0
湖南	Hunan	18.2	13.8	13.1	10.0
广东	Guangdong	15.9	10.0	13.5	10.7
广西	Guangxi	17.8	12.8	12.8	10.8
海南	Hainan	10.4	11.7	10.1	-12.5
重庆	Chongqing	17.0	12.1	9.5	7.0
四川	Sichuan	10.2	13.1	10.6	10.2
贵州	Guizhou	21.6	21.1	20.1	15.8
云南	Yunnan	18.0	19.8	18.0	11.6
西藏	Tibet	21.2	23.2	23.8	9.8
陕西	Shanxi	8.3	12.3	14.6	10.4
甘肃	Gansu	11.2	10.5	-40.3	-3.9
青海	Qinghai	12.7	9.9	10.5	7.3
宁夏	Ningxia	10.7	8.2	3.0	-18.2
新疆	Xinjiang	10.1	-5.1	20.0	-25.2

21-6 各省(市、区)建筑业总产值和房屋建筑面积(2018年)

Total Output Value of Construction and Floor Space of Buildings Constructed by Provinces, Autonomous Regions and Municipalities(2018)

地区	Region	总产值 Total Output Value (亿元) (100 million)	施工面积 Floor Space under Construction (万平方米) (10 000 sq.m)	#新开工面积 Floor Space Started This Year	竣工面积 Floor Space Completed (万平方米) (10 000 sq.m)	#住宅 Residential Buildings
全国	**National Total**	**235085.5**	**1408920.4**	**558778.2**	**413508.8**	**278410.0**
北京	Beijing	10939.8	71969.3	22275.9	9771.3	6029.6
天津	Tianjin	3791.1	13379.9	4249.3	2119.6	1363.6
河北	Hebei	5740.3	35665.3	13945.9	9054.4	6689.8
山西	Shanxi	4071.5	16651.8	5661.3	3692.6	2569.5
内蒙古	Inner Mongolia	1040.1	5369.2	2579.8	1699.8	1341.9
辽宁	Liaoning	3528.4	13659.8	5278.6	4310.0	3129.8
吉林	Jilin	2183.6	8504.3	4459.2	3132.4	2067.7
黑龙江	Heilongjiang	1194.3	3765.4	1789.3	1438.5	1014.8
上海	Shanghai	7072.2	47577.4	15552.9	7960.1	4201.1
江苏	Jiangsu	30846.7	249176.8	94694.9	74806.3	54411.4
浙江	Zhejiang	28756.2	214499.4	86608.2	62123.3	36081.3
安徽	Anhui	7888.5	46758.4	17734.6	15894.5	10729.1
福建	Fujian	11548.8	72626.8	24978.7	17294.2	11362.4
江西	**Jiangxi**	**6993.4**	**33274.7**	**16995.1**	**15638.5**	**10092.5**
山东	Shandong	12898.3	81483.6	36765.1	22255.7	15412.2
河南	Henan	11360.5	63789.7	28281.1	20623.9	14714.8
湖北	Hubei	15133.9	88238.1	39786.8	32691.9	22708.4
湖南	Hunan	9581.4	59247.4	24462.8	19929.3	13473.6
广东	Guangdong	13714.4	73731.3	25825.2	18536.5	12924.6
广西	Guangxi	4671.7	26494.8	9273.6	8723.5	5405.4
海南	Hainan	339.2	2202.3	638.0	594.9	381.6
重庆	Chongqing	7819.4	35140.0	15156.0	13780.1	9835.9
四川	Sichuan	12983.8	58007.4	26652.9	20876.7	15549.8
贵州	Guizhou	3330.0	16660.9	5691.8	4904.3	3186.1
云南	Yunnan	5458.5	19224.4	9828.0	7514.7	4799.8
西藏	Tibet	172.8	518.5	296.3	144.5	69.4
陕西	Shanxi	7120.2	29645.2	10535.6	7071.9	4835.1
甘肃	Gansu	1796.4	9992.4	4062.7	2648.5	1799.8
青海	Qinghai	435.1	990.6	436.6	451.6	208.4
宁夏	Ningxia	565.0	2334.5	1127.0	801.5	466.8
新疆	Xinjiang	2110.1	8341.1	3155.2	3023.9	1554.3

21-7 各省(市、区)房地产开发企业投资、土地购置面积和成交价款(2018年)

Investment in Real Estate Development, Land Space Purchased and Transaction Value of Land by Provinces, Autonomous Regions and Municipalities (2018)

地区	Region	房地产开发投资(亿元) Investment in Real Estate Development (100 million)	#住宅 Residential Buildings	#办公楼 Office Buildings	#商业营业用房 House for Business Use	#其它 Others	土地购置面积 Land Space Purchased (万平方米) (10 000 sq.m)	土地成交价款 Transaction Value of Land (亿元) (100 million)
全国	**National Total**	**120263.5**	**85192.2**	**5996.3**	**14177.1**	**14897.8**	**29141.6**	**16102.2**
北京	Beijing	3873.4	2026.1	522.2	315.0	1010.1	218.2	503.3
天津	Tianjin	2424.5	1863.5	59.4	146.2	355.4	226.3	348.3
河北	Hebei	4476.4	3471.1	172.2	469.0	364.0	1150.9	280.9
山西	Shanxi	1376.6	1033.8	36.8	153.2	152.9	287.8	81.9
内蒙古	Inner Mongolia	882.8	642.0	18.6	140.7	81.5	362.6	56.9
辽宁	Liaoning	2599.3	1944.5	37.8	338.4	278.7	809.9	294.7
吉林	Jilin	1175.9	841.0	53.2	179.8	101.8	769.1	227.3
黑龙江	Heilongjiang	944.4	647.8	31.2	160.7	104.7	246.1	80.1
上海	Shanghai	4033.2	2225.9	692.7	461.4	653.1	144.6	221.8
江苏	Jiangsu	10982.3	8366.2	400.7	1198.0	1017.4	2508.8	1723.9
浙江	Zhejiang	9944.9	7156.5	382.7	788.2	1617.6	3026.0	3002.8
安徽	Anhui	5974.1	4563.4	187.0	794.1	429.7	2939.0	1337.7
福建	Fujian	4940.3	3456.9	215.5	457.6	810.3	1286.8	1165.1
江西	**Jiangxi**	**2174.9**	**1590.6**	**76.4**	**343.8**	**164.1**	**534.7**	**242.5**
山东	Shandong	7553.0	5717.5	305.7	806.4	723.4	2709.2	917.5
河南	Henan	7015.5	5387.6	251.2	781.1	595.6	1018.4	498.9
湖北	Hubei	4693.1	3464.6	241.7	552.5	434.3	954.3	317.5
湖南	Hunan	3945.9	2764.5	124.2	590.6	466.7	1428.6	456.9
广东	Guangdong	14412.2	9757.9	1178.9	1416.7	2058.8	1968.4	1900.2
广西	Guangxi	3004.1	2217.5	98.1	320.5	368.0	603.0	201.2
海南	Hainan	1715.0	1310.5	37.4	171.0	196.0	123.2	47.9
重庆	Chongqing	4248.8	3012.6	104.8	564.7	566.6	1260.9	625.6
四川	Sichuan	5697.9	3764.7	210.5	1000.6	722.0	1520.1	743.0
贵州	Guizhou	2349.2	1557.8	85.9	422.3	283.3	596.6	139.8
云南	Yunnan	3247.2	2115.2	106.3	552.9	472.9	571.6	159.5
西藏	Tibet	92.6	50.0	1.8	21.0	19.9	33.0	3.7
陕西	Shanxi	3534.7	2411.6	234.6	462.2	426.3	794.8	237.2
甘肃	Gansu	1116.4	672.3	55.6	211.4	177.1	181.0	35.8
青海	Qinghai	351.8	215.9	16.4	71.3	48.2	56.4	19.5
宁夏	Ningxia	449.6	300.4	17.9	90.4	41.9	144.9	16.1
新疆	Xinjiang	1033.4	642.5	44.0	195.4	151.5	666.5	214.6

21-8 各省(市、区)房地产开发企业房屋施工、竣工面积(2018年)

Floor Space of Building under Construction and Floor Space of Building Completed by Provinces, Autonomous Regions and Municipalities (2018)

单位：万平方米 (10 000 sq.m)

地区	Region	房屋施工面积 Floor Space of Building under Construction	#住宅 Residential Buildings	#新开工面积 Floor Space Started	#住宅 Residential Buildings	房屋竣工面积 Floor Space of Buildings Completed	#住宅 Residential Buildings
全　国	**National Total**	**822300.2**	**569986.7**	**209341.8**	**153352.6**	**93550.1**	**66015.7**
北　京	Beijing	12962.6	5877.1	2321.1	1233.6	1557.9	731.2
天　津	Tianjin	10324.4	7151.2	2479.3	1862.9	2092.2	1522.3
河　北	Hebei	28172.1	21452.6	8390.1	6443.6	2390.4	1917.2
山　西	Shanxi	16949.6	12314.8	3872.5	2957.2	1407.9	1094.5
内蒙古	Inner Mongolia	15053.7	9926.0	3024.3	2154.0	1415.7	1014.0
辽　宁	Liaoning	24216.8	17742.3	3961.7	3118.6	2273.9	1711.4
吉　林	Jilin	12079.5	8398.1	2478.0	1752.8	1520.0	1105.4
黑龙江	Heilongjiang	10588.2	7684.0	2494.7	1857.0	1203.5	920.5
上　海	Shanghai	14672.4	7520.4	2687.2	1473.2	3115.8	1730.3
江　苏	Jiangsu	62673.5	46328.9	16821.3	12902.3	8536.3	6360.0
浙　江	Zhejiang	44537.1	27437.2	12879.3	8765.6	5189.7	3047.8
安　徽	Anhui	41128.3	29191.1	10849.6	8454.7	4488.4	3184.2
福　建	Fujian	32826.0	21031.6	7205.4	5073.7	3739.0	2347.2
江　西	**Jiangxi**	**20738.6**	**15246.9**	**5801.5**	**4454.7**	**2031.8**	**1510.5**
山　东	Shandong	69063.1	50789.5	18732.2	13940.8	10512.6	8057.1
河　南	Henan	54685.6	41349.9	14677.7	11431.1	6655.2	5074.1
湖　北	Hubei	31315.6	23397.5	8495.3	6698.7	2774.0	2091.7
湖　南	Hunan	35781.5	25985.6	11127.7	8420.8	4161.0	3075.0
广　东	Guangdong	79935.1	54791.2	19144.1	13593.1	7615.2	5216.1
广　西	Guangxi	25399.0	18522.8	6059.3	4672.1	2192.9	1654.5
海　南	Hainan	9574.6	7058.9	1944.6	1520.6	1186.8	987.4
重　庆	Chongqing	27226.6	17859.4	7386.2	5145.2	4083.5	2784.6
四　川	Sichuan	44065.9	28540.4	14094.4	9734.5	5635.3	3707.6
贵　州	Guizhou	21953.3	13985.4	5689.2	3983.8	1279.6	841.6
云　南	Yunnan	21800.4	14243.5	4738.3	3386.8	1447.3	1047.6
西　藏	Tibet	358.6	225.0	193.1	128.5	49.9	38.7
陕　西	Shanxi	24618.0	17479.7	5451.8	3979.6	1524.7	1036.2
甘　肃	Gansu	9428.5	6167.6	2443.0	1611.5	752.3	498.7
青　海	Qinghai	2549.2	1582.6	513.8	331.8	319.9	187.4
宁　夏	Ningxia	6047.8	3821.2	994.6	681.6	1214.0	843.8
新　疆	Xinjiang	11574.7	6884.4	2390.7	1588.2	1183.5	677.0

21-9 各省(市、区)房地产开发企业商品房销售面积、销售额和待售面积(2018年)

Floor Space Sold, Total Sale and For-Sale of Commercialized Buildings by Provinces, Autonomous Regions and Municipalities (2018)

地区	Region	商品房销售面积 Floor Space of Commercialized Buildings Sold (万平方米) (10 000 sq.m)	#住宅 Residential Buildings	商品房销售额 Total Sale of Commercialized Buildings (亿元) (100 million)	#住宅 Residential Buildings	商品房待售面积 Floor Space of Commercialized Buildings for Sale (万平方米) (10 000 sq.m)	#住宅 Residential Buildings
全国	**National Total**	**171654.4**	**147929.4**	**149972.7**	**126392.6**	**52413.5**	**25091.1**
北京	Beijing	696.2	526.8	2377.0	1971.1	2153.3	833.7
天津	Tianjin	1249.9	1140.7	2006.6	1816.5	640.4	293.4
河北	Hebei	5251.9	4714.4	4035.0	3567.3	918.1	610.9
山西	Shanxi	2360.9	2215.6	1610.6	1473.2	984.8	639.3
内蒙古	Inner Mongolia	2007.7	1702.4	1113.9	909.0	1241.7	734.9
辽宁	Liaoning	3934.6	3554.8	2967.3	2615.8	3248.8	2180.6
吉林	Jilin	2074.5	1813.8	1452.4	1233.5	1253.7	689.6
黑龙江	Heilongjiang	1913.3	1665.6	1320.3	1112.3	1752.9	1007.3
上海	Shanghai	1767.0	1333.3	4751.5	3864.0	2196.8	651.6
江苏	Jiangsu	13484.2	12040.7	14527.3	12693.9	4993.7	2491.2
浙江	Zhejiang	9755.5	7936.2	14089.8	12096.3	2597.7	859.0
安徽	Anhui	10038.4	8901.2	7077.0	6174.8	1682.6	777.6
福建	Fujian	6213.4	4781.6	6579.5	5074.5	1879.1	522.9
江西	**Jiangxi**	**6200.7**	**5389.0**	**4219.9**	**3524.3**	**950.5**	**497.7**
山东	Shandong	13454.7	11755.4	10065.7	8682.8	2640.0	1432.4
河南	Henan	13990.5	12482.9	8055.3	6903.8	2800.9	1912.4
湖北	Hubei	8865.4	8101.7	7531.4	6591.4	1769.4	962.7
湖南	Hunan	9239.1	7997.9	5354.0	4377.4	1720.5	804.8
广东	Guangdong	14336.3	12075.1	18742.1	15595.3	4971.3	2358.0
广西	Guangxi	6212.9	5589.9	3826.5	3330.7	1380.2	792.5
海南	Hainan	1432.2	1298.8	2083.3	1832.0	642.3	443.9
重庆	Chongqing	6536.2	5424.8	5272.7	4442.9	1750.7	383.6
四川	Sichuan	12210.7	9895.3	8532.3	6621.2	2397.8	584.1
贵州	Guizhou	5182.0	4441.4	2921.0	2278.1	752.7	295.7
云南	Yunnan	4531.9	3643.9	3406.8	2690.8	1157.8	501.8
西藏	Tibet	73.4	62.1	52.8	42.9	23.2	9.7
陕西	Shanxi	4118.6	3545.6	3407.4	2808.8	727.0	336.7
甘肃	Gansu	1595.7	1438.0	922.3	774.6	803.9	467.8
青海	Qinghai	447.9	377.4	289.9	224.1	137.3	64.6
宁夏	Ningxia	1026.5	888.0	517.7	420.6	939.1	384.6
新疆	Xinjiang	1452.2	1195.1	863.3	648.6	1305.3	566.0

21-10 各省(市、区)社会消费品零售总额

Total Retail Sales of Consumer Goods by Provinces, Autonomous Regions and Municipalities

单位：亿元 (100 million yuan)

地 区	Region	2013	2014	2015	2016	2017	2018
全 国	**National Total**	**242843**	**271896**	**300931**	**332316**	**366262**	**380987**
北 京	Beijing	8872	9638	10338	11005	11575	11748
天 津	Tianjin	4470	4739	5257	5636	5730	5533
河 北	Hebei	10517	11820	12991	14365	15908	16537
山 西	Shanxi	5139	5718	6034	6481	6918	7339
内蒙古	Inner Mongolia	5114	5658	6108	6701	7160	7311
辽 宁	Liaoning	10581	11857	12787	13414	13807	14143
吉 林	Jilin	5426	6081	6652	7310	7856	7520
黑龙江	Heilongjiang	6251	7015	7640	8403	9099	9317
上 海	Shanghai	8557	9303	10132	10947	11830	12669
江 苏	Jiangsu	20878	23458	25877	28707	31737	33230
浙 江	Zhejiang	15971	17835	19785	21971	24309	25008
安 徽	Anhui	7045	7957	8908	10000	11193	12100
福 建	Fujian	8275	9347	10506	11675	13013	14317
江 西	**Jiangxi**	**4696**	**5293**	**5926**	**6635**	**7448**	**7566**
山 东	Shandong	22295	25112	27761	30646	33649	33605
河 南	Henan	12427	14005	15740	17618	19667	20595
湖 北	Hubei	11036	12449	14003	15649	17394	18334
湖 南	Hunan	9510	10723	12024	13437	14855	15638
广 东	Guangdong	25454	28471	31518	34739	38200	39501
广 西	Guangxi	5133	5773	6348	7027	7813	8292
海 南	Hainan	1091	1225	1325	1454	1619	1717
重 庆	Chongqing	5056	5711	6424	7271	8068	7977
四 川	Sichuan	11001	12393	13878	15602	17481	18255
贵 州	Guizhou	2601	2937	3283	3709	4154	3971
云 南	Yunnan	4113	4633	5103	5723	6423	6826
西 藏	Tibet	322	365	409	459	523	598
陕 西	Shanxi	5245	5919	6578	7368	8236	8938
甘 肃	Gansu	2369	2668	2907	3184	3427	3428
青 海	Qinghai	550	621	691	767	839	836
宁 夏	Ningxia	669	737	790	850	930	936
新 疆	Xinjiang	2179	2436	2606	2826	3045	3187

21-11 各省(市、区)货物进出口总额

Total Value of Imports and Exports by Provinces, Autonomous Regions and Municipalities

地区	Region	亿元人民币 100 million yuan			亿美元 100 million USD		
		2016	2017	2018	2016	2017	2018
全国	**National Total**	**243386**	**278101**	**305050**	**36856**	**41072**	**46230**
北京	Beijing	18649	21944	27181	2823	3240	4124
天津	Tianjin	6776	7645	8079	1027	1129	1225
河北	Hebei	3078	3379	3552	467	499	539
山西	Shanxi	1100	1163	1370	167	172	208
内蒙古	Inner Mongolia	769	941	1034	116	139	157
辽宁	Liaoning	5712	6749	7546	866	996	1144
吉林	Jilin	1218	1255	1363	185	185	207
黑龙江	Heilongjiang	1094	1282	1748	165	190	264
上海	Shanghai	28662	32243	34009	4338	4762	5156
江苏	Jiangsu	33614	39997	43802	5093	5908	6640
浙江	Zhejiang	22207	25605	28519	3366	3779	4325
安徽	Anhui	2936	3657	4151	444	540	630
福建	Fujian	10345	11590	12354	1568	1710	1875
江西	**Jiangxi**	**2638**	**3011**	**3165**	**400**	**443**	**482**
山东	Shandong	15477	17923	19302	2344	2646	2924
河南	Henan	4714	5234	5513	712	776	828
湖北	Hubei	2600	3136	3487	394	463	528
湖南	Hunan	1741	2434	3080	262	360	465
广东	Guangdong	63101	68169	71618	9553	10067	10847
广西	Guangxi	3152	3912	4107	476	579	623
海南	Hainan	749	703	849	113	104	127
重庆	Chongqing	4139	4508	5223	628	666	790
四川	Sichuan	3261	4605	5948	493	681	899
贵州	Guizhou	376	551	501	57	82	76
云南	Yunnan	1317	1582	1973	199	235	299
西藏	Tibet	52	59	48	8	9	7
陕西	Shanxi	1977	2719	3514	299	402	533
甘肃	Gansu	450	326	395	68	48	60
青海	Qinghai	101	44	46	15	7	7
宁夏	Ningxia	215	342	249	33	50	38
新疆	Xinjiang	1167	1392	1326	176	206	200

21-12 各省(市、区)货物进口额
Total Value of Imports by Provinces, Autonomous Regions and Municipalities

地区	Region	亿元人民币 100 million yuan			亿美元 100 million USD		
		2016	2017	2018	2016	2017	2018
全国	**National Total**	**104967**	**124790**	**140874**	**15879**	**18438**	**21356**
北京	Beijing	15219	17977	22302	2303	2655	3382
天津	Tianjin	3859	4693	4870	584	694	737
河北	Hebei	1064	1253	1309	161	185	199
山西	Shanxi	445	473	559	67	70	85
内蒙古	Inner Mongolia	478	610	656	72	90	99
辽宁	Liaoning	2873	3708	4331	435	547	656
吉林	Jilin	940	956	1037	143	141	157
黑龙江	Heilongjiang	762	929	1454	115	137	220
上海	Shanghai	16564	19125	20343	2504	2826	3085
江苏	Jiangsu	12570	15409	17145	1902	2278	2600
浙江	Zhejiang	4541	6166	7337	687	911	1113
安徽	Anhui	1056	1584	1764	160	234	268
福建	Fujian	3511	4477	4739	531	661	720
江西	**Jiangxi**	**676**	**802**	**941**	**102**	**119**	**143**
山东	Shandong	6429	7962	8733	973	1175	1323
河南	Henan	1880	2062	1934	284	306	291
湖北	Hubei	882	1073	1234	133	159	187
湖南	Hunan	566	868	1053	86	129	160
广东	Guangdong	23577	25976	28900	3567	3838	4380
广西	Guangxi	1635	2013	1931	247	298	295
海南	Hainan	609	407	551	92	60	83
重庆	Chongqing	1464	1625	1827	221	240	277
四川	Sichuan	1414	2066	2613	214	306	395
贵州	Guizhou	63	160	163	10	24	25
云南	Yunnan	557	808	1125	84	120	171
西藏	Tibet	20	29	19	3	4	3
陕西	Shanxi	931	1060	1435	141	157	217
甘肃	Gansu	184	211	249	28	31	38
青海	Qinghai	11	16	15	2	2	2
宁夏	Ningxia	50	94	69	8	14	10
新疆	Xinjiang	136	198	237	21	29	36

21-13 各省(市、区)货物出口额
Total Value of Exports by Provinces, Autonomous Regions and Municipalities

地　区	Region	亿元人民币 100 million yuan			亿美元 100 million USD		
		2016	2017	2018	2016	2017	2018
全　国	**National Total**	**138419**	**153311**	**164177**	**20976**	**22634**	**24874**
北　京	Beijing	3430	3967	4879	520	586	742
天　津	Tianjin	2918	2952	3208	443	436	488
河　北	Hebei	2014	2126	2243	306	314	340
山　西	Shanxi	655	690	810	99	102	123
内蒙古	Inner Mongolia	290	331	379	44	49	58
辽　宁	Liaoning	2839	3041	3215	431	449	488
吉　林	Jilin	277	299	326	42	44	49
黑龙江	Heilongjiang	332	353	294	50	52	44
上　海	Shanghai	12098	13118	13667	1834	1936	2072
江　苏	Jiangsu	21044	24589	26658	3191	3630	4040
浙　江	Zhejiang	17667	19439	21182	2679	2868	3212
安　徽	Anhui	1880	2073	2387	284	306	362
福　建	Fujian	6834	7113	7616	1037	1049	1156
江　西	**Jiangxi**	**1962**	**2209**	**2224**	**298**	**325**	**340**
山　东	Shandong	9048	9961	10570	1371	1470	1601
河　南	Henan	2833	3172	3579	428	470	538
湖　北	Hubei	1718	2063	2253	260	305	341
湖　南	Hunan	1174	1565	2027	177	232	306
广　东	Guangdong	39523	42193	42718	5986	6229	6467
广　西	Guangxi	1517	1899	2176	229	281	328
海　南	Hainan	141	296	298	21	44	45
重　庆	Chongqing	2675	2883	3395	407	426	514
四　川	Sichuan	1848	2538	3335	279	376	504
贵　州	Guizhou	312	391	337	47	58	51
云　南	Yunnan	760	775	848	115	115	128
西　藏	Tibet	31	29	29	5	4	4
陕　西	Shanxi	1046	1659	2079	158	245	316
甘　肃	Gansu	266	115	146	41	17	22
青　海	Qinghai	90	29	31	14	4	5
宁　夏	Ningxia	165	248	180	25	37	27
新　疆	Xinjiang	1031	1194	1089	156	176	164

21-14 各省(市、区)电力消费量

Electricity Consumption by Provinces, Autonomous Regions and Municipalities

单位：亿千瓦小时 (100 million kwh)

地区	Region	2012	2013	2014	2015	2016	2017	2018
全国	**National Total**							
北京	Beijing	874.3	913.1	937.1	952.7	1020.3	1066.9	1142.4
天津	Tianjin	722.5	774.5	794.4	800.6	807.9	805.6	861.4
河北	Hebei	3077.7	3251.2	3314.1	3175.7	3264.5	3441.7	3665.7
山西	Shanxi	1765.8	1832.3	1822.6	1737.2	1797.2	1990.6	2160.5
内蒙古	Inner Mongolia	2016.8	2181.9	2416.7	2542.9	2605.0	2891.9	3353.4
辽宁	Liaoning	1899.9	2008.5	2038.7	1984.9	2037.4	2135.5	2302.4
吉林	Jilin	637.0	653.8	667.8	652.0	667.6	703.0	750.6
黑龙江	Heilongjiang	827.9	845.2	859.4	869.0	896.6	928.6	973.9
上海	Shanghai	1353.4	1410.6	1369.0	1405.5	1486.0	1526.8	1566.7
江苏	Jiangsu	4580.9	4956.6	5012.5	5114.7	5458.9	5807.9	6128.3
浙江	Zhejiang	3210.6	3453.1	3506.4	3553.9	3873.2	4192.6	4532.8
安徽	Anhui	1361.1	1528.1	1585.2	1639.8	1795.0	1921.5	2135.1
福建	Fujian	1579.5	1700.7	1855.8	1851.9	1968.6	2112.7	2313.8
江西	**Jiangxi**	**867.7**	**947.1**	**1018.5**	**1087.3**	**1182.5**	**1294.0**	**1428.8**
山东	Shandong	3794.6	4083.1	4223.5	5117.0	5390.7	5430.2	5916.8
河南	Henan	2747.7	2899.2	2919.6	2879.6	2989.2	3166.2	3417.7
湖北	Hubei	1507.9	1629.8	1656.5	1665.2	1763.1	1869.0	2071.4
湖南	Hunan	1346.5	1423.1	1430.9	1447.6	1495.7	1581.5	1745.2
广东	Guangdong	4619.4	4830.1	5235.2	5310.7	5610.1	5959.0	6323.4
广西	Guangxi	1153.9	1237.7	1308.0	1334.3	1359.6	1444.9	1702.7
海南	Hainan	210.3	232.0	251.9	272.4	287.3	305.0	326.8
重庆	Chongqing	723.5	813.3	867.2	875.4	924.9	996.5	1114.5
四川	Sichuan	1830.7	1949.0	2014.8	1992.4	2101.0	2205.2	2459.5
贵州	Guizhou	1046.7	1126.3	1173.7	1174.2	1241.8	1384.9	1482.1
云南	Yunnan	1315.9	1459.8	1529.4	1438.6	1410.5	1538.1	1679.1
西藏	Tibet	27.8	30.7	34.0	40.5	49.2	58.2	69.0
陕西	Shanxi	1066.7	1152.2	1226.0	1221.7	1357.1	1494.7	1594.2
甘肃	Gansu	994.6	1073.2	1095.5	1098.7	1065.2	1164.4	1289.5
青海	Qinghai	602.2	676.3	723.2	658.0	637.5	687.0	738.3
宁夏	Ningxia	741.8	811.2	848.8	878.3	886.9	978.3	1064.8
新疆	Xinjiang	1151.5	1539.8	1900.2	2160.3	2316.5	2542.8	2138.3

21-15 各省(市、区)公共财政预算收入

Public Budget Revenue by Provinces, Autonomous Regions and Municipalities

单位：亿元 (100 million yuan)

地区	Region	2013	2014	2015	2016	2017	2018
地方合计	**National Total**	**69011**	**75877**	**83002**	**87239**	**91469**	**97905**
北京	Beijing	3661	4027	4724	5081	5431	5786
天津	Tianjin	2079	2390	2667	2724	2310	2106
河北	Hebei	2296	2447	2649	2850	3234	3514
山西	Shanxi	1702	1821	1642	1557	1867	2293
内蒙古	Inner Mongolia	1721	1844	1964	2016	1703	1858
辽宁	Liaoning	3344	3193	2127	2200	2393	2616
吉林	Jilin	1157	1203	1229	1264	1211	1241
黑龙江	Heilongjiang	1277	1301	1166	1148	1243	1283
上海	Shanghai	4110	4586	5520	6406	6642	7108
江苏	Jiangsu	6568	7233	8029	8121	8172	8630
浙江	Zhejiang	3797	4122	4810	5302	5804	6598
安徽	Anhui	2075	2218	2454	2673	2812	3049
福建	Fujian	2119	2362	2544	2655	2809	3007
江西	**Jiangxi**	**1621**	**1882**	**2166**	**2151**	**2247**	**2372**
山东	Shandong	4560	5027	5529	5860	6099	6485
河南	Henan	2415	2739	3016	3153	3407	3764
湖北	Hubei	2191	2567	3006	3102	3248	3307
湖南	Hunan	2031	2263	2515	2698	2758	2861
广东	Guangdong	7081	8065	9367	10390	11320	12103
广西	Guangxi	1318	1422	1515	1556	1615	1681
海南	Hainan	481	555	628	638	674	753
重庆	Chongqing	1693	1922	2155	2228	2252	2266
四川	Sichuan	2784	3061	3355	3389	3578	3911
贵州	Guizhou	1206	1367	1503	1561	1614	1727
云南	Yunnan	1611	1698	1808	1812	1886	1994
西藏	Tibet	95	124	137	156	186	230
陕西	Shanxi	1748	1890	2060	1834	2007	2243
甘肃	Gansu	607	673	744	787	816	871
青海	Qinghai	224	252	267	239	246	273
宁夏	Ningxia	308	340	373	388	418	444
新疆	Xinjiang	1128	1282	1331	1299	1467	1531

注：本表数据为地方财政本级收入。

a) Data in the table refer to public budget revenue of local governments.

21-16 各省(市、区)公共财政预算支出

Public Financial Expenditure by Provinces, Autonomous Regions and Municipalities

单位：亿元 (100 million yuan)

地　区	Region	2013	2014	2015	2016	2017	2018
地方合计	**National Total**	**119740**	**129215**	**150336**	**160351**	**173228**	**188198**
北　京	Beijing	4174	4525	5738	6407	6825	7468
天　津	Tianjin	2549	2885	3232	3699	3283	3104
河　北	Hebei	4410	4677	5632	6050	6639	7720
山　西	Shanxi	3030	3085	3423	3429	3756	4285
内蒙古	Inner Mongolia	3687	3880	4253	4513	4530	4806
辽　宁	Liaoning	5197	5080	4482	4577	4879	5324
吉　林	Jilin	2745	2913	3217	3586	3726	3790
黑龙江	Heilongjiang	3369	3434	4021	4227	4641	4676
上　海	Shanghai	4529	4923	6192	6919	7548	8352
江　苏	Jiangsu	7798	8472	9688	9982	10621	11658
浙　江	Zhejiang	4730	5160	6646	6974	7530	8628
安　徽	Anhui	4350	4664	5239	5523	6204	6572
福　建	Fujian	3069	3307	4002	4275	4684	4837
江　西	**Jiangxi**	**3470**	**3883**	**4413**	**4617**	**5111**	**5670**
山　东	Shandong	6689	7177	8250	8755	9258	10099
河　南	Henan	5582	6029	6799	7454	8216	9225
湖　北	Hubei	4372	4934	6133	6423	6801	7258
湖　南	Hunan	4691	5017	5729	6339	6869	7531
广　东	Guangdong	8411	9153	12828	13446	15037	15737
广　西	Guangxi	3209	3480	4066	4442	4909	5311
海　南	Hainan	1011	1100	1239	1376	1444	1685
重　庆	Chongqing	3062	3304	3792	4002	4336	4541
四　川	Sichuan	6221	6797	7498	8009	8695	9718
贵　州	Guizhou	3083	3543	3939	4262	4613	5017
云　南	Yunnan	4097	4438	4713	5019	5713	6075
西　藏	Tibet	1014	1186	1381	1588	1682	1973
陕　西	Shanxi	3665	3963	4376	4389	4833	5302
甘　肃	Gansu	2310	2541	2958	3150	3304	3774
青　海	Qinghai	1228	1347	1515	1525	1530	1647
宁　夏	Ningxia	922	1000	1138	1255	1373	1431
新　疆	Xinjiang	3067	3318	3805	4138	4637	4986

注：本表数据为地方财政本级支出。
a) Data in the table refer to public financial expenditure of local governments.

21-17 各省(市、区)各类价格指数(2018)

Price Indices by Provinces, Autonomous Regions and Municipalities

(上年=100) (preceding year=100)

地　区	Region	居民消费价格指数 Consumer Price Index	农业生产资料价格指数 Price Index of Means of Agricultural Production	农产品生产者价格指数 Producer Price Index for Farm Products	固定资产投资价格指数 Price Index for Investment in Fixed Assets
全　国	**National Total**	**102.1**	**103.1**	**99.1**	**105.4**
北　京	Beijing	102.5		103.6	103.8
天　津	Tianjin	102.0		104.2	104.5
河　北	Hebei	102.4	103.2	104.7	105.0
山　西	Shanxi	101.8	102.5	104.7	104.5
内蒙古	Inner Mongolia	101.8	102.8	102.0	103.6
辽　宁	Liaoning	102.5	101.8	103.7	103.5
吉　林	Jilin	102.1	103.7	106.1	104.6
黑龙江	Heilongjiang	102.0	103.6	100.8	103.3
上　海	Shanghai	101.6		100.5	105.6
江　苏	Jiangsu	102.3	103.9	100.9	106.0
浙　江	Zhejiang	102.3	101.8	100.8	105.7
安　徽	Anhui	102.0	101.5	99.0	105.8
福　建	Fujian	101.5	103.1	102.6	104.9
江　西	**Jiangxi**	**102.1**	**102.7**	**97.4**	**106.4**
山　东	Shandong	102.5	106.9	100.5	106.1
河　南	Henan	102.3	104.3	97.9	105.4
湖　北	Hubei	101.9	100.9	96.6	106.6
湖　南	Hunan	102.0	102.7	95.4	104.8
广　东	Guangdong	102.2	102.5	101.3	106.2
广　西	Guangxi	102.3	101.8	97.3	104.5
海　南	Hainan	102.5	102.2	97.3	106.2
重　庆	Chongqing	102.0		99.7	105.0
四　川	Sichuan	101.7	101.8	100.2	106.4
贵　州	Guizhou	101.8	98.8	92.6	105.2
云　南	Yunnan	101.6	101.7	96.9	104.9
西　藏	Tibet	101.7	101.0		
陕　西	Shanxi	102.1	103.8	100.9	105.4
甘　肃	Gansu	102.0	104.2	101.7	104.6
青　海	Qinghai	102.5	102.1	100.3	104.3
宁　夏	Ningxia	102.3	105.6	105.0	103.5
新　疆	Xinjiang	102.0	104.9	106.3	103.7

21-18 各省(市、区)全体居民人均可支配收入
Per Capita Disposable Income by Provinces, Autonomous Regions and Municipalities

单位：元 (yuan)

地　区	Region	2013	2014	2015	2016	2017	2018
全国总计	**National Total**	**18311**	**20167**	**21966**	**23821**	**25974**	**28228**
北　京	Beijing	40830	44489	48458	52530	57230	62361
天　津	Tianjin	26359	28832	31291	34074	37022	39506
河　北	Hebei	15190	16647	18118	19725	21484	23446
山　西	Shanxi	15120	16538	17854	19049	20420	21990
内蒙古	Inner Mongolia	18693	20559	22310	24127	26212	28376
辽　宁	Liaoning	20818	22820	24576	26040	27835	29701
吉　林	Jilin	15998	17520	18684	19967	21368	22798
黑龙江	Heilongjiang	15903	17404	18593	19838	21206	22726
上　海	Shanghai	42174	45966	49867	54305	58988	64183
江　苏	Jiangsu	24776	27173	29539	32070	35024	38096
浙　江	Zhejiang	29775	32658	35537	38529	42046	45840
安　徽	Anhui	15154	16796	18363	19998	21863	23984
福　建	Fujian	21218	23331	25404	27608	30048	32644
江　西	**Jiangxi**	**15100**	**16734**	**18437**	**20110**	**22031**	**24080**
山　东	Shandong	19008	20864	22703	24685	26930	29205
河　南	Henan	14204	15695	17125	18443	20170	21964
湖　北	Hubei	16472	18283	20026	21787	23757	25815
湖　南	Hunan	16005	17622	19317	21115	23103	25241
广　东	Guangdong	23421	25685	27859	30296	33003	35810
广　西	Guangxi	14082	15557	16873	18305	19905	21485
海　南	Hainan	15733	17476	18979	20653	22553	24579
重　庆	Chongqing	16569	18352	20110	22034	24153	26386
四　川	Sichuan	14231	15749	17221	18808	20580	22461
贵　州	Guizhou	11083	12371	13697	15121	16704	18430
云　南	Yunnan	12578	13772	15223	16720	18348	20084
西　藏	Tibet	9740	10730	12254	13639	15457	17286
陕　西	Shanxi	14372	15837	17395	18874	20635	22528
甘　肃	Gansu	10954	12185	13467	14670	16011	17488
青　海	Qinghai	12948	14374	15813	17302	19001	20757
宁　夏	Ningxia	14566	15907	17329	18832	20562	22400
新　疆	Xinjiang	13670	15097	16859	18355	19975	21500

21-19 各省(市、区)全体居民人均消费支出

Per Capita Consumption Expenditure by Provinces, Autonomous Regions and Municipalities

单位：元 (yuan)

地区	Region	2013	2014	2015	2016	2017	2018
全国总计	**National Total**	**13220**	**14491**	**15712**	**17111**	**18322**	**19853**
北京	Beijing	29176	31103	33803	35416	37425	39843
天津	Tianjin	20419	22343	24162	26129	27841	29903
河北	Hebei	10872	11932	13031	14247	15437	16722
山西	Shanxi	10118	10864	11729	12683	13664	14810
内蒙古	Inner Mongolia	14878	16258	17179	18072	18946	19665
辽宁	Liaoning	14950	16068	17200	19853	20463	21398
吉林	Jilin	12054	13026	13764	14773	15632	17200
黑龙江	Heilongjiang	12037	12769	13403	14446	15577	16994
上海	Shanghai	30400	33065	34784	37458	39792	43351
江苏	Jiangsu	17926	19164	20556	22130	23469	25007
浙江	Zhejiang	20610	22552	24117	25527	27079	29471
安徽	Anhui	10544	11727	12840	14712	15752	17045
福建	Fujian	16177	17644	18850	20167	21249	22996
江西	**Jiangxi**	**10053**	**11089**	**12403**	**13259**	**14459**	**15792**
山东	Shandong	11897	13329	14578	15926	17281	18780
河南	Henan	10002	11000	11835	12712	13730	15169
湖北	Hubei	11761	12928	14316	15889	16938	19538
湖南	Hunan	11946	13289	14267	15750	17160	18808
广东	Guangdong	17421	19205	20976	23448	24820	26054
广西	Guangxi	9596	10274	11401	12295	13424	14935
海南	Hainan	11193	12471	13575	14275	15403	17528
重庆	Chongqing	12600	13811	15140	16385	17898	19248
四川	Sichuan	11055	12368	13632	14839	16180	17664
贵州	Guizhou	8288	9303	10414	11932	12970	13798
云南	Yunnan	8824	9870	11005	11769	12658	14250
西藏	Tibet	6307	7317	8246	9319	10320	11520
陕西	Shanxi	11217	12204	13087	13943	14900	16160
甘肃	Gansu	8943	9875	10951	12254	13120	14624
青海	Qinghai	11576	12605	13611	14775	15503	16557
宁夏	Ningxia	11292	12483	13816	14965	15350	16715
新疆	Xinjiang	11392	11904	12867	14066	15087	16189

21-20 各省(市、区)城镇居民人均可支配收入
Per Capita Disposable Income of Urban Households of Provinces, Autonomous Regions and Municipalities

单位：元 (yuan)

地区	Region	2013	2014	2015	2016	2017	2018
全国总计	**National Total**	**26467**	**28844**	**31195**	**33616**	**36396**	**39251**
北京	Beijing	44564	48532	52859	57275	62406	67990
天津	Tianjin	28980	31506	34101	37110	40278	42976
河北	Hebei	22227	24141	26152	28249	30548	32977
山西	Shanxi	22258	24069	25828	27352	29132	31035
内蒙古	Inner Mongolia	26004	28350	30594	32975	35670	38305
辽宁	Liaoning	26697	29082	31126	32876	34993	37342
吉林	Jilin	21331	23218	24901	26530	28319	30172
黑龙江	Heilongjiang	20848	22609	24203	25736	27446	29191
上海	Shanghai	44878	48841	52962	57692	62596	68034
江苏	Jiangsu	31585	34346	37173	40152	43622	47200
浙江	Zhejiang	37080	40393	43714	47237	51261	55574
安徽	Anhui	22789	24839	26936	29156	31640	34393
福建	Fujian	28174	30722	33275	36014	39001	42121
江西	**Jiangxi**	**22120**	**24309**	**26500**	**28673**	**31198**	**33819**
山东	Shandong	26882	29222	31545	34012	36789	39549
河南	Henan	21741	23672	25576	27233	29558	31874
湖北	Hubei	22668	24852	27051	29386	31889	34455
湖南	Hunan	24352	26570	28838	31284	33948	36698
广东	Guangdong	29537	32148	34757	37684	40975	44341
广西	Guangxi	22689	24669	26416	28324	30502	32436
海南	Hainan	22411	24487	26356	28453	30817	33349
重庆	Chongqing	23058	25147	27239	29610	32193	34889
四川	Sichuan	22228	24234	26205	28335	30727	33216
贵州	Guizhou	20565	22548	24580	26743	29080	31592
云南	Yunnan	22460	24299	26373	28611	30996	33488
西藏	Tibet	20394	22016	25457	27802	30671	33797
陕西	Shanxi	22346	24366	26420	28440	30810	33319
甘肃	Gansu	19873	21804	23767	25693	27763	29957
青海	Qinghai	20352	22307	24542	26757	29169	31515
宁夏	Ningxia	21476	23285	25186	27153	29472	31895
新疆	Xinjiang	21091	23214	26275	28463	30775	32764

21-21 各省(市、区)城镇居民人均消费支出
Per Capita Consumption Expenditure of Urban Households by Provinces, Autonomous Regions and Municipalities

单位：元 (yuan)

地　区	Region	2013	2014	2015	2016	2017	2018
全国总计	**National Total**	**18488**	**19968**	**21392**	**23079**	**24445**	**26112**
北　京	Beijing	31632	33717	36642	38256	40346	42926
天　津	Tianjin	22306	24290	26230	28345	30284	32655
河　北	Hebei	14970	16204	17587	19106	20600	22127
山　西	Shanxi	13763	14637	15819	16993	18404	19790
内蒙古	Inner Mongolia	19244	20885	21876	22744	23638	24437
辽　宁	Liaoning	19318	20520	21557	24996	25379	26448
吉　林	Jilin	15941	17156	17973	19166	20051	22394
黑龙江	Heilongjiang	15704	16467	17152	18145	19270	21035
上　海	Shanghai	32447	35182	36946	39857	42304	46015
江　苏	Jiangsu	22262	23476	24966	26433	27726	29462
浙　江	Zhejiang	25254	27242	28661	30068	31924	34598
安　徽	Anhui	14594	16107	17234	19606	20740	21523
福　建	Fujian	20565	22204	23520	25006	25980	28145
江　西	**Jiangxi**	**13843**	**15142**	**16732**	**17696**	**19244**	**20760**
山　东	Shandong	16646	18323	19854	21495	23072	24798
河　南	Henan	15249	16184	17154	18088	19422	20989
湖　北	Hubei	15334	16681	18192	20040	21276	23996
湖　南	Hunan	16867	18335	19501	21420	23163	25064
广　东	Guangdong	21621	23612	25673	28613	30198	30924
广　西	Guangxi	14470	15045	16321	17268	18349	20159
海　南	Hainan	15833	17514	18448	19015	20372	22971
重　庆	Chongqing	17124	18279	19742	21031	22759	24154
四　川	Sichuan	16098	17760	19277	20660	21991	23484
贵　州	Guizhou	13768	15255	16914	19202	20348	20788
云　南	Yunnan	14862	16268	17675	18622	19560	21626
西　藏	Tibet	13679	15669	17022	19440	21088	23029
陕　西	Shanxi	16399	17546	18464	19369	20388	21966
甘　肃	Gansu	14411	15942	17451	19539	20659	22606
青　海	Qinghai	16223	17493	19201	20833	21473	22998
宁　夏	Ningxia	15807	17216	18984	20364	20219	21977
新　疆	Xinjiang	16858	17685	19415	21229	22797	24191

21–22 各省(市、区)农村居民人均可支配收入

Per Capita Disposable Income of Rural Households by Provinces, Autonomous Regions and Municipalities

单位：元 (yuan)

地　区	Region	2013	2014	2015	2016	2017	2018
全国总计	**National Total**	**9430**	**10489**	**11422**	**12363**	**13432**	**14617**
北　京	Beijing	17101	18867	20569	22310	24240	26490
天　津	Tianjin	15353	17014	18482	20076	21754	23065
河　北	Hebei	9188	10186	11051	11919	12881	14031
山　西	Shanxi	7949	8809	9454	10082	10788	11750
内蒙古	Inner Mongolia	8985	9976	10776	11609	12584	13803
辽　宁	Liaoning	10161	11191	12057	12881	13747	14656
吉　林	Jilin	9781	10780	11326	12123	12950	13748
黑龙江	Heilongjiang	9369	10453	11095	11832	12665	13804
上　海	Shanghai	19208	21192	23205	25520	27825	30375
江　苏	Jiangsu	13521	14958	16257	17606	19158	20845
浙　江	Zhejiang	17494	19373	21125	22866	24956	27302
安　徽	Anhui	8850	9916	10821	11720	12758	13996
福　建	Fujian	11405	12650	13793	14999	16335	17821
江　西	**Jiangxi**	**9089**	**10117**	**11139**	**12138**	**13242**	**14460**
山　东	Shandong	10687	11882	12930	13954	15118	16297
河　南	Henan	8969	9966	10853	11697	12719	13831
湖　北	Hubei	9692	10849	11844	12725	13812	14978
湖　南	Hunan	9029	10060	10993	11930	12936	14093
广　东	Guangdong	11068	12246	13360	14512	15780	17168
广　西	Guangxi	7793	8683	9467	10359	11325	12435
海　南	Hainan	8802	9913	10858	11843	12902	13989
重　庆	Chongqing	8493	9490	10505	11549	12638	13781
四　川	Sichuan	8381	9348	10247	11203	12227	13331
贵　州	Guizhou	5898	6671	7387	8090	8869	9716
云　南	Yunnan	6724	7456	8242	9020	9862	10768
西　藏	Tibet	6553	7359	8244	9094	10330	11450
陕　西	Shanxi	7092	7932	8689	9396	10265	11213
甘　肃	Gansu	5589	6277	6936	7457	8076	8804
青　海	Qinghai	6462	7283	7933	8664	9462	10393
宁　夏	Ningxia	7599	8410	9119	9852	10738	11708
新　疆	Xinjiang	7847	8724	9425	10183	11045	11975

21-23 各省(市、区)农村居民人均消费支出

Per Capita Consumption Expenditure of Rural Households by Provinces, Autonomous Regions and Municipalities

单位：元 (yuan)

地区	Region	2013	2014	2015	2016	2017	2018
全国总计	**National Total**	**7485**	**8383**	**9223**	**10130**	**10955**	**12124**
北京	Beijing	13564	14535	15811	17329	18810	20195
天津	Tianjin	12491	13739	14739	15912	16386	16863
河北	Hebei	7377	8248	9023	9798	10536	11383
山西	Shanxi	6458	6992	7421	8029	8424	9172
内蒙古	Inner Mongolia	9080	9972	10637	11463	12184	12661
辽宁	Liaoning	7032	7801	8873	9953	10787	11455
吉林	Jilin	7523	8140	8783	9521	10279	10826
黑龙江	Heilongjiang	7192	7830	8391	9424	10524	11417
上海	Shanghai	13016	14820	16152	17071	18090	19965
江苏	Jiangsu	10759	11820	12883	14428	15612	16567
浙江	Zhejiang	12803	14498	16108	17359	18093	19707
安徽	Anhui	7200	7981	8975	10287	11106	12748
福建	Fujian	9986	11056	11961	12911	14003	14943
江西	**Jiangxi**	**6807**	**7548**	**8486**	**9128**	**9870**	**10885**
山东	Shandong	6877	7962	8748	9519	10342	11270
河南	Henan	6359	7277	7887	8587	9212	10392
湖北	Hubei	7850	8681	9803	10938	11633	13946
湖南	Hunan	7833	9025	9691	10630	11534	12721
广东	Guangdong	8938	10043	11103	12415	13200	15411
广西	Guangxi	6035	6675	7582	8351	9437	10617
海南	Hainan	6376	7029	8210	8921	9599	10956
重庆	Chongqing	6971	7983	8938	9954	10936	11977
四川	Sichuan	7365	8301	9251	10192	11397	12723
贵州	Guizhou	5291	5970	6645	7533	8299	9170
云南	Yunnan	5247	6030	6830	7331	8027	9123
西藏	Tibet	4102	4822	5580	6070	6691	7452
陕西	Shanxi	6488	7252	7901	8568	9306	10071
甘肃	Gansu	5654	6148	6830	7487	8030	9065
青海	Qinghai	7506	8235	8566	9222	9903	10352
宁夏	Ningxia	6740	7676	8415	9138	9982	10790
新疆	Xinjiang	7103	7365	7698	8277	8713	9421

21-24 各省(市、区)农林牧渔业总产值及增长速度(2018年)

Gross Output Value and Growth Rate of Agriculture, Forestry, Animal Hasbandary and Fishery Industries by Provinces, Autonomous Regions and Municipalities (2018)

地区	Region	农林牧渔业总产值 Gross Output Value (亿元) (100 million)	#农业 Agriculture	#林业 Forestry	#牧业 Animal Hasbandary	#渔业 Fishery	农林牧渔业总产值比上年增长(%) Growth Rate
全国	**National Total**	**113580**	**61453**	**5433**	**28697**	**12132**	**3.5**
北京	Beijing	297	115	95	72	6	-6.0
天津	Tianjin	391	197	13	96	71	0.9
河北	Hebei	5707	3086	187	1814	207	3.0
山西	Shanxi	1461	895	100	362	7	2.2
内蒙古	Inner Mongolia	2985	1512	100	1294	29	3.0
辽宁	Liaoning	4062	1749	149	1346	628	2.6
吉林	Jilin	2184	993	73	1002	39	2.2
黑龙江	Heilongjiang	5624	3635	186	1542	106	3.5
上海	Shanghai	290	150	16	48	56	-2.3
江苏	Jiangsu	7192	3735	147	1091	1708	0.9
浙江	Zhejiang	3157	1518	177	332	1043	1.7
安徽	Anhui	4673	2254	333	1316	506	2.6
福建	Fujian	4230	1653	389	718	1318	3.5
江西	**Jiangxi**	**3149**	**1549**	**320**	**672**	**474**	**3.5**
山东	Shandong	9397	4678	182	2433	1426	3.0
河南	Henan	7758	4974	129	2068	123	3.9
湖北	Hubei	6208	3034	235	1387	1106	3.4
湖南	Hunan	5362	2664	387	1465	417	3.6
广东	Guangdong	6318	3090	391	1185	1384	4.2
广西	Guangxi	4909	2717	380	1072	504	5.6
海南	Hainan	1536	730	110	245	387	4.1
重庆	Chongqing	2052	1293	101	520	100	2.5
四川	Sichuan	7196	4154	359	2246	248	3.9
贵州	Guizhou	3620	2289	253	846	55	7.0
云南	Yunnan	4109	2235	397	1237	98	6.3
西藏	Tibet	195	88	3	98	0	5.5
陕西	Shaanxi	3240	2245	105	683	30	3.3
甘肃	Gansu	1659	1166	33	319	2	3.7
青海	Qinghai	406	169	10	216	4	4.6
宁夏	Ningxia	576	345	9	176	20	4.0
新疆	Xinjiang	3638	2541	63	796	28	5.1

注：本表绝对数按当年价格计算，增长速度按可比价格计算。

a) Level data in the table are calculated at current prices while indices at constant prices.

21-25 各省(市、区)农村贫困人口(2010年标准)

Rural Poverty Population (2010 Standard) by Provinces, Autonomous Regions and Municipalities

单位：万人 (10 000 persons)

地区	Region	2012	2013	2014	2015	2016	2017	2018
全国	**National Total**	**9899**	**8249**	**7017**	**5575**	**4335**	**3046**	**1660**
北京	Beijing	1	.	.	.	.	.	.
天津	Tianjin	1	.	.	.	.	.	.
河北	Hebei	437	366	320	241	188	124	63
山西	Shanxi	359	299	269	223	186	133	74
内蒙古	Inner Mongolia	139	114	98	76	53	37	14
辽宁	Liaoning	146	126	117	86	59	39	24
吉林	Jilin	103	89	81	69	57	41	26
黑龙江	Heilongjiang	130	111	96	86	69	50	27
上海	Shanghai	.	.	.	.	.	.	.
江苏	Jiangsu	106	95	61	.	.	.	.
浙江	Zhejiang	83	72	45	.	.	.	.
安徽	Anhui	543	440	371	309	237	158	67
福建	Fujian	87	73	50	36	23	.	.
江西	**Jiangxi**	**385**	**328**	**276**	**208**	**155**	**107**	**63**
山东	Shandong	313	264	231	172	140	60	.
河南	Henan	764	639	565	463	371	277	168
湖北	Hubei	395	323	271	216	176	114	67
湖南	Hunan	767	640	532	434	343	232	105
广东	Guangdong	128	115	82	47	.	.	.
广西	Guangxi	755	634	540	452	341	246	140
海南	Hainan	65	60	50	41	32	23	7
重庆	Chongqing	162	139	119	88	45	21	13
四川	Sichuan	724	602	509	400	306	212	98
贵州	Guizhou	923	745	623	507	402	295	173
云南	Yunnan	804	661	574	471	373	279	179
西藏	Tibet	85	72	61	48	34	20	13
陕西	Shanxi	483	410	350	288	226	169	83
甘肃	Gansu	596	496	417	325	262	200	121
青海	Qinghai	82	63	52	42	31	23	10
宁夏	Ningxia	60	51	45	37	30	19	9
新疆	Xinjiang	273	222	212	180	147	113	64

注："."表示数值较小，统计上不显著。

a) "." in the table refers to statistically insignificant minimum number, and is statistically insignificant.

21-26 各省(市、区)规模以上工业企业主要经济指标(一)(2018年)

Main Indicators of Industrial Enterprises above Designated Size by Provinces, Autonomous Regions and Municipalities (I) (2018)

单位：亿元 (100 million)

地区	Region	主营业务收入 Revenue from Principal Business	主营业务成本 Cost of Principal Business	销售费用 Selling Expenses	管理费用 Administrative Expenses	财务费用 Financial Expenses	利润总额 Total Profits
全 国	**National Total**	**1022241.1**	**857474.1**	**30924.4**	**46125.1**	**11904.9**	**66351.4**
北 京	Beijing	21435.7	17812.7	1199.4	1088.8	204.7	1530.0
天 津	Tianjin	17549.7	14743.6	493.6	773.1	160.9	1200.7
河 北	Hebei	37835.5	32614.0	869.7	1331.8	568.4	2211.7
山 西	Shanxi	19252.1	15243.4	620.8	1044.6	690.7	1355.9
内蒙古	Inner Mongolia	14023.1	10857.1	434.3	561.4	462.4	1409.4
辽 宁	Liaoning	26489.9	22092.7	774.6	1121.3	445.7	1460.3
吉 林	Jilin	13637.5	11083.0	659.1	703.1	145.6	817.0
黑龙江	Heilongjiang	9078.0	7210.5	313.6	492.8	124.3	487.0
上 海	Shanghai	38445.7	30916.6	1465.4	2633.0	96.6	3338.4
江 苏	Jiangsu	128085.6	108782.4	3755.3	5761.7	1047.2	8491.9
浙 江	Zhejiang	68653.8	57544.3	2161.7	3949.2	759.9	4452.1
安 徽	Anhui	39354.9	33685.7	1017.2	1545.2	442.6	2448.2
福 建	Fujian	51298.0	44205.3	1233.4	1786.2	412.2	3537.1
江 西	**Jiangxi**	**32077.4**	**27781.8**	**660.4**	**998.6**	**223.4**	**2157.8**
山 东	Shandong	92703.6	79589.5	2653.7	3463.0	1289.5	4872.2
河 南	Henan	46627.6	39809.6	1045.7	1533.3	709.3	3053.4
湖 北	Hubei	42358.1	35453.6	1287.6	1812.4	405.7	2755.4
湖 南	Hunan	34850.5	29000.0	1137.7	1708.4	383.9	1726.9
广 东	Guangdong	135616.1	113816.8	4750.0	7732.2	686.9	8309.7
广 西	Guangxi	18707.9	16052.6	423.8	628.1	202.0	1100.1
海 南	Hainan	2202.3	1710.0	131.8	75.6	43.9	145.3
重 庆	Chongqing	19674.7	16751.8	615.7	845.2	193.9	1218.7
四 川	Sichuan	40646.7	33829.1	1363.8	1674.1	561.6	2717.9
贵 州	Guizhou	9390.8	7107.4	335.9	403.8	214.5	879.2
云 南	Yunnan	13227.4	10283.7	382.9	503.1	302.0	925.2
西 藏	Tibet	257.6	199.4	9.0	20.2	8.1	17.4
陕 西	Shaanxi	23060.4	18136.6	590.7	957.4	342.3	2436.3
甘 肃	Gansu	8888.9	7658.9	142.2	255.9	217.0	270.4
青 海	Qinghai	2177.9	1763.0	57.0	109.1	111.9	62.7
宁 夏	Ningxia	4305.6	3592.1	86.2	178.3	167.7	174.2
新 疆	Xinjiang	10328.2	8146.9	252.3	434.1	280.1	788.8

注：本表为快报数据。

a) The data in the table are from express form.

21-27 各省(市、区)规模以上工业企业主要经济指标(二)(2018年)

Main Indicators of Industrial Enterprises above Designated Size by Provinces, Autonomous Regions and Municipalities (II) (2018)

单位：亿元 (100 million)

地区	Region	亏损企业亏损总额 Total Loss of Loss-making Enterprises	流动资产合计 Total Current	应收账款 Accounts Receivable Assets	存货 Inventories	产成品 Finished Goods	资产总计 Total Assets	负债合计 Total Liabilities
全　国	**National Total**	**7940.8**	**554165.1**	**143418.2**	**116671.3**	**43119.1**	**1134382.2**	**641273.8**
北　京	Beijing	397.0	17938.5	4473.1	2617.6	990.8	48009.5	21437.1
天　津	Tianjin	244.9	10728.5	2694.0	2234.4	803.4	20939.6	12133.6
河　北	Hebei	293.7	20295.7	4308.2	4533.4	1592.3	44371.8	26715.3
山　西	Shanxi	327.6	15233.9	2691.3	2157.2	783.1	37707.0	27194.0
内蒙古	Inner Mongolia	293.5	10632.1	1968.9	1640.1	621.1	30626.9	19460.4
辽　宁	Liaoning	350.4	17859.1	3924.5	4393.5	1476.8	35637.8	22562.2
吉　林	Jilin	223.1	8371.8	1533.4	1868.9	649.3	17968.0	10126.4
黑龙江	Heilongjiang	144.5	6679.9	1425.7	1343.7	416.1	14981.6	8732.5
上　海	Shanghai	237.6	24768.0	7365.6	5228.8	1650.1	42661.8	20060.7
江　苏	Jiangsu	715.6	66896.9	22059.9	14426.7	5534.3	119590.9	62924.3
浙　江	Zhejiang	436.1	42716.0	12840.7	9056.6	3665.2	77666.7	43113.7
安　徽	Anhui	184.5	18564.2	5802.1	3808.6	1501.0	37599.7	21612.4
福　建	Fujian	169.1	18861.6	4898.6	4351.0	1742.8	36232.5	18523.4
江　西	**Jiangxi**	**86.9**	**11391.4**	**2798.0**	**2585.8**	**990.4**	**24085.5**	**12454.3**
山　东	Shandong	598.5	52528.1	9914.3	11485.3	4458.4	102275.6	62247.1
河　南	Henan	333.3	23696.6	5468.7	4594.0	1668.4	50431.7	28263.9
湖　北	Hubei	209.1	18555.4	4734.4	4051.0	1591.1	39895.1	20307.7
湖　南	Hunan	174.8	12443.9	3589.3	3060.5	1012.2	27195.3	14011.6
广　东	Guangdong	838.8	75060.2	22927.0	15784.3	5858.8	124284.2	69812.1
广　西	Guangxi	135.2	8432.6	1764.2	1928.2	822.0	17158.8	10813.5
海　南	Hainan	36.8	1284.7	220.1	200.9	72.4	3090.5	1600.0
重　庆	Chongqing	140.9	8982.2	2990.7	1775.1	699.4	19172.5	11053.7
四　川	Sichuan	296.7	19059.7	5107.4	3860.8	1429.9	44075.9	24885.2
贵　州	Guizhou	144.1	6723.3	1039.5	1345.0	338.2	15068.0	9293.4
云　南	Yunnan	162.6	7528.1	1230.3	2397.7	559.2	20562.1	12479.4
西　藏	Tibet	24.1	423.7	42.1	32.1	8.1	1570.0	833.2
陕　西	Shanxi	190.2	12254.6	2402.8	2287.6	947.0	32432.5	17486.7
甘　肃	Gansu	152.1	4448.3	814.3	1239.3	424.6	12148.6	7896.8
青　海	Qinghai	108.0	2022.4	426.9	357.4	123.3	6337.5	4355.6
宁　夏	Ningxia	100.6	3208.3	674.9	704.8	217.0	9657.0	6410.8
新　疆	Xinjiang	190.4	6575.3	1287.1	1321.1	472.4	20947.6	12472.7

21–28 各省(市、区)货运量和货物周转量(2018年)

Freight Traffic and Freight Ton-kilometers by Provinces, Autonomous Regions and Municipalities (2018)

地区	Region	货运量 Freight Traffic (万吨) (10 000 tons)	#铁路 Railways	#公路 Highways	#水运 Waterways	货物周转量 Freight Ton-kilometers (万吨公里) (10 000 ton-km)	#铁路 Railways	#公路 Highways	#水运 Waterways
全国	**National Total**	**5152674**	**402573**	**3956871**	**702684**	**204686**	**28821**	**71249**	**99053**
北京	Beijing	20873	596	20278		1034	867	167	
天津	Tianjin	52221	9249	34711	8261	2241	510	404	1327
河北	Hebei	249265	19580	226334	3352	13873	4832	8550	491
山西	Shanxi	211497	85260	126214	23	4489	2582	1908	
内蒙古	Inner Mongolia	232525	72506	160018		5596	2610	2986	
辽宁	Liaoning	223346	19691	189737	13918	10654	1185	3152	6318
吉林	Jilin	52156	5615	46520	22	1705	515	1189	
黑龙江	Heilongjiang	55190	11357	42943	889	1601	785	811	6
上海	Shanghai	106983	482	39595	66906	28300	10	299	27991
江苏	Jiangsu	233157	6171	139251	87735	8969	303	2544	6122
浙江	Zhejiang	269083	4330	166533	98219	11538	222	1964	9353
安徽	Anhui	406761	8066	283817	114877	11804	721	5452	5631
福建	Fujian	136947	3518	96576	36854	7646	147	1290	6209
江西	**Jiangxi**	**174285**	**5155**	**157646**	**11484**	**4529**	**531**	**3760**	**238**
山东	Shandong	354019	23247	312807	17964	10052	1357	6860	1836
河南	Henan	259884	10461	235183	14240	8982	2066	5894	1022
湖北	Hubei	204307	4730	163145	36432	6676	870	2956	2850
湖南	Hunan	229957	4468	204389	21101	4387	813	3115	459
广东	Guangdong	416389	9293	304743	102353	28338	271	3890	24177
广西	Guangxi	190652	7140	153389	30123	4984	710	2683	1591
海南	Hainan	22040	1068	12052	8921	876	17	85	774
重庆	Chongqing	128491	1967	107064	19460	3598	207	1153	2239
四川	Sichuan	187385	7199	173324	6862	2946	861	1815	270
贵州	Guizhou	102537	5513	95354	1670	1798	606	1147	45
云南	Yunnan	140670	4661	135321	688	1972	465	1489	17
西藏	Tibet	2433	70	2363		150	33	117	
陕西	Shanxi	173245	42245	130823	177	4025	1723	2301	1
甘肃	Gansu	70386	6087	64271	28	2610	1491	1119	
青海	Qinghai	18905	3220	15685		551	276	276	
宁夏	Ningxia	38916	7159	31757		628	229	398	
新疆	Xinjiang	97498	12469	85029		2484	1007	1477	

注：不分地区合计中包括管道运输企业、民航运输企业、中国远洋海运集团有限公司下属海外公司完成量。货运量和货物周转量的全国总计等于分省数与不分地区数据之和。

a) The freight ton-kilometers not classified by region refers to civil aviation, pipelines and that completed by companies abroad under the Chinese Ocean Shipping (Group) Company. Therefore, freight traffic and freight ton-kilometers by region do not sum up to national total.

21-29 各省(市、区)入境旅游情况

Development of Overseas Visitor Arrivals of Provinces, Autonomous Regions and Municipalities

地区	Region	入境游客（万人次）Number of Overseas Visitor Arrivals (10 000 Person-times)			外汇收入（万美元）Foreign Exchange Earnings from International Tourism (USD 10 000)		
		2016	2017	2018	2016	2017	2018
北京	Beijing	416.53	392.56	400.41	507000	512981	551639
天津	Tianjin	82.43	79.21	58.96	355687	375147	110985
河北	Hebei	83.79	91.01	98.86	55241	57869	64667
山西	Shanxi	62.98	67.00	71.35	31738	35014	37798
内蒙古	Inner Mongolia	177.91	184.83	188.08	113903	124556	127210
辽宁	Liaoning	273.67	278.85	287.70	182392	177806	173958
吉林	Jilin	161.95	148.43	143.75	79121	76579	68585
黑龙江	Heilongjiang	95.70	103.88	109.16	45805	47958	53706
上海	Shanghai	690.43	719.33	742.04	641920	669865	726139
江苏	Jiangsu	329.77	370.10	400.85	380362	419472	464836
浙江	Zhejiang	525.59	589.06	456.76	312759	358644	259579
安徽	Anhui	313.43	351.09	370.75	254236	288078	318757
福建	Fujian	611.48	691.74	513.55	662569	758803	282821
江西	**Jiangxi**	**164.83**	**174.69**	**191.78**	**58454**	**62992**	**74538**
山东	Shandong	328.82	440.52	422.00	306342	317404	329282
河南	Henan	149.93	155.89	167.25	64650	66155	72323
湖北	Hubei	337.56	368.14	405.11	187239	210474	237969
湖南	Hunan	240.81	322.28	365.08	100457	129537	152041
广东	Guangdong	3507.21	3654.52	3748.06	1857713	1996040	2051174
广西	Guangxi	482.52	512.44	562.33	216427	239563	277773
海南	Hainan	74.89	111.95	126.36	34989	68102	77052
重庆	Chongqing	180.89	224.85	279.98	168682	194759	218989
四川	Sichuan	308.79	336.17	369.82	158168	144654	151165
贵州	Guizhou	72.29	32.40	39.69	25271	28327	31763
云南	Yunnan	600.38	667.69	706.08	307477	355033	441800
西藏	Tibet	32.19	34.35	47.62	19439	19751	24709
陕西	Shanxi	338.20	383.74	437.14	233855	270440	312666
甘肃	Gansu	7.15	7.88	10.01	1914	2086	2830
青海	Qinghai	7.01	7.02	6.92	4416	3829	3613
宁夏	Ningxia	5.12	6.53	8.82	4038	3763	5587
新疆	Xinjiang	58.21	77.41	99.30	51873	81081	94637

2018 年江西统计调查大事记

1 月

1 月 省统计局撰写的《2016 年各省及江西生态文明建设年度评价结果的分析解读》获省领导批示。

1 月 3 日 省统计局召开全省统计系统局队业务分工调整优化工作动员部署视频会，认真落实国家统计局关于局队部分业务分工调整优化改革的部署安排。

1 月 11 日 省人民政府印发《江西省人民政府关于认真做好第四次全国经济普查工作的通知》（赣府字〔2018〕2 号），部署我省经济普查工作。

1 月 14 日 省统计局党组书记、局长万庆胜当选中国统计学会第十届理事会常务理事。

1 月 17 日 省统计局在 2017 年省直机关公共机构节能考评中被评为“优秀”等次。

1 月 18 日 省统计局党组书记、局长万庆胜，社会科技和文化产业统计处处长万玲当选政协江西省第十二届委员会委员。

1 月 22 日 省统计局、国家统计局江西调查总队与省政府新闻办联合召开“2017 年全省经济运行情况”新闻发布会。

1 月 29 日 国家发展改革委副主任兼国家统计局局长、党组书记宁吉喆来赣督导国家统计局江西调查总队党组民主生活会。

2 月

2 月 省委副书记、省长刘奇，省委常委、常务副省长毛伟明对 2017 年统计工作作出批示。

2 月 省统计局撰写的《2017 年江西经济发展呈现六大亮点》获省领导批示。

2 月 1 日 全省统计工作会议在南昌召开。省统计局党组书记、局长万庆胜作题为《坚定推进改革 坚持依法治统 奋力谱写新时代江西统计事业新篇章》的工作报告。

2 月 1 日 省统计局被评为 2017 年度全省综治工作（平安建设）先进单位。

2 月 11 日 省机构编制委员会办公室批复同意省统计局法规处增挂“统计执法监督局”牌子。

2 月 27 日 省委常委、省委秘书长刘捷赴江中集团走访调研，省统计局党组书记、局长万庆胜陪同。

2 月 28 日 省统计局被评为 2017 年度省直机关党的工作特别优秀单位。

3 月

3 月 省统计局撰写的《1-2 月全省经济实现良好开局》获省领导批示。

3 月 2 日 省统计局收听收看全国统计部门党风廉政建设工作视频会议。

3 月 21 日 省统计局工业处被授予“江西省五一巾帼标兵岗”称号。

3 月 28 日 省统计局举行统计执法监督局成立大会。

4 月

4 月 19 日 省统计局与省政府新闻办联合召开“一季度全省经济运行情况”新闻发布会。

4 月 20 日 省统计局召开 2018 年全省统计系统党风廉政建设工作视频会议。

4 月 23 日 省统计局被评为 2017 年度全省新闻发布工作先进单位。

4 月 30 日 省统计局被评为第十五届江西省文明单位。

5 月

5 月 省统计局撰写的《一季度江西服务业发展向好》获省领导批示。

5 月 23 日 省统计局党组书记、局长万庆胜率队赴江苏、浙江考察学习高质量发展统计监测与考核评价工作。

5 月 28 日 江西省第三次全国农业普查总结表彰会在南昌召开。

5 月 30 日 江西省统计创新研究院正式成立。

5 月 30 日 省委常委、常务副省长毛伟明听取省统计局关于市县科学发展考评工作汇报。

6 月

6 月 省统计局撰写的《1-5 月全省经济保持稳定增长》《2017 江西研发投入情况》获省领导批示。

6 月 4 日 国家统计局服务业统计司副司长李万茂在南昌与我省有关部门及企业代表就物流业发展运行情况进行座谈。

6 月 8 日 国家统计局科研所所长、中国统计学会副会长兼秘书长万东华在南昌举办为省统计局干部职工“大数据与政府统计”专题讲座。

6 月 13 日 江西省第四次全国经济普查领导小组成立。

6 月 19 日 全国联网直报平台软件培训会议在南昌召开，国家统计局数管中心副主任张毅出席会议。

6 月 21 日 国家统计局设计管理司副司长王全众在景德镇调研军民融合统计试点工作。

6 月 29 日 省统计局被评为 2015-2017 年度全省服务非公有制经济发展先进单位。

7 月

7 月 省统计局撰写的《上半年各设区市主要经济指标情况》获省领导批示。

7 月 省委书记、省长刘奇，省委常委、常务副省长毛伟明对经济普查工作作出批示。

7 月 16 日 省委第三巡视组巡视省统计局党组工作动员会召开。

7 月 19 日 我省召开第四次全国经济普查电视电话会议，省委常委、常务副省长、省第四次全国经济普查领导小组组长毛伟明出席会议并讲话。

7 月 22 日至 28 日 2018 年全省统计干部统计知识培训班在厦门大学举办。

8月

8月 省统计局撰写的《上半年江西服务业发展平稳》《1-7月全省经济持续稳定发展》《消费品市场稳步发展 存在问题值得关注》《就业率很高但质量不高 创业就业服务需精准到位》《当前我省城镇就业人员工资收入不平衡问题研究》获省领导批示。

8月15日至17日 国家统计局工业统计司司长文兼武在井冈山调研。

8月20日 省统计局召开推进"以数谋私、数字腐败"全面排查和专项整治工作视频会议。

9月

9月 省统计局撰写的《1-8月全省经济运行态势良好》《1-8月江西对美国贸易情况》《江西企业创新应重点关注人才问题》《我省城镇就业人员工资收入不平衡应予重视》《企业创新活跃问题仍需关注》获省领导批示。

9月4日 国家统计局督导组在南昌市督导"以数谋私，数字腐败"全面排查和专项整治工作。

9月26日 省委副书记、代省长易炼红，省委常委、常务副省长毛伟明到省统计局调研。

10月

10月 省统计局撰写的《私营单位稳就业贡献大 职工收入低且不平衡》《新开工项目不足应引起高度重视》《前三季度全省经济保持平稳运行》《乡村振兴：老百姓最期盼什么》获省领导批示。

10月 省统计局领导班子成员带队赴全省各地开展经济普查工作督查。

10月10日 全省统计法治工作会议在南昌召开。

10月24日 省委第三巡视组向省统计局党组反馈巡视情况，提出巡视整改工作要求。

10月24日 国务院经济普查调研指导组在赣调研经济普查工作。

10月29日 省统计局召开党组扩大会议专题研究部署省委巡视组巡视整改工作。

10月30日 省统计局召开全省统计系统"五型"政府建设动员部署视频会。

11月

11月 省统计局撰写的《当前全省开发区经济运行需要关注的问题》《结构优化活力增强——前三季度全省非公有制经济运行情况分析》《我省工业经济稳中有变因素简析》获省领导批示。

11月 省统计局领导班子成员带队赴全省各设区市调研经济普查工作和经济形势。

11月20日至21日 省委副书记、省长易炼红赴吉安调研，省统计局党组书记、局长万庆胜陪同。

11月20日 省委常委、副省长刘强深入挂点联系的德安高新技术产业园区，实地调研降成本优环境专项行动工作，省统计局党组成员、副局长曹青云陪同。

11月28日至30日 国家统计局党组成员、副局长鲜祖德来赣调研调查队系统巡视整改和党风廉政建设工作情况，并主持

召开华东 7 省（市）统计工作调研座谈会。

12 月

12 月 省统计局撰写的《规模以上服务业营业收入增速下降及原因分析》《江西决胜全面建成小康社会进程与重点难点指标统计分析》获省领导批示。

12 月 3 日至 6 日 国家统计局农村社会经济调查司调研组赴上饶、抚州、赣州调研。

12 月 7 日 省统计局在 2017 年省直机关绩效考评中被评为“优秀”等次。

12 月 21 日 省统计局被评为 2018 年全国物流统计工作先进单位。

12 月 21 日 国家统计局服务业统计司副司长王群英在鹰潭、上饶调研。

12 月 29 日 省委常委、常务副省长、省第四次全国经济普查领导小组组长毛伟明在《江西日报》发表署名文章《坚持依法依规普查摸清全省经济“家底”》。

中国统计出版社有限公司最新图书简目

(仅供参考,以实际出版为准)

统计资料

中国统计年鉴 中国统计摘要 中国第三产业统计年鉴
中国第三次全国农业普查综合资料 国际统计年鉴 金砖国家联合统计手册
中国-东盟国家统计手册 中国农村统计年鉴 中国县域统计年鉴
中国农产品价格调查年鉴 中国城市统计年鉴 中国价格统计年鉴
中国贸易外经统计年鉴 中国零售和餐饮连锁企业统计年鉴 中国商品交易市场统计年鉴
大中型批发零售和住宿餐饮企业统计年鉴 中国住户调查年鉴 中国工业统计年鉴
中国环境统计年鉴 中国能源统计年鉴 中国建筑业统计年鉴
中国房地产统计年鉴 中国固定资产投资统计年鉴 中国对外直接投资统计公报
中国人口和就业统计年鉴 中国劳动统计年鉴 中国社会统计年鉴
中国科技统计年鉴 中国高技术产业统计年鉴 全国企业创新调查年鉴
中国文化及相关产业统计年鉴 2018年时间利用调查资料 中国妇女儿童状况统计资料
中国基本单位统计年鉴 中国教育统计年鉴 中国教育经费统计年鉴
中国民族统计年鉴 中国残疾人事业统计年鉴 长江经济带发展统计年鉴

省级综合统计年鉴系列

北京 天津 河北 山西 内蒙古 辽宁 吉林 黑龙江 上海 江苏 浙江 安徽 福建 江西 山东 河南 湖北 湖南
广东 广西 海南 重庆 四川 贵州 云南 西藏 陕西 甘肃 青海 宁夏 新疆 新疆生产建设兵团

市(县)级综合统计年鉴系列

滨海新区 石家庄 唐山 邯郸 保定 沧州 邢台 廊坊 承德 衡水 秦皇岛 张家口 太原 大同 阳泉 长治 晋城
朔州 晋中 运城 忻州 临汾 吕梁 呼和浩特 鄂尔多斯 包头 沈阳 大连 长春 延吉 四平 白山 通化 哈尔滨
齐齐哈尔 黑龙江垦区 上海浦东新区 南京 无锡 徐州 常州 苏州 南通 连云港 淮安 盐城 扬州 镇江 泰州
宿迁 江阴 丹阳 海门 张家港 杭州 宁波 温州 嘉兴 湖州 绍兴 金华 衢州 舟山 台州 丽水 合肥 安庆 福州
厦门 宁德 漳州 龙岩 莆田 泉州 三明 南平 南昌 九江 上饶 新余 抚州 赣州 景德镇 济南 青岛 潍坊 枣庄
潍坊 聊城 郑州 洛阳 平顶山 三门峡 南阳 商丘 信阳 济源 汝州 武汉 十堰 荆州 宜昌 荆门 咸宁 黄冈
长沙 鹰潭 广州 深圳 惠州 东莞 汕尾 湛江 肇庆 南宁 柳州 桂林 贵港 梧州 来宾 河池 防城港 海口 三亚
儋州 成都 内江 贵阳 黔南 毕节 昆明 文山 德宏 西安 延安 安康 铜川 汉中 商洛 银川 兰州 庆阳 乌鲁木齐
昌吉 阿勒泰 兵团一师、二师、三师、四师、六师、七师、八师、十师、十三师、十四师

调查年鉴系列

天津 内蒙古 上海 河南 湖北 湖南 广东 广西 重庆 四川 云南 甘肃 宁夏 南宁 贵港 昆明

统计方法应用/实用手册

Python数据分析基础（第二版） 医用多元统计分析（第三版） 中华生物统计用表
中国国民经济核算体系（2016）基础知识 国民经济核算初级教程 医学统计学手册
全国统计专业技术资格考试系列考试用书：统计业务知识（第四版修订版） 统计业务知识学习指导与习题
全国统计专业技术资格考试系列考试用书：统计相关知识（第四版） 统计相关知识学习指导与习题

统计通俗读物/统计科普图书

领导干部统计知识问答 《防范和惩治统计造假、弄虚作假督察工作规定》辅导读本
统计新媒体运营指南 统计公文知识问答 理解国民账户 中国古代统计史简编

重点图书

新中国70年 第三次全国农业普查农作物面积遥感测量图集 中国第四次经济普查年鉴
新编英汉汉英统计大词典 中国国民经济核算体系2016 国民经济行业分类注释
挑大学选专业2019—考研择校指南 挑大学选专业2019—高考志愿填报指南 中华医学统计百科全书